近代ヨーロッパ宗教文化論

姦通小説・ナポレオン法典・政教分離

工藤庸子——[著]

東京大学出版会

Religions, cultures et modernité en Europe
Yoko KUDO
University of Tokyo Press, 2013
ISBN978-4-13-010126-4

近代ヨーロッパ宗教文化論　目次

序章　現代の宗教と文化……1
1　ある移民二世の回心の物語　1
2　スピリチュアリティの時代　6
3　「世俗化＝近代化」という神話　11
4　「文明の衝突」から「宗教文化論」へ　14
5　グローバル化と宗教の「脱文化」　19
6　文化としての近代ヨーロッパ　24

第Ⅰ部　ヒロインたちの死生学

第一章　ボヴァリー夫人の最期……33
1　小説における死の看取り　33
ヒロインの臨終を書く／医学的な死の記述／宗教的な大罪としての自殺／女と砒素と空っぽの遺体
2　宗教vs.科学　45
近代派にして市民代表オメー／「ボヴァリー裁判」と終油の秘蹟／聖職者vs.薬剤師／宗教文化の諸相
3　霊的なものの位相　58

ボヴァリー夫人の「至福の幻影」とモルソフ夫人のカトリック的な死／スピリチュアリティの人シャルル

第二章　死の宗教性をめぐって……69

1　聖なるものとの出会い――フローベール『純な心』　69
臨死体験の描き方／初聖体のジェンダー・スタディーズ／秘蹟と信仰

2　死と弔いの世俗化について――デュマ・フィス　86
椿姫の屍骸はだれのものか／娼婦と結核と終油の秘蹟

3　墓地のトポロジー――モーパッサン　93
死者の尊崇／墓碑銘と告白／死を主宰するのはだれか

4　『失われた時を求めて』の死生学　101
祖母の死と医療行為／苦しむ肉体のよるべなさ　あるいは他者としての病／小説の精神と臨終の文化論

第三章　死とカトリック信仰……110

1　偉大なるシャトーブリアン　110
フランス革命を逃れてアメリカへ／『キリスト教精髄』の射程

2　小説『アタラ』の護教論　115
新大陸の布教とインディアンの族長の娘／乙女の死／宗教の詩学と自然の詩学／地政学から読む『アタラ』

第II部　ナポレオン　あるいは文化装置としてのネイション

第一章　詩人と皇帝……133

1　『墓の彼方の回想』より　133

詩人が皇帝について語るとき／英雄の時代と歴史の証人／第一統領ボナパルトに見出された詩人

2　ボナパルト vs. シャトーブリアン　140

世俗の権力に対峙する霊的な天才として／エジプト遠征とナポレオンの宗教論／カトリックにとって「礼拝」culte とは何か／『キリスト教精髄』の読まれ方

第二章　皇帝と教皇……158

1　政教分離の歴史を概観する　158

カエサルと祭司　あるいは権力の二元性について／ガリカニスムの道程／一八〇一年コンコルダート締結まで

2　英雄の誕生　166

イタリア遠征と教皇との対決／権力を可視化する／ワシントン　ナポレオン　シャトーブリアン／共和国の将軍はいかにして皇帝となるか

第三章　国家と宗教……179

1　「コンコルダート」から「公認宗教体制」へ　179

一八〇四年　戴冠式／「諸宗教」cultes の自由について／宗教婚と民事婚／カトリック
カルヴァン派　ルター派　ユダヤ教

2　修道会の発展と社会貢献　188
独裁と自由と公共圏／「コングレガシオン」とは何か／福祉と教育におけるジェンダー・バイアス

3　結社としての宗教団体　195
バルザック『人間喜劇』の秘密結社／フリーメイソンの黄金時代？／名望家とメイソンとポルタリス

第四章　民法と家族制度……………………205

1　「ナポレオン法典」をめぐって　205
ポルタリスとフランス人の「民事的憲法」／民法典二百周年とカルボニエ論文／革命期のラディカルな法案から家父長制への転換／婚姻と離婚と諸宗教の自由

2　「家父長小説」としての『ペール・ゴリオ』　218
法典の文化的受容とバルザックの貢献／父親は法律によってつくられる？

3　遺産相続と『ゴプセック』　224
相続における非嫡出子と配偶者の処遇／「信用」と「契約」と法律の絡繰り／廉直な弁護士と金貸しの教訓

第五章　文化とネイション……………………232

1　近代国家を建設するのは法学部　232

皇帝は教育者／「ナポレオンの大学」と弁護士の時代
2　ライックな公共圏と国民アイデンティティの創造　239
公認宗教体制における国家の中立／「教会の長女」から文化遺産を継承するネイションへ／ヨーロッパの基層としてのケルト
3　聖なる使命としての文学　248
ポール・ベニシュー『作家の戴冠』／シャトーブリアンの「護教論」における人間中心主義／「書くこと」の苦行僧フローベール

第Ⅲ部　姦通小説論

第一章　宗教的な大罪　それとも民法の契約違反？……………259
1　教会の定める「姦通」とは何か　259
「モーセの十戒」と大罪としての「姦淫」／アンシャン・レジームの訴訟事件に見る「姦通」の定義／女は「弱き性」という絡繰り
2　カトリック的な愛の神秘と罪の意識　267
『谷間の百合』における「姦通の詩情」／「反抗する感覚」と「あの抗しがたい悦楽」／引き立て役の愛人はプロテスタント
3　神の法から人の法へ　274
「告解」と「オナンの罪」をめぐる神学論争／民法と刑法の定める「姦通罪」
4　バルザック『ランジェ公爵夫人』vs.モーパッサン『ベラミ』　278

貴婦人の「告解」あるいは「小罪」としての恋愛ゲーム／共和国の「新しい女」と「貞女」と「持参金つきの娘」

第二章 親密圏のジェンダー論
――女子修道会寄宿学校育ちのお嬢さま……287

1 無知という美徳 287
ジェンダー法学から見た「親密圏」と家父長制／ラクロ『危険な関係』における人妻の死／理想の花嫁学校としての修道院

2 カトリック的な処女性と母性について 293
シャトーブリアンの説く「秘蹟としての純潔」／母性賛美とマリア信仰

3 十九世紀の女子教育――カトリックvs.プロテスタント 299
修道会と「女性教員を生産する大工場」／女子教育の先駆者たち／『ジェイン・エア』の寄宿学校と牧師の妻というステータス／公共圏と親密圏のジェンダー秩序

第三章 裁きの物語としての『モンテ＝クリスト伯爵』……311

1 個人と家族と男同士の絆 311
「国民文学」の時代と三人称小説／グザヴィエ・マルタンの民法的家族論／社会の真の構成要素は家族？

2 人間の正義vs.神の摂理 318
父と息子の物語／ヨーロッパ文明と「国民文学」の地政学／復讐は小悪党から順番に

3 自殺・毒薬・姦通 324

軍人の汚辱が暴かれる時／検事総長の家族の事情とボナパルティストたち／「毒を盛る女」の夫にして「姦生子」の父が裁かれる時
4　新しい市民道徳のなかの非嫡出子――モーパッサン『ピエールとジャン』　332
ころがりこんだ遺産と父の凋落／「姦通の女」から「母の姦通」へ

第四章　神聖なる家族制度……339

1　聖職者――『女の一生』における二人の司祭　339
夫が女中に子を産ませた場合の対処法／夫が妻の出産を望まぬ場合の対処法／妻が夫の姦通を黙認した場合の対処法
2　娼婦――家族小説としての『椿姫』　346
物語の構造と証言の信憑性／父の説得術　あるいは「承認」という価値／娼婦の屍骸と読者の市民道徳
3　英仏の女中たち――『パミラ』『小間使いの日記』『純な心』　354
手紙を書く小間使いが「淑徳」を語る／世紀末の風俗を覗き見する装置としての小間使いの日記／言葉を失ってゆく女中の内面に寄りそって

第五章　『ボヴァリー夫人』再読――姦通と反復……365

1　一八五九年の書簡より――宗教文化とジェンダー・イメージ　365
フローベールの苛立ち／マリア信仰の時代の感情と感性
2　ヒロインたちが死ぬ理由　372
書簡体小説における弁明の一人称／意思疎通の可能性を断ち切られた言葉の回路／小説は

死の欲動をいかに言語化するか／真の愛への殉教vs.拒絶としての自死
3　月の光　あるいは「紋切り型批判」としての姦通小説　381
作家は作中人物の皮のなかに入る／物語のなかに月は二十一回あらわれる／月を見上げる女が滑稽になる時
4　一八五二年の書簡より――散文の誕生と美的神秘主義　389
散文は生まれたばかり／秩序壊乱的なエクリチュール／ポエジーとしての姦通小説
5　ボヴァリー裁判のロジック――シャルル・ボヴァリー復権のために　396
一八一九年法と検事ピナール／「公共道徳・宗教道徳」とは何か／秩序壊乱のメカニズム／『ボヴァリー夫人』の輝かしき違反性

第Ⅳ部　ライシテの時代の宗教文化

第一章　一九〇五年　政教分離法……409
1　一九〇四年　民法典百周年――変化する家族像　409
「民法典百周年記念論集」に寄せたアルベール・ソレルの「序論」／ジャン＝ルイ・アルペランの展望と「家族法の手直し」／離婚法・姦通小説・モーパッサン
2　コンコルダートからライシテへ――宗教は「私的領域」の問題か？　419
「諸教会と国家の分離に関する法」成立まで／「ライシテ」をめぐるルネ・レモンの法文解釈／ホセ・カサノヴァによる宗教の「私事化」と「脱私事化」／「世俗化論」の三つの命題
3　宗教文化と公共圏――アイデンティティの可視化を求めて　433

鐘の音　十字架　マリア像　宗教行事／O・ミルボーの女中とM・パニョルの少年が見た「政教分離」
4　教授たちの共和国——チボーデからモナ・オズーフへ　443
一九二四年　左翼カルテルの勝利／奨学生 vs. 遺産相続者／時代の花形はプロテスタント系の哲学教授／女子高等師範学校の卒業生たち

第二章　『失われた時を求めて』の宗教文化……454
1　国民的文化遺産としてのカトリック　454
遺産相続者プルースト／一九〇四年「大聖堂の死」／『失われた時を求めて』の教会と司祭
2　記憶・死・甦り　466
永久に死んでしまったのか？／メタファーとしての神話・伝承・昔話／「見出された時」の啓示と永遠の命
3　父権的ジェンダー秩序から禁じられたセクシュアリティへ　477
人妻幻想の変容／母から息子という相続の系譜／権威ある父から遠く離れて
4　姦通小説の彼方へ　486
「立体心理学」と「心の間歇」／ナショナル・ヒストリーから遠く離れて

終章　女たちの声——国民文学の彼方へ……495
1　オデットからコレットへ　495
新しい娼婦たち／公立小学校出の国民作家／『母と神父さま』
2　サロンの会話——ゲルマント公爵夫人からセヴィニエ夫人へ　506

『失われた時を求めて』のサロン幻想／マルク・フュマロリの「会話論」あるいは「エスプリ」について／セヴィニエ夫人からサン＝シモン公爵という文学の系譜／『失われた時を求めて』のジェンダー秩序と時空間／スタール夫人素描

3　現代の証言——アシア・ジェバールの声　525

アカデミー・フランセーズ初のマグリブ女性作家／ヨーロッパの男たちの記録vs.アルジェリアの女たちの語り／声を目覚めさせるために書く

あとがき　535

注

文献一覧

図版出典一覧

人名索引

泉下の壽先生に

序章　現代の宗教と文化

1　ある移民二世の回心の物語

その物語は、こんなふうにはじまっている。

ぼくは三歳のときに誕生した。一九七八年十月十一日よりまえ、ぼくがどんなふうに生きたのか、まるで覚えがない。この日付以降、ぼくの記憶は完璧だ。この日とは、ぼくの弟ファイエットが、この世に生まれおちることにした日を指している。コンゴのブラザヴィル、ブランシュ・ゴメズ病院でのことだった。ぼくのほうは、洗礼名はレジス、パリの第十四区で命をさずけられた。ぼくがやっと二歳になるころ、ヴィリ族出身の父が祖国に呼びもどされた。父はフランスで政治学の学位を得ており、エリート官僚の道をあゆむはずだった。当時は首相だった人物の片腕になると目される人間たちのひとりだったのだ。母はテケ族の出身で、もともと国外に移住することは望んでいなかったし、故郷を恋しがっていたから、思いがけず国に帰ることができて喜んでいた。(1)

コンゴ共和国は、アフリカ大陸中部の大西洋側に位置する旧フランス植民地。十九世紀、ヨーロッパの探検隊と手をたずさえて「暗黒大陸」に進出した宣教活動がこの土地に根づき、今日でも国民の半数ほどがカトリックであるという。物語の主人公をかりにAMと呼ぶとしよう。幼い彼が両親の祖国ですごした四年間は、ユートピアの旅のように幸福な思い出となるのだが、期待どおりの出世コースにのれなかった父親は、奨学金をたよりにフランスにまいもどり、一家はドイツ国境に隣接する大都市ストラスブールの郊外ヌーホフに住みついた。

立ち並ぶ低所得者用の高層アパートHLMは habitation à loyer modéré ではなくて「手を挙げろ！」Haut les mains! の略語だろうというジョークがあるほどに物騒な、あるいは物騒だという烙印を押された地区である。多様な民族からなる二万の住民のうち、AMの一家は三番目の黒人家族。貧困と疎外との闘いがはじまった。かっこよくて知的で女好き、しかも高学歴で職のない父親は出奔し、肝っ玉のすわった母親が子どもたちを育てあげた。

AMは学校の成績は抜群でつねに仲間のリーダー格。「郊外」からただひとり、奨学金を得てカトリック系の私立中学校に進むのだが、一方では巧みに組織された「お仕事」すなわち「すり」で稼ぎまくり、派手に遊び歩くようになる。優等生と非行少年の二重生活は、疚《やま》しさとは無縁のゲームのようなものだった。仲間の少年たちはしだいに大仕掛けの窃盗をもくろむようになり、麻薬やエイズに心身をむしばまれ、くり返し警察の厄介になる者もあれば、ディーラーどうしの争いや常軌を逸した交通事故に巻き込まれて落命する者もあった。少年時代の回想をしめくくるページには、戦没者名簿のように亡き友の名がならんでいる。

移民二世の少年たちにとって、アメリカでヒーローとなった黒人たちは憧憬《しょうけい》の的だった。ボクサーのモハメド・アリから一九九二年に映画化されて一躍人気者になった公民権運動の指導者マルコムXまで、白人の宗教を捨ててイスラームに改宗した著名な黒人は少なくない。やがてラップが輸入され、フランス語で歌う無名のグループがぞくぞくと生まれたが、このときも本場のラッパーはムスリムだという評判が熱気をかきたてた。AMはこうして「文化」という扉をとおってイスラームの世界に接近したのである。

洗礼も初聖体拝領も怠らずにカトリックの世界で成長し、たまには教会にかよい、神の存在を疑ったことは一瞬たりとてないが、実存の悩みに答えてくれぬ教義に違和感をおぼえていたという聡明な少年は、ある日、ラップ仲間の幼友達と話し合い、決意して町中のモスクにおもむいた。「すり」やディーラーをほどほどの節度を保ってやりながら貯めこんできた高価なブランド品が山のようにあったが、モスクにむかうまえに、すべて焼き捨てることが暗黙の了解だった。アラビア語の初歩も知らない少年は、数ヵ月で即席の教育を授けられ、ムスリムと認められて「アブダル・マリク」を名乗ることになる。敬虔なカトリック教徒である母は、「郊外」の少年にとってイスラームへの改宗は「道徳的な保証」になると考えており、神はひとつなのだから、と率直に受けいれてくれた。

さてわたしたちは、フランスラップ界の「公認の顔」と日本語版ウィキペディアにも紹介されているアーティストの自叙伝風の物語を半分ほど読んだところである。身綺麗になった少年は、憑かれたように本を読みあさる。そして――母親の目には月世界到達のような偉業に見えたというが――めでたくストラスブール大学に入学し、哲学と古典文学を学ぶことになる。『フランスにアッラーの祝福を！』と題したアブダル・マリクの処女作が、知識人の思考法を土台として端正なフランス語で書かれているのは、それなりの経緯があってのことなのだ(2)。

カトリックからイスラームへと改宗することで、みずから選びとった共同体に属し、ついにアイデンティティを獲得したという感覚をもつに至った、と著者は述懐する。それは「タブリーグ・ジャマート」という国際的なイスラーム宣教機関だった。小鳥のさえずる早朝に白衣を着用して集団礼拝にかようときには、清々《すがすが》しい感動を味わった。有能な青年は組織の活動的メンバーになり、週末には遠方にでかけ、定められた方式で路上の勧誘などをやっていたのだが、しだいに反知性的な「郊外のイスラーム」に違和感をおぼえるようになる。ヨーロッパの全ムスリムのスポークスマンであるかのごとくメディアに露出するエジプト系スイス人の大学教授タリク・ラマダンに面会を申しこんだこともあったけれど、納得のゆく回答は得られなかった。やがて読書家の青年は、モロッコ在住の人類学者ファウジ・スカリによるスーフィズムの書物『向きあう心と心(3)』に出会い、蒙を啓かれる。そして著者のもとを訪れ、イスラーム神秘主義に傾倒していった。

こうしてアブダル・マリクは、ファウジ・スカリを介してシディ・ハムザを最高位の指導者とするカーディリー教団に導かれた。[4] その集会は集団礼拝をおこない、指導者の講話に耳をかたむけ、参加者がみずからの体験を語るという一般的なかたちのものらしいが、人びとが静謐な喜びを分かち合っていることは、『フランスにアッラーの祝福を！』の真摯な叙述からも、おのずと伝わってくる。青年はモロッコの片田舎にあるシディ・ハムザの教団本部にも足をはこぶ。そしてスーフィズムの祭典においてはブラック・アフリカ、マグリブ、ヨーロッパとアメリカ、アジア、オリエントが真に和合することを現場で体感し、われを忘れるほどの歓喜をおぼえたのだった。一方で「タブリーグ」の内部には、黒人やユダヤ人に対する密かな差別意識があると見ていたから、なおさらだった。[5]

フランス在住のムスリムがイスラエル在住のユダヤ人とともにアウシュヴィッツで共同集会を開くというエキュメニズム（諸宗教間の対話をめざす運動）の国際イヴェントに参加した経験が報告されたのち、青年が久しぶりにストラスブールの「郊外」に足をふみいれるところで、物語は幕となる。目にしたのは、末の弟がなにか重大なことをしでかして、警察に連行されるところだった。[6]

スーフィズムの「霊的体験」をとおして結ばれた友人たちのなかから、典型的とはいえぬ経歴だが、と著者が断って紹介している白人の青年は、つぎのような人物だ。高級住宅街として知られるパリ十六区で生まれ、高学歴であり、見かけは平凡そのもの。スピリチュアリティの探究という動機からフリーメイソンに入り、その後スーフィズムという扉からイスラームの信仰に至ったという。同じく興味深く思われるのは、これも白人の青年で、両親そろって教員というゆとりある家庭に生まれ、かなりの美男子。キネジセラピー（体操やマッサージによる運動療法）やオステオパシー（アメリカで生まれた整体術）などをやっていた。幼いころに虐《いじ》められた記憶のために、ながらく黒人とアラブ人を憎悪していたが、スピリチュアリティへの関心という回路によって、イスラームに改宗することになった。[7] ちなみにアブダル・マリクはこれらの友人たちを最近の著作で小説の「登場人物」に昇格させている。

アーティストとしてのアブダル・マリクは『ジブラルタル』をはじめ、いくつかのソロアルバムを発表しているが、スーフィズムへの回心という経験が創作活動の軸足ともなっていることは、歌詞の語彙や表現に当たってみれば、おのずとわかる。書物の世界では『フランスにアッラーの祝福を！』がベルギーのローランス・トラン賞を獲得。つづいて二〇一〇年に出版された『郊外戦争は起こらないだろう』(8)は、やはりイスラームに改宗した黒人青年が主人公。自伝的であることに変わりはないが、語りの仕掛けが洒落ており、「著者」あるいは「ぼく」あるいは「語り手」と名乗る者たちが、章ごとに交替しながらフィクションを立ち上げてゆく。

この本の表題は、二〇〇五年にパリ郊外でおきた暴動事件への時事的な目配せというだけでなく、ジャン・ジロドゥの『トロイ戦争は起こらないだろう』のもじりでもある。ギリシア神話を素材に書かれた一九三五年の戯曲は、愚かな戦争として予感された第二次世界大戦への警告だった。これをふまえた二〇一〇年の「郊外小説」が、平和主義のメッセージを読者に送ろうとしていることはいうまでもない。物語は「郊外」という暴力的な空間を創造力の源泉とみなし、ギリシア神話の調和的な世界を逆転させたような「反ユートピア」の内部から言葉をつむぎだす。世界中から移民や亡命者が流入する「郊外」とは要するに、グローバル化する地球の捌け口を失ったエネルギーが、まともな危機管理もなされぬままに充満しているところ。それは巨大な「原発」のようなものであり、上手に制御すれば国中を照らし出すけれど、ほったらかしておくと「原爆」になりかねない、という趣旨の不穏な比喩が、幕開け近く、スレイマンという名の「ぼく」の独白のなかに潜ませてある。(9)

作品を読みとおしてみても、回心による魂の救済という主題が明確に見えてくるわけではないのだが、イスラームという宗教の神学的な解説を小説に期待することは的外れだろう。今、みずからが信奉する漠然とした「聖なるもの」を「文学」の言葉によって伝えること。ただそれだけが、アブダル・マリクの意図であったにちがいない。著者はこんなふうに語って物語をしめくくる。

これらの地区は、現代社会にはびこる病魔の起源であるかのように糾弾されているけれど、もしかしたら、みなが救済を求めてやってくる場になるかもしれない。

そして霊的なものが宗教的なものをとおして顕れるとはかぎらないのだから、だとすれば、きっとそうなるはずだ、あらゆる人が、この都市《シテ》〔「市民的な共同体」から「郊外の団地」までを指す多義的な言葉〕にやってくるだろう。そのときここは、いくばくかギリシア的なところをとりもどしているだろうか……。

ぼくはそのために働こう。そして動きはじめよう、人間として、アーティストとして、市民として。

郊外戦争は起こらないだろう……。

（イン・シャー・アッラー！〔アッラーがお望みであれば〕[10]）

「霊的なもの」あるいは「スピリチュアルなもの」——アブダル・マリクの著作や音楽活動のなかで、この語彙がどのような文脈で運用されているか、推測するための糸口はつかめたように思う。「宗教的なもの」に還元されぬ「スピリチュアリティ」の次元があるという、経験に根ざした主張に注目したい。

2　スピリチュアリティの時代

本題に入る。宗教的な事象は、人文科学と社会科学はいうにおよばず、たとえば医学など自然科学にも深いかかわりをもち、公認の学問的アプローチや分析概念が存在するわけではない。ましてやわたしは文学畑の人間だから、まずは宗教学・宗教史を専攻する第一線の研究者の著作を参照しながら、方法論の問題を自分なりに整理しておきたい。今日の日本に考察の手がかりを求めるとすれば、まず参照すべきは二〇〇七年に刊行された島薗進『スピリチュアリティの興隆——新霊性文化とその周辺[11]』だろう。表題からもおわかりのように、ひとつのキーワードが、この学術書を移民二世の回心の物語にむすびつけている。アブダル・マリクのいう「スピリチュアルなもの」le spirituel を島薗氏の用語法により定義して「巨視的な宗教史」のなかに位置づけることができるだろうか。

スピリチュアリティ（霊性）とは、個々人が聖なるものを経験したり、聖なるものとの関わりを生きたりすること、また人間のそのような働きを指す。それはまた、個々人の生活においていのちの原動力と感じられたり、生きる力の源泉と感じられたりするような経験や能力を指している。従来は特定宗教の枠内で一定の規範にのっとって経験され、生きられるものであったスピリチュアリティが、特定宗教の枠を超え、個々人が自由に探求し、身につけることができるようなものと考えられるようになってきた。世界の先進国では、今や新しいタイプのスピリチュアリティが広範に形成されてきていると思われる。(12)

こうしたスピリチュアリティへの希求が高まった背景には、一九七〇年代におけるグローバル化の進展とアメリカ流の自由競争至上主義があると著者はいう。個人のまわりをおおっていた共同体という安全網が引きはがされて、裸の心が社会のストレスにさらされており、その痛みを癒す何ものかが求められる。これに応えて醸成される新しい運動や文化を、島薗氏は「新霊性文化」と呼ぶのである。そして伝統的な救済宗教においてもスピリチュアリティの探求により、個人の苦難に応答する道をさぐっているものもあるが、それは新霊性文化の内部というより周辺に位置するものと考えるのが適切だろうと指摘する。

アブダル・マリクの場合、霊的なものの探求といっても「新霊性文化」の典型ではなく、まさに周辺に位置するものであり、伝統的宗教の現代世界への働きかけが幸運な出会いをもたらしたケースといえそうだ。イスラームのスーフィズムは内在的な視点からすれば、アッラーの啓示に起源をもつのだから、その歴史はイスラームと同じに古いということになるが、宗教史においては九世紀中頃から発展したとみなされており、清貧と禁欲を説き、法学や神学の学問的な体系よりも内面や感情の問題を重視する。イスラーム全域に広まっており、今日では、モロッコやアルジェリアなどマグリブにおけるスーフィズムは、いわゆる「原理主義」への対抗勢力とみなされている[13]。

一方で「霊性」spiritualityという語彙自体は、いうまでもなくキリスト教起源のものである。古くはローマ・カトリックの修道会などで創始者の「霊性」が問われたりしたが、神秘主義の伝統とは無縁なプロテスタントには、神学的な概念としては浸透しなかった。むしろ二十世紀に入ってから比較宗教学的な文脈で注目されるようになり、「霊性神学」という研究分野なども生まれ、さらにグローバル化時代の「新霊性文化」の中核概念とされることにより、脚光を浴びたということだろう[14]。

島薗氏も指摘するように、カトリックの伝統のなかで修道院など特殊な環境で養われるとされていたスピリチュアリティが、やがて一般信徒に開放される時期がやってくる。それは一九五〇年代から六〇年代のことであり、このときはプロテスタントも、この語を用いるようになったという[15]。そこに至るまでのほぼ二世紀が、本書の検討対象とする時代であり、決定的な転機はフランス革命をふくむ数十年に訪れた。いずれ『キリスト教精髄』の著者シャトーブリアンと批評家ポール・ベニシューを参照しながら詳しく検討するが、カトリック教会の絶対的な支配から解放され、しかも宗教を否定するのではなく、これに身を寄せた思想・芸術の潮流を、ベニシューは「ライックなスピリチュアリズム」と名づけている[16]。

この用例における「ライック」とは「聖職者ではない」という意味。ご存じのように、プロテスタンティズムの信仰においては、神の前に立つ個々人の信仰が問われるのに対し、ローマ・カトリックでは、聖職者が神と信徒のあいだをつなぐ仲介者の任を果たすとされている。信徒を教え導く「教導権[17]」magisteriumを遂行する教会という大前提をしっかり念頭においてみれば、「ライックなスピリチュアリズム」という表現が、専門家の援けを借りずに素人が禁断のテーマを探究するといったニュアンスの違反性すら仄めかしていることが推察できるだろう。カトリック世界におけるスピリチュアリティの開放が意味するのは、たんに一般信徒もこれに与ることができるというだけのことではない。「宗教的なもの」や「霊的なもの」について語る権能をもつのは誰か、という重大な一点について、緩やかだが広範なパラダイムシフトがおきる。そこで要した長い年月を想定して、本書は表題にもあるように「近代ヨーロッパ」という時空を設定した。

さて島薗氏の著作がめざすところは、イスラームやキリスト教などの救済宗教と歴史的なかかわりをもつスピリチュアリティも視野に入れながら、現代日本を特徴づける新霊性文化を描出することにある。痛みをかかえ癒しを求める心身のケアという意味で、セラピー文化のなかのホスピスケアや死生学に近いところで、この語がつかわれたというが(18)、そもそも「スピリチュアルなもの」は宗教といかなる関係を切り結ぶのか。

一般にスピリチュアリティの探究においては、伝統的な宗教と近代科学や合理主義という対立項の双方に依拠しながら、それぞれの欠陥を超克した新たな世界観をきずこうという野心が語られる。そして瞑想、呼吸法、心理療法的な対話、グループワーク、ビジュアライゼーション、ボディワークなど、実践を中核としたプログラムがつくられる。その起源には、アメリカなどのネイティヴが伝えてきた部族宗教や東洋の宗教的伝統のなかで培われた手法などが流れこんでいるという。さらに救済宗教との相違をめぐる論点を、島薗氏の考察から抽出しておけば、スピリチュアルな営みにおいては「救済」よりも「自己変容」が目的となる。救済宗教も「変容」を説くのだが、それは現世との連続的な変化ではなくて、なんらかの「断絶」をへたものであり、その経緯には「超越的なもの」の介入が前提となっている。じっさい前項で見たように、アブダル・マリクの「回心」は「断絶」の経験として自覚されていた。

それでは「超越」の契機とは何か。広い意味での人間の苦難——キリスト教の場合は、人間の根源的な罪——を深く認識し、これを共有したうえで、慈悲や友愛の教義を説くことが救済宗教の本義だが、これに対して新霊性文化では、苦難や悪は文明社会の歪みによると考える。それは個人の力で脱出することができるものなのだ。神や仏、あるいは救世主など、人間の理解を超える「超越的な他者」をめぐる思念や問いかけは、救済宗教の根幹をなす。一方、新霊性文化では、たとえば「大霊」「ガイア」「大自然」「宇宙霊」といった用語でふつうの人間にはない特性をそなえた霊的存在を指し示すのが一般的であり、人格《ペルソナ》をそなえた超越者は想定されることがない(19)。

以上、島薗氏の論を追いながら、宗教学の用語でいう今日の「スピリチュアリティ」について考えてみた。おのずと浮上するヨーロッパの特性は、ここがキリスト教という強固な救済宗教を土台として構築されてきた世界であるということだ。近代以降の歴史を見れば、西欧の覇権が世界をおおいつくしたのち、脱植民地化、そしてグローバル化という一連の動きがおきる。そうしたなかでイスラームというもうひとつの巨大な救済宗教が、移民とともにヨーロッパに流入し、キリスト教的な伝統とは折り合いをつけてきた国民国家モデルがアイデンティティの危機に陥るほどの緊迫した事態になっている。日本と同じ意味合いで、新霊性文化をうけいれる土壌が今のヨーロッパにあるとは思われない。しかし見方を反転させれば日本を特徴づけるのは、キリスト教からもイスラームからも相対的に自由な立場にあるという条件にほかならない。だから救済宗教に固有の世界観を理解できない、といいたいわけではない。喩えていうなら、あえて建屋の内部に踏みこまぬ者だからこそ、建造物の外観を捉えることも、ほかの建造物との位置関係を目測することもできるのではないか。第三者的な立ち位置を、むしろポジティヴな所与とみなして考察をつづけることにしよう。

それにしても大学院ではフランス文学を専攻した者が、いかなる位相で宗教への関心を温めてきたか。幼いころの出会いにまでさかのぼり、個人的な経緯にひと言ふれておく。両親が近所のプロテスタント教会に足をはこぶようになったのは、たまたま子どもたちが世話になっている幼稚園が、その教会に併設されたものだったという偶然による。あちこちに見かける進駐軍と同様に、教会のミッションがアメリカという国からやってきたこと、遠いその国には、まばゆいほどの物質文明があることは、子供心にも感じられた。教会のバザーで手に入れたピンクの毛糸で母が編んでくれたワンピースは、自慢の晴れ着だった。両親が洗礼を受け、わたしも日曜学校にかようようになり、聖書や賛美歌などになじんだが、ルターやカルヴァンが引用される牧師の説教は、理詰めの重苦しさばかり記憶にきざまれている。霊的な感動と呼べるようなものを味わうことはないままに、中学生のときに教会から足が遠のいて、その後は信仰に至る可能性を考えたことはない。

3　「世俗化＝近代化」という神話

文学研究をこころざして大学院に進学したところに、なぜフローベールは書簡のなかで、あれほど執拗に「宗教的な語彙」を用いて芸術の営みについて語るのか[20]、という大きな疑問に突き当たり、以来そのままになっている。今ならむしろ「霊的な語彙」あるいは「カトリック的な語彙」と形容するだろう。一九六〇年代からの三十年ほどは、テーマ研究、構造主義、ヌーヴェル・クリティーク、ナラトロジー、あるいは草稿研究という具合に、もっぱらテクスト分析の道具立てが先鋭化した時代である。一方で作家の人生や社会環境といった長閑《のどか》な話題は、古めかしい講壇批評か評伝作家にまかせておけばよいという了解が、ごく最近まで脈々と受けつがれてきたように思われる。

宗教についての新たな関心は、思いがけぬ方向から呼びさまされた。大学院の重点化にともなう学問領域の再編成という制度的な課題に促されるような恰好で、ウォーラステイン『近代世界システム』などを手にとるようになった。そして特定の国民国家の内部に安住したのでは「地域文化研究」は成り立たないという切迫した思いも手伝って『ヨーロッパ文明批判序説——植民地・共和国・オリエンタリズム[21]』と題した書物を二〇〇三年に上梓した。第Ⅲ部「キリスト教と文明の意識」では、十九世紀初頭から植民地化の時代にかけて、文明の論理に宗教がとりこまれてゆく過程を素描したのだが、それ以来、この問題を異なる角度からとりあげて二十世紀も視野に入れ、より柔軟な枠組みで捉えなおしてみたいと考えてきた。

ここで比較宗教史の共同研究を展開しておられる深沢克己氏の論考を長めに引用しておきたい。複数の著者による論文集『ユーラシア諸宗教の関係史論——他者の受容、他者の排除[22]』の序文として書かれた文章である。

十九世紀に成立した近代歴史学は、ドイツ・フランス・イギリス各国のあいだで多少の偏差はあるが、総じて政治・外交史を中心とする国民国家形成史を記述目標としながら、世俗化と合理化を自明の到達点とみなし、政教分離と「魔術からの解放」を近代化の指標と考えたので、宗教はそこに副次的な地位をしめるにとどまった。この歴史記述法にしたがえば、中世ヨーロッパにおける教皇権と王権の闘争は、やがて前者の衰退と後者の興隆をもたらし、さらに近世初期の宗教改革に起因する宗教戦争は、ドイツでは領邦教会体制を、フランスではナント王令体制を生みだしたが、いずれも宗教に対する政治の優越、または「国家理性」の独立をつうじて絶対王政の形成に道をひらき、その過程で勃発したドイツ三十年戦争は、フランス参戦とともに宗教戦争から国際政治戦争へと変質をとげ、それを終結させたヴェストファーレン条約は、世俗的な主権国家から構成される新国際秩序を創出したのである。(23)

以上のような歴史記述は誤りではないが一面的であるとして、深沢氏はその問題点を指摘する。そもそも宗教戦争後のヨーロッパ諸国は、完全に「世俗化」されたわけではなく、国内および国際間の宗教対立は解消されるどころか、十七世紀末にはむしろ激化した。その後もカトリックとプロテスタントの双方が、政治的な次元においても社会的な次元においても独自のアイデンティティを追求しつづけて固有の伝統をきずいてきたことはまちがいない。こうしてフランスの場合、カトリック霊性は十七世紀末にその絶頂期をむかえ、「啓蒙の世紀」にも継承されて、十九世紀以降は近代市民社会とのあいだに紆余曲折した関係を構築してきた。それゆえ、宗教をめぐる問題の重要性が再認識されつつある今日、ヨーロッパの歴史学は上記のような十九世紀生まれの歴史観に安住しているわけではないというのである。

世俗化と合理化の進捗こそが近代化にほかならないとする単純なテーゼは、それ自体が近代ヨーロッパで育まれた「神話」なのであり、今日では歴史記述の方法として有効性を失っている。そうした歴史学の見解にも支えられ、宗教を「副次的な地位」から解放したうえで、文学テクストを手がかりに、近代市民社会とカトリック的なものの「紆余曲折した関係」について考察しようというのが本書のねらいだが、以上の問題提起と『ヨーロッパ文明批判序説』で筆者が検討したことがらとの接点を、ここで簡単に復習しておきたい。

政教分離は国民国家の形成に欠かすことのできぬ要件であるという歴史観は、客観的な事実の陳述のように見えながら、ヨーロッパの文明論のなかに組みこまれるや、隠然たる政治イデオロギーを育むことになる。世俗化と合理化という進歩発展の道で遅れをとり、政教分離の要請に応えられぬ「オリエント」は野蛮な非文明の地であるとする議論は、ヨーロッパ側の「文明の意識」と対になっている。いやむしろ、くり返しいわれてきたように、差別的イデオロギーとしての「オリエンタリズム」なくしては、そもそも「文明のヨーロッパ」という思考の様式そのものが定立しえなかったはずなのだ。それなのに、今日もなお「文明」という概念が、とりわけイスラーム系とキリスト教系の文化的な軋轢が問題となったとき、自明の枠組として援用されるのはなぜなのか。

文明と宗教の関係については次節で検討するが、深沢氏の提唱する比較宗教史の観点は「キリスト教世界」という均質な空間があるわけではないという事実を再認識させるという意味でも貴重である。カトリック系の国家とプロテスタント系の国家の固有性という問題構成は、ヨーロッパの歴史はもとより、植民地史や今日の多文化主義をめぐる論争を読み解くためにも欠かせない。前著を脱稿して以来、カトリック的な社会の特性とは何か、という疑問がつねに念頭にあった。まずは初歩的な回答の素案のようなものが、新書版の『宗教vs.国家――フランス〈政教分離〉と市民の誕生』(24)であり、つづいて政治史・宗教史の泰斗ルネ・レモンの小ぶりの書物を訳すことにした。著者自身が誠実なカトリック信徒であり、世俗化と政教分離の貫徹を近代国家の到達点とみなす目的論的な歴史記述を鋭く批判して、これに替わる議論を提案しているところが、大きな魅力だった。ひと言でいうなら、フランス革命以来のいくつかの歴史的な決断の意味を問いなおし、政治と宗教の双方が交渉や譲歩によってそれなりの modus vivendi (暫定的な合意)を見出してゆく過程として、フランス近現代の政教関係を描出するという方法である。『政教分離を問いなおす――ＥＵとムスリムのはざまで』[25]という邦題で出版した書物は、フランスで学位を取得した若手研究者、伊達聖伸氏の協力を得て、原著に匹敵するヴォリュームの注や解説をそえるという構成にした。

ルネ・レモンの著作は、碩学が一般読者のために書きおろした「啓蒙書」としてフランスで出版されたものである。同じ内容の書物が、わが国では注や解説でおぎなってもなお平明とはいえぬ「専門書」とみなされてしまうことの背景には、彼我《ひが》の文化的な距離、あるいはむしろ彼の地の「宗教文化」をめぐる基礎知識の不足という問題が横たわっていよう。わたし自身の素朴な印象を語るなら、カトリックとは、とほうもないスケールと歴史的な重みをもつ制度的宗教なのであり、とりわけ教皇庁を頂点とする教会の権能は想像を絶するものに思われる。正直なところ、国際法上の主権国家であるヴァチカン市国と一体をなし、世界中の教区で共通の教義にもとづく共通の典礼を日々執り行なっているカトリック教会と、わたしが幼いときにふれた個人主義的で生真面目なプロテスタント信仰が、はたしてどこかで通底しているものか、いまだに実感がわかないのである。

ともあれカトリックへの対抗運動として成長したプロテスタントを知るためにも、「キリスト教世界」という名でくくられる共同体が内にかかえる複雑さを感知するためにも、さらには世界を分断するキリスト教とイスラームの「文明の衝突」という単純化の議論に抗うためにも、やはり原点としてのカトリックの文化的な固有性とは何かという問いに立ちかえることが求められるだろう。

4　「文明の衝突」から「宗教文化論」へ

二〇一一年の春、本書を書きはじめてまもなく、ビン＝ラディンがアメリカ軍の特殊部隊によって殺害された。予想されたように「テロとの戦争」と「イスラーム原理主義」と「文明の衝突」という三点セットの語彙が、華々しくメディアに流通することになった。これらが鎖の輪のように繋がる三つのテーマであるという暗黙の了解は、おそらく九・一一事件につづく日々に世界中のテレビ視聴者の意識に刷りこまれたのだろう。二〇〇一年ニューヨークへの奇襲攻撃にはじまる戦いの歴史に、十年後、パキスタンでの報復が決着をつけたというストーリーなのだから、同じキーワードが浮上するのは無理からぬことかもしれない。ここで「テロ」や「原理主義」について発言しようというわけではないのだが、それにしても「宗教」と「文明」が離れがたいカップルのごとく定期的にクローズアップされるのはなぜなのか。少し時をさかのぼれば、同時多発テロを五年前に予告したともいわれるサミュエル・ハンチントンの『文明の衝突』では、それぞれの「文明」に「宗教」の名がレッテルのように貼りつけられていた。

しかし、さらに二世紀ほど昔、いわゆる「文明論」の淵源とみなされる時点にまで立ちもどってみると、啓蒙思想の申し子としてエジプト遠征をくわだてたフランス共和国の将軍ボナパルトの脳裏には、ハンチントン流の文明観は片鱗すらなかったことがわかる。未来の皇帝は「宗教」に拘束されぬ自律的な価値として「文明」を称えていたのである。その後十九世紀をつうじて「文明論」の構図のなかに「アーリアvs.セム」あるいは「キリスト教vs.イスラーム」という対立項がくっきりと描きこまれるようになった。ミシュレやルナンなど、共和主義の理想を掲げた大思想家たちのテクストを虚心に読んでみれば、じっさい人種や宗教の優劣という差別的な思考法が、近代性という価値を信奉するヨーロッパの世界観にとって構造的に不可欠であったことが、おのずと理解されるはずである。これは『ヨーロッパ文明批判序説』第Ⅲ部「キリスト教と文明の意識」の問題提起でもあった。

世俗化と政教分離こそが国民国家の到達目標であるとする十九世紀の歴史観は二十世紀に引きつがれ、植民地化の波にのってヨーロッパの外部にも浸透し、イスラームやアジアのエリート層に吸収されて世界的な潮流となってゆく。わが国でも一九六〇年代の知識人や学生は、当然のようにマルクスを読むことになっており、宗教と近代化は相容れないとするテーゼは、今さら真剣に議論する必要のない自明の理とみなされていた。

それだけに一九七九年のイラン革命の衝撃は大きかった。旧弊なはずの宗教と政治の改革運動がむすびつくこと自体、なにか理不尽なことに思われたのである。ヨーロッパの目にイスラーム圏が得体の知れぬ他者性とともに立ちあらわれたのは、この頃だろう。七〇年代には二度のオイルショックがあり、経済圏としての中東諸国に世界が翻弄されるというドラマが展開された。凋落ぎみのヨーロッパは、欧米の外部にも侮《あなど》れぬ「文明」があるという物語を好んで発信するようになる。

あらためて強調しておきたいのだが、「文明」という概念は誕生の経緯からしても、どこかで領土的・経済的・政治的な野心とむすばれており、覇権主義へと傾きやすい。しかも「文明」は国家のように空間的に定義されることがないために、イデオロギーや宗教など抽象的なアイデンティティを旗印に掲げ、他者との相違という観点から自己を定義する必要に迫られる。この語彙はおのずと「文明の衝突」というイメージを招きよせ、この構図によって現代世界を記述する方法は、いわば避けがたいなりゆきとして、対立する陣営のイデオロギーや宗教に闘争的な性格を付与することになる。指弾された側のイデオロギーや宗教が、これに応じて闘争的な側面を拡大することもあり、こうしたプロセスは結果としてイデオロギーや宗教のさらなる「本質化」を招く。議論は反復されるほどに単純化されてゆき、イスラームが「ジハード」や「殉教」を闘争の理念として掲げるのは、この宗教の「本質」が暴力的なものであるからだとみなされる。その一方で、グローバル化による苛酷な状況が、そのような攻撃性を誘いだし、増幅させているという現実は看過されたままになる。

現代世界における宗教の諸相について考えようとするときに、一九七〇年代の歴史的な転回をイスラームの擡頭という話題だけに還元することは、いずれにせよ偏《かたよ》った見方だろう。わが国でも翻訳紹介されているジル・ケペルの『宗教の復讐』(26)は、一九九一年に出版され、三年後には英訳も出て話題になった。原題をそのまま訳せば「神の復讐――世界の再征服に乗りだすキリスト教徒、ユダヤ教徒、イスラーム教徒」となる。イラン・イスラーム革命を冒頭の話題とし、カトリック教会の改革運動である第二ヴァチカン公会議、共産主義が解体した東欧におけるキリスト教再生の模索、アメリカにおける福音主義の勝利と新保守主義の擡頭、イスラエルにおける正統派ユダヤ教の興隆などをとりあげて、一九七〇年代以降、いかに多様かつグローバルに宗教を原動力とする政治的運動が発生しているかを俯瞰する著作である。

その後ジル・ケペルは、比較宗教学的な視座を持続させることはなかった。近著では、もっぱら政治学の視点から現代イスラームの動向について語っているのだが、邦訳された書物のタイトルからも、ひとつの選択的な切り口が見てとれる。たとえば『ジハード――イスラム主義の発展と衰退』(二〇〇〇年) あるいは『テロと殉教――「文明の衝突」をこえて』(二〇〇九年) など、いずれも「文明の衝突」の立役者と目される好戦的なイスラームに特化した分析をめざしているのである。[27] とりわけ二〇〇九年の『テロと殉教』は、すでに二十ヵ国語に訳されており、ジル・ケペルがイスラーム研究の世界的権威であることは誰の目にも明らかだ。

メディアが時事問題をとりあげるときに、英語圏以外の文献が参照されて複眼的な議論が構成されることは、きわめて貴重なのだが、それにしてもフランス語系の本格的な現代イスラーム研究で一般の読者が邦訳を読むことのできる業績が、ほぼジル・ケペルの著作にかぎられているという現状には、心許ないものがある。ここで照明を当てられているのは「文明」と対になった「宗教」であり、それは宗教的事象のかぎられた一角でしかない。もっともジル・ケペル自身も『テロと殉教』の第四章をしめくくるページで二〇〇五年におきたフランスの郊外問題にふれ、「文明の衝突」に依拠する短絡的な議論を戒めている。たとえばフランス・イスラーム組織連合(UOIF＝ムスリム同胞団系でフランス・イスラーム評議会の主要メンバー)による若者への呼びかけが、まったく空振りにおわったという事実に、著者は注意を促しているのだが、それは「郊外の叛乱」に「イスラーム暴動」というアメリカのメディア好みのレッテルを貼りつけ「テロ」という「大きな物語」にむすびつけるジャーナリズムの論調を警戒してのことである。[28] 念のためにいいそえれば『テロと殉教』の原題 ***Terreur et martyre: Relever le défi de civilisation*** では「文明の挑戦に応じる」という終章のタイトルが、そのまま副題に引用されており、タイトルに「文明の衝突」という言葉はない。

「文明の衝突」(もしくは「対話」) という理論は、一九七〇年代からの「地殻変動」のような動きをもはや有効に説明しきれないとする批判がある。わが国での知名度は相対的には低いが、オリヴィエ・ロワはジル・ケペルとならんで現代イスラームについての発言を傾聴されている研究者である。英語圏においても評価は高く、このところ主要業績は原典に遅れをとらず翻訳が出版されている。オリヴィエ・ロワの提案は、ひと言でいえば「文明」ではなく「文化」を切り口として、宗教の問題を横断的かつ通時的に分析しようということにつきる。問題提起として掲げられたグローバルな風景を訳出しておこう。

なぜ中央アジアでは何万というムスリムがキリスト教やエホバの証人の信徒になるのだろう？　どうして福音主義プロテスタントの教会がモロッコやアルジェリアに根づくようになったのか？　なぜプロテスタントの福音派がブラジル（二〇〇七年の信徒数は二千五百万）や西アフリカにものすごい勢いで浸透するのだろう？　世界中でもっとも急成長をとげている宗教が、ペンテコステ派であることの理由をどうしたら説明できるのか？　急進派サラフィスムが白人黒人を問わずヨーロッパの若者を惹きつけるのはなぜなのか？　「イスラーム主義」の組織のなかでアル・カイダは、改宗者の比率がもっとも高いのはなぜなのか？　これに対して西欧では、カトリック教会が信徒を惹きつけておくことにかくも苦労して、聖職の志願者数が急落しているのはなぜなのか？　今日では英国国教会の保守的な伝統を忠実に守ろうとするのはナイジェリア、ウガンダ、ケニアの人びとであり、その一方で国教会の大主教ローワン・ウィリアムズが、イギリスに住むムスリムが民法としてシャリアを活用すること、そして同性愛者が聖職者として叙任されることに賛同しているのはなぜなのか？　スラヴ系の正教会がプロテスタンティズムとは反対に、そしてヒンドゥー教と同様に、国民的なアイデンティティに閉じこもるのはなぜなのか？

なぜ仏教は西欧に浸透するようになったのか？　イランにおいて宗教をめぐるイデオロギーの葛藤が市民社会の世俗化を招いているのはなぜなのか？　総人口に対するプロテスタント宣教師の比率が世界中でもっとも高いのが、韓国である（絶対数においても、アメリカにつづく第二位である）のはなぜなのか？(29)

このあとに「文明の衝突」（もしくは「対話」）という論理では、このような地球規模の「地殻変動」を解明できない、という文章がつづく。そして、テリトリーやアイデンティティの問題が複雑に絡み合い、宗教と文化の伝統的な絆が断ち切られてしまったという指摘によって、オリヴィエ・ロワは今日の状況を要約するのである。

引用した書物のタイトルは直訳すれば『聖なる無知――文化なき宗教の時代』ということになるのだが、その含意については、のちに述べる。すでに見たように「文明の衝突」に立脚する議論には、たとえばブッシュ前大統領のいう「悪の枢軸」のように、暴力的なまでに明快な二元論を誘発してしまう傾向がある。これに対して「宗教文化」という問題設定は、メディア戦略の衝迫力には欠けるかもしれないが、分析の道具立てとしてははるかに精緻で洗練されている。わが国にはミッション系あるいは仏教や神道の伝統に立つ大学は少なからずあり、宗教をめぐる個別研究については実績を誇ることができる。しかし、宗教に起因する文化的な摩擦や係争という問題には、さほど切迫した関心がないというのが実情だろう。一方、ＥＵ諸国やカナダなどでは、市民性教育という課題をかかえた学校教育の現場からの要請もあり、共通の第三者的用語で身近な視点から複数の宗教について語ることのできる宗教社会学のアプローチに、大きな期待が寄せられている。オリヴィエ・ロワの業績は、そうした意味でも最先端とみなせるのだが、まずは近著で提案された分析のキーワードについて考えてみたい。

5　グローバル化と宗教の「脱文化」

『聖なる無知』の冒頭で、オリヴィエ・ロワはこんなふうに自己紹介をする。生まれは大西洋岸のラ・ロシェル。ユグノー（カルヴァン派プロテスタント）の拠点であり、十七世紀には王権に反旗をひるがえして宰相リシュリュー率いる軍隊に包囲されたという歴史をもつ港湾都市である。著者自身もプロテスタントの教育を受けた。ライヴァルのカトリック系私立や公立学校とちがって、なにしろ男女共学だったから、存分に青春を謳歌したものだ、と自慢話がつづく。夏休みはフォークダンスやサイクリング、寛容な先生の目を盗んでテントのなかで女の子とデート（著者いわく、勉強のできる子は道徳的にもしっかりしていると思いこむのが「プロテスタントの知性主義」というもの）。そんなある日、仲間たちと卓球に興じているところへ新顔があらわれて、青い目を輝かせ「キリストは甦られた！」と叫ぶ。利発な少年たちは、わかっているけどさ、ここで叫ぶ話じゃないだろう、と白けている。はじめて出会った福音主義者だった。一九六五年当時、ラ・ロシェルにはアメリカの海軍基地があり、モルモン教、エホバの証人、福音派、バプティスト、ペンテコスト、アドベンティスト、救世軍などが橋頭堡をきずこうとしていたのだった。子どもの世界とはいえ、それは伝統的なプロテスタントと福音主義の対決だった、と著者は軽妙な語り口で報告する。

その後の著者の知的遍歴をまとめて紹介しておこう。高校でマルクス主義の洗礼を受け――という日本語表現が自然に思われるところからも、宗教とイデオロギーが互換可能なものという暗黙の了解があるらしいことがわかるのだが――毛沢東に心酔し、一九六八年には五月危機における若者たちの昂揚に身を投じ、その後おりあるごとに「オリエント」に旅立つようになる。一九七二年に『ライプニッツと中国』という表題で出版された学位論文は、ルター派のドイツ人哲学者が清王朝におけるイエズス会の宣教活動と教皇庁とのもめ事に介入しているという事実に大いに興味をそそられたのが、研究の動機であったという。要するに、これまでイスラーム研究者であった者がにわかに比較宗教学をやろうと思いたったわけではない、「宗教的なもの」への関心は少年のころから途切れることなく温められてきたという話である。

さて『聖なる無知』の「序章」の幕開けに置かれているのが、前項で紹介した現代世界の諸宗教についての横断的な記述であり、これに以下のような問題提起がつづく。二十世紀をしめくくる四半世紀、宗教をめぐる二つのテーゼがせめぎ合っていた。一方は世俗化が近代性の証しであり、不可避的な帰結でもあると主張するもの。他方は宗教回帰の運動のなかに、近代性がもたらす疎外への抵抗もしくは異なる近代性の進展を認めようとするもの。

いずれも世俗化が宗教の消滅を約束するという前提に立っているところが議論の欠陥だとオリヴィエ・ロワは指摘

する。政治的な監視を離れ世俗化された空間で「宗教的なもの」は自立性を獲得し、拡張への素地を育んだ。「世俗化」と「宗教リバイバル」は対立するのではなく、後者は前者によって導かれたもの、その産物といってよい。過去の亡霊が甦ったという意味での「再来」ではなく、生物が突然変異をおこすような具合に宗教が変貌をとげた。これがオリヴィエ・ロワによる現状分析なのである。

世界中で宗教が「前景化」して見えるのは確かだが、それはひとつにはメディアの効果。移民問題や政教分離、そして「対テロ戦争」など政治の領域で、宗教がクローズアップされているからでもあろう。一方で伝統的な宗教においては、聖職者数は激減し、礼拝の習慣もすたれている。イギリスの場合、例外的に宗教を実践しているのは、ポーランド系の住民(五〇パーセントがミサに出席)、そしてペンテコステ派とイスラーム。ただしペンテコステ派の大部分はアフリカ系もしくはジャマイカ系の黒人である。こうした分布は、「宗教リバイバル」の動因が信仰の本質とは無縁であり、移民出身国などの「住民カテゴリー」にあることを告げていよう。いずれにせよ宗教には、周縁化された人びとや辺境とみなされる地域から信徒をリクルートする傾向があり、これは十八世紀来のメソジストによる信仰覚醒運動にも祖型を見ることができる。最近のスペインの例を紹介すれば、一九九五年には信徒数は数万と見られていたプロテスタントが、二〇〇五年にはおよそ四〇万人。このおどろくべき増加は、エクアドルからの移民労働者で出身国では先住民に当たる人びとの改宗によるものだ。ヨーロッパ以外ではどうかといえば、アメリカでは信仰をもつかと聞かれてノーと答える比率は、一九九〇年の七パーセントから二〇〇一年の一三パーセントへと上昇している。そうしたなかでカトリックは信徒数を伸ばしているが、原因はヒスパニック人口の増加にある。これに対してカトリック神学生の数で見れば、二十世紀半ばと今日では一〇分の一以下という減少ぶりなのだ。

よくいわれるように世界的な潮流として、キリスト教の凋落がイスラームの興隆と連動しているのだろうか。いや現実には、獲得する信徒の数においてはペンテコステ派とモルモン教(末日聖徒イエス・キリスト教会)が他を圧倒する。イスラームの存在がヨーロッパで目につくのは、モスクにおける公的礼拝がようやく普及するようになったためであり、一方で日々の五回の祈禱など個人レヴェルで信仰を実践する者の比率が、ほかの宗教にくらべて特段に高いというわけではないという。もともとイスラームの拡大は、改宗による信徒の増加よりもムスリム人口の増加によるところが大きいのだが、このところ移民の出生率にもブレーキがかかっている。

今日では多くの場合、可視化の権利を主張する宗教は、支配的な文化とのあいだに摩擦や軋轢をかかえている（その典型はムスリムのスカーフ問題）。文化的な断絶を公の場で見せつけること、純粋に「宗教的なもの」を露出して、その「エキシビション」をおこなうことは、マージナルな集団にとって異議申し立てのプログラムに組みこまれた行為なのである。そこでは当然のことながら、原理主義やカリスマ的なものが華々しい成功をおさめることになる。

あらためて大きな歴史的展望にたちかえってみよう。キリスト教についてもイスラームについてもいえることだが、宗教が成立時の文化的なテリトリーをこえて伝播する、そして新しい土地に根づき、馴化されてゆくというプロセスは、つねにくり返されてきた。「世界の文化圏」という地理的な分割は、宗教がテリトリーを基盤として広まってゆくという考えにもとづいており、じじつ、かつては領土的な野心と宗教の拡大がむすびついていた（上述の「文明の衝突／対話」というテーゼは、ここに接合する）。マルクス主義の説明するところによれば、支配者の宗教が被支配者に押しつけられていたのである。

しかるに今日「宗教的なもの」は、こうした政治支配のシステムとは異なる次元で流通しているのではないか？　ペンテコステ派の拡大は、多くの人がいうように、アメリカ帝国主義とむすびついているのだろうか？　イスラームの拡大や、カトリックに占める黒人人口の増大が、同じように政治的な動機から説明できるのか？　アメリカで黒人のイスラーム改宗者が多いことの原因を、イスラームによる支配とか、あるいは新しい反帝国主義運動といった事実にさがし求めなければならないのだろうか？　こんなふうにオリヴィエ・ロワは問いを投げかける。

現代世界においては思想的なもの、文化的な事物、情報、その他さまざまに消費されるものが、テリトリー化されぬ空間に大量に出回っている。そこで「宗教的なもの」が普遍的な性格を打ちだすためには、特定の文化とのむすびつきを放棄したほうが有利なのである。こうして宗教の「脱テリトリー」と同時に「脱文化」という現象が進行する。文化から断ち切られて流通する宗教は、新たに軽い宗教的マークを身にまとう。たとえばイスラームのハラル食品のように、生活スタイルの規範や価値観を単一化して、まるでユニフォームを着こむようにわかりやすい様式にする。いってみれば宗教の「グローバル化対応」である。

周囲の文化との断絶が、ある種の「原理主義」を招きよせることは少なくない。明示的でシンプルな宗教規範のみを尊重し、生活のすべてを信仰によって律することで、回心の手応えを感じることができるからだ（アブダル・マリクが「タブリーグ・ジャマート」のメンバーになったときに経験したことだ）。それにしても信仰と知的なものとの対話が切断されるとはどのような事態なのか。

たとえば福音派は聖書を字義どおりに受容し「メッセージ」に還元する。そこから生じる極端な現象がペンテコステ派の「グロソラリア」つまり「異言」である。それは新約聖書「使徒言行録」に記された出来事なのだが、キリスト昇天の十日後、ユダヤ教の五旬祭の日に、弟子たちがあつまって祈っているところに、天から炎のような舌が降りてきて、使徒たちはおのおの自分の知らぬ異国の言葉を語りはじめたという[30]。この精霊降臨《ペンテコステ》の奇蹟をなぞるように反復するところに、ペンテコステ派の本儀がある。習得したことのない言語、一般には意味不明の「異言」を口にする信徒をかこみ、会衆一同が陶酔する光景は、インターネットの動画サイトにも立ちあげてあり、世界中からアクセスできる。世界に福音をもたらすために、行く先々で土地の言語を採用するようにと示唆する「新約聖書」の寓話とは、まさしく意味が逆転した光景なのだ。おわかりのように「異言」とは、いかなる国語でも地域語でもない、つまりいかなる文化とのむすびつきもないという特性をもつのだから。そのうえで、奇妙なことに――あるいはむしろ当然の帰結として――それは世界中で通じる「普遍言語」の性格を併せもつことになる。

本来、宗教の伝統は何世紀にもわたって蓄積された知を、さらに世代をこえて伝達することでなりたっており、そこでは言語が宗教と文化をつなぐ強力な紐帯とみなされる。だからこそ、カトリック教会は一九六〇年代の第二ヴァ

炎のような舌が現れて一人ひとりのうえにとどまると，一同は精霊に満たされ，ほかの国々の言葉で話しだした（『カトリック教会のカテキズム要約』の挿画）

チカン公会議までラテン語による典礼を守りぬいたのだし、イスラームにおいてアラビア語は聖なる言語として不動の地位を占めている。

そうしたわけでオリヴィエ・ロワの主張するところによれば、言語も文化も習得せぬままに「回心」を認められる福音派やイスラーム原理主義においては、じつは「無知」の状態が特権化されて「聖なるもの」とみなされているのである。自爆テロを志願して「殉教者」となる若者たちの大方が、日の浅い改宗者であり、その国籍や民族が多様であることも、宗教と文化との断絶という側面から説明することができる。グローバル化の時代に出現した前例のない宗教的な風景を『聖なる無知――文化なき宗教の時代』というタイトルに集約した著者の見解は、以上のようなものである。

6　文化としての近代ヨーロッパ

「脱文化」という訳語を当てたフランス語は déculturation だが、ご想像のようにこれは inculturation をふまえての対立語である。[31] もともと宗教の側からは「インカルチュレーション」の努力が積みかさねられてきたのに、それがあるとき行きづまり、なんらかの理由で破綻する。これが「脱文化」という状況だと説明することができる。だがじつは「インカルチュレーション」という言葉そのものが、宗教の「脱文化」が危惧されはじめた一九六〇年代から、文化への根づきと積極的な参画を推進する運動を意味する言葉として、伝統的なキリスト教内部でつかわれるようになった新語であるらしい。岩波『キリスト教辞典』は「インカルチュレーション」という片仮名表記の項目を立て「土着化」「福音の文化受容」などの日本語にいいかえている。

ポストモダン的状況のなかから誕生した語彙が、近代やそれ以前を記述するためにも、さらには今日と過去の相違を共通の概念によって分析するためにも、大いに有効にはたらくという可能性はあるだろう。『聖なる無知』という著作の構想も、まさにそうした観点から立ちあげられている。かりに現代の諸宗教において宗教と文化の絆が切断されているとしたら、そもそもこれまで長きにわたり、両者はいかなる関係をむすんできたのだろう？　議論を先取りするなら、フランス革命後の一世紀とは、政治との緊密な連携から解放された宗教が、信仰とは異なる位相の「文化的事象」として受容され、熱意をもって検討・批判された時代にほかならない。オリヴィエ・ロワの立論に依拠して、近代ヨーロッパに特有の「インカルチュレーション」の諸相に照明を当てることが、本書の目標ということになる。

『聖なる無知』によれば、四つのエレメントが多様に機能することによって宗教と文化の相互関係が定まってゆく(32)。

一、「宗教的マーカー」(33) marqueur religieux――特定の事物、分野、人物などについて、それぞれの標章、仕草、名詞、レッテルなどを用いて、内在する聖性を保証するという現象。イスラームの「ハラル」やユダヤ教の「カシュルート」などの食事規定、祝福を垂れる仕草、儀式、カトリックの塗油、等々。こうした「印づけ」は、かならずしも固定されたものではない。聖歌が非宗教的な場で歌曲として歌われることもあるし、マクドナルドがハラル食品になることもあり、宗教の標章であるスカーフが、ただのファッションになることもある。

二、規範――本来は宗教が明示的に掲げる掟や倫理だが、じっさいには社会的・文化的な文脈のなかで、宗教の規範を捉えなおし、読みなおすという作業がつづけられている。たとえば男女の空間的な分離や禁欲など、特定のことがらがある時代においては重視され、べつのときには軽くあつかわれることもある。宗教的な規範と社会的な規範のあいだには「インターアクション」(相互浸透) があり、十九世紀末に教育の分野で政教分離をおしすすめたジュール・フェリーが掲げていた共和国の道徳は、キリスト教の道徳と本質的に変わるものではなかった。これに対して、一九六〇年代に女性のセクシュアリティや結婚外の性関係や同性愛をめぐる解放運動が狼煙《のろし》をあげたとき、その内容は明らかに教会の教えと相容れぬものになっていた。教会による正式の断罪は、それなりの重みをもつのだが、禁止の厳しさや対象がゆらぐこともある。カトリック教会は産児制限についてある時期は比較的ゆるやかな態度をとっており、十九世紀半ばからしだいに方針を変えて二十世紀末には厳格さを際立たせた。人工妊娠中絶の可否という問題が、現代文化に対峙する教会にとって譲ることのできぬ大論争の要《かなめ》となってしまったからである。社会的な変化のリズムと宗教的な変化のリズムは、かさなることもずれることもある。エジプトでは、一九九〇年代になって同性愛がスキャンダルとみなされたが、それはこの時点で宗教の規範が変わったからではない。聖職者の児童性愛も、近年になってにわかに問題視されるようになっている。そもそも「スキャンダル」と呼ばれるものが、それ自体、社会的・文化的な現象であることにも留意する必要があるだろう。

三、宗教性あるいは「信仰を生きる」こと――人は宗教といかなる関係をむすぶのか？　その経験のレヴェルに位置するすべて。内面のありようや宗教感情というだけでなく、外の世界に対して信徒としてふるまうことなども含意される。信仰ゆえに迫害を受けることもあり、来世の救済、現世のご利益、隣人との関係、自己実現、正しい生き方、厳しい自己管理、宗教にもとづくヒューマニズム、等々が信仰に関与するだろう。宗教性の形式はきわめて多様であって、神学に寄りそうこともあり、距離をおくこともあるが、いずれにせよ神学そのものではない。

四、神学――信仰を理性の言葉で語り、整理して呈示する言説集。神学のコーパスは構築され議論されるものだ。たとえば初期キリスト教において、受肉の概念がギリシア哲学の範疇になじみにくいという理由で再定義を迫られたように。超越的な存在を信じる宗教では、哲学や文化などの世俗の営みと神学は、構造的に緊張関係にあるとみなす考え方もある。神話を中心とする宗教が、一神教の影響を受けて神学的な言説を立ちあげるというケースもあるが、いずれにせよカトリック教会ほどに教義の統一を重視する宗教はない。

以上を考えるヒントとして、宗教と文化の接点と相互浸透のプロセスをさぐってみようというのだが、手始めに文学テクストを素材とした検討の切り口を、これら四項目にしたがって、思いつくままに列挙してみたい。『ボヴァリー夫人』を例にとるなら、一、ヨンヴィルのみすぼらしい教会、俗物の神父、ヒロインの臨終における終油の秘蹟などは、住民たちのあいだで、いかなる「宗教的マーカー」として機能しているか。二、一般論として姦通という主題をめぐる聖と俗の判断は、いかなる拘束を人びとに及ぼしていたか。教会の教えはもとより、告解の実践、民法の内包するジェンダー・イメージなども、暗黙の「規範」としてはたらいていたはずだ。世間に流通する大量の規範に、ある時は順応し、ある時は抵抗しながら、ヒロインは結婚し、愛人をもち、みずから命を絶ったのである。三、ヒロインは女子修道院付属の寄宿学校でロマン派好みの甘やかなカトリック信仰に出会うのだが、これも「宗教性」の経験とみなすことができる。俗物の薬剤師は、神父と対になった登場人物であり、紋切り型のカトリック批判をたえず口にすることにより、市民社会の平均的な「宗教性」をあぶりだす貴重な証言者ともなっている。四、小説のなかに神学論争が直接に導入されることはないのだが、二度にわたる終油の儀式は教会の定めた「秘蹟」の受容と世俗の解釈という意味でも興味を誘う。たとえばこんな具合に「宗教文化」という地平で国民文学を読みなおしてみることはできるだろう。

＊＊＊

本書は四部構成になっているが、時系列に沿った配分でもなく、文学と宗教と民法といった研究領域に区分が対応しているわけでもない。歴史的な関心を柱とし、それぞれが学際的な四つの問題構成からなるといったほうが当たっていよう。

第Ⅰ部「ヒロインたちの死生学」——だれにとっても身近な問題を導入とする。死は「聖なるもの」の開示なのか、それとも「虚無」の衝撃なのか。いわゆる「宗教離れ」の進捗とも関連するが、かりにフランス近代の「宗教性」について時代的な変遷をイメージに転換できるとすれば、『ボヴァリー夫人』は分水嶺に位置するとわたしは考えている。人間の死を看取る力関係という意味で、医学と宗教が拮抗していた十九世紀半ばの死について、フローベールは小説でなければ書けぬことを書いたのである。二十世紀初頭の『失われた時を求めて』では、病人が医学の手にゆだねられ、人としての尊厳を奪われたまま最期をむかえるいきさつが、まさに死生学的な視点から記述されている。一方で、十九世紀の前半をふり返れば、信仰をもつバルザックは『谷間の百合』でカトリック的な死の模範を造形し、ヒロインの魂を救済した。臨終の場面には肉体に奉仕する医学が謙虚な脇役として控えている。

これら三名の国民作家はいうまでもないが、『ボヴァリー夫人』のヒロインをふくめ、十九世紀の読書人が日頃から親しんでいたはずの文豪はシャトーブリアンである。革命直後まで時代をさかのぼり『アタラ』『キリスト教精髄』『墓の彼方の回想』と向きあうことは、本書にとって避けてとおれぬ課題だった。

第Ⅱ部「ナポレオン　あるいは文化装置としてのネイション」——十九世紀幕開けの数年は、大革命以来の「地殻変動」が最終段階に入り、新たな地勢図と近代国家の将来像が策定された時期に当たる。『アタラ』は一八〇一年、『キリスト教精髄』は翌年に刊行されたが、これは第一統領ナポレオンが教皇ピウス七世と政教条約を結んだ時期と符合する。シャトーブリアンによる「護教論」は国民から圧倒的な支持を得て、国内の政教関係にも、フランスとローマの外交関係にも調和的な精神風土を産みだした。

一八〇四年、ナポレオンは民法典を発布して皇帝に即位する。ここで「聖なるもの」と「世俗のもの」との分離の形式がとりあえず確定し、新たな「秩序」を構築する運動が本格化した。聖と俗の棲み分けという大事業が、ひとりの法律家ポルタリスに託されて、政教条約の施行と民法典の編纂が同時並行的に進められたのは、理由があってのことなのだ。

アカデミックな専門性からもっとも逸脱しているのは、この第Ⅱ部だろう。歴史家でもなく民法学についても宗教史についても実績のない筆者だからこそ、自由な発想で大きな見通しを立てられるかもしれないと自分を励ますことにした。二〇〇四年の民法典制定二百周年、二〇〇五年の政教分離法百周年を契機に出版物も多数あり、ナポレオン研究はめざましい進展を見せている。ちなみにフランスの民法学者でバルザックを読まない者はいないだろうが、その逆はどうだろうか。じっさいバルザックやフローベールをはじめ十九世紀の小説家の大半が、法学部で民法を学んでいるのだが、その事実が何を意味するか、文学の側から問い返してみなければならない。

第Ⅲ部「姦通小説論」——「姦通」とは宗教的な大罪なのか、それともナポレオン法典が構築した家父長的家族制度に対する違反なのか。社会的な言説から当事者の意識までを視野に入れ、総合的に考察するテクストは、じつは小説以外にない。十九世紀は、宗教的な規範に寄りそいながら公共圏を律する「市民道徳」を立ちあげた時代でもあった。アレクサンドル・デュマは、正義とは何かという問いを掲げた「裁きの物語」を世に贈り、読者大衆の期待に応えたのだった。一方、宗教との距離という意味では、女性が教会の傘下にとどまったのに対し、男性は信仰の実践から遠ざかる。これほどの男女格差が生じたのはなぜなのか？　そのことがもたらした社会的な影響は？　聖職者は女性のセクシュアリティなど親密圏の問題にどのていど介入していたか？　フランス近代の「ジェンダー秩序」は父権と夫権を祀りあげた民法典だけに由来するわけではない。処女にして母である聖母の崇敬はカトリックに固有のものであり、フローベールはそうした聖と俗の絡繰りを知悉したうえで小説を書いた。『ボヴァリー夫人』は「姦通小説」を完成させつつ、これを解体する作品となるだろう。

第Ⅳ部「ライシテの時代の宗教文化」——一九〇五年の政教分離法は、ナポレオンが構想した政教関係に終止符を打った。第三共和制のフランスは今日的な意味での「ライシテ」の成立に向けて、大きく舵を切る。教育制度の改革、民法改正による離婚制度の復活、アソシエーション法と政教分離法の成立。こんなふうに列挙してみれば実感がわくはずだが、世紀末から第一次世界大戦にかけて、フランスは「地殻変動」とはいわぬまでも、ある種のパラダイムシフトを経験した。家父長的な近代秩序にひび割れが生じていることを敏感に捉えたのは、またもや小説である。プルーストの作品では、聖母のごとき母と穢れなき処女と姦通の女にかわり、新しいタイプの娼婦が登場して母となり、同性愛者たちが舞台の前面に出る。聖職者は本業を忘れたかのようであり、国家の保護と管理を解かれた教会は、国民の文化遺産になっている。『失われた時を求めて』に読みとるべきものは、詳細にして平板な風俗描写ではなく、流動化する秩序そのもの、ポストモダン的状況への予感である。

終章「女たちの声——国民文学の彼方へ」は、つぎなる研究テーマへの橋渡しにもなっている。父権的なヨーロッパ近代の延長上に安住しているように見える日本の現状を考えたときのもどかしさについては語るまい。そもそもカトリック系の社会ではプロテスタントの社会にくらべ、女たちが寡黙であった。本書では、聖職者の独身義務をめぐる見解の相違や、女子教育にかかわる比較論を導入してみたが、これはささやかな問題提起にすぎない。よくいわれるようにイギリス文学史は女性作家の小説ぬきには語れない。しかるにフランスの国民作家は大方が男性である。一方でアンシャン・レジーム期、貴族社会は女性の知性と感性を活力とするサロンの文化を育んでいたという。近代批判を企てるのであれば、近代以前にさかのぼる努力を惜しんではなるまい。

第Ⅰ部　ヒロインたちの死生学

第一章　ボヴァリー夫人の最期

1　小説における死の看取り

ヒロインの臨終を書く

スタンダールの『赤と黒』(一八三〇年)、バルザックの『谷間の百合』(一八三五年)、フローベールの『ボヴァリー夫人』(一八五七年)――フランス十九世紀の「国民文学」を代表する三人の男性作家の代表作は、いずれも「姦通小説」であり、終幕でヒロインが死ぬ。偶然ではあるまい。

同じ十九世紀、イギリスでは女性作家による「婚活小説」が花盛りだった。『自負と偏見』(一八一三年)をはじめジェイン・オースティンの長編小説には、しかるべき相手をさがし求め、晴れて求婚され目標を達成する娘たちの日々の感情が、手を変え品を変え書き記されている。シャーロット・ブロンテの『ジェイン・エア』(一八四七年)はさながら娘たちのためのメルヘンのようであり、苦難の末に愛しい人とむすばれたヒロインが、子宝に恵まれたところでめでたく幕となる。二世代にわたる愛憎劇を描いたエミリー・ブロンテ『嵐が丘』(一八四七年)も、初々しい恋が和解と結婚を予感させる場面でおわる。

時代は下り『ダロウェイ夫人』(一九二五年)の著者ヴァージニア・ウルフは、平穏な結婚生活のなかに沈殿してゆく重い時間を描こうとした。『失われた時を求めて』(一九一三―一九二七年)の語り手は、年上の女性に憧れはするけれど、人妻と青年の恋の物語がつむぎだされることはない。コレットの『シェリ』(一九二〇年)は引退した高級娼婦と美青年の物語だし、既婚の男女が登場するほかの作品でも、当事者たちに「道ならぬ恋」の疚しさなどは微塵もない。

現代イギリスの批評家トニー・タナーの『姦通の文学――契約と違犯』によれば、ルソーの『ヌーヴェル・エロイーズ』(一七六一年)とゲーテの『親和力』(一八〇九年)の二作が先駆とみなされ、これに『ボヴァリー夫人』を合わせて「ヨーロッパの三大姦通小説」なるリストができるという(1)。それにしてもこのジャンルの小説が、十九世紀のフランスで集中的に産出されたことはまちがいない。ひょっとして特殊な土壌があったのか。いや何よりも、結婚制度に違反した人妻は、なぜ死なねばならないか。そもそも小説家にとってヒロインの死が、辣腕をふるう見せ場となったのは、なぜなのか。とりわけ臨終の場面において宗教は、いかなる役割を果たしているか。

こうしてフランスの男性作家三人に話はもどるのだが、一七八三年生まれのスタンダールが啓蒙の世紀の申し子のような小説家であるのに対し、世紀の変わり目に生まれたバルザックは自他ともに認める王党派にしてカトリック信徒だった。さらに一世代下のフローベールは高名な外科医を父にもち、知的かつ懐疑的な環境に育つ。この作家は、肉体を破壊する死の暴力を正視して、ヒロインの極限的な苦痛を言語化しようとこころみた。生涯をつうじて死の哲学的な意味を問いつづけ、秘蹟にあずかり神の御許に召される魂の神秘に思いを馳せて、解けるはずのない謎に立ちむかうことをやめなかった。

よく知られているように田舎医者に嫁いでボヴァリー夫人となったヒロインは、平凡な結婚生活に死ぬほど退屈してロマンチックな恋愛の夢を見る。そして男たちに幻滅し、空しさの埋めあわせに借金をかさねた挙げ句、自殺する。さるノーベル賞作家の「小説の読み方」を紹介することからはじめよう。

わたしは毎回これらの悲痛なページから、慰めと心の落ちつき、混沌《カオス》への嫌悪、生きる意欲を引き出していた。フィクションの苦悩が、わたしが現に味わっていた苦悩を中和してくれたのだ。毎晩、わたしを救うために、エンマはラ・ユシェットのひっそりとした館にしのびこみ、ロドルフから屈辱を受ける。野原のほうに逃げ出すと、苦痛と無力感におそわれて一瞬気が狂ったようになる。それから、妖精のようにオメーの店にすべりこみ、階上倉庫《カファルナウム》の薄暗がりで、砒素を飲み下す。唖然として見つめる純情なジュスタンは、知らずに死神の手先になっている。彼女が帰宅したときから、筆舌につくせぬ受難がはじまる。まずインクの味がして、吐き気をもよおし、脚の先が冷たくなり、身体が震え、シーツに指が食いこみ、額に汗が流れ、歯ががちがちと鳴り、視線が宙をさまよい、叫び、痙攣し、血を吐き、舌をだらりと垂らし、喘ぎつつ死ぬ。この話を読むたびに、わたしの悲しみと憂愁に、奇妙な安堵が入り混じった。恐るべき儀式がおわったときわたしの心に残るのは感嘆の念、ひとつの熱烈な想いだった。わたしを生かそうとして、エンマはこんなふうに死んでくれるのだ。(2)

こんなふうに死の欲動を浄化する「カタルシスの効果」を小説のテクストに見出していた、とバルガス゠リョサは述懐するのである。つづいてこれもよく知られたエピソードだけれど、フローベール自身の「小説の書き方」にかんする証言をひとつ。

想像された人物というのは、わたしにとり憑いて、追いかけてきます。――あるいはむしろ、わたし自身がその人物のなかに入りこんでしまうというべきか。なにしろボヴァリー夫人が毒を飲む話を書いたときには、口のなかに砒素の味がして、自分でも毒を飲んだような感じになり、たてつづけに二度も腹の調子がおかしくなった。――ほんとうに二度とも腹の調子がおかしくなったんですよ。夕食をすっかり吐いてしまったのだから。(3)

「人物のなかに入りこむ」と訳したフランス語は、直訳すれば「人物の皮のなかに入っている」という表現だが、本来は役者の迫真の演技を指していう。そもそも小説は死に至る作中人物の経験を刻一刻と追ってゆくときに、どの瞬間まで「人物のなか」に居つづけることができるのか。一方には「書き方」をめぐる約束事があり、他方には「ペンの力」という問題がある。

医学的な死の記述

砒素を飲んだエンマが悶え苦しみ、事切れるまで、手許の邦訳文庫本で二十ページもあるのだが、まず冒頭部分、ヒロインの身体感覚にかかわる文章を拾いだしてみる(長くなるので改行を省く)。エンマがベッドの上にながながと寝そべったのち。

えがらっぽい味を口に感じて目がさめた。ちらとシャルルを見て、また目を閉じた。まだ苦しみははじまらないのかしらん? エンマは体じゅうを神経にして、今か今かと待ちかまえた。いや、まだなんともない! 時計の音も、火のはぜる音も、ベッドのそばに立っているシャルルの息づかいも、みんな聞こえる〔…〕。エンマはひと口水を飲むと、壁のほうを向いた。インクの味のような、あのいやな味がまだ消えない。「のどがかわく! ……ああ! のどがかわく!」〔…〕急に吐き気が来て、枕の下のハンカチを取るのがやっとだった。〔…〕動いたら吐きそうで、じっと体を固くしていた。そのうち、しいんと冷たいものが足の爪先《つまさき》から心臓のほうへじわじわとのぼって来るのがわかった。(4)

じつは、ここで早くも語り手は、作中人物の身体感覚を分かちあうことをやめてしまっており、このあとはもっぱら「臨床医学的」な外部の視点から「症状」が記述されてゆく。とはいえペンをもつ人間にとって、以下の描写文は安全地帯からの観察ではないだろう。みずからヒロインの「皮のなか」に入った状態で、想像により肉の苦悶を引き受けて、おのが姿を鏡で見つめながら言葉にするような、そんな引き裂かれた経験であったろうと思われる。

　エンマは舌の上に何かひどく重いものでものせているように、しょっちゅうぱくぱく口をあけては、苦しさに堪えて、ゆるやかに頭を左右に動かしていた。〔…〕やがてエンマはうめきだした。最初は声はかすかだった。脈搏はが、肩が激しくふるえ、顔色はシーツよりも、わななく指先が食い込んでいるシーツよりも白くなった。脈搏は不整というよりも、もうほとんど感じられなくなっていた。青ざめた顔の上に滴々と汗が吹き、まるで金属から立ちのぼる濃密な蒸気に包まれたように、顔全体がこちんと小さく固まって見えた。歯はがちがちと鳴り、見開かれた目はうつろにあたりを見まわした。何をたずねても、ただ首を横に振るだけ。二度、三度、ほほみさえ見せた。うめき声はしだいにたかまった。にぶい遠吠えのような声も出た。ふと、もうだいぶいいようだから、起きたいと言った。とたんに痙攣《けいれん》がおそった。(5)

エンマが毒をあおったことに気づいたシャルルが騒ぎたて、隣人の薬剤師オメーが駆けつける。すでにエンマの頭のなかには「黄昏《たそがれ》の混沌《こんとん》とした気配」が立ちこめている。ほどなく到着した医者カニヴェが吐剤を処方すると、

　エンマはまもなく血を吐いた。唇はますます引きつった。手足は痙攣《けいれん》し、全身は褐色の斑点《はんてん》におおわれ、脈は張りつめた糸のように、今にも切れようとするハープの弦のように、指の下をかすめた。やがてエンマは物すごい絶叫をはじめた。毒をのろい、ののしり、毒のまわりがおそいのを恨んだ。(6)

つづいてカニヴェよりも一段格が上とみなされるラリヴィエール博士が「神の出現」のごとく劇的な効果をとも

なって登場。「苦痛のなかへ差し入れることの一刻も早かれと念ずる」ごとく、ふっくらと美しい手には手袋もはめていない、という細部の指摘から、「才気の鋭さによって鬼神のごとくおそれられることがなかったら、ほとんど聖者と目されもしたであろう」といった調子の大仰な賛辞まで、場違いに丁寧な描写が一ページつづく。「名医」は一目でエンマが手の施しようのない状態にあることを看てとって、ただちに席をはずそうとする(最期が近いことを儀礼的に確認するだけで、なんの役にも立たない「名医」なるものは、いずれ見るようにプルーストの作品にも登場する)。やたら名士のそばに侍《はべ》りたがるオメーがしゃしゃりでて、二名の医師は薬剤師の家で昼食の歓待を受ける。幕間の寸劇のようにくりひろげられる食卓の風景が四ページほど。博士が出発すると、いれちがいに神父が広場を横切り、臨終の時がきたことを村の住人に告げる。

終油の儀式をおえたエンマは「秘蹟によって癒された」かのように「静かに澄んだ表情」を浮かべるのだが、宗教が臨終の場面にいかに介入するかは、項をあらためて検討しよう。ヒロインの命がつきる瞬間は、こんなふうに描かれている。

たちまち胸がせわしくあえぎはじめた。舌がだらりと口の外へたれた。目の玉はたえずぎろぎろ動きながらも、消えてゆく二つのランプの丸ほやのように光が失せていった。魂が肉体を離れようとしてあばれているように、肋骨《ろっこつ》がおそろしいほどの息づかいでゆさぶられる。(7)

エンマの断末魔のあえぎが強くなるにつれて、司祭は祈禱《きとう》の調子を速め、そこにボヴァリーのしのび泣きがいりまじる。と、突然、路上に物乞いの男があらわれた。エンマがレオン青年との逢い引きの帰り道でしばしば出会った気味の悪い盲目の乞食である。いかがわしい小唄の台詞が切れ切れに寝室の中にまでとどき、「めくらだ！」とエンマは叫ぶ。

そしてエンマは笑い出した。ものすごく、破れかぶれに、けたたましく笑った。あの乞食のぞっとする、醜い顔が、永劫《えいごう》の闇のなかに、恐ろしい化物のように立ちはだかるのを見るように思った。

その日は大風、あんれまあ、
短い下袴《ジュポン》が飛んじゃった！

痙攣がエンマをベッドの上に打ち倒した。みんなは枕《まくら》べにつめ寄った。彼女はすでにことされていた(8)。

バルガス゠リョサとは反対に、まるで意気地なしのわたしは、これらのページが心底恐ろしく、しばしば読まずにページをめくったものだった。

宗教的な大罪としての自殺

自殺するヒロインの系譜学については、あらためて第Ⅲ部で考察することになるが、たとえば『ハムレット』のオフィーリアの場合、水死が本人の意図したものか、あるいは死の危険を予感することさえなかったのか、謎のままになっている。くらべてみればエンマの決然たる行動は際立っていよう。十九世紀半ばのフランスで、村の司祭は住人の生死や結婚には欠かさず立ちあい、道徳の指導者としてふるまっていた。自殺をした者については、葬儀はもとより墓地への埋葬も拒むというのが教会の定めた規範であり、この点については伝統的にプロテスタントよりカトリックのほうが厳格だった。

したがって、みずからを殺《あや》めることが宗教的な大罪であることをエンマやまわりの者が知らぬはずはない。しかるにブールニジャンは、型どおりのことをやるだけで面倒なことはいわぬ田舎司祭だし、砒素の所有者である薬剤師は、かかわりになることを恐れ、砂糖とまちがえた事故であると村人たちに説明する。結果として『ボヴァリー夫人』のなかで、教会法によって禁じられた自殺の違反性そのものは不問に付されたままになる。(9)

小説のヒロインが、相手の裏切りのためか、それとも感情のもつれや情熱の枯渇のためかはともかく、愛した相手との絆を断ち切られて生きる希望を失い、ひそかに神の御許に召されたいと願う物語は少なくない。ラ・ファイエット夫人の『クレーヴの奥方』のヒロイン、ラクロの『危険な関係』ではヴァルモン子爵の悪徳の犠牲となったトゥールヴェル夫人、あるいはバルザックの『ランジェ公爵夫人』のヒロイン、そして『赤と黒』のレナール夫人と『谷間の百合』のモルソフ夫人……。この世で生きながらえるよりは、許されぬ愛をあの世でまっとうしたい、あるいは死んで道ならぬ恋の罪をつぐないたいと願う健気《けなげ》でひたむきな女たち。信仰生活への傾倒に個人差はあるにしても、女たちは例外なく、伝統的なキリスト教の死生観に抗《あらが》うことなく生きて死んでいった。つまり女たちが神に反抗して自殺への権利を主張することなど、あろうはずがなかった。これに対してボヴァリー夫人は結婚にも姦通にもひとしく愛想をつかし、身のまわりの現実の放つ「腐臭」に堪えかねて、(10)生きることをやめるために砒素を飲む。ヒロインの行動がどのていど自覚的なものであったかは、わからぬように書いてあるのだが、ともあれフローベールにおいて、神と小説のヒロインとの関係が変わったのである。

エンマが死のうとしたことは以前にもあった。駆け落ちを決行するはずの日にロドルフが無造作に送りつけてきた別れの手紙を、人目をはばかり屋根裏の窓辺で読んだときにも、自殺の衝動にかられたのだった。いっそ、このまま太陽の照りつける広場に身を踊らせて、ひと思いに死んでしまおうか、あたしの「自由」ではないか、とエンマは考える。(11)この瞬間にも、絶望した女の念頭に宗教の戒めを懼《おそ》れる気持はなかったようなのだ。

神の御許に召されたいと願って命を捨てるヒロインを造形することで、十九世紀中葉の時代精神を代弁することができるとは、もはやフローベールは考えていなかった。先立つ啓蒙の世紀、ジャン＝ジャック・ルソーの『ヌーヴェル・エロイーズ』とベルナルダン・ド・サン＝ピエールの『ポールとヴィルジニー』(一七八七年)では、ヒロインたちがそろってオフィーリアの範に倣うかのように、水の事故で死ぬ。しかし『ボヴァリー夫人』の作者にとって、ロマン派好みの水死はもとより、情念の炎《ほむら》に燃え尽きたといわんばかりの衰弱死なども、近代的な女性のパーソナリティにそぐわぬと思われたのだろう。しかし、なぜ砒素なのか？

女と砒素と空っぽの遺体

人を殺める方法をめぐるジェンダー・スタディーズの学問的な実績があるのかどうか、犯罪史の領域には豊富な資料がありそうだけれど、ここでは文化史と文学史の視点から考える。十九世紀小説になじんだ者であれば、青年たちがフェアな決闘で落命する一方で、女たちは毒薬によって密かに死と戯れていることに気づいているにちがいない。バルザックの『人間喜劇』を繙《ひもと》けば、決闘事件の長大なリストがつくれるし、寡作なフローベールにおいてさえ『感情教育』のフレデリックの母親が寡婦になったのは決闘のため、そしてフレデリック自身も決闘の当事者になっている。大衆の人気を博した作家アレクサンドル・デュマも、ここぞとばかり大長編に「男の決闘」と「女の毒薬」を盛りこんだ。話を毒薬にかぎるが、『モンテ゠クリスト伯爵』では検事総長ヴィルフォールの妻が完全犯罪によって遺産を手に入れようと企み、親族を片端から秘薬で抹殺する。『三銃士』では魔性の女ミレディが、そして『王妃マルゴ』ではヒロインの実母カトリーヌ・ド・メディシスが、人の命運を毒薬で操らんとする。

十六歳のフローベールが書いた小品『情熱と美徳』は、愛人のもとに走るため夫と二人の子どもを毒殺した女が、相手の男に拒まれて、みずからも青酸をあおるという物語。実話にもとづく創作だが、女性の欲求不満に照明を当てている点など、よくいわれるように『ボヴァリー夫人』を予告する細部は少なからずある。

ところで「ご婦人は毒薬がお好き」という話は、事実を検証した結果なのか、もしかしたら無意識の女性恐怖に由来する集合的な幻想《ファンタスム》が隠然とはたらいていたのではないか。上流階級のナーヴァスな女性なら、しごく当然のように「気付け薬」sels と称する薬物の小瓶を携帯していた時代である。ジェンダーにかかわる妄想のようなものが現実

表　1825–1885 年のフランスにおける毒物事件

	第 1 期 1825 ～ 1830 年	第 2 期 1830 ～ 1835 年	第 3 期 1835 ～ 1840 年	第 4 期 1840 ～ 1845 年	第 5 期 1845 ～ 1850 年	第 6 期 1850 ～ 1855 年	第 7 期 1855 ～ 1860 年	第 8 期 1860 ～ 1865 年	第 9 期 1865 ～ 1870 年	第 10 期 1870 ～ 1875 年	第 11 期 1875 ～ 1880 年	第 12 期 1880 ～ 1885 年	60 年の合計
総　数													
毒物による犯罪………	150	145	221	250	259	294	281	181	165	99	78	46	2169
被　告	200	179	250	207	212	209	207	155	139	93	60	58	1969
男………………………	77	103	127	108	105	102	95	67	49	38	19	26	916
女………………………	73	79	123	99	107	107	112	88	90	55	41	32	1003
使用された毒													
砒素……………………	»	»	110	168	179	169	92	37	36	13	19	13	836
燐………………………	»	»	»	1	4	34	94	74	60	43	26	4	340
硫酸銅…………………	»	»	6	12	12	29	34	28	22	24	14	1	182
緑青……………………	»	»	15	12	12	20	9	4	4	»	»	»	76
硫酸……………………	»	»	4	10	11	7	18	7	5	3	2	2	69
カンタリス……………	»	»	7	7	10	13	11	4	4	2	1	»	59
阿片，アヘンチンキ，ケシ，モルヒネ………	»	»	1	1	2	1	3	5	1	3	4	1	22

出典：Laure Adler, *L'Amour à l'arsenic*, p. 132.（一部を抜粋）

の世界に逆流し、犯罪を煽《あお》ったのではないかと思わせる奇妙な統計がある(表参照)。

一八二五年から一八八五年まで、毒物にかかわる裁判記録をもとにした分析だが、五年ごとの犯罪件数を被告の性別により集計した欄を見てゆこう。第一期(一八二五―三〇年)から第四期(一八四〇―四五年)までは男性の数が女性の数をやや上回り、第五期(一八四五―五〇年)から第六期(一八五〇―五五年)にかけては横並び、第七期(一八五五―六〇年)から逆転現象がおきて、第九期(一八六五―七〇年)には男性被告数の四九人に対し女性被告数は九〇人。総数のピークは世紀半ばで、男女合わせた件数が三〇〇近くになる。ちなみに使用された薬物は、合計数で見ると、砒素が八三六件で他を圧倒しているが、第七期から急に下降する。

要するに第五期から第六期、ちょうど『ボヴァリー夫人』が執筆されたころに、なぜか「女と砒素」という組み合わせが流行の頂点を迎えていたのである。エンマも薬屋で「ねずみがうるさくて」という口実をつかうぐらいだから、女性が入手しやすい薬物だったにちがいない。参照したのは、十九世紀フランス裁判史に名高い毒殺事件で有罪判決を受けた女性をめぐる伝記研究である。[12] マリ・ラファルジュ夫人は一八四〇年、砒素により夫を殺害したとされ、収監されてからも無罪を訴えて膨大な手記を発表した。エンマにおとらず知的で美しい女性であり、世間の好奇の目がそそがれ話題になった。フローベールが『ボヴァリー夫人』を執筆中に、マリの回想録を手許においていたために、ヒロインのモデルのひとりとみなされ、文学史にまで名をのこす。それだけでなくラファルジュ裁判は、物証の鑑定についてフランソワ・ラスパイユなど化学の重鎮まで動員し、近代的な法医学の確立という意味でも画期をなしたといわれている。

フローベールは医者の息子だから、こうした情報にも通じていたはずだが、そうでなくとも読める資料はすべて読み、専門的な知識は専門家に確認しながら小説を書く作家である。エンマの臨終の場面には、薬物による死という観点からしても、時代の最先端をいく医学論争が反映されている。毒を飲んだと聞いて薬剤師がただちに「定性分析をこころみるべきだ」と主張するところ、荒っぽい外科医のカニヴェが「くだくだしい説明抜き」で吐剤を処方してエンマが血を吐くところ、名医のラリヴィエールが目視だけで結論を下し、カニヴェの処方を叱責するところ、等々。

作品の終幕で、健康な中年男であるはずのシャルル・ボヴァリーが不意に死ぬ。カニヴェは屍体を開いてみたが、何も見つからない。「何も」rien としか書いてないのだから、あとは憶測するしかないのだが、いわんとするのは、死因となる疾患が見つからなかった、つまり現代なら「突然死」と呼ぶであろう原因不明の死に方だということか。それともたんに、胃の中に「毒物」はなかった、という報告か。惚れぬいた女房の思い出だけに生きる純情な男やめのことだから、あとを追うために、律儀に同じ薬物をあおったと疑われたのだろうか。

さらに気にかかるのは、薬剤師が外科医のカニヴェに声をかけ、シャルルの死から三十六時間がたってから屍体にメスが入れられたという経緯である。当時は死因を確認するための「検死」autoptie と医学の発展に資する人体の「解剖」dissection が明確に差異化されてはいなかったらしいのだが、屍体を素材とする実験医学そのものは、時代の花形となっていた。一方でカトリック教会は、死後の人間は神のものであるとみなしており、庶民のあいだでは遺体を傷つけることへの禁忌や抵抗感は大きかった。そうしたなかで十九世紀には、死亡の診断や埋葬にかかわる法令整備がすすめられ、人間の死をめぐる制度全般の世俗化が進展する。一八四〇年代には先進的なパリの医師会などで、病院内で死んだ者について——というのは自宅療養のできぬ貧しい階級を含意するのだが——引き取り手のいない遺体、もしくは親族が書類に承諾のサインをした死者の遺体のみ、解剖が許可されるといった規定がつくられてゆく(13)。

医療に携わる者としては格の低い「免許医」でしかなかったシャルルは、内反足の外科手術をして法に触れたことがある。同様にシャルルの「解剖」は外科医カニヴェによる勇み足だったのではないか。人間の遺体は医学に帰属するものか、それとも教会に委ねるべきものなのか？　——「医学 vs. 宗教」というライヴァル関係への目配せという意味でも、さまざまの解釈を誘いそうな話である。

2　宗教 vs. 科学

近代派にして市民代表オメー

文学研究の分野では、二十世紀は「批評の世紀」であったとされる。序章でもひと言ふれたように、一九六〇年代以降に王道とみなされたのは、もっぱらテクスト分析にもとづく「内在批評」だった。これに対して、先立つ十九世紀は「小説の世紀」だったといわれるが、だとすれば当時「小説の野心」とは、いかなるものであったのか？　フローベールの書簡には、小説とは散文の芸術であり、これに尽きるという審美的な信念が語られるだけではなく、同時代の社会や政治への批判、辛辣な人間観察などがたっぷり披露されており、当然のことながら作家の関心は、今日のアカデミズムが想定する「文学」という区割りの外部にも大きく開かれていた。[14] いやじつは初稿『聖アントワーヌの誘惑』から遺作の『ブヴァールとペキュシェ』に至るまで、フローベールは雑多で「学際的」な知的言説を収集し、いわば引用の織物を紡ぎあげることで、おのが理想とする小説のテクストが生成するはずだという奇妙な確信をいだき、孤独な闘いをつづけたのだった。したがってフローベールの作品は認識論的なアプローチに耐える。そのような読解を誘いだす文学として造形されている。[15]

そこであらためて問うてみよう。「宗教 vs. 科学」という二項対立的な思考について『ボヴァリー夫人』から読みとれることは何か？　まず確認しておきたいのだが、対立する二項は横並びではない。「宗教の衰退」と「科学の発展」がセットになって「人類の進歩」を保証するという物語が、あらかじめ背景に書きこまれているからである。こうした暗黙の了解を「近代性をめぐる神話」のひとつとみなすことができる。序章で論じた世俗化の進展を近代化の指標とみなす物語も同種のものであり、[16] 両者はおのずとひとつの流れとなるだろう。

『ボヴァリー夫人』のなかでは「近代性」を代弁するのが薬剤師のオメー、これに対するは聖職者のブールニジャン。作家自身は、どちらかに軍配を上げようというつもりはない。聖職者と薬剤師というカップルを造形し、二項対立的な思考にもとづく近代ヨーロッパの歴史認識を隈取りして俎上に載せること、舞台のうえで演じられるドラマさながらに、読者に呈示して見せることが、フローベールの狙いなのである。

第二部冒頭、ドラマの舞台はトストからヨンヴィルにうつる。村で開業することになったボヴァリーの到着を待ちうけて、薬剤師オメーは旅館「金獅子」に陣どっている。「緑色の毛皮のスリッパをはき、うすい痘痕《いも》づらに、金総《きんぶさ》つきのビロード頭巾」という出で立ちで、われこそは地元代表といった風情。そこへ「赧《あか》ら顔でいかつい体つき」の司祭が忘れ物をとりにきたといって登場する。小説論的にいえば、早々に二人の人物が出会ってペアを構成するようにという配慮である。司祭が退場すると、すかさず薬剤師が批判する。「そもそも坊主というものは、陰でこそこそ酔い食らっては、革命前の十分の一税とやらがまたぞろ舞い込むご時世を返り咲かせようとたくらんでいるのだ」と。「カトリック教会=保守反動=王党派」という紋切り型の見取り図である。宿屋の女将がオメーの「不信心」をなじると、お返しに反教権主義の演説の幕が切っておとされる。俗物の近代派がしばしば口にする陳腐な台詞を夜店の陳列台にならべたような長広舌は、やはり全文を引用せぬことには醍醐味が伝わるまい。

「我輩《わがはい》とて信仰がある。みずから奉ずるれっきとした信仰がある。坊主どもよりかえって篤《あつ》い信仰だ！　猿芝居めいたふざけた儀式に終始する彼奴《きゃつ》らとはともに歯《よわい》せずして、我輩は神を崇拝するのだ！　我輩は至上存在を信ずる、人間の形などそなえておらずともよい、とにかくわれわれをこの世に創《つく》りたまい、公民として家長としての義務を果たすべく命じたもうた一個の造物主を認めかつ信ずる。しかしのこのこ教会へ出かけて行って銀の皿にキッスさせてもらったり、われわれより暖衣飽食しているぺてん師どもにお賽銭《さいせん》をめぐんで肥らせてやる必要はないのだ！　神は森にあっても野にいても讃えることができる。いや古代人のように青空をただ仰ぐだけでも讃えることができるのだ。我輩の神たるや、ソクラテス、フランクリン、ヴォルテール、ベランジェの神であり、我輩は『サヴォワ人助任司祭の信仰告白』〔ルソーの『エミール』中にある有名な自然宗教論〕と八九年の不朽の原理〔一七八九年のいわゆる「人権宣言」にくみするものだ！　ゆえに我輩は、杖を手にして花園をそぞろ歩いたり、鯨の腹のなかに友だちを泊まらせたり、一声叫んで死んだと思いきや三日目にして生きた姿をあらわしたりする耶蘇《ヤソ》なんていういい気なおっさんは認めぬのだ。そもそもそういうことはそれ自体として愚劣なばかりか、まったく物理学上の諸法則にも反するものだ。かつまた、それをしも信ずると公言してはばからぬからには、かの聖職者どもが常に無知の泥沼に首までひたり、あまっさえ世人をもそのなかへ道づれにすべくやっきとなっておることは自明というべきであろう(17)」

山田𣝣訳の絶妙な文体、その躍動感を堪能していただけただろうか。これ見よがしに並べた人名が示唆する思想的背景を、手許の原典でジャック・ネーフによる注を参照しながら確認しておこう(18)。ギリシア哲学のソクラテスは合理精神の祖という役割であり、つぎに避雷針を発明しアメリカの独立宣言や合衆国憲法の起草にかかわったフランクリンは、近代の科学的精神と進歩的な政治思想を代表する。ヴォルテールは十九世紀フランスにおけるカトリック批判、とりわけ理神論的(19)な神の探究と反教権主義のキャンペーンにおいては、かならず引っ張り出される立役者。オメーのみならずフローベール自身も事あるごとに援用する。ベランジェは当時人気を博していた詩人だが、その安直な革命賛美と平明な市民道徳は、文字どおり大衆を熱狂させていた。不快きわまる偽善者、俗物としてフローベールが蛇蝎《だかつ》のごとく嫌った人物。ルソーの「自然宗教」は教義にしばられたカトリックの正統信仰を論駁するときのお定まりのモデルである。これらの人名リストの仕上げには、大革命の諸原理がひとからげに称揚される。台詞の後半では楽園神話、ヨブの試練、そしてイエス・キリストの甦りが槍玉に挙げられるが、台詞のトーンからして、こうした話題がある種の社会集団にとってはお馴染みのもの、オートマティックにくり返される了解ずみの言説であったことが推察される。その集団を、中等教育を受けた新興市民階級で、相対的に教会離れした環境に身を置く者たちと定義しておこう。

「宗教の衰退」と「科学の発展」のために闘志を燃やすオメーは、近代派のカリカチュアである。オメー本人は大まじめ、自信たっぷりに演説しているのだが、その自信と張り合うだけの痛烈な皮肉をこめて、フローベールのペンが薬剤師の弁舌を推敲していることはご推察いただけよう。戯画化されているからといって、無害な脇役というわけではない。小説の終幕では、このオメーがシャルルの凋落ぶりを横目でながめながら、商売繁盛・家庭円満というブルジョワの理想を実現する。さらに新聞などのメディアを駆使して自分の社会貢献を喧伝し、ついには権力にとりいって生涯の夢であった勲章を手にいれる。彼こそは、主人公の男女が死去したのち、小説世界の幕引きの瞬間に「文学の外部」で勝ち誇る市民の代表なのである。ちなみにフローベールの創作メモによれば「オメー」Homais という名は「人間」Homo に由来するという[20]。

『ボヴァリー夫人』が刊行されて十数年後、共和制に移行したフランスは「大革命の諸原理」を実現する安定政権をめざし、新たな国家像をデザインすることになるのだが、その中核となるのが「政教分離」という課題だった。オメーの弁論には、いずれ政教分離派に吸収される定型表現や紋切り型の数々が、いとも雑多に投げこまれ、無秩序に開陳されている。おわかりのように勝ち誇る市民としてのオメーをフローベールが造形したのは「近代性」を顕揚するためではない。近代派の言説を皮肉な距離をおいて引用する仕草のなかに「近代批判」をめざす小説家の戦略を読みとることにしよう。

「ボヴァリー裁判」と終油の秘蹟

オメーはブールニジャンと顔を合わせると、待っていましたとばかりに論争を挑む。その好機が訪れるのは、平坦な日常生活のなかに人間の死という謎の深淵が穿たれたとき。エンマの臨終にさいし、聖職者はいかなるかたちで宗教の存在感《プレゼンス》を演じているか、問題の場面を丁寧に読んでみよう。

宗教は、医学と入れ違いに登場して人間の死を看取る。十九世紀半ばのフランスでは、よほど立ち後れた辺境でないかぎり、肉体は医学が管理し魂は宗教にゆだねるという了解が浸透し、生活習慣にも根づいていた。この役割分担は、無教養な田舎司祭もしっかり呑みこんでいるのだが、念頭にあるのは、肉体と魂を分離可能な二つの実体として捉える素朴なイメージだ。かつてエンマがレオンへの密かな恋心に苛《さいな》まれていたころに、信仰による安らぎを求めて教会に足をはこび司祭に「苦しみ」を訴えたことがある。対する司祭は、なぜご主人から薬をもらわないのか、といぶかり、この教区内でいちばん多忙なのは「体のお医者」であるご主人と「霊魂の医者」であるわしですからな、と笑いをふくんだ鈍重な声で説明する。あとにつづくのは、もっぱら「体」をめぐる即物的な苦労話(21)。宗教を代表する者も、薬剤師と同程度の俗物なのである。

さて広場でブールニジャンの姿を見かけたオメーは、聖職者どもを「死人のにおいをかぎつけて飛んで来る鴉《からす》の群れ」になぞらえる。僧服《スータン》は屍衣《しい》を連想させるから嫌いだというのだが、じつは死への恐怖があるから坊主嫌いなのである。それでも村の知的エリートを自認するオメーは、厳粛な死の瞬間に敢然と立ちあうことをおのが使命とこころえている。型どおりに終油の儀式をとりおこなう司祭、石像のように青ざめてじっとうごかぬシャルル、窓の外を眺めているだけのカニヴェ。描写は大枠においてオメーの視点を借りており、傍観する者の距離感をもって構成されている。

「銀の皿に綿を丸めたのが五つ六つ、火のともった二本の燭台のあいだ、大きな十字架のそばに置いてある」という報告が儀式のはじまりを告げる。エンマは目を大きく見開いて、「痛々しいその手は、臨終の人がよくする、屍衣をまとう準備をするような、あの不気味な静かなしぐさを見せて、シーツの上をかいなでていた」。司祭がかたわらで祈りを唱えていることに気づくと、エンマは「喜色を浮かべたように見えた」と記されているのだが、ここでエンマが想起したらしい「忘れられたよろこび」や「至福の幻影」については、あらためてとりあげる。塗油のクライマックス。

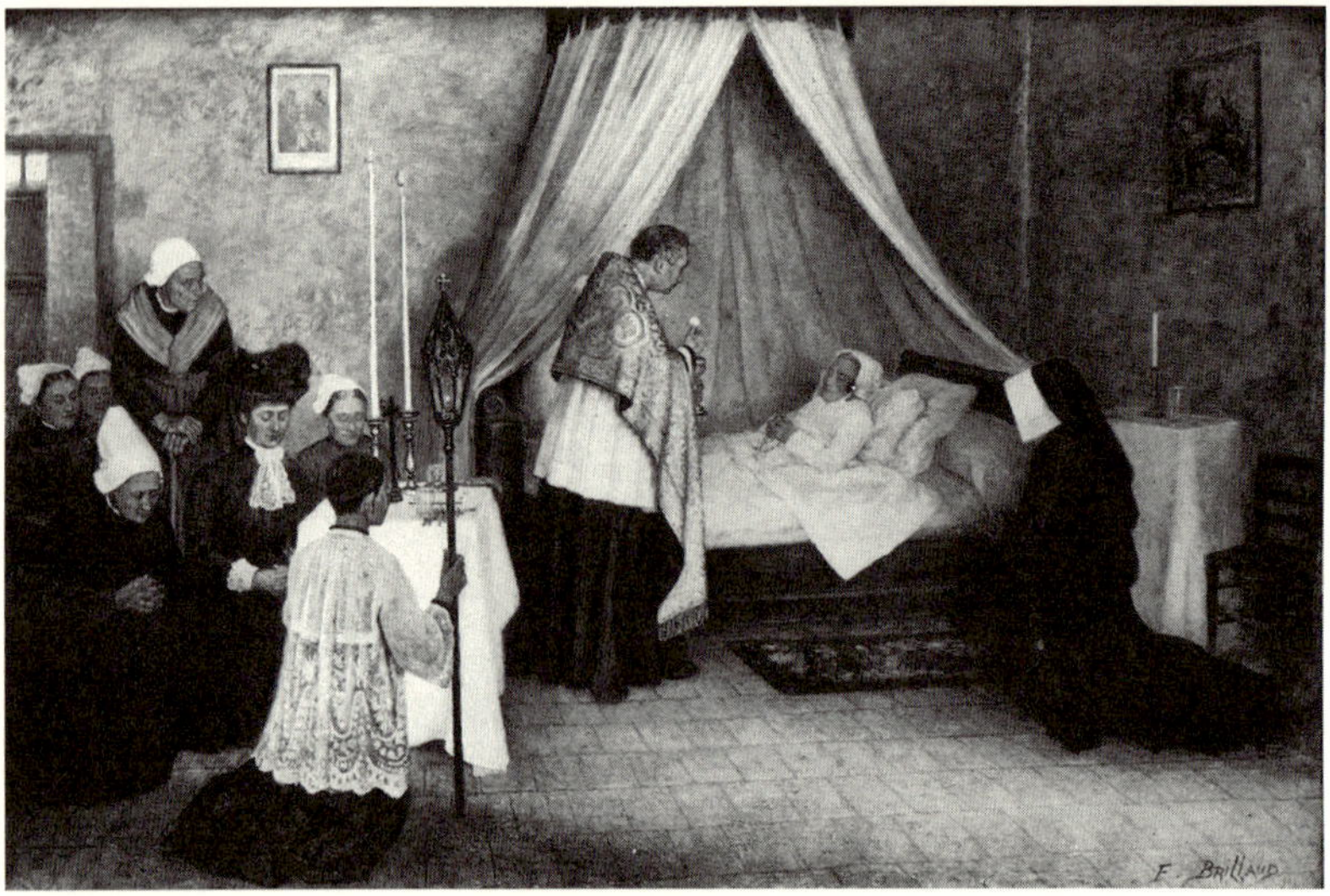

終油の秘蹟(1910年)

司祭はつと立って十字架像を手に取った。するとエンマは渇した人のように首をさしのべ、「人となりたまう神《キリスト》」の御像《みぞう》にぴったりと唇をつけ、まさに尽きようとする力のありたけをふるいおこして、生涯を通じての最も熱い愛の接吻をそこにしるした。つづいて司祭は「神はあわれみをたれたもう《ミセレアトゥール》」と「おゆるしを《インドゥルゲンティアム》」の祈りを誦《ず》し、右の親指を聖油にひたして塗油の儀式をはじめた。まず目の上、ありとあらゆる俗世の奢侈《しゃし》をあんなにも焦がれもとめた目の上に。つぎには鼻、あたたかいそよ風や悩ましいにおいを好んでかいだ鼻に。つぎには口、嘘をあれほどついた口、自尊心を傷つけられてはうめき、肉のよろこびに叫んだ口に。つぎには手、快い感触を楽しんだ手に。そして最後には足の裏、かつて欲情の充足を追って走ったときはあんなにも速かった、そして今はもはや歩むことのない足に。(22)

司祭は自分の指をぬぐい、油のしみた綿ぎれを火に投げ入れる。儀式はおわったのである。終油を授けるさいに求められる「告解」と「聖体拝領」をエンマはおこなわなかったのだろうか。すでに手遅れだったか、そそくさと一瞬ですませたのか、あるいは故意のいいおとしだろうか。

終油の場面は、発表されてまもなく物議をかもすことになった。批判したのは「ボヴァリー裁判」で検察の論告を担当した検事ピナールである。「裁判記録」には、本来司祭は「憐《ミゼリコルディア》れみを」と唱えながら額、耳、口そして足まで、定められた順番で塗油をおこなうはずなのに、その仕草が正確に再現されておらず、あまつさえ、えらばれた身体の部位にそれぞれ「肉欲的」な表現が貼りつけてある、これはカトリックの秘蹟に対する冒瀆である、という趣旨の指摘がある。(23) 司法は「公共道徳・宗教道徳および良俗の壊乱の罪」で『ボヴァリー夫人』を告発したのであり、何が「宗教道徳」の違反に当たるかを検事は示さなければならない。前提となる規範は、ここでは終油の秘蹟をめぐるカトリックの教義であろう。(24) 第二帝政下のフランスで、宗教は国家の管理を受けると同時に、その保護下に置かれており、明示的ではないにせよ、人間の生死を司る真理という定義しがたい範疇は、公認宗教の手にゆだねられていた。後述のように、フランスが現代のような「ライシテ」への道をあゆみはじめるのは、二十世紀に入ってからである。

さて反論する弁護士セナールは、フローベールの記述が教会の定める「儀式書」に則り、解説文の忠実な借用からなっていると主張する。延々とつづく弁論から「鼻」の部分だけを紹介すれば――「この聖なる終油により、主が大いなるご慈悲をもって、汝《なんじ》が嗅覚によりて犯せしあらゆる罪を許したまわんことを」と司祭は唱え、このとき病人は自分が「嗅覚によって犯したすべての罪」をあらためて憎まねばならない、と「儀式書」は指示している。しかもそこには「洗練された肉欲の香りを求める心のすべて、官能の嗜好すべて、吸いこんでしまった邪悪の匂いのすべて」という具合に、「罪」の内容までが列挙されている。フローベールのテクストは「あたたかいそよ風や悩ましいにおいを好んでかいだ鼻」とイメージを鮮明にしつつ要約しているのだが、この書き換えに、はたして「違反性」があるだろうか、と弁護士は問うのである。(25)

じつのところ「儀式書」の悔い改めを求める文章に、情欲にかかわる語彙が頻出するのは当然かもしれないのだが、カトリックの教義に秘められたエロス的なものについては、いずれ「初聖体」の項で考察することにしよう。

塗油をおえた司祭が、手をそえて「天の栄光の象徴である聖燭」を病人にもたせると「秘蹟によって癒されたかのように、エンマの顔には静かに澄んだ表情」が浮かぶ。これも「儀式書」に示唆されている現象を再現したもの。司祭はすかさず秘蹟の功用を指摘する。シャルルはかすかな希望にすがり、エンマは手鏡を見つめて大粒の涙をこぼす。そのあと病人は断末魔の苦しみにおそわれ、乞食の歌う声を聴いて「ものすごく、破れかぶれに、けたたましく笑って」絶命する。

なぜ笑ったのか？　その答えを数行で書き記すことができるのであれば、文学があくことなく人の生死の意味を問い、謎の深淵をのぞきこむ必要もないだろう。それにしても、エンマの魂の救済に宗教が無力であったと読者が確信するように場面が仕組まれていることには疑いの余地がない。同じように確かなことだが、夫のシャルルと薬剤師、さらに駆けつけた二名の医師の計四名が「近代科学」の側にいるにもかかわらず、エンマの治療はおろか、苦痛の軽減という意味でも、なんの役にも立たなかった。医学は命果てる瞬間を見届けたにすぎない。

聖職者 vs. 薬剤師

カトリック信仰をもつバルザックは、一方で医学を信奉する近代派でもあった。『従妹ベット』（一八四六年）の終幕、好色なユロ男爵を翻弄し一家の没落を招いたマルネフ夫人が、天罰のような業病で今際《いまわ》の時をむかえている。病魔にむしばまれて腐敗する肉体のおぞましさに召使いも寄りつかなくなったというのに、夫人の枕辺には名医ビアンションが控えて治療に手を尽くし、さらに教会から助任司祭と修道女が派遣されている。修道女は今日であれば看護婦がやる仕事を担当し、末期《まつご》の人に寄りそって、宗教の慰めをもたらすのである。語り手の説明するところによれば、「こうしてカトリック教会というこの聖なる組織は、すべてに犠牲の精神を活かし、悪臭を放つこのけがらわしい瀕死の病人にも霊肉両面で立ち会い、無限の寛容とくめどもつきぬ慈悲の宝を惜しみなく注いでいた」[26]。

くらべてみればフローベールのヒロインには救いがない。しかし作家は無神論やニヒリズムを標榜したかったわけ

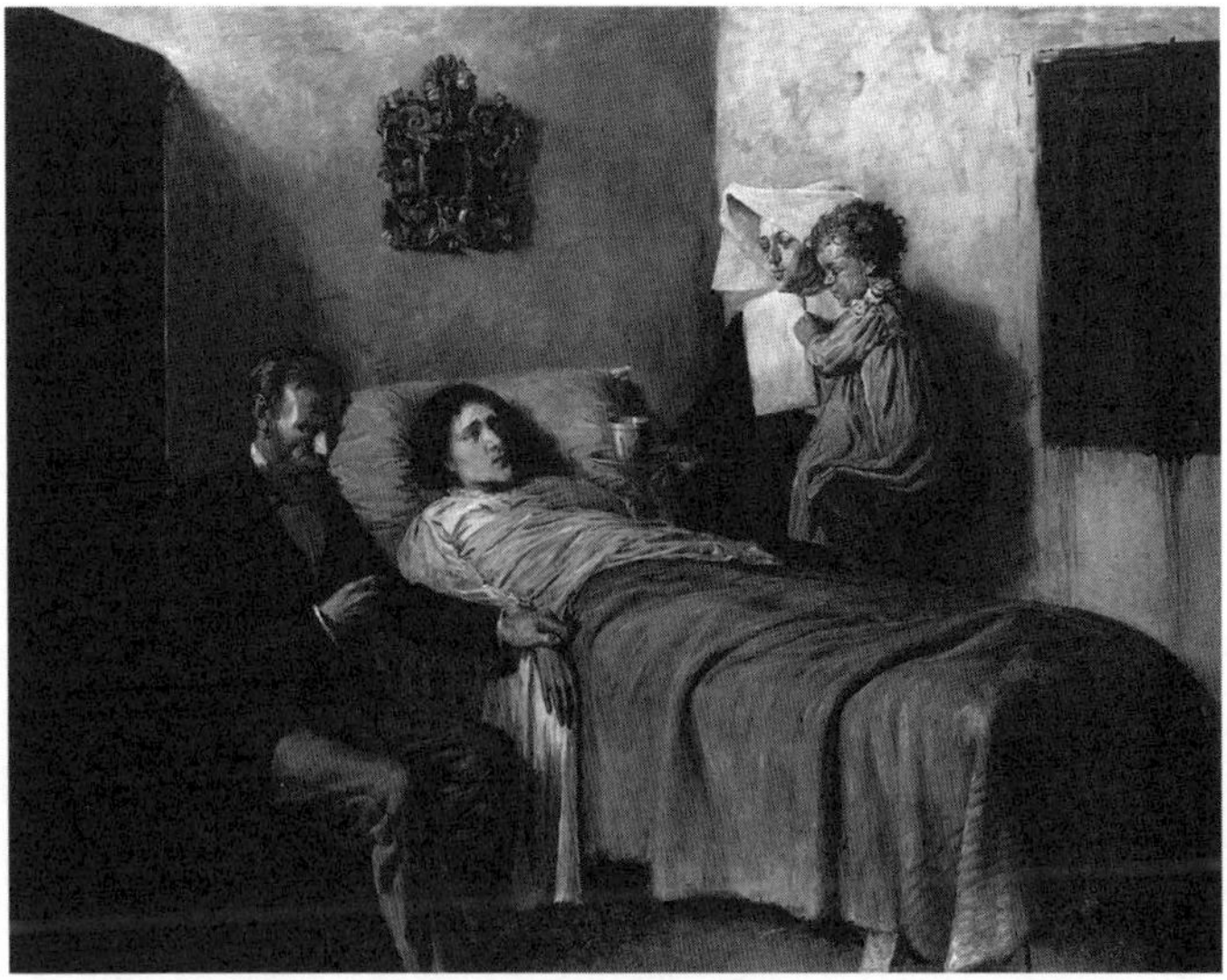

ピカソ《科学と慈愛》 1897年

ではあるまい。もともとエンマの臨終は、なんらかの結論を導いて読者を説得しようという意図で書かれたものではないのである。「宗教vs.科学」という二項対立をふくむ紋切り型の死生学的了解を、複数の登場人物によって代弁させながら、フィクションのなかに呈示しておけばよい。これが、あえていうなら作家の認識論的な立場だった。

ところでボヴァリー夫人が死んでも『ボヴァリー夫人』という名の小説の幕は降りない。さらに四十ページ近く、周囲の者たちがそれぞれにエンマの死を受容するかたちが、至近距離から描かれてゆく。臨終の場面につづき、「人が死んだあとには、かならずやその屍体から発散する一種痴呆《ちほう》の気ともいうべきものがある」という一文ではじまる章の冒頭では、とりわけ薬剤師と司祭の対立が奇妙な相似性をともなって浮上する。オメーは愛する妻のためにロマネスクな葬儀を夢想するシャルルに倹約をすすめ、激昂した相手に追いかえされる。ブールニジャンは「神に感謝を」とお決まりの説教をして、絶望するシャルルから瀆神の言葉を浴びせられる。それでも二人は善意の人間なのであり、そろって通夜をつとめるためにもどってくる。

遺骸をまえに啓蒙思想家《フィロゾフ》を自称するオメーの宗教批判がはじまった。教会がいうところの「聖寵」を受けて亡くなったのなら、今さら祈る必要はあるまい、それとも罪の許しを受けず逝かれたということか。いずれにせよ祈りは必要なのだ、あなたはキリスト教を信じないのか、と反駁する司祭に対し、オメーは「奴隷解放」と「普遍的道徳」という成果ゆえにキリスト教を評価するといい、ブールニジャンがこれに反論するために「聖書」に言及するや、ただちに「イエズス会による改竄《かいざん》」という話題がもちだされる。妻の亡骸に引きよせられるようにシャルルが姿をあらわすと、さすがに遠慮して静かになるのだが、気兼ねがなくなると「ふたりは熱狂し、真っ赤になって、相手の言葉に耳も貸さず、同時にがなり立てた」。

二日目の通夜。オメーは「樟脳《しょうのう》や安息香やその他の芳香性植物」をわんさとかかえ、毒気を払う「塩素水《クロール》をつめた瓶」までたずさえて、司祭に合流した。花嫁姿の死者のかたわらで、さっそく聖職者の独身義務や告解をめぐる論争がもちあがるが、やがて睡魔におそわれ、「かくて両人はいまやともどもに腹を突き出し、頰をふくらませ、仏頂面《ぶっちょうづら》を向き会わせ」たまま、かたわらの死者同様、身動きひとつせずに眠りこける。ときおり邪魔が入ると目覚めてひとしきり、本を読んだり祈禱を唱えたり、自分の仕事に精を出し、またぞろ舟をこいでは相手の居眠りをとがめ合う。「するとブールニジャン師は聖水を部屋じゅうにそそぎまわり、オメーは塩素水《クロール》を小出しに床《ゆか》にまいた」。やがて夜が明け、そろって「栄養補給」した二人は、漠然と浮かれた気分になり、すっかり和解ムードで日常の生活にもどっていった。

お気づきのように死者の弔いは、こと薬剤師と司祭の出番にかんしては「喜劇」の舞台のように構成されているのだが、いうまでもなくこれは人間の死と喪をめぐるさまざまの側面のひとつにすぎない。所詮は無神経な通夜のお勤めが背景にあってこそ、身を切られるようなシャルルの悲しみがまざまざと前景化されるのだ。

宗教文化の諸相

すでに述べたようにフローベールは今でいう「学際的」な野心をもっていた。「宗教学」や「社会学」の黎明期に生きた作家が、いかに多角的な視点から「宗教的な事象」fait religieux を捉えているか。序章の「文化としての近代ヨーロッパ」の節で紹介したオリヴィエ・ロワによる宗教文化の定義と四つのエレメントを思いだしていただきたい。「宗教的マーカー」「規範」「宗教性」そして「神学」という切り口を念頭において『ボヴァリー夫人』の全体を見わたしておこう。まずは宗教的な印の存在について。

具体的なモノを存分にとりいれて効果的に配列するのは、小説だけにできる技である。ご紹介した断章だけでも、鴉のように不吉な黒の僧服《スータン》、エンマの胸に「至福の幻影」を呼びおこした紫の袈裟《ストラ》、終油の儀式につかわれる道具や通夜の聖水などをリストアップすることができる。オメーがやたら薬草や消毒薬をもちこむのは「医学的マーカー」によって対抗しようというつもりだろう。さらに「至福の幻影」にかかわる一時期、つまり第二部でロドルフに捨てられたエンマが重篤な病の床で聖体を授けられ、にわかに信仰生活にあこがれた時期に、彼女は数珠やお守りや、俗っぽい信仰指導書のたぐいのコレクターになり、宗教グッズに埋もれて暮らしたことがある(27)。

しかし、なによりも目に立つべき宗教のマークは村の教会のはずである。ところが、その教会がいかにもみじめったらしく、描写は長いにもかかわらず、おそらく読者の記憶にもとどまらない。まるでオメーの薬局の「引き立て役」にすぎないかのようなのだが、まずは華々しい描写のほうから読んでいただこう。

しかし、なによりも人目をひくもの、それは旅館「金獅子」の真向かいにあるオメー氏の薬局だ！　とくに晩になってからが見物《みもの》である。ケンケ・ランプがともされ、店頭を飾る赤と緑のガラス玉が、二色の光彩をはるか路上に放つおりしも、この光のかなた、あたかもベンガル花火〔色どりあざやかな持続性の花火をいう〕につつまれたかのごとくに、机による薬剤師の英姿がほの見えるのである。彼の店は上から下まで、あるいは細身の斜体、

19世紀前半に流行したエピナル版画の聖母子像（ミサ典書の図版）

あるいは肉太《にくぶと》の立体、あるいは整然たる活字体で、品書きがレッテルの上に書き出してある、いわく「ヴィシー水、セルツ水、バレージュ水［…］」(28)

冒頭の文章の感嘆符は、だれのものなのか。匿名の傍観者、あるいは語り手自身が感心しているという意味だろうか。虹のような光につつまれた華やかなレッテルは、長くなるので省略したが、健やかな肉体を維持する薬の効用を宣伝するための文字情報が延々とつづく。これに匹敵するものが宗教の側にあるとするなら、ブールニジャンの知り合いの本屋が「手当たりしだい」にエンマに送りつけてくる例の信仰の手引きぐらいなものだろう。そこにも「お品書き」のように目立つ書物のタイトルがならんでいる。(29)

しかし問題は、人目をひかない教会である。小さな地所にやたら墓石をならべた墓地には雑草が茂り、すでに朽ちはじめた木造の貧相な建物は「シャルル十世治下の末年」に再建されたというのだから、築二十年にもなっていない。要するに安普請なのであり、本来は「パイプ・オルガンがあるはずの場所」も桟敷席になってガタピシの階段がつき、ステンドグラスは一色だけのもの、腰掛けに張ってあるのは綴織《つづれおり》ならぬただの茣蓙《ござ》。この調子では「小さな聖母像」の衣装もどうせ安物だろうと想像されるが、「ハワイ諸島の偶像さながらに頬《ほほ》を真っ赤にぬってある」とは、どうしたことか。おそらく民衆の好んだエピナル版画などのキッチュな美意識による聖母像だろう。そして内陣のどんづまりには「内務大臣寄進、聖家族の図」が掲げられ、主祭壇を見おろしている。(30)

歴史をふりかえれば、フランス革命期の「聖職者民事基本法」により教会財産は国有化され、コンコルダート(政教条約)にもとづくナポレオンの宗教政策により[31]、教会の管理は「内務省」にゆだねられていた。十九世紀中葉、フランスという国家はカトリック教会の末端をどのように遇していたか。内務省予算から捻出された「聖家族の図」は、宗教が政治に養われていることの象徴ともいえる。

さてオリヴィエ・ロワによる宗教文化の第二のエレメントは「規範」である。「自殺」が宗教によって禁じられているという話はその一例だが、ご存じのように「姦通」もまたカトリック教会の定める大罪に当たる。その一方で「姦通」は民法の違反行為でもあり、さらに女性についてだけ刑法に条文が定められ、身柄を拘束される可能性もあった。十九世紀の姦通小説のヒロインが、そうした禁忌を侵してまでも道ならぬ恋を生きるとき、それは宗教的な罪として自覚されていたか、それとも民法的な違反行為と考えられていたか。この問いは本書第Ⅲ部の中心的テーマとなるが、エンマの臨終の場面で姦通の罪が問われなかったことは、しっかり記憶しておこう。

「宗教性」とは、オリヴィエ・ロワによれば個人が信仰を生きるときの「生き方」に相当し、「宗教感情」のような内面の問題とともに、信仰にかかわる行為や行動もふくむ。つまり型どおりの教区司祭としてふるまう司祭も、やたら「反教権主義」をふりかざすオメーも、まったく同等におのれの「宗教性」を生きていることになる。エンマがカトリック信仰と出会うのは、修道会付属の寄宿学校に入ったときだが、その経験については、章をあらためシャルルの「スピリチュアリティ」とともに検討したい。

最後に四つめのエレメント「神学」についてひと言。バルザックのなかには、たとえば『セラフィータ』や『ルイ・ランベール』など、本格的にキリスト教神秘主義の領域にふみこんだ作品があるけれど、一見して明らかなように『ボヴァリー夫人』では神学的な問題が正面からとりあげられることはない。その一方で啓蒙思想家気取りのオメーが得々と口にするカトリック批判の紋切り型は、いずれも本質的には神学にかかわるものだ。いわく、聖職者の独身義務は自然に反するか否か、秘蹟や奇蹟と呼ばれるものをいかに説明するか、礼拝や塗油などの儀式はいかに定義されるのか、等々。

3　霊的なものの位相

ボヴァリー夫人の「至福の幻影」とモルソフ夫人のカトリック的な死

以前に『ラルース大辞典』を素材に「宗教」にかかわる項目を読み解いてみたことがある。一八六六年から十年の歳月をかけて全十七巻が刊行されたこの辞典は、十九世紀の知の集大成とみなせるものであり、可能なかぎり公正に複数の見解を紹介しているが、編纂に見えかくれするイデオロギーという意味では明らかに近代派といえる。「宗教」の項には、プロテスタント神学者シュライエルマッハーの思想を紹介し、宗教の本質に内在する「供犠」の由来から宗教の誕生そのものを説明するくだりがある。人間はみずからの起源と終焉の謎を解くことができぬからこそ、超越的な存在にむけ恭順の仕草をするというのである(32)。ラルースにかぎらず近代派は一般に、超自然的な「啓示宗教」よりは人間の悟性によって説明される「自然宗教」に共感をよせる。万人のかかえる「宗教感情」から自然発生的に多様な宗教が生じるという解釈であり、いかにも合理的なこの説明は、たしかに信仰をもたぬ者にも受けいれやすい。フローベール自身も「宗教」をつくりだすのは「感情」であるとして、そこに文学の源泉たる詩情《ポエジー》を認めたのだった。

それにしてもぼくが何にもまして心惹かれるもの、それは宗教です。ぼくがいいたいのは、あれかこれかというのではなく、あらゆる宗教のこと。それぞれの教義を個別的にどうこうという話はきらいなんですよ、ただ、諸宗教を創造した感情というのは、人類のもっとも自然でもっとも詩的な感情だと考えています。そんなものは詭弁だとか妄言だとかいう哲学者《フィロゾフ》気取りはまったく不愉快です。ぼくとしては、そこに必然性と本能を認めている、だから聖心《サクレクール》の御像の下にひざまずくカトリックと同じに、お呪《まじな》いの品に口づけする黒ん坊にも敬意をはらうわけです。[33]

そうしたわけで『ボヴァリー夫人』のヒロインが、少女時代から「宗教感情」を温めていたことを、特異な例とみなすのは当たらない。エンマが女子修道院の寄宿学校で知った宗教の陶酔は、以下のようにつづられている。あれこれと羅列された聖なる品々や大仰な感覚的表現からも伝わることだが、語り手は少女の身体感覚に寄りそって恍惚たる思いを分かちあい、それと同時に皮肉な距離を保って語彙や構文をえらんでいるように見える。フローベールにおいては、ポエジーとアイロニーは両立しえぬものではない。

> こうしてぬるま湯のような教室の雰囲気にたえず浸りきり、銅の十字架のついた数珠《じゅず》をつまぐる白皙《はくせき》の聖女たちのあいだに日を送るうち、いつしかエンマは、祭壇の薫香からも、ひんやりとした聖水盤からも、大ろうそくの光明からも目に見えず発散する神秘なけだるさに酔い、とろとろと現《うつつ》を忘れた。ミサに出る間も惜しんで、本の挿絵《さしえ》の藍色《あいいろ》に縁どられた宗教画に見入っては、病める牝羊〔罪深い魂の象徴、これを正道に導く牧人に聖職者を擬す〕や、鋭い矢に射貫《いぬ》かれた主《しゅ》の心臓や、十字架を背負って歩かれる道々しばしば倒れたもうおいたわしいイエスさまを愛した。[34]

これがフローベールの記述するカトリック的な「宗教感情」の一例である。「教義」や「信仰」と直接には切りむすばないけれど、特定の宗教的環境で育まれる感覚や感情の昂揚といいかえることができる。ところで「スピリチュアリティ」という言葉の今日的な用法は、島薗進氏の定義にしたがうなら宗教の枠組から多少とも逸脱し遊離したものもふくむ。[35]さらにアブダル・マリクの小説をしめくくる「霊的なものが宗教的なものをとおして顕れるとはかぎらない[36]」という述懐を思いだしてみれば、十九世紀のヨーロッパが「宗教感情」と名づけた心的状態は、現代の「スピリチュアリティ」に隣接する範疇であることが推察できる[37]。

エンマはロドルフに捨てられたのち司祭の導きによって信心のなかに安らぎを見出し「至福の幻影」をかいま見るまでになる。少女時代の淡い「宗教感情」とくらべたときに、信仰の深まりがあったといえるのだろうか？　いやむしろ正統的なカトリック信仰の道からはずれ、今日的な意味での「スピリチュアリティ」の領域に踏みだしてしまったのかもしれない。ボヴァリー夫人は妻であること、母であること、愛人であることについて、みずから思い描いた夢の様式を追い求め、それが忠実に再現されぬところから、くり返し欲求不満におちいる女性であり、信仰生活においても同様に、つよい願望と憧憬をいだいている。この自己主張するヒロインは、しばしば「新しい女」としてフェミニズムの共感を誘ってきたのだが、カトリック信仰に対するエンマの姿勢も、同じ世紀のヒロインたちにくらべると傑出して新しいものに思われるのだ。

しかしエンマの逸脱ぶりを測定したいなら、ほかの小説で模範的なカトリックの女性がいかに描かれているかを、まず確かめておかなければなるまい。『谷間の百合』は第Ⅲ部であらためてとりあげる大作だが、ここではもっぱら秘蹟としての終油の儀式という側面から、ヒロインの死をめぐる数十ページの叙述を駆け足でたどっておきたい。登場人物について確認しておきたい要点は以下のとおり。モルソフ夫人は気性のすさんだ亡命貴族に仕える貞淑な妻、そして病弱な子どもたちをいつくしむ献身的な母である。夫人は初々しい青年フェリックス・ド・ヴァンドネスとプラトニックな愛によってむすばれていたのだが、やがて青年はパリに出て社交界の花形と浮き名を流す。噂を伝え聞いた夫人は憔悴して死んでゆく。

伯爵の屋敷にかけつけるフェリックスは、行き会った知り合いの医者から、モルソフ夫人が原因不明の悲しみのためにやつれはて、すでに四十日——イエス・キリストが荒野で断食したのと同じ日数——食を断って今際《いまわ》のきわにあると告げられる。青年が到着すると夫人につきそっていた聖職者から、二人を会わせまいと努めたが、もはや自分の力のおよぶところではない、と説明され面会を許される。人妻と青年の道ならぬ恋のすべてを、ビロトー神父は告解僧として聴き知っているのである。死の床に横たわっていたはずの夫人は白いドレスに着替え、室内にあふれんばかりの花を飾って長椅子に座り、胸に荒々しい情念を秘めたまま引きつった微笑をうかべて青年をむかえ入れる。そして、もう一度あなたに愛され人生を生きなおしたい、と欲望の言葉をささやくのである。夫人の狂乱ぶりを見て、同席する神父は神に祈り、力尽きた夫人をフェリックスが寝台にはこぶと、ただちに医師が入室して、阿片を身体に塗り苦痛をやわらげる。夫人が最後に見せた俗世への未練だった。ふたたび病人の枕辺に呼ばれた家族と青年は、天使のように崇高な女性を目の当たりにする。

　おりしも沈みゆく太陽のもと「自然の詩」が「宗教の詩」とひとつに溶けあう夕暮れどきである。ビロトー神父の合図を受けて召使いが村の司祭を呼びにゆく。医師は「科学そのもののごとく、平然とベッドの脇に立ち」眠りにおちた病人の手をにぎっている。夜の九時、優しさと美しさをとりもどして目覚めた病人は、家人を別室に下がらせて告解を済ませたのだった。すでに屍衣《しい》を身につけ、愛の手紙を焼き捨てた夫人は、贖罪の安らぎと希望に輝いている。のこされた力をふりしぼって夫に赦しを乞い、フェリックスに別れを告げ、それから使用人たちを室内に呼び入れ、ビロトー神父に感謝の言葉を述べ、村の司祭から終油と臨終の聖体を授けられる。

> しばらくすると呼吸が乱れ、目のうえに霞がかかりましたが、まもなく彼女はふたたび目を開き、最後の視線を私に投げかけて、一同の見守る前で息をひきとりました。いっせいにあがる嗚咽《おえつ》を耳にしながら逝《い》ったのかもしれません。田舎にあってはさして不思議ともいえぬ偶然でしょうが、そのとき私たちは、二羽の小夜啼鳥《ナイチンゲール》が、さながら優しく相手を呼び合うように、その冴え冴えとして変わらぬ音色を長く響かせて、何度となく鳴きかわすのを耳にしたのです[38]。

以上がカトリック的な臨終の模範であるとしよう。文学史に名高いヒロインの死といえば、まずはルソーの『ヌーヴェル・エロイーズ』のそれだけれど、同じように医師と聖職者、家族と使用人にかこまれて、麗しい容姿のまま従容と天に召されるジュリの最期は、モルソフ夫人の場合と何が異なるか。「わたくしは、聖書と理性だけから掟を受けておりますプロテスタント教会の信仰の中に生きてまいりましたが、それに従って死ぬつもりでございます[39]」と死の床で宣言するヒロインは、あくまでも理知の人として主体的にふるまっている。率先して信仰の範を垂れるそのさまは、臨席する牧師さえ圧倒されるほどなのだ。これに対してカトリックでは、聖職者が教会の定めにしたがって死にゆく者を導き、あの世とこの世の橋渡しを務めるのである。教会という制度の内部にいる者だけが与ることのできる「終油の秘蹟」という発想は、カトリックに固有のものであることを忘れぬようにしよう。

さて一方のボヴァリー夫人だが、物語はルイ・フィリップ王政の末期に設定されており、『谷間の百合』の舞台が王政復古期であることを考えると、おおざっぱに見て一世代は下ということになる。しかし両者の相違は時代からくるものだけではない。ロドルフとの関係が破綻してエンマが病床にあったころ、神父が足繁くかよってくるようになった。ある日のこと、自分でも死期が迫ったのを感じた病人が、聖体を拝受したいと願い出る。このときも告解がおこなわれた様子はないのだが、教会の規範が厳格に適用されなくなっていたのだろうか。あるいはエンマ自身が姦通について神に許しを求める意志をもたず、形式的なもので済ませてしまったのかもしれない。こうして早々に終油の準備がととのえられ、女中がダリアの花を床にまき散らすのを見ているだけで、エンマは早くもあらゆる感覚、感情から自分が解脱してゆくような気がするのだった。

自分の存在そのものが神のみもとへのぼって行き、やがてはまるで燻《くゆ》らす香の煙が空《くう》に吸われるように、広大無辺の神の愛のうちに消えうせるのではないかと思われた。ベッドのシーツに聖水がそそがれると、司祭は聖体器から白い聖体のパンを取り出した。そして彼女はすでにこの世ならぬ喜びにひたりつつ、今しも下されようとする救世主の御体《みからだ》を受けるために、恍惚《こうこつ》として唇を差しだした。寝間《アルコーヴ》のたれ幕は彼女のまわりに雲さながらにふんわりとふくらみ、簞笥の上にともった二本のろうそくの光は、彼女の目には燦々《さんさん》とまばゆい後光とも見えた。すると最高天使《セラファン》のかなでる竪琴《たてごと》の調べが空高く鳴りひびき、蒼穹《そうきゅう》のかなた、金色の玉座の上には、緑の棕櫚《しゅろ》の枝を手にした聖者たちのさなかに、荘厳な栄光につつまれた父なる神が、彼女をいだいて昇天させるようにと、炎の翼を持つ天使たちを下界に向かわせる合図をしている御姿《み》が拝されるような気がして、彼女はがっくりとまた頭をたれた。(40)

少女時代に寄宿舎で、祭壇の薫香やひんやりとした聖水盤や大ろうそくの光明から発散する「神秘なけだるさ」に酔っただけのことはある。ここでもエンマの経験は身体感覚のレヴェルで記述されており、いいかえれば語り手は、ヒロインの「皮のなか」に入ってその身体性と内面性を分かちあっている。念のためにいいそえれば『谷間の百合』はフェリックスの回想というスタイルで書かれているから、語り手でもあり登場人物でもある「私」は、モルソフ夫人の身体を外部から捉えることしかできない。目のうえに霞がかかるように見えただけであり、死ぬ瞬間に、みなの嗚咽を耳にしたかもしれないという書き方も、そうした語り手の立ち位置を暗示する。

ここで「恍惚として」聖体を拝領するエンマは、すでにスピリチュアリティの陶酔を知り、非物質的で崇高な天空に遊泳しているように見える。つづく描写文は、おなじみの「聖者の昇天」という図像を再現するものだ。教会や修道院の内部だけでなく「信仰の手引き」と称する小冊子の挿絵や大衆向きの版画や宗教画など、巷《ちまた》でも目にすることができる典型的なイコンである。ちなみにフローベールは最晩年の作品『三つの物語』でも、同じ主題を二度まで物語の結末においている。いずれ検討するように、たんに絵画的《ピトレスク》だからというだけの動機ではあるまい。

お気づきのように、ここで生涯に一度だけ開示された「輝かしい幻影」vision splendide とは、今日の表現によるなら「臨死体験」と呼ばれてもおかしくない何かだろう。このときの記憶があったからこそ、臨終のエンマは司祭の紫の袈裟を目にしたとたん、開きかけたあの世の扉から「永遠の至福の幻影」visions de béatitude éternelle をかいま見たように思い「喜色」を浮かべたのである。しかるによりにもよって、死にゆくエンマを捉える窮極の幻影が、おぞましき乞食の面《おもて》であったとは……。

病床での神秘体験をへたのちに、エンマは「この世の幸福に代わるもっともっと大きな至福」「天と交わる清純の境地」に憧れ、「聖女になりたい」と望む。そして数珠《じゅず》を買い、お守りを身につけ、ベッドの枕元にエメラルドをちりばめた聖遺物箱を置きたいと夢想する。ふたたびオリヴィエ・ロワの用語を借りれば、これ見よがしの「宗教的マーカー」(41)に囲まれていることで安らぎをおぼえるのである。宗教書を手当たりしだいに読むという話には、すでにふれたが、知性と無縁な安手の書物をふくめ、本来の「聖品」とみなすにはあまりにお粗末な「宗教グッズ」に依存するのは「脱文化」の兆候といえる。十九世紀半ばのヒロインでありながら、今日を予告するようなスピリチュアリティの消費行動に走ってしまったのである。

スピリチュアリティの人シャルル

死者の埋葬と愛しい人の喪に服す営みは、おのずと「死生学」の領域に入るだろうが、このテーマについても小説ほどにゆたかな素材はない。利発な妻に「シャルルの口から出る話といえば、歩道のように平々凡々、そこを世間の相場どおりの思想が、平服のままの一列縦隊で進んでゆくだけだから、感動も笑いも夢もありはしない(42)」などと酷評されたために、鈍重な夫の代表として文学史に名をのこすことになってしまったが、エンマを心から愛した唯一の男はほかでもない、凡庸きわまるシャルル・ボヴァリーだった。

エンマの死から埋葬に至るまでのほぼ二日間、司祭と薬剤師の無神経な掛け合いがつづくかたわらで、シャルルは別離の悲しみを狂気の瀬戸際で生きている。通夜の一日目。シャルルが寝室に入ってきて、そっと垂れ幕を引く。つづく数行の描写は、おそらく小説の歴史のなかで前例のないものだ。しかし、ここは寄り道をして、何か比較できそうな断章を検討するところからはじめよう。

『谷間の百合』でもヒロインの通夜の記述はあるけれど、その断章は情景描写というより追憶のスタイルで語られており、たとえば「清らかな表情」「肌の白さ」「沈黙と冷たさに秘められた威厳」「絶対的な休息の美しさ」などという抽象的な語彙に純化されている。神の御手に魂をゆだねた人の肉体は、つかのまであれ死の崇高さを表象するためにそこにある。

これに対して道徳的な退廃ゆえに指弾されるヒロインの場合はどうか。『従妹ベット』では、上述のように大団円で妖婦マルネフ夫人が病魔に冒されて死ぬ。その肉体の醜悪さや強烈な悪臭は強調されてはいるけれど、具体的な描写はない。男心をとろかす魅力を剝奪されて死んでゆく女の「辞世」の台詞はこうだ。「こうなっては神様に気にいられるよりほかありませんわ！　せいぜい神様にゆるされるよう努めますわ。それがわたしの最後のコケットリーよ！　ええ、そうですとも、こうなったら神様をはめてやらなくっちゃ！」(43)——というわけで、あっぱれ、色仕掛けであの世にのりこもうというのである。マルネフ夫人は稀代の悪女として、神をも籠絡するほどの心意気を見せて死ぬ。その後の記述は、一週間後に埋葬されたという一行のみ。バルザックは人間の死を教会の秘蹟とみなしており、ヒロインの臨終の苦痛を見届けたあとは、遺体を「尊厳」という名のヴェールでおおってしまうのだ。いずれ見るように、小説のなかで亡骸《なきがら》を人目にさらされるのは処刑台に吊された犯罪者たちか、さもなければ「娼婦」と呼ばれる女たちである。

こうした系譜に位置づけてみるとフローベールの顕著な違反性が見えてくる。ボヴァリー夫人はれっきとした「人妻」であるにもかかわらず、「遺体」ではなく「屍骸」として描写されてしまった史上はじめてのヒロインなのである。

エンマは頭を右肩寄りにかしげていた。口は開き、その口もとは顔の下部に暗い穴のような影をつくっている。両手の親指はてのひらのほうへ折れ曲がっている。睫毛《まつげ》は白い粉《こ》を吹いたように見え、瞳《ひとみ》はまるで蜘蛛《くも》の巣におおわれたように、薄絹めいた、ねばねばした、青白いものの下に消え入ろうとしていた。(44)

魂の去った肉体が、こんなふうにあられもなく読者の視線にさらされてよいものだろうか。しかし、このあとにつづく一文――「なにかとてつもない大きなかたまりが、べらぼうな重量がエンマをおしつぶそうとしているようにシャルルには思えた」――というところまで読んだ読者は、シャルルは「垂れ幕を引いた」という導入の仕草を思いだし、至近距離から魅入られたように死んだ妻を凝視する夫がそこにいると実感するだろう。そして言葉を失ったまま立ちつくすシャルルに、そっと寄りそうことになるのである。シャルルの衝撃と絶望は、目前にあるおぞましき死の形象を小説の言語によって出現させることによってのみ、はじめて伝達可能なものとなる。フローベールはそのように信じてペンをにぎる小説家だった。

こんなふうにしてエンマが死んだのちの語り手は、しばしばシャルルの「皮のなか」に入り、その内面をとおして世界を捉えている。二日目の通夜。オメーのもちこんだ匂《にお》い草の青い煙が室内にただよい、「空には星かげがちらほら、しめやかな夜だった」。死に化粧をしたエンマは、シャルルの指示したとおり花嫁姿で横たわっている。

月光のように白々と光る繻子のドレスには木目模様がきらきらとふるえていた。エンマはその下にかくれていた。シャルルは、エンマが彼女自身の外へのがれ出て、周囲の事物のなかへ、しじまのなかへ、闇のなかへ、吹きわたる風のなかへ、ゆらめきのぼるしっとりした香煙のなかへ、いずこともなく溶け込んでゆくような気がした。(45)

フローベールにおいては、重く凝固して輪郭の折れ曲がった物体は不幸の感覚につながっている。その一方で、光を反射する表層が目くらましのように打ちふるえ、内部の実体はしだいに堅さと重みを失って、さながら物質性から解き放たれたかのように、宇宙に拡散してゆくという一連のイメージは、至福の思いを呼び覚ます。かつてエンマが終油の秘蹟を受けたときの感覚、「自分の存在そのものが神のみもとへのぼって行き、やがてはまるで燻《くゆ》らす香の煙が空《くう》に吸われるように、広大無辺の神の愛のうちに消えうせる」という、あの感覚のことを思いおこしていただきたい。「気化することの至福」とでも呼んでおこうか。冴えない男シャルルは、人の魂のことなど考えてみたこともない田舎の免許医でありながら、亡き妻のスピリチュアリティの陶酔を、自分なりの方式で追体験しているかのように見えるのだ。

宇宙に遍在する妻の霊魂と交わることで時空の呪縛を解かれたかのように、シャルルは追憶にひたり、美しい妻の「髪のにおい」や「花嫁衣装の手ざわり」や、おりにふれての身ぶりや声音《こわね》までを、ひとつひとつ、まざまざと思いだす。しかし、ここで通夜の記述がおわったのでは、シャトーブリアン直系のロマン派文学になってしまうだろう。やるせない思いに耐えきれなくなったシャルルは、胸をときめかせながら、指先でそっとヴェールをめくってみる。恐怖の叫びを聞いて、司祭と薬剤師のご両人がはっと目をさまし、シャルルを階下に引っぱってゆく。

思いきり簡略に定義しておこう、愛とは対象に一体化して、いわば身体性までを分かちあうことだ、と。そうであるならば『ボヴァリー夫人』のなかで作家に愛され、その身体感覚までを付与された登場人物は、エンマだけでない。そのエンマを愛するがゆえにシャルルもまた作家の身体性を分有しているように思われる。(46)エンマ亡きあと、シャルルはひたすらエンマに思いを馳せる、そして「エンマは墓のかなたから彼を堕落させた」とあるように、その贅沢な趣味までを模倣する。それだけでなく、さながら妻を苦しめた毒物を浄化するかのように、詩情あふれる自然のなかでスピリチュアルな死をとげる。

翌日、シャルルは青葉棚の下のベンチへ行って腰をかけた。日の光が格子のあいだからふりそそぐ。ぶどうの葉は砂利の上に影を描き、素馨《そけい》の花はかおり、空は青く、咲き乱れた百合《ゆり》のまわりに芫菁《はんみょう》が羽音をたてている。そしてシャルルは、そこはかとない恋の香に切ない胸をふくらませ、まるで青年のようにあえいだ。(47)

夕方、幼い娘が呼びにきたときには、シャルルは妻の長い黒髪を手にもったまま塀にもたれて事切れていた。カニヴェが解剖したシャルルの遺体は「空っぽ」だった。

以上をフローベール的な「スピリチュアリティの誘惑」と呼んでおこう。ひと言、いいそえておきたいのだが、エンマの残酷な自死は、シャルルの奇妙に明るい最期によって相殺されているのではないか。『ボヴァリー夫人』はバルガス゠リョサの示唆するように「不幸で悲観的な物語」がその「陰惨な美」によってカタルシスをもたらすというだけの作品であるまい。(48)

それにしても、なぜフローベールは結論を宙づりにするような、不思議な仕掛けをえらんだか。死は籟者のくずれた面《おもて》のように醜怪な虚無なのか。それとも、魂が宇宙に拡散するような至福の消滅が約束されているのだろうか。「愚かしいのはしいて結論を出そうとすることだ」(49)という名言は、まだ二十代のフローベールが旅先から友人に宛てた手紙のなかに書かれている。おそらく作家の生涯を導く銘句でもあったろう。

『ボヴァリー夫人』の著者が避けようとしたのは、悲観か楽観かの結論を選択し、死の謎を解明したような得意顔をするという愚行だった。しかし、そうはいっても、カトリック信仰による魂の救済という可能性だけは、ヒロインの過酷な死によって最終的に排除されたのではなかったか？　いや『ボヴァリー夫人』はフローベールにとって処女出版なのだ。まだ結論は出ていない。

第二章　死の宗教性をめぐって

1　聖なるものとの出会い――フローベール『純な心』

臨死体験の描き方

フローベールが『ボヴァリー夫人』の執筆に邁進するかたわら、夜ごと愛人ルイーズ・コレに書き送っていたころの膨大な書簡がのこされている。一九五三年の九月、フローベールは作品のなかばに到達し、ようやく登場したロドルフが人妻を口説く農業共進会の場面にとりくんでいた。[50] その一方で作家は物語の結末を念頭におき、エンマとシャルルの死について、明確な意図を以下のように予告する。

ぼくのボヴァリーの奥さんが死ぬところについては、ヴィルジニーが死ぬところみたいに涙を誘うことはない、それはもう、あらかじめわかっています。ただし一方の恋人が死ぬところよりも、もう一方の亭主が死ぬところのほうが、ずっと泣かされるはずですよ。それに自信があるんです、屍体のことですがね。それが読む者の頭にこびりついて離れないようにしたい。「芸術」に問われる最高の質、その目的とは、イリュージョンを与える、、、ことなんです[51]。

ベルナルダン・ド・サン＝ピエールの『ポールとヴィルジニー』は、一七八七年に刊行されて以来、ロマン派の先駆けのような純愛物語として絶大な人気を博していた。少女時代のエンマの愛読書の筆頭にあげられているのも、偶然ではないだろう[52]。物語のヒロインは、大嵐のなかで波にさらわれ、やがて遺体が遠い浜辺に打ちあげられる。昇天する天使さながらに、船の甲板から愛する人に別れを告げる乙女の仕草といい、聖人のお守りをしっかりにぎり、衣服の乱れもなく、砂に埋もれて晴れやかな死に顔を見せている亡骸といい、とにかくヴィルジニーの死に方は、荒唐無稽なまでに理想化されている[53]。生きる望みを失った恋人のポールも、はかなく死んでゆくのだが、ただし、この純粋無垢な青年の死より、田舎医者の死のほうがずっと感動的なはずだとフローベールは豪語するのである。

ところで「イリュージョンを与えること」と補って訳したところは、じつは *illusion* いう単語ひとつがイタリックで置かれている。芸術が到達すべき目標は、五感に訴える生々しい現実がそこにあるかのような錯覚そのものを言語によって創出することだというのである。とすれば人間がこの世から消滅して「屍体」となる神秘のプロセスを、小説家はいかなる手法で呈示することができるのか。エンマが「屍体」となる直前の記述を読みかえしてみよう。いわゆる「リアリズム小説」の約束事として、語り手は生きた作中人物の「皮のなか」に入って、その人の身体感覚や内面の言葉を分かちあうことはできる。しかし死の扉の向こう側に踏みこむことは禁じられているはずだ。すでに確認したように、語り手はかなり早い時期に――「しいんと冷たいものが足の爪先《つまさき》から心臓のほうへじわじわのぼって来る」という報告のあと――エンマの身体の外に出てしまい、その後は「臨床医学的」なまなざしで経過を見守っている。ところが医学も宗教も手を引いてしまった瀬戸際で、それこそ瞬《まばた》きするほどの瞬間にすぎないが、語り手は今際《いまわ》の人の内部にもどり、エンマの想念のなかにしかない世界を捉えなおすのだ。「あの乞食のぞっとする、醜い顔が、永劫《えいごう》の闇のなかに、恐ろしい化物のように立ちはだかるのを見るように思った[54]」という文章は、この世に存在するエンマの内面にかろうじて立脚しているが、それにしても「見るように思う」croire voir という表現が気にかかる。フローベールは最晩年の作品の結末でも、同じ動詞の組み合わせによって、登場人物の「臨死体験」を語ることになるだろう。

> 香の青い煙が、フェリシテの部屋にまで立ちのぼった。彼女は鼻孔をさしだすようにして、神秘の愉悦をおぼえながら、それを吸いこんだ。それから、まぶたを閉じた。唇は微笑んでいた。心臓の鼓動は、ひとつ、またひとつ、と間遠になってゆくのだが、そのつど、いっそう捉えがたく、いっそう穏やかになった。泉の水が涸れるように、谺《こだま》が消えてゆくように。こうして最期の息を吐いたとき、なかば開かれた天空に、巨大な鸚鵡が一羽、頭上に翼をひろげているのを見るような気がしたのだった。[55]

本人の自覚としては誠実なカトリック信徒であるフェリシテが、命果てる瞬間にかいま見た「至福の幻影」であり、この段落をもって物語は幕となる。なにゆえ精霊が白鳩ならぬ極彩色の鸚鵡の姿をとってあらわれるかについては、これからゆっくり見てゆくが、死の扉が開かれる瞬間まで、語り手が虚構の人物に寄りそってあゆみ、その経験を言語化していることがおわかりだろう。

死にゆく人物の意識を追う作品といえば、トルストイの『イワン・イリイチの死』（一八八六年）にひと言ふれぬわけにはゆくまい。三人称で主人公の臨終を記述してゆくテクストの最後の二ページほどを、抜粋しながら読んでみよう。フローベールの場合と同じく語り手は作中人物の内部に身をおいて経験を記述する。まずは身体から何かが「にわかに出て行こうとしている」という感覚におそわれる。それから全身の痛みが消える。「では、死は？　死はどこだ？」――かねてからなじんできた死の恐怖が見出せないのである。死はなかったからだ。死の代わりにひとつの光があった。「つまりこれだったのだ！　なんと歓ばしいことか！」――そう本人が声に出していったのちも、見つめる家族たちの視線からすると臨終の苦悶はつづいている。だれかが頭上で「終わった！」というのを聴きとったイワンは、胸の中で「死は終わった」とくり返し、ひとつ息を吸いこみ、吐く途中で止まったかと思うと、ぐっと身を伸ばして、そのまま死んだ。(56)

作品の結論に疑問の余地はない。死後の世界はない、いや死とは虚無である以上、死も存在しないのだ。この証言を引き出すために作家は「臨死体験」を記述しようと思いたったのだろうか。『ポールとヴィルジニー』が神の御許に召される恋人たちの物語であるのに対し、トルストイの作品は、死とは消滅にほかならぬと断定しているように見える。だが、こうした哲学的な作品は作家にとって、かならずしも個人的な結論を披露する場ではない。フィクションとは、複数ある「仮説」のひとつを形象化して呈示するものであることも強調しておこう。いずれにせよ作家が信仰をもつか否か、無神論を標榜しているか、それとも懐疑論あるいは不可知論と呼ぶべき選択なのかを問うことは、当面の課題ではない。そうではなく、登場人物をとおして聖なるものと出会う人間の姿を描こうとする小説について、わたしは考えてみたいのである。

『純な心』は素朴な信仰に生きて死ぬ庶民の物語、『聖ジュリアン伝』は中世の聖者伝説、『エロディアス』は新約聖書を素材とした預言者ヨハネの斬首の物語――フローベールが生涯の最後に上梓した『三つの物語』(一八七七年)は、キリスト教の歴史を現代から始原の時にまでさかのぼるという構成になっており、いずれも終幕に、聖なる死の瞬間が訪れる。そのさい語り手が死にゆく者の経験に寄りそうという意味で、近似するのは『純な心』と『聖ジュリアン伝』だろう。親殺しの大罪を犯して放浪の旅に出たジュリアンは、数々の試練をへて渡し守となり、ある嵐の夜、癩《らい》を病む男を小屋に迎え入れる。

「おお！　死にそうだ！……もっとそばによって、わたしを温めてくれ！　手じゃだめだ！　いや、全身で温めてくれ」

ジュリアンは、口に口をあわせ、胸に胸をあわせて男のうえにぴたりとよりそった。するど癩者は彼を抱きしめた。そして両眼が不意に星のような輝きをおびた。頭髪がするすると伸びて太陽の光線のようになった。鼻孔からもれる息には薔薇の香りがあった。囲炉裏《いろり》から香の煙が立ちのぼり、川面で波が歌っている。やがて、あふれんばかりの悦楽とこの世ならぬ歓喜とがジュリアンの魂に洪水のごとく押しよせて、恍惚たる思いにみたされた。そしてジュリアンを両腕に抱いている人は、しだいに大きく、ますます大きくなりつづけ、頭と足が掘っ立て小屋の二面の壁にふれるまでになった。屋根が吹きとんで、天空が広々とひらかれた――ジュリアンは青々とした空間に昇っていった、わが主イエスとむきあったまま、天国へとはこばれていったのである。(57)

『ボヴァリー夫人』を書きおえたばかり作家の手帖には、はやくも『聖ジュリアン伝』の構想が記されている。正真正銘の聖者の昇天を、いちどは描いてみたいと長らく願っていたのだろう。お気づきのようにエンマの「至福の幻影」やフェリシテの最期には、カトリック的な図像の引用あるいはパロディという側面がある。これに対して聖者伝説で語られるジュリアンの昇天は、キリスト教における真理の伝承という概念によって守られている。それゆえ作家は、アイロニーとは無縁な地平に立って、聖なるものの「宗教性」を正面から造形することができる。ジュリアンが「天国へとはこばれていった」ことは教会が保証する。作家はそう示唆するために、物語の終結したあとに、ルーアンの大聖堂のステンドグラスによって、この伝承を確認できるという一文を、さながら断り書きのように書きそえた。(58)ところで聖ジュリアンと異なり人妻エンマと女中フェリシテは、天国の栄光を見たような気がするだけなのである。結論は謎のままにしておくのが、中立的かつ「没我的」impersonnel であるべき小説家の矜持《きょうじ》というものだ。

初聖体のジェンダー・スタディーズ

『純な心』のフェリシテは、幼いときに両親を亡くし、農家の下働きなどをして、なんとか飢え死にせずに生きてきた。オーバン夫人の女中になってからは、愛らしい子どもたちの世話をして教会にもつきそってゆく。そして素朴な信仰心にめざめるという話だが、十九世紀、社会的には置き去りにされた人びとがキリスト教にふれるとは、いかなる経験であったのか。まずは「初聖体拝領」première communion とは何かを宗教社会学の視点から検証してゆかなければならない（日本のカトリック信徒のあいだでは、たんに「初聖体」と呼ぶのが今日の慣習であるようだが、ここでは過去の翻訳文献にならい「初聖体拝領」という訳語もつかうことにする）。

わが国の「七五三」になぞらえるのが、生活習慣という意味では、いちばんわかりやすいだろう。ただし、晴れ着の家族がだれに断ることもなく鳥居をくぐるのとちがって、「初聖体」

今日の教会による「七つの秘蹟」——洗礼・堅信・聖体・ゆるし・病者の塗油・叙階・婚姻

はカトリックの教義によって定められた重要な宗教儀式である。誕生時に洗礼を受けた子どもたちが一定の年齢になったとき、集団で儀式に参列し、聖別されたパンとぶどう酒を共に食するのだが、十六世末からしだいに組織化されて、十九世紀には最盛期を迎えていた。

そもそもはプロテスタントの改革運動への対抗策として、一五四五年に招集されたトリエント公会議において神学的な裏づけがなされたことが発端となっている。ここでパンとぶどう酒がキリストの肉と血に変化することを「実体変化」transsubstantiatio という概念によって定義することが正式に認められた。英国国教会をふくむプロテスタント教会においては、聖餐(エウカリスティア)はむしろ象徴的なものとみなされるが、カトリック教会にとっては今日でも、まごうかたなき「秘蹟」なのである。

「初聖体拝領」をめぐる本格的な歴史研究がこれまでなかったのは、なぜなのか、という問いかけとともにはじまる充実した論文集[59]を参照しながら、四世紀の経過を足早にたどっておこう。それが宗教的な「制度」であるという了解は、すべての研究者に共通しているように思われる。信仰の伝授を目的とする入門教育を「カテキズム」というが、その教則本としての「公教要理」が出版されるようになり、初聖体の位置づけも時代とともに変わっていった。

当初は子どもが宗教共同体のなかに受けいれられるという意味で私的なものとみなされていたのだが、十八世紀には、復活祭の時期におこなわれる宗教的な祝祭として公的な性格をおびるようになる。聖餐にあずかる者には、聖書や教義の基本を理解すること、そして罪を告白することが求められた。貧しさのために学校に行けぬ子どもたちにとって初聖体のために地元の教会や修道院にかようことは、教育を受ける唯一のチャンスでもあった。時代や環境によって異なるが、カテキズムのために想定される期間は長ければ四年ほど、日曜日のほか儀式の直前には週日にもグループレッスンがおこなわれた。

まずは識字教育。聖書や聖歌はラテン語だが、せめて母国語で信仰の手引きなどが読めるようにという配慮である。民衆の教育においては、男子は読み書きの能力を期待されるが、女子は読めるようになれば書けなくてもよい、という差別化が十八世紀におきていた。子どもが「霊魂」と「心」と「おこない」のすべてにおいて、カトリック信徒にふさわしくなるようにという課題は、総合的な人格教育に相当するといえるだろう[60]。初聖体のまえには、これまでに犯した罪や間違いを洗いざらい告白することが義務づけられた。そして懺悔が不十分なままに聖体を拝領することは「冒瀆」sacrilège であり、これは永劫に神に見放される「大罪」に当たると警告された。

初聖体拝領の推進に熱意をもち、祝祭的な面を強調したのは、とりわけ聖ウルスラ女子修道会――ちなみにボヴァリー夫人もこの修道会の寄宿学校出身――をはじめ、女子教育にかかわる組織や慈善学校などであり、男子の教育機関では相対的に関心がうすかった。しかしフランスでは君主制時代はもとより、十九世紀においても、よきカトリック信徒であることは、信頼のおける社会人であるという意味の人物保証につながった。こうして初聖体をおえることが「成人式」に匹敵する意味をもつようになり、都市部でも親方が雇用する青少年を教会にかよわせることが求められた。

道徳的かつ教育的な実績を認められていた初聖体拝領という制度は、フランス革命による試練の時代をへたのちも、反教権主義の攻撃にさらされることもなく、ますます生活に根づいていった。聖餐式をおえた者に記念としてあたえられる宗教画や数珠やメダイ（聖人の像などを刻んだ小さな金属の牌）などは以前からあったものだが、こうした「宗教グッズ」が組織的に生産されて出回るようになり、「宗教ビジネス」のような熱気をおびる。(61) 一八三〇年にはじまる七月王政下では、初聖体の修了書は将来の身分保証となる「ディプローム」とみなされた。

初聖体の修了証書

上掲の図版は、十九世紀初頭の典型的な修了書だが、下欄を見ると「一八〇□年□月、□□は□□教会において初聖体を拝領した」という文章の空欄を埋めて完成させる証明書の体裁になっている。この図像は、フェリシテのように抽象的な観念などは受けつけぬ人びとにもカトリックの教義の根幹をなす「実体変化」のなんたるかを、イメージによって理解させることを意図したものらしい。右手には男子、左手には女子が二名ずつ、聖体を拝領するために跪いており、パンとぶどう酒をささげもつ主任司祭が一段上に、さらにその上部には、幼子イエスをいだく聖母マリ

聖なる囚われ人に寄りそって咲く一輪の花

憂いをおびた美男のイエスを崇める許婚の乙女

アが仕草まで相似形に描かれている。神の独り子が人となり地上に生まれた「受肉」incarnationの神秘の延長上に聖餐の秘蹟を位置づけ、パンとぶどう酒がイエスの体であることをつよく印象づける、また、その全体から「母なる教会」にいだかれる信徒としての自覚を促すという寓意である[62]。

ところで十九世紀にいちはやく教会からはなれていったのは、男性の知的エリートであり、しかも国家によって設営される公教育が、当然のように男子を優先するという実態があった。結果として女子は宗教の側におきざりにされる。見方を変えればカトリック陣営にとって、もっとも期待される未来の信徒は女性だったのであり、初聖体拝領の組織化にもそうしたジェンダー・バイアスが歴然と見てとれる。

まずは表象のレヴェルにおいて。女子は白い服を着てヴェールを着用、男子は長ズボンをはくという習慣は、十九世紀には定着していたらしい。純白の衣は、いうまでもなく花嫁の寓意であり、

『ボヴァリー夫人』のヒロインが寄宿学校での生活を回想する断章にも記されているとおり、イエスを「許婚《いいなずけ》」「夫」「天にいます恋人」と呼び「久遠《くおん》の婚姻」を夢見る純潔な乙女というのは、もっとも奨励されるイメージだった(63)。記念品の図像も教義の注解という性格を離れて、しだいに感傷的なものになり、旧約聖書の「雅歌」を模した詩句が添えられることもあった。

おお、いかにお慕い申しあげたことでしょう、聖体《ホスティア》なるイエスさまを
　わが人生のあけぼのに
歓びに酔うわが魂を訪れて、許婚《いいなづけ》におなりくださいました方
おお、わが心をひらきましたときの幸福よ(64)……

19世紀後半に生まれた身近で愛らしいイエス像

病床のエンマは「ベッドの枕もとにエメラルドをちりばめた聖遺物箱を置きたい、そして夜ごとにそれに接吻したい」と願う(65)。「聖櫃」とも呼ばれる小箱を化粧箱か文箱のように手許におくことも、ジェンダー論あるいは精神分析向きの主題といえそうだ。それは小箱に鍵をかけ愛しい許嫁を閉じこめておくという、いささか倒錯的でもある愛の夢想につながっている。鉄格子に守られた窓辺に寄りそって咲く一輪の花に、乙女心が託された前掲の図像をご覧いただきたい。こんなふうに聖体《ホスティア》はイエスと同一なのだという説得

モード雑誌に掲載された初聖体の衣装(1850年)

がくり返されることにより、うら若き娘たちの想念のなかで、礼拝の行為が密かなエロス的誘惑の色に染まってゆくのである。

初聖体拝領の適齢期はいつかという点についても、ジェンダー・バイアスが認められる。その背景にはこの儀式の定義と目標をめぐる長い論争があった。無垢な子どもを信仰の道にいざなうことを主眼とすれば低年齢が、当事者の判断力がつくのを待つという話になれば相対的に高い年齢が推奨されることはいうまでもない。女子と男子のあいだには、しばしば適齢期に差があった。分別のつく年齢という文脈では男子の年齢が下に設定されており、これに対して女子の年齢が下の場合、それは清純さを守ることが困難だからという推論によるらしい[66]。

十九世紀をつうじて初聖体拝領は十二―十三歳からというのが慣習だったが、一九一〇年に教皇ピウス十世の回勅により、ふさわしいとされる年齢が七歳まで引き下げられた。フランスでは政教分離原則にもとづく公教育の設営が着々と進められており、その一方で初聖体を受ける児童数が急速に下降しはじめた時期である[67]。さまざまの意味で低年齢層の児童への関心が高まってゆき、世紀末には「幼子《おさなご》イエス」のブームがおきた。ともあれ儀式に臨む当事者が幼ければ幼いほど、母親の果たす役割は大きくなるはずだ。ここにも女性信徒を教会の営みに参入させようという意図が読みとれよう。ちょうど日本の「七五三」のように、カトリックの初聖体拝領は、すでに十九世紀半ばから一般のブルジョワ家庭にとって、きわめて世俗的かつ家庭的な祝祭となっていた。

『純な心』が出版されたのは一八七六年、第三共和制の初期であり、物語の舞台はほぼ半世紀前、第一帝政が崩壊してカトリック教会の存在感がました王政復古期から七月王政の時期に設定されている。著者自身の生きる環境のなかでは、宗教離れという意味での社会の世俗化が否応なく進行し、それと同時に近代化する国民国家のなかにカトリック信仰をいかに位置づけるかという切迫した問いが浮上していたはずである。フローベールが生涯の最後にこれほど「宗教性」の際立つ作品をのこしていることに、郷愁や逃避、あるいは懐古的な仕草を認めるのは見当ちがいだろう。

秘蹟と信仰

フェリシテが女中となって仕えたオーバン夫人には、ポールとヴィルジニーという名の子どもたちがいるのだが、ベルナルダン・ド・サン＝ピエールの小説から登場人物の名をセットで借用しているのはなぜなのか。『ポールとヴィルジニー』の舞台はインド洋に浮かぶ植民地のフランス島（今日のモーリシャス島）。敬虔な母親に見守られた子どもたちが、聖書をとおして神の存在を学び、自然を賛美することの尊さを理解するようになるいきさつが丁寧に描かれてゆく。その全体が終幕の「天使の昇天」のようなヒロインの死に方への布石となるのである。(68) ジャン＝ジャック・ルソーに共鳴する著者が構想したのは「処女地」において実験的に立ちあげられる「自然宗教」の理想であり、制度的な拘束とは無縁な土地で育まれる真実《まこと》の信仰という可能性だった。

これに対して『純な心』の場合、教会の伝統と国民の生活習慣にしっかり根づいた十九世紀前半の宗教制度が、いかに信仰へのイニシエーションをおこなうかが問われることになる。貧しい孤児《みなしご》だったフェリシテは、もちろん字も読めないし、まともな宗教教育など受けたことがない。ヴィルジニーのお伴をして教会に通うようになって、はじめ

世界の罪を贖う神の仔羊（初聖体の記念品）

て「カテキズム」にふれたのである。初聖体の準備期間に、どのようなプログラムによって入門教育がおこなわれるか、その内容が一目で見てとれるという点からしても、フローベールの作品は「史料」として読まれうるのだが、それだけではない。たまたまフェリシテは使用人としてお嬢さまの宗教教育のお裾分けにあずかり、そのおかげで、聖書の主要なエピソードや公教要理の基礎を知ることになる。知識の受容の仕方は、もちろんヴィルジニーの場合とは異なるし、つぎに引用する初聖体の場面でも、フェリシテの内面の出来事というレヴェルに迫ってみなければ、本書でわざわざ小説を素材に信仰の問題を考察する意味がない。

　男の子たちは右手、女の子たちは左手に分かれて内陣の祭壇前の席をいっぱいに埋めていた。司祭は書見台《しょけんだい》の近くに立っている。後陣のステンドグラスには、聖母マリアの頭上を舞う精霊が描かれており、幼子イエスのまえでひざまずく聖母を描いたものもある。聖櫃のうしろには木彫りの群像があり、龍を退治する聖ミカエルをあらわしていた。

　司祭はまず、聖書の物語をかいつまんで話してくれた。天国や、大洪水や、バベルの塔や、炎につつまれる町や、滅びゆく民や、打ち倒された偶像が、まざまざと見えるような気がした。そして彼女は、この目くるめく経験から、天にまします神を尊び、その怒りを畏《おそ》れることを学びとった。ついでキリストの受難を聞いて、彼女は泣いた。なぜ人々は、あの方を十字架に架けたのだろう？　子どもたちを慈しみ、群衆に食べ物をあたえ、盲《めしい》を癒し、優しいお心ゆえに、貧しい者たちのなか、馬小屋の藁のうえにお生まれになった方なのに。種まき、取り入れ、ぶどう搾《しぼ》り器など、福音書に語られる日々のものごとは、いずれも自分の身のまわりにあるではないか。神が地上に降臨なされてから、それらが神聖なものとなったのである。神の仔羊イエスを愛するがゆえに仔羊が、精霊ゆえに鳩が、いっそう愛《いと》おしいと思われるのだった。(69)

つづいてフェリシテは「精霊」の御姿はいかなるものかと夢想する。それは小鳥か、燃える炎か、一陣の風か、それとも沼のほとりにただよう鬼火、厚い雲を吹きはらう天空の息吹、教会の鐘を響かせる空中の声、あれも精霊のなせるわざだろうか。女中はこんなふうに建物のひんやりした感覚と教会の静けさにつつまれて、好きなだけ「スピリチュアリティ」の陶酔を味わっているのだが、教義の解説がはじまると皆目わからないので、いつのまにか居眠りしてしまう。その一方で「カテキズム」の具体的な生活指導は忠実に守り、お嬢さまをみならって断食をしたり、告解にかよったり、聖体の祝日に聖体を安置する仮祭壇をつくったりするのだった。そしていよいよ初聖体の当日。

ミサのあいだじゅう、不安で胸がしめつけられるようだった。ブーレさんが邪魔になって、祭壇前の席がよく見えない。でも正面には、ヴェールをおろし頭に白い冠をのせた少女たちの一団がいて、まるで雪におおわれた原っぱのようだった。そして可愛いお嬢さまの姿は、だれよりも華奢な首筋とひとしお敬虔な様子から、遠くにいてもそれとわかるのだった。鐘の音が鳴った。みなが頭《こうべ》を垂れた。静寂が訪れた。オルガンが響きわたり、聖歌隊と会衆一同が「神の子羊《アニュス・ディ》」を朗誦した。それから少年たちが列になってすすみでた。つづいて少女たちが立ち上がった。一歩一歩、両手を合わせて、光に照らされた祭壇に近づいてゆき、壇の一段目にひざまずいて、お

初聖体を拝領する少女たち

のおの聖体を拝領すると、そのまま列をくずさず、祈禱台にもどる。ヴィルジニーの番になったとき、フェリシテは身をのりだして見つめたのだった。本当に心優しい者だけがもつ想像力のおかげだろう、彼女は自分がそのまま少女であるかのような気持になった。少女の姿が自分の姿にかさなって、少女の服が自分をつつみ、少女の心臓が自分の胸で高鳴っていた。目を閉じて唇を開けた瞬間に、気が遠くなるような感じにおそわれた。

愛しいお嬢さまが聖体を拝領したときに、それを見守るフェリシテは「気が遠くなる」ほどの歓喜をおぼえたというのである。カトリック的な了解にもとづく「秘蹟」が成就したとみなしてよいのだろうか？　注目すべきは、フェリシテがここで少女の身になっており——ちょうど作家が作中人物の「皮のなか」に入り、その身体感覚を分かちあうように——想像力によって他者の肉体に溶けこんでいるという事実である。その恍惚たる感覚は真実のものであるにせよ、源にあるはずの宗教的な真理までが肯定されたのかと問われれば、おのずと疑問がわいてくる。宗教的な感情の昂揚に匹敵する、あるいはこれを凌駕するものとして、むしろフローベール自身の芸術の陶酔が語られているのではないか。皮膚によって隔てられた他者に同化したいという作家の願望と、それが奇跡的に成就したときの幸福感が、フェリシテという素朴な登場人物に託されて呈示されているようにも思われるのだ。

いいかえれば、ここでも作家は「秘蹟」の信憑性については肯定も否定もしていない。じっさい女中が「気が遠く」なりそうな感覚をおぼえたところで、初聖体拝領の報告はおわり、改行したあとに、皮肉なオチがついている――「翌日、彼女は早起きをして教会の聖具室におもむいた。司祭さまに頼んで聖体を拝領するためだ。深い信心をこめて頂いたのだけれど、同じような喜悦を味わうことはできなかった」。

ポールは町に出て学業をおえたあと仕事についた。『ボヴァリー夫人』のヒロインと同様ウルスラ修道会の寄宿学校に入ったヴィルジニーは、肺を病んで早世し、可愛がっていた甥っ子のヴィクトールも、船乗りになって遠いカリブ海であっけなく死んでしまった。孤独なフェリシテは、アメリカの植民地からきた極彩色の鸚鵡を溺愛する。鸚鵡が死んでしまうと、これを剝製にして屋根裏の自分の部屋にしまいこんだ。

それはチャペルとオリエントの市場《バザール》を一緒くたにしたような空間で、お数珠やメダイ、いくつかの聖母像、ココ椰子の実でできた聖水盤などが壁際の棚にところせましとならべられ、祭壇のようにシーツをかけた整理簞笥には、子どもたちの遺品や思い出の品々でだれも欲しがらないガラクタが、それぞれ宝物のように飾ってある。やがてフェリシテは、教会のステンドグラスやエピナル版画に描かれた精霊は鸚鵡にそっくりだという考えにとりつかれる。なにしろ精霊は言葉をもたらすのだから、鳩より鸚鵡のほうがお役目に似つかわしいではないか。そう思いこむとしだいに「偶像崇拝」の習慣が身について、鸚鵡のまえにひざまずいて祈るようになる。ときに天窓から朝日が射しこんで、剝製の鸚鵡のガラスの目から、大きな光の束がほとばしることがある。すると彼女は恍惚となるのだった。

羽は緋色で胴体はエメラルド色、片脚をあげて首をかしげ、金色に塗った胡桃を嘴にくわえた鸚鵡の剝製は、今日であれば申し分なく「キッチュ」な品物といえる。しかしフローベールにおいては、俗悪できらびやかなものへの愛着が物語の感動を阻碍《そがい》することはない。穏やかな初夏の日に、聖体行列の仮祭壇から立ちのぼる香の煙につつまれて、天空にかいま見えた鸚鵡のような精霊に向かいフェリシテの魂が飛翔する終幕は、透明で静謐な光につつまれている。(70)

2　死と弔いの世俗化について――デュマ・フィス

椿姫の屍骸はだれのものか

人間の生と死を把握し管理することは、十八世紀までは、洗礼を施し墓地を所有していたカトリック教会の仕事だった。ミシェル・ヴォヴェルは『死の歴史』のなかで、十九世紀フランスでおきた変容を「ブルジョワ風の死の登場」と名づけ、以下のように概観する。フランス革命はギロチンによる見世物としての死を出現させたが、より永続的な変革が一方でおきていた。まずは世俗の権力が管理する戸籍制度が導入されたことで、聖と俗の断絶が生じたのだった。死をめぐる儀礼のなかで、それまで霞んでいた医師は、立役者のひとりになった。(71)医学は病人を看取るだけでなく、死の訪れを判定する。遺族は、医師もしくは免許医の作成した死亡証明を携えて、戸籍係に埋葬許可を申請することになり、さまざまの論争があるなかで、しだいに関連の法律が整備されてゆく。(72)その一方で、ヴォヴェルによれば、教会の言説は、依然、支配的だったのであり、ヨーロッパのカトリックは、農村の葬式などで土着的な祭儀や習慣と妥協しながら、それなりに勢いを盛り返していたという。

死の文化論の第一人者とみなされるフィリップ・アリエスは、古代ローマからの大きな歴史的展望を立て、多数の書物を著している。邦訳もある『死と歴史』の冒頭ページによるなら、キリスト教は「遺体を教会にゆだねることで厄介払い」してしまったともいえる。かつて遺体は教会でミサを挙げられ墓地へと直行したのちは、侵しがたい永遠の眠りにつくことになっており、物理的な意味での遺体は、その存在すら忘れられていた。ところが十八世紀末に、死者の弔いをめぐる新たな感性が生まれ、ロマン主義の時代に大衆化したというのである。[73]

かいつまんで述べておかねばならないが、フランスの墓地の大方はカトリック教会に属するものであり、土地の領主や高位聖職者は教会内の地下墳墓に、一般信徒は教会に隣接した墓地に埋葬され、かたやプロテスタント、ユダヤ教徒、自殺者、洗礼を受けずに死んだ嬰児などは、かりに受けいれられるとしても周辺のわびしい一区画に埋められていた。一七七六年三月十日の王令は、山積する問題に対処するために、ラディカルな方針をうちだした。まず教会の建物内への埋葬を禁じ、さらに墓地の不足は新たな墓地の開設によって解決すべきこと、とりわけ「空気の清浄さ」**salubrité de l'air** に害を及ぼすことのないよう、墓地は住宅密集地からはなれたところに設けるべきこと、人口増加によって慢性的な墓地不足に悩まされている大都市においては、とくに市当局の努力が求められることなどが定められた。[74]

今日的な意味での「衛生」という概念とは異なるが、管理のゆきとどかぬ墓地がペストのような病魔の温床となるという嫌悪や恐怖は、啓蒙思想家から迷信深い民衆までが共有するものだった。[75]一七七六年の王令の方針は革命後の行政にもひきつがれ、パリ市は一八〇四年にペール・ラシェーズに広大な墓地を開設する。その後も公営の墓地は全国で着実にふえつづけ、死者の弔いをめぐる感性と習俗の変化に拍車をかけた。それだけでなく、都市計画のレヴェルで墓地の存廃や新設が決定されたために、永遠の眠りについたはずの死者たちは「引っ越し」を余儀なくされた。こうした事態は、十九世紀の初頭からおきており、「遺体」というよりは土中で時をすごした「屍骸」というものを、人びとはいやがうえにも思いだしたのである。

さて、ヴェルディのオペラ『ラ・トラヴィアータ』で椿姫に親しんだ方は意外に思われるだろうが、一八四八年に刊行されたアレクサンドル・デュマ・フィスの原作においては、死んだヒロインの墓を昔の恋人が暴くという衝撃的な場面が幕開けにおかれている。[76]

一人称で語りはじめる人物は、とりあえずドラマの傍観者にすぎない。ある日、名高い遊び女マルグリット・ゴーティエの遺品が競売にかけられたとき、「わたし」が気まぐれに『マノン・レスコー』を入手したところ、見知らぬ青年の訪問を受ける。憔悴しきった青年はアルマン・デュヴァルと名乗り、マルグリットと自分の名が記された思い出の書物をゆずりうけ、感謝して姿を消した。語り手は青年の消息を確かめる手がかりを求めて、マルグリットの墓を訪れる。

モンマルトルの墓地は一七九八年にパリ市が買い取って整備したものだが、もとは石切場があったところ。革命期に暴動の犠牲となった者たち、貧しい者たちの屍体が、採掘跡の穴に大量に投げこまれたというのが墓所としての出発点である。マルグリットの墓は、名を刻んだだけの白い大理石を鉄柵で囲んだ簡素なものだった。いつも新鮮な白い椿で埋めつくされており、その贈り主がほかならぬアルマンであることは、墓守の男が教えてくれた。男は事情に通じているらしく、その説明によれば、アルマンは五年の借地契約で埋葬されたマルグリットを永代供養のできる新墓地にうつしたいと考えており、その許可を得るため田舎に住む故人の妹を訪ね、墓を移転するための書類をととのえているところだという。さらに墓守は、こんな庶民的な墓地でも、上品ぶった連中が、近隣に素性の怪しい女を埋葬させるまいとして排斥するのだ、と薄情なご時世を嘆く。

アルマンがかつての恋人を手厚く弔うために墓を移そうというだけなら、感傷的なエピソードにすぎない。ところが本人が明かす真の理由は、是が非でも遺骸に対面したいからであるという。棺《ひつぎ》を移動するという名目で、警視立ち会いのもとに遺体を確認する以外に手だてがないというのである。こうして語り手の青年は、病み上がりのアルマンにつきそって、合法的に墓を暴くという奇怪な作業に臨むことになる。

マルグリットの棺には薬草がつめられているのに、まず異様な匂いが鼻をついた。蓋が開けられると、身体《からだ》をおおって曲線を描きだしている白い衣が見えた。布の片隅が腐ってほつれ、そこから死んだ女の爪先がのぞいていた。警視が声をかけると男が縫い目をほどき、不意にマルグリットの顔があらわれる。

両眼は、もはや二つの穴でしかなかった。唇は影もかたちもなく、固く喰いしばった白い歯があるばかりだった。ひからびた長い黒髪は、こめかみに貼りついて、頬の蒼ざめたくぼみをちょっとおおいかくしていた。それでもわたしはこの顔に、かつていくたびも目にしたあの薔薇色で晴れやかな色白の顔を認めたのだった。(77)

断っておかねばならないが、このおぞましい光景は、語り手の視点で捉えられたもの。アルマン自身は、本人にまちがいないかと質問する警視に「はい」と答えたまま、目前の屍体におとらず蒼ざめて、化石のように佇んでおり、何を感じ、何を考えているかわからない。気を失いかけた青年を語り手は抱きかかえるようにしてつれかえる。青年は熱に浮かされ譫言《うわごと》を口走り、見るからに危険な病状に陥るのだが、医者の言によれば「肉体の病気が精神の病気を征服する」ような具合に、やがて恢復の兆しを見せるようになる。そして、ある穏やかな春の夕暮れに、アルマン自身が思い出を語りはじめるのである。近代小説によくある手法だが、第一の語り手はここからは聞き役にして記録係となる。

娼婦と結核と終油の秘蹟

当代随一の遊《あそ》び女《め》が純情な青年の愛にほだされて心を入れかえ、二人はつましく生きようと約束した。ところが女は青年を裏切り、命をちぢめるように浮薄な生活をおくって若い身空で死んでゆく。ボヴァリー夫人は砒素を飲んで自殺するが、モルソフ夫人はたぶん胃癌だろう、食べものを受けつけなくなって苦しみながら死に至る。そしてマルグリットは長らく結核を病んでいた。

幸福感、食欲増進、性欲増大などは結核の特徴とひと頃は考えられていたものだが、これは今でも変らない。『魔の山』には、患者の養生法のひとつとして二度の朝食というのが出てくるが、患者たちにはそれが楽しみとなっている。これに対して癌は生命力を阻碍し、食事をまったく食欲をそそらない苦行にしてしまうとされる。結核は人を性欲過剰にし、異常なまでの性的魅力を付与するが、癌は人から性的な面を抜きとるとされる。しかし結核の場合には、その症候の多くが判断を誤まらせるのが特徴で――活力の喪失ゆえに生々してきたり、熱病ゆえの頬の赤みが健康の目印にみえたりする――元気が戻ったとみえるのが、死の前兆だったりする。(78)

スーザン・ソンタグの『隠喩としての病』からの引用だが、書物のタイトルが示唆するように、開陳されているのは客観的事実ではなく、病の隠喩的解釈である。文学は、こうした神話の生成に寄与すると同時に、神話をとりこみながら創造されるものだろう。結核は「情熱過多」ゆえに「官能に惑溺(79)」する人間の病であるというソンタグの指摘から、マルグリットが劇場で男たちにボンボンを買わせて絶えず口にはこぶという些細なエピソードまで、評論と小説のあいだに照合できる症例が少なからずあるのは、むしろ当然といえる。

ソンタグによれば結核の神話と癌の神話は、いずれも情熱と縁があるのだが、とりわけ癌の場合、「感情の噴出がたえず阻止される(80)」のが病の原因であるとされる。おそらくはそのためもあり、結核患者はしばしば霊的な死をむかえるのに対し、癌による最期は緩慢な悶死として描出される。これがモルソフ夫人の症例に一致することはいうまでもない。『椿姫』も『谷間の百合』と同様に、ヒロインの死を隠喩的に造形する作品であることを予告しておこう。

さて、物語の本体であるアルマンの回想がおわったあと、第一の語り手はマルグリットの「日記」を手渡される。その内容についてはとりあえず、つぎの一点を確認しておけばよい。女の心変わりと見えたものは、じつは青年の父親に説得されて、わが身を犠牲とした結果なのであり、「裏切り」は「献身」と読みかえねばならない。死後に遺された「日記」の冒頭でマルグリットは、自分のような女が書いたものは、「死がその権威によってこれを神聖なものとして」くれぬかぎり、嘘だと思われてしまうだろう、と述べている。これは「私信」ではなく、死をまえにした「告解＝懺悔」のつもりであるという趣旨の文章は、じっさいに筆者の死によって侵しがたい権威をあたえられている。(81)

「日記」は本人が力尽きたところで途絶え、心優しい仲間の娼婦ジュリによって書きつがれている。マルグリットは医師の薦めにしたがって、地元の司祭に来訪を求めたのだった。「罪深い女として一生をすごした者がキリスト教徒として死ぬ」という決意をただちに見抜いた司祭は、いったん教会にもどり、聖歌隊の少年と堂守の男をしたがえてもどってくる。病室は「聖なる幕屋」となり、終油の秘蹟は滞りなくおこなわれた、とジュリは書き記す。ボヴァリー夫人の最期と異なり、椿姫の臨終の場面には懐疑もアイロニーも入りこむ余地がない。死にゆく女の一途な思いを共有し、これを証言する者が、同じく穢れた女であることが、かえって感動を純化することに役立っているのである。

神父さまは息絶えようとしている人の足と手と額とに聖油を塗り、短いお祈りを唱えました。マルグリットが天国に旅立つ準備ができたのです。この人の人生の試練と死の清らかさを神さまがお認めくだされば、きっと天に召されるにちがいありません。(82)

終油の儀式の翌日、マルグリットはジュリに見守られて息を引きとった。

夜中の二時頃、マルグリットは臨終の時をむかえました。いかなる殉教者もこれほどの苦しみを味わったことはない、そう思わせるような叫び声をあげていました。二度か三度、ベッドのうえにぱっと身をおこし、神さまの御許に向かう魂を手でつかむような仕草を見せました。

そして二度か三度、あなたさまのお名前が口からもれて、あとはふと静かになり、精根尽きてベッドにがっくりと身をおとしました。無言の涙が両の眼《まなこ》から流れおち、あの人は死んでしまいました。(83)

そうしたわけでアルマン自身は、マルグリットの自己犠牲と愛の殉教者のような末期にがんじがらめに呪縛されて

ニクラウス・マヌエル・ドイッチュ《傭兵姿の死神が若い女に接吻する》 1517年

いるのである。冒頭のエピソードにもどれば、女が死んだことをこの目でたしかめなければ気が狂う、恋人が死によって破壊されたことを確認すれば気持に決着をつけられる、というのが、モンマルトル墓地での行為を動機づける青年の主張だった。

　ドラマの終幕におかれたヒロインの崇高な死と、青年が思い出を語りはじめる機縁となった、あの腐乱した屍骸。両者のギャップを埋めるのが、作品の本体をなす男女の出会いと別れのドラマだが、その分析は第Ⅲ部にゆずることにして、ひと言いいそえておこう。死の表象としての骸骨や屍体などが、絵画や彫刻などに生々しい形であらわれるのは十六世紀であるという(84)。ただし人生の儚さ・空しさ《ヴァニタス》に思いを致せという教訓をもたらす宗教の言説や図像などと、一八四七年パリのモンマルトル墓地と指定された現実の時空において屍衣をはがされる娼婦の屍骸とを同列に論じることはできない。

　都市部の変容はげしい弔いの習俗と、日常化したキリスト教の伝統が、それなりに折り合いをつけて共存しているところが『椿姫』という作品の「宗教性」であると定義しておこう。どこにでもある薄幸な娼婦の物語がおさめた例外的な成功の秘訣も、その辺りにあったのかもしれない。それにしても、かりにマルグリットが娼婦でなかったら、墓をあばくことは到底受けいれられぬスキャンダルだったのではないか。娼婦の遺骸はだれのものでもない。いずれあらためて見るように、社会は娼婦を必要とするのと同じ強度をもって娼婦を排除し、抹殺し、その存在を消し去ろうとするのだから。

3　墓地のトポロジー——モーパッサン

死者の尊崇

マリオ・プラーツの『肉体と死と悪魔——ロマンティック・アゴニー』[85]（一九三〇年）は、死の欲動とエロティシズムがないまぜになった諸々の芸術的テーマを、まさに博覧強記で紹介する書物である。十九世紀前半のロマン主義から世紀末のデカダンスの時代まで、これだけ圧倒的な例が示されているのだから、今さら『椿姫』のささいなエピソードなどに拘泥する必要はないだろう、といわれるかもしれない。

わたしが問うてみたいのは、なにゆえにヨーロッパ近代文学は、これほどまでに生身の人間の死に幻惑されたのかという問題であり、おそらくそこには「死の世俗化」という現象、すなわち人の死や埋葬や喪を管理することが教会の独占的な営みではなくなったという事情が絡んでいる。さらにマリオ・プラーツは、いわば百科事典風に膨大な事象を収集しているが、本書でこころみているのは、個々の作品を「文学」として読み解きながら「歴史」の文脈にむすびつける作業である。

フローベールやデュマ・フィスよりも一世代下のモーパッサンは、信仰に平安を見出すことも「宗教の詩情」に浸ることもできぬ人びとを好んで作品に登場させた。『墓』[86]というタイトルの短篇は、新聞の三面記事のような乾いた文体で、一八八三年七月におきた「事件」の詳細を報告するところから幕が開く。ひとりの男が深夜に墓を暴き、若い女の屍骸を引きずり出した。その場で墓地の守衛によって捕縛された男は、若く資産もあり評判のよい弁護士だった。「死刑だ！」と叫ぶ傍聴席の声にむかえられた被告が「裁判長、陪審の方々」と語りはじめる供述が、短篇の本体をなす。

狂気の愛　許嫁を墓から引きだす男(1897年)

自分はひとりの女を深く愛し、ともに暮らしたが、女は急逝してしまった。あの女に二度と再び会えないという痛切な思い、ひとりの人間が未来永劫いなくなってしまうという恐るべき謎に悶え苦しんだ。どうしてもこの目で見たい、という気の狂いそうな衝動に駆られて墓地に行った。棺からは異臭がただよっていたが、それでも自分は蓋をあけ、腐爛した女をかき抱いた(屍骸の描写は三行)。そのとき、自分は捕まった。抱きしめた女のおぞましい匂いがしみこんだまま一夜をすごした。いかなる判決もお受けします……。法廷はしんと静まりかえっている。陪審員は席をはずし、しばし間があって、判決は無罪。男は茫然と佇み、傍聴席からは拍手。

この『墓』よりは、むしろ『死せる女』(87)のほうが「墓地幻想」の代表作として知られているだろう。一人称による語りの前半は、至福の愛の生活を追憶する文章で埋められているのだが、後半、吸いよせられるように女の墓にやってきた男は、大理石に刻まれた「愛し、愛され、みまかりぬ」という墓碑銘を読み、このまま墓地の片隅にひそんで愛する女とともに夜を明かそうと考える。ふと気がつくと深夜、月明かりもない漆黒の闇夜なのに、死者の街が様変《さまが》わりして手にとるように見える。亡者がそれぞれに墓をもちあげ、自分の墓碑銘を見つめて小石で削りとり、骸骨のひとさし指で光る文字を書いてゆく。「家族を愛し、正直で、善良なり、主の平安のうちに死す」という墓碑銘が「妻をいじめ、子どもをいじめ、隣人をだまし、時に盗みをはたらき、みじめに死せり」と書き換えられた。死者たちがそろってみずからの生の「真実」を書いている。ようやく男は女の墓にたどりつく。女の指が記した文章は――「ある日、外出して、愛人を裏切り、冷たき雨に打たれて死せり」。男はそのまま気を失っていたらしく、翌朝、通りがかりの人に発見されたのだった。

ミシェル・ヴォヴェルによれば「墓地の黄金時代」は、ペール・ラシェーズなどパリの大規模霊園の造成とともに一八〇〇年頃にはじまり、一八六〇―八〇年代に頂点に達し、一九一〇年代まで輝きを保ちつづけたという[88]。モーパッサンの短篇に「墓地もの」が多いのは偶然ではない。アリエスも指摘するように、ここで生まれた死者の尊崇と墓地の礼拝という行為は、過去に例のないものだった。十八世紀まで、死の儀式の主役は神に召される当事者であり、死を主宰するのも死にゆく本人だった。モルソフ夫人のカトリック的な最期を思いだしていただきたい。臨終の床に横たわる者は、神の御前で告解をおこない、隣人に赦しを求め、終油の秘蹟を受けて、家族や知人、そして使用人に囲まれ永久《とわ》の別れを告げる。これに対して十九世紀から二十世紀にかけて、死のプロセス全体から、当事者の「主体性」がしだいに剝奪されてゆくのだが、この問題はあらためて検討しよう。

喪の悲しみの前景化(アドルフ・ブグロー筆)

十九世紀は今日の心理学でいう「ヒステリック」(原文イタリック)な喪の時期であるとアリエスはいう[89]。ドラマの主役は死を悼む遺族である。親族や恋人は、これみよがしに喪の感情を表にあらわし、墓を花で飾り、墓碑銘で故人を称え、さらには彫刻や浮き彫りをそえて芸術的な霊廟を建てる。こうして墓地は観光名所になってゆく[90]。

墓地の主役は遺族

墓碑銘と告白

『ボヴァリー夫人』においても、万事、流行の最先端でなければ気のすまぬオメーがシャルルに対し、あれこれと墓のデザインをめぐる創見を披瀝《ひれき》する。一本の円柱の断片に布をからませたもの、ピラミッド、丸屋根の小亭風のヴェスタ神殿、等々、いろいろあるが、「悲哀のシンボル」である枝垂柳《しだれやなぎ》は絶対に欠かせないという。二人はわざわざルーアンの石屋にでかけ、百枚あまりの図案を検討した結果、「火の消えた松明《たいまつ》をかかげる妖精」の図柄を刻んだ「霊廟風の大きな墓」をえらぶ。つぎは墓碑銘を決めなければならないが、ここでも主導権をにぎったオメーが考えに考えたあげく、「道行く人よ足をとどめよ《スタ・ヴィアトール》」「汝の足下に憩うはわがいとしの妻ぞ《アマビレム・コンユゲム・カルカス》」というラテン語におちついた[91]。こうした仕事がシャルルの深い悲しみに多少の慰めをもたらしたのかどうか、そして採択された「霊廟風の大きな墓」がどうなったかは、小説には書いてない。ヨンヴィルの教会の小さな墓地は、平らな墓石が「石畳を敷きつらねた」ように所狭しとならんでいるだけなのだから、こんなものが出現したら、さぞかし唐突でキッチュな風景になったことだろう。

墓碑銘とは何か。「泣きもしないのに涙ながらの台詞を墓碑銘に書く連中」のことを『椿姫』の墓守が批判していたが[92]、墓碑銘とは要するに他人の創作である。ものいわぬ死者の亡骸に、遺族が一方的に貼りつけた自分好みの物語である。偽りの物語を消して「真実」を書き記す亡者の話は、どこかで「告解」というカトリック的な主題にも通底していよう（**confession** は「告解」「懺悔」「告白」のいずれも意味する言葉）。

モーパッサンの短篇『懺悔』[93]は、姉とともに暮らした老嬢が今際《いまわ》のきわに告白する罪の物語である。「その時」が

墓地に欠かせぬ枝垂柳

近づいたのを悟った病人は司祭を呼びにやる。終油の支度《したく》をととのえて姿をあらわした司祭は、すべてを了解しているかのように、姉妹それぞれの手を握り、主よ！　二人に力をあたえたまえ、慈悲をたれたまえ、と祈る。

赦してちょうだい、わたしは「この時」を恐れて一生をすごしたの――喉からしぼりだすようなしわがれ声で、途切れ途切れの告白がはじまった。話はずっと昔にさかのぼる。まだ十二歳だったころ、自分は姉の婚約者に一目で恋をして、姉と青年がはぐくむ幸福を心底うらやんだ、嫉妬のあまり結婚式も近づいたある日、青年を殺してしまった。野良犬を退治する薬を盗み、その瓶を割り、青年の好物のお菓子にまぜこんだのだった。婚約者を失って嘆き悲しむ姉にすがり、自分も生涯結婚しないと誓って以来、二人は独身のまま仲むつまじく生きてきた。でも、死ぬ時にはすべてを告白して赦してもらわなければならないと思うと、拷問のようにつらかった、あたし、恐いの……。言葉を失ったまま、遠い昔に思いを馳せる姉にむかって、司祭が臨終の時が来たこと告げる。赦すわ、赦すわ、とささやいて、姉は妹を抱きしめる。

著者のモーパッサンは、信仰については懐疑論、実生活においては反教権主義をもって知られていた。しかしくり返せば、こうしたことは「宗教性」にかかわる個人のイデオロギー的選択であって、たんなる「宗教離れ」ではないだろう。みずからは信仰の内部にいない者だからこそ、宗教の謎と神秘につよく惹かれるのではないか。この短篇に見られるように、聖体を拝領するのに先立って告解を求められる、そこで真実を語ることによって罪の許しを求めることができるとする思想は、カトリックの秘蹟に内在するものだ。そのことがカトリック圏における「告白文学」に独特の色調をあたえているにちがいない。最後にもうひとつ、『狂人』(94)と題した短篇をご紹介しておこう。

高潔にして厳格な司法官として尊敬されていた人物が亡くなり、書斎の抽斗《ひきだし》から手書き原稿の紙束が見つかった。「なぜか？」というタイトルが記され、日記形式で省察が書きとめてある。死刑判決を下した日に——人間はなぜ人を殺すのか？　殺すことは快楽にちがいない。つづく日々の問いかけは——地上に生きる小さな生命に、どんな価値があるのだろう？　なぜ殺すことが罪なのか？　子どもは虫を殺すし、人間のなかには人を殺したいという欲求がある。戦士は称えられるではないか？　殺すのは名誉ある行為とみなされる。殺すことは人の掟なのだ。地を這い回る薄汚い群衆を見よ。生きている人間をかぞえあげ、名前をつけ、洗礼をほどこし、法律で守ることになったとき、はじめて殺人が罪になった。戸籍に登録されている人間だけが問題なのだ、戸籍こそが神聖なのだ！　等々、自問自答をくり返すうちに、「私」は自分の内部からつきあげてくる衝動に耐えきれなくなり、森のなかで顔見知りの少年をしめ殺す。それは二十歳の青年を苦しめる性の衝動に似ていると「私」は述懐する。どうしても人間の血が見たくなり、釣り人をスコップの一撃で殺してしまった。犠牲者の甥が逮捕された。その男をギロチンに送った。血潮がほとばしった。これでしばらく様子を見よう……。

さらに手書き原稿はつづくが、これ以降に殺人の記述はない。困惑した関係者が、この手記らしきものを精神科の医師に見せたところ、こうした怪物的な狂気にとりつかれた人間は少なくないという鑑定が返ってきた。

「私」の手書き原稿は『死せる女』で光る文字が記した墓碑銘に匹敵する「真実」を告げているのだろうか？　もしかしたら、狂気は妄想のレヴェルにとどまっており、ただ告白体のフィクションが記されていたのだろうか？　医学によって筆者が「狂人」とみなされている以上、事件の捜査をやりなおすのでないかぎり、書かれたものから判定することは不可能だ。それはそれとして『死せる女』の被告が弁護士であるのと同様に、この原稿の書き手が裁判官であるという設定には、痛烈なアイロニーがこめられていよう。フランス近代文学のなかで「告白」という行為は、それほどに、神あるいは人による「裁き」の観念と密接にむすびついている。

死を主宰するのはだれか

南仏の貸し別荘でひとりの病人が死にかけている。最期を看取るのは、才気煥発で魅力的な妻、そして病人の友人でその後釜に坐るつもりの若い男。医師の薦めで司祭をさがすことになるのだが、とにかく融通《ゆうずう》の利きそうな人、「告解」だけで納得してくれて「ほかのこと」はとやかくいわない人という妻の注文を受けて、男はいかにも温厚そうな老人をつれてくる。病人は、妻が司祭の訪問を告げただけで、すでに動転していた。司祭はなだめるようにいう、いや、まだまだ大丈夫もちなおします、聖体拝領のために参ったのではありませんよ、でも、せっかくこうしてお伺いしたのだから、いかがですかな、告解をなさいませんか、と。妻と若い男は隣室に控えて聞き耳を立てている。しばらくは小声のやりとりがあったらしく、それから不意に静寂が破られて、ラテン語の祈禱を唱える司祭の儀式めいた声が聞こえてきた。

モーパッサンの長編小説『ベラミ』（一八八五年）のひとこまである。[95]『懺悔』のマルグリットのように、病人がみずから死を予感して終油の秘蹟を受けたいと願うこともあるが、この場面のように、しかるべき頃合いを見計らって医師が家人に告げると、いれちがいに司祭が登場するということも少なくなかった。医師から聖職者へのバトンタッチという仕来りは、カトリック圏では長い伝統に守られており、医師は手遅れにならぬように配慮することを求められた。[96]見方をかえれば、日頃から教会に通っていない人間にとって、司祭の不意の訪問は死神の出現にひとしいのである。じじつ『ベラミ』では、上記の場面をきっかけに、瀕死の病人が死の恐怖にとりつかれ、すさまじい愁嘆場を見せる。

今日でもフランスでは宗教による葬儀が八十五パーセントを占めるというのだから[97]、十九世紀においては『ベラミ』の妻が判断したように、臨終にさいして教会と折り合いをつけるというやり方は、世間の常識にさからわぬという意思表示のようなものだったのだろう。しかし「告解」と「終油」と「聖体拝領」という三つのステップをふむためには、まず本人がそれを承諾し、覚醒した意識をもって語り、聖体を口にする体力も保持していなければならない。このような宗教による死の看取りという伝統が長く守られてきたところで、医学が着実な進歩をとげれば、さまざまの軋轢がおきる。たとえば瀕死の病人の苦痛を和らげるために麻薬を用いることが望ましいか、あるいは許容されるかどうかという問題。モルソフ夫人に対して医師は阿片を処方するが、envelopper de l'opium とあるところからして、おそらく塗布したものだろう。意識が朦朧としたまま、あるいは意識を失ったときに、自覚なしに息絶えるのは、カトリック的にいえば望ましい死ではないのである[98]。

フィリップ・アリエスによれば、フランスでは、すくなくとも一九三〇年代までは、死は死者が主宰する、ほぼ公開の大がかりな儀式だった。死にゆく者は「その時」が来たことを知っており、財産の分与をおえ、別れの挨拶をして、終油の秘蹟を受ける。周囲の人は、死の苦悶から目をそらすことなく見守った。死後の弔問は、遺族を慰めるためでもあったが、肝要なのは死者に敬意を表することだった。その後におきた変化とは、どのようなものか。まず重篤な病人は、未成年か狂人のように、後見人の保護下に置かれた。死期についても病状についても、当事者には「真実」を知る権利がない、それこそ聖職者まで周囲の「嘘」に荷担することがあった。最先端の医学のおかげで、本人が覚醒した意識をもっていないのに生きながらえることができる。どの時点で生命が停止したのかわからないということもおこりうる。こうした状況では、憐憫の情が向かうのは、死者ではなくむしろ遺族のほうであり、カトリックの葬儀においても、最近はそうした方向転換が顕著に認められるというのである[99]。

歴史家は、ある現象が社会に根づき一般的になったところで、これを分析に耐える確固たる事象としてとりあげる。これに対して作家はむしろ、変化の予兆を捉えるのかもしれない。十九世紀の半ば、ボヴァリー夫人が死んだのは、医学と宗教がライヴァル関係をむきだしにしたような環境のなかだった。アリエスが一九三〇年に設定した死の文化史の曲がり角を、フローベールやモーパッサンは歴史家より一足先に予感し視野に入れていた。二十世紀初頭のプルーストは、人間の死に方が変わるという微妙にして重大な事態を正面から見据えることになるだろう。

4　『失われた時を求めて』の死生学

祖母の死と医療行為

幼いころから病弱だったマルセル・プルーストは、迫り来る死の強迫観念と闘いながら『失われた時を求めて』を執筆しつづけた。物語のなかでは語り手の母と祖母が分身のような関係にあるのだが、反俗精神をもち聡明で愛情深い祖母が、おそらく語り手が十八ぐらいの頃に死ぬ。作家は数年前に他界した最愛の母の辛い闘病生活の記憶をたぐりよせながら、さまざまのエピソードを構成したといわれている[100]。

第三篇『ゲルマントの方Ⅰ』の冒頭で、語り手の一家は祖母の体調が思わしくないので「澄んだ空気」を求めてゲルマント公爵邸の階上にある貸家に移り住む。しばらくパリを離れていた語り手が祖母と電話でやりとりしたのち、祖母の顔を見たくて矢も楯もたまらず家にもどってみると、「赤らんだ顔の重たげで品のない病人が、ぼんやりともの思いにふけりながら、やや調子の狂ったような目を一冊の本の上にさまよわせている」のを発見する。ひとりの人間が老齢と病のために死んでゆくプロセスは、近親者の愛情のこもったまなざしが相手に貼りつけてきたイメージとは似ても似つかぬ赤の他人が同じ肉体から出現するような、奇怪な現象が兆しとなって進行するのである[101]。医師の診療がはじまってからの記述は、『ゲルマントの方Ⅰ』の最後から『ゲルマントの方Ⅱ』へとつながっており、祖母の美しい死に顔で第一章がしめくくられるまで、邦訳文庫本で百ページほどになる。その間、日常の挿話や長い省察などをまじえ、祖母の症状の変化が報告されてゆくのだが、ここはまず、診察と治療の経過をおおまかにたどってみる

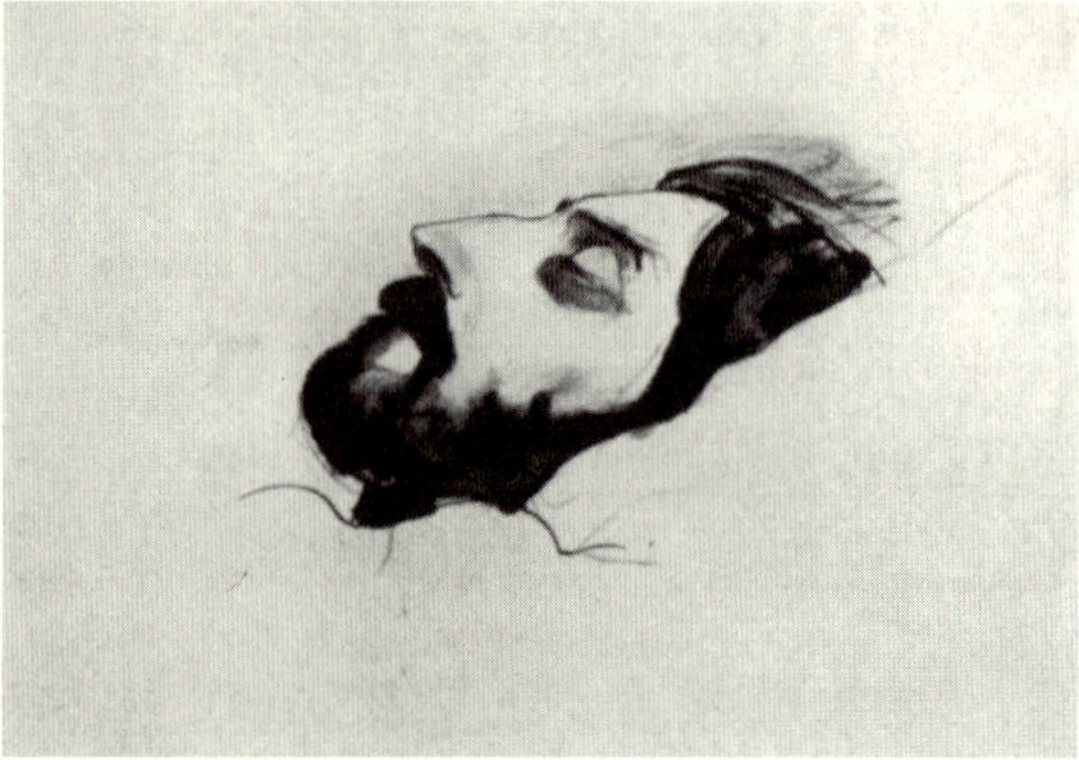

死の床のプルースト（スゴンザック筆）

ことからはじめよう。

死を前にして医学は何をなしうるか、患者と家族にとって望ましい医療行為とは何か、という今日的な難問に、小説がこれほど明確な自覚をもって立ちむかったことはない。まず往診を求められた家庭医のコタールは患者の高熱に対してキニーネを処方するが、これは対症療法でしかない。つぎに脳と神経が専門で深い教養をもって知られるデュ・ブールボンが招かれた。聴診器もつかわずに祖母と高尚な文学論をやっていたのは、患者の頭脳が明晰かどうかを確かめるためであり、医師は断固たる口調で「神経症」との診断を下し、シャンゼリゼの公園で外気に当たるよう薦めたのだった。祖母は家族にはげまされ、語り手とともに公園に出かけて発作をおこす。呂律《ろれつ》のまわらぬ祖母が、いかにも祖母らしくセヴィニエ夫人を引きながら世相批判の最後の言葉をしぼりだすのを見て語り手は、自分が「もうひとりぼっち」になってしまったことを悟る。

ここからが『ゲルマントの方Ⅱ』——時間の流れは連続しているが、物語のアスペクトは一変し、愛する人間の死という恐ろしい事態が一挙に前景化される。シャンゼリゼ公園からの帰り道、語り手は病人を休ませようとE……教授の診察室に強引に立ちよった。医師の診断は尿毒症の発作、すでに絶望的というものだった。こうして本格的な闘病生活がはじまった。あまりに痛みがひどいためコタールはモルヒネを処方するが、これは腎臓に負担をかける。苦痛と病因の板挟みになったまま症状は悪化の一途をたどり、あるときは視力が完全に失われた。そのことを家人に知られまいとして、万人向きの固定された表情で対応する病人の切ない努力。聴覚が失われたときには、いつのまにか回復した視力で補おうとした。その後、言葉がもつれて人間との接触を拒むようになり、ある日、家人が目を離したすきに窓を開けようとした。あわや投身自殺という瞬間に押しとどめられるのだが、それからは病人の目つきが変わり「くどくどと繰り言を口にする老婆の陰鬱な視線」になった[102]。脳充血への対応に蛭《ひる》を使ってみたものの、効果は一時的だった。ある夜、語り手が母におこされて病室に足をはこぶと、そこには「一匹の動物」のようにうごめいている末期の人間の姿があった。それからも何日か、病人が死線をさまよう状況がつづく。最後の手段は、呼吸を楽にするためにモルヒネの注射と酸素吸入のボンベを併用することだった。この処方が効果を失ったとき臨終が訪れる。語り手が別れの接吻をした瞬間に、もはやなんの感覚も意識もないと思われていた祖母が、手をぴくりと動かし全身で身ぶるいした。つぎの瞬間、酸素吸入の音がとまり、医者はベッドのそばから離れた。

苦しむ肉体のよるべなさ　あるいは他者としての病

もともとプルーストの登場人物たちは、バルザックの人物たちのように強烈な個性や自意識などのアイデンティティを中核にして構築されているわけではない。それゆえ病と老齢のために祖母が祖母らしさを失って、見知らぬ他人のようになってしまうという話も、わたしたちが日常的な表現でいう「性格が変わった」というレヴェルの変化ではない。そうではなく死に至る病とは、ひとりの人間のなかに「タコ」のような怪物が棲みついてしまうことに似ているとプルーストはいうのである。いや、もう少し正確に引用するなら、人間の肉体とはもともと「ちがう世界の存在」**un être d'un règne différent** なのであり、「肉体に向かって憐れみを請うのは、タコに向かって説教を垂れるようなものだ[103]」という。たしかに病と老齢は、肉体の奥にひそんで眠っていた本質的な「他者性」を目覚めさせ、荒々しく引きはがしてしまうのだが、わたしたちはそのことに、ふだん気づかずにいる。

家族の心配を嘲笑《あざわら》うように軽々とはねあがる体温計の水銀柱の話[104]も、肉体が制御できぬ存在であることを告げている。要するに病魔に冒されることは、自分のなかに赤の他人が「つきあいのよい」隣人か下宿人のように棲みついてしまった状態に似ているのである。(105)病人はとりあえず相手の習性を理解して、なんとか折り合いをつけようと努力するのだが、いずれ時がきて、見えぬ相手との闘いを放棄する。祖母の場合は、自力で人生に決着をつけようとする行動を阻止された瞬間に闘う意志を失って、その後は「もう何も望まず、何も悔やまなく」なった。このとき語り手は、かつて入水自殺した女が救助されたとき、絶望した人間を苦難の生活に引きもどすのは残酷なことだと祖母が感想をもらしたことを思いだす。(106)

こうして祖母がいかなる感動も見せなくなった時期に、蛭をつかった治療がおこなわれたのである。「首筋やこめかみや耳に、黒い小さな蛇のようなものがはりついて、まるでメドゥーサの髪のように、血まみれになった髪の毛のかげでうようよして」いる。顔は青白いままに微動だにせず、その一方で「昔通りの祖母の美しい目が大きく見開かれ、静かに光を帯びて」いる、それは「知性」をにない「希望」を語ろうとするまなざしだったと語り手はいう。(107)死にぎわの口づけをのぞけば、これが最後の交流だった。

衝撃的なのは、危篤状態におちいった祖母の肉体が、得体の知れぬ怪物に占領されてしまったという記述である。ボヴァリー夫人の断末魔の笑いにも似て、人知を超える邪悪な神秘が露出する瞬間だ。

私たちは部屋に入った。ベッドの上に半円を描くように身体を折り曲げて、祖母とは別のなにか動物のような存在が、奇妙にも祖母の髪を頭につけ、祖母のシーツにくるまって横たわっており、はあはあと喘《あえ》いだり呻《うめ》いたりしながら、痙攣で毛布をふるわせていた。瞼は閉ざされていた。そして、その瞼のあいだから瞳の端がのぞいているのは、瞼が開いているためというよりも、むしろうまく閉じていないためで、瞳はどんよりとして目やにがたまり、視力の衰えと体内の苦痛とのもたらす暗さを反映していた。こうしたさまざまな足掻《あが》きは、私たちに向けられたものではなかった。祖母には私たちの姿も見えないし、私たちがだれかも分からないのである。だがそこにうごめいているのが一匹の動物にすぎないとしたら、祖母はどこにいるのだろう？　それでも祖母の鼻の

形は見分けられた。今では顔のほかの部分と釣合いがとれていないけれども、その片隅には黒子《ほくろ》がちゃんと残っている。(108)

もはや祖母のものではないのに祖母以外のものではありえぬ肉体の極限的なよるべなさ。モルヒネ注射と酸素ボンベによって、その肉体が「延命」の段階に入る。奇蹟に立ち会うようだったと語り手は述懐するのだが、麻薬と吸入器のおかげで「呼吸」という純粋な生命維持の営みを遂行している祖母は、さながら「早口の美しい声で長い幸福の歌」を歌ってきかせているかのようだった。しかし装置をとりはずせば呼吸困難は悪化して、やがて肉体の限界がくる。そして生命が停止する。

数時間後にフランソワーズは、祖母の美しい髪を、最後にもう一度だけ、痛い思いをさせることもなく櫛でとかすことができた。この髪はやっと白くなりかかったくらいで、それまでは祖母の年齢よりも若く見えていたのだ。けれども今では髪だけが老いの冠を押しつけており、ふたたび若返った顔からは、皺や、引きつり、むくみや、こわばり、たるみといった、長年にわたって苦痛のつけ加えてきたものが消え去っていた。両親が夫を選んでくれた遠い昔のように、祖母は清らかさと服従によって描かれた繊細な顔立ちをしており、これまで歳月によって少しずつ破壊されてきた純潔な希望、幸福の夢、さらには無邪気な陽気さまでが、その頰を輝かせていた。去っていった生命が、人生への幻滅をも持ち去ってしまったのだ。祖母の唇の上には微笑がおかれているように見えた。死は中世の彫刻家のように、祖母をうら若い娘の姿で、この臨終のベッドの上に横たえていた。(109)

死の敷居をこえることによって、堆積する日常の時間を一挙に半世紀ほどもさかのぼり「うら若い娘」になってしまった祖母は、さながら逆転劇のように奇蹟をなしとげた。人間の死の直後、神々しいまでに静謐な瞬間が訪れることは、じつはだれでもがふつうの人生経験のなかで知っている。『谷間の百合』の場合もそうだけれど、登場人物の死を、キリスト教信仰をめぐる教訓的な思索の源泉とした作家は少なくない。たとえばシャトーブリアンの場合『ルネ』（一八〇二年）の語り手が、自分に魂の不滅を確信させたのは父の死であったと回想する。棺におさめられた父の死に顔には何かしら崇高なものがあった、この驚くべき神秘が霊魂の不滅の証でないはずがあろうか、墓のなかには永遠の壮麗な幻影《ヴィジョン》があるにちがいない、とルネはいうのである(110)。

『失われた時を求めて』では、祖母の臨終を描いたところで叙述がふっつりと途切れ、悲しみの吐露や哲学的な省察がつづくことはない。章が変わると舞台は一転してにぎやかな社交界。そして第四篇『ソドムとゴモラ』の「心の間歇」と題した章で、というのは文庫本で一冊以上も先のことだが、語り手は不意に悲痛な喪失感におそわれる。それから「冥府くだり」さながらに祖母の姿を探し求める夢を見たりして、徐々に亡き人を懐かしむマナーを身につけることになる。祖母の死にかかわる記述の視点と語り手の喪の意識が、カトリック的な文脈におさまらぬものであることは強調するまでもない。

小説の精神と臨終の文化論

マルセル・プルーストは上昇気流にのった知的エリートの家系に生まれた。父親は医学アカデミー会員でパリ大学医学部衛生学教授、弟も優秀な医学徒だった。フローベールも同じように医者として成功をおさめた父と兄をもつ。文学を志して病身を理由に親がかりの生活を送ったところまで、二人はよく似ており、しかも医学に対して極端に皮肉なまなざしをそそぎ、辛辣なエピソードを構成するところも共通点といえる。『ボヴァリー夫人』ではシャルル、カニヴェ、ラリヴィエール博士という三人の医師が、医療制度のなかで格が違うという設定になっており、しかも治療行為においてはそろって非力だった。

『失われた時を求めて』では、業界事情に通じたプルーストの経験が活かされ、五人ものタイプの異なる医師が登場する。家庭医のコタールは、そこそこの常識的な治療をおこなっているように見える。デュ・ブールボン医師はインテリだが、祖母の発作の引き金となったシャンゼリゼ行きを命じた張本人。E……医師の診察室で病人を一休みさせてもらう場面では、勲章をつけて大臣の晩餐会に出かけることとエレベーターを自分で操作することしか念頭にない医者が、患者の深刻な容態をぶっきらぼうに語り手に告知してしまう。ここまではすでに紹介した人物だが、つぎは四人目。祖母の咳とくしゃみがひどいので「専門医のX」を招いたところ、病人は断固として診察を拒み、申し訳ないからというので健康な家族がそろって診てもらったら、翌日からみながひどい鼻炎と咳の発作に悩まされることになった。Xによれば、たまたま発病寸前のところだったのであり、診断は正しかったということになる。そして極めつけの五人目はディユーラフォワという名で、同名のモデルがいるそうだが、上流階級で臨終をとりしきる厳かな場面に欠かせぬ名医ということになっている。死期の迫った病人を治療する気はさらさらなく、ただ名医登場というドラマの主役にうってつけの高貴な風情が人気のもとなのだ。差しだされた謝礼をすっと受けとり「手品師のような巧みさ」で隠してしまい、それでいて「美しい顔に崇高な同情をみなぎらせた名医の威厳」は、いささかも損なわれない。語り手自身が、この場面をモリエールの喜劇に喩えているのだけれど、役立たずの品格を長々と称える皮肉な叙述は、もしかしたら『ボヴァリー夫人』のラリヴィエール博士の描写からヒントを得たものかもしれない(11)。ちなみに威厳を失わずに「手品」のように謝金をしまいこむ手さばきという寸評は、わが国の葬儀などでも思い当たるではないか。要するに所変わってもよくある話、これをいかに処理するかが小説家の手腕なのである。

治療がほどこされるにつれ、病に苦しむ者の人間らしさが破壊され、死にゆく者の主体と尊厳が、暴力的に簒奪されていく。その悲劇的なプロセスに、これほど執拗に喜劇的な要素を流入させるプルーストの意図は奈辺にあったのか。病家を訪れるのは医者だけではない。作家のベルゴット、隣人で大家《おおや》でもあるゲルマント公爵など、見舞い客も多く、使用人もいつもの顔ぶれのほかに臨時にやとわれた者たちがいて、語り手の一家にはどこか賑々《にぎにぎ》しい昂揚感すらただよっている。残酷な死のドラマに滑稽な日常性が混入するのは、まさに現実世界がそのようにできているからだ。物語のなかで、人間の死をめぐる文化的な事象がことごとく純粋な悲劇に還元されてしまったら、それこそ「真実」を裏切ることになる。ボヴァリー夫人の臨終の場面を中断してオメー宅での賑やかな昼食風景を挿入するフローベールも、同じように考えていたにちがいない。悲劇と喜劇の混在する不純な世界を見据えようとする姿勢を、わたしたちは「小説の精神」と呼ぶことにして、その源泉ともいえる『ドン・キホーテ』まで時代をさかのぼってみよう。

こう言って〔ドン・キホーテは〕遺言を終えると、意識が朦朧《もうろう》となり、寝台に横たわったので、周りは驚き慌てて介抱の手を差し伸べた。そうして、三日間、幾度も気を失って、邸《やしき》は人の出入りが慌しくなった。それでも、姪は、ちゃんと食べるものを食べ、乳母は飲むものを飲み、サンチョ・パンサは結構ご機嫌だった。人が死ねば、辛く、悲しくなるものだが、形見分けを受けるとなると、その辛さもどこかへ消えたり、薄らいだりするのである。(112)

プルースト、フローベール、セルバンテスに相通じるのは平凡な市井の人を観察する「モラリスト」の視線であり、これに対して次章でとりあげるシャトーブリアンは、日常性とはかけはなれた舞台を設定して、例外的な人物たちを登場させる。そして辣腕をふるいヒロインの宗教的な死を造形したのだった。

さて、ここまであえて重大な疑問にふれずにきたのだが、『失われた時を求めて』という作品のなかで、キリスト教の伝統はいかなる位置を占めるのか。プルーストの父親はカトリックの家系、母方はユダヤ系である。ただし作品のなかの語り手は、血も宗教も生活習慣も純粋にフランス的なものを受けついでおり、少年期にはヴァカンスをすごした田舎町のコンブレーで家族とともに日曜ごとにミサにかよっていたことになっている。ところが文庫本で百ページにわたり祖母の闘病生活の克明な記述があり、その間、医学は圧倒的な存在感を見せつけているにもかかわらず、宗教は影をひそめたままなのだ。いったい祖母は告解をしたのだろうか、終油の秘蹟を受けたのだろうか、聖体を拝領したのだろうか[113]。医者や家族は『ベラミ』の例に見られるように、病人が小康状態のときにその種の配慮をしなかったのだろうか。フィリップ・アリエスが、すくなくとも一九三〇年代までは、死は死者が主宰するものだったと指摘するときに、暗示されているのはカトリック教会の定める臨終の儀式がすくなくとも形式的には尊重され実行されていたという状況だろう。なおのこと『失われた時を求めて』における聖職者の不在には興味を誘われる。

いやじつは一ヵ所だけ、読みすごしてしまいそうな細部に、奇妙な報告がある。祖母の義理の兄弟で修道士になっていた人物があらわれ、ベッドのかたわらで祈禱書などを読み、病人の様子を鋭い目つきで見守っていた。病人が意識を失っているあいだ、語り手は聖職者の悲嘆の様子に目を奪われる。聖職者も語り手の反応が気になるらしく、一瞬おかしな仕草をした。苦悩にうちひしがれたように両手で顔をおおい、それからかすかに指を開いて、語り手の悲しみがほんものかどうかを指の隙間から観察したのである。ちょうど告解室の暗がりにひそむ神父のような具合に、と語り手は指摘する。意味深長な視線のやりとりをしたことを、二人は知っていながら知らないふりをした。聖職者と精神科医には、どこか予審判事に似たところがある。そんなモラリスト風の感想がひと言そえられて、ささやかなエピソードは完結し、遠来の聖職者の出番もおわる[114]。

小説家は想定されうる無限の事物のなかから素材を取捨選択してテクストをつむぎだす。それゆえ終油の秘蹟をおこなったと書いていない以上、何もやらなかったはずだと断定することは、小説の読み方として意味がない。だが一方で、カトリック的な死生観をほのめかすものがテクスト上にないというのは、まちがいのない事実なのである。とりわけ祖母の肉体の苦悶はギリシア神話の怪物など、むしろ異教的・神話的なメタファーをもって描出されている[115]。そのことは装飾的なアイデアをこえて哲学的な重みをもつだろう。この点はとりあえず指摘するにとどめ、本書第Ⅳ部でプルースト的な「死と甦り」とは何かについて考えるときに、あらためて問うてみたい。

第三章　死とカトリック信仰

1　偉大なるシャトーブリアン

フランス革命を逃れてアメリカへ

「序章」でもひと言ふれたように、本書の見立てにおいてフローベールは歴史の分水嶺に位置しており[115]、そこではヨーロッパの近代性が固有の相貌を明らかにすると同時に、ポストモダン的なものがすでに懐胎されている。かぎられた紙面ゆえ、検討する素材もわずかにとどめたが、それでもフローベールからモーパッサンを経由してプルーストへと時が流れるにつれ、宗教と医学のはざまで演じられる人間の死というドラマが、しだいにわたしたちにも馴染み深い様相を帯びてくることは、ひとまず確認できたように思う。

ところで十九世紀半ばの分水嶺の向こう側には、どのような風景がひろがっているのだろう。『谷間の百合』の例で確認したように、王党派にしてカトリックという立場をつらぬいたバルザックの場合、ヒロインの臨終はフローベールとは異質な死生観によって支えられていた。さらに時代をさかのぼれば、シャトーブリアンという名の雄峰が目に入る。世紀を代表する国民作家ヴィクトル・ユゴーも「シャトーブリアンになる」ことを夢見た文学少年だっ

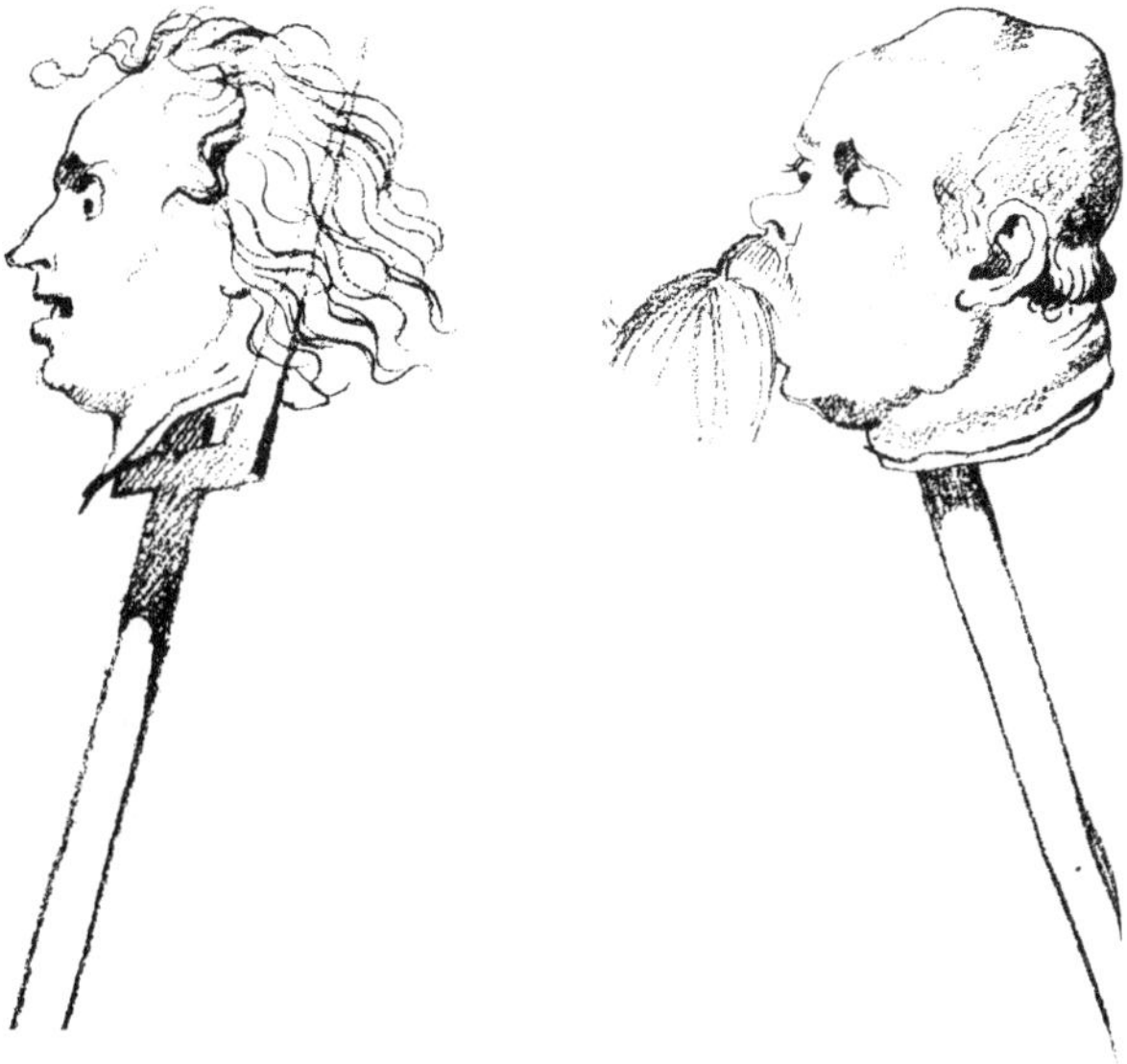

画家ジロデがスケッチしたのはシャトーブリアンが見たのと同じ生首である

た。

　フランス革命によりアンシャン・レジームの秩序が解体したのちに、キリスト教がロマン主義とむすび、社会的・文化的な活路を開くための力を見出したのは、ひとえにシャトーブリアンのおかげだった。そういっても過言ではないほどに、この文筆家の影響には並々ならぬものがある。ちょうど同じころ、ローマ教皇と対決したナポレオンは、近代フランスの政教関係を策定するという力業《ちからわざ》をなしとげた。率直のところわたしたちには想像しにくいのだけれど、革命後の混乱が終息して近代国家が急速に建設された時期、シャトーブリアンとナポレオンは互角の天才《ジェニー》、文武の両雄とみなしうるポジションにいた[116]。この見取り図については、第Ⅱ部でゆっくり検討することになる。

　バルザックからプルーストまで、すなわち王政復古期から二十世紀にかけて活躍する国民作家の大半は、安定した生活を送るブルジョワジーの出身で、親の期待を裏切り、なかば遊民的な選択として文学を志した者たちだった。これに対してフランス革命勃発の二十年前に由緒ある貴族の家系に生まれおちた人間は、どれほど危険な荒海に漕ぎ出すことを運命づけられていたことか。文筆で生きる者たちの野心にも、どこか桁違いで緊迫したものがあったにちがいない。「芸術のための芸術」に邁進するどころではない、明日も生きのびることができるのか、という切実な問いに、彼らは四六時中さらされていたのである。

一七六八年、フランス北西ブルターニュ地方の港町サン＝マロに生まれたシャトーブリアンは、イエズス会の学校で古典的な教育を受け、十八歳で歩兵隊に入り、ルイ十六世から謁見を賜り、青年貴族の道を歩みはじめるが、一七八九年七月にはたまたまパリにいて、バスティーユ襲撃に遭遇した。『墓の彼方の回想』（一八四九―一八五〇年、死後出版）には、槍の穂先に刺した大物政治家二名の生首を暴徒につきつけられたときの情景がドラマチックな文体で記されている[117]。混迷の度合いをます革命の危険を避けたいという意図に知的な好奇心も手伝って、一七九一年四月、シャトーブリアンはアメリカに向けて船出した。旅先で国王逮捕の大事件を知り、一七九二年の初頭に帰国。軍人の兄とともに、ベルギーに集結した反革命軍に加わるが、初戦で負傷、ようやくのことでイギリス海峡のジャージー島にたどりつく。

調べてみると『墓の彼方の回想』には事実の脚色が少なからずあるらしいのだが、とりあえずその記述を信じるなら、ロンドンでの亡命生活は赤貧洗うがごとく、五日間の断食を強いられたこともあったという[118]。しかも国からの便りは不穏なものばかりだった。まずは三人の姉たちが、ついで母が収監された。一七九四年、テルミドールのクーデタにより身内の女たちは解放されたが、兄夫婦がギロチンで落命した。その間にも書きつがれていた草稿が、一八〇一年の『アタラ』と翌年の『キリスト教精髄あるいはキリスト教の美』に結実し、いずれも出版と同時に大成功をおさめたのである。

『キリスト教精髄』の射程

『アタラ』は旅先のアメリカで書きはじめられた『ナチェーズ族』の一部をなすものとして構想された物語だが、

『キリスト教精髄』を執筆するさいに、その一挿話として活用されることになったという。一八〇〇年、著者がフランスに帰国したときの混乱のために、とりあえず小ぶりな『アタラ』が単独で刊行されたということらしい。その複雑な経緯には立ち入らぬことにして、『アタラ』には「旅行記」の副産物という側面と「護教論」の意図が混在しているという重要な一点をあらかじめ強調しておこう(119)。

初版『キリスト教精髄』の「序文」で著者は、もともと自分の「宗教感情」は現在のようなものではなかったが、「神の摂理」によって信仰に導かれたと述べている。

母は七十二歳のときに地下牢に押しこめられて、そこで子どもたちの死を知った。そして不幸な運命にもてあそばれたまま、陋屋で命をおえた。信仰の道をはずれた私の生き方を思うにつけ、母は生涯の最後の日々が苦渋の雲におおわれるのを感じていた。母は死の床で私の姉たちのひとりに言付《ことづ》けて、自分がそのなかで育てられた宗教を忘れぬようにと私を諭《さと》したのだった。母の今際《いまわ》の願いを姉は伝えてくれた。手紙ははるばる海をこえて私にとどいたが、そのときには姉自身もこの世の人ではなかった。やはり牢獄での暮らしが祟《たた》ったのである。墓のなかから響いてくる声が二つあり、この死者が母の死を代弁していることが、私に衝撃をあたえたのだった。私はキリスト教徒になった。率直に認めておきたいのだが、偉大で超自然的な光に説得されて、そうなったのではない。私の確信は心のなかから導かれた。私は泣いた、そして信じたのである(120)。

作家シャトーブリアンの出発点にあった「宗教性」については、カトリックには批判的な啓蒙思想、とりわけヴォルテールやルソーに近かったという指摘がある(121)。いずれにせよ聖職者でもなく、教会と深いかかわりをもつわけでもない亡命貴族の青年が「護教論」にとりくむにさいしては、まず本人が釈明しなければならないと感じたのだろう。出版の当初から、ここで語られた「回心」の物語を字義通りに受けとらない人は少なからずいた。

この「護教論」は、なにしろ絶妙のタイミングで刊行された。ようやく世情がおちつきを見せ、国民公会の時期に荒廃したカトリック教会を建てなおしたいという機運が沸々と高まっていた[122]。一七九九年に第一統領として権力をにぎったナポレオンは、宗教との協調なくして国民的な和解はありえないと考えていた。そうした最新のフランス事情を亡命先で慎重に確認しながら、シャトーブリアンは執筆したのである。一八〇二年四月八日、教皇庁とのコンコルダートが議会で承認され、ついで十八日にはパリのノートルダム寺院で祝賀のミサがおこなわれた。狙いうちしたかのように『キリスト教精髄』が売り出されたのは、はざまの十四日のことだった[123]。

特定の時代にその時代のために書かれた書物というのは、生きのこることがむずかしい、目的を達してしまうと生気も失ってしまうからだ、と述べているのは、今日も流通するポケット版の編者ピエール・ルブールだが[124]、どうやらフランスにおいてさえ古風で冗長だとみなされているらしいこの本を、わたしたちはいかに読むべきか。いやそもそも「護教論」とは何を想定した語彙なのか。「キリスト教を、それに向けられた攻撃から擁護し、さらに歴史的・合理的根拠によって、キリスト教の啓示の事実を確立することをめざす神学の一部門とその著作」というのが、岩波『キリスト教辞典』による定義。具体例としてはパスカルの『パンセ』が引かれ、『キリスト教精髄』のような作品もあるが、今日ではジャンルとして下火になった、と解説されている。たとえばヴォルテールが『哲学辞典』で皮肉たっぷりに、ときには面白半分の言いがかりのような口調で展開するキリスト教批判を読めば、カトリックの教義の何が「攻撃」されていたかがおのずとわかる。いやじつは薬剤師オメーがブールニジャン神父にしかける通俗きわまりない論争も、それなりに「護教論」の基礎を念頭においたものなのである。

じっさい『キリスト教精髄』の「教義と理論」と題した第一部を繙いてみれば、冒頭でまず「三位一体」「贖罪」「受肉」の解説があり、つづく「秘蹟」の章には「聖体拝領」や「終油」など『ボヴァリー夫人』の読解にも役立ちそうな項目が立てられている。つづいて第二部「キリスト教の詩学」、第三部「美術と文学」、そして第四部「礼拝」というのが全体の構成である。すなわち第一部は「理論編」で第四部は「実践編」、そして「詩学」「美術と文学」という看板を掲げた中心部分が、シャトーブリアンの本領が発揮される場ということになるだろう。

パスカルの思弁的な護教論と異なり、もっぱら美と調和の感覚によって神の存在を証明し、説得しようという戦法なのだが、この方針そのものは先例がないわけではない[125]。たとえばルソーの「サヴォワ人助任司祭の信仰告白」[126]やベルナルダン・ド・サン゠ピエールの『自然の調和』の後塵を拝したというところもあり、とりわけ「自然の調和」という概念は、いずれ見るようにシャトーブリアンの宗教論を特徴づけるものとなる。これをベアトリス・ディディエは「美意識《エステティック》による証明」と呼ぶのだが、じっさい『キリスト教精髄』は「理論編」にあたる幕開けの部分からして、朗々たる抒情的な文体でつづられている。麗しき信仰への誘《いざな》いという崇高な使命感にひたされた者の昂揚した声が、書かれたフランス語から響いてくるかのようなのだ。いずれボヴァリー夫人となるエンマ嬢が少女時代を過ごした修道院付属の寄宿舎でも、日曜日には「楽しみになるものを」というので『キリスト教精髄』の数節が朗読されていたという[127]。そのような華ある「宗教書」の一挿話として『アタラ』を読むことにしたい。

2　小説『アタラ』の護教論

新大陸の布教とインディアンの族長の娘

『アタラ』は今日でも、仏文科の学生なら題名も知らないとはいいにくい作品ではあるのだろう。散文のフィクションという意味で、とりあえず「小説」とみなされているけれど、セルバンテスからバルザック、フローベールをへて現代に至る文学の系譜からは、明らかにはずれている。研究の分野では、石井洋二郎『異郷の誘惑――旅するフランス作家たち』(二〇〇九年)が第一章で旅と文明という角度からシャトーブリアンをとりあげているので、その端整な分析をぜひお読みいただきたい[128]。

やや視点をずらしたところから、登場人物たちの背景とドラマの構造を確認しておこう。アタラはインディアンの

19世紀の大ベストセラー『アタラ』をあしらった瀬戸物

族長の娘ということになっているのだが、じつは母がスペイン人の入植者とのあいだに子胤《こだね》を宿して族長に嫁いだものであり、改宗した母のもとで信心深いキリスト教徒として成長した。敵方のインディアンの戦士として捕虜になった青年シャクタスと、そのアタラとのあいだに愛が芽生え、悲劇的な結末に至るというのが物語の大筋である。「処女地」という呼び名にふさわしい北アメリカの新天地、その壮麗な大自然のなかで、新旧両大陸の血を半々に受けた色白の乙女が信仰のために愛を犠牲にし、今際《いまわ》のきわに異教徒の青年を回心に導こうとする。回想するのは老いたシャクタス自身だが、アタラの死後、青年は数奇な運命をたどり、ヨーロッパにわたってガレー船につながれたのち、ルイ十四世にお目通りを許され、宮廷の文人たちとも親しく交わったという。語りの水準がフランスの知的な読者にふさわしいものになっていることを説明するための仕掛けでもあろう。シャクタスは「野蛮人」「未開人」「自然児」などと訳せる Sauvage であり、イニシエーションを受けて「ヨーロッパ文明」と「キリスト教」という世界の扉を開ける。なるほど申し分なく雄大で「護教論」にふさわしい構想といえそうだ。

青年と乙女は相思相愛であり、手に手をたずさえ人里はなれた密林に逃亡したのだが、たがいにむすばれることはない。アタラは偶像を崇拝する者の愛を受けいれることはできないというのだが、おそらくそれだけではない、何か大きな煩悶をかかえていることにシャクタスも気づいていた。ついにアタラが出生の秘密を明かしたとき、奇蹟のような運命の糸が見出され、ここで障害はほとんど乗りこえられたように思われた。シャクタスは戦闘で父を失い、さるスペイン人に育てられていたのだが、その人物が、ほかならぬアタラの母の恋人だったとは！　シャクタスの養父はアタラの実父なのだから、二人は兄と妹のようなものではないか。

出来すぎた偶然という手法からしても『アタラ』は、世間によくある話を日常的なロジックに寄りそって仕立てる「リアリズム小説」ではない。いよいよ抗《あらが》う力を失ったアタラをシャクタスが胸にかき抱こうとしたまさにその瞬間、閃光が走って雷鳴がとどろき、森はきなくさい臭いにつつまれた。一瞬の静けさがもどると、人っ子ひとりいないはずの密林に思いもかけぬ鐘の音が響く。犬の吠え声につづいて、ひとりの神父が忽然と姿をあらわした。荒れ狂う嵐から救われた二人は、隠者の住む洞窟に案内されて安らぎをえる。アタラの身の上話を聞いたオーブリ神父は感動のあまり落涙《らくるい》し、シャクタスが夫にふさわしいキリスト教徒になるよう導くことを約束する。歓喜の涙を流す青年のかたわらで、アタラは蒼白になる。

母がアタラを産みおとしたときに、ひどい難産であったため、もし命があたえられるなら子どもは聖母マリアに捧げると誓願を立てていた。もっとも重大な秘密はこれである。この誓願にしばられたアタラは、処女のまま生涯をおえる定めになっており、母は死の床で、誓いを忘れぬようにと娘を戒めていた。母の魂を永劫の苦悶にさらすまいと決意して、アタラは毒を飲む。

嵐の止んだ翌朝に、シャクタスはオーブリ神父に誘われて、信者のインディアンたちの集落でミサに参列する。洞窟にもどった二人はアタラのただならぬ様子におどろいて聞きただす。死をまえにした告白だからこそ、アタラはすべてを語ることができる。事情を知った神父は「単式誓願」はケベックの司教によって解いていただくこともできるのだ、と慰めの言葉をかけるが、アタラは絶望をあらわにして「遅すぎました！」と叫ぶ。たとえ自分は罪を犯しても、母の魂が救えるものならば、そう考えてとりかえしのつかぬことをした、と告げるアタラ。ここでようやく、シャクタスとオーブリ神父は恐るべき真相を理解する。とり乱す青年に赦しを求め、献身的な神父にささえられて、乙女はカトリック的な死を遂げる。

歳は十八、インディアンの娘でありながら、この世に別れを告げるアタラの台詞は、さながらラシーヌの悲劇のごとく格調高い。違和感のない日本語に移しかえることなどできようはずもないのだが、とにかく「リアリズム小説」ではない、とくり返しておこう。

乙女の死

ここでアタラの声は途切れた。目のまわり、口のまわりに死の影がひろがった。指があたりをまさぐり、何かに触れようとしているようだった。かすかな声で目に見えぬ精霊たちと言葉を交わしている。やがて小さな十字架を首からはずそうとして、懸命にやってみたが、うまくゆかない。自分でほどいてほしいと私に伝え、それからこういった。

「あなたにはじめてお話したときに、この十字架があたしの胸で光るのを篝火《かがりび》の炎でご覧になったでしょう。これだけが、アタラのもっている宝です。あなたの父であり、わたしの父でもあるロペスが、あたしが生まれてまもなく、母に送ってよこしたもの。ですからお兄さま、これを形見に受けとってくださいな、あたしの不幸の数々を思いだすために。この先つらいことがあったら、この神に、恵まれぬ者たちの神にすがるのですよ。シャクタス、最後のお願いがあるのです。ねえあなた、あたしたちの地上での交わりはみじかいものでした、でもこの世の生活のあとに、もっと永い命がやってくるのです。永遠にあなたから引き離されるとしたら、どんなに恐ろしいことでしょう！　ひと足先に行くだけですわ、天の御国《みくに》で待っております。あたしを愛してくださったのなら、キリスト教の教えを受けてください、そうすれば、また交わることができましょう。キリスト教はあなたの目の前で、大きな奇蹟をなしとげています、この宗教のおかげで、あたしは絶望に悶えて死ぬことなく、あなたのお側を離れることができるのです。でもね、シャクタス、ただ約束してくださるだけでいいのです、誓いを求めたりしたら、それがどれほどの犠牲を強いることになるか、知っていますもの。そんな誓願のために、あたしより仕合わせな女の方とのあいだを、引き裂かれるかもしれない……ああ、お母さま、あなたの娘を赦して。ああマリアさま、お怒りを鎮めてくださいませ。またしても心の弱さに負けてしまいそう、ああ、神よ、こんな勝手なことを考えたりして、神さまのことだけに思いを馳せるべき時なのに！」

私は深い悲しみに打ちひしがれ、いつの日か、かならずキリスト教に帰依するとアタラに約束した。この光景を見た隠者は霊感に打たれたように立ちあがり、洞窟の丸い天井にむけて両手を差し伸べた。「その時が来た」と彼は叫んだ、「神をこの場にお招きすべき時が来た！」

このような言葉が発されたとたんに、私は何か自然を超える力につきうごかされて跪き、アタラの寝床の足もとで頭《こうべ》を垂れた。司祭が人目につかぬ物入れを開くと、そこには絹のヴェールでつつまれた黄金の壺がおさめてあった。司祭は地にひれふして、うやうやしくこれを拝む。不意に洞窟が光に満たされたかのようだった。天使たちの声と天上の竪琴のささやきが空中をわたるのが聞こえた。そして隠者が聖櫃から聖なる器を取りだした瞬間に、神ご自身が山の中腹からお姿をあらわしたかのように感じたのだった。

司祭は聖杯を開いた、そして雪のように純白の聖体《ホスティア》を二本の指でつまみ、謎めいた言葉を唱えながらアタラに近づいた。聖女のような乙女は恍惚として天の高みを見上げていた。苦しみのすべてがいっとき和らいだかに見え、あらんかぎりの命が口もとにあつめられたようだった。そっと唇が開かれた、そして神秘のパンに隠された神を敬虔な仕草で求めたのだった。ついで神々しい老師は小さな綿を聖油にひたした。その綿でアタラのこめかみに軽くふれて、死にゆく乙女をじっと見つめていたが、突然、力強い言葉がその唇をついてでた。「キリスト教徒の魂よ、旅立つがよい、そして造り主の御許に帰りなさい！」私はうなだれていた頭《こうべ》をあげ、聖油の壺を見つめて叫んだ。「神父さま、このお薬はアタラの命を救ってくれるのでしょうか？」「そうなのだ、わが息子よ」と老師は私の腕のなかにくずおれながら答えた。「永遠の命をな！」すでにアタラは事切れていた。[129]

ジロデ＝トリオゾン《アタラの埋葬》(1808年）はカトリック復興のエンブレムとなり，王政復古期にルイ18世によって買い取られた

フィクションだからこそ、これほどに崇高な秘蹟が成就するのである。しかし、あらためて冷静に考えてみると、アタラの物語の本体は、カトリックの護教論にふさわしい神学的・道徳的な模範とはいえぬようにも思われる。そもそも母親の誓願というのが不幸の源なのであり、神父がこれを解くことができると告げたときには時遅し、ヒロインは自殺という大罪を犯して死んでゆくのだから。ただし作品にはシャクタスの語りにつづき、後にインディアンの土地を訪れた旅人の省察という形式の「エピローグ」が置かれていることも考慮に入れなければなるまい。旅人は、インディアンが語り伝えた悲劇のなかに宗教の力と「純な心における情熱と美徳の葛藤」を読みとると述べ、さらにシャクタスは洗礼を受けて死んだと書きそえる(130)。未開人か貧しい庶民かという差はあるが「純な心」un cœur simple に芽生えたカトリック信仰という主題は、シャトーブリアンとフローベールの共有する関心であることも付言しておこう。

そうしたわけで『アタラ』を全体としてみれば、困難な布教活動の成果が肯定的に描かれていることは確認できるのだが、とはいえ新大陸を舞台にしたフィクションが『キリスト教精髄』の本体に対し、理論の注釈書のような役割を果たしているわけではない。両者はむしろ、ゆるやかで「詩的」な絆によってむすばれていると考えるべきだろう。

宗教の詩学と自然の詩学

かりに神の存在を証明するために「自然の驚異」merveilles de la nature を示すしか手立てがないとしても、その証拠は圧倒的なものだから、真理のみをさがし求める人ならば、きっと説得されるにちがいない、と『キリスト教精髄』の著者は語っている[131]。こうした思想の系譜に、ルソーやベルナルダン・ド・サン＝ピエールという先達がいることはすでに述べたが、ベアトリス・ディディエによればシャトーブリアンは、さらに一歩すすんで神の存在だけでなく、カトリシズムの教義と礼拝の儀式の正当性までを美意識に訴えながら証明できると考えた[132]。この明解な指摘を導きの糸として「護教論」を繙くことにしよう。

具体例から話をはじめることにして、『キリスト教精髄』の第一部「教義・理論」のなかから「終油の儀式」についての記述を、そのトーンが伝わるように要約する——彼岸への扉をまえにしたときにこそ、古代の宗教にはないキリスト教の崇高さが明らかになる。それは地上で目にすることのできる、もっとも美しい光景なのだ。俗世のしがらみを捨てて死の床に横たわる人に、枕辺の司祭が慰めをもたらしている。ついにその時がやってくる。かつてこの世の扉は洗礼という秘蹟によって開かれたのだが、今や終油の秘蹟によって、その扉が閉じられる。永遠の命をあたえられるこの時に、水ではなく油がもちいられるのは、腐食をまぬがれた物質であるからだ。死にゆく人は、秘蹟によって徐々に絆から解き放たれてゆく。今や肉体から飛び立とうとする魂が、その人の相貌となってありありと見える。きっと熾天使たちの奏でる楽の音が聞こえているのだろう。聖なる希望に向けてその人が飛翔するまえに、平和の天使がそっと瞼を閉じてくれたのだが、寝床をかこむ者たちは眠っていると思っていた。息がとまったのは、さていつであったのか。それほど安らかに、信徒は死んでいったのである。(133)

『キリスト教精髄』の論述は終始こんな具合に心情に訴える文体で展開されるのだが、ご覧のように、これは「終油」の神学的定義などではない、むしろ儀式の詩的な描写といったほうが当たっていよう。キリスト教こそ「もっとも詩的で人間的で、自由と芸術と文芸にふさわしい宗教(134)」であることを論証しようというのが、序章で告げられた著者の野心だった。第二部「キリスト教の詩学」は、人の魂の神秘や自然界の美を深く理解する宗教という観点に立ち、ホメロスから『ポールとヴィルジニー』までをとりあげて、キリスト教の優越を示そうとこころみる。宗教の詩と自然の詩を語りつつ詩的な散文を書きつづるという意味で、この「護教論」は、あくまでも文学的な営みだともいえる。

ここで『アタラ』に話をもどせば、あの世に向けて旅立った麗しい乙女の亡骸には、冒しがたい威厳がただよっている。絶望したシャクタスがようやく司祭の言葉に耳を貸し、アタラを埋葬することを承知したのは、二日後のことだった。オーブリ神父がヨーロッパから携えてきた麻布につつまれた乙女は、夕刻に洞窟の入口に安置された。しおれたマグノリアの花が髪にからまっている。嵐の夜が明けた早朝に、シャクタスが未来の花嫁にささげた豊穣の徴がそのままになっていたのである。唇は「二日前に摘まれた薔薇の蕾」のごとく、ものうげに微笑んでいる。輝くように白い頬には、静脈の青い筋がうかんでいる。美しい目は閉ざされ、小ぶりな足はしっかり合わされて、雪花石膏《アラバスター》のような両手は胸のうえで黒檀の十字架をにぎっている。それは「眠れる処女性の彫像」la statut de la Virginité endormie さながらの姿だった。夜の静寂《しじま》につつまれた神々しい乙女を弔う「自然の詩」をお読みいただこう。

月は蒼ざめた松明のように通夜の情景を照らしだしていた。月がのぼったのは真夜中だったが、まるで白衣の巫女《ヴェスタ》〔ローマ神話の火の女神ヴェスタに仕える処女〕が親しい友の棺《ひつぎ》のかたわらで泣くためにやってきたかのようだった。やがて月はあの憂愁にみちた大いなる秘め事を、ひたひたと森のなかにそそぎかけた。柏の老木や古き昔の海辺にむけて、月は大いなる秘め事を好んで語るという。ときおり司祭は花の咲いた小枝を聖水にひたしていた、それから水のしたたる小枝をふって、宵闇のなかに天上の香りをまきちらした。ときおり古《いにしえ》の調べにのせて、ヨブという名の昔の詩人の詩句を口ずさむこともあった。こんなふうに――

わたしは花のように移《うつ》ろい、野の草のように枯れてしまった。(135)

つづく埋葬の場面は残念ながら省略し、ここで「ヒロインたちの死生学」という大きな展望に立ち返るなら、これまでに見た人妻(フローベール、バルザック)、庶民の老女(フローベール)、娼婦(デュマ)、高齢の家庭婦人(プルースト)というリストに、シャトーブリアンによる未婚女性がつらなった。カトリックの伝統には固有の「処女性」の美学が存在するらしく、『キリスト教精髄』には、聖職者の独身義務とならんで「詩的観点から見た処女性」という項目が設けられている。(136)『アタラ』は『ポールとヴィルジニー』と同様、十九世紀における小説のヒロイン像の重要な水脈のひとつだから、処女性という主題はおろそかにできないが、この問題は第Ⅲ部「姦通小説論」に先送りすることにして、バルザックとフローベールとの関連で二点ほど確認しておこう。

まずはモルソフ夫人の臨終が「自然の詩」と「宗教の詩」がひとつに溶けあう夕暮れどきに設定されていたことを思いだしていただきたい。この表現そのものが、シャトーブリアンへの目配せであることは、いうまでもない。もうひとつ、些細なことだがオメーの提案するボヴァリー夫人の墓の意匠。ヴェスタ神殿のアイデアが『アタラ』を直接に引用したものだと断じるつもりはないけれど、『キリスト教精髄』には、ギリシア・ローマの神話から新大陸の風習まで、さまざまの「弔いの詩学」が紹介されている。墓地が世俗化することで、遺族がそれぞれに詩的な埋葬を夢見るようになったとき、シャトーブリアンは大いに参照されたにちがいない。

すでに明らかなように『アタラ』において自然と宗教の共鳴というテーマは、ときおりあらわれる装飾的な意匠ではなく、作品の本質をなす。具体例をあげるとなれば選択に困るぐらいなのだが、弔いの場面にも見られる月と処女との照応は典型のひとつといえようか。ひそかに集落を逃げだした族長の娘と捕虜の青年が夜の原野にひそむ場面は、物語前半のクライマックスに当たる。月は「一点の雲もない天空のまんなかで輝き、森のおぼろげな梢にはパールグレイの光がふりそそいで(137)」いる。煩悶するアタラは倒れた松の古木を祭壇に見立て、跪いて神に祈っている。信仰と愛の涙にぬれた瞳で月を仰ぎ見る乙女の姿、今にも天にむかって飛び立つかに思われるその姿を見つめながらシャクタスは、神の御使いたちが月の光にのって木々に降り立つかのように感じたのだった(138)。この瞬間に、恐ろしい叫び声があがって追っ手が二人におそいかかり、霊的なドラマが地上のドラマによって打ち砕かれる。

産みの親にかかわる重大な秘密をアタラがついに打ち明けるのが大嵐の夜であることはすでに述べた。『ポールとヴィルジニー』はほとんど暗記していたと伝えられるシャトーブリアンが、インド洋の荒れ狂う海原からヒロインが天使のように昇天する名高い場面の向こうを張って、新大陸の深い森と雷鳴と暴風雨からなる大団円の舞台を念入りにととのえたことは疑いようがない。嵐の過ぎ去った朝、シャクタスはオーブリ神父に誘われ、改宗インディアンたちの集落を訪れる。神父は木の皮でつくった白い袈裟をはおり、岩のうえにととのえられた祭壇でミサを執り行った。

山々の背後から曙の光がさしそめ、東の空を燃えあがらせた。人家もまばらな辺り一帯が、黄金と薔薇色に染まっていた。かくも華麗なる先触れにつづき、ついに太陽が光の深淵から姿をあらわした。そして最初に放たれた光の矢が、おりしも司祭が高々と差しあげた聖体《ホスティア》をつらぬいた。おお、宗教の魅惑よ！　おお、キリスト教の礼拝の壮麗さ！　ミサをあげるのはひとりの老いた隠者、祭壇はひとつの岩、教会はこの原野、そして会衆は穢れを知らぬ未開の民！(139)

こうして「純な心」をもつシャクタスは、無知なままにキリスト教の秘蹟に立ち会い、「大いなる神秘が成就した」ことを、そして「神が地上に降り立った」ことを、みずからの心と感覚をとおして信じたのである。シャトーブリアンは一般に夜と月を称えた詩人とみなされているが、なおのこと薔薇色の曙光につつまれた儀式の鮮烈な輝きは際立っている。しかも同じ時刻、洞窟の薄暗がりには、毒をあおった蒼白い乙女が横たわっていたことを、読者はまもなく知ることになる。こんなふうに劇的な技法を駆使した流麗な文体のフィクションであるからこそ『アタラ』は読者を説得することができた。

ところで朝方のミサは、オーブリ神父が迫害に耐えて建設したキリスト教徒の村で執り行われたのだった。『キリスト教精髄』の第四部「礼拝」は、教会の鐘、聖歌、祈り、ミサ、墓地などの具体的なテーマにつづき、修道士と修道女、そして宣教師など、聖職者の多様なステータスや広範な活動にまで論述の対象をひろげてゆく。後にあらためて検討するが、カトリックとは、新大陸における伝道までが「礼拝」culte という枠組で論じられる実践的な信仰でもあることを念頭においていただきたい。

地政学から読む『アタラ』

一七九一年シャトーブリアンは、およそ三ヵ月の航海ののちアメリカ東海岸のバルチモアに到着、フィラデルフィアとニューヨークをへてハドソン川を北上し、さらに内陸の五大湖方面へと舵を切る。旅の行程の分析は石井洋二郎氏の著作にゆずるが[140]、なぜこの時期に、新大陸のこの地域がえらばれることになったのか。『アタラ』の「プロローグ」から、ドラマの前口上に当たる冒頭部分を引く。

フランスはかつて北アメリカに広大な帝国を有していた。それはラブラドル地方からフロリダ地方まで、大西洋から高地カナダのもっとも奥まった湖沼地帯までをおおうものだった。

同じ山系に水源をもつ巨大な四つの河川が、この広大無辺の大地を区分して流れていた。セントローレンス川は、東のほうで同名の湾にそそいで姿を消すことになる。西の川は、未知の大海にむかって滔々と流れている。ブルボン川は、南から北に駈け降りてハドソン湾にそそぎこむ。そしてメシャセヴェ川は、北から南に下ってメキシコ湾へと流れおちている。

このメシャセヴェ川は、一千里を超える流れによって肥沃な一帯をうるおしている。合衆国の住民はここを「新しいエデン」と呼ぶのだが、フランス人は「ルイジアナ」という懐かしい名をこの地に遺したのだった。(141)

「メシャセヴェ」が「ミシシッピ」の別名であることは、著者自身の注にも記されているのだが、名前のエグゾティスムはそのままに活かすことにしよう。「ルイジアナ」は十七世紀末、時のフランス国王ルイ十四世にささげられたことに由来する名称である。かつてはカナダからフロリダまで大陸を南北につらぬき、ミシシッピ川の西岸をゆったりとつつみこむ広大な地方が、この「懐かしい名」で呼ばれていたとシャトーブリアンはいう。フランスが北アメリカに「広大な帝国」を有していたのは十八世紀の前半。カナダのフランス語圏であるケベック州の歴史を繙いてみると、この土地が「ヌーヴェル・フランス」と呼ばれた植民地の最大版図にほぼかさなることがわかる。(142)しかし実態は「帝国」とはほど遠く、領土を均等に統治する政治制度などは存在しなかった。とりわけ周縁地域は「入植地」と呼ぶべきところだけれど、シャトーブリアンの美文が客観的事実とは次元の異なる「幻想」の世界に飛翔することはめずらしくない。こうした「幻想」が人びとの記憶に焼きついて、政治的な動機に滋養をあたえ、その後の植民地の歴史を方向づけることもあるだろう。

じっさい『アタラ』はカトリック的な夢想を誘うための一挿話であるとみずからを定義するが、その一方で物語は歴史の時間に深く根を降ろしている。ここで作品全体のクロノロジー、すなわち出来事の時間的な配列と語りの構造を確認しておこう。「ナチェーズ族」は、フランス人の植民者と同盟関係にあったインディアンの部族。その一員で

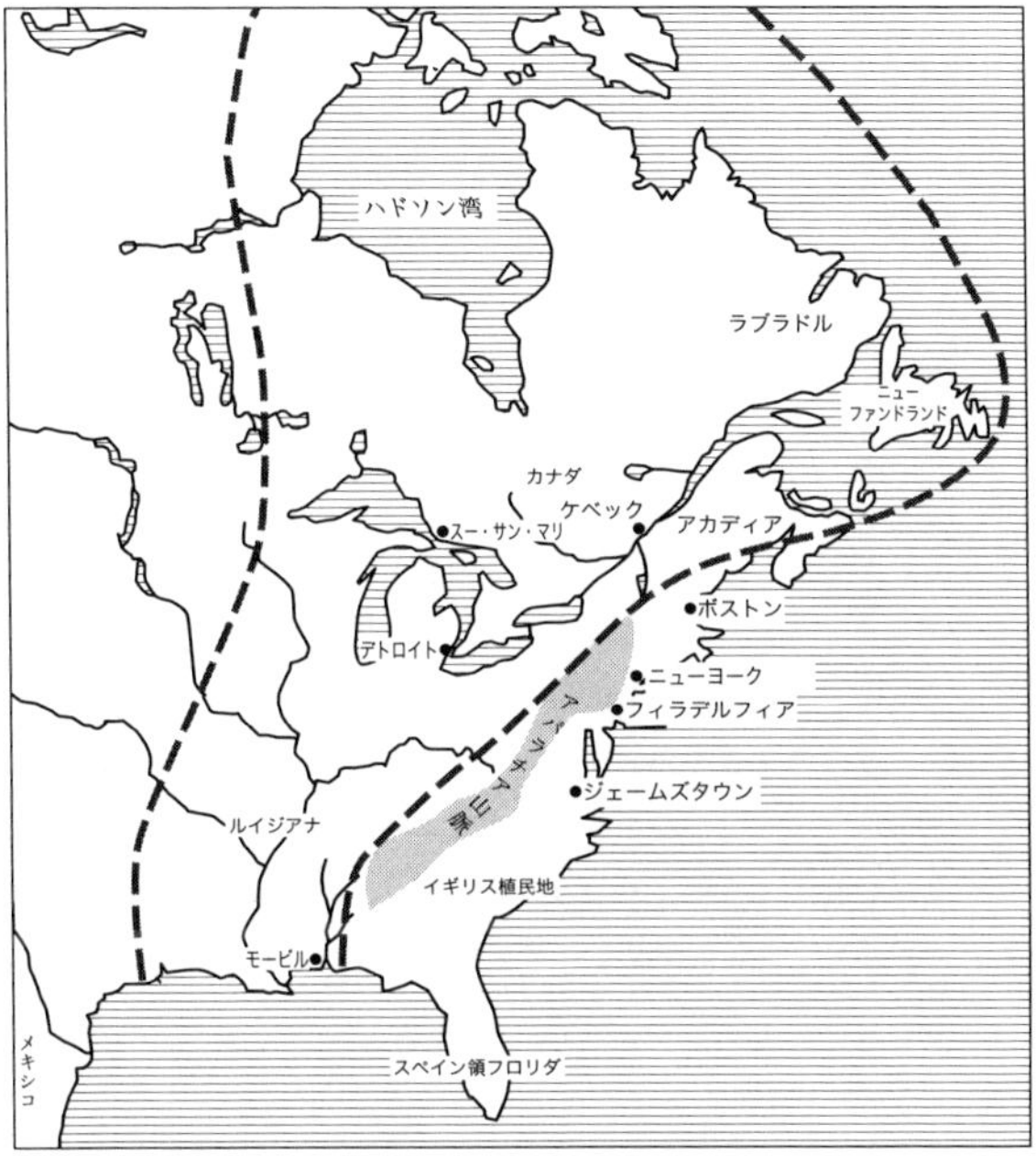

ヌーヴェル・フランスの勢力範囲（ミシン罫は最大規模となった1712年の境界）

あるシャクタスは、アタラとの悲恋ののちルイ十四世治下のフランスに長く滞在して故郷にもどり、族長として尊敬される身になっている。そこへ情熱にかられ不幸に追いやられたフランス人の青年ルネがやってきて、シャクタスの回想の聴き手となるのだが、「プロローグ」には、この出会いが一七二五年のことであると明記されている。さらに「エピローグ」によれば、読者に紹介したこの物語は、インディアンの娘セリュタを妻にしてこの地にとどまったルネが、子どもたちにいくたびも話して聞かせたものであり、その物語を土地のインディアンから伝え聞いた「私」が忠実に書きとめたということになっている。「私」はオーブリ神父の消息を気にかけながら、かつては「ヌーヴェル・フランスの南端の境界」をなしていたあたりで旅をつづけていたところ、不思議な偶然によりセリュタの孫娘に会うことができた。その若い女は、オーブリ神父の壮絶な殉教のこと、ヨーロッパから帰還したシャクタスが神父とアタラの朽ち果てた墓から骨を掘り出したこと、その二人の遺骨とシャクタス自身の遺骨は、この地の風習にならい、子孫にあたる自分たちが流浪の民になった今も大切にもちあるいていることなどを「私」に語ったのである。

ある研究者の作成した年表を参照して補足するなら、一七二五年、シャクタスがルネに思い出を語る時点で、老人は七十二歳、青年は二十九歳。そしてフランス人の旅人「私」がセリュタの孫娘からドラマの後日譚を聞くのが一七六八年、シャトーブリアンが誕生した年である。[143] その間に現実の世界では、一七二九年にナチェーズ族とフランス人の駐屯地との衝突がおき、部族は戦いに負けて散り散りになっていた。もうひとつ、英仏の植民地争奪戦というグローバルな次元で、決定的な事件がおきている。一七五九年にケベックが、翌年にモントリオールが陥落し、イギリスの勝利によって「ヌーヴェル・フランス」という名のフランス植民地は終焉した。一七七四年、イギリスは北米植民地の運営にかかわるケベック法を制定するが、この時点ではミシシッピ川以西はスペイン領。アタラの父親ロペスもそうだが、スペインは英仏に先んじて入植者を送りこんでいた。[144] そして一七八三年、東部の十三植民地が「アメリカ合衆国」としてイギリスから独立した。「ケベック州」と名をあらためた旧フランス植民地は、イギリスの植民地としてとどまった。宗主国の戦略的な判断により、フランス語とフランス文化、そしてカトリック教会の圧倒的な存在感を保持したまま、カナダがアメリカに対抗するための政治的な橋頭堡という使命を果たすことになったのである。

以上のような地政学的な見取り図を前提にして「プロローグ」の語り手は幕開けの口上で、北アメリカの失われた「広大な帝国」を喚起したにちがいない。ここで暗示されたナショナリスティックな郷愁と期待を、もっとあけすけに述べた一文が、一八〇一年の初版「序文」にある。

いつかフランス政府が、もっとも高度な政治的判断により、イギリスに対してカナダの返還を求めることがあるとすれば、「ヌーヴェル・フランス」についてのわたしの記述は、新たな関心を呼びさますにちがいない。[145]

近代ヨーロッパの海外旅行記は植民地史の趨勢と切っても切れない縁がある。ヨーロッパでの七年戦争終結とともに締結された一七六三年のパリ条約によって、フランスが海外にもつ植民地は実質的に壊滅した。この時期に身をもってカナダにおける負け戦を経験した海軍士官ブーガンヴィルは、その代償となる新天地を求めてフランス国王の旗を翻した船団を組み、南米最南端の岬をまわって太平洋に漕ぎいでた。そしてタヒチ島を「発見」し、一七七一年に『世界周航記』という一冊の書物によって今日に至る「愛の島」という神話を打ち立てた。その数年後、ベルナルダン・ド・サン＝ピエールの『ポールとヴィルジニー』は、インド洋上のモーリシャス島を舞台として、タヒチ神話を横目でにらみながら、新たな「愛の島」の伝説を産みだした。この海域でもイギリス・インド会社が覇者となりつつあったから、国民に愛読されるこうした文学は、文化的なテリトリー宣言という機能も担ったはずである。

シャトーブリアンが『アタラ』を執筆していた当時、これらの大ベストセラーを知らぬ者はなく、しかも著者たちは存命中だった。『アエネーイス』を下敷きにしたタヒチの物語は地中海文明の異教的な起源を呼びさまし、『ポールとヴィルジニー』は啓蒙思想と市民宗教に依拠している。とすれば、迷いはない。宗教と政治の宥和をめざす新世紀、その幕開けを飾る『アタラ』は、カトリック的な愛の賛歌となるだろう。

ミシシッピ川をわたる聖職者——探検と布教は手を携えていた

創作者としての戦略的な判断の背後には、厳然たる歴史の事実が控えている。イエズス会の視点に立つなら、十八世紀の新大陸は、インディアンへの伝道と殉教という輝かしくも残酷な事件の刻印を受けていた(146)。先鞭をつけたのは、十六世紀の半ば、セントローレンス川をさかのぼって「ヌーヴェル・フランス」と命名した探検家たちである。海産物や毛皮など富の獲得と政治的な覇権の追求のほか、対抗宗教改革によるカトリック側の「布教熱」も大いに関与していたとされる[147]。ケベックを拠点とする北米全体での植民活動にも、聖職者は当初から大きな発言権をもっていた。

その後もキリスト教徒たちは「処女地」をめざして大西洋をわたっていった。この地は理想郷を建設するための「エデンの園」となるはずであり、オーブリ神父の村も共有財産制にもとづく宗教共同体として描かれている。いや何よりも、ピルグリム・ファーザーズの伝説にはじまるアメリカの建国神話そのものが聖書の引用からなっているではないか。そのことをふまえてシャトーブリアンは、「創世記」におけるエデンの園の記述を仄めかすような具合に「四つの川[148]」が流れ下る「新しいエデン」の地勢図を描いたものにちがいない。

ちなみに「合衆国の住民」であるプロテスタント系の教派と「ヌーヴェル・フランス」に入植していたカトリックのあいだには重要な立場の相違があった。信教の自由を求めて祖国を脱出したアングロサクソンの人びとは、迫害を受けずにみずからの信仰を実践すること、そして同じキリスト教徒どうしの抗争を調停することをめざして「合衆国憲法」を起草した。その一方で、プロテスタントは十八世紀の終わりまで、宣教活動には熱意を見せなかったのである[149]。したがってシャクタスの生きた時代からシャトーブリアンのアメリカ旅行に至るまで、北米インディアンがキリスト教を受けいれるとしたら、それはほぼ確実にカトリックへの改宗だった。そのカトリック教会は、聖職者のヒエラルキーを内包するテリトリー宗教であり、布教活動のあるところには「教区」が存在する。アタラの不幸な誓願のことを知り、オーブリ神父が「ケベックの司教」に解いていただこう、とただちに応答するのは、それなりの根拠があってのことなのだ。

第Ⅱ部　ナポレオン　あるいは文化装置としてのネイション

第一章　詩人と皇帝

1　『墓の彼方の回想』より

詩人が皇帝について語るとき

自然の美や思い出の憂愁を語る文体のうっとりするほどの諧調ゆえに『墓の彼方の回想』は自伝的なフィクション『ルネ』の流れを汲む抒情的な作品とみなされて、とりわけ学校教育の現場では、詩的な散文の模範として読まれることが多いように思われる。なにしろ桁外れに大部の著作だし、もとが同じ歴史の嵐をくぐりぬけた読者にむけて書かれたものだから、その叙事詩的なスケールにのっけから共感することはむずかしい。

それにしても全四十四篇からなるこの回想録のなかで、ちょうど中央の屋台骨に当たるところ、第十九篇から第二十四篇までの計六篇が、皇帝ナポレオンを同世代の人間として描くという大業《おおわざ》によって支えられていることを忘れてはならない。この部分を単行本として独立させて『ナポレオンの生涯』(1)と題した書物が手許にあり、これに碩学マルク・フュマロリが「詩人と皇帝」と題した重厚な「序文」を寄せている。正面から矛盾するようなシャトーブリアンの文章を二つ並べて引用するところから、フュマロリの論考ははじまるのだが、まずは肯定的な論評のほうを先に訳出しておこう。

　ボナパルトが偉大なのは、その言葉、その演説、その著作のおかげではない。自由への愛着のゆえでもないが、そのようなものは一度たりとももったことがないし、そのようなものを確立すると豪語したこともないのである。彼が偉大なのは、法に適《かな》った強力な政府、諸外国にも採用された法典、司法制度、学校を創設したこと、今日もわれわれが生活の基盤としている強固で活動的で有能な行政を創出したことによるのである。彼が偉大なのは、イタリアを甦らせ、光を投げかけ、辣腕をもって管理したことによる。彼が偉大なのは、フランスにおいて混沌の只中から秩序を再生させたこと、教会の祭壇を建てなおしたことによる。猛り狂った扇動家、傲慢な学者、無政府主義の物書き、ヴォルテールを真似た無神論者、四つ辻の弁士、牢獄や巷の殺し屋ども、議会の演壇や政治クラブや処刑台にむらがる飢えたごろつきどもを手懐けたこと、こうした輩《やから》を自分に仕える配下にしてしまったことによる。彼が偉大なのは、無政府状態の烏合《うごう》の衆を鎖につないだからである。彼が偉大なのは、運命共同体によくある馴れ合いの関係を排除したからである。自分の仲間だった兵士たちに対し、あるいは自分の上官やライヴァルだった将官たちに対し、自分の意志に従うよう要求できたからである。とりわけ彼が偉大なのは、裸一貫で名をなしたからであり、みずからの天才のほかにはいかなる権威ももたぬ身でありながら、その彼が、三千六百万の臣下を服従させることができた、しかも王冠をいだく者たちへの幻想などはきれいさっぱり消えてしまった時代においてなお、それができたからである。彼が偉大なのは、敵対する諸国の王を悉《ことごと》く打ち破ったから、軍隊の規律や規模の相違がいかなるものであろうとも、相手の軍隊をかならず打ち負かし、未開の民にも文明化された民にもみずからの名を知らしめたから、先行するすべての勝者たちを圧倒し、めざましい偉業で在位十年を満たしたからである。それはまことに今日では理解しがたいほどの偉業なのだ。(2)

シャトーブリアンの散文の凜然たる響きはご想像いただくしかないが、この引用に先立ってフュマロリは断言する――これら六篇は、ロマン主義の叙事詩の最高傑作であり、ナポレオンという嵐の高度に批判的な歴史でもあって、独《ひと》り「形而上学」に通じた詩人のみが、歴史のもっとも偉大な人物に対峙することができたのである、と。

『墓の彼方の回想』の表題に記された「一八〇九年に執筆を開始」という添え書きを信じるなら、四十年にわたって執筆と中断をくり返しながら温められていた書物ということになる。[3] 著者の意志により、死後刊行という契約が出版社と交わされていたが、生前から文芸サロンで草稿が朗読されており、執筆された内容は直接間接に雑誌などにも紹介されて大きな反響を呼んでいた。

その間にも歴史はめぐり、一八一四年にはブルボン王家のルイ十八世が即位して帝政から復古王政に移行、翌年のナポレオンの「百日天下」をへて第二復古王政がはじまった。一八二四年にはシャルル十世が新国王の座につくが、国民の支持は得られず、一八三〇年の七月革命によりオルレアン家のルイ・フィリップによるブルジョワ王政が成立する。一方、一八一五年、ワーテルローの決戦のあと、退位した皇帝は、英領セント＝ヘレナ島に幽閉されたまま一八二一年に他界した。その直後、一八二三年にはラス・カーズの『セント＝ヘレナ日記』が出版されて大評判になり、一八三〇年代からヴィクトル・ユゴーやスタンダール、あるいは大衆詩人のベランジェなどにより、早くも「ナポレオン伝説」が立ちあげられている。[4] 一八四〇年には、ナポレオンの遺骸がフランスに返還されるという国民的な行事があった。またもや絶妙なタイミングで、シャトーブリアンはちょうどこの頃、ここは自分の出番といわんばかりに「ナポレオンの生涯」に相当する六篇を精力的に執筆したのである。[5]

英雄の時代と歴史の証人

さてフュマロリが「詩人と皇帝」の冒頭で『墓の彼方の回想』から引用するもうひとつの文章とは、以下のようなものだ。

ナポレオンのカリカチュア――軍服には罪や暴虐のリストが記されている

ナポレオンのあとには何ひとつない。帝国も、宗教も、野蛮もやってくることはない。文明はその絶頂にまで至ったが、それは物資的で不毛な文明であり、何ひとつ産みだすことはできない。それというのも、ただ道徳のみが、ものごとに命を通わせることができる、神に至る道のみが、人民を創造することができるのだから。鉄道などというものは、我々をさっさと奈落にはこびこむだけだろう。(6)

たしかにこれは全面的な否定のように思われる。「ボナパルティスム」を標榜する者は、このような文章は書かない、とフュマロリは解説する。ボナパルティスムとはナポレオンの個人崇拝にもとづく思想であり、形而上学的、詩的な地平へと開かれることはない。ところがシャトーブリアンは「皇帝の詩人」を自認する一方で、形而上学的には敵対したからだ。ここでフュマロリがいう「形而上学」とは、わたしたちなら「政治哲学」と呼ぶものから広義の「宗教性」の問題までをふくむと思われるが、具体的にはいかなる共感と批判があったのか。

晩年のシャトーブリアンは、みずからの政治的立場についてこんなふうに語っている――「本性においては共和主義、理性においては君主制をえらび、名誉にかけてブルボン王家を支えるが、かりに正統王朝の君主制を維持することができず、どこの誰が捏造したのかもわからぬ素性の怪しい君主制に依るぐらいなら、むしろ民主主義と折り合いをつけたほうがよいと考えている」(7)。この文章が書きとめられたのは、七月王政が立ちあげられてまもなくのこと。

シャトーブリアンは帝政期と王政復古期には、信念にしたがって政治的な役割を果たそうとして、いずれも大きな失望を味わっており、ルイ・フィリップのブルジョワ王政には当初から違和感をいだいたのだった。

わたしたちにとって想像しにくいのは、シャトーブリアンという著述家が、同時代のフランス国民にとって、いかなる輝きを放ち、いかなる重みをもつ存在と感じられていたかという問題である。十九世紀前半のロマン主義運動に流れこんでいた「政治」と「宗教」という二つの巨大な水脈が、時代をへるにつれて視野に入りにくくなってしまった。それは第三共和制のフランスで立ちあげられたアカデミックな文学研究が、政教分離の波に乗りながら、ますます「純・文学的」なものへと浄化され、洗練されていったことの代償だったのかもしれない。

ジロデによるシャトーブリアンの肖像．ナポレオンは「煙突から降りてきた政治犯」と酷評したという

なおのこと専門性などはどこ吹く風と、人文的な知見を駆使して大胆かつ繊細な展望を描いてみせるフュマロリの貢献が貴重なものに思われる。そのフュマロリとシャトーブリアンに相通じるのは「形而上学的」な思考のスケールだろう。じつは「ナポレオンのあとには何ひとつない」という上記の引用は、文章の途中からはじまっており、その前段には「アレクサンドロスのあとにはローマ帝国の支配がやってきた、カエサルのあとにはキリスト教が世界の変革をなしとげた、そしてシャルルマーニュのあとには封建制の夜がきて、新しい社会が懐胎された」という記述がある。しかるにナポレオンのあとにのこされたのは「不毛な物質文明」のみ、というわけだ。シャトーブリアンの歴史的な展望は、ナポレオンを断罪するだけでなく、帝国を引きついだ王政復古の非力と無能ぶりを嘆くという大きな文脈に

つながっている。

一八一四年、連合軍がパリに入場してナポレオンの廃位が決定されるのと相前後して、シャトーブリアンはいちはやく『ブオナパルテとブルボン家』と題した檄文を発表した。[8] これが王政復古を支持する民意を醸成するのに裨益《ひえき》したとみなされて、「十万の軍隊より力になった」とルイ十八世が直接に謝辞を述べたという話が伝えられている。[9] こうして旗幟《きし》を鮮明にしてしまった以上、シャトーブリアンは王権と一蓮托生の身、百日天下のあいだはベルギーのヘントに政権とともに避難することになる。しかし忘れぬようにしよう、波瀾に富んだピソードが紹介される『墓の彼方の回想』の章には、以下のような述懐がつけ加えられているのである。

私のボナパルトに対する賞賛の念は、もっとも厳しくナポレオンを攻撃しているときにさえ、つねに変わらず、大きく誠実なものだった。[10]

共和国の将軍ボナパルトを称え、帝冠を戴くナポレオンを糾弾すること――フュマロリが「詩人と皇帝」の冒頭で引用した二つの文章を今いちど確かめていただきたい。同じように「ボナパルト」を全面的に肯定する一方で「ナポレオン」を切り捨てていることにお気づきだろう。[11] いずれにせよシャトーブリアンの人間理解と歴史観は、卑小なライヴァル意識や嫉妬などに還元されるようなものではない。詩人と皇帝のアンビヴァレントな関係を、現実の出来事に即した次元から見てゆくことにしよう。

第一統領ボナパルトに見出された詩人

一八〇一年四月の『アタラ』の出版にまで話はさかのぼる。上述のように、この浮世離れした愛の物語は、政治的な意図をふくむ「序文」を付され、第一統領ナポレオンの宗教政策と海外領土への野心とを射程に入れた刊行物として日の目を見ることになった。[12] 前年の五月、シャトーブリアンは偽名を使い、八年ぶりにフランスの土を踏んでいた。もはや国民公会の時代ではないが、それでも亡命貴族である以上、滞在許可を手に入れることが緊急の課題だった。第一統領に宛てたシャトーブリアンの「請願書」には、革命の初期に北アメリカの探検旅行に赴き、一七九二年に帰国したが亡命を余儀なくされた、外国において博物学の研究に携わっており、フランスに対して武器をとったことはない、恐怖政治のもとで祖国を離れなければならなかった「文人」として帰国を認めていただきたい、等々の文章がならんでいる。イギリス亡命中に懇意にしていた文筆家のフォンターヌやナポレオンの妹エリザ・バチョッキなど、しかるべき後ろ盾もあったから、政治にかかわらず研究に従事するという条件つきで、パリに居をかまえることが許された。[13]

一八〇二年四月『キリスト教精髄』の初版が出て評判になると、著者はローマ教皇に一冊を献呈した。翌年、第二版の刊行にさいしては、バチョッキ夫人を介し、ナポレオンへの献辞を巻頭に印刷することを願い出て許可されている。[14] これが一八〇三年の四月に刊行され、五月には、ナポレオンの叔父に当たるフェッシュ枢機卿の秘書官としてローマ教皇庁に派遣されることになった。[15] おりしもコンコルダートが実施されたばかりの時期であり、フランス政府とローマの聖座(教皇庁政府)との活発な交流が期待されたが、両者のあいだには一方で、少なからぬ確執が未解決のまま横たわっていた。シャトーブリアンは勇み立って、フェッシュ枢機卿より一足先にローマに入り、ピウス七世に謁見を賜った。教皇はページを開いた『キリスト教精髄』を卓上に置いて、にこやかに著者を迎え入れた。[16] われこそはコンコルダートを一身に体現する男、と信じて有頂天になったシャトーブリアンは、着任した枢機卿に冷遇されて下っ端役人の扱いを受け、ついに音を上げて転任を願いでる。[17]

こうして一八〇四年初頭、シャトーブリアンはパリに舞いもどる。まもなく王党派の陰謀が発覚して逮捕や処刑がつづき、三月二十一日、ブルボン家のコンデ公の末裔アンガン公が銃殺された。シャトーブリアンは意を決して職を退き、執筆やオリエント旅行などに時を費やすようになる。一八一一年、アカデミー・フランセーズ会員に選出。

一八一四年、王政復古と同時に政界に復帰。一八二一年には全権大使としてベルリンに、一八二二年にはイギリス大使となりロンドンに滞在、一八二三年から二四年まで外務大臣。ただし、直言居士のふるまいが煙たがれたのだろう、まるで「召使いがお払い箱になる」かのような具合に任を解かれ、その後は政治から遠ざかっていた。ルイ十八世没後、シャルル十世のもとでは、一八二八年から二九年までローマ大使をつとめた。以上のような政治的キャリアが、それ自体としてめざましいものかどうか、意見は分かれるところだろうが、すくなくともシャトーブリアン本人は幻滅の体験とみなしていたらしい。

そもそもシャトーブリアンは、ナポレオンが教会の祭壇を建てなおしたのち、正統王朝とフランス国民を和解させてくれるものと期待していたのだった。ところが第一統領は、王党派が国王に据えようとしたという嫌疑でアンガン公を捕らえて裁判にかけ、その翌日に処刑してしまった。フュマロリの指摘によれば、ここで新旧のフランスはもとより、フランスとヨーロッパとの決裂が確定したのである。愕然として喪に服したのは、シャトーブリアンはじめフランスの貴族だけでなく、ロシアやプロイセンの君主たちも同様だった。ナポレオンは、ブルボン王家の血を引く一族の者を殺してみずから皇帝になることで、恐怖政治の終結という反革命陣営の大儀を裏切った。それと同時にフランスとヨーロッパが世界に範を示すべき価値、すなわち秩序と自由、伝統と発展というシャトーブリアンの信奉する価値までも否定したことになる。(18)

2　ボナパルト vs. シャトーブリアン

世俗の権力に対峙する霊的な天才として

ナポレオンへの期待を裏切られたのち、ルイ十八世とシャルル十世にも失望したシャトーブリアンが、文筆によってボナパルトの偉業をふり返り、その成功と挫折の生涯を書く。それは省察の人と行動の人との対決、オルフェウス的天才と軍事的天才、言語の魔術と首長のカリスマ性との対決になるだろう。[19] こんなふうにフュマロリは、詩人シャトーブリアンの野心を描出してゆくのだが、じつのところフローベール以降の作家に親しんできたわたしにとって、文学と政治の対等にして肉薄したライヴァル関係は、なんとも実感しにくいものなのだ。

十九世紀の半ば、フローベールは歴史の分水嶺に立っていたとこれまで述べてきた。政治のレヴェルでいえば、一八四八年の二月革命によって成立した第二共和制は短命におわり、四年後にはナポレオン三世の第二帝政に移行する。その間の政治の推移は、一七八九年の大革命勃発からナポレオンの戴冠までを、愚かしく模倣するかのようだった。カール・マルクスの「一度目は悲劇、二度目は茶番《ファルス》」[20] というあまりにも有名な言葉を引くまでもない。第二共和制と第二帝政は、滑稽にして不細工な反復だったという歴史認識を、小説ならではの中立的な手法によって造形したのはフローベールの『感情教育』である。これに対してシャトーブリアンの場合、その文筆活動の総体が、更地に近代国家を立ちあげるという世紀前半の命題に全面的にコミットしていたのである。

シャトーブリアンの『ナポレオンの生涯』を読むときに、かりにロシア遠征にかかわる記述、とりわけ敗走するフランス軍がベレジナ川を渡る劇的な断章などをとりあげて、バルザックの文章と比較検討してみても、形式的な相違が見出せるわけではない。他人の見聞録や経験談に依りながら、まるで見てきたように描写文を構成するという手法は同じなのだから。バルザックやスタンダールとシャトーブリアンを分かつもの、それは絶対的な同時代性の意識ではないか。同じ歴史の奔流を舳先をそろえて漕ぎ渡った者として、詩人は皇帝の謎に迫ろうとする。

『墓の彼方の回想』において、ナポレオンは終始一七六八年生まれということになっている。一七六九年八月十五日という通説に対する反論はなかなか複雑で、読みなおしても真意は汲みとりにくいのだけれど、まずはルイ十八世の即位を控えた一八一四年四月三日、元老院においてナポレオンが「外国人」であり、したがって権力の簒奪者であると宣言されたという事実が紹介される。ナポレオンがジョゼフィーヌと結婚したときに提示された出生証明書には、一七六八年二月五日生まれと記されていたが、この証明書は紛失した。そしてある時点から、一七六九年八月十五日という生年月日が流布するようになり、本人もそう語っていたという確証がある。なぜか？　コルシカが全面的にフランス領となったのは、一七六八年七月であるからして、六八年生まれの人間は、フランス人ではなく、コルシカ人として母の胎内に宿ったことになる。つまり「フランス人の皇帝」としての正統性を確保するために、戸籍が改竄されて一七六九年生まれとされたのだとシャトーブリアンは示唆しているのである。(21)なるほど一国の長にとっては重大な問題であり、今日でも、アメリカ大統領オバマの出生地やペルーの元大統領フジモリの国籍をめぐり、同種の論争がおきている。しかしシャトーブリアンがナポレオンの生年を一七六八年とする説にこだわる理由は、ほかにもあるのではないか。

それはいってみれば、美的な相称性への執着かもしれない。たとえば『墓の彼方の回想』の幕開けのページ。自分の生年月日一七六八年九月四日を記載した出生証明書の全文を丹念に引き写し、欄外に以下のような注を書きくわえることの意図を推しはかってみよう。

私より二十日前、一七六八年八月十五日、フランスの反対側の端にあるもうひとつの島で、古き社会を終結させる人間が誕生した。ボナパルトである。(22)

あるいはシャトーブリアンが一七九一年、革命の騒乱を避けてアメリカに出発したときを回想する文章。

私のことを気にかける者はいなかった。当時の私はボナパルトと同様に、まったく無名のみすぼらしい少尉でしかなかった。我々はともに、同じ時代の取るに足らない存在として出発したのだが、私は孤独のなかで名声を、彼は人々との交わりのなかで栄光をさがし求めたのだった。(23)

時の流れのなかに相似形に位置づけられた二人の天才という構図であり、この発想そのものが、ナポレオンの生涯にかかわる六篇だけでなく、『墓の彼方の回想』という作品全体の支えになっている。二人は年齢においても、由緒ある貴族という出身においても、少年のときから軍人となる教育をうけ、思春期に啓蒙思想に傾倒し、大革命のドラマによって想像力ゆたかな資質を刺戟されたという経緯からしても、人生の門出において並々ならぬ共通点をかかえていた。なおのこと、霊的な使命をあたえられたと自負する詩人としては、世俗の権力を体現する皇帝とのあいだに、宿命的な紐帯があると確信したかったにちがいない。

そうしたわけでフュマロリの壮大な展望によれば、シャトーブリアンとナポレオンの関係は、オルフェウスとアリスタイオス、キケロとカエサル、ウェルギリウスとアウグストゥス、イエスとピラトゥス、クリソストムスとテオドシウス、フェヌロンとルイ十四世とが構成する人間関係の系譜の最後に当たり、その掉尾を飾ることになるのである(24)。長いリストの個々の人名については問わぬことにして、いずれも霊的・詩的・形而上学的な天才と世俗の権力が構成するカップルであることを確認しておこう。

『墓の彼方の回想』のナポレオンに捧げられた六篇につづく第二十五篇の冒頭、詩人は高らかに歴史に問いかける。

　ボナパルトと帝国から、それにつづくものへと再び落下することは、現実から虚無へ、山頂から深淵へと落下することに等しい。ナポレオンとともに全ては終わったのではなかったか？　私が語るべきものが、ほかに何かあっただろうか？　かの人以外に、いかなる人物が興味を惹くだろう？　あれほどの人間のあとで、いったい誰が、そして何が、問いかけに値するだろう？　ダンテただ独りが、何人もの偉大な詩人と交わることを許されたのだが、その出会いは黄泉の国でおきている。皇帝に替わる者としてルイ十八世の名を挙げることなどできるだろうか(25)？

『神曲』の作者ならぬシャトーブリアンは、この世でひとりの英雄にしか遭遇しなかったというわけだが、それにしても皇帝を「巨大な太陽」になぞらえる詩人の思いは、いってみれば「片思い」ではなかったかという疑問はのこる。じっさいルイ十四世の宮廷でフェヌロンが果たした霊的指導者の役割を、シャトーブリアンがかりに皇帝のかたわらで遂行しようとしても、それができたはずはないのである。にもかかわらず、近代国家フランスの政教関係を決定したナポレオンと霊的な天才として国民に敬愛されたシャトーブリアンとの接点を、さらに探ってみる値打ちはあると思われる。

エジプト遠征とナポレオンの宗教論

一八〇二年四月に『キリスト教精髄』が刊行されて評判になっていたころのこと、コンコルダートが立法議会で可決された直後に祝賀の催しがあった。そのときの会話をシャトーブリアンは『墓の彼方の回想』で詳細に書きとめている。ナポレオンは人混みをかきわけ、面識はないはずのシャトーブリアンのところに歩みよると、前置きも社交辞令もなく、まるで前回の話のつづきといわんばかりの自然さで、エジプトのことを話題にした。砂漠のまんなかでアラブの長老たちが跪き、オリエントにむかって額を砂にこすりつけることに、いつも驚きをおぼえていた、東方にあって礼拝すべき未知の存在とは、いかなるものなのか、という疑問にふれたあと、すぐに話題が変わってこう述べた。

「それにしてもキリスト教は！　イデオローグの連中は、あんなものは天文学の一体系にすぎないという話にしたかったようですな。かりにそうだとしてもですよ、だからといって、キリスト教は所詮矮小なものだと私を説きふせたつもりなのでしょうかね。かりにキリスト教が天体の運動のアレゴリー、星辰のジオメトリーであるとしてもだ、自由思想家たちにはお気の毒ながら、御高説にもかかわらず、狂信者と呼ばれる者は、なかなか偉大であると思われる[26]」

補足するなら「イデオローグ」とは、一七九五年のテルミドールのクーデタで成立した総裁政府の論客たち、シエース、レドレル、デスチュット・ド・トラシ、カバニス、ヴォルネなどを指し、ナポレオンは蔑称としてこの言葉を用いていたらしい[27]。また「自由思想家」は、宗教の非合理的な側面を批判する啓蒙思想家の系譜を意味しており、とりわけヴォルテールは代表格とみなされていた。原文イタリックの「狂信者」*infâme* は、もとはヴォルテールの用語らしいが、権力の座にあるカトリックの不寛容を告発するという文脈でつかわれる。

口述筆記するナポレオン(19 世紀半ばの版画)

ナポレオン自身も「自由思想家」ではあった。しかしこのレッテルだけで皇帝の宗教政策の原点となった世界観、歴史観を推測することはできるまい。上記エピソードでシャトーブリアンが注目しているのは、キリスト教もイスラームとならぶ宗教のひとつとみなすナポレオン自身の思考の流れだろう。同時代のカトリック信仰の底力を認めたうえで、フランスの「宗教多元主義」の礎を築いた皇帝にふさわしい近代性をここに認めることにしよう。

一七九八年から九九年にかけて、まだ共和国の将軍であったボナパルトがエジプトに進軍したときの経験が、ひとつの転機となった可能性はある。皇帝の宗教論という観

伝説の誕生――セント＝ヘレナの随員たちに「ナポレオンの偉業」を語り聞かせる元皇帝（20世紀初頭の絵はがき）

点からすれば、イスラーム信仰の現場を見たことと、キリスト教に対する相対主義な姿勢とは無縁ではないと思われるのだ。『アタラ』の項でも述べたように、フランスの海外進出は、十八世紀の末に至るまでカトリックの伝道と手を携えていたのだが、これに対してエジプト遠征は「文明」の名においてなされた最初の海外進出だった[28]。とはいえ誤解のないように付言しておこう。十九世紀における植民地化の運動が、宗教への関心を捨てたわけではない。それどころか文明の観点から見た諸宗教という新しい探究の枠組が浮上するのであり、この重要な論点についても、ナポレオンは非凡な先駆者だった。

第一線の研究者ティエリ・レンツの校訂による浩瀚な『ナポレオン回想録[29]』全三巻が二〇一〇年から刊行されている。セント＝ヘレナに随行したラス・カーズの証言[30]などは、ナポレオンの死後二年にして早々と世間に知れわたっていたが、その一方で、ナポレオン自身が「回想録」として独自に書きとらせ、丹念に目を通して修正した膨大な原稿がのこされていたのである。ただし、この貴重な遺産の全貌に研究者が正面から向きあうことができたのは、第二帝政期になってからだった。後世に伝えられるべき「ナポレオン像」をみずから描くことへの執着、口述筆記にかかわった側近の人びと、執筆の資料として入手した大量の文献[31]、作業風景、草稿の生成、等々を可能なかぎり検証するレンツの叙述と分析は、それこそ小説のように面白いのだが、さすがに紹介するゆとりはない。ちなみにこの回想のなかでナポレオンは一人称をつかわず、名前や肩書きで自分を名指している。客観的な歴史という発話のスタンスをつらぬこうとしたのだろう。その『ナポレオン回想録』の第二巻「エジプト遠征」に「宗教問題」と題してイスラームの歴史、礼拝、文化、一夫多妻、生活習慣などを紹介する十数ページの章がある。導入に当たる部分、ユダヤ教とキリスト教の記述をご紹介しておこう。内容は妙に教科書的で無味乾燥なのだが、ナポレオンは教会のカテキズムに介入するほどに、積極的な宗教管理を目論んだ皇帝である[32]。その皇帝による、国民のための「宗教論」であることを念頭において読んでいただきたい。

　モーセはその民に対して神の存在を啓示した。いずれイエス＝キリストがローマ帝国に対して、マホメットが旧大陸に対して神の存在を啓示するように。モーセはヤコブの子孫をエジプトの虜囚から解き放った。そして彼らを四十年のあいだ砂漠に留め置き、そこで掟を与えることにした。彼らはたえず「山のような肉を煮込んだ鍋料理を存分にたいらげること」を夢見ていた。彼らの望郷の思いと闘うために、モーセは彼らに選ばれた者であることを学ばせ、諸国民のなかで孤立させるように努めたのだった。こうしてヘブライの民は、他の人びとより千年も先に、真の神を知ることになった。

　イエス＝キリストはダビデの子孫でありながら、祖先の王冠をみずから求めることはなかった。いかなる既存の政府にも従うようにと説き、また命じたのである。「すべての力は神より来たる。わが帝国はこの世のものではない。皇帝《カエサル》のものは皇帝に返しなさい」。聖なる使命の目標はひとつとイエスは考えていた。あの世での救済が成就されるよう、この世において人びとの良心に教えを垂れ、魂を導くことである。福音書には、現世のことがらを統治するためのいかなる規則も示されていない。キリスト教徒の教理はいかなる意味においても皇帝《カエサル》の妬《ねた》みを招くはずはなかった。それどころか、この原則によれば、ローマ帝国の廃墟から立ちあげられた諸王朝にとって、キリスト教の教理はきわめて好都合なものだったのであり、それは王朝に正統性を与えたのである。クロヴィスが真に国王となったのは、聖別されたのちだった。

キリスト教は、すぐれて文明化された民にふさわしい宗教である。それは人間性を向上させる。精神が物質に、魂が肉体にまさることを明確に告げる。それはギリシアの諸学派のなかで生まれたものであり、ソクラテス、プラトン、アリスティデスなどの陣営が、フラミウス、スキピオ、アエミリウス・パウルスなどの陣営に勝利したとみなしうる。ローマ人は武力によってギリシアを征服したのだが、敗者たちのものだった精神、芸術、科学の抗しがたい影響力にいつしか圧倒されていったのである。教会の基本をなす正典について議論がなされ、これが布告されたのは、ニケア、アレクサンドリア、アンティオキア、コンスタンティノープル、カルケドン、カエサレア、アテネなど、初期の八世紀にわたり、いずれもオリエントの公会議においてだった。説得の力のみによって打ちたてられるものは全て、また啓蒙の進歩がもたらすものは全てそうなのだが、イエス＝キリストの宗教も、その歩みは緩慢だった。国教という玉座につくためには四世紀が必要とされた。カエサルとアウグストゥスの絶頂期につづき、忌むべき暴君たちの時代が訪れた。ティベリウス、カリギュラ、ヘリオガバルスなどが、祭壇と司祭たちを通して崇敬した宗教に対し、諸国民は嫌悪をいだくようになった。そして不滅の唯一神、創造されたのではなく創造主である神、すべてに報いをもたらす全能者である神の教義のなかに、慰めを見出すようになった。

キリスト教の教会は、これに応えて、正しき者たちに対し神とまみえるという純粋に霊的な歓びを約束した。その一方で、神に見放された者たちは、ひたすら肉体的な責め苦によって脅かされることになる、なにしろ地獄の業火に焼かれるのだから。この対照は納得できるものだ。悪しき者たちを脅かすのが、霊的な罰を下されるという危険だけであれば、その危険を冒す者があらわれるにちがいない。悪しき性向を抑えるために、この歯止めでは充分な力がない。他方では、天国において選ばれた者たちが、この世の歓びを味わうとしたら、それは肉欲を煽ることにもなるだろう。しかるにキリスト教の道徳は、とりわけ肉欲を抑えること、苦行によってこれを抑えることを課題とみなしている。不完全な痛悔《つうかい》は、こうして完全な痛悔と同様に救済の手段となるのである。(33)

ここまでがキリスト教の解説だが、最後の文章にはカトリックに固有の概念がかかわっている。自分の犯した罪を忌み嫌い、心から悔やみ悲しむことが「真の痛悔」であるが、天国や地獄といった報いを動機とするものは「不完全な痛悔」と呼ぶ。ナポレオンが近代精神をそなえたフランス国民に、合理的かつ道徳的な宗教の定義を書きのこそうとした意図は、こんなところにも読みとれよう。ここまでの議論の流れをふり返るなら、第一段落では、歴史的に先行するユダヤ教の排他性にふれ、第二段落では「政教分離」の根拠として福音書を参照し、教会の存立と世俗の権力は競合しないと主張する。ご存じのように「皇帝《カエサル》のものは皇帝《カエサル》に」という文章は、今日では「ライシテ」の議論のなかでかならず引用される紋切り型になっている。第三の段落は、ローマの軍事力と統治システムにギリシアの文化が合流したものが「キリスト教文明」の本質であると定義しており、しめくくりの段落では、万人が納得しやすい因果応報を説く救済宗教のあり方が強調されている。

つづく本題が、キリスト教に六百年遅れて誕生したイスラームである。ムハンマドは偶像崇拝のおこなわれていた土地に一神教の信仰をもたらした、結果としてユダヤ教、キリスト教、そしてイスラームという三つの宗教は、いずれもアラビア半島で生まれ、同じ不滅の唯一神を信仰することになる。こんなふうに大きな展望が示されたあと、具体的な「宗教政策」が開陳される。重要なのは、イスラームの目にフランス軍が「偶像崇拝」の輩《やから》と映らぬよう行動をつつしむこと、そして折りあるごとにイスラームを尊重する姿勢を伝えることであるという。寛容な「ボナパルト将軍」が主役をつとめる数々のエピソードのなかでフランスの「宗教政策」が、晩年のナポレオンの口をとおして甚だしく美化されていることは歴然としていよう。それにしても「革命以来、フランス軍はいかなる礼拝も実践していない」という証言などは、退位した皇帝がこだわりを見せる論点として、なかなか興味深いではないか。

イスラームの地における「宗教政策」という前代未聞の課題に直面したナポレオンは、十九世紀後半のエルネスト・ルナンのように、イスラームが宗教として劣等であるとは決していわなかった。かりに『ナポレオン回想録』の内容を話半分に差し引いたとしても、共和国の将軍が現地の信仰と占領軍の信仰を共存させる可能性をさぐったことはまちがいないのである。エジプト遠征そのものは実質的には一年ほどで終結するのだが、ボナパルトは植民地支配の行政組織まで練りあげていた。(34) 地中海の対岸でのこうした経験をたずさえて帰国した将軍は、ほどなく第一統領となり、コンコルダートの枠組のなかで、宗教の多元性を保障する制度の構想を立てることになる。

カトリックにとって「礼拝」culte とは何か

前項で引いた「革命以来、フランス軍はいかなる礼拝も実践していない」という文章で「礼拝」と訳したのは、フランス語では culte だが、この語彙を仏和辞典で引いてみると、ほかにも「宗教」「信教」「祭式」「敬愛」といった訳語がならんでいる。カトリック的な意味での culte が、どれほど多面的でゆたかな意味をもつかについて、ふたたびシャトーブリアンを手がかりに考えてみたいのだが、そのまえに法律用語としての使用例を確認しておきたい。

一九〇五年十二月九日に制定された、いわゆる「政教分離法」はフランスの国是である「ライシテ原則」にかかわる法律であり、一世紀以上が経過した今日でも憲法に準じる価値をもつとみなされている。(35) その第一条には、共和国は「自由な礼拝 cultes の実践」を保護するとの宣言がある。一方、ナポレオンの宗教政策によってカトリック、カルヴァン派とルター派のプロテスタント、そしてユダヤ教の四つが「公認宗教」cultes reconnus としてのステータスを獲得したというときにも、同じく culte という語がつかわれる。前者は実践すべき宗教的行為としての礼拝に照準を合わせ、後者は聖職者と信徒の集団によって形成される制度としての宗教を示唆するものだろう。なお英語の cult および日本語の「カルト」は、フランス語なら「セクト」secte となる。一般に熱狂的な崇拝をおこなう小集団を指すことが多いが、これは一九六〇年代以降の用法である。

　ここで、あらためて『キリスト教精髄』の第四部を開き、「礼拝」culteという大きな枠組のなかで、どのようなカトリック世界が描きだされるかを一望してみよう。「さて、これから聖堂のなかに入ってゆこうとするのだから、まずは私たちに呼びかける鐘の音について話そうではないか[36]」という誘いがあり、一篇の散文詩のような断章とともに幕が開く。教会の鐘の音には、崇高な雷鳴や自然のなかの勇壮な物音に負けぬ美と調和がある。臨終を告げる鐘の音が深夜に殷々と響くとき、これを耳にする姦婦や無神論の輩《やから》は、いかなる恐れに胸をしめつけられることだろう。春の日に天空でさえずるひばりと競い合う鐘や、祭りの日の鐘は、いかに心を浮き立たせることだろう。あるいは戦闘や火事などの不吉な災いを告げる鐘の音が、いかに悲痛な思いを呼びさますことだろう……。ロマン派以降の小説のなかに、教会の鐘が劇的な効果をあげる場面はかぞえきれぬほどあるけれど、シャトーブリアンの審美的な文章には、その原論のようなものが凝縮されている。

信仰へといざなう鐘の音——「天使の通り道」ともいわれた (1899年)

　国民公会による恐怖政治の時代、教会の鐘を鳴らすことは禁じられていた。その記憶をもつ国民にとって、コンコルダートの施行と『キリスト教精髄』の出版に相前後して国中で一斉に息を吹きかえした鐘の音は、文字どおりカトリック信仰の復活を告げるものであり、かのナポレオンでさえ、その響きに恍惚として聞き入ったと伝えられている[37]。

　さて鐘の音に誘われてシャトーブリアンとともに聖堂の内部に足をふみいれた読者は、聖職者の服装と内部の装飾についての解説を聞くことになる。つづく話題は聖歌と祈禱。そして安息日、ミサ、聖体の大祝日、キリスト教の祭日、貴顕や戦士の葬儀など。わたしたちがこれまでにとりあげたテーマとの関連で興味深いのは、第二篇の墓地をめぐる論考だろう。エジプト、ギリシア、ローマなどの墳墓の考古学的な考察、中国、トルコ、タヒチなどにおける葬いの民俗学的な考察など、異教の習俗をひととおり紹介したあと、キリスト教の墓の優越性が説かれることになる。上述のように十九世紀、人間の死をめぐる制度や環境が徐々に世俗化されるにつれて、死者にかわって遺族が臨終と埋葬の主役になってゆき、それと同時に都市部の新しい墓地に感傷的な装飾が登場するのだが[38]、一八〇二年のシャトーブリアンが称えるのは反対に、昔ながらの田園風景と敬虔な信徒たちが永遠の眠りにつく簡素な教会墓地の詩情である。名もなき民が静謐な野辺に埋葬されている。墓碑はなく十字架だけの墓。あるいは生年と没年と名前だけを記した墓石。幼児の墓にラテン語が記してあるのにおどろいて読んでみると、ただ福音書の一句が引用してあるのみだった、等々[39]。

つぎなるテーマは「聖職者」だが、布教という観点からすれば理に適っているのだろう、筆頭に掲げられるのは、イエス＝キリスト自身である。さらに、天使に位階があるのと同様に、聖職者にもそれぞれ定められた権能と責任がある、という導入とともに、初期キリスト教の世界がいかに組織化され、教皇を頂点とする「ヒエラルキー」が成立したかが解説される。

「カトリック」という語彙が「普遍」の概念をはらんでいる以上、世界的な信仰共同体という方向に展望がひろがってゆくのは当然といえる。コプトやマロン派など地中海の対岸でおこなわれているキリスト教の解説につづき、新旧の大陸や大洋に浮かぶ島々にまで到達した布教活動が紹介される。中国、パラグアイ、アンティル諸島、そして『アタラ』の舞台となったヌーヴェル・フランスなど。さらに、十字軍を起源とする共同体でかならずしも宣教を目的としないマルタ騎士団、チュートン騎士団などにふれたのち、話題はフランス国内にもどる。

この先はあつかわれるテーマを列挙するにとどめよう。病院、施療院、孤児院などの創設と運営、あるいは一般信徒のとりわけ婦人たちが担う慈善活動など、今日なら「福祉」と呼ばれる活動のオーガナイズ。イエズス会やベネディクト修道会などによる初等教育から高等教育までの組織化。ローマ教皇庁がキリスト教世界に対して果たす教導の役割。土地に根づいた聖職者たちが、農業や商業や技術の発展にもたらした貢献——ここまでは目に見える成果ということになるが、つづいてより抽象的な価値が話題となる。すなわち民法と刑法、政治と統治においても、そのもっとも信頼できる基盤は宗教によって示されるという主張である。

　モンテスキューは以下のことを明確に立証した。すなわちキリスト教は精神においても導きという意味でも恣意的な権力に対抗するものであり、その諸原理は、君主制のもとでの名誉、共和国における美徳、独裁的な国家での恐怖に優るはたらきをする。[40]

　イタリックで記された原典の文章は、モンテスキューの『法の精神』の文章を記憶で書きつけたものらしく、引用としては不正確だが[41]、君主制、共和制、独裁制のいずれにおいても、キリスト教の諸原理は好ましい効果をもたらすという趣旨は伝わるだろう。著者自身が『キリスト教精髄』の第四部は、ゆたかさにおいて先立つ三部に匹敵し、それらとともに統一体をなすと予告しただけのことはある。[42]プレイヤード版で二百ページもある内容を、原稿用紙数枚にまとめてしまったのだから、あまりに簡略な要約だけれど、大まかな骨組みが見えてくればよいとしよう。おわかりのようにカトリック信徒の理解による culte とは、祈禱から伝道、慈善、社会貢献、そして政治まで、多種多様な側面にかかわっており、文字どおり「聖堂」のような構築物をなしている。これに対して日本語で「礼拝」というときのイメージは、ともすれば「神を拝む」という私的な行為に還元されてしまうように思われる。積極的に公共性を主張するカトリック的な culte と「礼拝」という訳語とのあいだには、しばしば大きな隔りがあることを忘れぬようにしたい。

予想されるように一九〇五年に「政教分離法」が定められたときにも、ここで保護される「自由な礼拝 cultes の実践」とは、具体的に何を意味するか、という論争が起きた。そして当然のことながら culte の解釈をめぐる議論は、イスラームとの共存という課題に直面するフランスで今日もつづいている。ちなみにプロテスタントの改革運動は、神のまえに立つ個人という発想の転換からはじまっており、聖職者や教会の機能も異なっている。フランス語の culte は、カトリック教会の歴史に色濃く染まった語彙なのである。

『キリスト教精髄』の読まれ方

ナポレオンは『キリスト教精髄』の趣旨と全体像を把握したうえで、これが宗教と政治の宥和に役立つと見抜いたものにちがいない。非聖職者によって書かれたこの「護教論」は、内容についての反論はあったものの、著者が教皇に謁見を賜ったときのエピソードからも推察されるように、大方において聖職者たちからも歓迎された。そもそも聖職者集団は、時代の嵐のなかで極限にまで疲弊していた。大革命への忠誠を誓った「宣誓僧」とこれを拒んだ「宣誓拒否僧」が反目し、フランス国内の教会の自立を求める「ガリカニスム」の伝統と教皇庁の統帥に期待する「ユルトラモンタニスム＝教皇権至上主義」の伝統が対立するなかで、教会勢力の排除をねらう「アンチクレリカリスム＝反教権主義」が追い打ちをかけていた。

カトリックの視点から立ちあげられた貴重な邦訳文献である『キリスト教史』の著者ベルティエ・ド・ソーヴィニーは、『キリスト教精髄』という「名高い著作」について、これが「フランス宗教思想史に一時代を開いた」ことは確かであると語っている。シャトーブリアンは彼一流の表現で「キリスト教は最も詩的で、最も人間的で、自由、芸術、文学に最も合った宗教である」ことを示したからであり、以来、教養あるエリートは愚か者か偽善者かと疑われることなく、自分がカトリック信者であることを公言できるようになったという(43)。ソーヴィニーはロマン派の時代を「霊的な力の目覚め(44)」と形容するのだが、その一方で、こんな見解も述べている。フランスの十九世紀初頭三十年間において「宗教思想を際立った方法で明らかにする著作」を刊行して歴史に名をのこすことができた者は四人しかいない。しかもそのうちの三人、シャトーブリアン、メーストル、ボナルドは一般信徒であり、ただ一人の聖職者ラムネーも最終的には教会から離反する。これほどに「フランスの聖職者の知的貧困ぶり」を示す事実はない(45)。しかし問題は、かならずしも聖職者の無力という次元のことではないだろう。むしろこの時代、教会の管轄をまぬがれた言論の領野が新たに開かれて、そこに非聖職者である著述家たちが積極的に参与することになったのではないか。これはロマン派以降の近代文学の動向にもかかわる重要なテーマであり、あらためて検討するつもりだが(46)、とりあえず以下の点を指摘しておきたい。

カトリックの culte を再建したいという国民的な祈念に応えて、シャトーブリアンは『キリスト教精髄』を著した。作品の概要を知るだけでなく、ボヴァリー夫人が少女時代をすごした寄宿舎で、これが推薦図書とみなされていたという事実にも注目しよう。こうした書物が広く流布して一般の読者に愛読されることにより、新時代の「宗教文化」が創造されてゆくのであり、シャトーブリアン自身、この書物の影響力をのちのちまで実感していたらしい。『墓の彼方の回想』には、一八一五年、ナポレオンの百日天下と呼ばれる時期に、ルイ十八世の随員としてベルギーのヘントに亡命していたおりのエピソードが記されている。『キリスト教精髄』の著者は、どこへ行っても宣教師か医者のように慕われ、実生活の悲しみと信仰の歓びを打ち明けるにふさわしい相手とみなされた。母親についてきた子どもたちは、「初聖体拝領」を称える文章を暗誦して聞かせてくれたというのである(47)。

一般に「宗教回帰」という言葉が予想させるのは昔の価値の復活ということだろうが、シャトーブリアンはかならずしもそうした復古運動に貢献したわけではない。著者自身は反対に、新たな潮流を産んだと自負していた。晩年の総決算に当たる文章で示唆されているのは、啓蒙の世紀の思想的な拘束からの解放という解釈である。

『キリスト教精髄』は人々の精神に衝撃をあたえ、十八世紀という時代を轍《わだち》から引きずりだした、これまでの路線から放りだしたのである。人々はふたたび、というよりむしろ初めて、キリスト教の源泉について学ぶようになった。教父たちの著作を読みなおした者たちは（というのは以前に読んだことがあると仮定しての話だが）、これほどに興味深い事象、これほどの哲学的知見、これほど多種多様な文体の美、これほどの思想が、それぞれの推移した過程は見えやすいものや見えにくいものがあるけれど、とにかく古代の社会から現代の社会までの橋渡しをしていることに驚いたのだった。現代とは人類にとって記念すべき時代なのであり、天賦の才をもつ人間たちの魂をとおして天上と地上が意志を通わせるようになっている。(48)

キリスト教の系譜であれ異教の系譜であれ、古からの宗教は文学や哲学の源泉でもあり宝庫でもあるとシャトーブリアンは考える。かならずしも信仰や教義の問題に収斂しないアプローチ、むしろ民俗学や人類学、あるいは社会学的な領野に開かれた「宗教学」の探究が、じっさい十九世紀に花開くことになるだろう。ほかならぬ『ボヴァリー夫人』の作者も、教父時代の紀元四世紀、エジプトの砂漠に生きた隠者が神学論争に翻弄される物語を書いている。フローベールは、その『聖アントワーヌの誘惑』を三度も書きなおしたうえに、『サラムボー』では古代カルタゴの異教世界を描き、『エロディアス』においてキリスト教誕生の舞台を見据えることになる。文学史では「リアリズムの巨匠」の本質にひそむ相矛盾する傾向などと解説されたりすることもあるのだが、ともかく古代の諸宗教への関心は、衰えることなく作家の生涯をつらぬいていた。

ロマン派以降の世代を潤している『キリスト教精髄』という水脈をたどる作業を、わたしたちは長いあいだなおざりにしてきたのではないか。そのことによりフランス近代文学の読解が、多少とも恣意的に方向づけられてしまった可能性はあると思われる。(49)

キリスト教は、神と被造物についての最も哲学的かつ合理的な推論である。そこには世界の三つの偉大な掟、すなわち神の掟、道徳の掟、政治の掟がふくまれる。神の掟とは三位一体の神格であり、道徳の掟とは慈愛であり、政治の掟とは自由、平等、友愛にほかならない(50)。

引用は、長大な『墓の彼方の回想』をしめくくるページより。詩人の遺言ともとれる一文である。本書ではふれることはできないが、シャトーブリアンの温めていた「政治の掟」の構想は、知的遺産として甥に当たるアレクシス・ド・トクヴィルに引きつがれることになる。青年はシャトーブリアンを精神の父とみなして七月革命を逃れ、新大陸にわたったのちに『アメリカのデモクラシー』を執筆するのである(51)。

第二章　皇帝と教皇

1　政教分離の歴史を概観する

カエサルと祭司　あるいは権力の二元性について

あらためて確認しておこう、「コンコルダート」とは、ローマ教皇と国家の代表が交わす政教条約であり、その歴史は十二世紀にまでさかのぼる。ただしフランス語では一般的な用法として、大文字で書かれていれば一八〇一年のそれを指すことが多い。それほどに第一統領ボナパルトが教皇ピウス七世とのあいだに交わした条約は、フランスのみならず近代のヨーロッパ全域におけるキリスト教のあり方に決定的な影響を及ぼして、現代世界の政教関係までを方向づけたとみなされている。そこで世俗の権力と霊的な権力の相互関係という問題の核心をさぐりあてようとするなら、ひとまず大きな歴史的展望を立ててみることが不可欠だろう。

「ライシテ」という名の政教分離はフランスに固有の国是であり、これがヨーロッパのかかえる移民問題や多文化主義の要求、アラブ・イスラーム系の住民との摩擦などに複雑に絡んでいる。この「ライシテ」の基盤とみなされるのが、第三共和制が策定した一九〇五年の「政教分離法」である。その一九〇五年法自体は、ナポレオンのいわゆる

「コンコルダート体制」[52]に終止符を打つために制定された。とすれば、ナポレオン自身は、いかなる状況に終止符を打とうとしたのだろう。この疑問を解くためには、フランス革命による社会の混乱を沈静化させるためという回答では足りず、それ以前の秩序と政教関係がいかなるものであったのかを素描してみなければならない。

研究史という観点から見ると、二十一世紀の幕開けと相前後してめざましい進展があった。まずムスリム女子生徒のスカーフ問題がメディアで大々的にとりあげられ、「ライシテ」をめぐる国民的な議論を立ちあげようという機運がもりあがった。シラク大統領の諮問機関としてスタジ委員会が招集され、その結論もふまえて「特段に目立つ宗教的シンボルの着用を禁止する二〇〇四年三月十五日法」が制定された。さらに、それまでの論争を引きつぐかたちで「一九〇五年法制定」の百周年を記念するシンポジウムや出版物の企画が陸続とあらわれた。わが国でも、宗教史の分野では伊達聖伸『ライシテ、道徳、宗教学――もうひとつの一九世紀フランス宗教史』が、そして歴史学の分野では、松嶌明男『礼拝の自由とナポレオン――公認宗教体制の成立』が充実した研究成果をあげている。[53]ちなみに二〇〇四年は「フランス民法典制定」と「ナポレオン戴冠」の二百周年に当たっており、これを機に、近代国家を建設した皇帝をめぐる総合的な研究が大きな進捗を見た。アカデミックな著作だけでなく、軍神ナポレオンの伝説をこえる一般書や評伝も数多く刊行されている。[54]

ここでは啓蒙書を優先して、目についた最新の刊行物を参照しながら考察をすすめよう。ひとつはタイトルをそのまま訳せば『フランス式ライシテの歴史』[55]となる大判の書物で、発行元は人文・社会アカデミー。「一九〇五年法百周年」の公式記念行事を託されたアカデミーの成果であり、総責任者はナポレオン研究の大御所ジャン・テュラール、時の首相ジャン＝ピエール・ラファランが序文を寄せている。豊富な図版を添えたライシテ通史という体裁の書物だが、執筆を担当しているのは、カトリック教会史の研究で知られるイヴ・ブリュレである。ちなみに、このときの講演やシンポジウムの主なものは、インターネット配信で聴くことができる。[56]

さて「一九〇五年法」の採択に先立つ国民議会での討論は画期的なものであり、羨ましいほど水準が高いことで知られているのだが、[57] ある議員が演説のなかで、フュステル・ド・クーランジュの名著『古代都市』(一八六四年)を引き、歴史の起源にまでさかのぼる議論を展開した。古代世界においては、それぞれの都市に守護神がいた。それゆえアテナイの神殿に入るためにはアテナイ人であることが前提とされ、また都市の守護神に敬意をはらわぬことは、もっとも重大な冒瀆とみなされた。このような文明においては、宗教の権力と政治の権力は一体となっており、「カエサルはすなわち祭司」であるとみなされた。[58]

『フランス式ライシテの歴史』の冒頭で、イヴ・ブリュレはこのエピソードを紹介し、さらにクーランジュを引用する。ローマもギリシアも教会と国家との闘争という嘆かわしい事態を知らなかった。それというのも国家と宗教は完全に溶けあっており、両者を区別することさえできなかったからである。[59] かりに神官とのあいだに抗争があったとしても、古代の国家は宗教団体に服従したのではなく、宗教そのものに従っていた。モンテスキューは、ローマ人が祭祀をおこなったのは、たんに人民を操縦するためだというが、それは間違っているとクーランジュは主張するのである。

紀元前後のローマ帝国においても「カエサルはすなわち祭司」であり、歴代の皇帝は死後に神格化されることが多かった。そのような時代環境のなかで、イエス＝キリストは「カエサルのものはカエサルに、神のものは神にかえしなさい」と説いたのだった。一義的には政治権力にしたがい、税を納めなさいという教えだが、それだけでなく、カエサルは神ではないことも含意する。ここで政治権力は絶対性を失い、地上のものとなるのである。一方で、ユダヤ教の伝統においては、宗教の権力と政治権力が区別されていたのだが、信仰心と愛国心とは相互につよく結ばれていた。キリスト教は権力の二元性という考えをユダヤ教から引きついだうえで、宗教を民族的《ナショナル》なものから普遍的なものへと解き放ったことになる。

ガリカニスムの道程

その後フランス革命に至るまでを、イヴ・ブリュレの解説に依拠して復習しておこう。第一のステップはフランク族の王となったクロヴィスが四八一年にキリスト教に改宗したこと。ランスで洗礼を授けたのはカトリックの司教レミであり、異端と闘う宗教勢力と政治権力が結託した。その延長上に七五一年、カロリング朝の小ペパンが教皇から即位の聖油をそそがれるという出来事がある。ここで王はまったくの「ライック＝非聖職者」でもなければ完全な聖職者でもないという例外的なステータスを獲得する。預言者サムエルから聖別されたイスラエルの王ダヴィデという旧約聖書の故事にならうものであり、こうして厳密な意味での「玉座と祭壇の同盟」が成立したとみなされる。[60]

十六世紀、宗教改革の波がおしよせて、一五五九年にアンリ二世が死去した時点では、フランスの人口の四分の一近くがプロテスタントになっていた。その後、熾烈な宗教戦争がつづいたが、一五九八年にアンリ四世がナントの王令によって信教の自由を認めることにより、ようやく平和が訪れた。二つのことに留意しておこう。第一にナントの王令はプロテスタントとの交渉から生まれたものではない。すなわち国王はみずからの判断で政治権力を行使して「宗教の平和」を実現したのであり、その結果、宗教的な帰属より国家が上位に位置づけられたことになる。もうひとつ、見逃してならないのは、この王令により一定の「宗教的寛容」が現実のものとなり、プロテスタントでありながらカトリックの国王の臣民であることが可能になったという事実である。「領主の宗教が領民の宗教となる」*cujus regio, ejus religio* という大原則が広くゆきわたっていた当時のヨーロッパにおいて、これは希有の例外だった。[61]

ナントの王令を第二のステップとみなすなら、一六八五年、フォンテンブローの王令によってこれを廃止したルイ十四世は、第三の段階にすすんだと考えられる。その宗教政策は、プロテスタントとの戦いと教皇庁との権力闘争という二面において展開されていた。まずは新教徒の家に竜騎兵《ドラゴン》が押しかけて武器を片手にカトリックへの改宗をせまる「ドラゴナード」なるものが猛威をふるった。しかるのちに王令が発布され、その結果、二十万を超えるプロテスタントが国外に逃れたのだった。

新教徒迫害の「ドラゴナード」

一方では司教区の徴税権にかかわる確執により国王と教皇とのあいだで緊張が高まった。まずカトリック教会に固有の制度的な背景を確認しておかなければならないが、そもそも教会や修道院の人事権をにぎり、財産管理に関与するのは誰か、その土地の領主や国王なのか、それともローマ在住の教皇なのかという点について、長きにわたる論争と抗争、交渉と妥協の歴史があった。いわゆる「聖職叙任権闘争」は、教皇の選出や司教の任命にかかわる問題であり、一五一六年のボローニャ政教条約により、フランス国内の聖職者は「任命権」が国家に「叙任権」がローマにあると定められた。とはいえ人選については国の自由裁量なのか、聖職者となるための「叙階の秘蹟」を教皇庁は拒絶できるのか、といった灰色ゾーンがある。要するにカトリック教会の帰属が二重であるために、宗教制度の運営そのものが、つねにローマとの折衝のなかで調整されているのである。

さて一六八一年にルイ十四世が徴税権問題をきっかけに国内の聖職者による会議を招集すると、教皇は会議の正統性を否定した。国王は司教たちとパリ議会の賛同を得て全面対決の姿勢をとった。みずから司教の職にあるボシュエが起草して、一、世俗の権力の教会権力からの独立、二、教会会議の教皇に対する優位、三、教皇権にならぶフランス教会の自由、四、教皇の無謬性の否定、という四原則をフランス聖職者会議が採択した。この「四ヵ条」は、国内の教会の自律性を説く「ガリカニスム」の宣言であり、決裂をおそれた教皇庁は後退せざるを得なかった。[62]

十八世紀の後半、フランス流の「ガリカニスム」をさらに徹底させたのは、神聖ローマ帝国のヨーゼフ二世である。司教は教皇庁の介入なしに任命され、司教区や教区は政令によって変更され、神学校は国家の監督下におかれることになる。さらに典礼は簡素化され、鐘の音は制限され、無益な集団とみなされた修道院八百が廃止され、その財産が教区付聖職者に与えられた。[63]「ヨーゼフ主義」と呼ばれる隣国の大胆なこころみがあったおかげで、一七八九年にはじまるフランス革命は、当初からラディカルな宗教政策をとることができたといわれている。

一八〇一年　コンコルダート締結まで

『ナポレオンと諸宗教』と題したモノグラフィーを二〇〇二年に上梓したジャック＝オリヴィエ・ブードンが、あるラジオ番組で、皇帝の「宗教性」を物語る一連の行動を要領よく紹介していた。ナポレオンはコンコルダートの締結以来、チュイルリー宮殿のチャペルを再開し、パリにいるときは日曜日に欠かさずミサに参列した。国家の頂点にある者は、国民と同じ礼拝を実践し、範を垂れなければならないからである。これは「領主の宗教が領民の宗教となる」という伝統を演出する仕草でもあった。ただし、ミサには列席するだけで、聖体を拝領することはなかった。セント＝ヘレナで最期をむかえたときも、枕辺には司祭がおり、臨終の「許し」はおこなわれたものの、聖体を授けられることはなかったらしい[64]（消化器系の病であったため、体が受けつけなかったという説もある）。遺言の冒頭には「余は五十余年前、ローマ・カトリックの宗教のなかで生を享けた者であり、その宗教のなかで死ぬ」との一文が掲げられていた。しかし、これとて個人の信仰告白というよりは、公的な宣言という性格がつよいはずだとブードンは述べている。[65]

そのナポレオンが大陸と地中海を股にかけ破竹の勢いで進軍した時代、英雄の壮大なヨーロッパ構想に翻弄されながら、ピウス六世とピウス七世という二代の老いた教皇は「果てしなき十字架の道」をたどったのである。しかしナポレオンと教皇庁との接点をさぐるまえに、第一統領ボナパルトがフランス革命の置き土産として引きうけた状況とは、いかなるものだったかを、より具体的に検討してみよう。

出発点はいうまでもなく、一七八九年八月二十六日に採択された「人および市民の諸権利の宣言」(人権宣言)である。「国民主権」を謳った第三条により、フランス国王とローマ教皇との力関係を定義してきた一五一六年のボローニャ政教条約は実質的に効力を失った。フランス国民は、教皇庁にお伺いを立てることなく、国内の法律によってカトリック教会の今後を決めることにしたのだが、この強硬な「ガリカニスム」の方式を、ナポレオンは撤回する。第一統領はまず教皇庁との交渉からはじめ、「コンコルダート」という国際条約を基盤にして国内の教会を安定させるという旧来の方式にもどったのである。これに対して第三共和制の「政教分離法」は、国内法によって政教条約を実質的に破棄するという革命期のプロセスを踏襲することになる。

「人権宣言」の第一〇条は「信教の自由」を謳ったものとされている。その文言は「何人もその意見のために、たとえそれが宗教上のものであっても、安寧を脅かされてはならない」というもので、これは原則の宣言として画期的なものではあるが、おのずと権利を保障するシステムが出現するというわけではない。しかもこの「自由」には「公の秩序を乱さぬかぎり」という条件がつけられている。一七九一年の「憲法」にも、第一篇に国民の諸権利として「礼拝 culte を実践することの自由」が掲げられはした。しかし、その後の展開を見れば、国民公会のもとで「宗教上の意見」を理由にした迫害が公然とおこなわれていたことは明らかだ。(66)

一七九〇年の「聖職者民事基本法」は、破綻した国家財政の急場をしのぐために聖職者のタレーランが提案したものだった。教会財産を国有化する一方で、その見返りとして礼拝の実践にともなう費用や聖職者の俸給は国家が責任をもつ。経済基盤を失った聖職者を革命政府が国家公務員として雇用するというのであり、この発想は政治と宗教の

宗教迫害のテロリズム——宣誓拒否僧の虐殺　1792年

分割を目的とする一九〇五年法の「政教分離」とはかぎりなく遠い。ところで公務員となる以上、国家に対する「忠誠義務」が生じるという議論は、そのかぎりにおいては筋がとおっていよう。しかるに「基本法」にしたがうことを宣誓するか否かと正面から暴力的に問うことは、実態においては「踏み絵」に等しいのである。一七九一年には、ピウス六世がこの法律を断罪しており、そのため宣誓の行為は聖職者の霊的な帰属先であるローマ・カトリックへの裏切りという意味を明確におびていた。革命政府はその一方で、行政区分にならって司教区をスリム化し、聖職者は教区の住民の選挙によって選出されることにする。あいつぐ改変により現場は大混乱に陥った[67]。

一七九九年、エジプト遠征から密かに帰国したナポレオンは、ブリュメールのクーデタにより権力を掌握する。そして、危機に瀕したフランスのカトリック教会をいかに処遇するかという困難な問題にとりくむことになるのである。ただし教皇とナポレオンとの対決は、じつはこのときにはじまったわけではない。一七九六年から翌年にかけて、共和国の将軍は、イタリア遠征で勇名を馳せていた。当時フランスの主力部隊は、第一次対仏同盟のオーストリア軍と対決するためライン軍に投入されており、装備も陣容も貧弱なイタリア軍は、いわば陽動作戦のように半島に送りこまれたのだった。ところがボナパルトは予想を裏切る快進撃をとげ、イタリアを神聖ローマ帝国の頸木から解放した支配者、進取の気性にとむ政治家としてふるまった。一七九七年には、教皇とトレンティーノ条約を締結し、北イタリアにチサルピーナ共和国を樹立。さらに翌年にはローマに侵入して、ピウス六世の廃位とローマ共和国の建設を宣言した。教皇は南仏ヴァランスに幽閉されたまま一七九九年に逝去する。「これによって教皇職の歴史もおわるかに見えた」とある歴史家は述べている(68)。

それにしても将軍ボナパルトの胸中に「キリストの代理者」と呼ばれる教皇への畏敬の念はなかったのだろうか。マルク・フュマロリは、シャトーブリアンの『ナポレオンの生涯』によせた序文のなかで、こう述べる。ボナパルトがカトリシズムに対していだく関心は、古代ローマ帝国の政治的な遺産を相続した「教会制度」に向けられていた。フランス人の皇帝の目に映るローマ教皇は「人びとの魂をあつかう部局の長官」のような存在であり、シャトーブリアンが崇敬するような意味での「霊的な原理」を体現する者ではなかったというのである(69)。

2　英雄の誕生

イタリア遠征と教皇との対決

ティエリ・レンツの校訂による『ナポレオン回想録』の第一巻は、このイタリア遠征をめぐるものである。セント＝ヘレナに幽閉された皇帝がフランス国民に向けたお墨付きの歴史を編纂しようという意図が透けて見える文献として、慎重に読み解く必要があることは、すでに述べた。この回想録には、当然のことながら教皇ピウス六世がひんぱんに登場するのだが、たとえばローマ占領の経緯はどのように記述されているだろう。オーストリア軍の守りが手薄になったところをねらって、チサルピーナ共和国がヴァチカンに宣戦を布告したところ「ひ弱で軽率な老人」たちは、ただちに降伏してしまった。その行動には「ここ何世紀ものあいだヴァチカンを特徴づけてきたしたたかな政治は、痕跡すら認めることができなかった」と報告したのちに、回想録の著者は断定する――「この政府は疲弊している。教皇の世俗の権力は、もはや維持できない」と。(70)

ローマ教皇は、領土と軍隊をもつ世俗の君主でもあるのだが、ナポレオンはその「世俗の権力」だけを問題として「霊的な権力」には言及すらしない。両者の峻別、あるいは切断を前提とする思考法は、近代国家の皇帝とアンシャン・レジームの君主とを分かつ相違点のひとつであり、のちにナポレオンが大胆な宗教政策を展開する底力も、ここから生まれてくるように思われる。

この時期、ヨーロッパの政治的な変動はめまぐるしい。一七九九年から一八〇〇年にかけて、ロシア軍とオーストリア軍の侵入により、フランスの傀儡であるローマ共和国は崩壊する。さらにピウス六世の周到な配慮のおかげで、死後の空白はわずかにとどまりピウス七世が誕生した。政権をとったナポレオンは、以前と同じ「世俗の権力」と「霊的な権力」を一身に体現する教皇と向きあうことになったのである。保守的で時流にとりのこされたピウス六世と異なり、ピウス七世はディドロの『百科全書』の講読を申しこむほどに開明的な人物だった。一七九七年の教皇庁の危機にさいしては、確立した世俗の政治権力にしたがうことが霊的な権力のつとめであるとして、司教の立場ながらチサルピーナ共和国を承認することをえらび、さらにその年の末、キリスト教の基本原理と民主主義のあいだに矛盾はない、前者が後者の台座を構成すると考えるべきだろうとの見解を表明し、後世に語りつがれることになる。(71)

このような教皇と有能な国務長官エルコレ・コンサルヴィを相手とした交渉により、フランスとヴァチカンの関係を再構築する条約の文案が策定された。それにしても統領政府が代表するフランス共和国は、国交を断絶した革命政府の延長上にあったから、あらためて条約を締結すること自体の象徴的な意味はきわめて重い。亡命中のブルボン王家は当初から交渉を妨害する動きを見せていたのだが、功を奏することはなく、結果として教皇庁が王政復古に同調する可能性は遠ざけられた。

大きく譲歩したのは教皇側である。物理的な譲歩として最大のものは、「聖職者民事基本法」により国に接収され、売却された教会財産については、その返還を求めないという合意だった。いずれ確認するように、この「基本法」により国有財産を購入して経済基盤を得た市民層、とりわけ「名望家」notables と呼ばれる人びとは、皇帝ナポレオンの政権基盤となる。(72)司教と司祭は国から俸給を支払われるという原則は、この「基本法」から引きつがれ、革命政府が変更した司教区も教皇庁の認めるところとなった。

より本質的な譲歩というべきだろうか、カトリックがフランスの国教に返り咲くことについても、ピウス七世はあきらめなければならなかった。条約前文には「フランス人の大多数の宗教」であると定義されており、そのあとに共和国の統領はこれを実践するとの断りがつけられている。要するに国家はカトリックではないが、国民の「大多数」はカトリック、そして国の首長にあたる統領は完全にカトリックである、(73)という微妙なつかいわけを、ナポレオンは落としどころにえらんだのである。のちに見るように、国民のなかでは「少数」にすぎぬプロテスタントやユダヤ教を同じ宗教制度のなかに位置づけるための巧みな仕掛けでもあった。

司教の任命については、選挙は廃止され、絶対王制の方式が復活した。任命するのは国の首長であるが、「叙階の秘蹟」によって教皇から霊的な力を授けられなければ、その職務につくことはできない。これでふたたび一般のカトリック信徒は、末端の司祭までローマの聖座により「霊性」を保証された統合システムのなかで、日々の礼拝をおこない洗礼や終油などの秘蹟に与ることができるようになった。(74)

以上のような宗教制度を立ちあげたうえで、ナポレオンは前節で述べたように、日曜日のミサに欠かさず参列していたのである。しかし、一八〇四年、皇帝の戴冠式がノートルダム寺院で執り行われ、しかもそこにピウス七世が臨席したのは、いかなる配慮によるものか。「世俗」と「霊性」の微妙なバランスを国民の見つめる晴れの舞台で演出する意図がそこにはあったものと思われるが、これは第三章の検討課題としよう。

権力を可視化する

王家の血筋と宗教の超越的な権威が威光の源となっていた歴代の君主と異なり、ボナパルトはフランス人であるかどうかさえ疑わしいコルシカ出身の軍人だった。国民の人気と支持に期待するしかない新参者が、今日でいう「メディア戦略」を最大限に発揮したのは当然ともいえる。一八〇四年の戴冠式は、数年にわたり蓄積された経験の総仕上げとなるのだが、ひとまず『ナポレオン回想録』の第一巻「イタリア遠征」に立ちもどり、ボナパルトが共和国の将軍として培ったその方面の能力と技法を検証することからはじめたい。

ティエリ・レンツの解説によれば、ボナパルトは軍隊の支持をとりつけるためにも、パリの政権にはたらきかけるためにも、「コミュニケーション」こそが命綱であると考えていた。そして文筆家や詩人を雇用して「イタリア遠征軍便り」「イタリア遠征軍から見たフランス」などの御用新聞を発行した。その紙面には、たとえば「将軍は稲妻のごとく空を飛び、雷土のごとく敵を撃つ」などと名調子の賛辞が書かれているのだが、一七九六年十月二十三日号のこの文章は、どうやら当人による自画自賛であるらしい。これら即効性のあるプロパガンダを補強するために、画家や版画作家が動員された。同じ年の十一月十五日から十七日にかけて、ヴェローナに程近い沼沢地でおこなわれた戦闘は、若きアントワーヌ゠ジャン・グロの「アルコレ橋のボナパルト」によって後世に伝えられることになる。いつものように司令官は勇敢に先陣を切ったのだが、不運にも軍旗をもったまま沼に転落し、その日の戦功は、明らかに援

グロ《アルコレ橋のボナパルト》 1796年

軍を率いたマセナにあったとされている。レンツの示唆するところによれば、なおのことボナパルトは、この戦闘から躍動感あふれる英雄像を創造することに執着したのかもしれない。将軍が何度もポーズしてまで画家の制作に協力するのは、まれな配慮だった[75]。

じっさいボナパルトは、英雄の天才《ジェニー》をめぐる理念や理想を可視化して、画布のうえに出現させることを芸術家に求めたのである。『ナポレオン伝説の形成』の著者、鈴木杜幾子氏はつぎのように述べる。

> 若き日のナポレオンは彼自身、激動する現実の中で行動する「ロマン主義的」な英雄であった。遠い古代の歴史の中に凍結された古典主義の英雄に飽きた人々は、ナポレオンに熱狂した。グロのこの肖像画を見ていると、果たしてグロという芸術家がロマン主義を創造したのか、それともナポレオンという現実の存在が、グロを含めた人々の心にロマン主義を胚胎させたのかを問わずにはいられない。芸術と政治の関係は、この時代においては他のどの時代にも増して深く、複雑である[76]。

本格的なロマン主義研究の領域に踏みこもうというのではないけれど、本書でも、芸術と政治と宗教が、いわば三つ巴に絡み合う時代として、十九世紀の初頭から半ばまでを読み解いてみたいと考えている。

ところで近代ヨーロッパの世界観によれば、イタリア半島を制する者は、ローマ帝国の文明を継承し、地中海を制する者とみなされる。一八〇〇年、二度目のイタリア遠征から生まれたもうひとつの名画、ダヴィッドによる《サン＝ベルナール峠を越えるボナパルト》は、よく知られているように古代カルタゴの勇将ハンニバルがアルプスをこえてローマに攻め入った故事をふまえている。ただし現代の軍人を歴史の英雄になぞらえることだけが、その意図ではなかった。鈴木氏の分析によれば、現実につかわれた強靭なラバは凛々しい白馬に置き換えられ、軍勢ははるか遠方に退いている。三色の標章を帽子に飾って舞台中央で劇的なポーズをとる将軍は、まっすぐにこちらを見つめ、軍隊ならぬ鑑賞者、すなわち絵のまえに立つフランス国民を鼓舞しているのである。

かつて君主制の時代には、細部に至るまで意味づけされた権力の表象システムがあり、伝統がこれを受けついできた。[77] ところが無から権力を掌握した人間は、独自の方式を編みだして、おのれの威光とエネルギーを可視化することを求められる。つね日頃からボナパルト将軍は、兵士や住民を観客とみなし、イヴェントのオーガナイザーと主役とを同時につとめる気構えでいたにちがいない。一八〇〇年の第二次イタリア遠征に従軍した十七歳のスタンダールは、英雄誕生の現場に居合わせたことを、そのときすでに見抜いていたのだろうか。一八一七年から一八年にかけて執筆された『ナポレオンの生涯』は、退位したばかりの皇帝に対する否定的な評価が噴出するなかで、旗幟を鮮明にした擁護論として書かれたものである。

ダヴィッド《サン＝ベルナール峠を越えるボナパルト》 1801 年

若き共和国が古来の独裁制にあいつぐ勝利をおさめたのであり、それはヨーロッパにとって偉大で美しい時代となった。それはボナパルトにとって、人生のもっとも純粋でもっとも輝かしい時期だった。〔…〕古今のいかなる軍人も、これほど貧弱な軍勢をもって強大な敵に立ちむかい、これほど赫々たる勝利を短期間におさめたことはない。二十六歳の若者がわずか一年で、アレクサンドロス、カエサル、ハンニバル、フリードリヒといった人物を凌駕してしまったのである。しかも、これらの血みどろの成功につづき人類に癒しをもたらそうとするかのように、彼は軍神マルスの月桂樹

に文明の橄欖樹《オリーヴ》を添えたのだった。(78)

革命以来フランスは、イギリス、オーストリア、ロシアなど君主制諸国の対仏同盟に絶えず脅かされていた。新しい共和国は共和国に囲まれていなければ存続できないというのが、革命を肯定する若者たちの確信なのであり、イタリア遠征の過程でつぎつぎに生まれた共和制の傀儡政権は、文明の成果と見えていた。スタンダールの視点からすると、ボナパルトがときに判断を誤ったとすれば、それは人道的な理想と寛大さゆえだった。たとえば教皇に対する駆け引きにおいて、トレンティーノ条約と芸術作品百点ほどの押収で満足するとは論外なのであり、おかげでその後も確執が長引くことになる。(79)コンコルダートはカトリック教会に平和をもたらしたといわれるが、じつは、この重大な失策のためにフランスの解放は一世紀も遅れてしまったのである(80)——これが宗教的なものすべてに懐疑的なスタンダールの見解だった。引用からも推察されるように、スタンダールの賛美の念はもっぱら軍人ボナパルトに向けられている。不世出の名将のもっとも顕著なる功績が、かの民法典であったとは、これも歴史に例のない話ではないか、といった具合に話は進展するのだが、このナポレオン像が同時代を代表するというつもりはない。(81)作家としてまったく無名だったアンリ・ベールは、当時スタンダールというペンネームさえ使っていなかった。

ワシントン　ナポレオン　シャトーブリアン

圧倒的な発言権と影響力をもっていたのは、やはりシャトーブリアンだろう。『墓の彼方の回想』の第十九篇から第二十四篇まで、計六篇を占める『ナポレオンの生涯』は、一八四〇年あたりに執筆されたものであり、四半世紀まえに終焉した帝政の総括という視点に立っている。かりにスタンダールの若書きに対比するとしたら、一八二一年のナポレオンの死の翌年に構想された「ワシントンとボナパルト比較論」という小見出しの数ページを開いてみるとよい。(82)『墓の彼方の回想』では、一七九一年のアメリカ旅行を回想する第六篇から第八篇のなかに挿入され、初代大統領ワシントンと会見したというエピソードの直後におかれている。

英仏の片言でなされたという短時間の面談と翌日の会食の話は、奇妙なことに本当にあったことなのか、それとも捏造された報告なのか、未だに真偽のほどが謎につつまれている。(83) シャトーブリアンとしては、いかにも地味で堅実な風貌の政治家のクロッキーを描いたうえで、新旧両大陸をむすぶ「英雄比較論」を展開しようという意図があったものにちがいない。一八二〇年代のアメリカ合衆国は、ウィーン体制下で保守化したヨーロッパに対して距離をおく「モンロー主義」を標榜し、独立五十周年をめざして建設的な未来への道をあゆんでいた。一方、シャトーブリアンはルイ十八世に仕える英国大使として一八二二年初頭ロンドンに赴任したところであり、立憲君主制のもとで自由主義を育むという希望を捨ててはいなかった。物故して久しいアメリカの初代大統領、死去が伝えられたばかりのフランスの皇帝、そして偉大な詩人でもある現役の外交官。横並びに配置された三人の風貌は、それぞれに時代の潮流を代表するだろう。

ワシントンはボナパルトのように「人間のスケールを超えた人種」には属していない、ワシントンの行動は「何かしら静けさのようなもの」につつまれており、「緩慢さ」によって特徴づけられる。この新しいタイプの英雄は、未来を損なうことを懼れ、みずからの運命ではなく、国の運命を慮《おもんぱか》って行動する。これに対してボナパルトには、この慎重なアメリカ人と似たところはまるでない。古き大地のうえで大音響の戦《いくさ》を繰りひろげ、みずからの名声を高めることだけを考えた。若さの移ろいを予感するかのように、栄光を味わいつくそうとした。ホメロスに謳われた神々のように神出鬼没、諸国民の営みにみずからの名を記し、王冠を親族や配下の軍人にばらまいて、モニュメント、法律、勝利にもその名を刻もうとした。

ワシントンの共和国は生きている。ボナパルトの帝国は崩壊した。ワシントンとボナパルトは、民主主義の胎内から生まれでた。いずれも自由から誕生した身でありながら、前者はこれに忠誠をつくし、後者はこれを裏切った[84]。

ワシントンは時代の要求、思想、知性、意見を代表した。精神の活動を妨げず、これを支えようとした。だからこそ、ワシントンの成しとげたことには「一貫性と永続性」がある。その栄光は「文明の遺産」patrimoine de la civilisation となるだろう。その名声は公民のつどう神殿のごとくそびえたち、そこからゆたかな泉が絶えず流れでることだろう――すでにおわかりのように、シャトーブリアンの共感は、木訥で陰影をたたえたアメリカの賢人のほうに向けられている。

ここでフュマロリの鋭利な分析を借りるなら、ヴァージニア州のジェントルマンと辺境ブルターニュの貴族の末裔のあいだには、時間を生きるマナーという意味で相通じるものがある。有限な個人と偉大な人類とをともに視野に入れようとする彼ら二人のアイロニーにみちた姿勢を確認したうえで、フランス革命の産んだ巨人が自由と人道を踏みにじる自己中心的で性急な生き方とくらべてみればよい。「緩慢さ」と「静けさ」はシャトーブリアンとワシントンが共有する特性であり、これをナポレオンの「騒々しさ」に対比することができる。キンキナトゥスにならい、絶大な権力を長く掌握することを固辞した穏健な大統領と、いさぎよく政界を退き『墓の彼方の回想』の執筆という反英雄的な余生をえらびとる作家との内面的な類縁に、わたしたちも注目することにしたい[85]。

躍動する若き英雄のかたわらに、内省的な政治家や瞑想する詩人を配することで、はじめてロマン主義の複合的な相貌が見えてくるのではないか。ただし当面は、この話題はふれるだけにして、ナポレオンの戴冠というトピックにもどる。ここで反英雄《アンチヒーロー》の役を振りあてられるのは、いうまでもなく教皇ピウス七世である。

共和国の将軍はいかにして皇帝となるか

ジャン・テュラールによる『ナポレオン』は伝記研究の古典的な著作だが、その第Ⅳ章は「冠を戴くワシントン」

と題されており、クライマックスで戴冠式の顚末が語られる。まずは共和国の将軍がついに帝冠を手にするまでの紆余曲折をふり返ってみよう。宗教の平安なくして政治的な安定はありえない、そして政治の争乱は不可避的に宗教の不安をひきおこす。この指摘そのものは、今も昔も正論であるのだが、だからといって、いかに混乱を収拾して新しい制度を創設するかという難問に、おのずと答えが返ってくるわけではない。

一七八九年に発足した憲法制定国民議会は「聖職者民事基本法」によって、国家の改革と教会の改革を同時に推し進めようとした。カトリック教会は君主制と同じ穴の狢《むじな》であるとみなされて、革命を推進する運動は「非キリスト教化」の方向に舵を切る。しかしこれが国民の総意でないことは明らかだった。一七九四年、国民公会がロベスピエール派をいっせいに逮捕処刑して恐怖政治の時代がおわり、五人の総裁による集団指導体制がとられることになる。「テルミドールの反動」とも呼ばれるこの時期、主導権をにぎったのは穏健な自由派だった。しかし政権は思想的には左右にゆれうごき、重荷となった教会運営を国家から切りはなすことも検討されたが、具体的な制度改革に至ることはない。そして一七九九年、ブリュメール十八日のクーデタによって総裁政府は瓦解、ナポレオンを第一統領とする政権が成立する。

共和国に忠実な「立憲教会」とローマ教皇にしたがう組織とが対立したまま、宗教制度そのものが深刻な機能不全に陥っているという事態を想像してみよう。たとえばシャトーブリアンは一七九二年一月、アメリカから故郷に帰還して五月にロンドンに亡命するまでのあいだに、姉リュシルの友人と結婚するのだが、先行きの知れぬ教会分裂への周到な配慮というべきか、挙式は二度にわたっておこなわれた。まずは「宣誓拒否僧」により親族列席のもとで。さらに一ヵ月後、サン゠マロ教会で「宣誓僧」による婚姻の祝福をうけるが、このとき親族の立ち会いはない(86)。

歴史家ミシュレが一七九八年に産声を上げたのは、サン゠ショーモン修道会の修道女たちが以前につかっていたチャペルの内陣だったという話は、いかにも象徴的なのだ。都市部では多くの教会の建物が住居や仕事場に転用されており、礼拝の実践そのものが存続の危機にさらされていた。一八〇二年生まれのヴィクトル・ユゴーもそうだが、この世代には新生児の洗礼をうけなかった者は少なくない。しかしフランスの国土を見わたせば、思想的な運動としての非キリスト教化の荒波が、津々浦々にまでおし寄せたわけではなかったし、その一方で不穏な世情が国中に終末論的な恐怖をかき立てていた。国民的なレヴェルでいえば、教会の再開を望む声はますます切実になっていたのである。

　コンコルダート調印に至るまでの政治の動きを、ジャン・テュラールとジャック＝オリヴィエ・ブードンの記述にそって確認しておきたい[87]。政権を握ったナポレオンの選択肢は二つに一つ――テルミドール派の路線にそって宗教への介入を避け、信仰の復活あるいは教会の凋落を傍観するか、それとも共和国の決断を反故《ほご》にして教会の首長ローマ教皇と交渉し、ついに宗教の平安をもたらした為政者という肩書きを手にするか。冷徹な判断により、後者がえらばれたことはいうまでもない。

　ピウス七世の国務長官コンサルヴィとナポレオンに抜擢されたベルニエ神父との困難な交渉の末、一八〇一年七月十三日をタイムリミットとして最終調整がおこなわれ、原稿に目をとおしたナポレオンが激怒してこれを火に投げ入れ、口述筆記で新しい草案を提示するが、今度は頑としてコンサルヴィがゆずらず、ここは老獪なナポレオンが見切りをつけたかたちで、七月十五日の深夜、すでにご紹介した内容による「ピウス七世聖下とフランス政府の協約」としてのコンコルダートが調印された。

　カトリック信徒たちはほっと胸をなでおろし、時を移さず八月十五日にはピウス七世が条約に調印した。教皇庁からは、新たにカプララ枢機卿が派遣され[88]、ローマ駐在の特使にはナポレオンの叔父フェッシュ大司教という重鎮がえらばれた。その秘書官として赴任したシャトーブリアンが教皇の謁見にあずかったのは、このときである。

　司教たちはこれまでの経緯にかかわらず全員が辞職して、新体制に新たな人選をゆだねることになった。このとき教皇庁による辞職の求めを拒み、王党派かつ反コンコルダートという名目の教会に集結した聖職者は、さほど多くはない[89]。抵抗勢力は、教皇庁に忠実な聖職者ではなく、むしろ国内のさまざまの陣営にあった。国務院は不機嫌にコンコルダートを黙殺し、護民院は辛辣に条文を批判し、立法府は無神論者として名高い人物を議長にえらんだ。[90] 共和国に忠誠を誓った「立憲教会」の功労者グレゴワール神父も影響力をもっていたし、同じく共和国のために戦ってきた軍隊も不満をかくさなかった。さらに亡命先のルイ十八世と王党派の貴族たちは、カトリック信徒がナポレオンになびく危険を察知して妨害工作を練っていた。

ナポレオンはこうした内憂を巧みに利用して、教皇庁には報告もせず、ポルタリスを宗務関係の責任者に命じて「付属条項」articles organiques なる法案を作成させた。国際法である「コンコルダート」に対し、純然たる国内法をもって足かせをはめるという手法であり、内容については次章で検討するが、フランスの議会が承認したのは、両者がセットになった制度、いわゆる「コンコルダート体制」である。こうして一八〇二年四月十八日、ノートルダム寺院で祝賀のミサがおこなわれ、四日まえに発売された『キリスト教精髄』が大評判になり、国民は礼拝の復活を歓迎したのだった。

この年、ナポレオンは亡命貴族に大赦をあたえ、民法典の編纂にとりくみ、レジオン・ドヌール勲章を制定する。ちなみに légion とは「軍団」のこと。栄典は個人のものだが、制度的な目標は、軍事的・政治的・文化的に国家を防衛する象徴的な「騎士団」を編成することにある。[91] パリのヴァンドーム広場にはシャルルマーニュ（カール大帝）の像が建立された。八世紀末のフランク王国に君臨し、はじめて教皇から冠をうけ、西ローマ皇帝を名乗った人物が「モデル」の意味をもつことは明白だった。さらにナポレオンは金貨に自分の横顔を彫らせ、妻ジョゼフィーヌに女官をつけて、万事を宮廷風にしつらえた。この年の八月二日には「能動市民[92]」による国民投票がおこなわれて「終身統領」となり、憲法が改正されて、さながら世襲制の君主のように後継者を指名する権利が認められた。

ナポレオンはこれまでも、敵対勢力による暗殺の危険にさらされてきたが、一八〇四年のはじめに王党派の陰謀が発覚したことは、最後の決断を下す口実になった。三月二十一日に処刑されたアンガン公は、じつは知名度は低かったとされる。にもかかわらず、シャトーブリアンの過激な反応からもうかがえるように、事件の象徴的な重みは計り知れなかった。同日、あたかも天秤のバランスをとるかのように「フランス人の民法典」が採択された。五月十八日、元老院の承認を得て帝政が成立し、国民投票が圧倒的多数でこれを追認した。そして十二月二日、ついに戴冠式の運びとなる。

第三章　国家と宗教

1　「コンコルダート」から「公認宗教体制」へ

一八〇四年　戴冠式

アンシャン・レジームの時代、歴代の王はランスのノートルダム大聖堂で大司教により王冠を授けられることになっていた。これに対してナポレオンは、すでに議会と国民に承認された「フランス人の皇帝」なのである。新皇帝がパリで演出した戴冠式は、伝統を踏襲すると見せながら、じつは微妙かつ大胆に差異化されていた。フランス語には sacre と couronnement という、ほぼ同義語とみなせる語彙がある。どちらも「戴冠式」と訳すことが多いのだが、後者は冠という名詞から派生した語彙であり、宗教的な背景のない「栄冠」などを指すこともある。これに対して前者は明確にカトリックの秘蹟にかかわる語であって、辞書の定義にも、この言葉自体が「王権神授説」を前提とすることが明記されている。(93) 日本語として馴染みはうすいが「聖別式」という訳語のほうが、その含意は伝わるだろう。宗教が国民にはたらきかける力を知りぬいているナポレオンは、共和派や自由思想家やイデオローグに正面から批判され、儀式は茶番だと冷笑される危険を冒してまでも、宗教的な戴冠という形式に執着したのである。

ピウス七世は、この機会にコンコルダートの「付属条項」に関する譲歩を求めようという期待もあって、戴冠式への臨席を承諾した。式次第を入念に準備したのは、ポルタリスとベルニエである。

皇帝と皇后の額に聖油を塗る「聖別」は儀礼に定められたとおりに執り行われたが、よく知られているように、ナポレオンはみずから冠を手にとり自分の頭に載せてから、自分の手でジョゼフィーヌに冠を授けたのだった。ただし、この仕草は即興でも了解事項への違反でもなく、先立つ教皇との交渉により認められていた[94]。千年前のシャルルマーニュがわざわざローマの聖ピエトロ寺院におもむいて教皇のまえに跪いたことを思えば、聖俗の力関係を逆転させた雪辱の儀式とも読める。皇帝の主席画家ダヴィッドの大作には、二本の指を差しだし「按手」の仕草をするピウ

ダヴィッド《皇帝ナポレオン一世と皇妃ジョゼフィーヌの戴冠式》(部分)　1805–07 年

習作素描

ス七世が描かれている。鈴木杜幾子氏の解説によれば、一八〇七年に完成した時点では、教皇は膝に両手を置いていたのだが、ナポレオンが「教皇が何もしないでいてよいと思って遠くから呼びよせたわけではない」といって変更を命じたものだという[95]。「按手」とは、精霊のはたらきや祝福を伝達・授与する行為であり、壮麗な舞台装置のなかで、ピウス七世のこの指先の一点が、かろうじて教皇の霊的な権威を暗示することになる。

もうひとつ、奇妙なことがある。ピウス七世と背後のカプララ枢機卿は、半円の小さな帽子をかぶり、一般の聖職者のような平服を着ているが、これは明らかに事実の歪曲だろう。ご覧のようにナポレオンが自分で冠をかぶる仕草を描いた習作では、教皇は手を膝においているけれど、そのかわり儀式用のミトラをかぶっている[96]。完成した大画面の場合、皇帝の頭上に帝冠が燦然と輝いていないのに、教皇が聖なる冠をかぶっていては不都合だということか。ちなみにフランス側の聖職者たちは、司教冠をかぶり金襴の正装を身につけている。謎を解く鍵は、コンコルダート研究の視点に立てば迷いなく見つかるだろう。ナポレオンの帝政において、世俗の権威は教会の権威にまさり、ガリカニスムのフランス教会が無条件にローマに服従することはないという偶意である。そのことを国の内外に公にするために、わざわざ教皇が招聘されて、新皇帝の決意を伝える広報活動が画家に託されたような具合だった。

戴冠式の後半、教皇は式場から退き、皇帝がフランス国民に対する宣誓をおこなった。

余は誓う、共和国の領土を保全すること、コンコルダートの法と諸宗教の自由を尊重しかつ尊重させること、諸権利の平等、政治的・市民的自由、さらに国有財産売却の撤回が不能であることについても、これを尊重しかつ尊重させること、法律によらぬ税は、これを徴収したり課税したりせぬこと、レジオン・ドヌール勲章の制度を維持すること、もっぱらフランス人民の利益、幸福、栄光を慮って統治に当たることを[97]。

自由と平等の理念を尊重し、もっぱら人民のために統治するという宣言において、ナポレオンはなるほど「冠を戴くワシントン」のようにふるまっている。国有財産売却の撤回はないという約束は、革命の騒乱のなかで経済的な基盤を得た農民や私財をきずいた市民への呼びかけである。バルザックは未完の小説『農民』のなかで、一八一五年のナポレオンの百日天下にからみ、登場人物の聖職者につぎのようにいわせている。

民衆にとってナポレオンは、数えきれぬほどの兵士をとおして絶えず民衆にむすびついているだけでなく、なんといっても革命の臓腑《はらわた》から出てきた帝王だ、民衆が国有財産を所有することを保障してくれた人間ですからな。あの戴冠式は、まさにそうした考えに浸されていた[98]……。

「諸宗教の自由」を尊重し、さらに「所有」という神聖な価値を保障すること。二つの企画はナポレオンの近代国家建設の構想のなかでシンクロナイズしたものであったと思われる。そのことを戴冠式における「聖別」と「宣誓」という二つのパートから読みとった者は少なからずいたにちがいない。

「諸宗教」cultes の自由について

一八〇四年、ナポレオンは国民のまえで、複数形におかれた「諸宗教」cultes を尊重する旨宣誓した。当面はカトリック、プロテスタントのカルヴァン派とルターを指し、一八〇八年、これにユダヤ教がくわわって、宗教の多元性を保障するシステムが立ちあがる。すでに見たように「人権宣言」には「信教の自由」が謳われているけれど、実態において革命政府は「立憲教会」の傘下に入らぬ聖職者を迫害し「理性の祭典」と銘打って特定の礼拝を顕揚した。つまり制度的に保障された諸宗教の自由は存在しなかった。

ナポレオンが議会の承認を得て一八〇二年四月に公にした「コンコルダート」には、カトリックにかかわる七十七条とプロテスタントにかかわる四十四条からなる「付属条項[99]」が付されていた。しばしば「コンコルダート体制」と呼ばれる十九世紀フランスの政教関係は、教皇と交わした国際条約だけでなく、この「付属条項」や一八〇八年に発布されるユダヤ教関係の政令などをふくめ、関連する国内法の全体をふくむ法制度として整備されてゆく。ちなみに「付属条項」は一方的な決定であるから、教皇庁は承認しなかった[100]。

ナポレオンの狙いはどこにあったのか。まずは国内の教会と教皇庁の連携に規制がかけられた。教皇の決定はいかなるものであれ、フランス政府の許可がなければ伝達されない（一条）。国内では、いかなる立場であれ、聖職に就くためにも、聖職にかかわる集会を開くためにも、政府の許可が必要とされた（二条、四条）。また統一した典礼がおこなわれ、同一の「カテキズム」を宗教教育の教材としてつかうことが義務づけられた（三九条）。ちなみにナポレオンは、この「カテキズム」の編集にも介入し、そのなかで皇帝に対する忠誠義務を顕揚し、納税と兵役の義務にも言及する[101]。婚姻に関しては、民事婚が正規のかたちで完了したことが証明されないかぎり、宗教の儀式による結婚の祝福を与えてはならないこと、聖職者の台帳は教会の秘蹟にかかわる記録にすぎないところから、いかなる場合にもフランス国民の戸籍に代わることはできないことが定められた（五四条、五五条）。

おわかりのように「諸宗教の自由」といっても、それは世俗の権力によって大幅に制限され、国家による管理統制を前提としたものなのである。とりわけ婚姻に教会の秘蹟がどうかかわるかという問題は、本書後半の問題構成にとって重大な意味をもつ。フランスの民事婚は、「民事身分吏」officier civil と呼ばれる市町村長あるいはその代理者が、夫婦の権利義務に関する法文を読み聞かせ、当事者の意思を確認したうえで「法の名において」婚姻が成立したことを宣言し、婚姻証書に関係者がサインをすることにより完了する。カトリック教会では、新郎新婦が祭壇で誓いを立て、教区司祭が婚姻証書を作成するのだが、この教会の役割を、そのまま国家に移行させたという経緯が、民事婚の形式に反映されているのである。比較のために思いだしていただきたいのだが、わが国では公的な場での意思確認も契約行為もなく、市町村の役所の窓口で「婚姻届書」なる書類が受理された瞬間に、婚姻が成立する。その一方で「結婚式」は多くの場合、たんなる披露宴であって法的にも霊的にもなんら拘束力をもたない。

ところで「婚姻」の定義と「戸籍」の管理は密接にむすびつく。「付属条項」は、教会の信徒台帳と役所におかれた戸籍台帳は異なる権威にもとづき、前者に対して後者が優位に立つという点を明確にしたのだが、じっさいのところ戸籍制度が末端まで円滑に運用され、国民の信頼を獲得しないかぎり、この法文は空文となる。いや何よりも十九世紀はじめ、信仰復活の気運を歓迎した人びとは、誕生と結婚と埋葬という人生の節目における教会のプレゼンスを今まで以上に求めたにちがいない。王政復古期にはカトリックは国教に返り咲いており(102)、「法」と「神」の綱引きは当分つづくことになる。

それはそれとして「付属条項」の草案を練りながら、国民一人ひとりの誕生から死まで直接に関与するこの問題をめぐり、世俗と宗教の棲み分けという、もっとも本質的かつ困難な課題にとりくんだのが、ポルタリスなのである。いずれ詳しく見るように、同じ人物が民法起草の事実上の責任者となるのは偶然ではない。

宗教婚と民事婚

さらに第Ⅲ部の予告として、ひとつの疑問にふれておく。十九世紀前半のフランスに生きた市民にとって、結婚は秘蹟だったのか、それとも法律行為だったのか。その両方であるとしたら、当事者にとってはいずれが上位のものと感じられたのか。民事婚と宗教婚が内実をともなって併存することによる心情のゆれうごきや社会の葛藤、あるいは習俗の変化を、近代小説ほど熱意をこめて活写したものはない。それはまさに「宗教文化」の典型とみなせる現象であり、今日なお、アクチュアリティでありつづけている。

混乱の時代を生きぬいた要人たちのふるまいも興味を誘う。革命政府が「民事契約による結婚」を認めたのは一七九一年の憲法によるが、とりあえずは戸籍などの制度が整備されていなかった。シャトーブリアンが一七九二年に結婚したときには、王党派の貴族として宣誓拒否僧の祝福を求めたため当局から訴追があったものの、やがて事態が沈静化して教区の信徒台帳に婚姻が記載されたものと思われる。一七九五年、姉のリュシルは民事婚をおこなっており、その翌年、ナポレオンが未亡人のジョゼフィーヌ・ド・ボアルネーとむすばれたのも民事婚による。ただし教皇庁とその傘下にある教会は、当時の民事婚を認めてはいなかったから、一八〇四年、戴冠式の前日に、慌ただしく皇帝夫妻の宗教婚が挙げられた。その後ナポレオンは一八〇九年末にジョゼフィーヌと民事的に離婚し、皇帝に圧力をかけられたフランスのカトリック教会は、独自の判断で結婚の無効を宣言した(103)。四ヵ月後にオーストリアの皇女マリ＝ルイーズと再婚したさいには、アンシャン・レジームの国家間の婚姻を範として、皇帝はパリにとどまったまま、特使が代理人として万事を遂行するという方式により、まずウィーンで大司教により結婚式が挙げられた。フランスに到着したマリ＝ルイーズは、待ち受けたナポレオンとサン＝クルーの宮殿で民事婚を挙げ、翌日、ルーヴル宮殿のサロンを改装した特設のチャペルで宗教婚がおこなわれた。

ルーヴル宮殿の宗教婚に招待された枢機卿は二十七名。しかるに関係の悪化していたピウス七世に近い高位聖職者十三名が、列席を拒絶した(104)。半数の欠席という事態によって、実質的に一連の決定に対する教皇の否認の意志が明確に示されたことになる。政治的なダメージは甚大だった。そもそもジョゼフィーヌとの離婚が認められていなければ再婚はできず、皇帝の非合法な妻帯から生まれた子どもは私生児とみなされる。この筋書きは、だれの目にも明らかだった。世襲の帝国をきずくことこそがナポレオンの夢だったから、皇帝は激怒して、欠席した聖職者全員の給与の支払いを停止し軟禁状態にした。かくして「付属条項」による管理と処罰のシステムは、有効に機能したのだった。

伝記でしばしば紹介される滑稽なエピソードがある。ナポレオンは、パリの北東八十キロほどにあるコンピエーニュの城まで出向いて花嫁を迎えたが、性急な性分のためパリでの挙式を待ちきれず、叔父のフェッシュ枢機卿にウィーンでの宗教婚の有効性を問いただし、逡巡するマリ＝ルイーズを説得して床入りを果たしたとされる(105)。『墓の彼方の回想』にも、ナポレオンの二度目の妻が先妻と同じく不貞をはたらくようになったのは、教会の祝福を待たずに夫婦の関係をもつことで、新妻に悪しき教育をした本人の責任だという記述がある(106)。こうした逸脱行為が、誠実な信徒の感情をどのていど逆なでしたものか、はたまた寛大で皮肉な微笑を誘ったものか——宗教的な禁忌をめぐるメンタリティの問題として、まじめに考察することもできるだろう。

カトリック　カルヴァン派　ルター派　ユダヤ教

「コンコルダート体制」の特徴は、複数の宗教の共存を可能ならしめただけなく、本来カトリック教会を対象として立ちあげたシステムを、本質は変えぬままプロテスタントやユダヤ教に適用するという手法にあった。フランス国内のプロテスタントの数はほぼ七〇万人。その三分の二がカルヴァン派で国土の東から南に広がって住み、のこり三分の一を占めるルター派は、ドイツと国境を接するアルザスを中心に信徒が多かった。テリトリー宗教であるカトリックは、空間を分割してそこに教区制度をうち立てる。フランス革命によって新しく線引きされた行政単位である「県」**département** がカトリック教会の大司教区と司教区の基礎となるという方針で、一八〇二年三月まで、ぎりぎりの調整がおこなわれた。

一方のプロテスタント教会は革命の直前まで迫害の対象だったから[107]、地域住民との公認のむすびつきという実績もないし、かろうじて地方レヴェルの教会会議は組織されていたものの、カトリック教会のような整然たるヒエラルキーは存在しない。そのため行政区分と信徒数に配慮して、国家に対する責任機関でもある「長老会」**consistoires** を配置するという計画は、一八〇五年までつづく複雑な検討作業を要したのだった。礼拝のための教会堂を確保し、聖職者養成機関を立ちあげ、大学の神学部にカトリックとならぶ研究の場を設けることも必要だった。なにごとにもラディカルな合理精神を発揮するナポレオンは、カトリックとプロテスタントの統合を提案したが、これは空振りにおわった[108]。

フランス革命によってユダヤ人は市民権を与えられ、なかには「能動市民」として参政権を認められた者もいた。個人の人権を認めて「フランス国民」という枠組に統合し、そのかわりに固有のアイデンティティを主張する「ネイション」としてのユダヤを解体したいというのが、革命政府の期待だった。しかし現実には、フランスの国土に分散するユダヤ人は、共通の民族意識を分かちあうだけでなく、地域ごとに独自の歴史と文化、そして生活習慣を温めており、閉鎖的なゲットーをなす集団も存在した。ある調査によれば、一八〇八年の時点において、帝国内のユダヤ人はおよそ七万七〇〇〇人、そのうちフランスの国土に住む者は四万五〇〇〇人。ドイツやイタリアの占領によって併合した土地の住民を含め、均質で合理的な代表制度を立ちあげることは、プロテスタントにくらべてもはるかに困難だった。一八〇二年の「付属条項」にユダヤ教が組みこまれなかったのは、ポルタリスがユダヤは実態において固有の「ネイション」であるとして、拙速を避けるようナポレオンに進言したためといわれている[109]。

一八〇六年、ナポレオンは予備調査のためにユダヤ人の「名望家」を招集し、ユダヤ教の儀式と掟について十二の質問からなるアンケートを提示した。冒頭三つの問いは婚姻に関するもので、一夫多妻かどうか、離婚および非ユダヤ人との結婚にかんする掟はいかなるものかを尋ねている。その他の質問事項は以下のとおり。まずユダヤとフランスの関係について、フランスの法律にしたがい、民法典の定めるところすべてを遵守する義務があるとみなすかを問う。さらにラビの職責、任命の方法、権威について。最後に「高利貸し」と呼ばれる行為の評価について。

ちなみにラビは伝統的には聖典と律法の解釈者であって、信徒を導き、説教をおこない、礼拝を組織するキリスト教の聖職者とは異なる職であ

新旧大陸の多様な民と信仰をまえに「諸宗教の自由」を宣言するナポレオン

る。近代以降のヨーロッパでラビの職責が、キリスト教の聖職者のそれに近づいて変化したのは、ユダヤ人が解放されたことの結果でもあった。今日では成人式、結婚式、葬式などを執行し、教育や慈善活動にもかかわっているが、一八〇八年、ユダヤ教が「コンコルダート体制」に組みこまれたのちも、一八三〇年まで、ラビには国から給与が支払われなかった。キリスト教の神父や牧師と同質の「社会貢献」をなしているかという疑義も一因だったとされる。

一八〇七年、ナポレオンはあらためてユダヤ教徒の代表者会議を開催し、古代ローマ帝国支配下のイスラエルにおける会議にちなんで「大サンヘドリン」という大仰な名を与えたのだった。この会議の議論をふまえ、翌年三月から複数の政令が公布されて、プロテスタント教会の制度に類似するユダヤ教の長老会制度が構築された(110)。国家が対話の相手とする代表組織をいささか強引に立ちあげるという手法は、現代のフランスにおける対イスラーム政策にも継承されている。

2　修道会の発展と社会貢献

独裁と自由と公共圏

あらためて考えてみよう。一八〇四年の戴冠式でナポレオンが宣誓した「諸宗教の自由」とは、どのようなレヴェルにおける「自由」だったのか。そもそも独裁的な管理と統制は「自由」とまっこうから対立するのではないか。『フランス自由主義の成立――公共圏の思想史』なかで安藤隆穂氏は、自由主義の成立とナポレオン独裁との関係を読み解いて、つぎのように述べている。ナポレオンは「権力の強化による自由の防衛」という共和主義の期待にそうかたちで登場し、公共圏を活性化しつつこれを利用することにより独裁を実現した。

ナポレオンは、統治権力の巨大化をただ押し進めるだけでなく、公共圏を積極的に利用し、革命の継承、自由の擁護をその路線に組み込んだ。ナポレオンは一八〇二年に国民投票により終身統領に就任し、一八〇四年にはやはり国民投票の圧倒的支持を得て皇帝となる。ナポレオンはこのように独裁に公共圏の拡大を組み入れるとともに、一七八九年の『人間と市民の諸権利の宣言』の解放理念とフランス資本主義の利害とを巧みに組み合わせ、国内の政治・法・経済・社会秩序を樹立した(111)。

じっさい「フランス人の皇帝」は、革命がもたらした国民主権の原理も代議制度も否定せずに継承した。そして民法典を整備して近代的な家族制度を創出し、国内資本を保護して新興ブルジョワ階級の経済基盤を補強した。さらに対外的には軍事的な勝利とともに人権思想、コンコルダート体制、民法と戸籍制度などを輸出した。その一方で、レジオン・ドヌール勲章につづき、一八〇八年には新しい貴族制度を創設し(112)、新旧両勢力のなかから帝政に貢献する者をえらんで業績を顕彰した。こうした「メリトクラシー」が平等原則に反することはいうまでもない。そうしたわけでナポレオンの独裁は、革命の理念の一部を放棄しながらも、同時代の「成立しつつある自由主義」と政治的路線の多くを共有しながら形成されてゆく。以上、安藤氏の描きだす明快な見取り図を前提として考察をすすめよう。

本書で将軍ボナパルトの「メディア戦略」と呼んだ広報活動も、宗教と世俗がセットになった戴冠式も、代表制にもとづく「諸宗教」の制度化と「コンコルダート体制」も、考えてみれば公共圏の拡大とその活用とみなすことができる政治的成果である。安藤氏の表現を借りるなら、ナポレオン体制とは「巧妙な公共圏戦略」が可能ならしめた権力体制にほかならない(113)。

ともあれ、こうしてカトリック、カルヴァン派とルター派、そしてユダヤ教は「公認宗教」となり、信徒は礼拝を公に実践する自由を手に入れた。しかも自由化されたのは、四つの cultes だけではなかった。カトリックの一極支配にかわって宗教の多元性が認められ、社会秩序が流動化したことにより「宗教的なもの」や「霊的なもの」についての議論が公共圏で自由に交わされるようになった。さらには諸宗教の復興の気運にのって新しい組織や団体が陸続と誕生した。「コングレガシオン」と呼ばれる修道会の隆盛[114]は一見「コンコルダート」とは無縁の現象に思われるかもしれないが、ナポレオンの宗教政策のなかで共通の文脈におかれていることはまちがいない。

「コングレガシオン」とは何か

そもそも教区を基盤として信徒の礼拝を実践する「教会」とは質の異なる組織である「修道会」とはいかなるものなのか。わが国のミッション・スクールは基本的にどこかに本部をおく修道会によって創設されたものだから、上智大学は「イエズス会」、聖心女子学院は「聖心会」Sœurs du Sacré-Cœur、ラ・サール中高等学校は「キリスト教学校修士会」Frère des Ecoles Chrétiennes などと一通りの知識を披露することはできる。しかし修道会の長い歴史と活動の多様性を考えれば、わたしたちの身のまわりで視野に入る風景は、大海の一滴のようなものだろう。

『修道会の歴史——フランス中世から今日まで[115]』と題した一三五〇ページの大著が二〇〇九年に刊行された。全体の四分の一を占める革命以降の記述は、ライシテ論争に直面する現代フランスのアカデミックな研究にふさわしく、個々のテーマにかかわる法律や政令が要領よく紹介されており、宗教と女性のかかわりという問題意識も反映されている。まず基本的な了解として、宗教史の分野で修道会を大別する二つの範疇について確認しておきたい。清貧・貞潔・従順を誓う「盛式誓願」を宣立した正規の修道士が修道院の内部で共同生活を送る修道会を「盛式誓願修道会」congrégation régulière と呼び、これに対して会則はより緩やかで世俗の活動にたずさわる「単式誓願」の修道会を「単式誓願修道会」congrégation séculière と呼ぶ[116]。わかりやすくいえば、修道院にこもって信仰生活に明け暮れる団体と、病院や学校や監獄などの公共施設や社会奉仕にかかわる団体という相違である。

プラグマティストの皇帝にいわせれば、宗教は全体としては社会の安定に不可欠であるけれど、ただし修道院に閉じこもり信仰に生きるというだけの修道士・修道女は役立たずなのだった。社会的なメリット、デメリットという観点に立てば結論は早い。福祉関係と教育関係の修道会は目に見える貢献を認められ、海外への宣教も、勢力拡張をめ

ジャコバン・クラブに転用されたドミニコ修道会の修道院

ざす文明国としては支援すべきものとみなされた。要するに「盛式誓願」を排除して「単式誓願」は許容するというわけだが、こうした評価そのものは以前からあった。

啓蒙思想は非生産的な修道会を批判していたし、聖職者の独身義務を不健全だとみなす世論にも勢いがあり、たとえばディドロが『修道女』(一七六一年)を執筆する動機ともなっていた。革命の嵐のなかで一七九〇年に「盛式誓願」の宣立が禁止され、一七九二年にはフランス国内の修道会施設すべての閉鎖が宣言された[117]。慈善・施療・教育を目的とする修道会は例外とされたが、活動の継続は困難をきわめ、かろうじて生きのこった施設も法的なステータスをもたぬままだった。修道院の建物が国有財産として接収され売却されるケース、革命クラブの集会場や――ミシュレの生家の印刷所のように――さまざまの世俗的な目的に転用されるケースは後を絶たなかった。社会的な意味で何よりも重大なのは、弱者の救済を担当してきた宗教組織の巨大なインフラストラクチャーが崩壊してしまったという事実である。

そうしたわけでナポレオンが引きついだのは、例に

革命によって破壊されたパリの修道院

よって混沌とした状況だった。教皇ピウス七世は「コンコルダート」に修道会にかかわる合意がもりこまれることを望んだが、ナポレオンは拒絶する。管理権を一手に掌握する意図であることはいうまでもない。一八〇四年には宗教省が創設され、ポルタリスが初代大臣となる。喫緊の課題は役に立つ修道会、すなわち一般に「コングレガシオン」と呼ばれる団体の活動を合法化することだった。その一方で、プロテスタントやユダヤ教を「コンコルダート体制」に組みこんだときと同様に、多少とも強引な手法によって、地域社会に密着して慈善活動に専念していた泡沫的な組織が統廃合された(118)。

福祉と教育におけるジェンダー・バイアス

最優先とみなされたのは福祉や教育関係の女子修道会を再建することであり、一八〇〇年「愛徳姉妹会」Filles de la Charité に対し、施療院ではたらく習練女(誓願まえの見習い生)を養成することが許可された。ピウス七世も戴冠式への列席と引き換えにねばりづよく交渉を継続した。こうして一八〇四年六月二十二日の政令により、修道会の解散を定めた一七九二年八月十八日法が廃止されて、国が資格審査をおこなう認可制度が創設されることになる。

新たな気運のなかで「愛徳姉妹会」は特別の恩恵にあずかった。教皇の苦言に応えて伝統ある服装を着用することが認められ、フェッシュ枢機卿により修道会の復活を祝うミサが執り行われただけでなく、政令によりナポレオンの母君マリア・レティツィア・ボナパルトの保護のもとに置かれることが公にされた。こうして息を吹き返した「愛徳姉妹会」は物質的にも手厚い援助をあたえられ、一八〇八年には全国に二七四の修道院、一五三二人の修道女、一二一人の習練女を擁する統一組織に成長した。[119] その後も飛躍的な発展を見せ、一八四九年には八〇〇〇人の会員を数えたという。[120]

つづいて教育関係の女子修道会が活気をとりもどす。一八〇〇年にソフィー・バラにより創設されたばかりの「聖心会」は、早くも一八〇七年に認可をとりつけた。一八〇九年の政令では新旧二〇〇におよぶ宗教共同体が認可されたが、なかに観想の修道生活を送る団体はふくまれない。「盛式誓願」は個人財産の放棄を求めるから、永代寄付により教会や修道院関係の資産が蓄積されてゆく。そうしたアンシャン・レジームの方式が復活することに対する忌避もはたらいていた。

「愛徳姉妹会」の修道女　17世紀

こうした宗教復興運動への対応に、一見奇妙なことながら、女性優先というジェンダー・バイアスがかかっていたことは事実だった。その政治的な背景をさぐることはむずかしくない。庶民からエリートまで女子教育が修道会まかせになったのは、政治に発言権をもつ男性の教育を宗教勢力から切りはなして設営することが、緊急の課題だったからである。それにくわえて強大な男性修道会が復活することへの危惧と警戒は根強いものだった。教育への貢献という意味では抜群の実績と伝統をもつイエズス会の活動が再開されたのは、帝政の崩壊した一八一四年のことである。

十九世紀が、社会的な活動をおこなうコングレガシオンの黄金期であったことは、今日では宗教史の常識となっており、ナポレオンは、その布石を打った為政者とみなされる。いずれあらためて見るように、この分野では女性の活力にもめざましいものがある。[121]しかしイエズス会のように独自のアーカイヴをもつ団体と異なって、混乱のただなかで情勢を見極め、いちはやく活動を再開した匿名の女性たちの組織力などは、人びとの記憶にとどめられはしなかった。もともと修道会の社会貢献というテーマは、カトリック研究の内部では認知されてきたものの、これが開かれた展望で語られるようになったのは、ここ二十年ほどのこと、すなわちイスラーム移民の問題やスカーフ論争などに触発され、宗教と社会の関係を非宗教的《ライック》な立ち位置から考察する歴史研究が大きな進展を遂げてからのことである。宗教とジェンダーという問題系に社会学的なアプローチをこころみる研究は、こうした潮流のなかでも新しい動向といえる。とりわけクロード・ラングロワの論考は、さまざまの意味で学問的な基調をなすと思われるのだが、これは第Ⅲ部で参照することにしたい。

　こうした社会現象について同時代の小説は証言をのこさなかったのかといえば、神に身を捧げた女たちに、作家がまったく無関心だったわけではない。ただしディドロの『修道女』、スタンダールの『カストロの尼』(一八三九年)、ジョルジュ・サンドの『レリア』(一八三三年)、あるいはバルザックの『ランジェ公爵夫人』(一八三四年)などでドラマの舞台となるのは、いずれも古いタイプの閉鎖的な修道院である。これに対して学校や病院、施療院、孤児院、牢獄、あるいは慈善活動や、一般家庭の重篤な病人の枕辺や、通夜あるいは葬儀などで、人びとが日常的に目にしていたはずの修道女たちは、小説のヒロインはおろか、脇役にもならなかった。「愛徳姉妹会」などの寡黙な女性たちは、さながら影法師のように舞台の片すみに控えているだけで、おのれの人生をもたぬかのようだった。十九世紀末のゾラがようやく『ルルド』(一八九四年)と題した作品で、重病人の聖地巡礼を組織する修道女、それも若くてとびきり魅力的な女性を描きだしている。一般論として、弱者のために裏方の仕事を黙々とこなすコングレガシオン系の修道女たちは、作家の美意識に訴え、読者をロマンチックな夢想へと誘《いざな》う存在ではなかったのである。

3　結社としての宗教団体

バルザック『人間喜劇』の秘密結社

伝統的な宗教制度からは逸脱しているが、なんらかの霊的な動機によってむすばれた集団は、活動の実態が謎につつまれていればいるほどに、人びとの興味や畏怖や恐怖を呼びさます。本来「コングレガシオン」とは「宗教団体」を意味する普通名詞だが、この言葉が得体の知れぬ闇の権力を指してつかわれることは少なくない。

スタンダール『赤と黒』の幕開けで舞台となる田舎町ヴェリエールでは、治安判事と助任司祭が敵対し、あやうく判事の首が飛びそうになったことがある。おそらくイエズス会士であるらしい司祭には「修道会《コングレガシオン》のスパイ」だとの噂があった。説明ぬきでつかわれる「聖ヨセフ信徒会」「聖母修道会」「聖体秘蹟修道会」といった団体も、地元の権力闘争に少なからぬ影響力をもつらしい(122)。出世の野心に駆られてブザンソンの神学校に入ったジュリアンに、謹厳なピラール師は「自分の承諾なしにはどんな秘密結社、秘密修道会にも入らぬように」と戒める。そのピラール師はジャンセニストとみなされて、ブザンソンの「修道会《コングレガシオン》」の大物に睨まれている(123)。

バルザックの『人間喜劇』でも「秘密結社」の一員が、壮絶なドラマの鍵をにぎる闇の存在として描かれることがある。娯楽的な読み物の読者サーヴィスとみなしてはなるまい。純粋にカトリック的な団体から、宗教性が希薄な秘密結社、さらには陰謀や犯罪を事とする地下組織までが、連続する範疇として把握されているのだが、そうした理解の起源には、得体の知れぬ巨大な力に絶えず脅かされ、翻弄されているという恐怖の感情があったにちがいない。『人間喜劇』の創作原理は、大革命から王政復古に至る血腥い動乱の記憶のうえに打ち立てられている。

『トゥールの司祭』は、名は明かされぬ「コングレガシオン」の一見みすぼらしい聖職者が、同じ下宿屋に住む善良な田舎司祭の人生を踏みにじり、地方の由緒ある貴族まで恫喝《どうかつ》する話。国王側近の高位聖職者にまで人脈をもつらしいその人物は、たちまち司教に出世する。カトリック勢力の末端から頂点にまで浸透し、ドラマの表舞台には姿を見せぬ人間のネットワークこそ、バルザックが終幕に浮かびあがらせようとした究極の主題だったにちがいない。正体不明の「修道会」や「信徒会」confrérie あるいは「同業組合」compagnonnage などと呼ばれる秘密結社がかたちづくる闇の領土は、おそらく存在したのである。その住民は、絶対的な服従や友愛の絆によってむすばれ、社会の底辺から華やかな貴族社会にまで人間の輪をひろげている。『人間喜劇』の「パリ生活情景」のなかにおさめられた三部作『十三人組物語』(124)の序文としてしたためられた文章で、バルザックは蘊蓄をかたむけ饒舌な「秘密結社論」を展開する。その一部をご紹介するが、名指される二つの団体「デヴォラン」と「ドヴォワール」は『ラルース大辞典』の compagnonnage の項でも大きくとりあげられており、実態は謎めいているものの実在するとみなされていた。

さてデヴォランとは何か？　その昔エルサレムの寺院を再建しようと志したキリスト教世界の職人たちのあいだで組織された巨大な神秘主義的組合があり、これを起源とする「コンパニオン」の一団にあたえられた名がデヴォランだった。「コンパニオナージュ」と呼ばれる組合組織は、フランスの民衆のなかで今も健在なのである。その伝統は、開明的とはいえぬ頭脳、いちど立てた誓願は破れぬと信じている無知な人々に強くはたらきかけており、かりに天才的な不届き者があらわれて、こうした結社を傘下におさめたとしたら、途方もない企ても可能になるはずだ。なにしろ、こうした結社においては、手先となった者は、ほぼ確実に盲従する。遠い昔から、町と町をつなぐ宿場がコンパニオンのために設けられており、「オバード」と呼ばれるこうした宿は、通称「おふくろ」によって営まれている。それは今さら失うものは何もないという風情の、流浪の民の老婆のような人物で、その土地でおきていることを細大漏らさず知っており、恐怖のためか長い習慣によるものか、徒党門徒を宿に泊めて細やかに世話を焼いているときの献身ぶりは徹底していた。要するに形は変えるが慣習は不動のものとして受けつぐこうした民は、いたるところで目を光らせていて、どこでも指令があれば事の是非を問わずに決行する。それというのも最年長のコンパニオンは、いまだ何かを信じられる時代を生きているからである。それに組織全体は、相当に真実味もあり神秘性もある教義を掲げており、これらの教義がたとえわずかなりと発展を見れば、信者たちが愛国的な熱狂にかられることはまちがいなかった。コンパニオンたちがそれぞれの掟に執着するさまは誠にひたむきであり、対立する党派が、なんらかの原理に関する論争から血で血を洗う闘いをくりひろげることもある。今日の治安当局にとって幸いなことに、デヴォランが野心家である場合、いくつかのロッジを立ち上げ、財をなせば、組合を去ってゆく。デヴォランのライヴァルに当たる「ドゥヴォワール」と呼ばれるコンパニオンや、職人たちのさまざまのセクト、彼らの慣習や相互の友愛、彼らとフリーメイソンの関係など、面白い話はつきないが、ここでは細かい話は場違いとみなされよう[125]。

ここに描かれた秘密結社は霊的な起源をもち、もっぱら庶民を組織するもののようだが、これに対して『十三人組物語』本体の三部作は、パリの上流社会を舞台とし、宗教にも道徳にもしばられぬ大胆不敵な男たちの固い結束がドラマの曲折を左右する。次章でとりあげる『ペール・ゴリオ』[126]には「不死身《トロンプ＝ラ＝モール》」という渾名の徒刑囚がいて、犯罪者の金をあずかり、闇の資金を運用する金融業者のようなことをやっている。脱獄して善良な市民をよそおい、主人公ラスティニャックと同じ下宿屋に逗留していたが、官憲にふみこまれたとき、こう大見得を切る。――「むこう〔徒刑場〕に行きゃあ、みんな、自分たちの将軍、つまり、この善良なるトロンプ＝ラ＝モール様を脱走させるためとあれば、どんなことでもする連中ばかりだ。おれは、おれのためなら何でもしようっていう手下を一万人以上も抱えてるが、おまえたちのなかにそんなやつは一人でもいるか[127]？」

ちなみにヴォートランは『人間喜劇』のなかでは『幻滅』や『浮かれ女盛衰記』にも登場する大物である。『失われた時を求めて』の男色家シャルリュス男爵の祖先ともいえる登場人物で、フランス文学が造形したもっとも魅力的な悪党のひとりと断言できる。くり返し強調しておきたいのだが、ヴォートランは荒唐無稽な空想の産物ではない。

なにしろ闇の帝王から転身して国家警察の総監になったヴィドックという実在のモデルもいるのだから。大革命からの乱世をからくも生きのびた人びとにとって、当時の世相風俗は、妙な言い方だけれど、まさにバルザック的なものに見えていたにちがいない。

フリーメイソンの黄金時代？

こうした議論の延長上でフリーメイソンをとりあげることに多少のためらいを感じないわけではない。しかし今日でさえ陰謀により世界を震撼させたオカルト的秘密結社といった俗説は流布しており、その一方で近年の学問的な成果は充分に知られていないのが実情だろう。「デヴォラン」と「ドヴォワール」から「フリーメイソン」へと話題をつなぐバルザックに依拠するか、それともアカデミックな歴史研究の視点に立つか、捉え方しだいでヤヌスのように背反する秘密結社の相貌を、あえてならべて素描してみよう。宗教的・霊的な結束をめぐり、切実な期待と理不尽な恐れが渦巻くという現象は今日に通じるものがあり、ここにも「宗教文化」の本質をなす特徴のひとつがひそんでいると思われるからである。

まず指摘しておきたいのだが、ナポレオンの宗教政策の恩恵に浴したのは、正統的なキリスト教やユダヤ教の「公的礼拝」だけではなかった。カトリック教会の一極支配がくずれたことにより、伝統的な宗教から逸脱した周辺領域が自由化されて、フリーメイソンが活動しやすい状況になったことは確かだろう。ジャック＝オリヴィエ・ブードンは『ナポレオンと諸宗教』の第三章「ボナパルトと側近の宗教」でフリーメイソンに言及し、以下のように状況をまとめている。

恐怖政治のもとで打撃を受けたフリーメイソンは、キリスト教の諸宗派と足並みをそろえるような具合に、一七九五年、総裁政府の成立をきっかけに復興の道をあゆみはじめた。フランス国内の統轄団体「フランス大東方会」Grand Orient de France の傘下にある「会所」loge の数は、一七九六年には一六、一八〇二年に一一四、一八〇六年に五二〇、そして一八一四年には九〇五となぎのぼりに増加した。しかも「帝国の高官の大部分」はフリーメイソンだった。一八〇五年以来、ほかならぬナポレオンの実兄ジョゼフが大東方会会長の席を占め、実弟のルイが副会長となっていた。民法典の起草者のひとりでもある大法官カンバセレスは、これに次ぐ要職にあり、ジョゼフがナポリ王に即位した一八〇六年からは、全面的に責任を担う立場になる。

ナポレオンはこうして身内や側近たちの手で管理権を掌握したうえで、フリーメイソンを擁護するという方針をとった。具体的な対応をまかせられたのは宗教大臣ポルタリスであり、この事実をもって、フリーメイソンが「諸宗教」cultes の範疇とみなされたものと推論することもできる。ナポレオン自身もメイソンであったとの風評については、皇帝たるもの特定の党派に属してはならぬと考えたはずだ、とブードンは示唆している。ともあれ皇帝はメイソン擁護を標榜することにより、名望家、官吏、軍人、商人、自由主義的な市民層の支持をとりつけ、フランスの都市部に盤石の足場を築くことができた。とりわけ軍隊へのフリーメイソンの浸透は著しく、一八〇五年には現役の士官の四分の一が会員であったとされる(128)。

まさに「黄金時代」ではないか。それなのに『帝政下のフリーメイソン――黄金時代(129)?』という論文集の副題に、わざわざ疑問符がつけられているのはなぜなのか。実証的歴史学の第一人者ピエール＝イヴ・ボルペールは、帝政の政治権力とメイソンの関係についての論考を寄せている(130)。フリーメイソンは啓蒙の世紀からすでに全ヨーロッパ的な規模をもつ国際的社交団体だった。その団体がナポレオンのもとで権力の中枢に組みこまれて飛躍的発展を遂げたのち、帝政の衰退とともに凋落したといわれるが、それは正しい歴史解釈だろうか、というのがボルペールの問題提起である。

ボルペールによれば、帝政期におけるメイソンの多種多様な会所のなかには、アンシャン・レジーム期から継続したものも帝政崩壊後に発展を見るものもある。それにまた、史料を精査すると、メイソンが過去においても歴代の政治権力に忠誠を誓うという原則をつらぬいてきたことがわかる。特定の宗教やイデオロギーに抵抗も荷担もしないという団体の基本方針、すなわち「中立性」の追求こそが重要なのであり、ナポレオン体制の内部だけに視野をかぎったうえで、たとえば政治的な接近と離反という物語を読みとること自体が、方法論としてまちがっているとボルペールは指摘する。

歴史研究における「メイソン学」の蓄積と最新の動向については、貴重な邦訳文献であるピエール＝イヴ・ボルペール『「啓蒙の世紀」のフリーメイソン』と、編訳者である深沢克己氏が同書に寄せた論考をお読みいただきたい。ひと言でいえば団体として白黒を明確にする政治行動はとらず、状況に適応して複雑に外観を変化させることこそが、メイソンの本領なのである。ボルペールの形容によれば、それはまさに「カメレオン的社交組織」**sociabilité caméléon** だった[131]。

名望家とメイソンとポルタリス

それにしてもフリーメイソンの隆盛そのものは否定しがたい事実である。ここでは切り口を変えて、団体のなんらかの特質とナポレオン体制とのあいだに「親和性」があったのかもしれないと仮定してみよう。

そもそも帝政とメイソンがともに基盤とした「名望家」notables とは何か。ナポレオンの理想とする統治の様式は、アンシャン・レジームとは異なるが、それなりの秩序と社会階層があり、過去に囚われぬ強力なエリート集団が誠実に政権を支えることだった。全国の富裕な土地所有者が新しい枠組となるはずで、その中には旧来の貴族階級と革命により国有化された土地を購入した市民層がふくまれる。この集団は特権や肩書きによって他の国民から隔てられているわけではない。新時代にふさわしい秩序と階層を、ここに導入するこころみがレジオン・ドヌール勲章だった。従来の貴族制度と異なるのは、これが「血」の保証によらず個人の貢献を評価する「メリトクラシー」であることだ。一八〇四年の戴冠式の宣誓で、領土の保全やコンコルダートとならべ、わざわざ言及するほどの重みをもった制度なのであり、こうした選抜と顕揚のシステムは、帝国軍隊の元帥職や爵位などによって補強されてゆく。一八一〇年の時点で「名望家」と呼ばれる人びとは、大ざっぱに見て数万にはなっていたという[132]。実力重視の社会で上昇気流に乗ったエリート層の多くが、とりあえず政治的野心とは無縁な動機から、フリーメイソンに入会していた可能性は大いにあるだろう。そのメイソンの会所とは、具体的にどのような活動の場であったのか、深沢克己氏の解説を引く。

こうしてフリーメイソン団は、はやくも「啓蒙の世紀」前半から、ヨーロッパ諸国住民の多様な社会的・文化的・思想的欲求の受け皿になった。それは社交クラブ、相互扶助団体、学術アカデミー、文芸協会、親睦団体、球戯同好会、宴会組織などを同化吸収して拡大し、ときには幾何学の研究や抒情詩の朗読と、錬金術の実験や降霊術の儀式とを同居させ、保守的なカトリック聖職者も、急進的な啓蒙主義者も等しく受け入れることにより、多様で柔軟性のある社交団体として発展した[133]。

列挙された多種多様な活動を見ると、まるで今日のNPO的な団体のようにも見えるのだが、やはり要《かなめ》となるのは「宗教的なもの」との関係であり、さらには多少ともバルザック的な秘密結社としての機能だろう。

フリーメイソンへの対応をまかされた宗教大臣ポルタリスは、本人もメイソンであり名望家のエリートだった。ナポレオンの政治哲学を反映する法律や施策を総合的に策定し、行政の現場における経験や判断を皇帝にフィードバックする力量をもつ能吏だったといわれている。一七四六年エクスに生まれ、アンシャン・レジーム下で弁護士になったポルタリスは、二十歳で『聖俗の権力の分割』と題した小冊子を発表して、地元のメイソン会所に入会し、ただちに活動的なメンバーとなった。革命の混乱期には一七九八年から二年ほどスイスやドイツに亡命。ヨーロッパの著名人と交流して重厚な哲学的論考を執筆する。第一統領ボナパルトに重用される以前から、メイソンの思想信条は堅固に内面化されていたにちがいない[134]。

ポルタリスが皇帝の指示のもとに展開したフリーメイソン政策は「黄金の馬具」licol doré と評される。[135] 完全な「公認宗教」として制度化されることはなかったが、手厚い保護と引き換えに服従を約束し、贅沢な革紐のようなもので国家のイデオロギー装置にしばりつけられていたという意味だ。コンコルダート体制下の公認宗教とフリーメイソンのあいだには、見逃してはならぬ相違がある。カトリックでもプロテスタントでも理神論でも、おのれの信仰や信条を捨てることなく、メイソンの会所に入会できる。会員は「宇宙の創造主」という名の神を信じようと、神秘主義に傾こうと、あるいはキリスト教の伝統的教義に忠実であろうと、原則は自由である。これに対してローマ教皇庁はメイソンを異端結社として厳しく禁じていた。[136]

具体的な例として、人間の死と葬儀に公認宗教とメイソンがいかにかかわるかという問題にふれておこう。フランス国内においては、メイソンになったカトリック信徒が終油の秘蹟を望んだとき教区司祭はこれを拒絶してはならず、一方でメイソンがカトリック教会における葬儀に参列するときには、象徴などをたずさえて「団体」としてふるまってはならない。これが宗教大臣ポルタリスの下した判断だった。上述のように帝政期のカトリック教会は国家の監督下にあるから、公権力の指示には逆らえない。こうしてメイソンは間接的にコンコルダート体制によって保護されたことになる。[137] 安藤隆穂氏の指摘するように、独裁的な支配が信教の自由を拡大したケースの典型とみなせよう。

ポルタリス自身も、メイソンにしてカトリック信徒でありつづけた。[138] コンコルダートが承認された一八〇二年四月、ポルタリスは議会の演壇からつぎのように語りかけている。

公序と良俗にとって重要なのは、すべての人間が同じ宗教をもつことではなく、それぞれの人間がみずからの宗教に愛着をもつことです。それというのも、実践することを許された複数の宗教が社会にとって有用な教えを含んでいることが確かである以上、これらの宗教がそれぞれに熱意をもって守られることが望ましいからです。良心の自由は自然権であるというだけではない。それはまた政治的な資産でもあります。よくいわれるよう

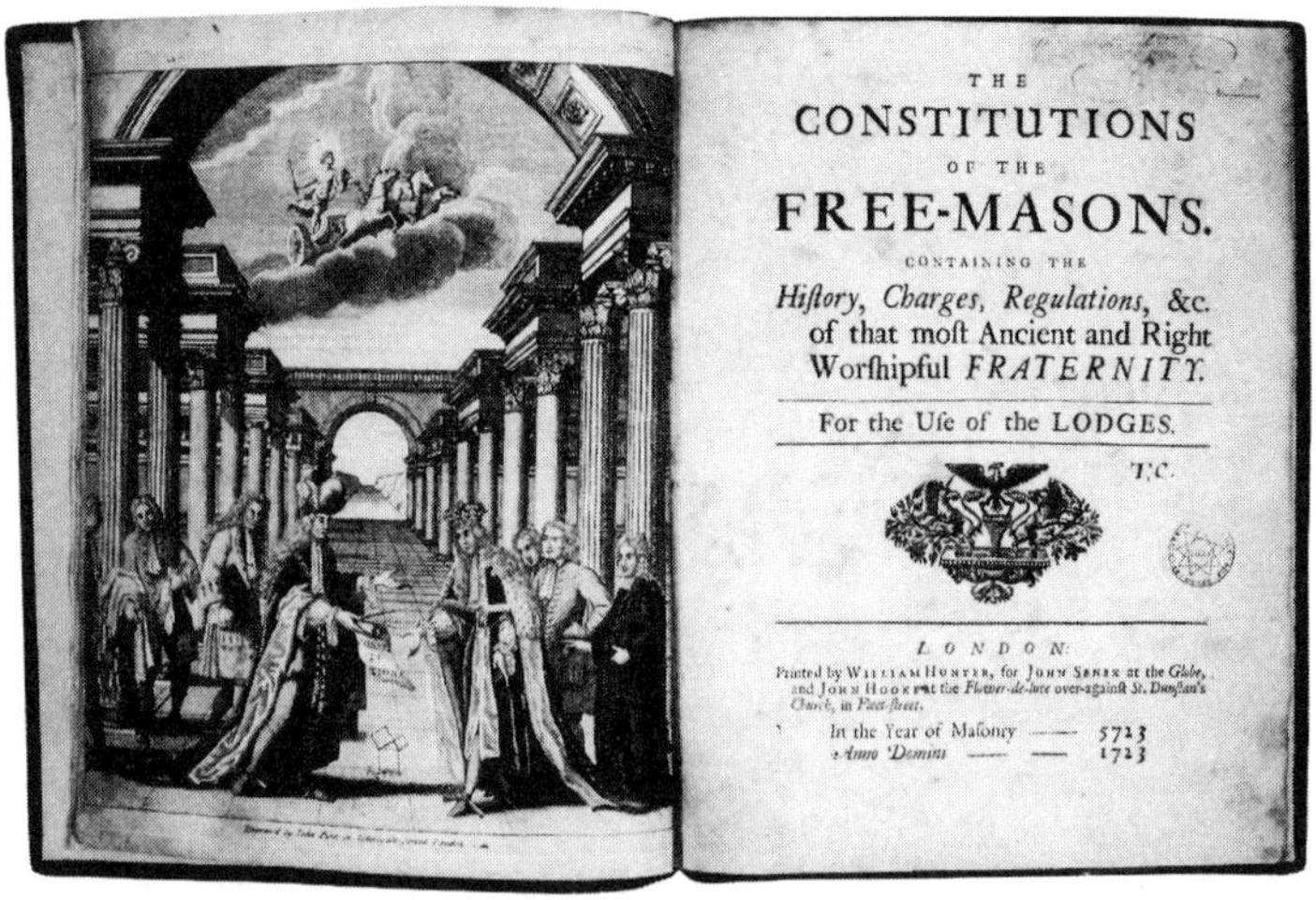

『フリーメイソン憲章』初版扉絵（ロンドン，1723 年）

に、複数の同等に認可された宗教が存在するところでは、それぞれがいっそう用心深くふるまうようになる。自分の帰属する教会の不名誉になり、教会を世間の軽蔑や批判にさらすことになるような行動を慎むようになるからです。さらに、たがいに競合もしくは容認しあっている複数の宗教のなかで生きる者は、支配的なひとつの宗教のもとで安穏に暮らして栄誉を得られる者よりも、一般に祖国に仕えることに強い意欲を見せるともいわれます[139]。

プロテスタントの内部には複数の教派があるという指摘につづく話題であり、メイソンが直接に名指されているわけではないのだが、一般論として複数の宗教が共存し、たがいに徳を競い合いながら祖国に貢献することが望ましいという主張である。この文章を一七二三年にロンドン大会所で採択された『フリーメイソン憲章』(通称『アンダーソン憲章』)の第一条と比較してみよう。

> メイソンはその資格により道徳法にしたがう義務がある。そして技法を正しく理解するなら、彼は決して愚かな無神論者や宗教なき自由思想家にはならない。しかしなが

ら、かつてはメイソンたちがそれぞれの郷土や国民の宗教を信じることが、それがどんな宗教であれ、義務とされていたが、現在では彼らをすべての人が合意できる宗教にのみしたがわせ、個別的な見解は各人の判断にゆだねるのが好都合であると考えられる。すなわち善意と真実の人、または名誉と誠実の人であることがそれであり、彼らがどんな宗派や信条により相互に区別されるかは問わない。これによりメイソン団体は、永遠に隔てられていたはずの人々のあいだで、団結の中心および真の友愛を結ぶ手段になる。[140]

一方は「近代国家の建設」を論じ、他方は「団結と友愛」を説いたものではあるけれど、無神論を排除し、宗教や宗派の多様性を尊重するという大原則は、共通のものといえる。ポルタリスは、いってみればメイソン的な多元主義を政治哲学として、宗教大臣の任に当たっていたのではないだろうか。こうしてポルタリスはコンコルダート体制を円滑に運用する法制度を立ちあげ、その腕を見込んだナポレオンは、同じ人物に民法典の編纂という大事業も託したのだった。

第四章　民法と家族制度

1　「ナポレオン法典」をめぐって

ポルタリスとフランス人の「民事的憲法」

一九九九年に刊行されたジャン・テュラール監修『ナポレオン事典[141]』の増補版は、大判二巻本、合計二千ページにおよぶ研究の集大成だが、その「ポルタリス」の項、冒頭部分を訳出する。

民法典とコンコルダート——二つの「御影石の塊」に喩えられる偉業だが、前者の草案を練り、後者の実施を可能ならしめたのは、たった一人の人間、ポルタリスである。いずれの場合も、孤軍奮闘というわけではなかったが、つねに卓越した役割を果たしていた。彼はまず、第一統領により指名された四名からなる委員会の一員として一八〇〇年に民法典の起草を再開し、四年でこれを完成させた。コンコルダートの交渉に当たったわけではないが、一八〇一年に諸宗教関連事項を担当する補佐官に任命されてから一八〇七年に死去するまで、効果的かつ有能にフランスにおける宗教的な活動を再建すべく陣頭指揮をとった。今日では大衆的な知名度は高くないけれど、この「ホメロス的な老人」――一八〇〇年には五十四歳になっていた――を尊敬する同時代の人びとにとって事情はちがっていた。失われつつある視力を補って余りある驚異的な記憶力に人びとは感嘆した。彼の演説の才、精神の高潔、倫理的な廉直、さらには宗教的な信念を高く評価した。ボナパルトは、このように信頼の篤い人物が全霊をもって自分に仕えることで、どれほどの益を引きだすことができるかを、ただちに見抜いたのである。

複数形の「御影石」という喩えは、ナポレオンが一八〇〇年の国務院における演説で、砂粒のようにバラバラになった個人をまとめあげる巨大なシステムという意味で用いたものであるという。同時代のエリートの目には、民法典とコンコルダート体制が対をなし、相互補完的な役割を果たすという構図が、自明のものと見えていたはずである。

その後、世俗の法とカトリック世界の結節点、いやむしろ分岐点があいまいになってしまったことの原因はどこにあるのだろう。一方のナポレオン法典は二百年の命脈を保ち、国民が選択する価値と市民社会のモデルを呈示する「民事的な憲法」(142) Constitution civile とみなされて、わが国でも二〇〇四年にこれを記念するシンポジウムがおこなわれるほどの世界的な遺産となった。これに対し、コンコルダートと付属条項は第三共和制の政教分離政策、とりわけ一九〇五年法によって反古《ほご》にされ、前世紀の遺物のように記憶の片隅に追いやられた。フランスの大学における歴史学、そして日本の西洋史学は、ごく最近まで、そのような展望に立っていたのではないだろうか。

「宗教文化」という学際的な切り口を設定した本書では、民法典とコンコルダートの付属条項という二つの法案が、ポルタリスという賢人の頭脳を経由して連続的に策定されたという事実そのものに向きあってみたい。それにしても、まずはナポレオン法典についての基本的な知識を習得しておかなければなるまい。

一八〇四年三月二十一日、立法府において成立した当初の正式名称は「フランス人の民法典《コード・シヴィル》」Code civil des

Français である。ナポレオンが戴冠したこの年、民法典と同時に、帝国大学の法科の母体となる法学校を再建する法律が定められた[143]。その後まもなく、帝国の領土が拡大したことにより、「フランス人」の看板を下ろし、皇帝へのオマージュをこめて「ナポレオン法典」Code Napoléon と呼ぶことになったが、帝政の崩壊にともない「コード・シヴィル」という呼び名が復活。重要なのは名称の変更よりむしろ、王政復古に際しルイ十八世はアンシャン・レジームの統治形態にもどろうとはせず、「憲章」を定めて民法典をほぼ温存するかたちで引きついだという事実だろう。十九世紀後半、第二帝政は「ナポレオン法典」の名を復活し、第三共和制は「コード・シヴィル」に回帰する[144]。

その間に民法典はどれほど国民に浸透し理解されたのか。すでに述べたようにナポレオンは、あらゆる場面においてプロパガンダの才を発揮した。一八〇〇年から一八〇四年にかけて民法典編纂作業の主要な議事録が公開されたことは、それだけでも画期的だった。法典が公布された当時、第一版は一月で八万部が売れた[145]。つづいて民法典をあつかった大衆的な書物が大量に出回った。法学部の学生が暗記するために韻文形式や一覧表をつかった参考書、女性向け、聖職者向けの手引き、なかには「教理問答集」まであった。さらにカリカチュア、通俗版画、置き時計からチョコレートの箱まで「民法グッズ」のような小物。そしていうまでもなく文学。筆頭にくるのはバルザックだが、具体的な作品分析は後回しとしよう。法的な素養の基本的なものは、中等教育と初等教育をつうじて国民に注入された。とりわけ注目したいのは、一八八〇年代まで、大学における専門教育は、じっさいのところ医学部と法学部だけだったというジャン＝ルイ・アルペランの指摘である[146]。この問題は第五章でとりあげる。

『人間喜劇』の著者は、近代小説の野心は同時代の人間社会を包括的に描出し、「戸籍に挑戦する」faire concurrence à l'Etat-Civil ことだと豪語した[147]。しかし近代小説と国民生活の関係を考えるとき念頭におくべきは、こうした明示的な言説だけではない。フローベールの父親と兄は医者、本人はパリで法学部に進み中途退学して作家になった。バルザック、フローベール、モーパッサンなどの国民作家はもとより、ジャーナリスト、弁護士、政治家の大方、すなわち十九世紀において非宗教的《ライック》な公共圏の飛躍的な拡大に裨益した知的エリートのほとんどが、もっぱらナポレオン法典を頭に叩き込まれた「法学士」あるいは法学部の授業を聴講したけれど学士になりそこねた男性たちだったことを忘れぬようにしたい。

そうしたわけで第三共和制が成立した一八七〇年代、すでに「ナポレオンの法律」が「フランス人の民法典」として共和国の記憶にすんなりと組みこまれる準備が、ある程度ととのっていた。ジャン・カルボニエの指摘によれば、一八八〇年代にはじまる初等教育の改革のなかで「公民教育」がクローズアップされたとき、特権的な教材とみなされたのが「民法」の基礎知識だった(148)。こうして一九〇四年の民法制定百周年の記念事業は「愛国的」な熱気につつまれることになるのだが、このターニング・ポイントについては、第Ⅳ部で検討することにして、ここでは二百年後の今日の議論に耳を傾けてみよう。

民法典二百周年とカルボニエ論文

二〇〇四年三月、ソルボンヌの大講堂において挙行された記念式典において、ポルタリスの『民法典序論』とならび、前年に逝去したジャン・カルボニエの論文「コード・シヴィル」が要所要所で読みあげられるという演出がなされたという(149)。「二十世紀を代表する立法者」「光を放つ民法学」といった形容で称えられる輝かしき生涯と偉大な業績のシンボルのごとく顕揚されたこの小論文は、もともとピエール・ノラの『記憶の場』の第二巻「国民」のために執筆されたものである(150)。洗練された修辞学の技巧においても光彩を放つこのフランス語テクストに、法学の基礎教育さえ受けたわけではない者が分け入ろうとすることの危険は承知のうえで、これまで考察してきた主題と密接にかかわる断章をとりあげてみたい。

「コード・シヴィル」と題した論文の後半。法を全体として見れば、それは大方において特定の目的を達するための規定からなっており、いわば「道具的」な性格のものとみなすことができる、という指摘のあと、カルボニエは新たな視点を導入する。一方において民法典は「象徴としての書物」であり「諸々の象徴の書物」でもある。それは第一に知的な統一の象徴であって「基底をなす語彙の集成」「諸原則の貯蔵庫」としての役割を果たす。さらに民法典は法文テクストを集約することで人間をまとめあげ「国民の統一」をもたらした。一八〇四年の民法施行法にいわく――「この法律が施行される日から、ローマ法、王令、一般的・地方的慣習法、局地的慣習法、条例は、本法典を構成する法律が対象とする事柄につき一般的ならびに個別的な法としての力を失う」。大革命以前と以後のフランス各地において効力をもっていた実定法と慣習法のすべてについて、民法典の規定が上位に立つことが宣言された。このことにより、百科全書派とジャコバン派が共有してきた精神がついに実をむすび、「単一の国民には単一の法」という理想が実現したのである[151]。

つづく何ページかの議論は割愛しなければならないが、法典を象徴として読み解くというカルボニエの繊細な作業のなかで、とりわけ鋭利なものに思われるのは宗教をめぐる指摘である。まえもってその趣旨を「宗教が不在であることの象徴的な意味」と要約しておこう。

それにしても政治家ならこう考えるだろう、もっとも神秘的であるがゆえに、もっとも素晴らしいと思われる象徴体系は、他のところにある、と。それはどこにもない象徴体系、民法典のどこにもなくて、要は民法典が沈黙を守ること――すなわち宗教について沈黙を守ること――を決断したという事実がはらむ象徴体系である。当初から、この無言の行は否応なく目についた。とりわけ婚姻という重大問題についてはそうだった、なにしろ何世紀ものあいだ教会法が牛耳ってきた事柄なのだから。とにかく完璧な無言の行であり、唯一、目配せのようなものがあるとしたら、それは九〇九条（聖職者であれ医者であれ、死の床にある者に対し遺言を示唆誘導してはならない）だろう。じっさい民法典のなかに「告解」は不在なのだが、現実の社会には「告解」が存在しつづけている。ここで宗教から法が分離されたのであり、法と宗教は今も分離されたままになっている。この **laïcisation** は一九〇五年になしとげられたとみなされることがあまりに多いのだが、決定的な日付は一八〇四年である。沈黙という言語に翻訳されたもうひとつの象徴が、民法典とともに国民的な記憶におさめられた[152]。

フランスに固有の政教分離の方式としての「ライシテ」laïcité の内実をまだ考察していないため「ライシザシオン」laïcisation にも訳語をつけにくいのだが、想定されているのが聖と俗の棲み分けであることはご理解いただけよう。ジャン゠ルイ・アルペランはこの特質を「神のいない法典」と形容する。婚姻や人の死について宗教的なものの介入がないかのようにふるまうという民法典の構成は、たしかに革新的なものだった。十九世紀初頭のヨーロッパにおいては、キリスト教徒と非キリスト教徒との婚姻を禁じる立法もあったのだから。断固として宗教に言及しないという方式は、結果としてプロテスタントやユダヤ教徒をフランス社会に統合することに寄与したはずである[153]。

しかし一方で民法典の「沈黙」により人びとの生活に混乱は生じなかったのか、という疑問はのこる。人の誕生と婚姻と死を管理することは歴史的にカトリック教会の専権事項だった。しかもカルボニエも認めるように、十九世紀をつうじて臨終の「告解」は習俗として健在だった。

ここで思いだしていただきたいのだが、「民法」と「宗教」の衝突を避けるための最小限の条件は、じつはコンコルダートの「付属条項」に記されている[154]。宗教婚に民事婚が先行しなければならないことを定めた第五四条、聖職者の台帳は戸籍に代わる価値をもたないことを定めた第五五条がそれであり、こうして「民事婚」は婚姻を、「戸籍」は人間の誕生と死を、それぞれ宗教から分離する装置として機能した。ナポレオンの国家構想のなかで、コンコルダート体制と民法典という二つの「御影石」は、孤立したブロックだったわけではない。そうではなく絶妙なペアを構成して政教関係にかかわる必要不可欠の調整をおこなっているのである。

それにしても民法典が「神のいない法典」になることにより、婚姻や死をめぐり、世俗の権威と宗教の権威という二重構造が定着してしまったことは事実だろう。両者の勢力争いは、二十世紀まで、いや今日でさえつづいている。一九五四年、コレットが死去して国葬が営まれることになったとき、カトリック教会が葬儀への協力を拒んだために、三度の結婚と二度の離婚が災いしたのだとだれしもが考え、世界的な論争が巻きおこった。カトリックの小説家として名高いグレアム・グリーンはパリ大司教に対する公開書簡で「教会をへない民事婚を二度経験したこと」は、それほど許しがたい罪なのか、と問いかけた(155)。

当然のことながら誠実なカトリック信徒は倫理的に「教会法」によってしばられている。カルボニエに代表される法学者・立法者の努力によって画期的な改革を施された今日の「民法典」と現行の「教会法」のあいだに矛盾や葛藤はないのだろうか。むしろ反対に、結婚と離婚、同性愛、同性婚、人工妊娠中絶、生命倫理などの問題をめぐり、両者の齟齬と乖離は深刻の度合いを増しているように見える(156)。

革命期のラディカルな法案から家父長制への転換

モリエールの喜劇やショデルロ・ド・ラクロの『危険な関係』など、フランス文学の古典を読みなれた者であれば、十九世紀になって女性の解放が大いに進展したとはいえないという漠然とした印象をもっているだろう。革命以前の貴族の場合、夫婦は一心同体という意識は希薄であって、経済的に自立した妻が夫と同居しないというケースもまれではなかった。一方、姦通小説のヒロインたちは、まるで未成年のごとく法的な人格を認められていないらしいのだ。アンシャン・レジームの一部エリート層と革命後の一般市民とを横並びに比較することは厳密さを欠くけれど、それにしても近代フランスのジェンダー秩序は、ひと言でいえばナポレオン法典によって決定されたはずである。しばしば「父権的」「権威主義的」と形容されるこの法典の内実は、具体的にいかなるものだったのか、手許の参考書をひらき、学んでゆくことにしよう。

まずは北村一郎編『フランス民法典二〇〇年』から、巻頭論文の「作品の成立」と題した文章が、もっとも基礎的な知識を提供してくれる(157)。法典は第一篇「人」、第二篇「財産および所有権の諸変容」、第三篇「所有権取得の諸様態」からなるが、この三部構成は、実質的に「家族」「所有権」「契約」という三項目に対応する。分量でいうと二二八一条までである法典のうち「家族」は五一五条まで。要するに大半は「財産」とその譲渡や取得などにかかわる規定である。ナポレオン法典は「古法と大革命法の接合」からなっている。「古法」は各地の慣習法を基盤として、これに普遍的な法源としての教会法とローマ法、さらに国王の立法である王令が加わったもの。一方「大革命法」とはいかなるものか。ここで参照する文献は、まずジャン＝ルイ・アルペランの『コード・シヴィル』と題した小冊子、おそらく学部の一般教養という位置づけだろうが、問題点が整理してあり、じつに読みやすい。そしてロベール・バダンテールが民法制定二百周年に書きおろした『最大の資産…』《*Le plus grand bien…*》という一般向きのエッセイ(158)。タイトルはポルタリスが民法を人類の遺産と称えた演説からの引用であり、革命期の経過についてはアルペランより詳しく解説されている。

諸外国の例にも刺戟され、フランスでもアンシャン・レジームの時代から私法の編纂をめざす動きはあったのだが、一七八九年の「人権宣言」が新たな出発点となる。「一七九一年憲法」は、婚姻を民事契約とみなして制度の世俗化を宣言し、同年、特権階級の経済基盤を補強してきた長子相続を撤廃するという方針が打ちだされた。一七九二年九月には、二十一歳以上の子どもに対する父権の廃止、教会から独立した戸籍制度、そして離婚に関する法律が矢継ぎ早に可決された。婚姻は、当事者の合意により解消することができる。その事由には、重大な非行のほか「性格の不一致」もふくまれていた。

一七九三年、国王の処刑、ジロンド派の追放、そしてジャコバン独裁へと政治が激動した年に、ようやく本格的な民法典の編纂がはじまった。カンバセレスを長とする委員会が国民公会に提出した七一九条からなる法案は、二ヵ月で作成されたものであるという。一七九二年の戸籍と離婚にかかわる法律が踏襲されただけでなく、当事者の一方が「動機の説明」なく離婚を求めることすら可能になった。「夫権」が廃止され、夫婦の財産は共同で管理するものとされた。同様に「父権」も廃止されて、二十一歳まで両親が共同で子どもの「監督と保護」の義務を負うことになる。さらに独身・既婚の成年に達した男女が未成年者と養子縁組をおこなうことが可能になり、父親が自発的に認知した

「自然子」(enfant naturel すなわち非嫡出子) は嫡出子と同等の相続権をもつとされた。

カンバセレスが「自然法の堅固な大地と共和国の処女地」のうえに築かれたと自賛する法案は、たしかに封建制の特権を撤廃する野心とラディカルな平等思想に貫かれたものだった。しかるに、この大英断が承認されることはない。ポルタリスの言によれば、政治の危機がフランスを震撼させているときに、健全な民法典が生まれるはずはないのである。ロベスピエールが失脚したのち、一七九四年九月に提出されたカンバセレスによる第二案は、わずか二九七条、はるかに「リベラル」なものとなっていた。テルミドールの政変によって誕生した総裁政府に「カンバセレス第三案」と呼ばれる一一〇四条の法案が提出されたのは一七九六年。このときには、政権が大きく保守に傾いており、内容は先立つ案の急進的で「不道徳なところ」immoralité をたわめたものとなる。離婚や養子縁組などの原則自体はのこされていたが、法定夫婦財産制(特別の契約を締結しなかった夫婦に適用される制度)において既婚女性は法的に「無能力」incapacité であるとされた。相続については、嫡出子は相互に平等である一方で、自然子や養子と嫡出子の平等は撤廃された。それでも右傾化した議会と政府は、離婚と自然子のあつかいに難色を示し、そうこうするうちにクーデタにより政権が交替、一七九九年末に第一統領ナポレオンが誕生する。カンバセレスは第二統領として一八〇〇—一八〇四年の民法典の編纂にもかかわった。指名された四名による委員会が合わせて百二回開催されたが、ナポレオンはそのうち五十七回に出席、大きな影響を与えたとされる。

アルペラン『コード・シヴィル』の第二章は「家父長のための立法」と題されている。ジェンダー論の立場からすると、個別的な法文はさておき全体をつらぬく思想を抽出しなければならないと思われるが、ひとまず順番に見てゆこう。まず「フランス人の資格」は、フランス人男性の子としてフランスの国内もしくは国外で生まれた者に与えられる(一〇条)。父から子へという「血統主義」であり、妻は自動的に夫の国籍となる。[159] 国は「戸籍」を管理するのだが、その目的は、親子関係を確認することをふくめ「家族」を保全することにある。「社会秩序の維持」にとって国民の住所を把握することは不可欠であり、未成年と既婚女性と禁治産者は、それぞれ父親、夫、後見人と同一の住所とすることが定められた（二〇八条[160]）。

革命法によって婚姻という制度の尊厳が失われたという判断があり、これに対する反省として民法典は、A「もっとも神聖なアンガージュマン」としての婚姻、B夫婦関係における男性の優位、C厳しい条件のもとで許容される離婚、という三つ柱を立てた。

婚姻にかかわる規定は男女の年齢によって異なり複雑だが、未成年の場合、両親の許可が不可欠である。「民事婚」は身分吏の面前で四人の証人の立ち会いのもとでおこなわれ、「婚姻証書」が作成される。裁判によって事後に婚姻の「無効」を争うことができるが、これは「公的な契約」としての違反性を争うものであり、想定されているのは当事者が別人を詐称した場合などである。男女の不平等については、とりあえず以下の条文を紹介しておこう。「夫は妻を保護し、妻は夫に従う義務を負う」（二一三条）。妻は訴訟能力がないものとされ（二一五条）、夫の協力または書面による同意なしには、財産の贈与、譲渡、抵当権の設定、無償または有償での取得の行為をすることもできない（二一七条[161]）。

結婚生活という私的な営みが家父長の監督のもとにあり、すべての家族のうえに国家が監督者として目を光らせているという構図である。民法の第一篇のタイトルは「人」となっているけれど、定義されているのは独立した個人ではなく、家族の一員としての人にほかならない[162]。次項で見るように、家族は「国家の苗床」la pépinière de l'Etat とみなされ、次世代の国民を育む責任を負うのである。

婚姻と離婚と諸宗教の自由

起草委員会でもっとも議論が沸騰したテーマは「離婚」であったという。「神の法＝教会法」に「神のいない法典＝民法典」が正面から挑む論点なのだから当然かもしれない。結果として採択されたのは以下のような原則だった。夫は姦通を理由に妻に離婚を求めることができる（二二九条）。妻も夫に離婚を求めることができるが、これには「愛

民法典の起草委員会でナポレオンに相対して発言するポルタリス

人を夫婦の住居に住まわせた場合には」という条件がついている(二三〇条)。夫の家庭外での愛人関係については離婚の事由とすることはできないという意味だ。さらに妻の不貞行為は、三ヵ月から二年の禁固刑に処されるものとされた(二九八条)[163]。この恐るべき差別を考察の土台としなければ、十九世紀フランスにおける「姦通の社会学」を構築することはできるまい。ちなみに離婚制度は、王政復古期の一八一六年に廃止され、第三共和制になって、ようやく一八八四年に復活する。ただし、一八一〇年の刑法による姦通罪の条文は、このときにも廃止されなかった[164]。一連の問題は、第Ⅲ部と第Ⅳ部であらためて検討することにしたい。

ナポレオン法典では、かつて教会法で認められており革命法で廃止された「別居」séparation de corps が復活された。事由として認められるのは、離婚について定められた条件と同様だが、別居(同居義務の終了)には財産の分割がともなうことになっている[165]。有産階級にとって「婚資」すなわち女性の持参金は最大の関心事だったから、これも「姦通小説」の重要なテーマとなることはご推察いただけよう。

親族会議で離婚を成立させた革命法と異なり、離婚が国の管轄となったために、経費もかかり司法手続も面倒だった。

許容されたとはいえ、離婚を回避するための配慮は十二分になされている。ナポレオン自身は離婚が家族の分裂をむしろ抑止するとして、これを存続させることに執着したといわれるが、この時期すでに、世継ぎを得るためにジョゼフィーヌを離縁することを想定していたのではないかという指摘もある。

ポルタリスは「諸宗教の自由」の名において離婚の可能性をのこすことに賛成した。その論理構成をやや丁寧に追ってみよう。手許の版の『民法典序論』では、六十ページのうち少なくとも十数ページが婚姻と離婚にかかわる綿密な考察に当てられているのである(166)。

婚姻とは何かという問いについて真剣に議論されるようになったのは最近のことだとポルタリスは語る。神学者によればそれは「秘蹟」以外のなにものでもないが、大方の法律家にとってそれは「契約」である。民事的な契約と教会的な契約の混交したものと捉える向きもある。しかるに結婚は、もっとも自然で原初的な行為であるのだから、まずは「自然法」にかかわるとみなされて然るべきだったのだ。そう指摘したのち、ポルタリスは歴史をさかのぼる。じっさい結婚は、キリスト教や実定法の成立以前から存在したのであり、その起源には、動物的な本能による出会いとは異なるもの、すなわち愛情という動機による倫理的な約束があった。こうして思いがけず文学的な筆致で描きだされるのは、夫婦と子どもたちによる核家族の麗しき人間関係である。夫権と父権については、家族の「統治」のために定立されるという説明が二ページほど。つづいてポルタリスは、婚姻という本来は期限のない契約を破棄できるかと問いかける。

法律が離婚を許容するからといって、宗教の定めた婚姻の「解消不能性」indissolubilité に異論を唱えるものではない、法律が「良心」の判断に介入しようというのでもない、という主張につづき、離婚についての賛否両論、利点と弊害とが列挙されてゆく。歴史をふり返れば古代ローマにおいては離婚が認められており、キリスト教が成立してからも、九世紀までは離婚が許されていた。その後離婚を禁じたカトリックが、君主制のフランスにおける支配的な宗教となり、おのずと民事的な制度も教会の判断に同調したのだが、これはもはや過去の話である。

今日では諸宗教の自由は基本的な法原則である。しかも大方の宗教の教義は離婚を認めている。したがって我が国において離婚の可否は、良心の自由と結びついている。

国民は相異なる宗教を実践することができる。しかも必要なのは、全員に適用できる法律なのである。

それゆえ我が国では離婚を禁止すべきではないと我々は考えた。我が国の法律が、離婚を許容する複数の宗教と明示的に矛盾してしまうからであり、また、これらの宗教を実践する人間にとって、婚姻が宗教よりも強い絆となることを、法律が期待してはならないと思われるからである[167]。

こうして離婚を認めるという判断の根拠を示したうえで、ポルタリスは道ならぬ恋や性格の不一致など、不純な動機やあいまいな理由による安易な離婚を厳しく戒め、そのための法整備が不可欠であると説く。そして結婚は一般共同体と異なり「もっとも自然にして、もっとも神聖かつ不可侵の共同体」なのだと断言する。

ロベール・バダンテール『最大の資産…』書影のなかの書影は1804年の民法典

家族は結婚によって形成される、そして家族は国家の苗床となる。それぞれの家族は独自かつ個別の共同体であり、その統治は、全ての家族を包含する大家族〔国家〕にとってきわめて重要なものである[168]。

国家の統治のあり方と家父長による家族の統治が相似形をなすものとして捉えられ、「神聖不可侵の共同体」というイメージによってむすばれる。ところで、かりに複数の宗教が異なる教義によって信徒を導く「自由」をもっとしたら、そして大革命法が「不道徳」であるとの批判を浴びているとしたら、国民はいかなる掟を「普遍的な道徳」の淵源とみなせばよいのだろう。

こうしてナポレオン法典は、アンシャン・レジーム期のカトリック教会にかわり、新しい「市民道徳」を国民に呈示するものとなる。ポルタリスの『民法典序論』でも「道徳」という言葉が随所でつかわれているのだが、具体例は以下のひとつで足りる。

よき市民法は人間が授受することのできる最大の資産（le plus grand bien）である。それは良俗の源泉、所有権の砦、公私の安寧の保障である。市民法が政権を樹立することはないが、それを維持する支えにはなっている。市民法は権力に自制することを教える一方で、権力が正義そのものであるかのように感じさせ、権力を尊重させることにも裨益する。市民法は個々人に係わり、人生の主要な行為に介入し、あらゆる場面で介添えとなる。人民にとって市民法は、しばしば唯一の道徳なのであり、つねに自由の構成要素となるのである。[169]

人民の「唯一の道徳」としての民法典は、国の法制度としては「諸宗教」をめぐる法律より上位にあって、これを包摂するものだが、なおのこと、たとえば離婚の可否をめぐる宗教の個別的判断を圧殺するものであってはならない。法典は本質において「リベラル」であるべきだというのが『民法典序論』でポルタリスの語る理想だった。

2　「家父長小説」としての『ペール・ゴリオ』

法典の文化的受容とバルザックの貢献

ジャン＝ルイ・アルペランによれば、バルザックの作品はナポレオン法典の「一大注釈書」であり、この事実そのものが、十九世紀フランスの社会と想像の世界で民法典の占めていた位置を示す証しともなるという。小説や批評的エッセイをとおしてバルザックは法典について語ったが、それだけでなく、作品の構造のなかに法典をとりこむことにより、結果として「法典の文化的な受容」に貢献した。そして十九世紀の「法典普及政策」が達成した成果を形にして見せた。アルペランが例に挙げる作品は、一八二五年の『紳士法典あるいはペテン師に騙されない技術』、一八二九年の『結婚の生理学』など、発想そのものが「法典」を模しているもの。さらにテーマごとに見てゆくと『ゴプセック』の利息付貸借、『シャベール大佐』の失踪、『田舎医者』のナポレオン伝説、『婚姻契約』や『禁治産者』の契約行為、『ユルシュール・ミルエ』の自然子、『農民』における農地・不動産所有、『従兄ポンス』と『ラブイユーズ』の相続、等々[170]。この圧倒的なリストを見ただけでも、『人間喜劇』は「ナポレオン法典の国フランス」という国民アイデンティティの構築に貢献したという確信が得られるだろう。

ウージェーヌ・ド・ラスティニャック　ガヴァルニの版画

わたしたちに馴染み深い『ペール・ゴリオ』[171]にも、考える素材はありそうだ。主人公ウージェーヌ・ド・ラスティニャックは『レ・ミゼラブル』のマリウスや『感情教育』のフレデリックと同様に、パリ大学の法学部に籍をおく学生である。南フランスの貧乏貴族の長男で、遠縁の貴婦人のつてをたよって社交界にのりこもうと向こう見ずな野心を胸に秘めている。みじめな安下宿の暮らしに当面はあまんじて、学業のほうは出席の返事をしたら教室を抜けだすような生活を送っているのだが、その下宿屋の隣人が「ペール・ゴリオ」

だった。みすぼらしい老人は、娘たちに全財産をあたえて隠居した製麵業者。その「父性」は常軌を逸しており、ふたりの娘に貢いだ挙げ句に見捨てられ、赤貧のなかで娘たちの名を呼びながら、愛の殉教者のように死んでゆく。臨終の場面で語り手は、ゴリオを「父性のキリスト」と名指すのだ。そうしたわけでこの作品は、肥大化した父性愛の悲劇、被造物を慈しむ創造主のごとく、無限の愛をわが子に注ぐ狂気の物語として読まれることが多かった。

ところで「父性」paternité と「父権」puissance paternelle は同じものではない。「父性」は宗教的で「父権」が民法的などという分類も、雑駁に過ぎる。カトリックでは「父なる神」と呼びかけるだけでなく、ローマ教皇のラテン語は「パパ」であり、司祭の敬称も「ペール」であるのだが、父なる神の属性は慈愛だけではないだろう。同じくカトリックの用語で「教導権」magistrature といえば、教皇を頂点とする教会のヒエラルキーが信徒に対して有する「教え導く力」を指しており、真理を伝達する「権威」も、教えに背く者を厳格に罰する「権力」も、まさに父なる神に由来し、教会に委託されたものにほかならない。それゆえナポレオン法典の強き父親像は、どこかカトリック的な本質をとりこんでいるのではないかと示唆することもできる。

民法典の家族像には、いかなる権力構造が読みとれるのか。ふたたびアルペランの『コード・シヴィル』を手引きとするが、じつは「家族の秩序」と題した解説の冒頭に、いみじくも「父の教導権」という小見出しが掲げられているのである。ナポレオン法典が第一篇の第九章のタイトルに「父の権威」autorité paternelle ではなく「父の権力」puissance paternelle という言葉を据えていることに注目しなければならない、と著者はいう。革命期に否定された「父権」を立てなおすために「権威」ではなく「権力」を前面に押しだす必要があったのだ。「子どもは年齢にかかわらず父母を敬わなければならない」(三七一条) という文章の趣旨は、モーセの十戒と変わらないが、未成年については「父親のみが権威を行使する」(三七三条) というひと言が、母親を無能力化する。「子どもは十八歳になり軍籍に登録するのでないかぎり、父の許可なくして住所を離れることができない」(三七四条) といういかにもナポレオン好みの規定がこれにつづき、詳細ははぶくが「父親が子どもの行動に重大な不満をもつ場合、収監を求めることができる」（三七五条以下）という驚くべき規定がある。子の財産の享受についても、父親は大きな権限をもっているのだが、ここではむしろ、夫が存命であるかぎり妻は子どもに対し法的に発言権をもたない、つまり「母権」を剝奪されているという事実を強調しておきたい(172)。こうして法に定められた権力構造が、たとえば『谷間の百合』における「母性」の造形や、ほかにも多くの小説に見られる女性の自己犠牲という主題に深く関与しないはずはないだろう。

父親は法律によってつくられる？

「家父長」のイメージについて考察するのであれば、グザヴィエ・マルタン『ナポレオン法典の神話――近代フランスの礎石に』にまさる文献はあるまい。「革命はルイ十六世の首を断ったことで、すべての父親の首を断ってしまったのです」という台詞がバルザックの小説にあるのだが、ナポレオンは密かに共鳴していたにちがいない、とマルタンは指摘する。家父長たちを生き返らせなければ帝国の安泰はありえない。そう考える皇帝は、みずからを国民の父に喩えることを好んでいた。一八〇四年の「フランス人の民法典」が一八〇七年に「ナポレオン法典」と改称されたとき、立法院における演説のなかで「皇帝はすべての家族の共通の父にして、これを保全するものであります」という賛辞が捧げられた。マルタンによれば、ナポレオン自身はポルタリスと異なり、結婚は「自然」ではなく「社会と習俗」に由来するものであり、父権も所有権も法律が無から立ちあげるべきものだと考えていたという。ナポレオン自身が国務院で口にしたと伝えられている名言によるなら、「父親をつくるのは法律」なのである(173)。

強力な父権を基盤とする家族のイメージは、マルタンが示唆するように、かなりの程度ナポレオンの個性に由来する人為的かつ人工的なものなのか、それとも自然法に根拠をもつものか、はたまたユダヤ・キリスト教世界の淵源にまでさかのぼるべき特性なのか。そのいずれでもあるのかもしれないが、ここは専門家の議論にゆずるとしよう。ともあれ小説読みにとって重要に思われるのは、この時代、怪物的に巨大化した父親像が、ナポレオンとともにヨーロッパの市民社会を徘徊していたという事実である。

ゴリオという人物は、威光あふれるナポレオン的父親像を暗転させたカリカチュアという相貌をもっており、じっさい『ペール・ゴリオ』は「父権・夫権」をめぐるドラマとして進展する。ゴリオにはふたりの美しい娘がおり、姉のアナスタジーは貴族社会にあこがれ由緒ある家系のレストー伯爵に、妹のデルフィーヌは富をえらんでアルザス系の銀行家ニュシンゲン男爵に嫁いだのだった。動乱の帝政期、伯爵も銀行家も八十万フラン（八億円）になろうかという持参金が目当てで「粉屋の娘」をうけいれたのだから、王政復古期に貴族社会が息を吹きかえすと、義理の父親の素性が邪魔になる。なおざりにされた妻たちは、それぞれ遊び人の恋人に入れあげて、巨額の借金をかさねている。というわけで、バルザックが民法典の第二篇と第三篇、つまり財産の所有権と契約にかかわる法文を精査して、ドラマの絡繰りをつくったということを、具体例とともに証明しなければならないところだが、これは手に余る課題である。せめて初歩的な読み解きを手探りでやってみよう。

ゴリオは周到に代訴人をやとい、娘が持参金を自由にできる、すくなくとも不動産の収益などを自由につかえる婚姻契約を作成したはずだった。「嫁資《かし》制」régime dotal と呼ばれる制度は、妻の財産を夫の管理・用益にゆだねる部分と妻の特有財産とに分けて保護する規定であるのだが、じつは銀行家のニュシンゲンはありったけの金を詐欺まがいの危険な投機につぎこんでいる。おかげで豪邸に住み華やかに着飾るデルフィーヌは、小遣いにさえ事欠いている。しかし婚姻契約を盾に提訴するには覚悟が要るし、そもそも既婚女性は自分では裁判ができない(174)。一方、レストー伯爵家では、アナスタジーが夫にかくれて恋人の賭け事の穴埋めをやっている。ついに伯爵家伝来の宝石を高利貸しのところに持ち込んで、これが発覚し、夫に最後通牒をつきつけられる。自分が適切と判断したときに財産の売り渡し契約にサインすること。そして三人の子どもたちのなかに自分の子どもがいるか、正直に答えること(175)。これが夫の要求であり、妻の浪費と非嫡出子の話はいずれも遺産相続の問題にからむのだが、これは次節でとりあげる。

持参金という経済基盤をもっていたはずなのに、財産の管理・用益の権利を認められない既婚女性のステータスとは、いかなるものか。この問いに答えたのが、ゴリオの娘たちの症例研究といえよう。父権・夫権のもとにある未成年の男女と既婚女性は、場合によっては家父長の意思ひとつで逮捕され、収監されうるというところまで公平に、徹底的に無能力化されているのである。

ラスティニャックは、姉よりはいくらか情のあるデルフィーヌの恋人となり、ゴリオに「パパ」と呼びかけて、ついには老人の最期を献身的に看取ることになる。そうした経緯を冷徹な視線で観察しているのが、ヴォートラン。徒刑囚の秘密結社に君臨しナポレオンのごとく崇められている闇の帝王も、みずからを「パパ・ヴォートラン」と呼ぶ。そしてパリの悪徳に染まらぬ初々しい青年にシニカルな人生哲学を開陳し、誘惑の罠を仕掛けようとする。同じ下宿に住む見栄えのしない娘ヴィクトリーヌが青年に心を寄せていることを見抜き、実の父親ターユフェールに疎まれてつましく暮らす娘をパリ有数の持参金つきの令嬢に仕立てなおし、その上でラスティニャックに娶《めあわ》せて巨額のコミッションを手に入れようという計画である。次節で登場する怪物的な金貸しのゴプセックも「パパ」と呼ばれる人物だが、社会の裏面まで知りつくしたこれら「日蔭の父親」たちは、当然のように法律にも精通し、全能の指導者という自覚をもっている。

バルザックが『ペール・ゴリオ』を民法的なヴィジョンの「家父長小説」として構想したことはまちがいない。そのことを証拠立てる皮肉な仕掛けが、ゴリオ自身の断末魔のうわごとのなかにある。

「ああ、あたしの娘たち、アナスタジー、デルフィーヌ！　逢いたいよう！　憲兵でもなんでも使って、無理やりあの子たちを連れてきてくださらんか！　正義はこっちにあるんだ。人情も、民法も、みんなこっちの味方のはずだ。あたしは抗議したい。父親がないがしろにされるようでは国も滅びますぞ。そんなことわかりきっているじゃないか。社会も、この世も父親を軸に回っているんだ[176]」

深く傷つき虚しくふくれあがった父性が、ついに崩壊する場面である。ここでは「コード・シヴィル」という言葉がつかわれ、ひとしきり神を呪い子どもたちへの恨み言がつづけば、娘のキスは「臨終の聖餐《ヴィアティック》」なのだという比喩があらわれ、ふたたび「法律だって、親の死に目には会うように命じている」と世俗の「正義」が話題になる。かくして天才バルザックの筆になる狂乱の台詞は十ページほどつづく。それにしても民法典こそが万人に通じる「唯一の道徳」であることを本能的に確信しているらしいのが、粉の買い付けと製麵のことしか知らぬはずの庶民なのである。「法典の文化的な受容」を物語るエピソードという観点からしても、大いに興味を誘われよう。

3　遺産相続と『ゴプセック』

相続における非嫡出子と配偶者の処遇

夫婦の財産管理権については目に余る性差別をやってのけたナポレオン法典が、両性の平等を貫徹したのは遺産相続の分野であり、性別を問わず均等に相続させることを原則とした。その一方で、革命法における「自然子」への手厚い保護については、振り子が反対側に振れるような決断が下された。

封建的な特権の土台でもあった長子相続が撤廃されたことを、王党派のバルザックが批判したのは、社会の秩序とエリート層の養成について明確な思想信条があったからにちがいない。一方、思想的な動機はないのに、財産の分割に抵抗し、親族の富を一手に掌握するためには手段をえらばぬ人間は、いつの時代にもいるものだ。『ペール・ゴリオ』の場合、ヴォートランが目をつけたのは、そうした悪しき父親のひとりである。ヴィクトリーヌの父親は、「わが子と認知できぬしかるべき理由」があるとして、娘を手許におかず、わずかの仕送りをしただけで、娘の資産である不動産は動産に変えてしまっていた。住所を共にしないのは婚外子であることの仄めかしだろう。相続人が未成年で家父長に管理・用益の権利があるうちに、娘が母親から相続した遺産を処分しやすい形態に変えておき[177]、いずれすべてを長男に継がせようという心づもりなのである。気の毒な娘の面倒を見ている親戚の女性によれば、薄情な息子も財産を独り占めしようと父親とぐるになっており、そもそもヴィクトリーヌの母親は相当の財産があったのに「夫婦財産契約」のなかに持参金のことが記載されていなかったのが不幸のもとであるという[178]。ここで肝心のドラマの展開を補足しておけば、ヴォートランの指令を受けた男がターユフェールの長男を決闘で片づけて、妹が唯一の相続人になる。もともと気の優しい娘で、父親に面会を求めては、すげなくあしらわれていたのだが、こうなったら父親も認知するしかない。と、ここまでは筋書き通りに事がはこんだのだった。

民法の第七章「父性と親子関係」paternité et filiation というタイトルが暗示するように、問われるのはもっぱら「父と子」の関係であり、ここでの「父性」が父の慈愛ではなく、父の法的定義であることはいうまでもない。そもそも親子関係を分類し管理することが国の責任とみなされるのは、これが遺産相続にかかわる問題だからである。原田純孝「相続・贈与遺贈および夫婦財産制――家族財産法」によれば、相続の順位はつぎのように整理される[179]。①嫡系・正統の相続人(故人の実子、父母、兄弟など血縁関係にある者)、②より制限された資格と割合で自然子(故人と血縁関係にあるとされる婚外子)、③それらがなければ生存配偶者、④最後に国に属する。

今日の感覚からすれば、生存配偶者が婚外子よりも後回しというのは、どう考えても納得がゆかないが、このとおりなのである。アルペランによれば、生前の絆がいかに強くとも、配偶者というのは所詮「他所様《よそさま》の家族」famille étrangère の人であるからという解説がなされるらしい[180]。ヴィクトリーヌの母方の遺産は、そのままでは生存配偶者である父親の手を素通りしてしまうのだ。そういえば、これも小説によくある設定だが、自然子が生存配偶者に優先する以上、財産目当てで子のない老人と結婚した女性にとって、最大の脅威は夫の隠し子ということになる。フローベールの『感情教育』では、銀行家ダンブルーズ氏の妻が晴れて未亡人になったのに、表向きは夫の姪ということになっていた婚外子に遺産をまるごとさらわれて悲嘆に暮れる。

注目すべきことに、相続人の二番目以下の範疇、すなわち自然子と配偶者は「不正規相続」succession irrégulière と定義されている。つまり非嫡出子は正統な相続人ではないのであり、家族外の人間が「血の権利」をかろうじて認められたにすぎない[181]。これも神聖な砦としての家族を守るための象徴的な配慮ということになろう。

婚外子が産みの親に対して行動をおこすことは御法度とされている。悪評高き三四〇条に「父性の捜索は禁じられる」la recherche de la paternité est interdite とあるのは――翻訳では、切って捨てるような文体の衝迫力が消えてしまうけれど――婚外子が推定された父親に対してアピールしてはならないという意味だ。「強制認知の禁止」などともいうらしい。この法文に照らしてみると、冷淡な父親というキャラクターの問題に還元されてしまいそうなエピソードの解釈を、民法に裏打ちされた習俗というニュアンスによって修正する必要が出てくると思われる。たとえ遠慮がちであれヴィクトリーヌが父親の家に押しかけて、そのことをくり返し話題にするのは法律違反なのである。

「信用」と「契約」と法律の絡繰り

モーパッサンの『女の一生』には、ヒロインの夫ジュリアンが女中に孕ませた子どもについて、周囲の者たちが「父性の捜索」をして、ジュリアンを激昂させるという話がある。ジュリアンが怒るのは、浮気が発覚することを恐れたからでもあるけれど、法律は男の味方であり、浅はかな同情は市民的な秩序を侵犯すると本気で憤っていた可能性もある。ナポレオンも「父なし子を認知することに社会的な益はない」と喝破したという[182]。「自然子」のなかでも既婚者が貞操義務に違反することによって生まれた「姦生子」enfant adultérin の問題はとりわけ微妙かつ重大であり[183]、これが「姦通小説論」のテーマとなることはいうまでもない。とりあえずは『ペール・ゴリオ』の続編として読める『ゴプセック』が手頃な教材となるだろう。

レストー伯爵の人生の課題は、伯爵家の財産を目減りせぬまま正統な相続人にゆずりわたすことである。三人の子どものうち長男のみが嫡出子で、下の二人は妻の不貞による姦生子であることは、アナスタジーが宝石を売却してしまったときの大騒動につづく愁嘆場で聞き出している[184]。しかし伯爵自身は、近代的な家族像に執着しているのだろう、妻の愛人に決闘を迫ったり、妻の裏切りが公になるようなかたちで別居したりするのは見苦しい、そもそも子どものためにならないと考えている。しかも伯爵は、病のために自分の命がかぎられていることも知っている。かりに遺言で可能なかぎり長男を優遇しても、民法典は未亡人に子どもの財産の管理・用益の権利を認めているから[185]、長男が成年に達するまでにアナスタジーが賭け事好きの愛人のために遺産を食いつぶしてしまう危険は大いにあった。

『ゴプセック』を「信用」と「契約」という観点から読み解くことができそうだ。語り手は有能にして廉直な公証人デルヴィル。貧しい下宿で隣人だった高利貸しゴプセックのところで資金を借りて、法律事務所を買い取ろうと思いたつ。ゴプセックはデルヴィルに対し出生証明書の提示を求め、書類をくまなく点検する[186]。冷徹な人間観察にくわえ、役所の発行する書類を「信用」の基盤とみなすあたりは、なかなか近代人なのである。一方でこの金貸しは絵に描いたような強欲な老人で、借金の利息をつりあげ、若き公証人に法律相談や夕食の無料サーヴィスまで要求する。つまり契約条件は法外なものなのだが、それで二人の信頼関係がゆらぐことはなく、公証人は高利貸しを生涯の恩人とみなしている。デルヴィルの観察によれば、ゴプセックのなかには「貪欲な男と哲学者、卑小な人間と偉大な人間」が同居しているのだった[187]。

デルヴィルは、レストー夫人の愛人にたのまれて、夫人がゴプセックのところに夫の宝石をもちこむ現場に同席する[188]。夫人の希望は「買い戻し約款」(売り主が代金を返却し一定の経費を支払うことで売却物を取りもどすことができる契約)だったが、「夫権のもとにある」女性は証書を作成しても無効であると公証人が指摘する。ゴプセックは掌を返したように、現金で、ただし買い叩いて引き取るという。「動産は持っている者が所有者ですからな」という台詞は、夫人が正規の所有者ではないことを百も承知で、皮肉をいっているのである。

ひと言補足しておきたい。「動産は持っている者が所有者」**En fait de meubles, la possession vaut titre** というのは、ナポレオン法典二二七九条からの引用であり、たまたま『記憶の場』の論文のなかで、ジャン・カルボニエが「法律の美学」という観点からこれをとりあげている。念頭には、バルザックのこの場面があったのかもしれない。「絵画的で、簡潔で、記憶に残る文体は、権利の重さすべてから解放された動産の空中イメージを作り上げる」とカルボニエはいうのだが、なるほど法文はいかにも軽やかで律動的である。偉大な法学者の文学的感性にも敬意を捧げておこう。

ともあれ言葉の訓練のために民法典を読みながら小説を書いたというスタンダールの証言も、こうした文例を見ると納得できるのであり、これもまた「法典の文化的な受容」のひとこまといえる。ゴプセックの台詞から想像されるのは、すでに一八三五年当時、二千条をこえる民法の膨大な集成から格言風の文例がおびただしく引きだされ、人口に膾炙していたのだろうということだ。[189] ちなみに上記フランス語に対応する法律用語による翻訳——「動産に関して、占有は権限に値する」[190]という日本語からは、詩的な「空中イメージ」は生まれない。これが格言にもならないのは致し方あるまい。

さてレストー夫人が立ち去ると、入れ違いに伯爵がゴプセックの事務所に登場する。ここでも公証人が冷静に介入して結局、夫のほうが宝石の「買い戻し約款」を作成することになるのだが、情報通のゴプセックは、レストー家のドラマを細部まで知りぬいており、伯爵に奇妙な提案をする。いわく「友人をひとり持つことですな。その友人にあんたの財産を表面上、売却したことにするんだ」。

一連の場面をご想像いただきたい。ここで「パパ・ゴプセック」が意味ありげな忠告をして「介立恵与」fidéi-commis という耳慣れぬ法律用語をちらつかせたことで、伯爵は知恵をつけられる。そして民法を武器に妻と闘う覚悟を決めて、周到に戦略を練るのである。読者のほうは、いってみれば法律相談の実習につきあうような感じで事態の進展を追うことになるだろう。数日後、デルヴィルの事務所にあらわれた伯爵は、情報をあつめた結果、公証人を「信用」すると述べ、以下のように語る。

「私の財産の所有権をゴプセックに委譲するのに必要な書類を用意してください。そして、次のような反対証書を作成したいのですが、その作成に関して私が信頼できるのは、あなたしかありません。つまりその証書において、ゴプセックには、この売却は見かけ上のものであることを宣言し、彼によって彼のやり方で管理される財産を、私の長男が成年に達したときに、長男の手に渡す約束をしてもらいたいのです」[191]

バルザックは「介立恵与」の正しい理解を専門用語をつかわずに説明すればこうなるという平易な文章を練りあげて、伯爵の台詞として語らせたものにちがいない。法律の語彙による定義は注に引用した山口俊夫編『フランス法辞典』を参照していただくことにして、[192]およそのところは以下のように要約できる。伯爵が生前贈与(見かけは売却)というかたちで財産をゴプセックにゆずり、ゴプセックはその財産を「保全」して、指定された時期に伯爵の長男に与える義務を負う。「反対証書」contre-lettre とは「偽装行為」simulation が存在したことを認め、表面上の合意の効果を変更または削除させることを目的として秘密裡におかれる約定である。財産を強欲な親族から守る奥の手という意味で、いかにもバルザック好みの手法だが、ためしにインターネットで fidéicommis と Balzac を入力して検索してみたら『老嬢』『三十女』『ユルシュール・ミルエ』の三作の例文がヒットした。

廉直な弁護士と金貸しの教訓

デルヴィルはこうしてゴプセックの死後のことまでを視野に入れ、完璧な書類を作成する。ここで公証人の助言があり、公正な伯爵は遺産相続について実子ではない子どもたちにも配慮することを約束した。というところで、メロドラマ風の大団円を準備する条件がすべてととのった。

レストー家の全財産は、夫人の嫁資(持参金)であった不動産をふくめ――例の大騒動のときに売却を承諾すると約束してしまったからである――ゴプセックの手にわたる。ところが三ヵ月が経過しても、デルヴィルが伯爵から預かって保管するはずの「反対証書」がとどかない。すでに伯爵は死の床にあり、夫人は献身的な妻をよそおって、どのような法的絡繰りがあるのかを見抜こうと、厳重な見張りを昼夜にわたってつづけていたのである。後にデルヴィルが知ったところによれば、瀕死の夫のうめき声を聞きながら、夫人は民法を研究していたという。

妻の包囲網のためにデルヴィルとの連絡を断たれた伯爵は、息子を呼んで自分の死後に公証人宛の書類を投函するように命じるが、母はとり乱して少年から情報を引きだそうとかきくどき、そこに亡霊のような伯爵があらわれて……という壮絶なやりとりのなかで、病人は息絶える。レストー夫人が狂ったように家捜しをしているところに、デルヴィルが駆けつけた。夫人はたった今、夫の遺骸の下から引きずりだした「反対証書」に子どもたちの名を認め、それが「姦生子」の相続を拒む遺言だと勘違いして、とっさに暖炉に投げ捨てたところだった。

後日譚はこうだ。ゴプセックはレストー家の「反対証書」が焼き捨てられたのをいいことに、その存在を否認した。こうして金貸しが合法的にレストー家の財産を取得したまま長い年月がすぎる。巨万の富をたくわえた吝嗇な老人が、奇怪な贈答品や質草の山のなかで孤独な生を終えたとき、デルヴィルはゴプセックがレストー伯爵と交わした「正式な書類」を発見する。レストー夫人は深く後悔して健気な母親になり、貧しさのなかで子どもたちを立派に育てあげていた。長男エルネストはちょうど適齢期になり、さる貴族の令嬢に恋をしているという。その令嬢の母親と親交のあるデルヴィルが、エルネストがまもなく相続するはずの遺産について、その出所を保証するために語ったのが、以上の物語である。

十九世紀の国民文学は多くの場合、なにかしら教育的な意図を秘めている。『ゴプセック』という民法典の「注釈書」を読む者は、登場人物とともに法律についての知識をたくわえ、金銭をめぐる社会の絡繰りを理解するだろう。しかもバルザックほどの大作家になると、教育といってもあからさまな教訓を垂れたりはしない。

物語の洒落た工夫と呼ぶべきか、伯爵の死後、改悛したレストー夫人の暮らしぶりを知るデルヴィルが、ゴプセックにエルネストを助けてやらないのかと尋ねたことがある。金貸しが答えていうには——「いや、そんなことはしない。不幸は、われわれのもっとも偉大な師匠だ。不幸は彼に、お金の値打ち、男たちや女たちの値打ちを教えてくれるだろう。パリの海を航海するがいい！　いい舵取りになったら、大型の船を一艘、進呈してやろう(193)」。レストー家の母と子どもたちを教育した最大の功労者は、デルヴィルも認める「哲学者」、自分の死後のドラマの結末まで見透していたパパ・ゴプセックだということになる。

第五章　文化とネイション

1　近代国家を建設するのは法学部

皇帝は教育者

国民は教育によって育つ。そのことを知るナポレオンは、つねに教育熱心な皇帝としてふるまった。流刑地セント＝ヘレナで書きのこした『回想録』は、すでに述べたように未来のフランス国民への真正な遺著を標榜したものであり、帝政の偉業を報告する文章が、明快で客観的な三人称でつづられている。シャトーブリアンの『墓の彼方の回想』が、一人称ならではの抒情性に浸された名文として知られるのに対し、ナポレオンの口述から生まれる文体は、奇妙に乾いて教科書的なのである。たとえば『イタリア戦記』の第一章、『エジプト戦記』の第二章は、遠征先の土地に関する記述《デスクリプション》に当てられる[194]。それぞれの幕開けの文章を訳出するなら、一方で「イタリアはアルプスと海に囲まれている。その自然的な境界は、あたかも島のように明確に決定されている。その国土は北緯三六度から四六度、パリを起点に東経四度から一六度のあいだにおさまっている」。他方「エジプトはアフリカの一部である。地中海とインド洋に挟まれて旧大陸の中心にあり、インドとの交易の要衝をなす。そこは周囲を砂漠と海にかこまれた巨大なオアシスである」と記され、つづいて緯度およびパリを起点とした経度。ほとんど相似形の導入だが、イタリアの場合は歴史と地政学的な情報に詳しく、エジプトについては旅行記さながら、ナイル川を中心に動植物や住民の特徴をふくめ数十ページにわたり地理的な解説がつづく。要するに、今日なら義務教育の地歴の教材に最適といえそうな概論的アプローチである。読み手として念頭においたのは、一般の読書人のほか陸軍士官学校の学生や読み書きのできる兵士などだろう。ご記憶のように、ナポレオンの宗教論にも同様の啓蒙的な意図が見てとれた[195]。

上述のように、宗教教育の基礎科目とも呼ぶべき「カテキズム」については、統一教材の使用が義務づけられた[196]。何種類もある入門書の選択が司教の裁量にまかされるという状況が、それまで混乱を招いていたことは事実だった。それにしても「統一カテキズム」は高位聖職者たちを差し置いて、ポルタリスの甥に当たる聖職者が編集の責任を担い、ナポレオン自身が文案を検閲したのである。こうして十戒の第四の掟「あなたの父母を敬え」につづくページには「われらの皇帝ナポレオン一世」への忠誠義務が謳われることになる。問答形式の一端を紹介しておけば、「われらの皇帝に対する義務を怠る者はどうなりますか？」「使徒聖パウロによれば、それは神の定められた秩序に反抗することであり、永遠の苦罰に値します」といった具合。兵役と納税の義務も宗教の名において神聖なものとされた。カトリック教会の「カテキズム」は本来、普遍的なコンセプトを説くものであり、あからさまに現政権への忠誠を説諭する道徳の手引きは、当然のことながらローマ教皇庁から弾劾された。「皇帝のカテキズム」は、一八〇三年に初版の文案が定められて以来、たえず論争と確執の的になりつづけ、ナポレオンの失墜と同時に姿を消した[197]。

ナポレオンの教育者的な資質が最大限に発揮され、しかも成果が永続した大事業、それは高等教育の再建だった。一七八九年当時、フランスの大学は神学部、法学部、医学部を擁し、コレージュ最終学年も合わせた学生人口は一万二五〇〇―一万三〇〇〇人ほどであったとされる[198]。中世からの伝統をもつ大学は、国民公会において特権階級を養成するものとして批判され、一七九三年九月十五日の議決により廃止されていた。こうして第一統領は、いわば更地に新時代の高等教育を立ちあげることになる。『ナポレオンと諸宗教』の著者ジャック＝オリヴィエ・ブードンが二〇〇六年に発表した論文を参照しながら話をすすめよう[199]。

改革の先鞭をつけたのは一八〇二年五月一日法であり、初等教育は地方自治体に、中等教育は地方自治体および私学にゆだね、リセ（大学進学につながる後期中等教育機関）と専門学校は国の公的資金によってまかなわれるという方針が定められた。国家はエリート養成にかかわる部門のみを直轄するという意味だ。この時点では、初等中等教育への管轄はゆるやかで、修道会の参入はむしろ歓迎されていた。リセの創設は、一八〇二年法の目玉商品だったが、教員数が絶対的に不足しており、しかも修道会系の高齢者が目立つというのが実情だった。

そこで教育制度そのものを再編するために、アンシャン・レジーム期のイエズス会やオラトリオ会などが全国的な規模で運営していたコレージュ（かつては中等高等教育機関として機能していた）をモデルとするというアイデアが浮上する。ナポレオンが内務省の公教育部門の責任者フルクロワ宛てに一八〇五年二月十六日付けで送った「覚書」には、教員の養成が国家の使命であることを強調する以下のような文章があった。

　しっかりした原則にもとづく教員組織なくしては、政治的にしっかりした国はありえない。共和主義と君主制のいずれの信奉者になるべきか、カトリックと無宗教のいずれをとるべきか、子どもの頃から教えこまなければ、国家は国民を育成することはできないからである[200]。

こうして帝政期の「国民教育」は、組織論においてはコングレガシオンを参照し、教育内容については世俗の権力が宗教を傘下におくという方式で策定されてゆく。ナポレオン自身は「科学」「人文学」「キリスト教」を三つの柱と考えており、公教育から宗教を排除する意図はまったくなかった。一八〇三年には宗教大臣ポルタリスの進言により、リセにも「施設付司祭」が配置されていた。ちなみにフランスでは一九〇五年の政教分離法においても、病院や監獄などの公的機関や軍隊などに諸宗教の「施設付聖職者」をおくという原則が保障されており、これは今日に至るまで実行されている(201)。

「ナポレオンの大学」と弁護士の時代

一八〇六年に帝国大学創設にかかわる法案を作成したのは、かつてジャコバン派の闘士として活躍した化学者フルクロワである。例によってナポレオンは議論に介入し、女子は母親に教育させればよい、公的な生活を営むことがないのだから公教育がふさわしいはずもない、と喝破した。家父長の権力は妻の無能力化と表裏一体なのであり、論理として一貫していることは認めよう。それにしても革命期にはコンドルセなどの論客が、女性の市民権や教育の機会均等までを視野に入れていたのだから、ここにも極端な反動があったことは否めない。

一八〇八年の政令により、大学の組織と機能が具体的に定められた。初代総長はフルクロワという一般の予想に反し、ナポレオンが任命したのは、立法院の議長であり穏健でカトリック教会寄りのフォンターヌ、かつてシャトーブリアンの盟友として詩人と第一統領ナポレオンのあいだをとりもった作家だった。帝国大学の特徴は、そのヒエラルキー構造にある。教育にかかわる人間の総体を統括する組織が大学であるとされ、全国は三十二の「学区」に分割されて、しかるべき施設と陣容を擁することになった。私学は施設としては存続するが、大学のディプロームを得て教員の資格を得た人間のみが教育の現場に携わることができる。最初に施行されたディプロームは学部進学の要件としての文系バカロレアであり、人数の枠は二千人。リセはその準備課程となることで、エリートコースに組みこまれたのだった。リセの教員を養成することを目的として師範学校が再建され、カトリック系私学については小セミネールと呼ばれる中等教育機関が大学の傘下におかれ、聖職者養成に特化された大セミナールのみが司教の監督にゆだねられた。

大学の組織は法学、医学、文学、科学、そして神学の五学部とされた。かつて「リベラル・アーツ」という枠組におさめられていた学問が、ここで文系と理系に分断されて現代の大学制度に至り、われわれの日常の思考法まで左右することになる[202]。

帝政期フランスの総人口は三千万前後だが、中等教育の受容人数は五万から六万。一方、大学生は一八一四年の統計で六一三一人にしかならない。組織の構造が異なるから単純な比較はできないが、革命前にくらべて大きな発展を遂げたとはいいがたい。ナポレオンの軍隊がリセを人材確保の草刈り場としたことが一因であるともいわれている。

まずは法学部の実態について。全国に九つの法学部が設立されたが、これらの学部で学ぶ学生の総数は、すべての学問領域の学生数の二分の一、パリの法学部だけで、四分の一を占めた。十九世紀フランスの知的エリートの頭脳を学問的に方向づけた制度設計といえる。ある証言によれば、法学部の学生は医学部の学生とは一目で見分けがつって、法学部のほうが小綺麗で金持が多かったという。卒業までに三年をかけて四回の試験を受けるのだが、授業は日に一時間か二時間。なるほどこれならラスティニアックもフレデリックも遊興に時間を割く余裕はたっぷりある[203]。

法学部出身者は司法・行政職に就くのが本来のコースであるけれど、なにしろポストはかぎられていた。ラスティニャックを誘惑するヴォートランの台詞を借りるなら「フランスには検事長は二十人しかいないが、その官職をねらっている奴は二万人もいる[204]」のだった。数字には誇張があるとしても、じっさい「国民文学」を代表する作家たちも、作品に登場する青年たちも、圧倒的な割合において、法廷あるいは議会で弁舌をふるう日をめざし、パリの法学部に通ったという経験をもっている。憧れの職業の晴れの舞台を、たとえば『感情教育』の主人公はこんなふうに夢想する。

冬の夕刻、重罪裁判所での口頭弁論を終えようとしている自分の姿を思い見た。陪審員たちは顔色なく、傍聴人は法廷の壁も割れんばかりにつめかけて息を呑む。彼はもう四時間も、すべての論拠を要約し、新たな論拠を呈示しつつ、説き来たり説き去ったのだ。そして、一言半句を述べ、身振り一つをするごとに、背後で半ば下りかけていたギロチンの刃が徐々にふたたび上がってゆくのを感じている。さらにはまた、国民の死活を舌先三寸に制する弁論の雄として議政壇上に立ち、あるいは雷霆《らいてい》のごとく、あるいは歌うがごとき声調を駆使しつつ、痛烈に、悲愴に、激越に、また崇高に、政敵を熱弁の波に溺《おぼ》らせ、一転反撃してはその咽喉《いんこう》を扼《やく》す(205)。

法廷の一角には、感涙をヴェールに隠した愛しいアルヌー夫人がいるのである。この幻想に鼓舞されて猛勉強したフレデリックは、めでたく法学部の最終試験に合格した。というわけで、この架空の場面にフローベール特有のアイロニーがたっぷり流しこまれているのは確かだが、それにしても、弁護士や検事は時代の花形であり、法廷での弁論の応酬は、聴衆が胸をときめかせるドラマのようなものだった。ユゴーやデュマやモーパッサンなど、裁判を素材にして小説の名場面を仕立てた作家は少なくないのである。

現実の世界でも、ジュール・フェリーやワルデック・ルソーをはじめ、第三共和制の初期にフランス共和国の建設に当たった政治家たちの多くは法律家・弁護士であり、第二帝政期には反体制の文筆家として活躍した経歴をもっていた。その影響は、はじめての長期的な共和主義政権となる第三共和制の政治文化に深い刻印となってのこされた。法律と国家、民法と社会、あるいは政治と言説という主題系をめぐり、革命後のフランスを特徴づけることになるさまざまの現象の遠因を、ナポレオンの大学における法学部の位置づけという切り口から探りあてることもできるだろう(206)。

最後に法学部以外の組織を一瞥しておくなら、一八一四―一八一五年の年度において、全国二一の文学部に一三三二名の学生が在籍した。当時の文学部は、もっぱら教員養成機関とみなされており、理系の学部をふくめ大学進学希望者全員に課される文系バカロレアの科目を担当するリセの教員(肩書きは「教授」である)を育てることが目標だった。全国の学区に学部が分散されているのはそのためであり、パリが中核というわけではない。ソルボンヌ大学に属する文学部の学生数は、わずか七〇名。ただし歴史家ギゾーや哲学者ロワイエ・コラールなどの有名教授がソルボンヌの講壇に立てば、男性のみからなる聴衆がわんさとつめかけた。文学部には少なくとも文学・哲学・歴史という三つの教授ポストが設けられた。医学部は全国に三つあり、総学生数は一一九五名。なお理系の分野では大学の理学部のほかに、ナポレオンが軍の管轄とした理工系エリート養成校ポリテクニックなど、別組織の高等教育機関があった。

大学やリセの教授は、大学で養成され学位を授与されることで正規の資格を取得する。ただし、神学部の教授ポストは大セミネールの出身者によって占められることになり、一八〇九年には早くも教皇庁と公教育の軋轢が露わになった。フランスにおける国立大学の神学部は、一九〇五年の政教分離法制定後、当時ドイツ領となっていたストラスブール大学をのぞき、自然に消滅してゆくが、もともとナポレオンの強権により徹底したガリカニスムの支配下におかれた教員組織だったから、教皇庁が執着を見せることはなかった。

以上のように教員と学生の数という点から見ても、新しい高等教育が第一帝政期に軌道に乗ったとはいいがたい。しかし第三共和制が本腰を入れて国民教育の改革にとり組んだとき、基盤となったのが、ナポレオンが創設した枠組であったことを忘れてはなるまい。いずれにせよ革命後一世紀にわたり、初等中等教育への対応は遅れをとっており、とりわけ女子教育は実質的に置き去りにされていた。とりあえず国家の力がおよばぬところは、宗教組織の実績を当てにするというのが、よくある方式だった。経済的にはほぼ同等の市民層に属していても、ボヴァリー夫人のように修道院付属の寄宿舎で少女時代をすごした世紀前半の女性と、世紀末にジュール・フェリーの設営した公立小学校に通った作家コレットのような女性が、結婚、家族、姦通、離婚、売買春について、同質のイメージをもち、同じ期待や罪の感情をいだくはずはないのである。第Ⅲ部以降であらためて考察しよう。

2　ライックな公共圏と国民アイデンティティの創造

公認宗教体制における国家の中立

今日のフランスに固有の「ライシテ」が、概念と制度論の両面において明確に定式化されてゆくのは、ジュール・フェリーの教育改革が実をむすび、一九〇五年法が制定されてからのことである。一方で「ライック」という形容詞は「聖職者ではない」「非宗教的な」という意味で十三世紀からつかわれていた。大革命以降のフランスが、全体として「脱宗教」の方向に向かったことは確かだとしても、「宗教性」は量的に計測できるものではない。革命政府と帝政期の政教関係について、いかなる歴史的な展望が描けるか、コンコルダートの項で述べたこともふまえて総括しておきたい。

ルネ・レモンによれば「人権宣言」の第一〇条は、個人が自分の宗教を選択する権利、あるいは信仰をもたないという権利さえ認めたのであり、このような「信条の自由」(207)の承認は、アンシャン・レジーム期のヨーロッパにおいては衝撃的にラディカルだった。カトリック教会で洗礼を受けた者であることが、人権を享受できるフランス人であるための必要条件ではなくなり、ここで市民権は、宗教共同体への帰属から切り離された。さらに、萌芽のかたちではあるが、ネイションと教会の分離がおきる。「カトリック教会の長女」という宗教的なアイデンティティは、もはや「国民アイデンティティ」の基盤ではなくなった。

革命政府は理論的には二つの選択肢をもっていた。君主が教会への支配権を行使するガリカニスムを否定して、制度的な「政教分離」を推進するか、それとも統治の正統性を君主から受けついだ者として、国民の名において教会を管理下に置くか。えらばれた道は後者であり、そのためにローマ教皇庁との関係は断絶したのだが、これを一旦は修復するかたちで、ナポレオンは「コンコルダート」を締結した。ところが「付属条項」をふくむ「コンコルダート体制」は、教皇庁の期待を裏切り、国が諸宗教を監督する強力なガリカニスムを再建するものだった。カトリックは「フランス人の大多数の宗教」であるとされたが、それは裏を返せば、かつては唯一の「真の宗教」という保証を国家から与えられていた組織が、お墨付きを失ったことを意味していた。コンコルダート体制においてはカトリック、カルヴァン派とルター派のプロテスタント、ユダヤ教が、建前においては同列の「公共サーヴィス」とみなされ、公的資金から財源をまかなわれることになる(208)。

国家と諸宗教の関係を一世紀にわたり規定するルールは、ここで確定した(われわれにとって「教会」という呼び名はキリスト教と結びついており、ユダヤ教もふくむ用語としては「諸宗教」という一般的な呼び方のほうが適切だろう)。国家は諸宗教の存在と、その団体としての側面、社会的な性格を承認する。国家は、宗教が自由に実践されることを保護し、その維持に必要とされる経費についても責任をもつ。しかし、このような法的レヴェルの承認は、哲学的な意味づけをともなってはいない。それは現実の確認にすぎず、真理とは何かという定義には何ら関与しないのである。国家の中立性、公認宗教の多元性、そして諸宗派の平等な扱い。これらの条件は、先取りして「ライシテ」と呼ぶこともできる新しい制度の大筋を描きだすものだ。それらはまた、人権宣言の「信条の自由」につぐ新しい特質として、ライシテの思想をいっそう明確でゆたかなものにした。市民的・政治的社会と宗教的事象との相互関係は、ここでかたちが定まり、その後百年持続する。すなわち一九〇五年の法律が「政教分離」を宣言し、これまでの関係は時代遅れだと申し渡すまでつづくのである(209)。

中立性を自任する国家のもとで諸宗教に安定したステータスが与えられ、すくなくとも原理原則というレヴェルでは、信条の自由と言論の自由が保障された。こうして確保された言論空間を、十九世紀フランスの市民社会に生成した「ライックな公共圏」と呼ぶことにしたい。念のためにいいそえれば、この公共圏は、世俗の国家権力が後ろ盾となって人びとに提供されているという意味で「ライック」なのであり、宗教がおのずと排除される空間という意味ではない。

ルネ・レモンも指摘するように、非宗教的な知的活動は、宗教と競合しながら人びとの精神への支配権を奪い合うことになり、それと同時に真理をめぐるイデオロギー闘争が展開された(210)。そうしたなかで「カトリック教会の長女」という自己定義を放棄したフランスの「国民アイデンティティ」を立ちあげる作業が、ライックな公共圏の活動に託されたのである。

「教会の長女」から文化遺産を継承するネイションへ

諸宗教の支配をまぬがれたリベラルな公共圏の拡大という現象は、多少の時間差をともないながら、近代ヨーロッパの全域で進展していった。それゆえ「ネイション」の建設についても、一国史の枠内ではなく、ヨーロッパ的なスケールで考察すべきだろう。ここで参照するアンヌ＝マリ・ティエス『国民アイデンティティの創造――十八〜十九世紀のヨーロッパ』は、そうした趣旨の書物である。

そもそも「国民」とは何によってつくられるのか？　著者は「国民の存在とは、日々の人民投票である」というルナンの言葉を引用し、あらためて問いかける。オーヴェルニュ人とノルマンディ人は全員がフランスの人民投票へ参加するよう求められるのに、ラトヴィア人やアンダルシア人はそうでないのは、なぜなのか？　いいかえれば、人民投票への権利をもつのはだれか、とりわけ投票で問われるものとは何か、という前提の議論こそが重要なのだ。

ルナンによれば、国民を作るのは「豊かな記憶の遺贈」であり、それは「ひとりの人間がそうであるように、努力、犠牲、献身からなる長い過去の成果」なのである。さらにルナンは念を押す。「祖先の崇拝は、あらゆる崇拝のなかでもっとも正当なものである。祖先たちがわれわれを現在のわれわれのような者にしてくれたのだ」。

じつのところ人民投票の対象になっているのは、象徴的でもあり物質的でもある一つの遺産にほかならない。国民に属するとは、共通にして不可分の文化遺産をうけつぐ相続人の一人であること、この文化遺産を知っており、これを尊ぶことである。「ネーション」の建設者たちは、ヨーロッパのあらゆるところで、くり返しそう主張してきたのだった[211]。

だとすれば「共通にして不可分の文化遺産」は、どのようなプロセスをへて確定されるのか。まずは遺産を贈与した者はだれか、たとえばオーヴェルニュ人とノルマンディ人との共通の祖先とは、いったいだれなのか、という「先祖捜し」の作業から、この文化的な大事業ははじまった。たまたまスコットランドで無名の青年によって「発見」された古代の叙事詩『オシアン詩集』が大評判になり、ドイツや北欧の人びとを刺戟した[212]。グリム兄弟は民話や伝承を精力的に収集して、言語学や民俗学や神話学などの学問の立ちあげにも貢献し、フィンランドでは『カレワラ』が刊行されて大きな反響を呼んだ。十九世紀の前半、ヨーロッパ諸国の住人は、独立国家の国民として認知された集団も、他国の支配下にある集団も、こうした「先祖捜し」に熱中した。みずからの遺産が由来する太古の闇に光を投げかけて、ついに真正の「建国神話」を発掘した、と鳴り物入りで公表したのである[213]。

そうした経緯からも推察されるようにネイションの立ちあげは、当初は「インターナショナル」で「コスモポリタン」な文化運動のなかで推進された。特定の祖先から受けついだ独自の遺産、ほかの国民とは異なる固有の文化をもったとき、人びとは自分たちが堂々たるネイションを構成するという確信をえて、周囲に宣言することができるのだ。かくして「国民アイデンティティ」は、創造的な自己定義というだけでなく、自他の差異や相違を足がかりに補強されてゆく。その意味で「国民というもの」**nationalité** をめぐる議論は、しだいに排他性への傾斜を見せることにもなるだろう。アーネスト・ゲルナーが「同質性への客観的な必要性」と呼ぶものは、これと無縁ではない。人びとは「大きな、かつ（あるいは）豊かな歴史的基盤を持ち、当該文化を宣伝する術を心得た知的人員を有しているような文化のプール」に加入することを切望するのである[214]。ルナンの想定する「共通にして不可分の文化遺産」を共有する者たちは、ゲルナーの「文化のプール」に加入した者たちに、ほぼかさなると思われる。

『国民アイデンティティの創造』に話をもどせば、ネイションが継承するべき「遺産目録」――ゲルナーのいう「文化のプール」の構成要素――について、できるかぎり総合的に検討しようというのが、著者ティエスの狙いなのである。すでにふれた「建国神話」のほかにも「英雄伝説」あるいは「ナショナル・ヒストリー」「国民文学」の創出というあたりは、だれでも思いつくだろう。固有のメンタリティ、あるいは「国民の個性」という意味での「国民性」があることも証明しなければならないし、目で見て祖先の偉業を確認できる「文化的モニュメント」を発掘することも緊急の課題となっていた。「国語」についてはどうか――十八世紀末、ヘルダーやゲーテの提案に呼応してドイツ語の言語的な統一をめざす運動が軌道にのった。これがグリム兄弟による辞典編纂事業に引きつがれ、一八三八年から一九六一年という途方もない時間をかけて完成を見る。周辺の諸国でも、民衆の言語を基盤として「国民の言語」を編纂しよう、辞書と文法書を刊行して標準化された「国語」の普及につとめようという気運が澎湃とわきおこる。

「生きた化石[215]」さながらに、民衆は遠い祖先の言語で語られる口承文学を、純粋なままに保存してきたのだった。さらには民謡、踊り、民族衣装、郷土料理、お国自慢の風景、先祖伝来の風習、風土を象徴するエムブレムのような動植物……、名もない民が温めてきたものすべてが、国家や公の機関や好事家による精力的な調査と収集と情報公開の対象となった。そのプロセスをあらためて検討してみると、とりわけ可視的な「サブカルチャー」は、十九世紀になってから、周囲の熱い期待に応え、にわかに仕立てあげられたものであることがわかる。

「フォークロア」と呼ばれる民衆文化の研究や「国語」の編纂において十九世紀のヨーロッパを牽引したのはドイツ諸邦だった。ナポレオン軍がヨーロッパ全土の国境線を引き直し、地図を塗り替えて以来、国民の統一を悲願とする人びとが、各地で集団のアイデンティティを構築することに心血を注いでいたが、そのなかで文化的な活力を蓄えたプロイセン王国は、ほかならぬフランスへの報復というかたちで遠大な目標を達成した。一八七一年、ヴィルヘルム一世と首相のビスマルクは普仏戦争に勝利して、ドイツ帝国の創建を主導した。今日もEUの動静を左右する独仏というネイションの両雄が、公に並び立ったのはこのときである。

一方のフランスでは、十七世紀末にアカデミー・フランセーズの大辞典が刊行されており、十八世紀には、ヨーロッパ各地の宮廷と文人や作家のための「普遍言語」としてのフランス語の覇権が確立する。安定した六角形の国土はナポレオンが失墜したのちも保全されており、王政復古期には、フランソワ・ギゾー、オーギュスタン・ティエリ、ジュール・ミシュレなどの錚々たる歴史家が「ナショナル・ヒストリー」の金字塔のような書物を世に問うようになる。さらにシャトーブリアン、ヴィクトル・ユゴー、バルザック……、世紀初頭から輩出した「国民文学」の巨匠についてはふれるまでもない。

いわゆる「ハイカルチャー」の領域で赫々たる成果をあげたフランスは、フォークロアの調査収集においては守勢にまわった観がある。一八〇五年には早くもケルト・アカデミーが設立され、ヨーロッパ文明最古のケルトについてはフランスが発言権をもつという政治的マニフェストはなされたが、この運動は長つづきしなかった。フランスで学問的な民話伝承の集大成が編纂されるのは、一八七一年の敗戦から生まれた第三共和制の時代、強大な隣国ドイツの国民教育や文化事業を見倣おうという掛け声に、知識人たちが呼応してからのことである。

ヨーロッパの基層としてのケルト

一九九一年、イタリアのヴェネチアで「最初のヨーロッパ、ケルト人」と題する大展覧会が開催された。入場者百万人ともいわれる盛況ぶりだったが、何より興味深いのは、ヨーロッパのほとんどすべての国々、なんと二十四ヵ国がこの企画に参加したことである――原聖『ケルトの水脈』(216)の導入部、問題提起の文章をほぼそのまま引用した。「この幻の民」は、二十四ヵ国もの「建国神話」に登場し、それぞれの国民に紛れもない個性やアイデンティティを付与したということなのだろうか。しかしヨーロッパ全域に住んでいたとされる「それぞれの土地のケルト」が、文化的にまとまりをもつ一つの「民族」だったという保証は、どこにもないではないか。スコットランドで見出されたオシアンの詩集、アイルランド民話の妖精たち、ブルターニュの巨石文化、ドルイド祭司の秘儀、フランス東部アレシアに伝わる勇猛なウェルキンゲトリクスとカエサル率いるローマ軍との対戦、あるいはアーサー王伝説……。これらすべてが、元をただせば血のつながった民の痕跡を物語っているなどという話を、いったい誰が信じられるだろうか。そんな疑問をつきつけられながらも「ケルトの水脈」は、ヨーロッパの諸国民を魅了して途絶えることなく流れ、今日なお間歇的なブームを巻き起こしているのである。

専門家による豊富な研究の一端を学んだだけではあるけれど、本書をつらぬく「宗教文化」という視点から、アンヌ＝マリ・ティエスの著作とも関連する展望を素描してみたい。キリスト教とローマ文明の到来以前、すなわち外来の勢力と混淆する以前の「純粋なヨーロッパ」が存在したはずだという「先祖捜し」の期待と目標がまずあった。古ければ古いほどに真正な起源に近づくという発想は、近代の歴史主義に内在する思考である。当初の知的探究における「ケルト」とは、起源の民という漠然とした枠組を名指す言葉にほかなるまい。宗教的なアイデンティティを返上したヨーロッパ諸国民にとって、ユダヤ・キリスト教の伝統と無縁な深層によこたわる薄明の世界は、正統性という意味でも優越したものに思われた。ティエスのいう「太古の闇」は、こうして未踏の新天地のような性格を帯びる。発掘された遺跡や考古学的な事物や伝承や手稿などを解釈して編纂し、神話的な物語を立ちあげるための時空を、人は「ヨーロッパの基層」と呼んだ。そして、今や疎遠になりつつあるキリスト教の代替物《オルターナティヴ》となるアイデンティティを、こぞって先史時代に探し求めたのである。そうした創造的な探索の成果として、ついには二十四ヵ国もの歴史の起源に「それぞれのケルト人」が登場することになった。

フランスも例外ではなかった。三部構成になったピエール・ノラの『記憶の場』の第三部「さまざまなフランス」の劈頭を飾るのは、「フランク人とガリア人」と題した論考で、これが避けて通れぬ問題設定であることが示唆されている[217]。著者クシシトフ・ポミアンによれば、一般大衆の認識では、先史時代のケルト人とガリア人は区別されていないのだが[218]、ただし、そのガリア人もフランク人も、論者によって定義の異なる厄介な範疇である。一般的な了解といえるのは、ガリア人が先住の民にして「第三身分」の標章、対するフランク人は外来の民にして「貴族」の標章というあたりだろう。一例を挙げれば、シエースは『第三身分とは何か』のなかで、征服者を自認するフランク人をゲルマンの故郷であるフランケンの森に押し返せば、「国民は純化され、もはやガリア人とローマ人しかいなくなったと晴れ晴れした気持ちになれるのに」と述べている[219]。おわかりのように、外来の民をゲルマンとするかローマとするか、あるいはトロヤ人の末裔という説もあり[220]、さまざまの主張や議論が錯綜するのだが、原初のフランスがケルト＝ガリア的なものだという確信はゆらぐことがない。

そうしたわけで、十九世紀の前半には、いわば汎ヨーロッパ的なスケールのケルト・ブームがあり、とりわけオシアンは北欧のホメロスと称えられていた。『墓の彼方の回想』のなかでシャトーブリアンは、亡命者としてイギリスに滞在していた若きころを顧みて、当時は少年であったバイロン卿に思いを馳せている。そして、スコットランドの海辺でヒースの原を眺めて育つ詩人と、ブルターニュの荒涼とした原野に親しんだ自分とが分かちあう詩的感性にふれ、詩人が愛したオシアンと聖書は、みずからの愛読書でもあったと述べる[221]。じっさい『キリスト教精髄』の著者は、数年後には、オシアンの流れを汲む『殉教者』（一八〇九年）を世に問うている。古のブルターニュを舞台に、ドルイドの巫女とキリスト教に改宗したローマの軍人との出会いを描く、叙事詩的な物語である。

ナポレオンもまたオシアンに強く惹かれていた。第一統領がジョゼフィーヌの住むマルメゾン宮殿のために、画家ジロデに制作させた《自由を求める闘いで祖国のために死んだフランスの英雄の称揚》をご覧いただきたい。ナポレオン軍の英霊を建国神話の祭壇に祀るという寓意である。人びとは大聖堂の天井画、宗教書の挿絵、あるいはエピナル版画などで、キリスト教の色彩華やかな「天国」のイメージには親しんでいたはずである。なおのこと、この陰影にみちた「黄泉の国」に異質なものを感じとり、新鮮な衝撃を受けた者は多かった。

ケルトには、統一されたものではないにせよ、独自の死生観、宇宙観、儀礼の様式があるにちがいない。それゆえカトリックにしてみれば、ケルトの信仰は「異教」として排除すべきものだった。しかるに、バイロン、シャトーブリアン、ナポレオンにとって、ケルトもキリスト教も遠い祖先から継承してきた豊かな遺産目録の一部をなすものだ。なんの抵抗もなくオシアンと聖書をならべ、同じように読むことができるのは「ライックな公共圏」という安全な環境があるおかげではないか。フローベールも好んで聖書を読むのだが、それは真理を伝達する聖なる書物としてではない。そうではなくホメロス、シェイクスピア、ゲーテ、そして聖書から、何か本質的な「文学」の教訓を学びとるというのである(222)。あらためて強調しておきたいのだが、「ライックな公共圏」は宗教的なものを排斥する空間ではないし、ましてや宗教について沈黙を守ることを強いられる空間などではない(223)。

ジロデ＝トリオゾン《自由を求める闘いで祖国のために死んだフランスの英雄の称揚》 1801年

十九世紀ヨーロッパについて注目されるのは、むしろ反対に、宗教的なものをめぐる公論の解放と自由化とみなすべき現象ではないか。フランスの場合、これを可能ならしめた決定的な要因のひとつは、宗教の多元性を認め、制度的にも保障する「コンコルダート体制」だった。以上が、本書第Ⅱ部で論証につとめてきたことがらの要点である。

3　聖なる使命としての文学

ポール・ベニシュー『作家の戴冠』

しかし当然のことながら「ライックな公共圏」は、新世紀の幕開けとナポレオンの登場に呼応して、にわかに醸成されたものではない。十八世紀には固有の知的活動があり、その後の政教関係を方向づける胎動のようなものがはじまっていた。

アレクシス・ド・トクヴィル『旧体制と大革命』（一八五六年）は、二つの世紀を連続的に捉える姿勢において際立っている。フランス革命にアンシャン・レジームの終焉と歴史の断絶を認めるのが一般的であるとすれば、まさに通説をくつがえすところから出発したのである。著者は革命の原動力ともなった言論の力を「文学的政治学」と形容し、啓蒙の世紀の状況を以下のように描きだす。「すべての人間は平等であるべきだ」という考えは、それが言語化され公にされることにより、税の不当な割り当てによって損害を蒙っていた納税者を興奮させた。「すべての特権は一様に理性によって断罪される」と聞いて喜ばない者はいなかった。

こうして、民衆の感情はことごとく哲学に変貌した。政治生活は乱暴にも文学のなかに押しこめられ、その結果、世論の指導権を掌握した著述家たちが、一時的に有力な地位――自由な国なら、一般に政党の領袖が占める地位――を獲得した。

この指導的役割をめぐって、著述家たちと争うことのできる者はもはやいなくなった。(224)

本来であれば貴族階級は国政に当たることはもとより、世論を導き、作家たちに範を示し、思想に権威をあたえるはずだった。ところが十八世紀の貴族は活力を失い、それまで知性の支配において占めていた地位を言論の専門家にゆずってしまったというのである[225]。

こうしたトクヴィルの歴史観も参照しつつ、十八世紀の半ばから十九世紀前半、ロマン派の隆盛までを、文学的活動の山場として雄大かつ繊細に描きだす名著をご紹介しよう。「序章」でもひと言ふれたが、著者の名はポール・ベニシュー。初版の発行は一九七三年だが、二〇〇三年『記憶の場』と同じガリマール社の格調高いコレクションから再版された[226]。タイトルを邦訳するなら『作家の戴冠(一七五〇―一八三〇年)――近代フランスにおけるライックな霊的権力の誕生をめぐる試論』とでもなろう。ナポレオンの戴冠式の項で解説したように「戴冠」sacre には「聖別」という含意があり[227]、「霊的権力」pouvoir spirituel は「世俗の権力」pouvoir temporel に対する教会の権力を一義的には意味するが、そのままでは laïque の「非聖職者」という原義と矛盾する。トクヴィルのいう「世論の指導権を掌握した著述家」を「教導権をもつ聖職者」になぞらえた比喩表現と説明しておこう。

ここでフランス文学研究史という観点からひと言補足しておきたい。一九六〇年代にいわゆる「新批評」が華やかに登場したのち、アカデミックな研究は「物語分析」や「草稿研究」「生成論」「言語論」など、作品の内在批評といわれる分野に収斂し、かつまた先鋭化していった。文学の「外部」に照明を当てようという気運が高まったのは、ごく最近のことであり、時代や社会への鋭い洞察と該博な知識とに支えられたベニシューの文学批評は、新たな脚光を浴びている。今、再読すれば、以前よりは真価を理解できるかもしれないとわたし自身も考えている。

さてベニシューの著作を繙く者は、そもそも「宗教」を文学の「外部」とみなす思考法からして雑駁であるということに、ただちに気づくだろう。人間に叡智をもたらすという「文学の使命」は古から変わることなく受けつがれてきたのだが、ヨーロッパの文明をさかのぼれば、二つの異なるモデルが見えてくる。ギリシア型モデルでは、宗教の霊的な拘束がゆるやかだったから、文学の営みは相対的に自立することができた。対するユダヤ型モデルにおいては「書かれたもの」écrit が超越的存在と無縁なところで正当化されることはない。

ギリシアにおいては哲学こそが「霊的=精神的な権威」であり、「文芸」lettres はその麗しき伴侶とみなされた。とりわけ詩人のインスピレーションは預言者の才に似て、「詩《ポエジー》」の源泉は神にあるという。こうしたギリシアの伝統はラテン世界に引きつがれた。詩は哲学より先に誕生したものであり、聖なる起源をもつゆえに、哲学によって王位を奪われたわけではない。ホメロスは、プラトンに匹敵する深遠な教えを寓話《アレゴリー》に託して語っているのだという主張もあった。

その後キリスト教が勝利したことにより、ユダヤの伝統がギリシアの文化を圧倒し、文学は宗教の正統教義という圧倒的な権威にさらされた。そして世俗の文化は一般に、虚偽と危険にみちたものとして長らく指弾されることになるのだが、やがて異教的な古代の文芸を範として、神の栄光を称え人間を教え導く「キリスト教文学」が、教義の周辺に形成されてゆく。

ベニシューによれば、宗教と文学の棲み分けという黙約が成立したのは十七世紀後半、太陽王ルイ十四世の宮廷で偉大な古典主義文学が開花した時代である。宗教と文学がそれぞれに、聖と俗の課題、すなわち魂の救済と人間的な徳を担当しようというのだが、これは束の間の休戦にすぎない。本来は「聖職」sacerdoce であったはずの詩人という職業は、じっさいには「天上の権力=教会」と「地上の権力=絶対王政」という巨大な二つの柱にはさまれて掣肘を受けていた。文学は「道徳《モラル》」という次元の有用性をかかげ、みずからの役割は習俗を洗練させることにあると標榜した。

十八世紀、カトリック教会の教義が力を失い伝統的な権威が衰退したとき、文学が復権し、かつてない崇高な使命をおびる。そして世紀の半ばには、作家が「世論の指導権」を掌握した。ちなみにこの時代「文学」littérature とはフィクション、小説、戯曲、詩、批評はもとより、哲学、政治、経済、歴史、科学の啓蒙書、思想的なパンフレットまでを包括する言語的活動の総体を指していた。さらに当時の「文人」Homme de Lettres とは、国政にも発言権があると自認する先駆的な「知識人」であり——この語彙が今日的な意味でつかわれるようになったのは、じつは十九世紀の半ばだが――いずれこの系譜から、ベニシューが「ロマン派の預言者・大祭司」と呼ぶ国民的な詩人や作家たちが輩出することになる[228]。こうした状況が、トクヴィルの引用にある「政治生活は乱暴にも文学のなかに押しこめられ」たという表現に対応することはご理解いただけよう。

シャトーブリアンの「護教論」における人間中心主義

さて『作家の戴冠』の「序文」冒頭を要約しながらベニシューの描く歴史のパノラマを望見したところだが、本論については、シャトーブリアンの読解にかかわる部分を抽出するにとどめたい。

第一章「ライックな聖職を求めて」En quête d'un sacerdoce laïque というタイトルが示唆するように、ベニシューによれば啓蒙の世紀の「文学」は「宗教」から離反したのではない。そうではなく、宗教から聖性を奪い返して身にまとったのである[229]。第二章のタイトル「聖なる詩人」Le poète sacré も同じイメージを強調するものだ。ところでよく知られているように、啓蒙哲学に一般的なのは「理神論」であって「無神論」ではない。そこでは秩序と幸福を保証する超越者としての神をあらかじめ想定し、その上で知性あるいは心情による説得という手続をとる。宗教的なことがらにおける「人間中心主義」と定義できるだろうが、これがカトリック的な「啓示」への反逆であることは指摘するまでもない。もはや真理は超越的な存在によって開示されるのではない。「かりに神が存在しないのであれば、神を発明しなければなるまい」というヴォルテールの警句が示唆するのも、宇宙の中心に主体としての人間を位置づけようという決断にほかならない。ディドロやルソーが「宗教感情」について証言し「霊的陶酔」を口にするときに、それが「この世のものならぬ」とか「神々しい」といった形容で飾られていても、現実に語られているのは、あくまでも人間の体験なのである。光は高みから降りてくるのではなく、地上から天上に向けて放たれる[230]。

ティエスの「先祖捜し」という主題もベニシューの論考の射程に入っている。啓蒙思想は人類の起源を理想化することに誘惑をおぼえていた。かつてヨーロッパの人びとに知られていたのは古代ギリシアのみだったが、スカンジナヴィアの古い伝承、スコットランドのケルト、あるいは古のガリアなど、すべてのネイションについて原初的な口承伝説が発掘されるようになる。その間に聖書がホメロスとオシアンの伝承と横並びに位置づけられるという、かつてない展望が生まれていた(231)。わたしたちが前項で描出した知の風景であることはいうまでもない。

新しい世界観によれば古代とは詩《ポエジー》の黄金時代だった。遠い祖先のゆたかな感情と潑溂たる空想力を人間は失ってしまったのである。だが失われた楽園は、アメリカの野生の民、古代のエジプトやギリシア、古のオリエント、あるいはヨーロッパの蛮族などに見出されるにちがいない。こうして世紀末にかけて文明の過去にさかのぼる旅の記述が蓄積されてゆくのだが、奇妙なことに、原初の風景はいずこも似通っていた。霊感を受けた族長の老人、徳高き弟子たち、清らかな処女がおり、簡素な食事、神を称える儀式、暗喩にみちた言葉があり、日々の生活は穏やかな詩情にみたされている(232)……。シャトーブリアンのアメリカ旅行記も、その副産物である『アタラ』や『ルネ』も、ユートピアへの空想の旅という側面をもっている(233)。

『作家の戴冠』のなかで『キリスト教精髄』がとりあげられるのは「反革命と文学」と題した第四章である(234)。ベニシューによれば、シャトーブリアンは先達ベルナルダン・ド・サン゠ピエールと同様に感性と理性を対立的にとらえているのだが、その一方で感情の真価は透視できぬ暗がりにあると主張する。じっさい『キリスト教精髄』は「人生において神秘的なものほどに麗しく甘美で偉大なものはない(235)」という神秘礼賛の一文からはじまっている。さらにこの書は、著作の意図において、自然宗教や理神論を指向する啓蒙哲学とは袂を分かつ。カトリックの教義における「神秘」mystères を規範的なものの解釈というレヴェルではなく、もっぱら詩的な散文によって擁護することが狙いなのである。

たしかにわれわれの魂は果てしなく何かを求めている。切望した対象を手にしたとたんに、さらにほかのものを求めるだろう。全宇宙でさえ魂を満足させることはない。無限だけが魂にふさわしい領野なのである。〔…〕魂が神のふところに飛びこむのは、その神が闇に満たされているからだ[236]。

「無限」を捉えるのは理性ではなく感性であるはずだが、一方で過酷な現実をまえにして、非力な人間は、過ぎ去った時代、少年期や生まれ故郷、あるいは失われた楽園に生きる糧を求めずにはいられない。こうして啓蒙の世紀の「幸福な感性」は否定され、欠如の感覚から生まれる「暗い感性」が称揚されることになる。革命への期待と失望を、そして凄惨な出来事の思い出を分かちあった若い世代は、自然ななりゆきとして霊的なものへと傾斜していった。憂愁にみちたルネの誕生である。

シャトーブリアンの思考のなかでは、メランコリーとキリスト教信仰がおのずとむすびつくのだが、ひとつ見落としてはならないことがある。『キリスト教精髄』の「護教論」は、説得の言説の中核に近代的な「感性の人」の体験を据えている。その意味で啓蒙哲学の「人間中心主義」を引きついでおり、結果的にカトリックの正統教義と齟齬を来しているのである。神と人間の関係は明らかに変質してしまった。

さて『作家の戴冠』の後半は「反革命」と呼ばれる保守勢力に対抗する自由主義の潮流も追いながらアルフレッド・ヴィニー、ヴィクトル・ユゴー、サント゠ブーヴという偉大なるロマン派世代を描き、さらにネルヴァル、テオフィル・ゴティエをとりあげて一八三〇年で幕となる。その続編としてベニシューは、四年後の一九七七年に『預言者の時代――ロマン主義時代の教理』、さらに一九八八年には『ロマン派の大祭司《マージュ》』を上梓した。

「書くこと」の苦行僧フローベール

『作家の戴冠』をしめくくるページには「十八世紀フランスで生まれたライックな霊的権力の歴史は、一八三〇年にも、一八四八年にも終わらない」という言葉がある[237]。さらにベニシューは、ポスト・ロマン派世代のボードレールやフローベールに言及し、こうも指摘するのである――「詩と芸術は、聖職であることを辞めぬまま、多少とも根源的な呪い（malédiction）の経験となる」[238]。

まさにそうなのだ。フローベールにとって芸術は、神の下された劫罰のごときものであり、書くことは「苦行」にほかならず、完璧な散文を求めて聖なる頂きをめざす作家は「殉教者」なのである。もはや崇敬の対象はキリスト教の神ではない。彫琢された言語とともに立ちあらわれる究極の美が、聖性のみなぎる超越性を代行するだろう。一八四八年の二月革命によりロマン派の「預言者」たちが退いて、政治参加を拒む次世代の芸術的潮流があらわれたとき、再編された「ライックな聖職」は、いかなる語彙によって形容されるのか。フローベールの書簡から、あえて解説も添えずに三つの断章を引用することをお許しいただきたい。

ぼくは一種の美的神秘主義（これら二つの言葉を組みあわせることができるとして、ですが）に傾きつつあります。〔…〕社会が現在のような調子で進んでゆくなら、かつて暗い時代にはかならずそうであったように、神秘主義者たちが現れるにちがいありません。魂が思うままに語れぬとき、それは内に閉じこもります。沈滞の気分が万物にみなぎり、この世の終末が信じられ、救世主の到来が望まれる、そんな事態がまたしてもおきるのは、そう遠い日ではないでしょう。しかし神学という土台はもはやないわけで、己を知らぬこの熱狂は今、何を支えにするつもりなのか。肉体にそれを求める人もいるだろうし、古めかしい宗教に、あるいは芸術に、それを求める人もいるでしょう[239]。

〈幸福〉と〈美〉を同時に追い求めれば、そのどちらも手に入れることはできません。後者はただ〈犠牲〉によってのみ到達できるのです。芸術は、ユダヤの神のように、生贄を糧として生きてゆく。さあ！　身体をかきむしり、鞭打ち、灰のなかを転げまわり、物質をいやしめ、自分の肉体に唾をはきかけ、心臓をつかみ出せ。おまえはひとりっきりになり、足からは血が流れるだろう。〔…〕こうしておまえは地平線に浮かぶ一点の灯火だけをたよりに、荒れ狂う嵐に弄ばれて彷徨いつづけるだろう。
だがその灯火は大きくなってゆく、大きくなって太陽のようになる、その金色の光がおまえの顔をつつむ。光はおまえのなかに滲みこんでゆく。おまえは内部から照らされる。――おまえは自分が軽くなり、全身が精霊と化したように感じるだろう。血を流すごとに、肉の重みは減じることだろう。(240)

真珠が貝の病いであるように、文体は、もしかしたら、いっそう奥深い苦痛の流出なのかもしれません。芸術家の人生とは、いやむしろ完成させるべきひとつの〈芸術〉作品とは、大きな山を登攀するのにも似てはいないでしょうか。過酷な旅です。しかもがむしゃらな意志の力が必要だ！〔…〕もっと高いところへ登りたい、けりをつけたい、死んでしまいたいという抗いがたい欲望だけがある。でもときおり、天空から一陣の風が吹いて雲のヴェールをとり払い、果てるところなき、崇高な、無数の展望が、あなたをうっとりさせる！　足許二千尺も下方に人々の姿が見える、オリンポス山の微風があなたの大きな肺いっぱいに吸いこまれる。あたかも自分が巨人となって、地球全体を台座とするかのような感じなのだ。が、霧がふたたびおりてきて、またもや手探りで登攀をつづけなければならない、手探りし、岩角で爪をはがし、孤独のうちに涙を流しつつ。いや構わぬではないか！　雪のなかで死のうではないか、我々の欲望の白無垢の苦痛のなかで、ほとばしる〈精霊〉のざわめきを聞き、顔を太陽にむけ、命果てようではないか！(241)

十八世紀後半の神秘思想家サン＝マルタンはいうまでもなく、ロマン派世代のバルザックやヴィクトル・ユゴーも、正統的なカトリック信仰から逸脱したスピリチュアリティの経験に強く惹かれていた。しかし、ここで問題にしたいのは、一般にいう神秘主義の歴史、あるいは思想的な系譜といったことがらではない。ギリシア・ラテンの伝統とユダヤ・キリスト教の伝統がせめぎ合うヨーロッパ文明の長い歴史を背景におき、世俗の活動と聖なるものとの多様な関係性を問うたとき、はじめてベニシューのいう「ライックな聖職」としての「国民文学」の相貌が見えてくる。これも「宗教文化の諸相」と呼べる現象のひとつではあろう。

それにしてもフローベールの場合、俗物の神父ブールニジャンを造形したヴォルテール的「反教権主義者」と芸術をひたむきに信仰する「殉教者」とは、いったいどんな具合に折り合いをつけているのだろう？　背反するようにも見える二つの人格が、共通の時代精神に発して表裏一体となっていることを論証しなければなるまいが、そのためには新たなフローベール論を書き起こす必要がある。本書では、その出発点となるかもしれぬ議論を、第Ⅲ部の第五章で素描してみたい。序章でもふれたように(242)、文学史的には「リアリズムの巨匠」などと呼ばれる作家の一見不可解な「宗教性」という側面は、わたしにとって四十年来の謎だった。この問題を、とりあえず大きな文脈に位置づけることだけはできたように思う。

第Ⅲ部　姦通小説論

それ以来、人の言葉のなかには、わけても美しい言葉があるとぼくには思われるようになった——「姦通」adultère という言葉。えもいわれぬ甘美なものが、そのうえにふんわりと漂っている。

フローベール『十一月』

第一章　宗教的な大罪　それとも民法の契約違反？

1　教会の定める「姦通」とは何か

「モーセの十戒」と大罪としての「姦淫」

旧約聖書の「出エジプト記」が伝える十ヵ条の戒めとは、以下のようなものである。一、あなたには、わたしをおいてほかに神があってはならない。二、あなたはいかなる像も造ってはならない。三、あなたの神、主の名をみだりに唱えてはならない。四、安息日を心に留め、これを聖別せよ。五、あなたの父母を敬え。六、殺してはならない。七、姦淫してはならない。八、盗んではならない。九、隣人に関して偽証してはならない。十、隣人の家を欲してはならない。隣人の妻、男女の奴隷、牛、ろばなど隣人のものを一切欲してはならない。(1) というわけで、いわゆる「モーセの十戒」の第四条までは神と人の関係、以下は人と人との関係を律することがらがならんでいる。

戒めの第七条にある「姦淫」がフランス語では adultère となり、これは「姦通小説」にもつかわれる語彙なのだが、だからといって同じことが想定されているとはかぎらない。聖書的な意味での「姦淫」については、当然のことながら長い神学論争の歴史がある。ここでは岩波『キリスト教辞典』を参照するが、これが教派・宗派を問わず現代のキリスト教の諸教会が合意できる最大公約数として呈示されたものでしかないことを、あらかじめ指摘しておこう。「夫あるいは妻が婚外の性関係をもつこと」というのが冒頭の定義であり、キリスト教の姦淫規定の特徴は妻だけでなく夫の不貞が含まれている点にあるという。一般に父権的な社会においては、妻のみに過重な貞操義務が課されるが、今日では教会の教えにおいて義務は相互的なものとみなされ、夫婦の関係を人格的な交わりとみなす結婚観が発達したというのである。

それはそれとして「出エジプト記」に記された上記の律法では「姦淫」とは、男がほかの男の妻・婚約者と同衾することを指し、男女双方が死罪となった。古代の父権制において女性は生殖手段であり、第十条には女と奴隷と家畜がならんで記載されている。男性に対する戒めではあるけれど、この文脈においては隣人の所有権を侵害してはならないという話であって、貞操という徳目が問われているわけではない(2)。

旧約・新約の聖書には「姦淫」についての戒めや教えが随所にあり、その概念は一様でないだけでなく、それぞれ「結婚」とは何かという定義に深くかかわっている。中世には、性的快楽の追求が姦淫の罪に当たるという考えが生まれていた。たとえ夫婦であろうとも生殖を目的とする場合にのみ性行為が正当化されるという見解が、ここから導かれる。こうなると「姦淫」と「姦通」は明らかに別ものである。そして快楽原則の排除という宗教の教えは、十九世紀のフランスにも隠然たる影響をおよぼすことになる。カトリック的な世界に住むヒロインたちは、しばしば性愛の陶酔と罪の意識を不可分のものとして生きなければならなかったのである。

十戒のほかにも「七つの大罪」と呼ばれる罪の定義があることはご存じだろう。カトリックでは「カテキズム」(公教要理)のなかに、それらの「大罪」が明確に定められているのだが、概念や用語は時代の要請により微妙に変化する。現代版を教皇庁の公式サイトで確認すると「高慢、物欲、色欲、嫉妬、貪食、憤怒、怠惰」というリストになっている(3)。「色欲」と訳されているのは impureté だが、直訳すれば「不純」だろう。これに対して十九世紀のリストでは「淫」という漢字を想起させる luxure がつかわれていた。なお「大罪」péchés capitaux は「永遠の救い」

が得られないことを指し、要するに「地獄落ち」に値するという意味の「死をもたらす罪」péché mortel と本来は同等のものだった。[4]「大罪」は「小罪」péché véniel に対立する概念であり、のちに見るようにランジェ公爵夫人の恋愛ゲームは、二種類の「罪」の教会的な定義によって背後から操られることになる。

本書でも、いくつかの作品をとおして検証するつもりだが、当時は女性のセクシュアリティという秘密の領域に聖職者が踏みこんで「教導権」を行使していたのだから、こうした教会用語も考慮に入れなければ「姦通小説」は読み解けない。しかも現場の記録などあろうはずもない告解室でのやりとりについて、その社会的・ジェンダー的な機能の実体をおぼろげにでも推測したかったら「小説」にまさる参考資料はないのである。

さて一方で、世俗の権力が定義する姦通とは何か。ナポレオン法典のなかに十九世紀フランスの公式見解が読みとれることはまちがいないのだが、ここで聖と俗を分離して、別々に考察したのでは新しい展望は開けない。もともとアンシャン・レジームにおいては教会法と君主の王令と領主の定める法律、さらには慣習法と呼ばれるものが、パリや地方によってそれぞれに異なる力関係のなかで運用されていた。時代の共有する「性道徳」のような規範がかりにあったとしても、その起源となったのが霊的な権威か世俗の権威かを判定することはむずかしい。聖と俗が未分化であった時代の伝統を視野に入れることにより、結婚生活を民法の管理下におくという近代社会の選択がいかに革命的であったかを、大きな文脈のなかで考察することができるだろう。

アンシャン・レジームの訴訟事件に見る「姦通」の定義

アニェス・ヴァルシュの『姦通の歴史――十六―十九世紀』を参照しながら革命以前の具体的な風景を思い描いてみよう。あいまいな文化論と異なり、この著作は一次史料を駆使した歴史分析である。あつかわれるのは、姦通を事由とした刑事裁判の記録や同時代の回想録・証言のたぐい。とはいえ姦通とは、そもそも人目を忍んでおこなわれるものであり、被害者を自認する者が法的な手段によって結婚生活の破綻を人目にさらすことは、心理的にも経済的にも大きな負担になった。おそらくそうした理由もあって、十七世紀から十八世紀について発掘されたアーカイヴは、わずか百件ほどで、それも不完全なものが多いという。(5) 結果としては「姦通の歴史」といっても統計的な客観性を主張できるコーパスが見出されたわけではない。それに女性は夫を告発する権利をもたなかったという一事からしても、裁判記録には大きなジェンダー・バイアスがかかっている。著者がこころみているように、具体的な判例のバックグラウンドを広く検証し、いかなる議論が構築されているかを精査することにこそ意味があるだろう。裁判や修道院などに関する制度論的な言及も興味深いのだが、話題をしぼり「司法上の姦通とは何か」という問いに答えてくれるエピソードをひとつだけ、かいつまんでご紹介したい。

長らく戦地に赴いていた亭主が村に帰還して結婚生活を再開したら、なんと十年もたったところで自分が本物だという男があらわれたという有名な事件がある。他人の家庭に居座っていた偽物は絞首刑になり、妻は「姦通罪」に問われたが無罪放免となった。「マルタン・ゲールの帰還」と呼ばれる訴訟事件は、著名な歴史家ナタリー・デーヴィスによる著作があり、同名の映画も存在するから、ご存じの方も多いだろう。(6)『姦通の歴史』の冒頭の章「ジャン・マイヤールの帰還」は、ちょうど一世紀後の一六七〇年にパリの高等法院で争われ、ドイツにまで反響がおよんでマルタン・ゲールの再来のような大騒動になった出来事をとりあげている。(7)

問題の人物は一六三〇年にパリをはなれ、ドイツで生活していたが、四十年が経過したのちに、妻が死去して莫大な遺産が入りそうだという話を伝え聞き、首都に帰還した。ところが妻は生きており、しかも再婚して子どもまで儲けていた。男は妻を姦通罪で訴え、妻と子どもは身分詐称の廉で男を訴えた。二重の訴訟に至るまでの経緯はこうだ。

ジャン・マイヤールはロレーヌ出身の仕立屋でパリに出たのち親方のもとで職人と酒場の手伝いをやっていた。顧客のひとりで貴族相手の宿屋を経営する男が娘を片づけたいといい、九百リーヴルという好条件の持参金をつけた。ジャンは新居を構えたが、義父は持参金の残額を払わず、美しい新妻は素行の芳しくない女だった。彼は支払いを求めて義父を提訴し、義父は婿の暴力を理由に娘を離婚させようとこころみる。このときは裁判所の調停で事は穏便に収められた。

しかし実直な職人は上流階級に憧れる奔放な妻と喧嘩をくり返し、ついに出奔してドイツに住みついた。ちなみに当時の既婚女性は貞操義務に反しても、私生児を産む気遣いはなかった。反証を示さぬかぎり生まれた子は自動的に夫の嫡出子とみなされたのである。夫が姿を消していっそう自由になった美人妻マリは、貴族階級のパトロンを取り替えながら次第に社会階級を上昇し、ついにしかるべき相手にたどり着く。その紳士ピエール・ティボーとの「内縁関係」――裁判でジャンの弁護士がつかった用語では「公然たる姦通」――が長くつづいたのち、一六四六年に自称ジャン・マイヤールの未亡人は晴れて公証人のまえで婚姻契約をむすんだのだった。すでに生まれていた二人の子は、ここで父親に認知され、結婚式で両親とともに祝福を受ける。婚外子として生まれた子どもに教会があとから嫡出子の資格をあたえる慣行が存在したのである。[8] 古いフランス語表現に「新婚夫婦のヴェールの下に子どもを置く」*placer un enfant sous le poêle* という言い回しがあり、この伝統は――のちに見る『女の一生』の例など――近代の習俗のなかでも形を変えながら生きていた。

状況は異なるが、一世紀前のマルタン・ゲール事件でも、夫が偽物であることに気づかずに身ごもった子どもは、裁判により嫡出子であるとされた。妻と偽物の夫との結婚はそもそも成立していないのだから、ここでは遠隔の地にいた本物のマルタンと妻のあいだの嫡出子という意味である。[9] ナタリー・デーヴィスによれば、当時は疑わしいことがらの決着をつけなければならぬときは、結婚生活とそこから生まれた子どもたちの状況を優先することが多かったという。[10] アニェス・ヴァルシュも、同棲生活をつづけた男女を結婚させるという配慮において、当時は国の司法より教会のほうが、はるかに柔軟で熱意を見せたと指摘する。[11] 十九世紀の市民社会で、非嫡出子がどれほど冷酷に排除されるかを確認するときに、この事実を思いだすことにしよう。

ところでマリは件《くだん》の紳士との同棲生活のなかで、書類上の瑕瑾を見逃してもらえるぐらいの社会的な信用を培っていたのだろうか。ジャン・マイヤールの死亡証明書が提示された形跡はない。ちなみに夫が失踪した場合、妻に再婚する権利が生じるのは失踪者の年齢が百歳(!)になったときと定められており、さもなければ葬儀に立ち会った聖職者による埋葬証明が必要だった。婚姻の「解消不能」というカトリックの原則は厳しく運用されていたのである。

さて一方のジャンは、故郷ロレーヌの親族と音信を交わしながらドイツでまっとうな職人として生活し、引退して六十七歳になったところで遺産の話を聞かされたのだった。風評の出所は、マリの再婚相手の弟と妹だった。ピエール・ティボーは一六六六年に死去しており、彼の親族は、かつては正規の結婚により不面目な内縁関係がおわることを歓迎したのだが、事実上は姦生子の母親である未亡人と当の子どもたちが、由緒ある家系にとどまることを望まないと主張した。そしてパリの高等法院に、一六四六年の結婚を無効とするよう提訴したのである。ピエールの弟と妹はジャン・マイヤールの故郷に人をやり、遺産の話をちらつかせて、マリの最初の夫が存命していることを立証しようと画策した。動機となったのが、ピエール・ティボーの遺産六万リーヴルであることはいうまでもない。

ティボー家の親族の期待するとおり、マリの夫を名乗る人物がパリに到着した。男はマリが生きていることがわかると、その足でドイツに帰ろうとするが、ピエールの妹マドレーヌが男を引き留めた。「姦通罪」の裁判手続がとられて、マリは収監された。マリと男は強制的に対面させられるが、奇妙な状況だった。マリは男が真っ赤な偽物であると主張した。なにしろ「姦通罪」で提訴する権利をもっているのは、本物の夫だけなのだから。司法の見解としては、この件についてはジャン・マイヤールを称する男のアイデンティティの立証と姦通にかかわる裁判は切り離せないということになった。このあたりの展開はマルタン・ゲール事件に似通っているのだが、ただし、遅れて帰還したマルタンが本物か偽物かについて証人たちの意見が分かれたのに対し、ジャン・マイヤールの場合、個性的な容姿が幸いし、三十七人におよぶ証人全員が本物であると保証した。

裁判のあいだジャンはマドレーヌの所有する邸に宿泊していたが、一六七一年の末に病気になった。病床に司祭が呼ばれて終油の秘蹟が授けられ、さらに二人の公証人が立ち会って供述書が作成された。ジャンは妻が死んだという報せを信じてパリに来たが、妻が生きていることがわかり、そのまま帰ろうと考えた、ところが子どもがいることが判明したために、その子どもが「姦生子」であることを法に訴えて宣言する必要を感じたというのが、その内容だった。この文書は遺言とみなされ大きな反響を呼んだ。

それにしても現実の出来事が小説のような大団円をむかえて決着することはめったにない。その後の裁判の展開はますます不明瞭になってゆく。ピエール・ティボーの妹は二度目の結婚が無効であると主張する一方で、マリと子どもはジャンを名乗った男が偽物であることを立証しようと執拗にこころみた。判決が下されたのは、ジャンが死去して三年後のことである。マリはピエール・ティボーと結婚したとは認められず、遺産はティボー家の親族にわたったが、ピエールがマリと息子のために設定した資産三万リーヴルはマリの手許にのこった。ジャンのわずかな遺産は、訴訟に協力した故郷の親族にわたされた。すくなくともジャンはマリの子どもの父親ではないと認められたのだ。裁判所はマリの再婚の時点でジャンが死亡していたかどうか、またジャンを名乗って出現した男が本物かどうか、最終的には判断できなかった。とすればマリが「姦通」の罪を犯したかどうかを判断する根拠はないということになる。

ヴァルシュの解説によれば、当時の「姦通」は「私の不法行為」(crime privé とは「公の不法行為」の対立概念) であり、法的な手段に訴える権利をもつのは、被害者すなわち裏切られた夫のみだった。訴訟は民事ではなく、刑事法廷であつかわれた。訴えの動機となっているのは、しばしば持参金や遺産など金銭的な問題であること、夫の暴力などにより妻が離婚を望んでいるケースも少なくないこと、裁判がおこなわれているあいだ妻を監獄もしくは修道院に留め置くことができるが、その費用は夫の負担となること、夫が勝訴した場合も「懲らしめ」のための収監の費用は夫が支払うことなどを付言しておこう。後述する十九世紀の刑法の罰則規定は、にわかに発明されたものではない。法制史という意味では、アンシャン・レジームの刑事法廷における判例との関係を解き明かす必要があろう。

女は「弱き性」という絡繰り

それにしてもなぜ「姦通罪」は妻というステータスに付随する犯罪とみなされたのか。ヴァルシュの解説によれば、判例を見ると多くの場合、誘惑した男は独身であるという。さまざまの理由で晩婚を強いられた若者たちが、とりあえず人妻を恋愛の対象としたのである。老いた夫に若い妻という年齢差の甚だしい夫婦が目立つという指摘も、これに整合する。ところでフランス語で「弱き性」sexe faible という言葉が女性を指すことはご存じだろう。ナタリー・デーヴィスとヴァルシュがそろって指摘することだが[12]、裁判では女性が「弱い」という了解にもとづき、寛大な判決が下されることが少なからずあったという。知力・体力が男に劣るというのではない、誘惑に弱いのが女の本性だという話。マルタン・ゲールの妻も、狡猾な男の奸策にだまされた女という役割をふりあてられることにより、無罪放免となったのである。文学好きであれば、ここでラ・フォンテーヌの『小話』(有名な『寓話』とは別の作品)など、一連の艶笑文学を思いだすにちがいない。ラ・ファイエット夫人の『クレーヴの奥方』が、貴公子の典雅な恋の誘惑を命がけで拒みとおすヒロインを描くことにより、「弱き性」という通説への反証たらんとしていることは指摘するまでもない。

姦通と性差という話をつづけるなら、実態においては男も女と同様、誘惑に弱いということを司法官は知っている。夫が婚外の性関係をもつことは処罰の対象とならないのだが、そこで男性と女性に対する差別の印象が生じることは確かだった。この印象を緩和するために援用されるのは、妻の姦通により「血の混交」がおきると、正統な子孫でない者に財産が相続されてしまうという議論である。さらに釣合をとるための方策として、男性が愛人や婚外子を優遇し、そのために嫡出子に不利がおよぶような相続は、明確に禁じられることになる。一見これで男女の非対称性は是正されたかに見えるが、よく考えてみると、裁判所が男性に求めているのは、理性の制御によって賢明にふるまうことである。一方で女性は感覚ないしは官能の誘惑に負けたのだろうという解釈により、ようやく情状酌量の対象となる[13]。

姦通をめぐるジェンダーの歪みは、法的判断によってもたらされたものか、それとも一般的な了解が司法に反映されたものと考えるべきなのか。もちろんこの種の問いに二者択一の答えはありえない。現実には公的な見解と世論と個人的な思いが複雑にからみ、相互に増幅しあっているだろう。それはともかく文学作品のレヴェルでは「姦通の女」が十九世紀にヒロインの花形となる一方で「姦通の男」は相対的に影が薄いように思われる。いやじつは、そのような範疇は存在しないといったほうが正確だ。一七六二年に刊行された『アカデミー・フランセーズ大辞典』の第四版には adultère という語が形容詞としてつかわれる場合、女にかぎられるという指摘がある。つまり une femme adultère（姦通の女＝妻）とはいうけれど un mari adultère（姦通の夫）とはいわないのである[14]。この表現は文学にかぎられたものではなく「姦通を犯した妻」に対する禁固刑を定めた一八〇四年の民法典二九八条の用語であることも付言しておこう。

十七世紀、フランスでは法整備がすすみ、全国一律の了解が徐々に立ちあげられてゆく。やがて教会や領主が姦通事件の裁判にかかわることもなくなった。それにしても大きな流れとしては、革命後の揺り戻しをへた十九世紀、人びとは世俗と宗教が未分化であった時代の道徳律を、さほど違和感なく受けついでいたはずである。とりあえず司法制度が宗教からの独立を果たす一方で、教会は「告解」という営みにより信徒の魂の救済に関与しつづけた。「姦通小説」のヒロインたちは、裁判の被告席に立つことはなかったとしても、信仰をもつ女であるかぎり「神の裁き」を免れるわけにはゆかなかった。

2　カトリック的な愛の神秘と罪の意識

『谷間の百合』における「姦通の詩情」

二十歳になったばかりの文学青年フローベールが述懐するところによれば「姦通」adultère という言葉のうえには

「えもいわれぬ甘美なもの」が漂っているという。[15]『キリスト教精髄』の著者も、「姦婦や無神論の輩」は臨終を告げる鐘の音が殷々と響くとき、さぞや恐れに胸をしめつけられるだろうと語る。[16]天国の扉を閉ざされるほどの「大罪」の筆頭に——「十戒」に列挙された数々の罪をさしおいて——「姦通」が掲げられるのはなぜなのか。この言葉にまつわる甘やかな憂愁とは、いかなるものなのか。

バルザックの作品に依拠するなら、フランス文学に固有の「姦通の詩情」は二重の意味でカトリックに由来する。まずは民法との対比、さらにはプロテスタントとの対比において、宗教の特質が詩の源泉となるのである。

たしかに「姦通」はナポレオン法典における家父長の権力を脅かし、財産の相続という市民社会の神聖な秩序を壊乱する。それは民法への重大な違反であり、社会的な「悪」とさえいえる。しかし『ゴプセック』のような「金融小説」において、民法上の違反としての不貞行為は、ドラマの引き金にはなっても、それ自体はいかなる詩情も醸しだすことがない。これに対して、隅々までカトリック的な『谷間の百合』は、いわゆるプラトニック・ラヴの物語であり、行為のうえで妻が夫を裏切ることはない。それでいて、これは許されぬ愛をヒロインが命をもって贖う物語、信仰の導きと俗世の愛が苛烈な闘いを演じ、ついにヒロインが燃え尽きるドラマなのである。第Ⅰ部「ヒロインたちの死生学」で見た臨終の場面を思いだしていただきたい。[17]さらに宗教とジェンダーをめぐる文化論という観点からしても、この作品には興味深い構図が見てとれる。なにしろカトリックに帰依する人妻のライヴァルとなるのは、プロテスタントの国から来た女なのだから。

とはいえ文学作品を単純素朴な構図に還元することはつつしまねばなるまい。モルソフ夫人は敬虔にして貞淑な家庭婦人でありながら、罪深き女こそが男を魅惑するという恋愛心理の絡繰りを、じつは直感的に見抜いているのである。

ああ、フェリックス、わたしがこうして何もかもお話するのは、あなたが後悔なさらぬようにということもありますが、たぶんそれだけではなくて、あなたに知ってほしいからですわ、わたしは冷たい女ではない、わたしたちの愛の苦悶は同じぐらいに狂おしいものだった、それこそアラベル夫人などが、わたしにまさるはずはないということを。わたしもまた、殿方がお好きだという堕落した種族の末裔だったのです。[18]

モルソフ夫人は臨終の床で、自分の死後に読むようにとフェリックスに手紙を託したのだった。「堕落した種族の末裔」として、いかなる煩悶のなかで自分が生き、また死んでゆくのかを切々と訴える手紙。今際《いまわ》のきわの心情を吐露した文章は、むろん論理的に構築されているわけではないのだが、研ぎ澄まされたレトリックを介してカトリック的な愛の精髄を垣間見ることができる。

「反抗する感覚」と「あの抗しがたい悦楽」

性的な快楽を追求することが「姦淫」の罪とみなされるという伝統が、中世にまでさかのぼることは、すでに指摘した。だが肉体の禁忌が厳しいほどに感覚は苛立って、それこそ外気にさらされた薄皮のように鋭敏になるものだ。モルソフ夫人が自分は「冷たい女」insensible ではなかった、と訴えるのは、そのような意味合いにおいてなのである。作品の冒頭近く、フェリックスとモルソフ夫人は舞踏会で運命の出会いを経験した。貧弱な少年は、見ず知らずの女性のゆたかな胸元に抗いがたい力で引きよせられ、いきなり接吻を浴びせかける。[19] この唐突で不器用な肉体の接触から、二人の魂の交流ははじまった。二人は見つめ合い、やがて環境が変わって再会したときに、ようやく言葉を交わすことができたのだ。夫人は記憶から抹消したかのように、あの出来事にはふれようとなかった。しかし死後に読まれる手紙には「暗闇に射しこむ一条の光」のようであったと記されている。あの「恐ろしい口づけ」をわたしは忘れることができない、「そのためにわたしは死んでゆくのです！」と書かれていた。ぎごちない口づけが呼びさました「あの抗しがたい悦楽」cette impérieuse volupté からして、世にいう「快楽」plaisirs とはどのようなものかと自問せずにはいられなかった、あなたが恭しくわたしの手をとって口づけするときに、あるいは、あなたの腕がわたしの腕にふれるとき、そしてあなたが優しく声をかけるとき、目には霞がかかったようになり、「反抗する感覚」sens révoltés のつぶやきで耳鳴りがするかのようだった……。[20]

これほどに烈しい感覚のざわめきと官能の疼きを秘めた肉体が、絶望的な沈黙を強いられていたのである。愛する人の肉体が土に還ろうとしているときに、ようやくフェリックスはそのことを知る。じっさいモルソフ夫人がフェリックスに許したのは、敬意をこめて手に口づけすることだけだった。しかるにその口づけは、いかに濃密なものであったろう。

それに私は若かった！　夫人は手に口づけすることをめったに許してはくれなかったけれど、なにしろ私はまだ若かったから、そこにおのれの本性のすべてをこめたのです。夫人がさしだすのはいつも手の甲で、掌《てのひら》をさしだしてくれたことはついぞありません。夫人にとっては、そこが官能の悦びのはじまる境界線だったのでしょう。[21]

「禁欲」という主題が、カトリック的な愛の詩学に遍在するのだろうか。すくなくとも、その本質をなす一要素だろうという気はするのである。罪深い欲望をいだく者が、みずからを罰したいという気持から、すすんで「贖罪」を受けいれることもあるだろう。癇癪もちで横暴でひがみっぽい夫に献身的に仕えたモルソフ夫人は、愛しい青年に告白する――「わたしの情熱の烈しさが、わたしの力をやしなってくれました。モルソフからくわえられる苦しみを、わたしは罪を贖う方便とみなし、自分の邪《よこしま》な心を罰するために、誇りをもって耐えぬこうといたしました」[22]。

死の床にあるヒロインは、こうした女の心情の絡繰りや倒錯的な欲望を、自虐的なまなざしで見つめながら手紙を書いた。この何事もおきない姦通小説は、じつのところエロス的な禁忌に激しく、命がけで逆らっている。なるほど愛の神秘は厚いヴェールで覆われているのだが、それでいて、胸を突かれるほどに生々しいものが、不意に露出するかのようなのだ。

夫、妻、青年がおりなす三角関係のドラマにおいて、緊張が極限にまで高まるのは心理的な葛藤ゆえではない。危機が訪れるのは、隠されていたセクシュアリティの亀裂が人目にさらされる瞬間だ。あるとき理不尽な怒りにわれを忘れたモルソフ伯爵が、フェリックスの面前で夫人を罵った。この女のために自分は禁欲を強いられている、神の掟も人の掟も等しく認める妻の義務を果たそうとしないのだ、夫を嫌い、気が狂いそうになるまで痛めつけている、それでいてこの女は聖体拝領を欠かさない、夫を犠牲にして「生娘」vierge でいようというわけだ……。モルソフ夫人は床にくずおれて気を失い、フェリックスは生涯にただ一度――さながら花嫁を抱くかのように――夫人を胸に抱いて寝室にはこぶ(23)。

引き立て役の愛人はプロテスタント

『谷間の百合』は人妻、青年、その愛人による三角関係の物語でもある。貞女の鑑と称えられるモルソフ夫人へのライヴァル意識から、レディ・ダドレーはフェリックスに近づいた。しかし頭脳的な愛人の駆け引きに、青年が完全に籠絡されてしまったわけではない。激しい情熱を秘めながら、あくまでも嫋《たお》やかなフランス女性に対し、磨かれた鋼のようなイギリス女性――「イギリス人のイメージは、彼らの住む島のイメージにそっくりです。そこでは法がすべてを支配しており、いたるところ、何から何まで画一的で、美徳を発揮することさえ、決まった時間に回転する歯車仕掛けがもたらすお定まりの運動のように思われます(24)」。こんな具合に語り手は、英仏の比較論を執拗に展開してみせる。

羞じらいの感情を誇張する者は、愛情も誇張せずにはいられません。イギリスの女たちが、まさにそれなのです。彼女たちは、形式をととのえることにすべてを賭けますが、それでいて彼女たちのなかで形式への愛着が、芸術の感情を芽生えさせることはない。彼女たちが何というかは別として、プロテスタンティズムとカトリシズムとが、彼我の相違を説明してくれます。この相違のおかげでフランス女の魂は、イギリス女の理詰めで計算高い恋よりも格段にすぐれたものになっている。プロテスタンティズムは疑い、検討し、信仰を殺してしまう、そのため芸術も愛も死滅するのです。(25)

イギリス人への反感をあらわにした御国自慢のように読めないこともないのだが、考えてみれば「国民アイデンティティ」をめぐる議論と世に言う「女性論」とのあいだには深い関連がある。たとえばルソーの『ヌーヴェル・エロイーズ』はスイスの清らかな山地に育まれ、プロテスタントの潔癖な道徳に根ざした愛の物語という設定になっている。スタンダールの『恋愛論』は、さながらヨーロッパの国名を一覧にした女性分類学のようであり、スタール夫人の『コリンヌまたはイタリア』は、ヒロインがネイションの精髄を体現することをタイトルで宣言したものだ。予想されるように、永久《とわ》の別れによってモルソフ夫人への思いが崇高な追憶へと昇華してゆくのに対し、レディ・ダドレーとの恋愛は散文的な日常のなかで幻滅とともにおわる。その対比はあまりに図式的だという批判もありえよう。カトリック的な愛の神秘を顕揚するために、プロテスタントの女に引き立て役をつとめてもらうという趣向だが、それにしても神秘的なものは、ヴェールをはがされ人目にさらされた瞬間に、神秘であることをやめてしまうのだ。この難題を、バルザックはいかに解決するか。

じっさい「フランス女の魂」に捧げられたこの作品には、沈黙のうちに分かちあう陶酔や、言葉によらぬ魂の交流や、あるいは絶対的な信頼から嫉妬の苦しみというふうに、禁じられた愛の曲折のすべてが内包されている。秘められた感情は、そのエネルギーを外部に放出し、世界に投影するだろう。物語の舞台であるトゥーレーヌの肥沃な大地は、無機質な環境であることをやめ、生命《いのち》のかよう被造物となる。この「エメラルドの杯」のような谷間、このなだらかな起伏のどこかに、舞踏会で出会った名も知れぬ女性が隠れ住んでいる、そう青年が予感する断章を読んでみよう。

「あのひとが、女性の精華のようなあのひとが、この世のどこかに住んでいるのなら、この地をおいてほかにない！」そう考えながら、私は一本の胡桃《くるみ》の木に身をもたせかけました〔…〕。あのひとは、まさしくそこに住んでいたのです。心の声は私を欺かなかった。草地の斜面に最初に目にした城館こそが、あのひとの棲まいでした。あの胡桃の木のしたに腰をおろしたとき、屋根のスレートや窓のガラスは真昼の太陽にきらきらと輝いていました。あのひとの平織りのドレスが、葡萄畑にあるアンズの木のしたで白い点となっているのが見えました。まだ何もご存じないあなたにもおわかりいただけるでしょう、あのひとこそは、天にむけて生え育ち、淑徳の馥郁《ふくいく》たる香りであたりを満たす谷間の百合だったのです。ちらりと垣間見ただけなのに心を占める面影をのぞけば、ほかに糧《かて》もないわが無限の恋が、そこにありありと描きだされているかのようでした。長いリボンのような水流は、陽射しを浴びて緑の岸辺を洗っていましたし、ポプラの並木は吹く風にそよぐレースのように愛の谷間を飾っておりました。川の流れに削られて多様な丸みを帯びた丘のうえには葡萄畑から一段と高くつきでた樫の森がそこかしこにあって、丘の稜線はたがいにかさなりあいながら遠く霞んでゆきました。[26]

トゥーレーヌの光輝く自然は、愛する人の魂が宿る身体のように和らいでいる。恵まれた季節には、樹木や草花が愛の言葉を語り、霊的な交歓が成就する瞬間が、いくたびか訪れた。一家総出で葡萄摘みに興じた秋晴れの日、豊穣な大地は生命の賛歌にあふれ、自然の官能的な呼び声にカトリック的な愛の精髄《ジェニー》が谺を返すかのようだった。そうした至福の日々の延長上に、ヒロインの死を位置づけてみよう。すでに見たように、夕暮れの清らかな光につつまれて「自然の詩」と「宗教の詩」が溶けて一体となり、ついに聖なるものが顕現する場面である。[27]

3　神の法から人の法へ

「告解」と「オナンの罪」をめぐる神学論争

モルソフ夫人は敬虔なカトリックであり、ミサや告解や聖体拝領など信徒の勤めを誠実に果たしていたと思われる。これもフェリックスへの手紙のなかで明かされることだが、夫人は告解師に対し「行いにおいても、考えにおいても純潔を守りとおす」と約束し、これに対して聖職者は「青年をお嬢さまの未来の夫とみなし、息子のように愛することはさしつかえない」と指導していたのだった(28)。

カトリックの聖職者が信徒の教導に当たる現場は、神学的な判断を背景として、教会のヒエラルキーのなかで統制されていたはずだから、個別的な導きが常識に照らして妥当なものかどうかをここで問うつもりはない。それにしても十九世紀の前半に、フランス人の何割ぐらいが告解の習慣をもっており、信徒が告白する恋愛感情やセクシュアリティの問題に、聖職者がどのぐらい積極的に介入していたのだろうか。

疑問の前半については、ある程度の目安を立てることができる。革命のさなかには急激に脱キリスト教化が進展し、聖体拝領、告解、日曜ミサはもとより、新生児の洗礼、宗教婚、教会での葬儀などの習慣が根幹から揺らいだのだった。しかしこうした大変動は短期間でつぎの段階にうつる。世紀の変わり目には宗教再生の気運が高まっていたことは、本書第Ⅱ部で確認した。そして王政復古期の終わり、一八三〇年において、信仰生活を実践していた住民の割合は、もっとも信仰篤き地方で八〇パーセント未満、宗教離れの目立つパリ周辺での最低の数値は一〇―一五パーセントであるという。十九世紀の特筆すべき現象は、年齢、性差、居住地、社会階級による格差がはなはだしく増大したことにある。七〇パーセントの住民が教会にかよう地域においても、信仰を実践する者の男女比は、一対二。つまり女性のほぼ全員と男性の半数以下という意味だ。とりわけ都市部の一〇―一五パーセントの地域における男女格差は一対一〇だというから、生活習慣における脱宗教のプロセスを完了してしまった男性グループがいたことになる。以上の統計資料は、クロード・ラングロワ『オナンの罪――産児制限にかんするカトリックの言説（一八一六―一九三〇年）』に拠る。[29] 著者はカトリシズムの実証的な研究で知られる歴史家で、とりわけ性差にかかわる問題構成について、めざましい実績をあげている。副題に明記されているとおり、妊娠出産を制御して家族の規模をコントロールする権利の有無をめぐる聖職者たちの論争と教皇庁の見解を分析した大判五百ページの大著である。ミシェル・フーコーが『性の歴史I――知への意志』においてセクシュアリティの審判・経営・管理をつかさどる権力装置を分析したことは知られているが、この著作が医学、教育、行政に注目した研究であるのに対し、ラングロワは教会側の文献を精査したという位置づけになるだろう。

フーコーの言葉を借りるなら、革命後のライックな陣営は「出生率や結婚年齢を、正当なあるいは不倫に基づく出生を、性的交渉の早熟さや頻度、それを多産にしたり不毛にしたりするやり方、独身生活や禁忌の作用、避妊法の影響」等々を、今や精力的に分析し、かつ有効に管理しなければならないと考えていた。[30] これに対して教会は、結婚生活や性的行為にかかわる諸問題について、長らく行使してきた「教導権」を唯々諾々と手放してしまったのかといえば、そんなことはないというのが、ラングロワの見解である。権威ある神学者ジャン＝バティスト・ブーヴィエの著作や教皇の回勅などを詳細に分析する本論をご紹介するゆとりはないが、議論の対象となっているのは、青少年の自慰行為のほか、生殖の可能性を回避する夫婦の性行為は「大罪」に当たるかどうか、避妊が許容されるケースがあるか、女性は責任を問われるか、といったことがらである。

おのずと推察されるように、告解室における信徒と聖職者のやりとりは、感情の問題にとどまらなかったにちがいない。犯した罪を洗いざらい告白したうえで聖体拝領に臨むというカテキズムの指導が一方にあり、[31] 他方には秘められたことがらに聖職者が立ち入ることへの社会的な批判や反発も当然あった。教会の内部でも、セクシュアリティの問題にどこまで踏みこむべきか、告解のあり方をめぐり密度の高い議論がつづけられていた。[32] しかも現実には、農家の倅《せがれ》に生まれ、かろうじて儀礼のラテン語を身につけただけの村の司祭たちが、高位聖職者の神学論争に呼応する知識や判断力をもちあわせていたという保証はまったくないのである。以上のことを念頭におきながら、夫婦間のもっとも親密な領域について「神の法」がいかに適用されていたかという問題を折にふれて考えてゆくことにしよう。

民法と刑法の定める「姦通罪」

さて一方の「人の法」については、民法の家族法および刑法が定める「姦通罪」とその適用について検証しなければならない。ふたたびアニェス・ヴァルシュ『姦通の歴史』によるが、まずは一八〇四年民法の規定を復習しつつ補足しておこう。夫婦の貞操義務は相互的なものであるが、夫は妻を保護し、妻は夫に従うという支配の関係が明記されている(二一三条)。離婚は法的に認められる。妻の不貞は夫の側の離婚請求原因となるが、夫自身も不貞をおこなっている場合、その権利を失う(三三六条)。妻が夫の不貞を理由に離婚を請求できるのは、夫が相手の女性を夫婦の居住する家に同居させた場合にかぎられる(二三〇条)。姦通罪の刑罰は女性については三ヵ月から二年の実刑である(二九八条)。ちなみに民事裁判で実刑が宣告されるのは、きわめて例外的であるという。さらに一八一〇年の刑法には、夫が妻の姦通現場において妻および相手の男性を殺害した場合に宥恕されるという規定がある。逆のケースで妻が殺人を犯した場合は宥恕の対象とならない(三二四条)[33]。

詳しく見るほどに、恐るべき性差別という実感はつよくなる。不平等の認識は、おそらく法案を策定した男性たちにもあるていど共有されていたのだろう。まっとうな男であれば妻や子どものことを慮り、示談による解決をえらぶだろうとの指摘もあった。とすれば、こうした規定は何をめざして、これほど差別的な男女の力関係を構築するのだろう。疑問を解くための糸口を「ジェンダー法学」に求めることにしよう。刑法における性差をめぐり石井三記氏が指摘していることだが、アンシャン・レジームから一七九一年刑法典までは、いわば「自然的」な性差にもとづくといえるのに対し、ナポレオン刑法典そして十九世紀の判例が示しているのは「社会的」な性差にもとづく思考法であるという。これに付言して「自然的」か「社会的」かの判断は、単純な二分法ではなく「グラデーション」の問題であることが強調されている[34]。

そういわれてみると、アンシャン・レジームの刑事法廷における姦通事件の判例では女性の弱さへの配慮があった。まさに「自然的」とみなされた性差の一例であろう。重罪の刑罰についても、車刑やガレー船刑が女性に科されることはなく、絞首刑や施療院送りになったという。一方でナポレオン法典に関しては「父親をつくるのは法律である」というグザヴィエ・マルタンの指摘（もとはナポレオンの台詞）を思いだしていただきたい[35]。近代国家の期待する父親像と不可分のものとして、ジェンダー秩序にかかわる諸々のイメージも、法文の総体のなかで「社会的」な見地から構造化され、造形されてゆくのである。

一八一〇年のナポレオン刑法には、上記の殺人を宥恕するという規定のほかにも、民法典に沿った条文がいくつかおりこまれた。夫からの申立てがあった場合にのみ、妻は姦通罪で訴追される。姦通の相手は妻と同じく三ヵ月から二年の実刑もしくは一〇〇フランから二〇〇〇フランの罰金（三三六条、三三八条）。この金額は、夫が姦通罪で有罪になった場合の罰金と同額である。重要なのは、ヴァルシュの指摘するように、この刑法により、姦通が同じ不法行為のなかでも「重罪」crime から「軽罪」délit の範疇にいわば格下げになったという事実だろう[36]。

一方で離婚制度は、復古王政のもとで一八一六年に廃止された。民法はその代替として別居にかかわる改訂をおこなった。請求原因は離婚の場合に準じ、同じ男女差別をふくんでいる。ただし実態としては、伴侶との別居を求める者の比率は、女性が九〇パーセントで、ほとんどがパリの裁判所に提訴されている。夫の暴力が事由の大半を占めるというから、姦通という話題からはそれるけれど、参考にまでに件数を挙げておくと、一八三七年には六四三件の申請があったのに対し、一八八〇年のピーク時には三七〇〇件となった。この上昇ぶりは司法や行政に危機感をいだかせたというが、それでも婚姻の総数を考えれば、砂粒ほどの重みしかない[37]。

第三共和制の一八八四年、離婚制度が復活する。法案作成者の名をとって「ナケ法」と呼ばれる七月二十七日の法律により、民法二九八条の妻の禁固刑にかかわる法文は削除されたのだが、一方で刑法の三三六―三三九条は廃止されなかった。しかし現実には刑法にもとづく訴えを提起すること自体が少なくなっており、一八九〇年以降は、いかに保守的な裁判官であっても、不貞をはたらいた妻を実刑にする度胸はなかったはずだとヴァルシュは述べる。著者の結論が示唆するように、変化したのは「習俗と世論」であり、その力こそが法文を超えたところで社会の規範としてはたらいたのである(38)。

さて以上のことから、結婚した男女の関係に「神の法」と「人の法」がいかなる影響をおよぼしていたかという疑問に立ち返ってみよう。上述のように、聖職者の指導や判断が、とりわけ女性の感情生活や性にかかわる行動に関与していた可能性は大いにある。一方で、恋愛感情は障害が大きいほどに燃えあがるものだから、民法典の厳格な処罰規定に抑止効果があったかもしれないなどと主張するつもりは毛頭ない。むしろここでは、姦通をめぐる法規定の男女格差が、夫権の問題と強権的な父親像とに密接にかかわること、そして姦通と非嫡出子と財産権の問題は不可分であることを強調しておきたい。「人の法」の定めた「姦通」の位置づけから、十九世紀に構築される「社会的な性差」という現象に照明を当てることができるのではないか。これをとりあえず考察の指針としておこう。

4　バルザック『ランジェ公爵夫人』vs. モーパッサン『ベラミ』

貴婦人の「告解」あるいは「小罪」としての恋愛ゲーム

一八四八年の二月革命を歴史の折り返し地点とみなしたうえで、王政復古期のバルザック、第三共和制のモーパッサンをそれぞれに、世紀前半と後半に特有の精神風土を代弁する作家と位置づけることにしよう。バルザックは政治的には王党派であり、当然ながらカトリック教会を支持するのだが、信仰生活においては非正統的な神秘主義に惹かれていた。これに対してモーパッサンは無神論と断定はできぬまでも宗教にはきわめて懐疑的であり、自他共に認める反教権主義者、要するに坊さん嫌いだった。一八三九年の『ランジェ公爵夫人』と一八八五年の『ベラミ』を比較することで、革命により民事的なものとなった婚姻制度から、徐々に宗教的なものが後退していったという事実を跡づけることができる。

『谷間の百合』は、ゆたかな田園の物語だったが、『ランジェ公爵夫人』の舞台は王政復古期のパリ。第一帝政の英雄的な時代が去ったあと、貴族階級はネイションの建設に身を捧げることもなく、無気力な遊民の日々をおくっている。社交界の華と称えられる美しい貴婦人が、帝政期の軍人でエジプト探検から帰還したばかりの勇猛無骨な男に戯れの恋をしかけるという話である。四部構成の幕開けは、地中海沿いの切り立った崖のうえにある修道院で軍人が、五年の捜索ののちにかつての恋人をついに探し当てるというエピソード。第二章は時間をさかのぼり、驕慢な女の火遊びが男心をもてあそび、狂気の淵に追いやるまでの息詰まるような駆け引きが語られる。第三章では、復讐を誓った男の謹厳な雄々しさに女の心が和らいで、ついに真実の愛がめざめるのだが、赦しを得られず絶望した貴婦人は、哀切な別れの手紙をのこして失踪する。短い終章は、冒頭の再会の場面の後日譚である。軍人は仲間の男たちとともに嶮崖をよじのぼり、修道女の略奪をこころみる。しかし愛しい女は、それが神の定めた運命であるかのように、衰弱して命果てたところだった。

まずは貴婦人のしかける恋愛ゲーム、その残酷にして洗練された手口を、読者として観戦することにしよう。ランジェ公爵夫人は、きらめく才知と甘いコケットリーをたっぷり見せつけて、恋人の感覚を苛立たせ、男の力強い腕に抱かれると、いっそこのまま握りつぶされてもいいという風情を示すのだけれど、それでいて「越エテハナラナイ一線」はしっかり守っている。愛のない結婚をした夫人は、若い身空で夫と別居しているのだが、おかげで人妻の身という障壁によって攻撃をかわすことができる。やがてそれに飽きた夫人は、神への憧れという難攻不落の砦に立てこもる。

それにしても、この恋愛闘争において、結婚という法的根拠による抵抗がおこなわれていたころを、かりに「民法期」と呼ぶならば、現在は「宗教期」と呼べる段階にあり、以前と同様に、ここでも危機的な局面が訪れて、いずれはその抵抗が衰えるときがくるはずだった。ある晩のこと、アルマンがたまたまかなり早い時間にやってくると、ランジェ公爵夫人の告解僧であるゴンドラン神父が暖炉のまえの肘掛け椅子に陣取っていた。その様子は、改悛者の告白した美しき罪の後味を、夕食の後味もろとも楽しんでいるかのようだった。血色もよく穏やかな顔つきで、額には苛立ちの影もなく、禁欲的な唇、ちょっと意地悪く問いかけるような視線をした神父は、立派な聖職者らしい品位をそなえており、すでに紫の司教服をまとっているかのようだった。[39]

神父に恋愛の委細を打ち明けているのかとアルマンは憤然とするが、頭脳的な公爵夫人は、滔々と自己流の「護教論」を展開する――わたしは宮廷に仕える女、それなのに復活祭の礼拝で聖体を拝領するなとおっしゃるの？　宗教は政治に不可欠です、民衆を支配したかったら宗教感情を教えこまなければなりません、みずからミサに行ってお手本を見せなければなりません、宗教というのは保守主義の諸原則をつなぐ絆のようなもの、それは所有権に密接にむすびついているのです、云々。[40]

もちろん公爵夫人は日曜ごとにミサに臨み告解も欠かさない。そうした貴婦人の恋がどれほど不実な遊戯であるか、あけすけな言葉でアルマンに告げたのは、篤い友愛でむすばれた仲間の青年である。フォブール・サン＝ジェルマンの貴婦人たちは、たしかに愛を求めている、と青年はいう。

「ただし、彼女たちは人のものにならずに、人を自分のものにしようとする。彼女たちは自然の摂理と折り合いをつけることにしたんだ。この小教区の教会でどんな判例が示されるかというと、要するにすべてが許されている。最後の一線を越えることをのぞけばね。きみの可愛い公爵夫人が、きみにご馳走してくれる愛撫なんぞは、いわゆる小罪さ。告解して聖水で洗い流せば、それっきりだ。しかしだよ、きみが不躾《ぶしつけ》にも本気で、魂の死を招く大罪を要求したらどうなるか。きみは当然ながら、それを重要なことと考えているはずだが、ともかくやってみればわかるよ、どれほど深刻な軽蔑とともに、閨房と館の扉が、瞬時に閉ざされてしまうものか(41)」

事は友人の予告どおりにはこび、こうしてドラマは男の復讐と女の改悛という新たな局面に入ってゆくのだが、「小教区の教会」で下される「判例」についてひと言補足しておこう。同書の第二章本文では特権的な貴族階級の住む地区は――プルーストの『失われた時を求めて』の舞台と同じく――終始「フォブール・サン゠ジェルマン」と呼ばれている。ただし章タイトルは「サン゠トマ・ダカン小教区の恋」となっており、しかも、その「小教区」への暗示があるのは、唯一この友人の台詞のみなのだ。当時の訳知《わけし》りの読者なら、ミサにかよう貴婦人が恋人をもちながら「姦淫」という「大罪」を犯さぬための仕掛けが教会によって提供されていることを瞬時に見抜いたにちがいない。

『ランジェ公爵夫人』における宗教的なものには、ふたつの異なる位相がある。第一は告解の制度と恋愛ゲームが絶妙に絡みあう社交界という次元。第二は『谷間の百合』でも確認したカトリック的な愛の神秘という次元。生きる希望を失い信仰にめざめた女が粗布の尼僧服をまとい、格子のむこうに素足であらわれる第一章「聖女テレーズ」も、男たちが禁断の女子修道院に忍びこむ第四章「神は結末をつけ給う」も、世俗の論理のとどかぬ空間がこの世にあるという事実を、タイトルが先回りして告げている。『谷間の百合』のなだらかな緑の丘陵にかわり、険峻な崖のうえの石造りの建物で、愛の神秘はオルガンの音や聖歌隊の声により、人知を超える啓示として明かされる。俗世を捨てて純化された愛に生きるヒロインが、恋人の到着を予感したかのように息絶えて、神々しい死に顔を愛しい男の視線にさらすのも、神の摂理によるのである。バルザックは信仰をもつからこそ、カトリック的な神秘を、このように峻厳かつ崇高な舞台で演出することができた。

共和国の「新しい女」と「貞女」と「持参金つきの娘」

モーパッサンの『ベラミ』は、ナケ法により離婚制度が復活した翌年に出版された。主人公の青年は、パートナーを変えながら社会の階層をよじのぼる野心家であり、小説の歴史でいえば、民法改正に乗じて大博打を打った最初の登場人物ということになる。

一八八〇年代の前半、アルジェリアでの兵役から帰還して、しがない勤め人になった青年ジョルジュ・デュロワが昔の兵隊仲間に再会する場面から物語ははじまっている。フォレスティエは新聞社で羽振りよくやっており、自宅にジョルジュを招いて夫人とその女友だちのマレル夫人、社長のヴァルテールとその夫人、新聞社の執筆陣などに顔をつないでくれた。知的で優雅なフォレスティエ夫人は、共和国の「新しい女」といえようか。凡庸で風采もあがらぬ亭主のゴーストライターのようなことまでやっているらしい。ジョルジュは夫人の手ほどきのおかげでなんとか新聞社にもぐりこむ。やがてフォレスティエの胸の病が悪化して、地中海沿いの貸別荘で、夫人とジョルジュが最期を看取るというエピソードは、本書の第I部第二章「死を主宰するのはだれか」の項で紹介した[42]。めでたく亡き友人の後釜に坐ることになったジョルジュは、無駄金はつかわぬように教会での挙式や披露パーティは省略し、市役所の民事婚だけで済ませたのだった。

ここからが第二部。出世のために術策をめぐらすデュロワ夫妻の複雑な駆け引きは、思い切り整理してご報告しよう。妻のマドレーヌは、まだフォレスティエ夫人だったころ、ジョルジュにむかって結婚は「アソシエーション」だと語ったことがある。母親は独身の学校教師であり、その母の「間違い」のために自分が生まれてしまったことを夫人は知っている。マドレーヌの保護者としてふるまい、パトロンだろうと噂されている人物、ヴォドレック伯爵との関係は謎につつまれたままなのだが、その伯爵が亡くなったとき、遺書には相続人としてマドレーヌの名があった。ジョルジュは伯爵の情婦だったのだろうと妻を罵るが、ついで民法の規定を盾にとり、なだめすかして遺産（百十万フラン）の半分を譲り受けることに成功する[43]。既婚女性は法的に「無能力化」されており、夫の承認がないかぎり財産の贈与も受けることができないのである。

妻は大物政治家の出入りするサロンで情報を収集し、夫は社長ヴァルテールの片腕としてジャーナリズムで論陣を張り、夫妻は政界でも一目おかれる存在になっていた。一八八〇年代は、カトリック勢力と共和派の対立が顕在化した時期であり、一方ではフランスの海外進出に乗じる投機的な金融資本が巨大化していった。物語のなかで、ユダヤ人のヴァルテールが一躍財界の大物となるエピソードは、地中海対岸マグリブ諸国への軍の侵攻と証券投資にかかわるインサイダー情報など、アクチュアリティを巧みによりあわせて構成されている。富の蓄積を理由とした反ユダヤ感情も高まっていた。ちなみに民法を改正して離婚を復活させたアルフレッド・ナケもユダヤ人であったため、カトリック側の攻撃を浴びたという。

新婚の時期をすぎてから、デュロワ夫妻のあいだには、たがいに束縛のない生活をおくるという暗黙の了解があった。マドレーヌの相手は外務大臣ラロッシュ＝マチュー。ジョルジュをめぐる三人の女性については時系列に沿って解説しよう。婀娜《あだ》っぽいマレル夫人はフォレスティエ夫妻の家で知り合ってほどなく愛人になっており、ジョルジュが結婚したり、ほかの愛人の存在が発覚したりで、ときどき疎遠になるものの、物語の終幕に至っても、婚外の気楽なアヴァンチュールがおわってはいないことが仄めかされている。

ジョルジュが野心のために口説き落とすのは社長夫人である。ユダヤ人の成金に嫁いだ家柄のよい女性で、二人の娘の母にして模範的な貞女、慈善活動もおこない、敬虔なカトリックとしてふるまっている。それは世間の信用を必要とする投資家の夫が、妻に期待する社会的な役割でもあった。ところで「信心深い女」dévote というのはフランス文学の登場人物になくてはならぬ女性の類型であり、その系譜についてはあらためてふれるが、この種の女性をどこまで辛辣に描けるかという問題は、時代の宗教性や信仰離れの度合いと深くかかわっている。著者の皮肉なまなざしを分かちあう人びと、冷酷なまでの筆致をスキャンダルだと非難しない読者層が存在しなければ、モーパッサンのように時局にも出版界の事情にも通じた作家が、このような女性を造形するはずはないのである。

夫人の「ヴィルジニー」という名には、アイロニーがこめられている。なるほど精神の処女性を失わぬまま妻となり母となってしまった女性が、色男の殺し文句と涙ながらの告白に、手もなく引っかかってしまうというのは、よくある話かもしれない。男を拒絶するつもりの会見が、にわかに口説きの場面に転じるという筋書きにも、ショデルロ・ド・ラクロの『危険な関係』をはじめ長い文学的伝統がある。ヴァルテール夫人はボヴァリー夫人を見倣うかのように逢い引きの場に教会を指定して、固い決意で男に会うのだが、強者《つわもの》に抵抗できるはずがない。夫人はたまたま脇をとおりかかった若い神父にとりすがり、自分の担当は土曜日の午後三時から六時までだから、とくり返す聖職者を強引に告解室につれこんで、長々と懺悔する。おかげで一度は危機をのりこえたものの、その反動のように、あっけなく陥落した。[44] かくしてすべてを与えてしまった夫人は「悪女の深情け」ならぬ「貞女の深情け」によって、ただちに男をうんざりさせるのだ。冷たくされるほどに燃えあがり、子どもっぽい愛の台詞を絶えず口にして、しつこく密会を求める中年女は、これも伝統ある男の「人妻幻想」を完膚無きまでに打ち砕く。[45] その描き方には、宗教的なものへの反発というだけでなく、十九世紀の男性作家たちが多少とも共有する女性嫌悪《ミソジニー》が露呈しているように思われる。

ヴァルテール夫人はやや重ったるいけれど、そこそこの美人。これに対して妹娘のシュザンヌはワットーの絵から抜けだしてきたような美少女で、しかもこのあどけない「金髪の人形」は父親のモロッコとチュニジアがらみの投機のおかげで二千万か三千万フランの持参金つきという噂だった。このあとの展開は「姦通罪」という主題にかかわるところのみ確認しておこう。

まずは既婚者であるジョルジュがいかにして自由の身になるか。ここで一八八四年七月にナケ法が成立し、刑法の姦通罪は生きているという時事的な状況が活用される。[46] 彼は妻の行動をさぐり、官憲とともに「現場」に踏みこんだ。[47] 夫の面前で、警視が本人と姦通相手を確認する一連のやりとりは、おそらく読者サーヴィスでもあるのだろうが、しどけない女の姿、毛布にもぐる裸の男といった描写もふくめ数ページにわたり詳細に記されている。すぐに冷静にかえったマドレーヌが、警視にむかって「あなた、しょっちゅうこんなお仕事なさるわけ？」と嫌味をいったり、逮捕状を執行されそうになった相手の男が、いきなり外務大臣ラロッシュ＝マチューを名乗って「不逮捕特権」をふりかざしたり、大衆演劇まがいの舞台効果もある。

一仕事おえたジョルジュは、その足で新聞社に立ちより、ヴァルテールの面前で宣言する。妻と大臣の姦通現場をとりおさえた、これで内閣改造は確実だ、特ダネの記事を書く、そしてただちに離婚手続をとる、と。

ほとぼりがさめたところでジョルジュは手始めに、自分に首ったけのヴァルテール嬢と駆け落ちする。交渉に当たった合理主義者の父親は、大胆不敵な野心家に娘の未来を託すつもりになっていた。こうしてお似合いの美しいカップルが誕生し、教会で賑々しく結婚式が挙げられた。廃人のように耄《ほう》けて涙にくれるヴァルテール夫人の面前で、新郎新婦は祭壇にひざまずく。列席する人びとの噂話が、読者のためにドラマの結末を複数の視点から解き明かす。マドレーヌは身をひそめているけれど、金はじゅうぶんに貯め込んでいるはずだ。ところでフォレスティエとデュロワにそっくりの文章を書く若手のジャーナリストがあらわれた。頭のよい美男子だがね、あの女は新人に手ほどきするのが、よっぽどお好きなんだろう。それにしても、なんで神父は離婚した男に祝福を垂れるのか。いや、ジョルジュとマドレーヌは役所の手続しかやっていないのだから、聖なる教会の判断によれば、ふたりは内縁関係さ。おかげでジョルジュは独身のまま、胸をはって神の御前で花嫁と誓いを立てることができる(48)……。

最後に二点だけ指摘しておきたい。まず婚姻制度の世俗化について。世紀末のフランスでは姦通現場のドタバタという主題が、ヴォードヴィルと呼ばれる通俗喜劇の舞台で大いに流行したのだった(49)。「寝取られ亭主」という滑稽な役柄は、モリエールの『女房学校』はもとより、中世の民話伝承や笑劇、あるいはギリシア・ローマの古典や神話の世界にまでさかのぼることができるから、むしろ普遍的な主題とみなすことにしよう。これに対して、民事婚の普及にともない、婚姻や姦淫をめぐる教会の見解や指導が実効性を失ってゆくということ自体は、すぐれて十九世紀的な現象なのである。そのことにより、かつては民衆的な笑いのなかで解消されていた禁断のテーマが、一定の格調をもつブルジョワ的な文学にまでもちこまれることになった。

時代とともに習慣と世論が変化すれば、ヒロインたちも進化してゆくという事実に着目しよう。『ベラミ』のマドレーヌは文筆で自活できる女であり、なによりも告解の習慣をもたない。この自立した女性にとって、結婚は恋愛の帰結ではなく社会生活に必要な枠組であり、おそらく宗教も秩序を保つための約束事にすぎない。マドレーヌの知性と颯爽たる行動力は、信心深いヴァルテール夫人の見苦しい絶望と幾何学的な対象をなしている。これを小説家モーパッサンが世紀末の社会に見てとった「宗教性」の構図と呼ぶことにしよう。つづいて検討すべき課題は、女性とカトリック教会の関係、とりわけ女子教育の問題である。

第二章　親密圏のジェンダー論
――女子修道会寄宿学校育ちのお嬢さま

1　無知という美徳

ジェンダー法学から見た「親密圏」と家父長制

文学研究者には耳慣れぬ「親密圏」という語彙を表題にかかげた意図を説明しておこう。三成美保編『ジェンダーの比較法史学』の序論によれば、公的な領域と私的な領域の分離というのは、実態ではなく理念であるという。「公共圏」と「親密圏」という概念そのものが、歴史の必然的な産物というよりむしろ、特定の文化が「自覚的構築物」として立ちあげたものであることを、あらかじめ強調しておこう。西欧近代社会は、とりわけ「公/私」の峻別をつよく求めた社会だった。そこでは市民男性が公的領域の担い手とされる一方で、市民権をもたぬ女性は政治、社会、経済的な公共圏から排除され、プライヴェートな空間に押しこめられていた。「親密圏」とは顔を見知った者どうしの親密なコミュニティを指し、近代家族はその典型とみなされる。女性は結果として、抽象化された「一般的他者」との対決をまぬがれたまま、法主体として行為することなく生涯をおえる。(50)

ジェンダー法学が出発点におく見取り図を簡略にまとめてみたが、こうして女性の居場所として指定された「親密圏」は、一般に公権力が介入を控えるところであり、「法は家庭に入らず」という原則があるという。[51] これに対してカトリック教会は、男性の信仰離れへの対応策という意味からも、女性信徒の指導に力を入れていた。本書の第Ⅱ部「福祉と教育におけるジェンダー・バイアス」の項でも見たように、[52] 女性が参入できる社会的な活動があるとすれば、その大方は、女子修道会によって組織されたものだった。それに当然のことながら、一般の女性が日常生活を送るプライヴェートな空間は、宗教との親和性が高かった。まともな住民であれば、地元の司祭に扉を閉ざすことなどありえなかったし、何よりも聖職者は告解をつうじて秘密の領域に介入することができた。しかし、だからといって「公／私」の領域が、そのまま「世俗／教会」の棲み分けに対応していたなどといいたいわけではない。

ともあれナポレオン民法典の想定する家父長的な家族制度が、理念として厳格な「公私二元的ジェンダー規範」を内包していたという指摘は、直感的にも正しいと思われる。[53] ただし本章でこころみるのは、そうした歴史的な認識を補強するための状況証拠を文学テクストのなかに探し求める作業ではない。それに女子教育の現場には、規範の構築に裨益したのか、あるいはむしろ規範に抵抗し、これを流動化する力としてはたらいたのか、一概には断定できぬ風景が少なからずあるにちがいない。それゆえ以上の問題構成を念頭においたうえで、先入観を交えることなく、女子教育とジェンダー・イメージという観点から、いくつかの文学作品を繙いてみたい。とりわけ視野に入れるべき現象は「親密圏」と「宗教」との複雑にして微妙な関係である。

一七八二年に刊行された『危険な関係』は民法典の制定以前、貴族階級の「ジェンダー規範」を考察するには格好の素材だろう。複数の人物が交わした手紙を編纂したというスタイルの書簡体小説で、ドラマの中核をなすのは背徳の男女。ヴァルモン子爵はメルトイユ夫人にそそのかされて清純な乙女セシルを誘惑することになるのだが、その一方で、貞節にして道心堅固なツールヴェル法院長夫人を征服せんものと術策を練っている。「夫人の熱愛する神からあえて夫人を奪ってみせる」と子爵はメルトイユ夫人に野心を語る。亭主にふさわしからぬ法院長から、女房をとりあげてやるまで、と切って捨てる台詞が直前にあり、自分にとって本当のライヴァルは、人間ではなく神なのだと子爵は予告する[54]。家父長的な秩序と夫権を相手取った民法的な姦通との相違は明らかだろう。神への挑戦というヴァルモンの宣言を追認するかのように、ツールヴェル夫人の夫は遠隔の地に赴任したまま、ドラマに参画することはない。

ラ・ファイエット夫人の『クレーヴの奥方』についても、似たような構図が見てとれる。クレーヴ公は結婚したのちも恋人としての情熱をいだきつづけ、さながら夫ではないかのようなやり方で嫉妬に苦しむのである。妻がほかの男を愛していると知りながら、妻の「貞操」については潔白を疑うことができないという状況のなかで、夫は絶望し、病んで死ぬ。要するにクレーヴ公には、婚姻契約によって生じるはずの家父長的な権利意識が微塵もない。これに対して『谷間の百合』の場合、疲弊した亡命貴族のなれの果てであるモルソフ伯爵が、父親としても夫としても失格であることは確かだが、時代の「ジェンダー規範」に応えることのできぬ男としての欠陥が物語のなかで隈取りされるほど、背後に「近代的家族制度」という巨大な枠組が隠然と浮きあがってくるのである。

ラクロ『危険な関係』における人妻の死

『ベラミ』のヴァルテール夫人と異なり、ツールヴェル法院長夫人は皮肉ぬきで「信心深い女」dévote の鑑として造形されている。そのような人妻にとって姦通は、肉体の死より恐ろしい魂の死をもたらす「大罪」である。それゆえヴァルモン子爵の挑戦が、女の命を標的にした賭になることは、ある意味で避けられぬなりゆきだった。子爵はメルトイユ夫人との約束にしばられており、ついに身を捧げたツールヴェル夫人に対し、すべては戯れだったと愚弄する手紙を送る。夫人は狂気の淵をさまよったあげく息絶える。セシルに思いを寄せていたダンスニーは、メルトイユ夫人からヴァルモンの悪行の一端を明かされて、果たし状を送りつける。真実の愛にふれたばかりのヴァルモンが、あっけなく決闘で負けるのは、覚悟の自殺に近い行為だったのか。すくなくとも、その可能性を示唆するような具合に事ははこんだのだった。深手を負った子爵はダンスニーに書簡の束を託し、終油の秘蹟をうけて絶命した。

そうしたわけで描かれているのは「神の掟」への違反であり、ドラマの終幕には、悪徳を実践してきた男の改悛という教訓がおかれている。信心深い人妻と無知な少女とのあいだで二股をかける男、そのかたわらにはすべてを見透したおとなの女という登場人物の布置は、考えてみれば『ベラミ』の場合も同じだが、前章で見たように、モーパッサンの小説では、カトリック的な愛など夢想することもない青年が主人公だった。一方、ヴァルモン子爵の悪徳は、カトリック的な心性の内部で醸成された悪しき性向にほかならない。子爵の視点からすれば信仰篤き人妻は、凛とした霊峰のごとく男の征服欲をそそるものなのだ。

悪徳の盟友であるメルトイユ夫人は、自分が復讐を誓った男ジェルクールに嫁ぐことになっているセシルを傷物にするようヴァルモンに求めていた。ジェルクールの「修道院教育礼賛」と「金髪女貞淑論」は、なんとも滑稽だと夫人は嘲笑してみせる。ちなみに金髪の女は慎ましいという話は、じっさいにヒロインたちの頭髪による分類表をつくってみれば、すくなくともロマン派の時代については、これを統計的に証明できそうな気がするけれど、ここでは脇に措《お》く。(55) メルトイユ夫人の依頼に対してヴァルモンは、金髪の処女など男の勲章にはならぬといって当初は見向きもしないのだが、じっさいのところ「女子修道院系の乙女」とは、いかなるジェンダー・イメージを暗示するものか。

『危険な関係』は、修道院を出たばかりのセシルが寄宿舎にとどまっている友達に書き送る手紙からはじまっている。自分は結婚するために母の家にもどったはずなのに、これから何がおきるのか、まったくわからない、母も何も教えてくれないし、今日は男の人があらわれて、丁寧にご挨拶なさり、いきなりわたしの前に跪いたものだから、わたし、きゃっと叫んで飛び上がってしまって、そうしたら、母にたしなめられたの、足のサイズを測るのです、靴屋さんですよ、って。顔から火が出そうに恥ずかしかったわ、といった調子で他愛のない報告が延々とつづく。

前述のように慧眼のメルトイユ夫人は、無知と無垢と純潔をごちゃまぜにする男の目線を滑稽で愚かしいと考えているのだが、じっさい修道院付属の寄宿学校において、何が教えられていたのだろう。具体的な教育内容を検証することはむずかしいとしても、何が教えられていなかったかを推定することはできる。尼僧しかいない生活空間に、人生の先達として男女の愛について誠実に語ってくれる教師はいなかった。しかも少女たちは、ただ結婚するためだけに俗世にもどるのだから、好奇心は極限にまでふくらんでいる。これが出発点におけるセシルの状況であり、したたかな遊び人のヴァルモンは、初心《うぶ》な娘を教育によって堕落させる愉しみが、なかなか新鮮であることを、じきに発見するのである。

理想の花嫁学校としての修道院

アンシャン・レジーム期、貴族階級のなかでも一握りのエリートは、教養ある母親が直接に娘の指導に当たり、それこそギリシア・ローマの古典から音楽や絵画のたしなみまで、男性に劣らぬ贅沢な教育をさずけていたという[56]。しかし一般の貴族やブルジョワが安心して娘を託すことのできる初等教育の場は、女子修道会系の寄宿学校しかなかったのである。結果として代表的な「姦通小説」のヒロインは、大半が「修道院育ち」という経歴をもつことになる。

『女の一生』が出版されたのは一八八三年、政教分離をめぐる論争がかまびすしくなってゆく時期である。モーパッサン自身の反教権主義が随所に露呈する作品なのだが、まずはヒロインが修道院の寄宿舎から退出する当日が、小説の幕開けとなっているという事実に注目しよう。一八一九年五月二日という日付は冒頭のページにあらわれる。両親が迎えにきてくれるその日を待ちこがれ、ジャンヌはカレンダーに日ごと印をつけていたのである。

俗世の穢れから娘たちを守る清らかにして堅固な砦であることが、いいかえれば「公共圏」から切り離され物理的にも防衛された「親密圏」であることが、女子修道院に期待される役割だった。ジャンヌはたまたま出会った青年と結婚し、コルシカ島への新婚旅行をすませて父母の住む城館にもどる。そして今や自分にはなすべきことも生きる目標もないことに気づく。思い返せば修道院で過ごした少女時代は、未来のことで満たされており、あれこれの夢想にかき乱されていた。いつも希望に胸を躍らせているだけで、時間は知らぬまに過ぎていった[57]。そんなふうに幸福な待

修道院の寄宿学校における楽しげな活動が紹介されているが，なぜか教室風景はない (1851 年)

機の時間を生きることができたのは、なるほど修道院のおかげにちがいないのだが、それにしても物語のなかに寄宿学校でうけた教育についての回想はひと言もない。

教えぬことも教育であるとするならば、無知を美徳とみなす女子教育の伝統はたしかに存在した。そして無知に由来する女性の不幸については、フェミニズムから正当な批判がなされてきた。たとえばジャンヌの場合、性に関する知識がまったく欠落したままに初夜を迎えなければならなかった。ロール・アドレール『閨房の秘密——一八三〇—一九三〇年の夫婦の歴史』[58]にある表現を借りるなら「合法的な強姦」は、修道院出の乙女たちがしばしばくぐりぬけることになる試練だった。こうした教育の不在がもたらす弊害を告発することの重要さを理解しないわけではない。しかしすでにいわれたことを反芻するよりは、別の角度から新たな問いを立ててみよう。カトリック教会が女性の無知について責任を問われるのはなぜなのか。男子の教育にくらべカリキュラムの整備が遅れたという現場の事情は、おそらく表層の出来事にすぎない。

2　カトリック的な処女性と母性について

シャトーブリアンの説く「秘蹟としての純潔」

女子修道院は俗世から遮断されているという意味で、だれの目にも理想的な「親密圏」と映っていたはずだ。のちに見るように十九世紀前半に女子教育にたずさわった先駆的な女性たちも、女はいずれ結婚して家庭という場の責任をになうべく運命づけられており、そのためには女子教育の根幹に「宗教」を据えるべきだと考えていた。だとしたら、いかなる「宗教教育」が実践されていたのかという疑問がおのずとわくけれど、これもたいそうな難問であり、かぎられた数の当事者たちの証言、あるいは小説のテクストなどから推測するしかない。神学や聖書を学問的に教えるという発想がなかったのは、聖職者養成機関ではないのだから当然ともいえる。実態としては、礼拝を欠かさず、聖書の教えを日々の道徳的な導きとして、少女たちの感情や感性に訴える敬虔な生活環境をととのえれば、それで目標は達成されたとみなされていたらしい(59)。

しかし学問研究を背景としたカリキュラムがないからといって、聡明な少女たちが何も学ばなかったはずはない。ここでシャトーブリアンを引き合いに出す第一の理由は、のちにボヴァリー夫人になる少女が修道院において『キリスト教精髄』を読んだことがわかっているからである。あるいはヘントに亡命した詩人のまえで、幼い読者が「初聖体拝領」の文章を暗記してみせたという話を思いおこしていただきたい(60)。王政復古期においてシャトーブリアンを愛読することは、敬虔で知的な女性のエンブレムとなっていた。

その『キリスト教精髄』には「処女性」virginité のカトリック的な意味合いが、さまざまの角度から検討されているのだが、まずは詩的想像力にかかわる断章をとりあげよう。古代から賢人の多くは独身を守ったと著者はいう。インドの修行者、ドルイドの祭司においても「純潔」chasteté をめぐる戒律は厳しかった。麗しき「処女性」の擬人化された表象があるとすれば、それは神秘的な羞じらいを見せながら爽やかな夜空をよぎってゆく月の女神だろう、という指摘もあり、おのずと『アタラ』の通夜の情景が思いおこされる。(61)「処女性」を「優美の源泉にして完璧の美」と称える文章は以下のようなものだ。

彼ら〔詩人たち〕は、いたるところで処女性という観念を再現し、事物の描写や情景描写に魔力を添えることを好むではないか。それは彼らにとって、田園のなかにも、春の薔薇の花にも、冬の雪にも見出されるものなのだ。かくしてそれは、人生の両端に、すなわち子どもの唇のうえにも、老人の白髪のうえにも、そっとおかれることになる。それは墓所の神秘にもしのびこむ。彼らが語るところによれば、古代において冥府の神々には子種のない樹木が捧げられていた。それというのも、死は子を孕むことはない、あるいはむしろ、あの世には男と女の性がない、魂とは永久《とわ》に生きる処女なのだから。また彼らの告げるところによれば、動物のなかでもっともわれわれの知性に近いものたちが、純潔を運命づけられている。じっさい蜜蜂の巣には、ヴェスタの巫女たちが美徳の花から天上の蜜をつくるあの僧院の模範があるように思われるではないか。(62)

こうした部分だけをとりだして読めば、シャトーブリアンの「処女礼賛」はむしろ異教的なイメージに彩られた神秘主義のようなものであり、これを一連の詩的表現によってカトリック的なイメージになだらかに接続したのが著者の功績ではないかとすら思われる。しかし、ここでも『キリスト教精髄』の「護教論」としての本質と、この断章との関連を問うてみなければならない。問題の文章は、第一部第一篇の「秘蹟について」と題した数章のなかにある。第八章は「堅信、叙階、婚姻。倫理的な見地から見た独身誓願の検討」と題されており、これにつづく第九章「叙階の秘蹟についての続き」からの引用なのである。(63)あらためて全体の論理構成のなかに置きなおしてみよう。洗礼から終油に至るカトリックの七つの秘蹟のなかで「社会的」なものは二つしかない、と著者はいう。独身をつらぬくか、それとも伴侶を求めるか、そのいずれかを人は選択するのであり、叙階と婚姻という二つの秘蹟は、この二者択一に対応するものだ。つづいて聖職者の独身義務についての考察が展開される。初期の小さな共同体においては、全員が迫害に耐えて信仰に生きたのだから、聖職者だけが例外的な選択をする必要はなかった。しかしキリスト教の信徒が増大するなかで、堕落する者を導く司祭の責務は大きくなっていった。独身義務のないプロテスタント教会の例を見れば、牧師と信徒の関係が希薄になり、教会での勤めもないがしろにされて「礼拝なき宗教」のようなものになりかねないことがわかる。聖職者の妻帯が禁じられるのは「告解」というもっとも重要な倫理的制度を維持するためなのだ。そもそも妻に秘密を打ち明けた男に、自分の秘密を打ち明ける人間などいるだろうか。創造主たる神との契約を捨てて被造物である女と契りを結んだ聖職者を信用できるだろうか[64]。独身の奨励は国家を衰退させるという説もあるけれど、歴史を見れば、国が破綻するのは住民の減少ではなく人口の増加のためであることがわかる。周知のように、修道院はしばしば土地の経済を支えてきたのであり、今日でも都市部の住民の産児制限に対して闘っているのは、カトリック教会なのである、等々。

『キリスト教精髄』が出版される一年前の一八〇一年、枢機卿カプララは革命後に結婚した司祭、修道士、修道女たちの赦免という重い任務を教皇庁から託されていた。およそ三五〇〇件におよぶ嘆願書をまえに、調査や審査が進められていた時期である。聖職者の独身義務をめぐり、いかに説得的な議論と肯定的なイメージを立ちあげることができるのか。これは明白に時事的なテーマであり、コンコルダート締結にともなう喫緊の政治課題でもあった[65]。「処女性」をめぐる詩的エッセイは、こうしたポレミックな文章のあとに、著者が「別のスタイルで」と断ったうえで、章を改め導入したものである。『キリスト教精髄』が、聖職者か在野の信徒かを問わず宗教勢力から幅広く支持を得ることができたのは、こうした多様な説得術が功を奏したおかげでもあろう。

ところで「処女性」が「秘蹟」という枠組で論じられ、これに付随する「純潔」や「羞じらい」pudeur といった語彙までが、聖人や天使の聖性につらなるほどに崇高な輝きをおびるのは、カトリック固有の現象といえそうだ。聖職者に独身義務のないプロテスタントの世界では、すくなくとも男性の virginité が信仰の営みという観点から顕揚されることはない。ジュネーヴのカルヴァン派の出身であるスタール夫人は、この「処女性」のページを読んで「シャトーブリアンも気の毒に！　これでお仕舞いね！」と感想を漏らしたという。(66) ほかならぬ『墓の彼方の回想』に紹介された話だが、カトリックとプロテスタントの比較ジェンダー論の糸口にもなりそうなエピソードではないか。

母性賛美とマリア信仰

乙女は結婚して母になる。婚姻をステップとして「処女性」と「母性」は連続するはずであり、この道をあゆまぬ者、いわゆる不生女《うまずめ》や処女のまま老いる女はジェンダー役割を裏切ったとみなされる。これが近代ヨーロッパの暗黙の了解であることは指摘するまでもない。ただし処女性と異なり母性は「秘蹟」の枠組で語られることはない。『キリスト教精髄』のなかでも、教義を解説する第一部ではなく、第二部「キリスト教の詩学」の第二篇「人間関係から見た詩情。人物像」で母たることの意味が問われている。第二篇の各章は「夫婦」「父親」「母親」「息子」「娘」、さらに社会的な人物像として「司祭」「戦士」などの項目を立てて構成されており、古今の文学作品の分析をとおしてキリスト教信仰の優位性を諄々《じゅんじゅん》と説いてゆくという仕組みである。

聖母マリアの礼拝とイエス＝キリストの子どもたちへの愛を思いおこせば、キリスト教の精神が、母たることの精髄《ジェニー》に対し甘美な共感を寄せていることがわかるだろう。そこで新たな批評の小径を切り拓いてみたい。現代の作家によって描かれた異教の母親の感情に注目し、著者が自分でも気づかずに作品の情景に付与したキリスト教的な特徴を捜し出そうというのである。道徳的あるいは宗教的な制度が人の心におよぼす影響を明らかにするために、わざわざ制度の始原の時代から例を引きだしてくる必要はない。(67)〔傍点は原文イタリック〕

シャトーブリアンが例としてとりあげる現代の作品は、ラシーヌの『アンドロマック』。同じ神話的ヒロインを登場させても『イーリアス』におけるアンドロマケーは母よりも妻であり、エウリピデスの場合は野心家、ヴェルギリウスの人物像は優しくはあるが、やはり母である以上に妻なのだ。そう批判したうえでシャトーブリアンは、ラシーヌ劇のなかで母の情愛を表出するみごとな台詞として「今日はまだ、あの子を胸に抱きしめておりませんもの！」という言葉を引用するのである(68)。

こんなふうに、もっぱら「感情と感性」のレヴェルで母性を称揚することに、わたしたちがとりたてて違和感をおぼえないとしたら、それはヨーロッパ近代のジェンダー幻想の延長上に、わたしたちの生きる現代社会も構築されているからにちがいない。ともあれ多感な母性というイメージにすがることで、女の渇望や苦悩が浄化されるというエピソードは、姦通小説に数えきれぬほどある。『谷間の百合』のモルソフ夫人はフェリックスに宛てた最後の手紙の冒頭に、こんな文章を書きつづる――「旅路の疲れにうちひしがれ、闘いのさなかにうけた傷に力もつきはて、今や斃れようとしているわたしのなかで、幸いなことに女はもう死んでおります、ただ母親だけが生きながらえているのですわ(69)」。

レース紙で飾った少女向けの聖母子像

ところでポール・ベニシューによれば「感情と感性」の再評価には、革命後の思想的大変動のなかで、宗教勢力が啓蒙哲学から継承した戦略的な価値という側面がある。

ここが肝心な点だ。反革命の潮流は「感性」を否定したというよりむしろ、自分の目的のためにそれを変換して宗教のなかにとりこんだのである。〔…〕キリスト教徒は感性を復権させて、地上の事物への欲望を感

近代的な家族の模範としての聖家族

情と同じ物差しのうえに位置づけた。ただし、人間の心という器を本当にみたすことができるのは神への愛だけだから、それよりやや低い位置づけではあったけれど。(70)

こうして活力をとりもどしたカトリックは、一般の女性信徒の美徳を涵養するにふさわしい宗教制度という社会的な定評を得たのである。十九世紀のフランスで「処女性」と「母性」をかねそなえた「聖母マリア」の崇敬が、辺鄙な農村にまで浸透したのは偶然ではない。一八五八年、ピレネーの裾野の寒村で貧しい粉屋の娘のまえにマリアが出現したとされ、その地ルルドが聖地となった。無知であるがゆえに無垢でもあるはずの女子供は、奇蹟のエピソードの主役なのである。宗教的な真理は知的な主体が探究する以前に、超越的な次元から開示され、感性によって受容されるという話には、部外者も説得する力があった。

ところで聖母マリアの信仰はカトリックに固有のものであり、宗教改革以来プロテスタントとの神学論争がつづいていた。歴史家シルヴィ・バルネイによれば、革命の嵐が終息したフランスでは、合理主義への反動から熱狂的かつ感傷的な傾向があらわになる。とりわけ注目すべきは、市民社会の要請に応え、これに協賛する方向で、マリア信仰に質的変化がおきたことだろう。マリアの美徳は、女性用の「道徳教育」の手本として参照されるようになり、大衆向けの聖母像やメダイなど「宗教グッズ」が大量に出回って「マリアの子」たる少女たちに憧れを植えつけた。マリアとヨセフと幼子イエスの「聖家族」は、神と家族に奉仕する家庭婦人を称える教訓として読み解かれた[71]。

エリザベート・バダンテールが『母性という神話[72]』でダイナミックに論証したように、十九世紀はまさしく「母性の時代」であった。文学、医学、教育、宗教の言説が、あるときは抑圧的な指導という方法で、あるときは搦め手の説得により、あるときはまた誘惑のイメージを大々的に喧伝することで、麗しき母性という美徳を娘たちに教えこもうとこころみた。こうした時代の風潮のなかで、教会の推奨する「聖家族」と民法典の構築する「家族制度」とは不思議に似かよってくる。右の図版の少年イエスは、家父長ヨハネから職業訓練を受けているようにも見えるではないか。

念のためいいそえるなら、近代市民社会における「母性」とは「父性」ではなく「父権」の対概念であり、家父長の存立を脇から支えるために欠かせぬ特質だった。一方で「父性」は「母性」と相称的などころか、特殊な環境に見出される例外的な範疇にすぎない。『ペール・ゴリオ』の著者は、そのことをよく知っていたのだろう、べつのところで、こんな意見を述べている――「父性とは、女性と習慣と法律が手を貸して、ようやく温室のなかで育まれる感情なのである[73]」。

3　十九世紀の女子教育――カトリック vs. プロテスタント

修道会と「女性教員を生産する大工場」

『純な心』の終幕、死の床にあるフェリシテは、聖体を捧げた行列が村の道をたどる光景をまざまざと思い描いている。そこには「腕白どもを監督する学校の先生、少女たちの世話を焼く修道女」がいるのだけれど、これはいかにも象徴的なスケッチといえる。じっさい男子の教育は非聖職者の学校教師に、女子は修道女に託すという習慣は、世紀の前半から第三共和制のはじめまで、フランス各地で見られたはずである。フェリシテが仕えたオーバン夫人も、息子は大都市カーンのコレージュで学ばせ、娘はユルスリーヌ修道会系の寄宿学校に預けたのだった。

フランスの初等教育から高等教育まで制度的な脱宗教化の運動が、いかなる男女格差をともなって進行したかを総合的に検証した研究はいまだ存在しないと思われる。そうしたなかで『オナンの罪』の著者クロード・ラングロワは、この分野についても公文書や修道会のアーカイヴをふくめ、一次史料を駆使した実証研究を精力的におこなっており、二〇一一年に『カトリシズム、修道女、社会』(74)と題した著作を刊行した。宗教社会学における厳密な問題構成の手続とはどのようなものかを学ぶために「女性教員を生産する大工場」と題した論考の要点を紹介しておきたい。

十九世紀のはじめから、いわゆる「コングレガシオン」は成長しつづけており、組織の隆盛自体は今日定説として認められている。(75)本書でも随所で見たように「コングレガシオン」という語彙には、似ても似つかぬ顔が、すくなくとも二つある。一方はカトリック勢力の闇の部分を指し、おそらく実態はイエズス会であろうと仄めかされたりもする巨大な秘密結社としての相貌。他方は政治にかかわらぬ女たちからなる献身的な奉仕集団としての優しげな顔。前者はスタンダールやバルザックの小説でお馴染みだが、後者についての証言はきわめて少ない。ラングロワの実証的歴史学は、こうした紋切り型のイメージを相対化するものであることも予告しておこう。

一八八〇年代、第三共和制の政府は、まず教育の分野における政教分離にとりくんだ。初等教育の現場からイエズス会の聖職者が追放されたのは、この時期であり、それ以前は公教育から宗教勢力を排除するという意味での「ライシテ原則」など存在しなかった。国は宗教勢力に全面的に依存して教育制度の運用に当たっていたのである。ラングロワの調査によれば、女子教育に関しては、国の初等教育機関と私立の寄宿学校（pensionnat）の個別的な統計は存在しないという。一八六三年から一八七六年にかけて、女子修道会は全女性教員数の六三—六五パーセントを提供しており、この数値は男性教員のなかで修道会系が占める教員の割合（一八パーセント未満）の三・五倍に当たる。修道会系女性教員の増加は、修道会系の施設の増加と同時に、女児の就学率増加にともなう現象であり、一八六〇―八〇年における識字率向上への貢献は決定的なものだった。ジュール・フェリーが改革にとり組んだ八〇年代には、少なくとも識字教育については男女格差がほぼ解消されていたという。

公教育の統計によれば、一八六三年当時、修道会系の女性教員は四万人弱とされている。ところが一八六一―六二年の修道会の自己調査によれば、社会的活動にたずさわる修道女の三分の二が教育関係の仕事に従事しており、その数字は、六万人にのぼる。このギャップをいかに説明するか。修道会側の統計には、退職者や休職中の者、教員養成中の者、予備の教員、教育施設で働く給食係の修道女なども含まれていたと考えられる。要するに修道会は、総合的な教育産業のごとき陣容を備えていたのである。

一八二〇年代から規模もさまざまの新旧の女子修道会が「名望家」notables の子女を対象として大小の寄宿学校を都市部に開校し、しだいに中流の市民層、さらには庶民に近い家庭の子女にまで対象を広げていった。その一方で修道会は、求められれば寒村の小さな小学校にまで教員を派遣した。都会では労働者階級のための「託児所」が設けられるようになるが、「幼稚園」の前身に当たるこうした施設を公教育が監督下におさめた一八七五年の時点で、施設と人員の八〇パーセントは修道会系であったとされる。[76] さらに特筆すべきことに、一八四〇年代、女子師範学校の設営が求められるようになったとき、いちはやく応じたのも修道会であり、第二帝政期には一一の女子師範学校のうち七つの施設が修道会系だった。一八八〇年以降、すべての県に女子師範学校が設置されることになるが、それ以前の準備段階における貢献は無視できない。[77] 以上でラングロワが「女性教員を生産する大工場」と呼ぶコングレガシオンの活力は、ご想像いただけたと思う。

女子教育の先駆者たち

「ライシテ」にかかわる歴史研究のなかには、カトリシズムと反教権主義という思想的な潮流を、対決する実体的な集団に見立て「二つのフランス」の闘争という観点からフランス近現代史を読み解くものが少なくない。しかるに「序章」でも述べたように、「脱宗教化」あるいは「世俗化」と人類の進歩を単純にむすびつけ、宗教を退嬰の象徴とみなす議論の多くは説得力を欠いている。(78) いずれにせよ『ボヴァリー夫人』の薬屋オメーが標榜する排除的な二元論が、革命後のフランス国民にとって実感をともなう社会システムであったとは思われない。十九世紀を生きた女性にとってキリスト教は、生活環境のなかに抵抗感なく遍在するものだった。ラングロワの論考からおのずと見えてくる時代の風景は、そうしたものであり、女性たちの経験は国民の半数としての重みをもっている。教育という国家的・社会的な営みにおいて「コングレガシオン」がこれだけ圧倒的な存在感を示している以上、宗教は「親密圏」における個人の選択という枠組にはおさまらない、それは明らかに「公共圏」の問題なのである。

十九世紀ヨーロッパにおいて教職は、女性が胸を張ってえらぶことのできる数少ない職業のひとつだった。それにしても革命の混乱をようやく抜けだしたフランスで、教師となった女性たちは実質的にいかなる教育を受け、どのていどの学問的素養をもって現場に臨んでいたのだろう？　教授能力や労働条件において、男性教員とのあいだに、どのような格差があったのか？　第二帝政末期には修道会系の私立寄宿学校が女子生徒の六割を引きうけていたとされるが、そうした施設のカリキュラムはいかなるものだったのか？(79)　庶民の受け皿だった公立小学校の実態は？　非修道会系の私立寄宿学校の教育水準および宗教との関係は？　等々、つぎつぎに疑問がわいてくるけれど、こうしたテーマの研究も、ようやく先鞭がつけられたという段階であるらしい。

ラングロワの著作でも言及されているレベッカ・ロジャーズ『寄宿学校におけるブルジョワの娘たち』は、歴史家ミシェル・ペローが序文で述べているように、一八〇〇年から一八七〇年を対象とする研究の、これまでの欠落を補って余りある最近の成果といえる。啓蒙の世紀にもルソーやラクロやコンドルセのように、女性の教育について論陣を張った先駆者たちがいたのだが、レベッカ・ロジャーズが注目するのは、革命後にみずから人生を切り開こうとした女性たちである。女性の教育について発言した女性たち、自力で寄宿学校を開設した女性たちが、少なからずいた。筆頭はブルジョワ出身ながらマリ・アントワネットの宮廷に仕え、革命の荒波をのりこえて寄宿学校を開設し、教育者としての手腕をナポレオンに見込まれて一八〇七年、レジオン・ドヌール教育学院長に抜擢されたカンパン夫人。この学院はレジオン・ドヌール勲章を佩綬した者の親族である女子を受けいれ、フランスの期待する女性を育成するという目標を掲げた施設であり、先進的な女子教育を誇り、今日に至っている。ちなみにバルザックのヒロインのなかで、もっとも知的な女性ベアトリックスは、この学院の卒業生である。あるいはアルプス登山の創始者として知られる自然科学者オラス＝ベネディクト・ド・ソシュールの娘で結婚によりスタール夫人の従姉妹となったネッケル・ド・ソシュール夫人。教育論の著者として後世に名をのこすが、その思想の根幹は宗教を礎とする教育にあった。

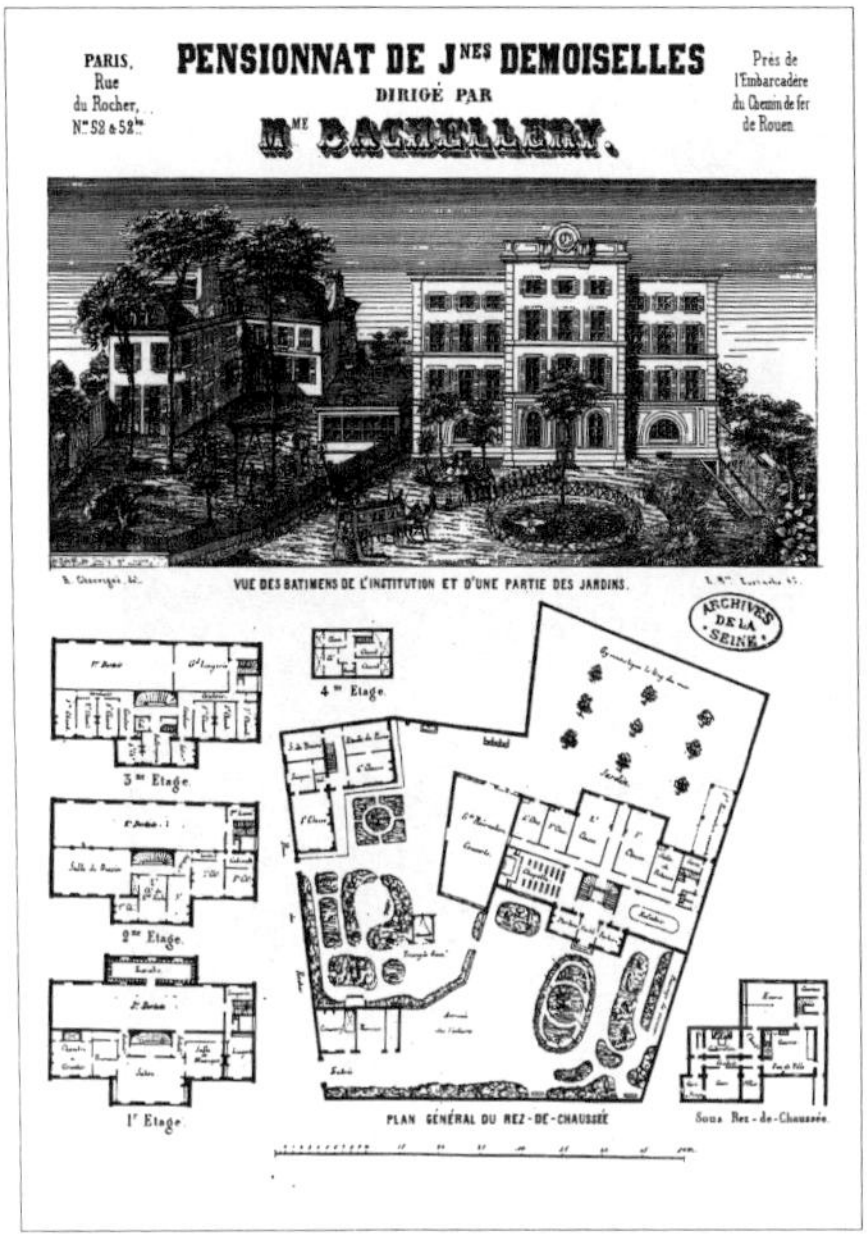

女性教育者の設立した女子寄宿学校の公告チラシ(1848年)

レベッカ・ロジャーズの研究書は三部構成になっており、革命後一八三〇年までの女子教育再建、一八三〇―一八八〇年における学校制度の構築、一八五〇―一九〇〇年における女子教育をめぐる国民的な展望という三つの切り口から議論を展開している。初期の教育論とそこで推奨された女性の理想像、ジャーナリズム、女性を中心とする家族像、「青鞜派」と呼ばれたフェミニストの先駆者たち、一八四八年の革命、といった具合に時代のトピックをとりあげており、修道会系の教員養成や修道女の社会的なステータスを解説する章もある。

レジオン・ドヌール教育学院における数学の授業（1896年）

ところで第三共和制以来のフランス歴史学は政治的・闘争的な宗教勢力には批判の目を向けたけれど、温厚で寡黙な働き者の修道女たちは注目されることもなく、教育の世界でも長らく「日陰者」あつかいをされてきた。カンパン夫人をはじめ、教育者として歴史に名をのこした女性たちは、もっぱら世俗の活動家たちであり、これに対して女性のコングレガシオンは男性のみからなるカトリック教会の聖職者や、同じ系統の男子修道会の監督下に置かれていたのである。それにしても、リシュリューからタレーラン、あるいはデュパンルー枢機卿に至るまで、聖職者が政治を動かし思想的な運動を牽引したフランスの歴史を見れば、叙階の秘蹟を受けた者、かならずしも隠遁生活を送るわけではないことは歴然とわかる。それなのに、コングレガシオンに属する女性たちが、これほどまで徹底して沈黙を守っているのはなぜなのか。信仰に直接かかわる問題でないかぎり、修道女たちに発言の機会はなかったのだろうか。まことにナイーヴな疑問ではあるけれど、このジェンダー・バイアスは重大であると思われる。一見して明らかなように、プロテスタントの世界では、事情がまったく異なるからである。

神に仕える者たちが生涯独身を貫くカトリックの世界には、聖職者を父にもつ子どもたち、聖職者の妻を母にもつ子どもたちという種族は存在しない。おびただしい数の修道士や修道女たちも、家族制度とは切り離されたところで一生をおえる。一方、妻帯を許されるプロテスタントの世界では、牧師の娘たちが、みずからも牧師の妻となり、あるいは学校の教師となり、上流家庭の住み込み家庭教師となっていた。十九世紀イギリスではジェイン・オースティン、ブロンテ姉妹、エリザベス・ギャスケルからイザベラ・バードまで、ついでにアメリカの例も挙げるなら『アンクル・トムの小屋』のストウ夫人など、ペンをとって時代の証言者となった女性のなかに、牧師の親族は少なくないのである。アングロサクソン系の女性作家にとって、聖職者や教会の活動はもっとも身近で描きやすい主題のひとつだった。ドーバー海峡の北と南では、家族制度と宗教との関係も、宗教とジェンダーと教育との関係も異なっている。

『ジェイン・エア』の寄宿学校と牧師の妻というステータス

ジェイン・エアの父親も貧しい牧師であり、教区の慈善活動でチフスに感染し、母を道連れに他界した。母方の親戚に引き取られた幼いジェインは可愛げのない少女で、冷酷な伯母に疎まれ、慈善寄宿学校に送られる。そのローウッド学院の厳格な監督も牧師であり、ジェインの憧れだったテンプル先生も、あるとき牧師の妻となり、学院を去る。ジェインは学業をおえて、そのままローウッドで教師になったものの、自由を求めて住み込み家庭教師の広告を新聞に出す。そしてロチェスターの屋敷でフランス生まれの少女の教育に当たるのだが、ここで女中頭をつとめるフェアファックス夫人も牧師の未亡人だった。

美人とはいえぬ貧相な家庭教師とどこか影のある紳士ロチェスターとのあいだに身分違いの恋が芽生え、紆余曲折をへたのちに二人は教会で契りを交わすことになる。式が進行し、牧師がいよいよ決定的な言葉を口にしようという瞬間に、背後で一人の男が声を上げ、ロチェスターには生存する妻がおり、婚姻には障碍があると告げる。ロチェスターは雷に打たれたように動揺するが、じつはカリブ海のジャマイカ島で結婚したこと、その妻は狂気に囚われ屋敷の一角に幽閉されていることを告白した――というところが、ドラマの山場だが、まだ物語は三分の一ほどのこっている。

ジェインはかき口説くロチェスターを振り切って身一つで出奔し、遠くの村にたどりつき、飢えと疲労のために、とある家の庭先で気を失う。上品で教養のありそうな若い姉妹が住んでいることを窓辺からたしかめておいたのである。手厚い看護を受けて一命をとりとめたジェインは、姉妹の兄である牧師に認められ、慈善家の経営する寺子屋のような小学校をまかされる。姉妹は都会に出て裕福な家の住み込み家庭教師となった。その後の展開は、まことにロマネスク。ジェインは会ったこともない叔父から莫大な遺産を相続するのだが、それと同時に自分を救ってくれた兄と妹たちは、血のつながった従兄姉であることが判明する。ジェインのたっての願いで遺産は均等に分けられた。そして物語の大団円。従兄のセント・ジョンは宣教師になってインドに赴く決意を固め、ジェインに結婚を申しこむ。青年の使命感に心を動かされ、高圧的な説得に負けそうになったとき、ジェインは幻聴のようにロチェスターの呼び声を聞き、ただちに心を決めて懐かしい屋敷に駆けつけた。館は火事で焼け落ちて廃墟となり、狂人の妻は死に、ロチェスターは盲《めしい》となって寂しく暮らしていた。ジェインのつよい意志により二人は結婚し、息子が生まれ、夫の視力も回復しつつある、という十年後の報告で幕。結婚を終着点として書きつづられる「婚活小説」の、申し分ない結末である。

おわかりのように、ここでは教育と宗教と女性の自立というテーマが三つ巴に絡んでおり、その経験が一人称の回想というスタイルで、当事者の視点から語られている。たとえば幼いジェインがローウッド学院ですごした初日は以下のとおり。早朝の礼拝と聖書の朗読が一時間ほど。吐き気をもよおすほどまずい朝食のあとは、大教室で生徒たちがグループに分けられ、地球儀をまえにした地理の授業、歴史や文法などの暗誦の授業、書き方と算術、そして音楽の授業などが、時間を区切ってお昼まで継続される。ここで生徒はいったん屋外に出るが、まずい食事のあと、ふたたび授業が五時までつづく。夕食は黒パンとコーヒーのみで、三十分の休憩ののち勉強、燕麦のお菓子と水、お祈り、就寝(80)。

のちに家庭教師になったときのジェインの教養はどのていどかというと、外国語はネイティヴの教師に習っていたから、フランス人の教え子との会話に苦労はしなかった。またロチェスターの評によれば、ピアノは下手だけれど、絵画の腕は大したもの。寒さにふるえ、気が遠くなるほどの空腹をかかえた少女たちが、一応はカリキュラムのある環境で、それなりの教育を受けていたのである。

宗教が国民教育のインフラを提供していたという点は、同時代のヨーロッパに多少とも共通する現象だけれど、学校の教師、住み込みの家庭教師、そして牧師の妻という三つの選択肢がヒロインの人生に開かれるという『ジェイン・エア』の設定は、まさしくヴィクトリア時代大英帝国の社会構造を象徴するものだ。これが著者の個人的な経験を反映した「自伝的」な作品であるといわれるだけに、牧師の娘が聖職者をいかに造形するかという点に、わたしたちの興味は誘われる。明らかに悪役であるローウッド学院長の偽善者ぶりは、脇に措くとしよう。従兄セント・ジョンは、ひと言でいえば「文明化の使命」を信奉する聖職者である。ただし、その使命は国家ではなく神から与えられた「召命」なのであり、確固たる理想主義は、ときに非情なまでに攻撃的なものとなる。

「神と自然が、あなたを宣教師の妻とすべく定めたのです。神と自然があなたに与えたのは、容姿の美しさではなく、知的な才能だった。あなたは愛情のためではなく、労働のために作られているのです。あなたは宣教師の妻にならなくてはならない。〔…〕わたしはあなたを要求する――わたし自身の喜びのためではなく、わが主《しゅ》に仕えるためです(81)」

彼は自分の開校した小さな学校で、貧しさを厭わず無知な農民の子どもを教えるジェインの姿を観察し、インドでの過酷な伝道生活に耐えられる資質を認めたのだった。そしてジェインが、宣教師の「気高い労苦と崇高な収穫」に惹かれはしても愛情なき結婚はできないと頑なに拒むと、「自己本位」で「異教徒にも劣る」と叱咤する。長いやりとりを分析する余裕はないけれど、エピソードは神の名において「夫権」を行使する男性への女性の反抗として読める。なるほど「召命」であることを認めつつ、これを拒むなら、それは神への反逆であるという解釈も成り立つが、その一方で、未開の植民地での伝道という奉仕にひそむ逆説的な権威主義――ありていにいえば植民地主義的な本質――が結果としてあぶりだされるともいえるだろう。著者の意図がどこまで自覚的に「革命思想(82)」に通底するイデオロギーをはらんでいたかは、さして重要ではないように思う。さまざまの読解が可能な証言が、小説のテクストに記録されたという事実そのものが貴重であることを、あらためて強調しておきたい。

公共圏と親密圏のジェンダー秩序

英文学の世界では、ジェイン・エアは「住み込みの女性家庭教師」という職業を体現するヒロインとして知られている。「この方は立派なお屋敷の家庭教師ができるぐらいお偉いのよ(83)」という台詞は、村の小学校の出資者でもある慈善家の娘がジェインを褒めていうのだが、一方でロチェスターの屋敷に招かれた上流階級のご婦人は「家庭教師と聞いただけで、わたしはいらいらしてくるの。ともかく、あの連中の無能さかげんとわがままには、殉教者並みの苦労をしましたからねえ(84)」と恨み言を述べていた。いわゆる「ガヴァネス」とはどのような職業なのだろう。そこそこの社会的身分だといえるのか、あるいは雇い主には厄介なだけの余所者だったのか。

この問題については、ゆたかな研究実績がある。代表的な日本語文献である川本静子『ガヴァネス――ヴィクトリア時代の〈余った女〉たち(85)』によれば、十九世紀の大英帝国では男性の海外移住や晩婚のため人口の男女比に大きな歪みが生じており、大量の未婚女性が出現した。その「余った女たち」にとって、なんとか自活する唯一の道が、「レディ」としての教養と品格を身につけ、裕福な家庭の住み込み家庭教師になることだった。その「レディ」たる

職業斡旋所におけるガヴァネスの面接風景(1890年代)

者の資格は、ジェイン・エアの素養からもおおよそ推察されるのだけれど、ここではむしろガヴァネス研究の実績そのものに注目してみたい。

ガヴァネスとなった女性たちの出身地、階層分布、求人広告の調査、ガヴァネスのための手引き書の分析、教育内容のレパートリーの確認、等々、実証研究の統計資料や文献調査が手堅く蓄積されていることを、まず指摘しておこう。ガヴァネスの社会的な地位はあいまいであり、待遇は一般の家事使用人よりはましだけれど、報酬は男性の家庭教師より低く、裁縫などの手仕事をやらされることもある。予想されるように、一家の長の性的な関心に脅かされることも少なくない。さらに十九世紀の中葉には「ガヴァネス互恵協会」(一八四三年)やクイーンズ・コレッジ(一八四八年)が設立されて、この職業に従事する女性たちが組織化されてゆく。「ガヴァネス」の育成が、海外からの需要に応える輸出産業の側面をもつことも忘れてはなるまい。以上の要約からも明らかなように、パイオニア的な職業婦人をめぐる社会史・文化史は、すでに確立した研究分野となっている。[86]

これに対してフランスではどうか。レベッカ・ロジャーズ『寄宿学校におけるブルジョワの娘たち』の序文でミシェル・ペローが指摘したように、十九世紀女子教育の研究は明らかに遅れをとっているのだが、その遠因は、回想録を書いた例外的な女性をのぞけば教育者たちが証言をのこさなかったこと、とりわけ小説という十九世紀最大のメディアを活用する「当事者」がいなかったことにあると思われる。「当事者」が修道女の場合、それは自然のなりゆきかもしれない。しかし、まさにこうした条件が、カトリックに特有の「ジェンダー秩序」を構成するのである。宗教と教育の制度的な関係について、同時代のフランスとイギリスを比較してみるなら、相違は計量的なものではなく、構造的なものとして浮上してくるにちがいない。

それはそれとして、十九世紀小説に親しんできた者として、当時の風景の一端が想像できないわけではない。子どものいる裕福な家庭には、かならず女性の家庭教師が雇用されており、それが上流階級のステータスとみなされるという風潮は、フランスには存在しなかった[87]。モルソフ夫人は、長男の家庭教師となってこの家にとどまりたいと主張するフェリックスに対し、それは使用人に等しい身分であり、自分は引退した司祭を探すつもりだから若い男が家に入る気遣いはない、といって提案を拒む。男の子は一定の年齢になればコレージュに入学するが、女の子の場合、モルソフ夫人のように教養のある母親なら、ずっと手許におくことも不自然ではなかった。英国式のガヴァネスと「付き人」companion の中間的な形態といえそうなのは、次章でとりあげるアレクサンドル・デュマ『モンテ＝クリスト伯爵』の登場人物で、ダングラール邸に寄食する若い女性である。表向きは音楽の教師だが、令嬢とは同性愛関係だろうと推察される。『失われた時を求めて』で作曲家ヴァントゥイユの娘について再現される構図である。

しめくくりに、この章の冒頭でふれた「親密圏」の問題に立ち返ろう。こうして考えてみると、男性は「公共圏」で女性は「親密圏」という棲み分けの定式は、なるほど「理念的」なもの、あるいはむしろ「フィクション」にすぎない。現実の空間が「公／私」で色分けされるはずはないのである。一方で聖職者に独身義務があり、信徒は告解を求められ、女子教育のインフラが女子修道会によって提供されていたカトリックの世界と、聖職者の親族の女性たちが教育や執筆活動で先駆的な実績をあげていたプロテスタントの世界では、まさに「親密圏」と「公共圏」にかかわるジェンダー秩序が異なるといえそうだ。これらの概念は実体化されるものではないことを再確認したうえで、分析の枠組としては有効な語彙を慎重にもちいることにしたい。

第三章　裁きの物語としての『モンテ＝クリスト伯爵』

1　個人と家族と男同士の絆

「国民文学」の時代と三人称小説

小説という文芸のジャンルは「公共圏」あるいは「親密圏」のいずれに軸足を置くかといえば、「恋愛」や「姦通」はこの上なくプライヴェートなものだから、答えは自明ということか。いや、そもそもこれは、問いの立て方としてまちがっている。

一八世紀において小説が驚くほど卓越した地位に昇りつめたことは、気づかれないではすまなかった。そして研究者たちは、何年にもわたってこの現象を、資本主義、進取の気性に富む中産階級、公共圏の成長、ジェンダー関係における変化、そしてナショナリズムの誕生にさえむすびつけてきた。小説の興隆の理由はどうであれ、わたしが関心をもっているのはその心理的効果であり、それらの心理的効果が人権の誕生とどのように関係しているかということである[88]。

フランス革命の政治文化の研究者として知られるリン・ハントの著書『人権を創造する』から引用した。小説というメディアの隆盛を学際的な視点から解明しようという近年のこころみを、数行で要約した文章であり、原注にも記されているように、著者はとりわけベネディクト・アンダーソンの『想像の共同体』を念頭においている。

「感情の噴出」と題した第一章で、リン・ハントはリチャードソンの『パミラ』と『クラリッサ』、ルソーの『ヌーヴェル・エロイーズ』など啓蒙の世紀に爆発的な人気を博した書簡体小説をとりあげて、読者が手紙の書き手に感情移入する経験を分析し、他人の内なる自我に共鳴する運動を対象への「共感」と呼んでいる。「同情」がときには目下の者への哀れみの感情を意味するのに対し、「共感」はより積極的に他者の内面に一体化する感情であるという。[89] 人間は自分以外の者と自分とを同一視して、たとえば拷問の苦しみを想像することにより、道徳的な主体として成長するのである。政治学者のアンダーソンは、新聞や小説が「想像された共同体」imagined communities を産みだすことにより、ナショナリズムの土台が醸成されるというのだが、リン・ハントはこれにちなんで「想像された共感」imagined empathy が普遍的な概念である「人権」の基礎づけに寄与したと考える。[90]

十八世紀の書簡体小説が感情の没入を誘うとしたら、十九世紀のいわゆる「リアリズム小説」を読むという経験に、いかなる文化的特質を認めることができるだろう。そこでアレクサンドル・デュマの『モンテ＝クリスト伯爵』を考察の素材にしようというのだが、なぜこの作品かという理由をまず述べる。大衆的な人気を博した小説は、アンダーソンの用語を借りるなら「社会学的な風景」を描くという作業において広く同時代の承認を得ているはずであり、その後も長く読みつがれることで「国民的想像力」を作動させ、これに活力を与えつづけたといえる。[91]

十九世紀前半、人びとが求めていたのは、大革命から帝政崩壊へ、王政復古から七月革命へと反復される動乱から抜けだして、安定した基盤のうえに「カトリック教会の長女」というステータスの代替となるような「国民アイデンティティ」を構築することだった。この切実な要請に応えることが「国民文学」の使命なのである。そこでは舞台を設定したうえでドラマの展開を第三者の客観的な視点から時系列に沿って報告するという形式、すなわち「ナショナル・ヒストリー」の叙述法に近似した「三人称小説」が主流となってゆく。文学の形式は、時代の知的パラダイムを先取りしつつ更新されてゆくものだ。作家が登場人物になりかわって書きつづる「一人称の親密な手紙」が読者の紅涙をしぼる時代はおわったのであり、書簡体小説というジャンルも過去のものとなる。

『モンテ＝クリスト伯爵』は「復讐の物語」ということになっている。無実の罪で監獄に送られた青年が十四年後に脱獄し、莫大な財宝を背景に、自分を陥れた四人の男に報復するという話である。物語が途方もなく長いのは、これが最終的には「社会秩序」を顕揚する「裁きの物語」でもあるからで、登場人物たちの罪の度合いに見合った刑量と処罰の形式が模索され、複雑な絡繰りによって実行に移されていく。読者はそのプロセスを逐一追いながら、あるときは胸をときめかせ、あるときは反発や同情や嫌悪をおぼえ、最終的に「正義はなされた！」と心から納得し、爽快なカタルシス効果を得ることになる。作品が国民の大多数に受けいれられたのは、著者と登場人物と読者大衆が一定の価値の尺度を共有していたからにちがいない。この尺度を近代的な市民社会における「道徳と秩序の感覚」と呼ぶことにしよう。

グザヴィエ・マルタンの民法的家族論

近代フランスの道徳的な規範が家父長的なものであり、その土台を提供したのが一八〇四年の民法典であることは、くり返し述べた。グザヴィエ・マルタン『ナポレオン法典の神話』の第九章「民法典の政治的な基礎」を参照しながら、法文によって創造される家族像のモデルとはいかなるものか、より具体的に思い描いてみよう。主人公が独身者である『モンテ＝クリスト伯爵』をふくめ、十九世紀の「リアリズム小説」の大方が、じつは「家族小説」以外のなにものでもないということ、さらには「姦通小説」が、この「家族小説」と構造的に呼応するものであることを示したいと考えている。

フランス革命が不条理で血腥い恐怖政治に突入したとき、すでに同時代の人びとは、深刻な疑念に捕らえられていた。封建制の特権を廃止して、平等な個人による新しい社会を築くという革命の理想はどこにいってしまったのか。「自然状態」に返った人間は闘争本能を剝き出しにしているではないか。暴力と憎悪の応酬がつづくなかで、家族という制度がいかに解釈され、その評価が否定から肯定へと反転してゆくかという問題構成が、グザヴィエ・マルタンの論考の要《かなめ》である。

革命期に策定された法案が、婚姻という制度の「尊厳」を甚《いた》く傷つけるものであったという認識が、ナポレオン法典編纂の出発点にあったことは、以前にジャン゠ルイ・アルペランを引いて確認した[92]。一七九三年のカンバセレス案などで、結婚や出産によって生じる「家族の絆」が否定的に捉えられたのは、それが「社会」と呼ばれる「大きな家族」にとって足かせになるとみなされたからであり、ジャコバン的な言説の昂揚期には、じっさい「一般的な意味での社会は、すべての個別的絆を断ち切ることにより強化される」といった主張もなされたのだった[93]。しかし他方では、家族の秩序があってこそ国家の秩序が存立するという声がしだいに大きくなってゆく。一七九七年六月の元老会議で、ポルタリスはこう演説した――「市民の統治をしっかりとうち立てたいのであれば、家族の統治を再建しなければなりません。〔…〕なぜならば忠実な夫婦、善き父親、善き息子だけが、善き市民となれるからであります[94]」

一七九四年のテルミドールのクーデタ以降、秩序の再建を求め、私法整備の必要を説く陣営が発言権をもつようになっていた。グザヴィエ・マルタンが全体の流れから抽出する三つの原則とは、以下のようなものだ。第一に父権の復活と強化。第二に夫婦の関係の強化と離婚の制限。そして第三に「自然子」優遇の見直しと所有権の積極的保護。ちなみにこの時期、「独身者」への風当たりがつよくなったという指摘は興味を誘う。社会的な絆をもたない独身者のステータスは「自然状態」の人間、あるいはジャコバン的な意味での「抽象的個人」を想起させるというのが、その理由であるという[95]。

さて誕生した民法典が内包するロジックを、マルタンはつぎのように整理する。最優先の課題は「善き息子をつくる」ことだったが、そのためには財産の処分にかかわる権限について、父権を回復させればよかった。「処分任意分」

quotité disponible という法律用語がある。いわゆる「遺留分」の対抗概念で、父親が自由に贈与や遺贈をおこなうことができる財産の比率を指すのだが、この数字が高くなればなるほどに、息子たちは恭順になるというわけだ。「処分任意分」は、たとえば実子が一人の場合は財産の二分の一、三人以上であれば四分の一を超えてはならないとされており、遺留分はそれなりに配慮されている。[96] とはいえ父親の裁量権は死の瞬間までつづくから、これは終身の権威でもあった。

ところで「処分任意分」の復権は「善き息子」だけでなく「善き父親をつくる」ことにもなるのである。父親は財産の所有権に由来する権威を行使して、家族の秩序を保つことを期待されている。その背景には、財産を保全して正しく相続させる者だけが「善き父親」だという暗黙の了解があるだろう。バルザックの『ペール・ゴリオ』で死の床にある老人が、あれほど自分を責めるのは、すくなくとも民法的論理には適《かな》っている。

つづいて「善き兄弟」とは何かが問われることになるのだが、民法典の家族像は「直系尊属」と「直系卑属」すなわち曾祖父母、祖父母、父母、子、孫、曾孫、等による縦系列の血縁によって構成されている。ポルタリスも口にしたとされる「兄弟は他人」という表現は、「他人も兄弟」という革命的ユートピアへの反動から生じたものだとマルタンは指摘する。ご承知のように「友愛」と訳される fraternité は「兄弟であること」を指しており、これが絵空事になってしまった以上は「善き父親」が責任をもって他人同士を束ね「善き兄弟」の状態に留め置かなければならないのである。[97]『ゴプセック』のレストー伯爵も遺言のなかで、非嫡出子をふくむ兄弟の関係に配慮して、父親の理想像という期待に応えたのだった。[98]

「直系血族」ではない「傍系血族」は兄弟姉妹、おじおば、いとこ、甥姪などを指す。「おじおば」や「いとこ」という範疇が、バルザックからモーパッサンに至るまで、登場人物リストの構成に欠かせぬ理由はご想像いただけよう。傍系の親族は、遺留分の権利を主張することはできないが、直系の相続人がいなければ、予期せぬ遺産がころがりこむこともある。しかもこのケースでは全財産が「処分任意分」となるために、遺言により特定の親族を指定することができる。相続の可能性は人間と人間のあいだに吸引力や不信感や敵愾心を養うだろうから、小説家がこれに注目するのは当然だった。フローベールの『感情教育』など、傍系相続により一夜にして主人公の運命が変わる物語は数えきれぬほどにある。さらには親戚の食客として生きる「貧乏ないとこ」の物語、あるいは一旗揚げると宣言して植民地にむかった「アメリカのおじさん」の物語など、一連の小説が「遺産相続幻想」を養うことになる。いずれ見るように、モーパッサンの『ピエールとジャン』も相続と兄弟関係という二重のテーマが絡み合う作品である。

社会の真の構成要素は家族？

グザヴィエ・マルタン『ナポレオン法典の神話』に話をもどせば、「善き兄弟をつくる」という話題のあとは「善き夫婦をつくる」そして「善き友人をつくる」という小見出しがつづくのだが、念を押すまでもなく「善き夫婦」とは、もっぱら夫の視点を反映したものである。夫婦の絆を尊重するという原則は、婚姻の解消不能という考え方を補強する。マルタンの見解によれば、一八一六年の離婚制度廃止は、カトリック教会への譲歩というだけでなく、民法に内在するロジックの帰結でもあった。こうして堅固な人間関係に守られた家庭生活を一歩出たときに、いかなる「社会的な絆」が個人の支えとなるかという問題提起が最後になされるのだが、それにしてもマルタンの考察では、妻と娘はほとんど話題にすらならない。近代的家族像を問うかぎり、おのずと議論が「父と息子」の関係に収斂してゆくのは、まさに対象の内的ロジックがそのように構成されているからにほかなるまい。

ところで素朴な疑問ではあるけれど、「人権宣言」によって普遍的な個人の平等を謳ったフランスが、同時にかくも家父長的な「民法典」を誇る国であることに、齟齬や矛盾は生じないのだろうか。樋口陽一『国法学——人権原論』には「近代法が「個人」をつくり出すために中間集団の解体をめざしたとき、家族という例外があった」という明快な指摘がある。戦前にわが国を訪れたフランス民法学の泰斗の言葉によれば、経済法と財産法の領域において「自由主義」と「個人主義」の色彩が濃厚であるというのは、民法典の第二の特徴であって、第一の特徴は、家父長に絶対的な権限を付与していることだというのである[99]。

フランス革命は、特権や独占により個人の自由な活動を阻害するものであるとして、国家と個人のあいだに介在する一切の「中間集団」を解体したのだが[100]、その結果、人は帰属すべき伝統的な共同体を失って浮遊することになり、あらためて人と人をつなぐ「絆」を修復しなければならないという要求がわきおこる。そこで家族制度が、例外的かつ普遍的な集団モデルとして復活したというのが歴史的経緯だろう。かくして十九世紀の市民社会は、家父長的支配と自立をめざすべき個人という二つの力学がせめぎあう場となった。そうした「社会学的風景」を切り取って、それぞれに独自の視点から描出したのが、文豪の「リアリズム小説」である。

『人間喜劇総序』のなかで、バルザックはいみじくも指摘した――「かくして社会にとっての真の構成要素は「個人」ではなく「家族」であると私は考える[101]」。同じ考えが、登場人物の司祭の口を介して語られる断章を以下に訳出しておこう。

「「一般的な利害」による法は「愛国心」を育てますが、その法が認める「個別的な利害」による法によって、ただちに自分が破壊されてしまう、そして「利己主義」が育つのですよ。堅実で永続するものは、自然なものだけです。そして政治において自然なものとは「家族」ですからな。「家族」こそが、あらゆる「制度」の出発点となるべきです[102]」

「書簡体小説」がすたれたのちの「三人称小説」は、こうして「社会にとっての真の構成要素」である「家族」の絡繰りを、それこそ「親密圏」の秘められた領域にまで分け入って照らしだすことになる。ただし忘れてはなるまい、外の世界、すなわち「公共圏」で脚光を浴びていたのは、もっぱら「父と息子」や「兄弟」などの「男同士の絆」だった。イヴ・K・セジウィックの用語をそのまま借りて、十九世紀フランス社会の特質を「ホモソーシャル」

という言葉によって定義することもできる(103)。

2　人間の正義 vs. 神の摂理

父と息子の物語

アレクサンドル・デュマはバルザックより三歳年下で、ヴィクトル・ユゴーと同じ一八〇二年生まれ。ナポレオン研究の大御所ジャン・テュラールの評言によれば、「郷愁によってボナパルティスト、恩恵を受けたという意味ではオルレアン派、そして時流にしたがい一抹の誠意をもった共和主義者(104)」であったという。父親はナポレオン軍で勇名を馳せた将軍だが、四歳のときにその父を失い、身一つでパリに出てオルレアン公(のちの国王ルイ＝フィリップ)の秘書となり、七月王政下で国王の庇護のもと『三銃士』(一八四四年)『王妃マルゴ』(一八四五年)『モンテ＝クリスト伯爵』(一八四五―一八四六年)などの代表作を発表した。『椿姫』の著者とは同名の父子であるところから、デュマ・ペールとも呼ばれている。

『モンテ＝クリスト伯爵』の開幕は一八一五年二月二十八日のマルセイユ(105)。主人公エドモン・ダンテスは十九歳の船乗りで、航海中に病没した船長の遺志によりエルバ島に上陸し、商船ファラオン号を指揮して港に帰還した。作品の全体に皇帝ナポレオンへの追慕と民法的な「父親幻想」が漂っていても不思議はない。第二章のタイトルは「父と子」となっており、母のいないエドモンが貧しい父を敬愛する孝行息子であることが強調されている。心優しい父親は、青年が監獄に送られたのち、生活の支えを失って「飢え死に」するのだが、そのとき心を遣ってくれたのは、船主のモレルである。ダンテスにとってこの情の深い人物は、もともと第二の父親のような存在だった。牢獄で秘密の地下道を掘って交流したファリア神父は、第三というよりむしろ実の父親がなり損ねた「真の父親」といえる。知性と教養、堅固な意志と人間としての品格を青年に教えこみ、空前絶後の富を「遺産」として相続させたのだから。

しかしまずは「裏切り」の経緯を整理して、念頭におかなければなるまい。すでに述べたように、罪と罰が道徳的にも美的な様式という意味でも釣り合っていることで、復讐譚の読者は納得するのである。ダンテスはメルセデスとの婚約を祝う宴席に乗りこんだ官憲に逮捕されるのだが、事件は三人の若者の共謀によって引きおこされた。船乗りの仲間ダングラールは、冗談のふりをして、ダンテスがエルバ島でナポレオンからパリの陰謀集団に宛てた信書を託されたという趣旨の密告の手紙を左手で書いた。メルセデスに烈しい恋心をいだくフェルナンは、床に投げ捨てられた手紙をこっそり拾って投函した。隣人のカドルスは泥酔して見守っていただけだから、積極的に荷担したわけではないのだが、三人は三様に、ダンテスの輝くような幸福と順調な人生に嫉妬の炎《ほむら》を燃やしていたのである。

検事補の青年ヴィルフォールは偶然にも――あるいはむしろ、作家の意図したパラレルな構図にしたがって――婚約の祝宴から呼び出され、エドモン・ダンテスの尋問に当たる。逮捕された当人が政治にはまったく無知であり、つまり潔白であることを見抜いたヴィルフォールは釈放しようと考えるが、ダンテスがパリに届けるはずの信書を手に取った瞬間、蒼白になる。宛名はボナパルティストの領袖《りょうしゅう》ノワルティエとなっており、この人物と青年は別の姓を名乗っているものの、実の親子なのだ。父親が皇帝の復帰に一役買おうと暗躍する一方で、帝政に見切りをつけた息子は、今まさに王党派の貴族の娘と契りを固めるところだった。フランスという国家は運命の岐路に立ち、男たちは、おのれの人生を賭けた政治的選択を迫られていた。ナポレオンがエルバ島を脱出したのは、エドモン・ダンテスの尋問の当日、三月一日である。百日天下と時を同じくしてドラマの幕が開く。

第二章「父と子」と同じタイトルが第十二章「父と子」でくり返されている。ヴィルフォールは自分にとっても危険きわまる信書を、ダンテスの目の前で焼き捨てて、容疑者に対しては恩人としてふるまった上で、無実の男をマルセイユ沖合の牢獄シャトー・ディフに送りこんだ。そして脱兎の勢いでパリに駆けつけ、国王ルイ十八世にボナパルティストの策謀を注進に及ぶ。一方ヴィルフォールの父親ノワルティエは息子の動静を知っており、宿屋の一室で親子が対決する場面が問題の章なのだが、とりあえずは異なる道を歩む父と息子が腹の探り合いをするという要約で足

ピストル自殺による名誉回復と父が息子にあたえる最後の教訓

りるだろう。話を先取りすれば、信頼によって結ばれることのないこの血縁関係は、復讐劇の大団円の絡繰りに深いかかわりをもっている。

さてダンテスは牢獄で名もなき囚人三十四号となり、おそらくは七年後の一八二二年に囚人二十七号と出会う[106]。狂人扱いの老人はイタリアの大学者であり、インクもペンもない暗がりで、さまざまの必需品がつくられ、エリート教育のプログラムが青年相手に実践されるいきさつは、密室のロビンソン・クルーソーとフライデイといった趣もある。そして十四年後の一八二九年二月二十八日——ファラオン号がマルセイユに入港したのと同じ日付——病に没したファリア神父の遺体に成り代わり、頭陀袋に忍びこんだダンテスは、シャトー・ディフの墓場である地中海に、絶壁から投げ落とされる。

ダンテスは、婚約の祝宴の前日に三人の若者が酒場で額を寄せ合っているのを見ていたから、獄中で神父の知恵を借りて状況を分析し、ヴィルフォールをふくめ報復すべき四人の目星はつけていた。地中海の無人島でファリア神父の財宝を発見したダンテスは、見とがめられることもなくマルセイユにもどり、関係者の消息を確かめる。父は疾うに帰らぬ人となり、隣人のカドルスは落ちぶれて、街道沿いの小さな旅籠屋をいとなんでいた。イタリア人の司祭に変装したダンテスはカドルスを訪ね、自分が逮捕されたときの詳しい事情を聞き出した。そしてダングラールとフェルナンがマルセイユを離れて栄達の道を歩み、メルセデスはフェルナンに嫁いでいたことを知る。

それなりの誠意を見せたカドルスに、司祭は大きなダイヤモンドを与えて立ち去った。つづいてダンテスは「トムソン・アンド・フレンチ商会」の代理人を名乗り、倒産の危機に瀕しているモレル商会にあらわれる。頼みの綱であったファラオン号が沈没したという報せに接したばかりの船主に、巨額の手形の猶予を申し出る。そして最後の三ヵ月後、手形の支払い予定日に、モレルは息子のマクシミリアンに対し、命を犠牲にしても社会的な名誉を守る覚悟だと告げ、息子は敬愛する父の最後の教訓を受けいれる。部屋にこもったモレルがピストルをこめかみに当てた瞬間に、最愛の娘が支払済みの手形と宝石の入った財布を手に駆けこんできた。港には沈没したはずのファラオン号が寸分たがわぬ勇姿をあらわした。疑いようのない「奇蹟」をまえに、欣喜して抱き合うモレルの家族と喝采する群衆。物陰にひそんで見守っていた男がつぶやいた――「幸福に暮らしてください、気高い心のもちぬしよ。あなたがこれまでになし、またこれからもなすであろう善き行いに、神の祝福がありますように」。

小舟に乗りこんだ男は、今こそ「善意、人情、感謝の念」に別れを告げようと決意を語る。そして「神の摂理」を代行して善人に報いたが、これからは「復讐の神」に成り代わる、いよいよ悪を罰する時だと宣言するのである。ここで物語はいったん途切れ、話が再開される時点は一八三八年。その間、つまり周到な作戦を練るために費やされたはずの九年については、一切報告がない。

ヨーロッパ文明と「国民文学」の地政学

さて一八三八年、モンテ＝クリスト伯爵に変身したダンテスは、謝肉祭で賑わうローマでフェルナンとメルセデスの独り息子アルベールを山賊の手から救い出し、五月にパリで青年に再会する。そして十月には復讐劇がおわり、伯爵は愛用のヨットで地中海の彼方に姿を消すのだから、わずか半年の出来事が文庫本七巻の大長編の五巻以上を占める勘定になる。

空白となっている九年間を修復しつつ、この作品の「国民文学」としての広がりを確認しておこう。漁師のフェルナンは、メルセデスと同じくスペインの東寄りに位置するカタルーニャ出身の家系で、マルセイユの海岸沿いの村カタランの住人である。カタルーニャは十八世紀中葉から地中海の漁業に関する特権をもっており、沿岸の住人とのあいだに摩擦が生じることもあったという。独自の伝統をもつカタランの村人は、町の住人からすれば余所者である。フェルナンは一八一五年に徴兵されナポレオン軍に入るが、敵方に逃走し、それが幸いして復古王政では少尉に昇進。オスマン帝国で強大な勢力をふるっていたアリ・パシャに仕えて富を築き、さらに一八二三年にスペイン革命に介入したフランス軍で戦功を立てたということになっている。爵位を得てモルセール伯爵を名乗る。

カタランの住人の同族意識は固く、フェルナンはメルセデスにカタランの人間は同じ村から結婚相手をえらぶのが「掟」のはずだ、と迫るのだが、「それは掟ではなく、習慣です」とメルセデスは応酬する。漆黒の髪、羚羊《かもしか》のような「ビロードの眼」をもつ美しい娘は、それほどに気丈で聡明なはずだった。そのメルセデスが、恋人が姿を消してわずか一年半で気の染まぬ男に嫁いでしまったのはなぜなのか。女性登場人物たちの造形については、のちに検討しよう。

左手で密告の手紙を書いたダングラールは金に執着のある男。モレルの推薦をもらってスペインの銀行家のもとではたらき、おそらくは怪しげな資金を投じて財を蓄え、さらに金持の未亡人と結婚した。金融の世界で大物とみなされ、男爵の爵位をもつ。

おわかりのようにドラマの背景には、ヤニナのアリ・パシャ暗殺やスペイン立憲革命など時事的な出来事が導入されているのだが、それだけではない。エドモン・ダンテスは、ローマ教皇領でモンテ＝クリスト伯爵とブゾーニ神父という二重の肩書きを手に入れており、さらに「トムソン・アンド・フレンチ商会」の代理人という第三の顔をもち、気が向くと「船乗りシンドバット」を名乗ったりもするし、モンテ＝クリスト伯爵の仇敵を自称するウィルモア卿なる人物に化けることもある。伯爵の出身は謎につつまれているが、イタリア人の司祭、英国人の代理人や貴族は、カリカチュアのように「国民性」を演出する。変装と言語の使い分けはダンテスの特技なのだ。さらに話を先取りすれば、ローマの謝肉祭にはじまった一八三八年の復讐劇は、同じローマでダングラール男爵に裁きが下されて幕となる。イタリアは、物語の舞台となる広大な地中海世界の中心であり、ヨーロッパ文明の起源の地。獄中のダンテスに諸国民の歴史と文化を語り、青年の蒙を啓いてくれたファリア神父も、イタリア人だった。

復讐は小悪党から順番に

いよいよ復讐劇の幕が切っておとされる。四人のなかでは脇役と見える品性の卑しい悪人カドルスがまっ先に裁かれるのは、穏当な筋書きというべきだろう。

ブゾーニ神父は囚人の「告解」を引きうけるという立場で、マルセイユの監獄に出入りして、報復の武器につかえる二人の男を捜し出していた。その一人ベルツッチオは、かつて兄の復讐のために検事ヴィルフォールを襲ったコルシカ人で、今は伯爵の忠実な召使いになっている。もう一人は、あらゆる悪徳に染まった美青年ベネデット。ベルツッチオはこの青年の育ての親でもある。

モンテ＝クリスト伯爵はベネデットをパリに呼びよせ、アンドレア・カバルカンティ子爵という華やかな名前と、ありあまるほどの小遣いを与え、社交界にデビューさせた。そこへ刑務所仲間のカドルスが尾羽打ち枯らしてやってきて、羽振りのよいベネデットを見かけて強請《ゆすり》をやるが、ベネデットは一枚上手である。自分の金蔓であるモンテ＝クリスト伯爵の屋敷に押し込み強盗に入ったらどうだとけしかける。ところが伯爵の家に忍びこんだカドルスのまえにあらわれたのは、以前にダイヤモンドをくれたブゾーニ神父ではないか。逃げだしたカドルスは、待ちぶせしていたベネデットに刺され、瀕死の傷を負う。カドルスは、邸内にはこびこまれるが、改心せよと迫るブゾーニ神父をはねつける。臨終の時がきて、司祭は鬘をとり、正体をあらわした。悪人は絶句し、両手を合わせ、神に赦しを求めて息絶える。伯爵はつぶやいた――「これで一人！」

一八二九年、ブゾーニ神父が情報収集のために旅籠屋を訪れたとき、カドルスはダイヤモンドに眼がくらみ、買い取りにきた宝石商と自分の女房を殺しているのである。殺人を犯した者が犯罪仲間に殺害されるのは自業自得というところもあり、この「正義」には痛みや疚しさがあまりない。

アンドレア・カバルカンティことベネデットは、いわばゲームの切り札のような登場人物である。ダングラール男爵は、もともと娘のウジェニーをモルセール伯爵の息子アルベールに嫁がせてもよいと考えていたのだが、このところ投機や融資の失敗がつづいて立場が危うくなり、アンドレアがちらつかせる財産に食指が動いたのだった。自分は芸術家として独り立ちしたいというウジェニーを説き伏せて結婚を承諾させ、盛大な婚約パーティを開く。関係者が一堂に会し、婚姻契約に署名をしようという瞬間に、官憲が踏みこんだ。カドルスはブゾーニ神父に命じられて、ベネデットの素性を明かした証言を書きのこしており、この文書が死後に検事総長ヴィルフォールの手にわたっていたのである。

勘のよいベネデットは姿をくらまし、ウジェニーも――おそらく計画していたのだろう――深い友愛でむすばれた音楽教師をともない出奔する。男装のウジェニーが兄と妹の二人づれというふれこみで投宿したホテルの一室に、警官に追われたベネデットが煙突を伝って降りてくるなどは、大衆小説の面目躍如というところ。かくして当てのはずれたダングラールは、いよいよ資金繰りに行き詰まり、手形を持ち逃げして、これを換金してもらうべくローマに向かう。金銭に欲深いだけで、あっけらかんとした悪党なのだ。

3　自殺・毒薬・姦通

軍人の汚辱が暴かれる時

モルセール伯爵のなかには暗い情念がある。メルセデスを妻にするためなら人殺しも辞さぬとまで思い詰めたフェルナンの愛は生きており、おそらくはその愛が、名誉ある軍人の誇りと貴族院議員の矜恃をささえる動機となっていた。フェルナンとメルセデスがともにカタルーニャの血を引くことは、すでに述べたが、フランスにとってスペインは、アフリカ大陸を経由して侵入した「オリエント世界」の延長である。漁師であったフェルナンは、地中海の民にふさわしくオスマン帝国にまで遠征してアリ・パシャに仕えていた。しかるに忠義を尽くしたというのは捏造した話、じつは裏切りによって財をなし、あまつさえパシャの寵妃と幼い娘を奴隷商人に売り飛ばしたというのが事の真相だった。その動かぬ証拠を、モンテ゠クリスト伯爵はパシャの娘アイデを買い取ることで手に入れた(107)。神秘的なまでに美しいギリシア女であり、一見して明らかなように、この復讐譚は濃厚な「オリエンタリズム」に彩られている。

第八十六章「審判」は、よからぬ噂を新聞に書き立てられたモルセール伯爵が、貴族院の査問委員会でヤニナの要塞陥落とアリ・パシャの最期について潔白を証明するというエピソード。水ぎわだった弁論により、すでに一件落着と思われたところで、謎の女性があらわれて証言台に立つ。凛としたギリシア女は、自分は真実の目撃証人であると告げ、パシャの直筆による「出生証明書」「洗礼証明書(108)」、さらに自分と母が奴隷に売られたときの証明書を提示した。アイデは父を裏切ったフランス人がモルセールその人であることを見抜き、激しく糾弾する。弁明の気力すら失った伯爵は、周囲に絶望のまなざしを投げ、それから天井を見上げたが、ただちに視線を背けたのだった――「その丸天井が真っ二つに裂けて、天と呼ばれる第二の法廷と、神と呼ばれるもう御一方《おひとかた》の審判者が光輝いて見えるのではないかと懼れるかのように(109)」。

アルベールは、アイデの背後にいるのがモンテ゠クリスト伯爵であることを察し、父の汚名を晴らそうと決闘を申しこむ。モンテ゠クリストが書斎でピストルと剣を整えているところに、ヴェールをかぶった婦人が訪れた。あなたのお声を聴いただけで、だれであるか、わかっておりました、どうぞ息子の命だけは助けてくださいまし、と哀願し、なぜあなたは夫の罪を暴いて「神さまの代わり」をなさろうというのですか、と取りすがるメルセデスに対し、ダンテスは以前にマルセイユで入手していた一八一五年の密告の手紙をつきつける。メルセデスは愛と孤独の苦しみを切々と語り、ついにダンテスはアルベールの命は救うと約束するのだが、それはダンテスが決闘で命を失うことを意味していた。

メルセデスは心を決めて息子にすべてを告白する。アルベールはモンテ゠クリスト伯爵に謝罪して――ここでダンテスは「神の摂理だ！」とつぶやくのだが――母をともない、身一つでモルセール邸をあとにした。モルセールはみずから決闘により決着をつけようと、モンテ゠クリスト伯爵の屋敷に駆けつける。激しい言葉の応酬のあと伯爵が別室に退くと、船乗り姿の男があらわれた。しばし凝視したのち、モルセールはすべてを悟り、追われるように逃げ帰る。空っぽのモルセール邸に、銃声がとどろいた。

『モンテ゠クリスト伯爵』における二つのクライマックスは、それぞれ貴族院と重罪裁判所における裁きの場面からなっている。モルセールが喚問された委員会は、証拠の提出などの手続をふくめ近代的なロジックにしたがって粛々と進行し、委員長は、ここが「神の裁き」の場に匹敵する公正な裁きの場であることを強調する。いってみれば、作品の屋台骨に「神の正義」と「人の正義」という二本の柱が組みこまれているかのような具合であり、ドラマの山場では、その二重構造が一瞬とはいえ露出するのである。周囲に絶望のまなざしを投げ、それから天井を見上げ、ただちに視線を背けるというモルセールの仕草には、道徳にも宗教にも許しを求められぬ者の切羽詰まった疚《やま》しさがこめられていよう。

軍人にして政治家であるモルセールは、ピストル自殺により罪をつぐなった。一方、検事総長は国家の正義を体現して世俗の道徳の頂点に立つ者ではないか。神の正義があるものならば、人を裁くことを天職とするヴィルフォールの罪に対する天罰は、いっそう苛烈なものとなるだろう。というわけで「法廷小説」というジャンルがあると仮定するなら、「裁く者」が一転して「裁かれる者」となるベネデット裁判は、その種の小説のなかでも極めつけの名場面となるはずだ。その絶妙な仕掛けについて考察するまえに、まずは「裁く者」としてのヴィルフォールの肖像を描いておかなければならない。

検事総長の家族の事情とボナパルティストたち

この長編小説を一望してみると、さまざまのレヴェルで「婚姻」と「裁き」という二つのテーマが交錯していることがわかる。野心家のヴィルフォールはマルセイユの王党派サン＝メラン侯爵の令嬢を妻にむかえるが、夫人は独り娘ヴァランティーヌを遺して早世した。二度目の結婚から生まれた長男エドゥワールは、甘やかされた悪童である。一方でヴィルフォールの父親ノワルティエは、今や全身が麻痺した病人なのだが、頭脳は明晰なままであり、まばたきと辞書というコミュニケーション手段により、愛しい孫娘ヴァランティーヌとは完璧に対話が成り立っている。ヴィルフォールは父親の隠謀家としての過去を帳消しにしたいと願っており、ノワルティエの政敵であった王党派の大物の子息フランツ・デピネーにヴァランティーヌを嫁がせるつもりでいる。ところがヴァランティーヌ自身は、ほかならぬマルセイユの船主モレルの息子マクシミリアンと深く密かに愛し合っているのである。

ヴァランティーヌは祖父にすべてを告白した。ノワルティエは孫娘の婚姻契約の席から婚約者を自室に呼びつける。そして一八一五年にフランツの父親が死去したのは、暗殺ではなく決闘によるのであり、しかも闘った相手は自分であったという事実を、まばたきと辞書のコミュニケーション、そして秘密文書の開示という整然たる手続によって証明してみせる。自作自演の裁きと弁明の場面である。ノワルティエは一介の軍人にすぎないマクシミリアンが父親ゆずりのボナパルティストであることを知っており、愛しい孫娘を彼に託すつもりになっていた。

ところで作品のなかで「ボナパルティスト」を自認するのは、将軍ボナポルトの登場にイタリア統一の期待をかけたファリア神父、マルセイユの船主で典型的な「名望家」notableであったモレルとその息子、そして兄がナポレオン軍の兵士であったコルシカ人の召使いベルツッチオ。皇帝の死後十数年が経過した一八三八年、一般市民のボナパルティストたちは、もはや政治的な集団とはいえず、まさに「郷愁」として帝政を懐かしみ、軍隊の栄光に憧れていただけなのかもしれない。じっさい登場人物たちが直裁にイデオロギーを語ることはないのだし、作品に描かれた「ボナパルティスム」とは、血の通った反骨精神と人間の絆を根拠づける共感のようなものにすぎないともいえそう

義理の娘に毒を盛る検事総長夫人

だ。それにしても、ヴィルフォールの代弁する無機質で非人間的な「正義」のイデオロギーに対し、抵抗の声を発する人びとをゆるやかに束ねる精神的な動機ではあったと思われる[110]。

　さて、こうした状況のなかで、まるで死神に魅入られたかのように、検事総長の身辺で奇怪な出来事がおきる。まずはサン゠メランの老夫妻があいついで急死する。ノワルティエの忠僕も犠牲になり、診察に当たった医師は心ならずもヴァランティーヌに嫌疑をかける。祖父母の財産を相続するのは、この天使のような娘なのである。そのヴァランティーヌも、みるみる体調をくずして息をひきとった。もはやヴィルフォールにも否定する術《すべ》はない——犯人は検事総長の伴侶である女性。溺愛する息子が一族の遺産を独り占めすることだけが、ヴィルフォール夫人の密かな願望だった。夫人にそれとなく毒薬の知識をさずけたのは、ファリア神父からイタリアの秘薬を伝授されたモンテ゠クリスト伯爵その人である。

　以前にもふれたが、殺人の手法にはヒエラルキーとジェンダー・バイアスがある[111]。夜陰にまぎれ、病人の枕元におかれたレモネードに小瓶からそっと毒薬を滴らす女ほどに、おぞましき悪の化身はないだろう。介添人の面前で白昼堂々決着をつける男同士の決闘が、「公共圏」のスポーツ競技のような「フェアプレイ精神」に貫かれているのに対し、「毒を盛る女」empoisonneuse は「親密圏」の闇にひそんだ殺人鬼なのである。

　ベネデット裁判の朝、検事総長は妻にむかって自室で判決をいいわたす。たとえ求刑するのが夫であっても、四度まで罪を犯した女が、断頭台をまぬがれるはずはない、かりに効き目のある毒薬を自分用にとっておかなかったら、という断りつきの話だが。パリに君臨する司法官の妻たるものが、一点の穢れもない家名に傷をつけ、夫や子どもの顔に泥をぬることは許されない。わたしが望んでいるのは、正義がなされることだ。この世にあってわたしの使命は、罰することなのだ。妻だからこそ情けをかけていうのだが、おまえは飲みやすくて効き目が早くて確かな毒薬を、まだもっているにちがいない……。

こういいおいてヴィルフォールは、娘の死の衝撃と恐ろしい煩悶から逃避するために徹夜で準備した書類をたずさえ、重罪裁判所にむかったのである。ベネデット裁判は、満員の傍聴席の人びとにとっては、青天の霹靂であったにちがいない。ただし、読者はこれから対決する検事総長と被告がじつは血の通った親子であることを知っている。モンテ＝クリスト伯爵の召使いであるコルシカ人ベルツッチオは、かつて復讐のためにヴィルフォールをつけ狙い、パリ近郊オトゥイユの別荘で深夜に彼が小箱を庭に埋めるのを目撃したあと、ナイフで襲って重傷を負わせ、金目のものと思われる小箱を掘り出して逃走したのだった。その箱には生まれたばかりの赤子が入っていた。一方、ヴィルフォールが傷を癒すためにパリを離れているあいだに、赤子の母親は未亡人となりダングラールに嫁いでいた。そうした経緯も、読者はヴィルフォールとダングラール夫人のやりとりから承知している。

「毒を盛る女」の夫にして「姦生子」の父が裁かれる時

検事総長がみずから執筆した簡潔にして雄弁な起訴状が読みあげられ、つづいて被告への尋問がはじまった。ベネデットは生年月日を告げたあと、悠然と微笑すら浮かべ、自分の出生の秘密をじわじわと明かしてゆく。父は検事総長、育ててくれたのはコルシカ人ベルツッチオ、自分は生まれつき根性が悪く、父を呪って生きてきた。裁判長が「証拠」を求めるとベネデットは平然と「ヴィルフォール氏をご覧ください」と返答する。「わたしに証拠を見せろといっておられますよ、お父さん、お見せしましょうか？」と青年が語りかけると、ヴィルフォールは、死人のように真っ青な顔を見せ、自分は「復讐の神」の掌中にあり、被告のいったことはすべて真実であるから、証拠の必要はない、と叫び、不気味に沈黙した法廷をよろめきながらあとにした。

第百十一章「贖罪」――ヴィルフォールは馬車のなかで、自分がもはや「死刑の求刑」をできぬ身であることを悟り、その瞬間に妻のこと思いだす。が、時すでに遅し。屋敷に駆け込んだヴィルフォールは、息絶えなんとする妻と冷たくなった息子を見出し、裂帛《れっぱく》の叫びをあげ、それから「神だ！」とつぶやいた。ブゾーニ神父が姿をあらわし、その背後にモンテ＝クリスト伯爵、ついでエドモン・ダンテスを認めたヴィルフォールは、これを見ろ！　エドモン・ダンテス、これで胸がおさまったか、といいながら、妻と子どもの骸《むくろ》を指し示し、それからカラカラと笑って庭におりてゆく。庭の土をあちこち掘り返しているのは、埋めた赤子を捜しているのである。

女子どもの死を招いたことで、ダンテスは「復讐の権利」をはるかに踏み越えてしまった。これからはダンテス自身が「贖罪」の道をあゆみ、神の赦しを求めなければならない。

モンテ＝クリスト伯爵は、ヴァランティーヌを失って絶望したマクシミリアンに、自分が父親モレルの恩人であることを明かし、父の権威をもって自殺を思いとどまるよう命じていた。一方のヴァランティーヌは死んだのではなく、ヴィルフォール邸に出入りしていたブゾーニ神父が、秘伝の毒薬で仮死状態にして救い出していたのである。あとはモンテ＝クリスト島でのヴァランティーヌとマクシミリアンの再会を準備して、そのかたわら、ローマに向かったダングラール男爵との決着をつける。これが、ダンテスにのこされた最後の仕事だった。

ダングラールは手形を換金したところでローマの山賊に捕らえられていた。ローマの謝肉祭でアルベールを誘拐したのと同じ一味で、モンテ＝クリストの配下である。ドラマは一見喜劇風に展開するのだが、洞窟の地下牢で水や食べものをせびるたびに何万フランという法外な代金を要求されるのは、ダンテスの父親と同じ死に方をさせるため、つまり「飢え死に」という刑が宣告されているからだ。しかしダンテスは、気息奄々のダングラールに自分の正体を明かして「赦し」を与えたのである。解放された囚人は、水の面に映る自分の姿を見て、五日の苦悶で白髪の老人になってしまったことを知る。

「復讐の神」になりかわり「悪しき者どもを罰する」という仕事をおえたエドモン・ダンテスは、アイデのひたむきな愛をうけいれて、水平線の彼方に去ってゆく。モンテ＝クリスト島に立つマクシミリアンは、ヴァランティーヌとともに舟影を目で追いながら、こう叫ぶ――「さようなら、わが友よ！　さようなら、わが父よ！」

こうして「父と息子の物語」がいくえにも折りかさなるように紡ぎだされたのである。女たちはどうかといえば、ヴァランティーヌは幸福をつかんだともいえるが、男たちが運命と和解するための道具にすぎなかったようにも見える。やつれはてたメルセデスは、かつてダンテスの父親が住んでいたマルセイユの家をゆずりうけ、アルジェリア騎兵隊に志願した息子の帰りを独り寂しく待ち暮らすだろう。ヴィルフォール夫人は夫に命じられて罪をつぐなった。ダングラール夫人は？　夫が失踪しても彼女はそれなりの財を蓄えていたので動じることはなく、ベネデット裁判の傍聴席にいた。被告は裁判長に母の名をたずねられたとき、こう答えた――母は自分が死んだと思っており、母に罪はない、自分は母の名を知ろうとは思わなかった。傍聴席で鋭い叫び声があがり、それがすすり泣きにかわって、ひとりの女が気絶した。

ホモソーシャルな社会は、女性の「弱さ」を歓迎するものだ。ベネデットは父を呪うと宣言したあと母をかばうのだが、それはモンテ＝クリスト伯爵によって間接的に誘導された答弁かもしれないし、かならずしも純粋な情愛ゆえの配慮というわけではあるまい。父権的なジェンダー構造には、女という「弱き性」への寛容という選択肢が、いわば権力者の人間性を証拠立てるアリバイのように、あらかじめ折り込まれているのである。ボヴァリー夫人と比較してみれば実感できるが、気丈なはずのメルセデスも、エドモン・ダンテスを早々に諦めてフェルナンに嫁ぎ、その夫を息子のために捨てるのだから、やはり弱い女というべきだろう。

しかし何よりも気にかかるのは、美青年ベネデットがのっけから、宿命的に悪に染まった人間として造形されていることだ。「生まれつきの邪悪な根性」のために、自分は養母がわたしの心にそそぎこもうとした美徳をないがしろにした、とベネデットは被告席で証言する。ベルッツチオの語るところによれば、優しく実直な姉にあずけた赤子は王子さまのように大切に育てられた、それなのに小さな頃から性悪《しょうわる》で、かっぱらいや盗みをやり、不良仲間と一緒に養母から金をせびろうとして、暖炉の火を近づけ、恩人を焼き殺してしまったというのである。映画『天井桟敷の人びと』にも登場する名高き犯罪者ピエール・ラスネールが処刑されたのは一八三六年だから、天性の悪人という人物像は、それなりの説得力をもっていたにちがいない。

そのベネデットは、いわゆる不義の子というだけでなく、父も母もそれぞれに伴侶のある身で誕生した婚外子であることが、注意深い読者にはわかるように書いてある。(112) ナポレオン法典の定義によれば二重の「姦生子」**enfant adultérin** ということになる。一般の「非嫡出子」は父もしくは母の自由意志による認知が認められているが、「姦生子」および「近親相姦の子」には認知の可能性すらのこされていない。それほどに恐るべき罪の結晶、「怪物的で、記憶すら消し去るべき(113)」存在とみなされていたという意味だ。実態において、出生の秘密をかかえた人間がどのような人生を送ったかを、ここで問うつもりはないのだが、一点だけ強調しておきたい。ナポレオンのいうように「父親が法律によってつくられる」としたら、「姦生子」もまた法律によって創造された範疇なのである。「毒を盛る女」と「姦生子」——国家の「正義」を体現する司法官の身辺に、市民社会の秩序を脅かす罪のなかでもとりわけ禍々《まがまが》しい脅威を配置する。この秀逸な構図を思いついたアレクサンドル・デュマは、たしかに天才的な大衆作家だった。

4　新しい市民道徳のなかの非嫡出子——モーパッサン『ピエールとジャン』

ころがりこんだ遺産と父の凋落

一八八四年のナケ法は、離婚を復活させただけでなく、姦通にかかわる男女の不平等を廃止した。今後は男であろうと女であろうと、姦通の責任は同じ方式で問われることになる。(114) ここで姦通は「女の犯罪」であることをやめた。

それと同時に父権的な秩序への脅威という断罪の議論も実効性を失ってゆく。一八八八年に刊行されたモーパッサンの小説を読むことで、『モンテ＝クリスト伯爵』とのあいだに横たわる半世紀の距離を推し測ることができるだろう。その間に家族という制度をめぐる道徳的な規範も徐々に変容していった。当初は規範運用の原動力となっていたはずのナポレオン法典も、習俗の変化と世論の要求に応じるべく、再検討を迫られた。法律の改訂が示唆するのは、理念と現実のあいだに生じてしまった逕庭《けいてい》の大きさにほかならない。

パリでささやかな宝飾店を営んでいたロラン氏が、釣り三昧の老後を夢見て港町ル・アーヴルに引退した。おとなしい妻、医師の資格をとったばかりの長男ピエール、弁護士になった次男のジャンという四人家族のドラマである。一家が近所の若い未亡人ロゼミイを誘って船遊びをした日、帰宅してみると、留守中に公証人事務所から三度も人が来たという。いったい何事だろう？　もしかしたら思わぬ遺産がころがりこんだのか？　夫婦は忘れていた親戚をあれこれ数えあげてみる。重大な報せというのは、じじつ相続の話だった。夫妻の友人レオン・マレシャル氏が死去して、遺言には次男のジャン・ロランが「包括受遺者」に指定されていたという。父親が生涯かけて得た年金がようやく八千フランなのだから、ジャンが相続した年金二万フラン相当の遺産というのは、まさに僥倖である。金髪で大柄、くったくのない性格のジャンは、さっそく人生設計をはじめ、母親も浮き浮きと相談に乗っている。

作品の主な場面展開は、兄のピエールの視点から捉えられている。黒髪で中背、気が変わりやすく神経質なところのある青年だ。当初は説明のつかない苛立ちを押さえていたのだが、酒場の女に、あんたの弟さん、いい人がいて仕合わせだわね、道理で、あんたと全然似てないわけさ、と指摘されて、ピエールは愕然とした。お祝いの会食では父親の鈍感なふるまいに腹を立て、お客に呼ばれた美人のロゼミイ夫人にジェラシーを見抜かれたと感じて、ますます鬱屈するのだった。

しかし一夜明けてみると、あれは母親への「宗教的ともいえる愛情」のために過剰な心配をしたせいだという気になってくる。それにしてもマレシャルとはどんな人物だったのか、両親に水を向けては話題にし、おぼろな記憶をたぐりよせていると、またもや疑念がわいてくる。花束をもって家を訪れるあの金持の紳士、文学好きのブルジョワが、散文的で俗物の父親に友情をいだいたはずはない。しかし、あれだけ頭のよい人間なのだから、こんなやり方でジャンにだけ遺産をのこせば、母親の名誉に傷がつくということが、わからないはずはない、それなのに、なぜ？と思いめぐらせているうちに、ピエールははっと胸を突かれた。マレシャルはたしか金髪だった、ジャンと同じように。

それからふたたび母を疑ったことを後悔し、優しい気持にひたされ、若い頃の母を心に思い描く。綺麗な若い女がパリに住み、本を読んだり、お芝居を観たりしていたのである。

俗っぽくて商売の話しかしない夫のかたわらで、女は店に閉じこめられ、囚われの身になって、月夜とか、旅とか、夕べの暗がりで交わす接吻とかを夢見ていた。あるとき、ひとりの男が入ってきた。書物のなかの恋人のように。そして彼は恋人のように語ったのだ。(115)

ピエールは長らく居間に飾ってあったのに、いつのまにか見えなくなったマレシャルの小さな肖像画のことを思いだす。あれをジャンにプレゼントしたら、と提案してみるのは、もちろん魂胆があってのことだ。母の嘘と逡巡を観察しながら、ピエールはしだいに救いようのない悲嘆におちこんでゆく。母親もピエールが気づいたことに気づき、ふたりは仇敵同士のように無言で相手の秘密を探り合っていた。母を追いつめて、その苦しみを目にすると、息子は母の恥ずべき過去の負債を支払わせたかのように、いっとき清々として「自分の仕事に満足する裁判官(116)」のごとき気分になるのだった。

ジャンがロゼミイ夫人に結婚を申しこんだ日、破局が訪れる。兄弟が双方の苛立ちに拍車をかけて激しい口論になり、ピエールは胸に積もる思いを洗いざらいぶちまけて、部屋を飛びだしていった。ジャンは茫然となるが、ドアの向こうですべてを聞いていた母親を気遣い、寝室に駆け込んだ。枕に顔をうずめ、身を固くしている母の身体にそっと触れたとき──「彼の心、純な心は憐憫のために引き裂かれた。彼は裁く者ではなかった、慈悲深い裁判官でさえなかった。弱さをいっぱいにかかえた人間であり、優しさにあふれる息子だった(117)」

ジャンにむかって、絶望に身をよじりながら母はいう──もしピエールの目のなかに見えるのと同じものを、おまえの目のなかに一瞬でも見てしまったら、たったひと言でも、ただ一つの視線でも、あの子が思っているのと同じに、おまえにとっても、わたしはおぞましいのだろうと感じさせるものがあったら、それですべてはお仕舞いになる、もう二度と顔を合わせることはできない、と。それから、おもむろに語りはじめた。たしかにわたしはおまえのお父さんの愛人だった、いえ、妻だった、心の底では恥ずかしいと思ったことはない、後悔もしていない、死んでしまった今でも愛している、でもあの人の愛は、いつのまにか終わってしまった、人生なんてみじめなものよ、でも、死ぬときには、おまえのことを思いだしてくれたんだもの、認めてほしいの、おまえがあの人の息子だということを……。

兄との大喧嘩、そして母の告白の衝撃によって、「自然道徳」morale naturelle が指南する善悪の判断などは、どこかに吹き飛んでしまった。大切な母を失いたくはないという一心から、ふだんは無気力なジャンが、翌朝からてきぱきと行動を開始した。ピエールは遠距離航路の大型船に船医として乗船し、両親の家を去った。

冒頭の賑々しい港の風景にはじまり、あるときは不穏で黴臭《かびくさ》い洋上の霧、あるいは深夜の静寂を破る哀切な船の汽笛など、自然の様相や風物が、人間の内面のドラマに呼応して活写されてゆき、その一方で平凡な小市民の一家が、外見は平穏な日々の生活に押し流され、家族の崩壊という破局にむけてつきすすむ。なるほど『ピエールとジャン』は、珠玉の名作と呼ばれるにふさわしい。

「姦通の女」から「母の姦通」へ

モーパッサンの名作とデュマの大衆小説は、いずれも広義の「家族小説」とみなされよう。しかし一見して明らかなように、デュマは父の権威を称揚するために物語を構成し、これに対してモーパッサンは父権の失墜を描く。世紀末の息子たちは、自分と母との関係については煩悶するけれど、キリスト教の罪悪感とは無縁だし、母が婚姻の相手を裏切ったという事実にも、ほとんど関心すらないらしい。ピエールは自分の父である「得々として愚かな、ぶよぶよに肥った男」(118)に強烈な違和感をおぼえ、ジャンも「この鈍重なお人好し」(119)の息子であることに密かに苦しんでいたと記されている。おそらくはそのためもあって「姦生子」の暗いイメージが当事者の脳裏をかすめることはない。

おわかりのようにロラン氏の冴えない父親像は、母と息子たちの心理的なドラマを支える土台となっているのだが、要するに、どこにでもいそうな凡庸な人物、根は善良だけれど怒りっぽくて無神経な男にすぎない。モーパッサンの描く家族の肖像が、さながら未来を透視するかのように新しい市民社会の到来を告げていることは、強調するまでもあるまい。ひと言で断定するなら『ピエールとジャン』は、もはや「姦通小説」ではないのである。adultère という言葉がつかわれるのは、母親自身が遠い昔、逢い引きのあとこっそり夫のベッドにもぐりこんだことを、ふと思いだす場面だけ。本人はピエールを失ったことに苦しんでいるのであって、罪深き「姦通の女」という重圧からは、みごとに解放されている。一方、弁護士でもある知識人の息子は、母の不貞行為に直面したとき、本来なら参照するべき「自然道徳」が無力であることを悟り、嵐のような葛藤のなかで、善悪をめぐる感情などは霧散してしまう。

ここからふり返って、十九世紀前半の「姦通小説」の特質をあらためて要約しておこう。第一に、それは「父権」が神聖であった時代の産物である。愛する人を失ったマクシミリアンに対し、父の名において自殺を思いとどまるよう命じるモンテ＝クリスト伯爵は、崇高なまでの威厳をたたえ、その「神々しい迫力」divinité に青年はたじたじとなる。父と神が二重写しになるような人物像が文学作品のなかで造形され、読者に歓迎されたという事実と、当時は父権的なナポレオン法典が市民社会に深く浸透しつつある時代だったという事実は、構造的にかかわっている。

第二の特徴は、「姦通小説」とは本質的にヒロインの小説であることだ。女性の貞操義務をめぐるジェンダー・バイアスは、宗教的な規範においても明らかに認められるのだが、近代国家の民法で、妻の姦通だけが実刑をともなう犯罪とみなされたことの重大さは、くり返し強調しておかねばならない。以前にも述べたように、罰則そのものに抑止効果がないことは確かだとしても、法律が想定する「理念」としての家族像は、圧倒的な拘束力をともなって国民にはたらきかけたにちがいない。近代フランスの社会秩序は家族を基盤とするがゆえに、家父長的家族制度は国家にとっても神聖なものとみなされる。したがって、この制度を脅かす「姦生子」は、法律の定めるところにより、この上なく邪悪なものの象徴となるのである。こうした独善的な論法を、わたしたちは『モンテ＝クリスト伯爵』という「裁きの物語」に読みとることができた。

最後に示唆しておきたいのは、作家や作品ごとに検討しなければ回答を得られぬ問題ではあるけれど、宗教の規範とモーパッサンが「自然道徳」と呼ぶものとの関係である。おそらくは一般論として両者は競合も矛盾もしないという曖昧な了解のまま、長い時が過ぎていった。制度的な側面からみれば、道徳のレヴェルでの「政教分離」が国家的な課題とみなされるようになるのは、第三共和制が国民教育の改革を推進した一八八〇年代以降である。バルザックは、カトリック信仰と君主制を国家の礎とみなし、民法を土台に立ちあげられてゆく市民社会のなかで、宗教が防衛すべき価値について思索しつづけた。厳密な歴史研究や政治哲学のヴィジョンと照らし合わせなければ、その巨大な精神に迫ることはできるまい。一方で、かりに一般大衆に認知された思考法を把握したいのであれば、アレクサンドル・デュマの大衆小説が示唆にとむ素材となるだろう。「人間の正義」と「神の正義」が調整可能な二原則のように、たえず相互に参照されており、両者がほどほどに折り合いをつけて幕引きとなる作品は、とにかくわかりやすいという利点をもっている。

裁きの現場で――フィクションではなく、現実世界の裁判所で――神の言葉が引用されるという状況に、わたしたちは本書の第Ⅲ部をしめくくる「『ボヴァリー夫人』再読」の章であらためて遭遇することになる。『モンテ＝クリスト伯爵』の出版と「ボヴァリー裁判」のあいだには、わずか十年の隔たりしかない。裁判記録を手がかりに、十九世紀半ばにおける公認の市民道徳について考えてみたいのだが、それ以前に、聖職者と娼婦と女中という三種類の登場人物を検討の対象としてとりあげよう。いずれも家族という特権的な集団に外部からかかわり、いわゆる「親密圏」に照明を当てる貴重な役柄である。

第四章　神聖なる家族制度

1　聖職者——『女の一生』における二人の司祭

夫が女中に子を産ませた場合の対処法

文学の創造には、二つの歴史的な時間が関与する。作品内に語られた出来事の時間と作品が執筆された時間という二重の層があるからだ。『女の一生』の場合、物語は王政復古期の一八一九年にはじまるのだが、出版されたのは、ナケ法成立の前年一八八三年。一八八〇年代、ジュール・フェリーは教育の分野における「政教分離」を強力におしすすめ、その政策のなかには、女性をカトリック教会の影響力から解放するという一貫した方針が折り込まれていた。時事的な問題にきわめて敏感なモーパッサンの作品なのだから、わたしたちも自信をもって「ヒロインと宗教」という観点から『女の一生』を読み解くことにしよう。

ジャンヌが修道院育ちのお嬢さまであることは、すでに述べた[120]。父親の男爵はジャン＝ジャック・ルソーの熱烈な信奉者。貴族である以上、ルイ十六世の処刑は憎むけれど、啓蒙思想に傾倒する自由主義者でもある。女性の教育についても一家言をもち、ジャンヌは十二歳から十七歳までサクレ＝クール修道院の寄宿学校にしっかり留め置かれた。娘を「純潔無垢」なまま引き取って、ノルマンディの古い城館に住まわせ、田園の詩情のなかで幸福な女性の魂を育むというのが、愛情深い父の計画だった。こうして世間の穢れを知らぬまま両親のもとにもどった娘が、たまたま出会った青年と結婚するのだが、相手は吝嗇で薄情で身勝手な男だった——という具合に、ジャンヌの不幸の原因を夫ジュリアンの人格によって説明したのでは、小説の内包する時代性や社会批判がそっくり抜けおちてしまう。

『女の一生』には、ヒロインの閨房の秘密に司祭が直接に介入するエピソードが、すくなくとも三つある。一家の長が女中に子どもを産ませたとき、母子の処遇をどうするか。夫が家庭の外で女性と密会していることを妻が黙認した場合、聖職者はいかに調停するか。妻が子どもを欲しいと念じ夫が拒絶したときに、教会はいかなる立場をとるか。いずれも「告解」にたずさわる聖職者にとっては充分に予想される事態だが、一つめと二つめのケースは、農民風でおおらかなピコ神父が、最後のケースは後任の狂信的な青年トルビアック神父が対応した。

たぶんよくある話なのだろう。ジュリアンはジャンヌと結婚する以前、はじめて男爵夫妻の館を訪れた当日に、潑剌としたロザリーに目をつけて女中部屋に忍んでいったのである。新婚の二人は、蜜月がすぎて幻滅の季節が訪れると早々に寝室を分け、やがて女中が妊娠した。ロザリーは泣き崩れるばかりで生まれた子の親を明かそうとしない。ジュリアンは猛然と怒り、金をわたして追いだせと主張する。こうした厚顔無恥も、民法三四〇条により「父性の捜索」が禁じられていた当時としては、めずらしくないのかもしれない。しかしジャンヌにとってロザリーは同じ乳母の乳を飲んだ姉妹のようなものであり、今回にかぎって妻は夫の要求を撥ねつけた[121]。

体調のすぐれぬジャンヌが——じつは妊娠の予兆だったのだが——ある夜、不安に襲われてロザリーを呼び、女中部屋が空っぽなのを見て夫の寝室に駆け込むと、枕には男女の頭がならんでいた。ジャンヌは狂ったように雪のなかに飛びだしてゆき、崖っぷちにうずくまったところを救出される。生死の境をさまよって徐々に正気をとりもどしたジャンヌは、父母にすべてを打ち明ける。男爵に詰問されたジュリアンはジャンヌの妄想だと断言し、激昂して「裁判所に訴える」と脅す。夫婦の住居における伴侶以外との性関係は、妻の側から「別居」を申し立てる理由となりうるから[122]、いわば先制攻撃だろう。じっさいこのやりとりには証拠がないため、ジャンヌの父親がジュリアンに詫びて落着した。ジャンヌは思案したのち、司祭に同席してもらってロザリーに真相を聞き糾す。告解に匹敵する状況で嘘はつけないのであり、ここではじめてジャンヌの両親は、女中の子どもの父親がジュリアンであるとの確証を得る。神父は動じる気配もなく、女中に型どおりの説教をしてから、住民の風紀の乱れをあれこれと嘆いている。そして逆上する男爵をしばらく放っておいてから、おもむろに「宥《なだ》め役」の本領を発揮するのである。

ひとつ賭けても宜しいが、男爵、身に覚えはありませんかな、そう問われて、男爵は絶句した。たしかに若い自分が道楽者だったころ、妻の小間使いだからといって遠慮したことがあっただろうか。感傷的な男爵夫人も昔のことを思いだし、涙に濡れた顔にうっすらと微笑さえ浮かべたのだった。ジャンヌの暗澹たる思いを余所《よそ》に、手っとり早く話がまとめられた。二万フラン相当の農場を子どもの名義として、両親には生涯用益権があることにすればよい。これだけの条件がととのえば、身持ちのよい男を見つけるのは容易《たやす》いこと、と神父は請け合った[123]。

法外な好条件にジュリアンが癇癪をおこす場面はあったけれど、ともかくロザリーは律儀な農民と結婚することができた。婚姻契約書が作成されたときに子どもは認知されたはずであり、教会でも新郎新婦の後ろから近所の女が「財産の保証」のように赤子を抱いてつきしたがった。村人はだれも驚かなかったし、にやりとして亭主の幸運を羨む者たちも、道義的に怪《け》しからん話だとは微塵も思っていないらしかった[124]。

夫が妻の出産を望まぬ場合の対処法

そうこうするうちにジャンヌは男児を出産し、近隣の貴族フールヴィル伯爵夫妻との交際がはじまった。ある暖かい春の日、疼くような自然の息吹に誘われて、ジャンヌが独り小馬の背にゆられ、娘のころの思い出に染まった田園をさまよっていると、二頭の馬が木につながれており、婦人用の手袋と鞭が二本、芝草のうえにおちていた。ジュリアンと伯爵夫人がその辺りにいるのだろうとしばらく待っていたが、いっこうに人の気配がない。と、ジャンヌの目の前に舞い降りた二羽の小鳥が、しばらく戯れたのち、不意につがったのだった。「春だもの……」と独りごちたあと、ジャンヌはふと疑念にとらわれる。

すでにジャンヌには嫉妬の感情もなく、心を許していた伯爵夫人の裏切りには怒りをおぼえたけれど、ジュリアンの上機嫌のおかげで見かけは安穏な日が流れていった。以前から心臓の病気をかかえていた母が亡くなった。通夜の枕辺でジャンヌは母が「聖遺物」の箱と呼んで大切にしていた文箱をとりだし、古い手紙を読んでみた。貞女の鑑であった母を追慕する弔いの儀式のつもりだったのに、そこにしまわれていたのは、すでに人妻となっていた母宛ての熱烈な恋文、母の姦通の歴然たる証拠だった！

独りきりになったジャンヌは、幼い息子を溺愛する一方で、索漠たる孤独をおぼえ、せめてもうひとり子どもがいれば心強いだろうという期待にすがりつく。思いあぐねた末に、ピコ神父を訪ね、告解に準じるようなかたちで話しはじめた。司祭は百姓のあけすけな口調や卑猥な冗談には慣れっこだけれど、上品な婦人がしどろもどろになって「子どもが欲しいのでございます」と訴える意図がはじめはわからない。例の女中の一件から、起き伏しを別にしております、という告白を聞いて、急にわかったつもりになり、田舎司祭にありがちな淫ら根性を見せて微笑した。それは教会の戒律でもしっかり許されておりますぞ、肉の交わりは婚姻のうちにおいてのみ欲せられるべし、と申しますからな、という返答を聞いて、今度はジャンヌが戸惑った。まさか、神父さま、そんな……、と涙を浮かべて抗議する人妻を慰めて、じっさい司祭は仲介に立つ。

一週間ほどが経過して、ある日の夕食後、ジュリアンが冷やかすような微笑を浮かべ「どうやら仲直りができたらしいな」と話しかけた。その夜から夫が寝室を訪れるようにはなったのだが、ジャンヌはやがてジュリアンが自制していることに気づく。なぜ？　と聞くと、もう子どもはごめんだという。すでに参照したクロード・ラングロワの著作『オナンの罪——産児制限にかんするカトリックの言説』で問題にされるケースである[125]。

おそらく十九世紀の読者にとっては耳新しい話題ではなかったのだと思われる。それにしても告解がらみの性的な問題を、どこまで小説に書くことができるのか。上述のように『女の一生』の場合、刊行されたのはジュール・フェリーによる女子教育改革のさなかであり、一方物語の出来事は、読者が自分の母親か祖母たちの経験として読むであろう時代に設定されている。現代の聖職者批判ではないというアリバイも成立するから、きわどい話題に立ち入ることの危険は減じるだろう。そう断ったうえで話をつづけるが、ジャンヌはまたしても教会に足をはこぶ。

神父は自分の交渉の成果は如何《いかん》と勢いこんで聞く——首尾はいかがかな？　夫は子どもが欲しくないといいますの、という答えが返ってくる。神父はすっかり興味を惹かれ、寝室の秘密を聞きだす気構えを見せた。語り手の解説によれば「これがあるから告解室は面白い」のである。聖職者はこうした事情には通じているのであり、根掘り葉掘り聞くのは「食を断たれた者の食道楽」のようなものだ。神父はしばし考えてから、まるで収穫の話でもするようにのんびりした口調で、妊娠してしまったといえばよい、と指示を与えたのだった。そうすればご亭主は自制することをやめるだろう。妊娠したとご近所にふれてまわりなさい、なにしろそれは奥さまの権利ですからな、生殖を目的としない男女の交わりを教会は認めておりません。

こうしてジャンヌはめでたく妊娠し、神に感謝して、夫に対しては永遠に寝室の扉を閉ざしたのである。おわかりのように『女の一生』のなかでピコ神父の二度にわたる介入は、つけたりのエピソードではない。女子修道院の寄宿学校では何も教わらなかったし、善人で情の深い父母の人生も、模範にできるものでないことは確かだった。途方にくれたヒロインが、身近な聖職者に支えを求めたときにどうなるか。ピコ神父の後任として、図式的なほど対照的な聖職者を登場させる作家の意図は、おのずと明らかだ。

妻が夫の姦通を黙認した場合の対処法

ジャンヌにとって宗教はもっぱら「感情的」なものだった。修道院時代のなごりで教会のお勤めはそこそこに果たしていたけれど、父親の過激な哲学の影響で、信仰の内実はとっくに崩れおちていた。そんなことは意に介さないピ

教育的キャンペーンのための版画――社会と家族を崩壊させる無神論（王政復古期）

コ神父と異なり、トルビアック神父は着任早々、ジャンヌの館を訪れ「教会と城館」が手をたずさえて村人を教え導かなければならないと説教する。神父は自分に対して厳しいだけでなく、他人に対して仮借ない。色事にかかわることすべてに逆上し、逢い引きする男女に石を投げたりするものだから、たちまち嫌われ者になった[126]。

一方で男爵は汎神論的に自然を賛美しており、この啓蒙思想家にとって生殖とは「普遍的な自然の大原則」「神聖にして犯すべからざる崇高な行為」なのだった。ジャンヌの父親と不寛容な聖職者の反目は、しだいに熾烈なものとなってゆく。おりしも神父は野辺をあるきまわっているときに、ジュリアンとフールヴィル夫人とが逢瀬をかさねていることに感づいて、ジャンヌに対し「罪深い仲」を断ち切ることを厳しく求めたのである。なす術がないのならいっそ「穢《けが》れた家」を出るようにと指図する神父に対し、ジャンヌは「証拠もないのに、どうして出ていけますの？　わたしには、その権利さえありません」と訴える。民法二一四条により、妻は夫と同じ家に居住することを義務づけられているのである。

激昂した神父は呪いの言葉を吐いて館を飛びだした。通りがかった農場の中庭に子どもたちが集まって何かを見つめており、背後には学校の先生のような風情で男爵が立っていた。神父が近寄ってみると牝犬が子犬を産んでいる。一匹ずつ生まれおちるたびに見物の子どもたちが歓声を上げる。我を失った神父は大きな傘を振りあげて子犬を惨殺し、身動きできぬ牝犬を足蹴にした。一旦そこを離れていた男爵が駆けつけて、ひ弱な神父をつまみだした。

これで教会とジャンヌの館は、すっかり疎遠になった。ある日、フールヴィル伯爵が血相を変えて飛びこんできた。伯爵夫人はここにいるか、と尋ね、ジャンヌを見つめて切れ切れの言葉をつぶやくと、海の方向めがけて走っていった。以前にトルビアック神父が、伯爵に妻の裏切りについて話をせよと要求したのに対し、ジャンヌは応じなかったのだが、今や伯爵はすべてを知っている。語り手は、嫉妬に狂う男を追ってゆく。吹きすさぶ嵐を避けて恋人たちが潜んでいた小さな移動小屋を、巨漢の伯爵が満身の力でゆすり、人間もろとも崖から突き落とした。見るも無惨に傷ついた遺体を村人たちが荷馬車に乗せてはこんでくるのを、ジャンヌは遠くから認め、気を失ってその場にくずおれた。その夜、ジャンヌは女の子を死産した。(127)

この時代、教区の司祭との関係が悪化することの代償は大きかった。ジャンヌの一人息子ポールは初聖体拝領のために教会に通いはじめるが、すぐに挫折する。近隣の由緒ある貴族は、教会の御旗にしたがわぬ者は神さまの敵であり、自分たちの敵でもあるとして、ジャンヌの一家との絶縁を宣言し、ほどほどに不信心な村人たちまでが、子どもの初聖体をないがしろにする一家の陰口を叩いたのだった。一家はポールを王子さまのように甘やかし、自堕落な大人になった息子が借金を重ねると、自分たちの財産を抵当に入れて穴埋めをした。こうした心労がかさなって男爵が他界したとき、トルビアック神父は教会での葬儀を断固として拒む。

『女の一生』を「姦通小説」とみなす人がいないとしたら、それは「姦通小説」ではヒロイン自身が当事者であることが、今日でも暗黙の了解となっているからだろう。それにしてもジャンヌの結婚生活は「親密圏」に介入する聖職者によって誘導されている、いや翻弄されているように見える。ジュリアンとフールヴィル伯爵夫人の死は大嵐の日でもあったから、伯爵に嫌疑がかかることはなく、事故死で片づけられた。ただし、トルビアック神父の行動が殺人の引き金になったにちがいないということを、ジャンヌも読者もただちに見抜くようにドラマは仕組まれている。カトリック教会が「秘蹟」としての婚姻に責任をもち、信徒を教導する以上、聖職者が夫婦関係のもつれを調停し、姦淫の罪を糾弾すること自体は、越権ではない。むしろ本来の勤めなのである。そうした宗教社会学的な側面まで読みとったときに、はじめてモーパッサンの反教権主義的イデオロギーが見えてくる。

2　娼婦——家族小説としての『椿姫』

物語の構造と証言の信憑性

『女の一生』では、ヒロインが未亡人になってからの叙述が作品のほぼ三分の一を占める。財産の管理は夫から父親へと引きつがれていたし、成長した息子は家によりつかず、ジャンヌは絵に描いたような「無能力」状態で借金とともにのこされた。ここでロザリーが乗りこんで采配をふるうことになる。ピコ神父が活躍した例のエピソードが、女中の誠実な「恩返し」の布石になっていることはいうまでもない。家族小説における女中という役柄は次節で検討することにして、ひと言だけ、ポールと同棲する娼婦の問題にふれておこう。

これもモーパッサンの巧みな小説技法の一例といえようが、娼婦は役柄としては重要でありながら、名もなく姿もあらわさない。まるで闇の力のように息子を束縛して母との仲を裂くのである。二十歳を目前にしてポールは学業を放棄し、得体の知れぬ女とともに姿をくらました。ロンドンから無心の手紙が来て、つぎは父方の遺産を要求し、大金を手にすると連絡が途絶え、ふたたび窮状を訴える手紙がとどき、今度は莫大な借金をかかえているという。こんな具合にして数年が過ぎ、もう財産は使い果たしたのだから故郷にもどるようにと母が勧めると、息子は大胆にも結婚の許しを求めたのだった。

ジャンヌは愕然とした。手紙を膝のうえにおいたまま身動きもしなかった。この淫売女の企みが手にとるようにわかる。息子をしっかり引き留めて、ただの一度もこちらによこさず、じっと窺っていたのである。老いて精根尽きはてた母親が、息子を胸に抱きしめたい一念から、ついに折れて出て、すべてを許す時がくることを[128]。

女が今にも死にそうだという連絡が来たとき、ジャンヌの心は人にはいえぬ深い喜び、思わず顔を赤らめるような忌むべき喜びに満たされた。結局、女は産褥で死ぬのだが、生まれた子どもの戸籍をととのえるために臨終の床でポールと結婚した。こうして「母親たちの永遠の敵である娼婦[129]」との闘いが終わり、ジャンヌが女児を抱きしめたところで『女の一生』は幕となる。

さて第I部でとりあげた『椿姫』は、青年と娼婦の愛と別れの物語である[130]。その背後には、母親ではなく父親と娼婦との対決という構図、さらには神聖にして不可侵の家族という制度そのものが透けて見える。主人公のアルマン・デュヴァルは法学部を卒業し、父親は社会的な信用を得た収税吏という設定で、くり返し話題にされる金銭の問題は割愛するけれど、ひと言でいえば、贅沢はできぬながらも世間から後ろ指をさされることはない市民階級の模範的な一家である。すでに述べたことがらを復習しながら、まずは語りの重層的な構造を確認しておこう。

第一―四章――第一の語り手はドラマの傍観者。たまたま競売で入手したアベ・プレヴォーの小説『マノン・レスコー』が縁になり、主人公アルマン・デュヴァルと知り合った。語り手がサイン入りの書物をアルマンにゆずるさい、病床のマルグリットがオリエントへの旅に出たアルマンに書き送った短い手紙が証拠品のように提示され、読者もこれを読むことになる。

第五―六章――しばらく音沙汰のなかったアルマンと語り手が再会し、マルグリットの墓所を移すという口実のもと、腐乱した遺骸を確認するという衝撃的な経験を分かちあう。

第七―二十四章――危険な病から立ちなおったアルマンが第二の語り手となり、みずから生きたドラマを反芻する。第十四章には、アルマンが嫉妬のあまりマルグリットに送りつけた侮辱的な絶縁状がそのまま挿入される。ふたりが和解したときに女に贈られた書物が『マノン・レスコー』なのだが、その含意は深い敬意と限りなき献身ということだろう。第十七章、恋人たちは歓楽の生活を捨て、パリ郊外のブージヴァルで疲弊した心身を癒し、生まれ変わったように真《まこと》の幸福を知る。第十九章、アルマンの父親から手紙がとどき、息子は愛人を守るために敬愛する父と対決する。ドラマの核となるのは、第二十一章で語られる一日の出来事で、アルマンは破局の予感に怯えるマルグリットと夜を過ごしたのち、父親に会うためパリに向かう。父親はアルマンを呼び出しておき、みずからはブージヴァルにおもむいてマルグリットに会見していたのだが、真相が明かされるのはヒロインの死後である。読者は第二十五章でヒロインの日記を読むまで、事の経緯を知らされぬまま、当面はアルマンの誤解と狂乱に寄りそうことになる。第二十二章、マルグリットは姿を消し、「この手紙をあなたがお読みになるころ、わたしはほかの男の愛人になっているでしょう」という短い手紙がとどけられた。父とともに帰郷したアルマンは、ふたたびパリに出て、浮薄な生活にもどったマルグリットに精いっぱい残酷な復讐をしかけたのである。その後、絶望を胸に旅に出たアルマンは、マルグリットが死の床にあることを知る。

第二十五―二十六章――アルマンが入手したマグリットの日記。なかにはアルマンの父親からの見舞いの手紙が挿入されている。途中から書き手が変わり、仲間の娼婦ジュリによりマルグリットの死が報告される。

第二十七章――物語の終章に、ふたたび第一の語り手が登場し、アルマンの家族のもとを訪れたときの印象を語る。その段落を読解の手がかりとしよう。

　わたしたちはC…に到着した。そこでデュヴァル氏に会ったが、子息の話から予想されたとおりの人物で、体格がよく、威厳があり、情にあふれていた。

　彼は喜びのあまり涙をうかべて息子をむかえ、熱をこめてわたしの手を握った。この収税吏においては、父親の感情がすべての感情を圧倒していることを、わたしは見てとった。

　彼の娘は名をブランシュといい、眼とまなざしは曇りなく、口もとには静けさがただよっていた。魂は清らかな考えしか抱かず、唇は敬虔な言葉しか語らぬことが、おのずとわかるのだった。帰還した兄に微笑みを見せていたが、この純潔な娘は、知らなかったのだ、その娘の名において説得されたという、ただそれだけのために、はるか遠い土地でひとりの遊び女が、みずからの幸福を犠牲にして顧みなかったことを(131)。

おわかりのように語り手はマルグリットが身を引く決意をした動機に思いを馳せているのだが、じっさいにデュヴァル氏は現場でいかなる説得の技をもちいたか。そのやりとりはマルグリットの「遺書」ともいえる日記に記されており、書いた本人が「告解」に匹敵する偽りなき文書であると述べていた(132)。しかも終章の冒頭には、この日記の内容については、父からの手紙によって確認がとれたというアルマンの言葉がそえられている。もともとがフィクションである小説は、それぞれの方式で証言の信憑性という問題にこだわりを見せるものであり、マルグリットの日記についても語り手は「ただの一字もつけくわえたり削ったりせず、そのまま書き写す」と断っている。マルグリットの証言は、こうして三重に内容を保証されたことになる。

父の説得術　あるいは「承認」という価値

デュヴァル氏は、いくつかの段階をへて説得に成功する。まずは高飛車な威嚇。マルグリットの毅然たる態度をまえに、今度は金銭の浪費という話題がもちだされる。アルマンの扶助は受けていないという主張にそえて、マルグリットは売り払ったり質に入れたりした品々の領収書や質札を提示する。ここからが本格的な対決であり、一家の父親は相手の「高潔な魂」に敬意を表したうえで、こう述べる——愛人のほかにも家族というものがある、愛のほかにも義務というものがある、情熱の年齢がすぎたとき、男はしかるべき立場に身を置いていなければ尊敬を得られないということを考えていただきたい。すべてをお話するが、わたしには娘がいる、天使のように清らかな娘が、これから嫁ごうとしているのだが、アルマンの生活ぶりが災いして破談にすると仄めかされたのだ。あなたの愛と後悔の気持にかけて、どうかこの娘の幸福をわたしに与えていただきたい。

今、わたしたちが読んでいる『椿姫』は一八五二年に刊行された改訂版なのだが、同じ年にデュマ・フィスは戯曲を上演して大成功を収めていた[133]。大衆的な演劇がわかりやすさを志向することは当然であり、同じ場面、デュヴァル氏の台詞につづくマルグリットの応答は、小説にくらべていっそう明快だ。過去の汚辱をふり返る独白にはじまり、妻にも母にもなれぬ身であることは知っていたものの、今、それを正面から指摘されたのだから、従わぬわけにはゆきません、というところから、相手への語りかけとなる。ご自分の息子さんと娘さんの名においてお話くださいましたけれど、それだけでもありがたいこと。いつの日か、その美しく純潔なお嬢さまにお伝えくださいい、この世でひとつの夢しか抱かなかった女が、お嬢さまの名において説得されたとき、すべてを諦めたということを[134]。小説の引用にある「その娘の名において説得されたという、ただそれだけのために」という生硬な表現の文脈は、以上のように補うことができる。

第二十章ではデュヴァル氏が、家長の権威をもって息子に相対し、ただちに故郷にもどるよう要求したのだが、アルマンは年齢からして自分は「父権」に縛られないといって抵抗した。一方で娼婦に向きあったときのデュヴァル氏は、かならずしも父の名において語るのではない。息子と娘の将来はあなたの手中にあると訴え、とりわけ天使のような娘の名において決断を迫るのである。

ここで娼婦は自分の気高い心根を認めてほしいという「聖なる虚栄心[135]」saintes vanités に目覚めたのだった。ロラン・バルトは、これを「承認」reconnaissance の要請と呼び、マルグリットの決断は「実存的」なものであったと指摘する[136]。じっさい愛の審級をこえるところで、未来の評価に期待をかけるかのように、マルグリットは父親に対し、ご子息が自分を憎むように行動してみせましょう、と約束する。アルマンを遠ざけるだけでなく、娼婦の裏切りを演じてみせるという意味だ。麗しき父性を体現するデュヴァル氏は、健気な娼婦をかき抱き、感謝の涙をはらりとこぼす。

堅実な職業人である家父長と、父を敬愛する弁護士の青年、そして敬虔で純潔な乙女によって構成される理想的な家族――これが娼婦を「永遠の敵」として排除する抽象的な主体なのである。自分は神聖なる家族制度の代弁者、あるいは番人にすぎないとでもいいたげに、父親はふるまっている。そのデュヴァル氏が清らかな処女を前面に押し出したとき、穢れた娼婦は撤退した。死後の名誉回復という夢を、娼婦は命を賭けて贖うことだろう。マルグリットに勝ち目がないとしたら、それは闘うべき相手が近代国家の基盤をなす「秩序」そのものであるからだ。

ヒロインの形見となった『マノン・レスコー』は十八世紀の作品である。厳しいながらも温情ある父親の肖像には、なるほど『椿姫』における父親像と多少とも共通するところがあるだろう。しかし、デ・グリューの父親は「家柄」の話はするけれど、家族制度は不可侵であるとして息子を諫《いさ》めたりはしていない。

娼婦の屍骸と読者の市民道徳

ヒロインの遺体をめぐって比較をつづけよう。デ・グリューは新大陸に送られたマノンにつきそってヌーヴェル・オルレアン（今日のニューオーリンズ）に到着し、ようやく平安な生活を見出すが、それも束の間、美しいマノンに懸想した町の有力者と決闘し、追っ手を逃れるために、恋人と手をたずさえ砂漠に逃げた。そこでマノンは落命し、デ・グリューは独りで穴を掘り、愛しい女の身体をおおった土のうえに横たわる。みずからも決闘で深傷《ふかで》を負っており、このまま死を待つ覚悟なのだ。結局、瀕死のデ・グリューは救い出され、後悔した有力者の配慮によってマノンの遺体はしかるべき墓地に埋葬された。

砂漠の遺体をキリスト教徒の墓地にうつす仕事は、おそらくデ・グリューが恢復する以前になされていたものだろう、その場面が描写されることはない[137]。こうした細部にこだわるのは、いうまでもなく第I部で考察した問題、なにゆえマルグリットの遺骸は読者の眼にさらされるのかという問いに立ちもどってみたいからである。マルグリット・ゴーティエの遺体と深い関係にあるのは、マノン・レスコーの遺体よりむしろ、ヒロインのモデルとされた実在の遊び女のそれだろう。マリ・デュプレシは、一八二四年生まれで、デュマ・フィスと同い年。一八四四年には作家の愛人となるが、喧嘩別れしてフランツ・リストと浮き名を流し、一八四六年にはロンドンでペレゴー伯爵という資産家と結婚。パリにもどって別居。一八四七年二月三日に結核のため他界した。ここでモンマルトル墓地に仮に埋葬されたのち、伯爵が諸手続に当たり、半月後の二月十六日、正式の墓所にうつされた[138]。一方、小説のヒロインは、一八四七年二月二十二日に埋葬されたのだが、恋人が遺族の許可を得て墓を移動するのは、四月のある日のこと。季節は春、埋葬から一月半はたっている。作家は明らかに、遺体が腐乱するのを待って衝撃の効果を高めようとしたのである。なぜか？

小説の解釈は、所詮は仮説の積みかさねに過ぎないのだが、いささか乱暴に分類するなら、実証的な知見をふまえて歴史的な視点から読み解くか、もっぱら作品内部のロジックを優先するか、ふたつの異質なアプローチがあるだろう。一方を採っても他方を排除しない、できれば両者を合流させるというのが、わたしたちの方針であることはいうまでもない。そこであらためて本書第Ⅰ部で検証したことがらに立ちもどれば、十九世紀は人間の死という現象そのものが世俗化されていった時代である。墓地の管理権が教会から国家にうつり、とりわけパリでは策定されたばかりの都市計画にもとづき、墓地の拡張や墳墓の「引っ越し」が頻繁におこなわれていた。一八四七年は、モンマルトル墓地が新たに広大な用地を得て、革命期の陰惨な記憶を洗い流し、近代的な墓地に生まれ変わろうとした年でもある。マリ・デュプレシの仮埋葬が、どのような事情によるのかは判然としないけれど、公的機関と遺族が立ち会って墓所を移動するという行為は「アクチュアリティ」だった。これを小説がとりあげて、猟奇的な側面をいくぶんか隈取りすれば、読者の興味を刺戟することは確実だった。

『椿姫』は『モンテ＝クリスト伯爵』に一足遅れて一八四八年に刊行された。駆け出しの作家は大家である父親と同様に、大衆的な路線で多くの読者を獲得することをめざしていたにちがいない。春をひさぐ女たちは、教会の教えと市民道徳によって二重に断罪されてはいるけれど、それだけでなく――アルマンの厳格な父親でさえ「若い男には愛人が必要だ」[139]と認めるぐらいなのだから――売買春を「必要悪」とみなす暗黙の了解があることも確かだった。国民の大多数の価値観や礼節の感覚を逆撫でしないよう、罪深き女の魂の救済に関しても、ほどほどに世俗化された宗教文化という水準で、申し分なく感動的なエピソードを練りあげることが著者の狙いだったと思われる。そうした趣向を分析することで、時代の道徳的な思考法の片鱗を切りとることができるだろう。

作品に登場する人びとのなかでただ一人、無条件の自己犠牲により崇高な献身の高みに到達するのは、ほかならぬマルグリットなのである。しかも彼女は殉教者のように苦しみながら死ぬことで、いわば贖罪の儀式をおえて、母なる教会の懐に帰ったとみなされる。これに対して独占的な愛と嫉妬の感情しか知らぬアルマンも、ブルジョワ道徳に縛られた父親も、俗世で生きながらえる人間だ。生きのこった男が死んだ女との愛の物語を反芻するという体裁の小説といえば『マノン・レスコー』のほかにも、一八四五年に雑誌に掲載され一八四七年に単行本となったプロスペル・メリメの『カルメン』がある。『椿姫』との相違は何か？

ドン・ホセの物語の場合、人里離れた山奥で愛しい女をわが手で殺《あや》め、独りで埋葬したあと、ただちに自首したという顚末があり、いよいよ明日は処刑されるという日に、フランス人の旅人のまえで、本人がすべてを語ったという体裁になっている。ホセはカルメンを埋めた場所を明かさない――遺体を他人の冒瀆的な手にゆだねてなるものか、愛する女の亡骸をこの胸に抱き、ともに死出の旅路に就くことが、今生の願いなのだから。そんな悲痛な思いがあったにちがいない。ドン・ホセとちがって、アルマンは健全な市民生活に復帰することを求められている。したがってマルグリットの恋人が「あれほど愛した女を神がどのような姿にしてしまったか、この目で見とどけなければ気が済まない。もしかしたら光景のおぞましさが、思い出からくる絶望にとってかわるかもしれない」[140]とつぶやくのは、すくなくとも当事者の論理としては筋が通っている。

作品外の視点、つまり読者の立場としてはどうか。愛に生きた娼婦が死によって罪を贖った、ヒロインは倫理的にも宗教的にも免罪されたという結末は、それだけであれば、当時のブルジョワ道徳にとって承服しがたいものだったのではないか。神話や伝承の世界ならいざ知らず、一八四七年に肺結核で死んだ生身の娼婦が「聖女」になることは許されない。罪深き女の死後に科された肉体の劫罰は、いってみれば読者のバランス感覚に、ほどよく訴えたのだろう。肉体は滅びるという教訓は万人に向けられたものだけれど、おぞましい骸《むくろ》となって読者の視線にさらされるのは、決まって性的な汚辱にまみれた女の肉体なのである。

3　英仏の女中たち――『パミラ』『小間使いの日記』『純な心』

手紙を書く小間使いが「淑徳」を語る

家族制度に否応なくかかわる男女の使用人を、小説内の役柄という側面から検討することが、この節のねらいである。ヨーロッパ近代の身分社会において、夫が女中や小間使いと性的な関係をもつことは、妻と下男や従僕のあいだに何かがおきることにくらべ、はるかに蓋然性が高かった。愛人を夫婦の住居に住まわせた場合には夫にも姦通罪が適用されるというナポレオン法典の条文は、そのことを暗黙の了解としているように見える。しかるに『女の一生』の男爵のつぶやきに示唆されるごとく、(141) 統計的には圧倒的多数であったと思われる主人と小間使いとの関係は、あまりにありふれていてロマネスクな輝きが欠落しているためか、文学作品のなかではむしろ傍系のエピソードに位置づけられていた。フランス文学の場合、直感的にそんなことがいえそうな気がするのだけれど、考えてみればイギリス文学史において近代小説の祖と謳われるサミュエル・リチャードソンの『パミラ』(一七四〇年)は、まさしく小間使いが若いご主人に誘惑される話、そして『ジェイン・エア』も住み込みの家庭教師が雇用主に見初められる物語ではないか。

ルソーの『ヌーヴェル・エロイーズ』やラクロの『危険な関係』と同じく『パミラ』も書簡体小説なのだが、ヒロインは使用人の女性であり、しかも山のような手紙のほとんどが、この女性一人によって書かれている。その設定があまり不自然に見えぬようにという配慮がなされていないわけではない。手紙の書き手は、奥さまづきの小間使いとして「読み書き算術を仕込まれ、針仕事も相応にでき、そのほか、分《ぶん》に過ぎた芸ごとを身につけた」女性である。恩人の奥さまが亡くなられた、途方に暮れてはいるものの、臨終の床で奥さまが若旦那さまにパミラのことを宜しく頼むといってくださったのだし、しばらくお屋敷にとどまって様子を見たい、というのが、両親に宛てた幕開けの「手紙一」。借金を背負って経済的には困窮しているけれど、堅実な人生観をもつ両親は、ただちに「若旦那が悪だくみをお抱きでなければいいが」と心配し「操を汚されそう」になったら身ひとつで家に帰ってくるようにと返信に書く。「手紙二」に記されたその危惧が現実になってしまったという手短な報告が「手紙十」にあり、あとは操を汚されまいと防衛する小間使いと、しだいに悪辣な手を使うようになる若旦那さまとの駆け引きや攻防が、それこそ果てしなく記録されてゆく。純潔な娘への性的な執着が、男の心のなかで敬意をこめた愛情へと変貌するのだが、そのときには、手許の邦訳「筑摩世界文學大系」[142]の大判三段組で三百ページという大著ができあがっている。主人に身分違いの結婚を申しこまれたパミラが、慎み深い人柄ゆえに周囲の賛同も得てゴールインするという夢のような結末で物語は幕となる。とはいえ『パミラ』は荒唐無稽なお伽噺とみなされたわけではない。作品はリン・ハントが指摘するところの切実な「共感」[143]をもって読まれ、新たな読者層を創出するほどの反響を呼んだ。書物の出版そのものが、文学史の画期的な事件となったのである。

『パミラ』の上記邦訳にはデイヴィッド・デイシズによる評論の抄訳がおさめられている。[144]リチャードソンは小説のなかで、慎慮《プルーデンス》と徳《ヴァーチュ》、紳士性《ジェンティリティ》と倫理性《モラリティ》、世評《レピュテイション》と人柄《キャラクター》などいくつかの基本的な観念を援用する。対になった観念は相互に錯綜した関係にあり、それが原動力となってドラマがつむぎだされるというのである。副題「淑徳の酬い」からも推察されることだが、小説を書くのは読者を娯しませるというより「徳育を施す」ためだとリチャードソン自身が述べていた。じっさいヒロインの手紙は「親密圏」の私的な経験を語っているかのようでありながら、じつは徳高き人間がめざすべき普遍的な価値を探究し、具体的な思考のプロセスを読者と共有するための装置ともなるのである。さらにデイシスは、リチャードソンのような「倫理の葛藤のただ中で情感が揺さぶられる様を刻一刻とその場で記録するような小説家」にとっては、書簡体が「適切な方法」であったと指摘する。その場合「倫理的な格闘」を語るのが、迫害される弱者であったほうが、より「情感が揺さぶられる」にちがいない。女性の淑徳が脅かされるというドラマを、脅かす男の視点から報告したのでは、実直な市民が「共感」をおぼえるはずはないのだから。

ところで富裕な地主層や貴族階級に雇われた使用人は、社会学的な意味で、どのような立場に身をおいていたのだろう。新井潤美『執事とメイドの裏表――イギリス文化における使用人のイメージ』によれば、大きな歴史的流れは以下のように素描できる。

十八世紀においては、主人と使用人の関係は、十九世紀後半以降に比べるとそれほど厳しいものではなかった。使用人は家族の延長と見なされたし、彼らと自分たちはまったく違う人間だと強調されることもなかった。使用人が主人の家族に最大の礼儀を示し、メイドは必要のないときには主人の家族の前に一切姿を見せてはならず、自分から主人とその家族に話しかけることも許されなくなったのは、使用人を雇う階級が、使用人自身の出身階級とそれほど違わないロウワー・ミドル・クラスにまで下がってきて、雇い主と使用人との違いをはっきりさせる必要が強まった、ヴィクトリア朝においてだった(145)。

次項でとりあげるオクターヴ・ミルボー『小間使いの日記』(一九〇〇年)には、フランスにおけるヴィクトリア朝的状況とでも呼べそうな風景が、どぎついほどに強烈な色彩で描きこまれている。一般的傾向として出身階級が近いほどに、雇用主は使用人に対して距離をとり、両者の立場を差異化しようとこころみる。これに対して十八世紀イギリスの階級社会においては「使用人は家族の延長」という了解があったとされる。とすれば小間使いがその家の主人と結婚することも、皆無ではなかったのかもしれないが、それは問わぬことにしよう。いずれにせよ家事労働に従事する女性が、速筆の作家も顔負けというほど大量の手紙を書くことには、どう考えても無理がある。しかもだんだんと書簡のスタイルを離れ、ところどころに「ご両親さま」という呼びかけはあるものの、実態は長大な「日記」あるいは日付を付した「手記」になってゆく。デイシズもいうように、書簡体という形式はフィクションにつきものの「慣例《コンヴェンション》」にすぎない。エクリチュールの誕生をめぐって作家と読者が分かちあう暗黙の約束事としての「慣例《コンヴェンション》」が、いくらなんでも空々しいと思われるようになったとき、「書簡体小説」というジャンルも廃《すた》れてゆくのである。

世紀末の風俗を覗き見する装置としての小間使いの日記

今さらいうまでもなく、女性が発言することへの抵抗、女性がペンをとることへの抑圧は、いずこにもあった。それにしても同時代の英仏を比較してみるなら、フランスは明らかに遅れをとっている。『パミラ』の場合、著者は男性であるけれど、手紙を書く女性がヒロインであり、しかも一人称で語る小間使いの言葉が道徳的な模範とみなされる。エミリー・ブロンテ『嵐が丘』(一八四七年)のネリーのような「語り部」や、『ジェイン・エア』でいえば、リード夫人の家で幼いヒロインに昔話を聞かせてくれたベッシーやロチェスターの屋敷をとりしきるフェアファックス夫人など、それなりの教養と判断力と発言権をもつと目される女性使用人という役柄が、フランス文学にはあまり見当たらない。

『女の一生』のロザリーは、ジャンヌが誕生した時点で乳母として屋敷に雇われた女の娘であり、ヒロインとは「乳姉妹」sœur de lait と呼ばれる絆でむすばれている。使用人の母娘は、おそらく十八世紀英国風の温情を受けていたのだろう、ロザリーがジュリアンの子を出産したときの待遇も、破格のものだった。その後、両親に死なれたジャンヌの「無能力」ぶりが露呈したときには、ロザリーが公証人に相談して男爵家の財産の建てなおしをはかり、ポールの子どもが私生児にならぬようパリに赴いて戸籍をととのえた。要するに字が読めるという以上の知的能力をそなえている女性なのだが、会話の語彙やメンタリティは、絵に描いたようなノルマンディの農婦という人物造形なのである。

フランス十九世紀の上流階級の家庭に年端のゆかぬ少女が雇用されたとして、パミラのように文化的な洗練をめざす教育的配慮が「家族同様」になされることは、まずあり得なかった。バルザック『ウジェニー・グランデ』（一八三四年）の怪力の女中ナノン、ゴンクール兄弟『ジェルミニー・ラセルトゥー』（一八六五年）の情欲に翻弄されるヒロインのほか、フローベールでは『純な心』のフェリシテ、そして同名の女中が『ボヴァリー夫人』に登場するのだが、いずれも所詮は女中という位置づけだ。ジェンダー論的なアプローチが期待される領域であることを指摘した上で、世紀の変わり目の『小間使いの日記』に視点をうつし、それから『純な心』に立ちもどって『ボヴァリー夫人』へと話題をつなぐことにしたい。

仏文科の文学史におけるオクターヴ・ミルボーは、名前は覚えたほうがいいけれど読む必要はないというランクだった。教室ではちょっと読みにくい作家というべきかもしれない。フランスでは戯曲版『小間使いの日記』がパリの由緒ある劇場で今日も演じられているようだが、邦訳が出たのは二十世紀の半ば。むしろジャンヌ・モロー主演、ルイス・ブニュエル監督による映画のほうが知名度も高いだろう。女物の編み上げ靴を抱いて卒中で死ぬ老人はフェティッシュというテーマ、夫の性欲に耐えられぬ妻が神父に「ある種の愛撫」を許可するように求め「贖罪」の寄付を要求されるという滑稽なエピソード、使用人の鑑とみなされている下男が少女の強姦殺人事件の犯人らしいという疑惑など、映画は小説のパッチワークにより成りたっている。訳せば七百枚を超えそうな長編小説であり、倒錯的な性の話題が見本市のように開陳されているだけでなく、ドレフュス事件と反ユダヤ主義、アナーキズムの運動、使用人と雇用者それぞれの宗教感情と教会との関係などが、ときには過激な語彙で活写されている。ブニュエルの映画が小説の盛りだくさんな素材を大胆に絞り込んでつかっているのは当然として、結末で小間使いの結婚相手が下男ではなく隣家の退役軍人に変えてあるのは、大きな相違といえるだろう。時代は世紀の変わり目から、第二次世界大戦を予感させる時期へとうつされ、下男の体現するユダヤ人嫌いと軍人崇拝は巧みに活かされている。

小説の冒頭のページには、O・Mという署名入りで、これはほんものの小間使いによる「日記」だが、書いた本人に頼まれて、自分が原稿に多少手を入れたという断りの短文が付されている。(146)『パミラ』の書簡体形式と同様の「慣例《コンヴェンション》」であり、読者が信じると期待しているわけではない。書き手のセレスティーヌは二十六歳。たった二年間で十二軒目という転職ぶりは常識はずれ、あるいは嘘かもしれないけれど、それが冒頭で話題になるという一事からしても、使用人が「家族同様」どころか「使い捨て」の職業になってしまったという事情が伝わってくる。

本人の語るところによれば、ブルターニュ辺境の漁村に生まれたセレスティーヌは、幼いときに父を亡くし、母はアル中。貧民の救済に当たる修道女たちの「コングレガシオン」のおかげで、一通りの教育を受けた。十九世紀の後半、手紙を書いたり本を読んだりする庶民階級の人間も多くなり、セレスティーヌも、暇なときには小説を山のように読んだと語る。羽振りのよい文筆家に雇われたときには、オスカー・ワイルドらしき人物を間近に観察したりするほどで、本人は知的で洗練されたパリジェンヌのつもりでいる。時代の風潮からして、ほんものの小間使いが作家のもとに自筆原稿をもちこんで、それが作品の核になったという可能性も排除はできないだろう。

しかし、日記の書き手をめぐる「本当らしさ」は、その辺りまで。だれの目にも明らかなように、『小間使いの日記』とは、オクターヴ・ミルボーというベテラン作家が、ところどころで使用人の語り口を巧妙に真似ながら、一人称で書いた読み物なのである。とすれば「日記」の形式を借りることの戦略的な意義とは何か。ひと言でいえばリチャードソンの一人称が、読者との「共感」や道徳的な考察の基盤となったのに対し、ミルボーの場合、小間使いの視点と役柄に一体化する日記形式が、ブルジョワ階級の道徳的頽廃を容赦なく告発する仕掛けの基盤となっている。

一人称はまず「覗き見」の欲望に応えてくれる。雇い主の寝室や化粧室に自由に出入りして、家人が隠したがっている秘密を探りたいと思ったら、小間使い以上に恵まれた職業はない。読者はセレスティーヌの好奇心を咎め立てせず、黙ってついてゆけばよいのである。虐げられた者の視点に立つことで、読者はおのずと社会的な抑圧という主題に直面するだろう。「この頃じゃ、どうでもいいような女、一銭の値打ちもないような酒屋の女将さんまでが使用人をつかいたがって、伯爵夫人づらするんだから……たまったもんじゃないわよ！」[147]というセレスティーヌの台詞は、先に紹介したヴィクトリア朝の状況、雇用者が「使用人自身の出身階級とそれほど違わないロウワー・ミドル・クラスにまで下がってきた」ときの状況を反映するものだ。奥さまと小間使いとが似たり寄ったりの経歴の持ち主である場合、なおのこと奥さまは形式的な差異に執着し、両者の心理的な対立や陰湿な憎悪は大きくなるだろう。『小間使いの日記』は、雇用者と使用人の双方が身につまされて読む、皮肉たっぷりの「マニュアル」のようなものとして流通したのだろうか。ともあれ刊行部数二十万という成功をおさめたのは、読者の期待に応えるものがあったからにちがいない。

今日ではほとんど読まれなくなってしまったポール・ブルジェの心理小説が、一世を風靡していた時代である。『小間使いの日記』にも、この作家が上流階級の心理にしか興味はないと公言し、セレスティーヌを落胆させる場面があるけれど、オクターヴ・ミルボーは、文壇の大御所ブルジェに対抗して、庶民階級の心理学という新分野を開拓しようと考えた。小間使いの手記という一人称形式は、証言の信憑性を保証するための約束事でもあるのだが、そこから生じる社会批判のベクトルについては、第Ⅳ部であらためて考察しよう。

言葉を失ってゆく女中の内面に寄りそって

さて時代は四半世紀さかのぼる。『純な心』については、本書第Ⅰ部でテクスト分析に紙面を割いているけれど、ここではむしろ文学史の視座に立ち、フローベールが探究した課題とは何かを問うてみたい。ゴンクール兄弟やエミール・ゾラなどの作品を手に取れば、小説のヒロインの社会階級が十九世紀後半にかけてしだいにエリート層から庶民の方へと広がっていったことが、おのずとわかる。しかし、すでに国民的な作家として認知されたフローベール

フローベール家が所有していたポン＝レヴェックの農場

が、生涯の最後に初めて無産階級の女の物語を書いたのは、時代の潮流に乗ろうとしたためではあるまい。少年時代の思い出に浸りたかったのだろうという説明はしばしばなされるが[148]、なぜ庶民の信仰心という主題がえらばれたのかという疑問はのこる。

すでに述べたように『三つの物語』におさめられた他の二作品、すなわち中世の伝承にもとづく『聖ジュリアン伝』と新約聖書のエピソードを素材とした『エロディアス』も、主題はキリスト教なのであり、宗教をめぐる三部作としてこれらを読み解くことができる。作品が執筆された一八七〇年代の半ばは、共和制が安定政権を築けるかどうかさえおぼつかぬ時期だった。コングレガシオンをとおして社会のインフラに根づいたカトリック教会は圧倒的な存在感を示しており、一般信徒や保守派が結集して、モンマルトルの丘に国民宥和の象徴たる「サクレ・クール寺院」を建設する計画が進められていた。その一方で、エルネスト・ルナンは一八六三年に出版した『イエス伝』が教会から断罪されて時の人となり、知的エリートに多大な影響をおよぼしていた。

政教分離をめぐる大騒動のさなかに刊行されたオクター

ヴ・ミルボーの『小間使いの日記』は、宗教や家庭や社会的格差などについての庶民の声高な議論を、いわば肉声のまま聞かせようという作品である。これに対してフローベールは、同世代の知識人たちが共有してきた疑問、すなわち世俗化の進展する時代のキリスト教信仰とは何かという本質的な問いに、独自の角度から静かに切り込んでいった。第Ⅰ部でも見たように、素朴な人間の宗教感情について、当事者の経験に寄りそって語ることは、小説がもっとも得意とするところ、いやおそらくは、小説でなければできないことなのだ。

物語の舞台はノルマンディで、時代は王政復古期から七月王政にかけて。フェリシテの甥ヴィクトールとオーバン夫人の娘ヴィルジニーが相継いで他界するのが、一八二〇年代の初頭(149)、ちょうどフローベールが誕生したころである。著者自身が手紙で語ったところによれば、『純な心』とは「信心深いけれど、神秘主義とは無縁であり、黙々と他人に尽くし、焼きたてのパンのように優しい田舎の女」の生涯を語るものであるという。木訥な女中は愛する者たちにつぎつぎと先立たれ、鸚鵡が死んだときには、これを剝製にした。そして自分が死ぬときには、その鸚鵡と精霊を混同したという。

あなたはそうお考えになりそうだけれど、じつは皮肉なところはまったくありません。それどころか、とても生真面目で、とても哀しい話です。ほろりとなってほしい、感じやすい魂の持ち主に涙を流してもらいたいのです、わたしだって、そうした魂の持ち主なのだから(150)。

まずはフローベールの述懐を字義通りに受けとるとしよう。デビュー作である『ボヴァリー夫人』が、戦闘的なアイロニーのみなぎる作品だったことをふまえれば、最晩年の作品には、作家の「回心」が認められるということか。フェリシテの物語も、家族小説の変奏として読むことができる。幼いころに両親に死なれて姉妹も別れ別れになり、かろうじて命をつないできた娘が、堅実なブルジョワ家庭に雇われて、ささやかな心の安らぎを得た。これが物語の出発点であり、身寄りもない使用人にとって、雇い主の未亡人と子どもたちは、本人の一方的な思い入れによる疑似家族のようなものとなってゆく。思いもかけぬ偶然から見出した甥っ子は、授かることのなかった息子の代理、その甥が死んだときの身代わりが鸚鵡。こうしてフェリシテは、無尽蔵の愛を身のまわりの人間や動物にそそいだのである。女主人が亡くなったときに、わずかながら年金を遺してくれたから、老いて路頭に迷うこともなく、住み慣れた家で死ぬことができた。とくに不幸ともいえない女中のありふれた生涯である。それにしても愛らしい子どもたちと鸚鵡をのぞけば、この作品に小説的《ロマネスク》な人物は登場しない。オーバン夫人はのっけから「あまり感じのよくない人」というひと言で片づけられているし、「いつも無口で、背筋をぴんと伸ばし、動作は測ったように正確で、まるで機械仕掛けの木の人形」のようなフェリシテは、およそヒロインらしからぬ女である。

それでも読者がしだいに女中の内面に引きこまれてゆくのは、ひとえに言葉の力ゆえであり、この定義しがたいエクリチュールの効果をフローベールは「文体」と呼ぶ。第I部で見たようにカテキズムや初聖体拝領や臨死体験は、フェリシテの視点から、本人の乏しい語彙を反芻するような話法によって記されていた。オクターヴ・ミルボーの作品では、なるほど小間使いの肉声による台詞は、ちょっとすれっからしの使用人風ではあるのだが、内面から発して一人称の手記に書きつづられる考察の文章は、いつのまにかベテラン作家のゆたかな語彙、雄弁な文章、高級な文法に占領されてゆき、ついには接続法半過去があらわれたりもする。これに対してフローベールは言葉を失ってゆく存在を作品の中心に据えた。

鸚鵡のルルーが失踪した事件がきっかけで、フェリシテは耳をわずらい聴力を失った。「思考の回路はますます狭く」なり、今や鸚鵡の声しか聞こえない。その鸚鵡と女中は、日がな「とりとめのない対話」を交わすのだった。その鸚鵡も奥さまも死んでしまうと、女中は雨漏りのする屋敷に独りのこされた。やがて視力も体力も衰えて、行動の範囲はいよいよ狭くなり、ついに生命を維持する身体の脈動も停止する。そのとき、聖者の昇天を模倣するかのような上昇運動がおき、無限大の天空に、鸚鵡によく似た精霊が翼を広げる姿が垣間見えた……と思った瞬間に、物語はふっつりとおわる。

この結末は、福音書に説かれた「心の貧しい人々は幸いである、天の国はその人たちのものである[151]」という教えをアイロニーぬきで反芻するものではないか。底なしの優しさをこめて愛した身近な者たちに先立たれ、語る言葉を失ってゆくフェリシテを、フローベールは十九世紀フランスの片田舎に生きる「心貧しき者」として造形したのだろう。素朴なカトリック信仰のありようを「感情と感覚」のレヴェルで描出し、それで読者をほろりとさせることが、作家の密かな目標だったにちがいない。そうであるとしたら、雄弁に言葉を操る人物は失格なのである。たとえば薬屋オメーのように教義や真理をめぐる論争に堂々と参入できるつもりの浅はかなブルジョワは、断じて「心貧しき者」ではない。

ところで、ひと言いいそえておかねばならないが、作家フローベールの野心は、ここでも桁外れのものとなる。なにしろ言葉を剝奪された女の内面から文学の言葉をつむぎだそうというのである。これをペンがもたらす逆転劇と呼ぶことにしよう。

第五章　『ボヴァリー夫人』再読――姦通と反復

1　一八五九年の書簡より――宗教文化とジェンダー・イメージ

フローベールの苛立ち

『純な心』を書いた晩年のフローベールは、宗教と和解した温厚なヒューマニストだったのだろうか。前章で紹介した一八七六年六月十九日の手紙は、フランス中部ベリー地方のノアンで、長年の盟友であったジョルジュ・サンドの葬儀があり、疲労困憊して帰宅した直後、親しい女友達に宛てて書き送ったものである。引用の段落につづく部分には、新聞が書かなかった本当の話と断って、サンドは神父の訪問を求めず、終油の秘蹟を受けずに亡くなった、しかし実の娘が世間体を気にかけて、あるいは母親に逆らいたい一心で、ブールジュの司教に電報を打ったところ、喜んでカトリックの葬儀を執り行うとの承諾が得られたのだという経緯が述べられている。サンドを看取った医師とその友人である『椿姫』の作者アレクサンドル・デュマが「このへつらい、あるいは打算」を影で操っていたのではないか、自分たち友人は、教会には入らなかった、とフローベールは報告し、さらに不穏な話題を隠蔽した新聞記者への嫌悪を語る。国民的な作家の葬儀をめぐるライックな勢力とカトリック教会との綱引きや対立抗争は、まさに「宗教文化」の問題であり、ユゴーやコレットの死去に際しては、国家的あるいは国際的なスケールで再燃する。

『三つの物語』が刊行されたのは一八七七年四月。同じ年の八月に著者はジョルジュ・サンドの息子モーリスに宛てて「わたしが『純な心』を書きはじめたのは、もっぱら彼女のためだった、ただ彼女に喜んでもらいたいというつもりだったのです。ところが作品が仕上がらぬうちに、あの人は死んでしまわれた」[152]と書き送る。いくぶんかは故人への手向けというニュアンスがあるにせよ、名もなき庶民の生活に温かい視線を注ぎつづけた大作家への敬意に偽りはない。ただし、その同じ手紙には、「今やわたしを支えてくれるのは、「ブルジョワ」の愚かしさによってかき立てられる憤懣のみ！」という感嘆符つきの一文がある。苛立ちの直接の原因は、その名も「道徳秩序」Ordre moral という保守勢力の政治的な画策にあったが、きっかけはなんであれ、いわば問答無用のブルジョワ憎悪とそれに伴う「憤懣」indignation が、フローベール的精神の常態であることは、友人や知人のあいだでは知れわたっていた。だからこそ、前章の引用にあるように、きっと皮肉だと思うだろうけれど、そうではない、『純な心』は自分としては例外的に、ほろりと感動を誘う物語なのだと強調する必要を著者は感じたのだろう。

『ボヴァリー夫人』を再読するまえに、とりわけ書簡のなかで露わになるシニカルで辛辣で攻撃的な批判精神の相貌にふれておきたいと考える。一八五九年一月、ボヴァリー裁判で無罪となって二年が過ぎ、フローベールは古代カルタゴの異教の女をヒロインとする『サラムボー』にとり組んでいる。長めに訳出するが、ここで槍玉に挙げられているのは、カトリック教会をふくめ一般に承認され顕揚されている同時代の女性像、今日の用語でいうなら、近代ヨーロッパにおける一典型としての「ジェンダー・イメージ」である。

とんでもないよ、君！　女は感情の機微に通じているという説など、承服できるものか。女というものは、自己本位でおおざっぱなやり方でしか感情を知覚できないんだ。もっとも頑なで、もっとも酷薄な存在さ。「正義の人にとり悩ましきものは女である」。これはプルードンの言葉だがね、この人物はさほど尊敬しないものの、この警句だけは天才の思想と認めよう、まさに図星だよ。

女たちのいうことを信用しちゃいけない（文学に関しての話）、デリケートで神経症的なことだけは別ですよ。ただし、本当に高尚で高級なものは、からきし通じません。われわれが女たちに妙に寛大であることが、そもそもわれわれが道徳的頽落のどん底まで落ちこんで、へたりこんでいることの一因なのです。――われわれは揃いも揃って、母親や、娘や、女房や、愛人に向かうと信じられぬほど意気地がない。乳房のおかげで、これほどの下劣さが誘発されたことは、かつてなかった！　とにかく教会（使徒伝来のローマ・カトリック教会）は、あの「無原罪の宿り」を教義に定めたことで、とびきり上等のセンスを見せたことになる。この教義は十九世紀の感情生活を要約しているね。――腺病質ですぐ失神する哀れな世紀、逞しいものに恐れをなして、こってりした食べものを嫌い、まるで病気の子どもように、女の膝にすがって悦に入っている！

「女よ、あなたとわたしのあいだに、どんなかかわりがあるのですか？」という台詞は、歴史にのこる名言のなかでも極めつけの名言だと思われる。それは純粋なる思考の叫びであり、子宮に対する大脳の抗議である。――つねに馬鹿者どもの憤激を買ってきたというだけでも、立派なものじゃないか。

母の崇敬は、将来の世代にとってはお笑い種のひとつになるだろう。恋愛を尊ぶ当世の心情も然り。そんなものは、百年前の感性とか自然とかと同様に、いずれゴミ箱にぶちこまれることになるさ。[153]〔傍点は原典イタリック〕

手紙の相手は同い年の文学仲間である。「女ってものは……」という男同士の会話にありがちな大上段に構えた女性蔑視《ミソジニー》と独身者のダンディズム、見栄っ張りな文体を考慮に入れながら、丁寧に読んでゆこう。「女は感情で男は知性」という紋切り型のジェンダー・イメージへの反論が導入になっているけれど、だから女も知性にアクセスせよという筋書きではむろんない。男の弱腰という話題は民話あるいは神話にもあるから、ここは「無原罪の宿り」Immaculée Conception という時事的な語彙の登場に注目したい。

なぜ、この神学用語が時事的か――一八五四年に教皇ピウス九世は「マリアは生まれながらにして原罪をまぬがれていた」とする「無原罪の宿り」を教義として定めると宣言し、プロテスタント教会と東方正教会から激しい反発を招いていた。十九世紀がマリア崇敬の時代であったことは第二章「親密圏のジェンダー論」で、シャトーブリアンを引いて考察したが、そこでもふれたルルドの奇蹟は一八五八年である。カトリック的な処女性と母性の問題に立ち返ってみよう[154]。

信仰の対象である霊的存在が目に見えるものとして現れることを「出現」apparitionという。シルヴィ・バルネイ『聖母マリア』によれば、マリアの出現をめぐるエピソードはイエスの弟子たちの時代から脈々と伝えられてきたが、十九世紀の前半に突如脚光を浴びた。しかも頻繁におきる「出現」を経験した者たちの多くは「神のはしため」である修道女や羊飼いの少女などだった。この経験の信憑性と意味づけをめぐって世論は大きく揺れ、やがて「国家と宗教の関係や、科学と奇蹟の位置づけを問う論争」にまで発展したという。教会はマリアに関する教義の裏づけとなるものがほしいという思惑もあって、本物の「出現」とみなされるべきものを認定し、さらに一八五四年に「無原罪の宿り」を正式に教義とした。その四年後、ルルドで少女ベルナデット・スビルーのまえにあらわれた聖母は、みずから「無原罪の宿り」であると名乗ったとされる。この「出現」が教会によって認定されるのは一八六二年[155]。そうしたわけで、一八五九年のフローベールが、聖母マリアをめぐる大論争と十九世紀に流通した女性像とを関連づけたのは偶然ではない。

「無原罪の宿り」は、マリアが天使ガブリエルに救い主の母となることを告げられてイエスを受胎したという話や「処女懐胎」と混同されがちだが、そうではなく、マリア自身が母親の胎内に宿ったときに、すでに無垢であったというのが正確な意味であるという[156]。中世ヨーロッパには、人間が生まれながらにしてもっている罪、すなわち「原罪」は生殖行為によって伝えられるという考え方があった[157]。天地創造以来そのような「原罪」をまぬがれた唯一の女性である聖母が、性の穢れを知らぬ「処女にして母」になるというのである。これを教義として認めるか否かという論争は十四世紀にさかのぼるのだが、聖書には「無原罪の宿り」という言葉がないところから、プロテスタントはこれを認めない。聖母マリアの聖性をいかに定義するか、マリア像を礼拝して神やキリストと同等の信仰の対象とすることは正しいのかという神学論争は、その後も決着を見たわけではない。ジェンダーの問題がからむという意味でも俗耳に入りやすい議論や興味本位の舌戦は、今日もインターネット上で盛んにつづけられている。

マリア信仰の時代の感情と感性

フローベールの手紙で「無原罪の宿り」という言葉は、最大級の皮肉をこめて引かれている。処女性と母性の顕揚については、ポール・ベニシューが、キリスト教復興の気運にのったロマン派の文学のなかで「感情と感性」が再評価されたと指摘していることを思いおこしていただきたい[158]。フローベールが標的にするのは、いってみればその「感情と感性」が過剰に供給された独りよがりのロマン派的昂揚である。少女時代のエンマが、修道院の寄宿学校で人目を忍んでむさぼり読んだ小説に、そのような「腺病質ですぐ失神する」時代の安っぽいお手本を認めることができる。

> 中身はといえばおきまりの恋愛沙汰《ざた》、恋する男に恋する女、さびしい離れ家で昏倒《こんとう》する虐《しいた》げられた貴婦人、宿場宿場できまって殺される御者、各ページごとに乗りつぶされる馬――昼なお暗き森、波立ち騒ぐ胸、誓い、すすり泣き、涙、口づけ、月下の小舟、茂みに歌う夜鳴き鳥、そして「殿方」は雄々しいこと獅子のごとく、やさしい心根は仔羊さながら、徳は万人にぬきんで、つねに美々しいいでたちで、泣くとなったらもう手放しで泣くのだった[159]。

こうした文章は、饒舌に数えあげられた事物の畳みかけるような連続が笑いを誘うのだから、一字一句まで鑑賞してほしい。エンマの夢想から生まれる「恋する女」を念頭においてみれば、一八五九年の手紙における「女よ、あな

寄宿学校で乙女は駆け落ちの夢を見る

たとわたしのあいだに、どんなかかわりがあるのですか？」という名言と、これを受けた「子宮に対する大脳の抗議」という形容も納得しやすいと思われる。ただし、この台詞も一癖ある引用で、もとは福音書の「カナの婚礼」のエピソードにおいてイエスが母に答えていったもの[160]。「わたしの時はまだ来ていません」という言葉があとにつづくのだが、謎めいた応答として解釈が分かれるものらしい。ナポレオン法典が日常会話のなかで気軽に引かれるのと同じような具合に、聖書の引用を文脈から切りはなし、ジョークにしたものだろう。

さて、ご紹介した手紙の最後の段落。処女性礼賛とマリア信仰とが二重に透けて見える「母の崇敬」は、もう時代遅れだとフローベールはいうのである。十九世紀も半ばをすぎた今、啓蒙の世紀における「感性」や「自然」の顕彰が反古《ほご》になったのと同様に、愛をめぐる哲学や美意識は、根底から問いなおされて然るべきなのだ——これが「恋愛」という語彙をイタリックにして「ゴミ箱にぶちこまれるさ」と啖呵を切るフローベールの真意であったと思われる。

十九世紀の後半、ルルドは霊験あらたかな聖地として発展を遂げる。エミール・ゾラはその名も『ルルド』と題した大作で巡礼列車をオーガナイズするコングレガシオンの修道女、奇蹟の治癒を期待して聖地に向かう難病の人びと、今日のＮＰＯに相当するヴォランティアの信徒団体などを描きだしている。そういえば『小間使いの日記』にも、セレスティーヌが雇用主にルルド巡礼の奉仕活動に同行するよう誘われる話があり、これは現代なら愛人同伴の海外旅行というところ。宗教的な文化イヴェントにおいて新しい聖地が占める役割は、二十世紀に入ってからも衰えるどころではない。こんな言い方が許されるとしたら、伝統的な儀式とは異なる宗教の「イヴェント化」という現象は、ルルド辺りで始まったのではないだろうか。そうした最先端の風俗を、小説はいちはやく捉えて記憶にとどめるものなのだ。

十九世紀、知識人のあいだでカトリック信仰が衰退したという事実は、見方を変えれば、告解や初聖体の習慣や、あるいはルルドの驚異的な発展など、さまざまの宗教的事象を外部から観察し批判する機会が、それだけ増したことを意味していよう。カトリック教会とライックな知的活動とのあいだで、たえず論争がくり返され緊張が高まるという状況を想像していただきたい。文学研究にたずさわってきた者として強調しておきたいのは、つぎのことだ。教育の現場にせよ、ジャーナリズムの活動にせよ、あるいは宗教学や歴史学などライックな学問とカトリック神学との論争にせよ、交流と衝突のあるところでは、両陣営のあいだで共通のキーワードが運用されるはずである。こうした現象を「国民の言語のなかに浸透する宗教文化」と定義することもできる。

ともあれ信仰と文化は異なる水準に位置するのだから、教会とは疎遠なフローベールの手紙のなかにイエスの言葉が引かれ「無原罪の宿り」という語彙があらわれるのは、けっして特異なことではない。のちに見るプルーストなどがとりわけそうだけれど、キリスト教にかぎらず宗教的な語彙やイメージは、作家の想像力を養う穀物倉のようなものでもあるのだろう。フローベールの小説から一つだけ例を挙げておきたい。

ほかでもない『感情教育』の冒頭、ヒロインの姿が「青い空気」を背景に忽然とあらわれる船上の場面。「それはさながら幻のようであった」と訳される **Ce fut comme une apparition** という短い文章が喚起するイメージは、すくなくとも同時代の了解によれば、聖母の「出現」だったのではないか。幼い子をつれた人妻の風情に打たれ、一目で虜になってしまった青年は、船を降りたあと、その女性の名を思いだし、野辺で「マリ！」と大声で叫んでみたりするのである。「青」というマリアを象徴する色彩をふくめ[161]、カトリックの神聖なイメージが肯定的に引用されているという意味ではない。くり返すなら、フランス語という言語に内在化された宗教文化があるように、フランス文化に内在化されたジェンダー・イメージがある。作家は肯定も否定もせずに――ただし、おそらくは一抹のアイロニーをまじえて――語彙や概念を運用し、同時代の文脈に即した多様なイメージを召喚することができるのだ。

そうしたわけで、晩年のフローベールは宗教と和解した温厚なヒューマニストだったのか、という先の疑問については、事はさほど単純ではないという結論がおのずと導かれる。フローベールは、みずからのイデオロギーを作品に投入しないことを信条とした作家である。その一方で、作中人物の「皮のなかに入り」、その人が生きたはずの経験を内部から言語化しようとこころみた。フェリシテの物語は、かろうじて光あふれる地平に着地することになるのだが、『三つの物語』と相前後して執筆され、未完の遺作となった大著『ブヴァールとペキュシェ』を読めば、作家の攻撃的な批判精神は、老齢と孤独に耐えていよいよ研ぎ澄まされていたことがわかる。

ちなみに『ボヴァリー夫人』を再読するこの章では、イタリックの「恋愛」とは何か、なぜ「ゴミ箱」に捨てられるのか、という問いについて、さまざまの角度から考えることになるだろう。恋愛哲学の変容という問題は「近代性の超克」あるいは「ポストモダン」といった言葉で指し示されることがらとも無縁ではないのである。

2　ヒロインたちが死ぬ理由

書簡体小説における弁明の一人称

まずは風通しのよい見取り図を描くため、以前に紹介した『パミラ』についての論考を手がかりとしよう。デイヴィッド・デイシズは、書簡体の技法と「意識の流れ」と呼ばれるヴァージニア・ウルフの文体を比較してつぎのように述べる。後者は「個人的な経験の内密さや独自性」に着目し、人間の「本質的な孤独」を強調する。そこで問題となるのは個人と個人のあいだに「意思疎通《コミュニケーション》」が可能かどうかである。

十八世紀の小説家達の、そして多くの十九世紀の小説家達の取り上げた大きなテーマは紳士性《ジェンティリティ》と徳との関係ですし、現代に於ける小説家の大きなテーマは孤独と愛との関係です。前のテーマは後のテーマに較べてより以上に人目を考えた仕上げとでも言えるものが必要とされますし、私的な経験を公開するためには手紙が大変効果的な方法なのです。公的であることがリチャードソンにとっては大切です。彼にとって、徳は自分自身と神との間の事柄ではなくて、公的に知られ感嘆されなければならないものです。[162]

「紳士性《ジェンティリティ》」というイギリス固有の概念を、フランス的な概念に置き換えられるかという難問は脇に措くとして、[163]読みとっていただきたいのは以下の点だ。書簡体小説という形式は、一見、親密なものに思われるかもしれないが、じつは公的であることが特徴で、そこでは「美徳」「正義」などなんらかの普遍的な価値が呈示され、読者がこれを賞賛するように物語が構成されている。そういえば歴史家リン・ハントも、読者が登場人物の経験に「想像された共感」をもって一体化する行為から、たとえば「人権」という価値が社会的に共有されるようになるのだと述べていた。[164]書簡体が形式として廃れてしまったのちも、小説家たちの大半は、人間の美徳について考察し、世論にはたらきかけるメッセージとして送り出すことを、おのが使命とみなしつづけることだろう。ヴィクトル・ユゴーはいうまでもなく、バルザックにしても、アレクサンドル・デュマ父子にしても、「真《まこと》の愛」「貞淑」「献身」といった徳目や道徳的な価値を描出することが文学の本旨であるとする伝統的な了解を否定はしなかった。

『谷間の百合』を例に、デイシズのいう文学の「公的」な性格が、どのような水準にあらわれるかを確認してみよう。作品の全体はフェリックスが現在の恋人ナタリーに請われて、モルソフ夫人との大恋愛の委細を回想するという設定になっている。導入におかれた恋人宛ての短い手紙が、そうした経緯を明かしており、物語の本体でも、ときおり忘れたころに「愛しいナタリー」に語りかける台詞が挿入されて、これが「書簡体小説」であることが想起されるのだ。モルソフ夫人が生前にフェリックスに宛てた人生指南のための長文の手紙も、死にゆく者の「告解」とみなせる事実上の「遺書」も、全文がそのまま引用されている。さらに一人称で語られるフェリックスの物語の本体が終了したあとに、読後の感想を述べたナタリーの辛辣な返信が「あとがき」ふうに添えられる。死んだご亭主への賛辞をたえず口にして二度目のご亭主を辟易《へきえき》させる妻のようなやり方はおやめあそばせ、という三行半《みくだりはん》である。『谷間の百合』はラクロの『危険な関係』とは異なり、手紙のやりとりがドラマの進展や紆余曲折の動因となるわけではない。それゆえ書簡体という形式は、いわば擬装された外枠にすぎないようにも見えるのだが、注目すべきはむしろ、そうした構造に支えられた文体の特質だろう。バルザックはヒロインの美徳が「公的に知られ感嘆される」ことを念頭におき、透明な言語表現をめざしていた。ひと言でいうなら、『谷間の百合』の一人称は、それぞれが誰かに対してみずからの立場を説明する「弁明の一人称」なのである。

これに対してフローベールは、デイシズの分類にしたがうなら後者の「愛と孤独」をテーマとする作家ということになる。この作家が編みだした自由間接話法は、しばしばヴァージニア・ウルフの「意識の流れ」と比較されるのだが、本書では本格的な言語論の領域には立ち入らない。それにしてもフローベールの場合、個人と個人のあいだに「意思疎通《コミュニケーション》」が可能かという問いについては、否定的な判断が前提となって小説世界が構築されてゆく。いやむしろ言語による意思疎通が不可能であるという事実そのものが、小説によって呈示される最終的な結論となる。

意思疎通の可能性を断ち切られた言葉の回路

「言語的存在」としての人間のありようを正しく描出することが、小説家の窮極の課題であるとフローベールは考えていたにちがいない。オクターヴ・ミルボーは、小間使いの頭脳に作家の達者なフランス語表現を注入してしまうのだが、フローベールのペンから生まれた女中が、高尚な言葉を駆使することはない。平凡な家庭婦人であるボヴァリー夫人の語ること、考えることは、どのようなかたちで小説のテクストに導入されるのか。読者はテクストを読みながら、いかにしてヒロインが思考する現場に立ち会うことになるのだろう。ここでとりあげる二つの主題は、予想されるように「恋愛」と「自殺」である。

結婚するまで、エンマは恋をしているものと信じて疑わなかった。ところが、その恋から当然生まれてくるはずの幸福がいっこうにやってこないので、これはなにか自分が思い違いをしたのだろうと考えた。そしてエンマは「幸福」とか「情熱」とか「陶酔」とか、書物のなかで読んだときにはあんなにも美しく思われた言葉が、実人生では正確に言ってどんな意味を持つものなのかを知ろうと努めた。(165)

新婚の日々を語る第一部第五章の締めくくりの文章であり、つづく第六章において、前節で紹介した寄宿舎での読書経験が語られる。「幸福」「情熱」「陶酔」など、恋愛が約束するはずの普遍的な価値を手に入れようと躍起になるエンマは、デイシズの分類でいう旧世代の小説の忠実な読者である。この時期、エンマのなかでは早くも何かに裏切られたという思いが芽生えているのだが、対する夫シャルルは「幸福きわまり、世に思いわずらうこととてなかった」と記されている。なにしろ「不美人で、薪《たきぎ》のようにひからびているくせに、春先の木の芽にも似た吹出物だらけの女」「ベッドにはいっても足が氷のように冷たい後家」であった先妻が、ころりと死んでくれたおかげで「今こそは最愛のあの美女を永久にわがもの」としてしまったのだから。(166)

エンマは「それでもやっぱり今のこのときが自分の一生でいちばん楽しい」はずの「蜜月《みつげつ》」ではないか、それなのになぜ？　と自問自答して、裾の長い黒ビロードの上着に柔らかい長靴をはき、袖飾りをつけた夫が、なぜ自分のそばにいないのか！　と感嘆符つきで不運を嘆く。しかし「雲のように姿を変え、風のように渦巻くこのとらえがたい不安」を訴えることができないでいる、要するに「言おうにも言葉がなく、機会もなく、ふんぎりもつかない」のだった。

それでいてエンマの内面はむしろ多弁であり、鈍感で冴えない亭主を批判する言葉なら、滔々と流れて止めどがない。いわく「シャルルの口から出る話といえば、歩道のように平々凡々、そこを世間の相場どおりの思想が、平服のままの一列縦隊で進んでゆくだけだから、感動も笑いも夢もありはしない。〔…〕水泳も知らず、フェンシングもできず、ピストルも撃てない。ある日などは、エンマが小説のなかに出てくる馬術用語をきいたが、答えられなかった。男とはそんな者ではないはずだ。知らぬこととてなく、競技百般に通じ、わきたぎる情熱の世界にも、洗練された生活の楽しみにも、あらゆる秘密への手引きをしてくれるべきものではなかろうか？」ところがこの人は何も教えてくれない、何も知らないし、自分は満ちたりて、エンマも仕合わせなのだと信じこんでいる……。エンマはあくまでも「自分が有効と信じている処方に従って恋を感じ」ようと努め、月光のもとで情熱的な詩句を口ずさみ、憂わしげなアダジオを歌って聞かせるが、シャルルはいっこうに胸をおどらす気配もない。こうして夫に失望したエンマは「そもそも自分で実感しないことは理解できず、なににもよらず紋切型の表われ方をしないものは信じられない質《たち》」であるために、あっさり思いあきらめてしまった(167)。

そのようなわけで期待どおりに「紋切り型」formes convenues の口説きによって恋を語り、型どおりのマナーで誘惑を仕掛ける遊び人と出会ったとたん、エンマがあっけなく「姦通の女」になるであろうことは、おのずと察しがつくのである。そしてまた一八五九年の作家の手紙で「ゴミ箱」に捨てられると予告されたイタリックの「恋愛」が、エンマの実践する「有効な処方」すなわち「月光」や「情熱的な詩句」や「憂わしげなアダジオ」と関係があり、これが「紋切り型」の問題につらなるであろうことも予測できるのだが、この点は後に検討することにしよう。

小説は死の欲動をいかに言語化するか

そこでもうひとつの主題だが、なぜエンマは自殺しなければならないか。自殺は神に禁じられているという事実に、彼女が片時でも思いを致すことがあるかといえば、まずないと即答できる。第二部第十三章、ロドルフの別れの手紙を受けとったエンマは、屋根裏部屋から身を躍らせようとする――「ひと思いになぜ死なないのか。とめる人がどこにいる？　自分の自由ではないか」。なるほど「自由」という言葉が口にされてはいるけれど、惑わされぬようにしよう、これは冷静な「自決」の意志ではない。眼下の地面はぐらぐら揺れてもちあがり、床は縦ゆれする船のようにかしぎ、空の青さが身体にしみこんで、空ろな頭のなかを大気が馳せめぐるかのようだった。あとは体をまかせればよい、と思った瞬間に、たまたまシャルルが階下から大声で呼んだ。そしてエンマは「からくも死をのがれた」という思いに、気が遠くなりかける。(168)

「姦通小説」のヒロインが死に至るのは、相手に捨てられたためであろうというお定まりの解釈がある。たしかに『ボヴァリー夫人』の場合も、男の絶縁状のために女があやうく死にかける。エンマは身投げの衝動をおぼえただけでなく、心身症的な病で生死の境をさまようのである。その後エンマはレオンと再会し、ルーアンのホテルで逢瀬をかさねるようになるが、やがて結婚生活の不満によく似た苛立ちにとりつかれる。そうこうするうちに充たされぬ欲望の捌け口だった借金がかさみ、追いつめられたエンマは男たちに大金を無心する。しかし気弱なレオンは逃げだし、地元の名士は代償に体を求め、ロドルフはにべもなく拒絶した。とすればやはりエンマは男のために死んだといえなくもなさそうだが、肝心なのは、砒素を口にする瞬間のエンマが、恋愛感情とは無縁の地平にいるという点だ。それでは借金地獄がエンマを死に追いやったのかといえば、そんなこともないらしい。差し押さえを食らったとき、エンマは自分が夫に謝罪することを想像し「歯ぎしり」して悔しがる——あなたを破産させたのはわたしだといえば、泣きに泣いたあと、許すに決まっている。「許すと言うだろう。わたしの目の前に立ち現れたという罪だけでもわたしは断じて許せないあの男、たとえ百万フランくれたって許すことではないあの男が……いやだ、ごめんだわ(169)！」

要するに、ヒロインがなぜ自殺するかは、当事者も語り手も説明していない。万策尽きたエンマがロドルフの屋敷に足を向けたときも、行動の動機は示されず、ただ「しっとりと暖かい風」が頬をなぶり、「雪が溶けて木の芽から下草の上へしたたりおちて」いたという五感の印象が記されるのみ。ロドルフに愛想尽かしの台詞を投げつけて、屋敷から飛びだし、暗い野辺に佇んだときも、エンマは言葉で思考してはいない。

エンマは茫然《ぼうぜん》と石のように立ちつくした。鼓膜を打つ脈の音だけが生き身の証《あか》しだった。その音は自分の体内からほとばしって野にみなぎり、巨大な音楽となって耳を聾するかと思われた。足もとの土は波よりも柔らかく、畑の畝《うね》は寄せ来る褐色の大波かと見えた。頭のなかのすべての記憶や想念が、ひとつの花火がはぜて散る無数の星のように、ぱっと一時に散り輝いた(170)。

もろもろの身体感覚が攪乱されて世界が炸裂《さくれつ》し、狂気の淵に溺れるような経験を、作家はみずからの癲癇《てんかん》性あるいは神経症の発作をもとに書いたといわれている。炸裂弾のように宙にばらまかれた火の玉の一つ一つにロドルフの顔が浮かんでいるような幻覚に、エンマはおそわれる。それが消えてしまうと、今度は脳裏に「自分の境遇の真相」が甦る。胸も張り裂けそうに息がはずんで「破れかぶれの悲壮感が今はほとんど喜び」となる。エンマは丘を駈けおり、薬屋にしのびこんで、決然と砒素を口にした。

自殺を描く手法として、これは文学の歴史に前例のないものだ。心理分析とは言葉によってなされるものであるとしたら、饒舌な説明を排し、行為の因果関係について沈黙を守る『ボヴァリー夫人』は、いわゆる「心理小説」の範疇に入らない。一方には、なぜ自分は自殺しなければならないかを綿々と読者に訴え、「公的に知られ感嘆される」ことをめざす作品もある。これが十八世紀の書簡体小説からロマン派が継承した文学の王道であることは、すでに見た。その元祖にして典型とみなせるのは、ゲーテの書簡体小説『若きウェルテルの悩み』(一七七四年)だろう。

真の愛への殉教vs.拒絶としての自死

叶わぬ恋に苦しむ青年ウェルテルの自殺願望は、数十通の手紙の冒頭から三分の一辺りのところで早くも顕在化する。そして、みずから命を断つという行為の倫理性をめぐって、シャルロッテの夫となる人物とウェルテルの意見が対立するのである。[171] その後は悲劇の予感がしだいに緊迫の度をまして、ついに衝撃的な結末に至るのだが、ピストルによる自殺が、男らしい決着を意味することはいうまでもない。作品の幕開けには、例によって「編者から読者に」という短文が添えられている――「諸君は彼の精神と性格に対しては賛嘆と愛情を、彼の運命に対しては涙を惜しむことができないであろう[172]」

ところがフローベールは、解釈もせず共感も求めず、ただヒロインの身体に宿る不透明な死の欲動を読者につきつける。なぜ死なねばならないか？　という問いを立てないのは、これに答える言葉がそこにないからだ。ヨーロッパでは中世以降、自殺は神の掟と自然の掟に反する重大な罪とみなされてきた。とりわけカトリック世界では、教会墓地への埋葬を拒まれるほどに宗教的な禁忌がつよかった。『ポールとヴィルジニー』『ヌーヴェル・エロイーズ』『マノン・レスコー』『谷間の百合』『椿姫』とならべてみれば、じっさいヒロインたちは一人残らず死んでいるのだが、自殺者はいない。例外的なのは『アタラ』だが、これはインディアンの娘がキリスト教の真の教えを知らなかったための悲劇と説明されている。

ところでキリスト教の伝統においては「自殺」の断罪は「殉教」の顕揚と対になっている。[173] 評価は逆転するけれど、当事者が覚悟して死を受けいれる行為であることが、「自殺」と「殉教」をむすびつけるのだ。じっさいロマン派的な物語において、ヒロインたちは「愛の殉教者」として死んでゆく。『ポールとヴィルジニー』では、難破船の甲板で荒海に呑まれそうになったヒロインが、服を脱いで身をあずければ救うことができると腕を差しだした屈強な水夫の助けを拒む。そして岸辺から絶望のまなざしを送る恋人のまえで、清らかな乙女として天使のように昇天するのである。『ヌーヴェル・エロイーズ』は『若きウェルテルの悩み』によく似た構図の書簡体小説だが、青年のほうが生きのこる。水に落ちたわが子を救って命をちぢめるジュリは、叶わぬ恋に疲れ、密かに死の願望を抱いていたようにも見える。『マノン・レスコー』のヒロインは、青年の献身によってついに真の愛にめざめるのだが、その代償は青年の決闘事件と過酷な逃避行。ヒロインは砂漠で青年に看取られ命果てる。『谷間の百合』のモルソフ夫人も、フェリックスの裏切りに苦しみ、肉体を蝕まれて死の床に就く。『椿姫』が恋人の父親に懇願されて裏切りを演じ、死に急いだことはすでに見たとおり。

殉教者がみずからの命を賭して神への信仰の証しとしたように、十八世紀のヒロインたちは「処女の羞恥心」や「女の操」や「真の愛」を信奉し、崇高なる美徳に殉じて命を捨てた。十九世紀に入ってからも構図は同じ。ただし超越的な神の存在感が希薄になった時代、恋する女の命を奪うのはむしろ世俗の価値、すなわち「市民社会の秩序」と呼ばれる隠然たる権力装置である。娼婦マルグリットは、父権的家族制度に捧げられた「生贄」さながらではないか。

お気づきのように、エンマはいかなる意味でも「愛の殉教者」ではない。意気地のないレオンには愛想をつかし、鈍感な夫の優しさを「歯ぎしり」して悔しがり、愛人の名に値しないロドルフには罵りの言葉を投げつけた。そして、こんな人生を生きつづけることはできない！　と内心で叫ぶ。いや、きっとそう叫んだにちがいないと読者には思わせて、つぎの瞬間からは、理詰めの思考を放棄したヒロインの感覚世界のみが描かれてゆくのである。

『ボヴァリー夫人』は、近代文学の歴史の分水嶺に位置づけられる。ここで伝統が新たな潮流に切り替わるという本書の展望を、ひとまずジェンダー論の立場から補強したところだが、じつはそんなことは、フローベールと同時代に生きた天才の慧眼が一目で見抜いていた。シャルル・ボードレールによれば、エンマは「ほとんど男」なのである。「突如として現れ出る行動の精力《エネルギー》、決断の速《すみ》やかさ、推論作用と情熱との神秘な融合、それは、行動するために創られた男たちの特徴をなすものだ」とボードレールは語る(174)。いや、そもそもこのような男性性の定義自体が、いかにも近代主義的ではないか、と二十世紀のフェミニストは批判するかもしれない。さしあたりわたしたちは、近代とはまさしく男女の性差が対立する二陣営のように反対色に塗り分けられていた時代であったことを確認し、ボードレールという詩人がフローベールと同様、時代の社会秩序を正しく、そして批判的に捉えていたという事実だけに注目したいと思う。この「秩序」には生物学的・社会的・文化的な性のありようという意味での「ジェンダー」が不可避的にかかわっている。そうしたわけで男と女の境界を越える話は次節でもつづけることにしたい。

3　月の光　あるいは「紋切り型批判」としての姦通小説

作家は作中人物の皮のなかに入る

なにゆえエンマという不思議な「両性具有」は「愛らしい女性の肉体の中に、男性的な魂のふるう誘惑のすべて」をもつことになったのか。ボードレールがいうには、フローベールは、みずからの性を可能なかぎり脱ぎ捨て、女性になることによって、驚くべき結果を招来させた。役者《コメディアン》としてふるまうつもりでありながら、自分で造りだした女に自分の男性的な血をそそぎこんでしまったのだ。

作中で想像された人物の「皮のなか」に入ってしまう、そのためヒロインが毒を飲む話を書いたときには、口のなかに砒素の味がして吐いてしまった、とフローベール自身が証言していたことを思いだしていただきたい[175]。本書の冒頭でご紹介したエピソードだが、「人物の皮のなかに入っている」être dans la peau de... とは、役者が真に迫った演技をするという意味であることも、すでに指摘した。小説家の書簡を読んだはずのないボードレールが、まったく同じイメージを援用してフローベール的なエクリチュールの秘密を言い当てている。芸術家の鋭利な洞察か、当時としてはめずらしくない比喩なのか、それともたんなる偶然なのだろうか[176]。

フローベールにとって書くことは演じることに通じる営みであり、自虐的な自己滅却の果てに「悦楽」jouissanceの瞬間が訪れることもある。よく知られた書簡の一節を、あらためて読みなおしてみよう。エンマがロドルフと森のなかを馬で散策する「ラヴシーン」を執筆した日の夜、愛人のルイーズ・コレに書き送った手紙である。

じつに甘美なるものですね、書くということは！　それは自分自身でなくなること、今語っている被造物のなかをくまなくめぐることだ。たとえば今日などぼくは、男と女の両方になり、同時に情人ともなり情婦ともなって、秋の午さがりの森のなか、黄ばんだ葉叢のしたを、馬で散策したのです、ぼくは馬たちであり、木の葉であり、風であり、交わされる言葉たちであり、愛に溺れた瞼と半ば閉じさせる朱い太陽でありました[177]。

つづけてフローベールはこの体験を異教的な宗教の陶酔になぞらえ、「アポロンの賛歌」を歌いつつ、パルナスの冷たい空気を胸一杯に吸いこもう、ギターとシンバルを鳴り響かせ、イスラーム修道僧「デルヴィッシュ」のように踊り狂いたい、と高らかに凱歌をあげる。ご想像いただけるだろうか——「男と女の両方になり、同時に情人ともなり情婦ともなって」という言葉を作家が書きつづるとき、象徴的な次元においてではあるけれど、男と女の境界は消滅する。両性具有的な身体は風のように軽やかになって宇宙に拡散し、ついには交わされる愛の言葉、そして傾きかけた太陽の光線に合体するというのである。

『ボヴァリー夫人』を執筆するフローベールが、このように書くことに由来する宗教的な法悦を語るのは、これが最初で最後でもあることを強調しておかねばならない。すでに見たいくつかの例からも明らかなように、フィクションの世界を造形する作家が演じているのは、愛に酔うヒロインだけではないのである。

「生《なま》ぬるい夫婦愛は姦通の欲望へと追いやった」という記述があらわれるのは、第二部第五章のおわり。その「欲望」が成就する第九章の「ラヴシーン」はピラミッド型の作品の山場に当たる。これを遠くから準備する中間的なエピソードといえようが、第六章のエンマは、レオンへの愛を押し殺して貞淑な妻を演じる苦しさに「神経」を患っており、ふと思いたって教会に足をはこぶ。フローベールいわく「もうぼくは六ヵ月もプラトニックな恋愛をやっているし、今度は鐘の音を聞いてカトリック的に昂揚し、にわかに告解に行きたくなるわけです！[178]」——並んだ動詞の主語は、すべて一人称であり、「今じゃひっきりなしに、不快な人間の皮をかぶらなきゃならない」という愚痴がこれに先だっている。シャルル、オメー、ブールニジャンなど、愚鈍な俗物たちも、小説家はそれぞれの役になりきって演じなければならない。

その一方で、貞淑な妻を演じるヒロインの神経症的な苛立ちを、フローベールは身体感覚として分かちあう。季節は桜草の咲く四月のはじめ。ポプラの梢に薄紫の夕靄がたなびく時刻、エンマは窓辺で「御告げの祈り《アンジェルス》」の時刻を告げる鐘の音に耳を傾けながら、追憶にひたっている。修道院の寄宿舎をつつみこんでいた静謐な宗教の詩情を懐かしく思いだし、発作的に信心を捧げる気になって司祭のもとを訪れる。おりしもブールニジャンは、走り回る腕白小僧どもをおとなしくさせ、初聖体拝領の「カテキズム」を暗誦させようと躍起になっており、ボヴァリー夫人の訴えに的はずれな応答をくり返す。お元気かな？　という問いに、具合が悪いのです、という答えが返ってくると、春先はどうもいけませんな、しかし、聖パウロも仰せられたように「われらは苦しむために生を享《う》けたのじゃ」と常套句をもちだして満足し、ご主人に薬をもらったらよかろうと勧めて「先生は体のお医者」だが「わしは霊魂の医者」ですからな、と鈍重な笑いをまじえてつけくわえる始末。そのあとは、エンマが心の悩みを打ち明けようとするのに対し、食べ物と薪がありさえすれば人間みじめであろうはずがない、という断定的な台詞がつづき、ついにエンマは司祭の手に負えぬ低級さに絶句して踵を返す。背後から子どもたちの教理問答を唱える声が追ってくる[179]。

ご婦人は悩みを打ち明けるために教会を訪れる（ちなみにフローベールは想像力を拘束する挿絵というものが大嫌いだった）

物語のなかに月は二十一回あらわれる

恋の悩みは教会の告解室で懺悔するものだという一般的な了解にしたがって、エンマは行動したのである。なにしろ新婚の時期には、暖簾《のれん》に腕押しの夫の恋愛感情をかき立てるために、月光のもとで情熱的な詩句を口ずさみ、憂わしげなアダジオを歌って聞かせたほどの女である。エンマが既製品の愛のマナーに拘束されており、夢を叶えてくれなかった結婚生活への復讐《リヴェンジ》を夢見ていることは、すでに見た。そうした経緯を知る読者にとって、森のなかでロドルフに身をまかせた日の夜に、姿見のまえで喜悦にひたるエンマの述懐は、さほど唐突ではないはずだ。

> すべもなくあきらめきったあの恋の悦楽、あの身を焦がすばかりの幸福が今こそ自分のものになろうとしている。さあこれから神秘の別世界にはいって行くのだ。情熱と恍惚《こうこつ》と狂喜の領する別世界に。〔…〕
>
> そしてエンマは、かつて読んだ小説の女主人公たちを思い出した。これら邪恋の女たちはどれもみな姉妹のように似かよった声をそろえてエンマの追憶のなかに歌いはじめ、その声はエンマを魅惑した。エンマ自身もこれら空想の女たちのれっきとした一員となり、こうして久しくあこがれわたった純乎《じゅんこ》たる恋の女に身を擬《ぎ》することによって、エンマは青春時代の、あの長かった夢を今ここに現《うつつ》となしえたのだった。そこにはまた復讐《ふくしゅう》の快感もあった。あんなに苦しんできたのではないか！　それが今こそ自分は勝ったのだ。そしておさえにおさえた恋心は、欣喜雀躍《きんきじゃくやく》、沸きたぎる流れとなって一度にどっとほとばしり出た。[180]

「姦通の賛美」であるとして、ボヴァリー裁判で攻撃される断章である。おわかりのようにエンマの感情の起伏は、すでに出来上がった了解済みのモデルに符合するか否かという尺度によって、いわば外部から操られている。たとえば恋に月の光はつきもの――『ボヴァリー夫人』では lune が天体の「月」の意味でつかわれるのが、二十一回、これに対して『感情教育』では四回なのだから、やはりここには有意の差があるといえる。

寄宿舎での読書から知識を得た恋の小道具に「月下の小舟」というものがある。この夢が現実のものとなるのは、第三部第三章。ルーアンでレオンと過ごした至福の三日間は、ほんものの「蜜月」のようだったという文章ではじまる一連のエピソードのなかに、ふたりが川中の島に食事にゆこうと夕暮れに小舟をやとう話がある。エンマが口ずさむ恋の歌は名高いラマルチーヌの詩篇「みずうみ」であり、同時代の読者なら、この場面がロマン派的ステレオタイプの皮肉な使い回しであることが読みとれたはずである。

やがて月が出た。すると、ふたりは申し合わせたように美辞麗句をならべ、月はなんと物悲しく詩趣に満ちていることでしょうと言った。エンマは歌さえうたいだした。

かの宵《よい》を思いいでずや、われ君と漕《こ》ぎ(181)……

第二部第八章、農業共進会の日の口説きの場面でロドルフは「月の光に照らされた墓地」を見ると自分もそこで眠りたいという思いに駆られると述べて、エンマの心をとらえたのだった(182)。それ以前、エンマを見初めた時点のロドルフによれば、人妻も結構だが、「手を切る段」が面倒だ。それでも「よし、一丁行こう！」と内心の掛け声とともに男が決意して、月と墓と死をめぐる安手の台詞などが交わされた。そして女は易々と陥落し、姦通の蜜月が訪れる。やがてエンマが思い詰めて駆け落ちを迫るようになり、この深情けに食傷気味のロドルフは、筋書きどおり人妻を厄介払いする段取りを決める。最後の逢い引きの場面は、期待どおり申し分のない月夜になるだろう。

月はまん丸く赤味がかって、牧場《まきば》の果ての地平すれすれに浮かんでいた。見る見る月はのぼってゆく。ポプラの枝の向こうにかかると、枝は穴のあいた黒いカーテンのようにところどころ月のおもてを隠した。やがて月は皎々《こうこう》と輝き出て、もはや何ひとつさえぎるもののない大空を照らす。そのとき月は歩みをゆるめ、川波の上へ大きな影を落とすと、影はたちまち無数の星となって散った。そしてその銀色のほの明かりは、きらめく鱗《うろこ》におおわれた無頭の水蛇《みずへび》のように川底まで身をよじらせて突き入るかと見え、あるいはまた、熔《と》けたダイヤモンドの雫《しずく》がたらたらととめどなく伝い落ちる巨大な枝つき燭台《しょくだい》をも思わせた。静かな夜がふたりのまわりに広がっていた。(183)

思い出されるのは、シャトーブリアン『アタラ』の弔いの場面である。(184) 天空から新大陸を見おろす月は、異教の神話の処女である「白衣の巫女《ヴェスタ》」さながらに「蒼ざめた松明」で太古の森を照らしだしていた。一方、文明のヨーロッパでは、月の登場とともに朱、黒、輝くばかりの白と彩りも豪奢なドラマが夜空を背景にくり広げられ、地上の風景も変容する。きらめく星が水面に流れ、艶《なま》めかしい生命体が水中で身をくねらせ、この世でもっとも固い物質であるダイヤモンドが蠟燭のようにとろけ、雫となってしたたり落ちる――これぞ「姦通の詩情《ポエジー》」ではあるまいか。

月を見上げる女が滑稽になる時

『ボヴァリー夫人』のなかで二十一回も天空にあらわれる月のテーマ分析に挑むつもりはないのだが、ともあれ「月と恋」との切っても切れぬ仲は、ヨーロッパ文学どころか世界文学の源泉にまで遡るにちがいない。『失われた時を求めて』には、語り手がバルベックに滞在中、夕暮れ時の月を見上げてアタラの埋葬の場面から「月はあの憂愁にみちた大いなる秘め事を……」という一文を暗誦したりして、同行の文学通を自認するヴィルパリジ夫人から、いささか見当はずれの批判と興味深いエピソードを引きだすという話がある。シャトーブリアン本人を父親のサロンの常連として知っていた夫人によれば、著名な大作家が月夜にすかさず十八番《おはこ》の話題をもちだすことは、貴族的な洗練のプロトコールに抵触するらしく、サロンで笑いの種になっていたという。(185)

問題は、文学史のなかで「月と恋」のカップルが、いつから滑稽な紋切り型とみなされるようになったかである。姦通の蜜月に、エンマは月を見上げてロドルフに「あなたのお母さまはわたしの母といっしょに月の世界にいらっしゃって、きっとふたりしてわたしたちの恋を喜んでいてくださいますわ」などという[186]。ラマルチーヌの詩を口ずさむ場面と同じく、原文では「時おりいいさえした」et même lui disait quelquefois と強調される動詞が半過去になっており、思い入れたっぷりの台詞の反復に、男がげんなりする様子までが想像されて可笑しいのだが、かりに月光に照らされた場面を網羅的に検討してみれば、ほぼまちがいなく『ボヴァリー夫人』の文例の大半が「月と恋」というテーマの陳腐化に貢献するものであることが判明するにちがいない。「月を見上げる女」は滑稽であり、こんな紋切り型の「恋愛」とやらは「ゴミ箱」にぶちこまれて然るべきものだという確信がフローベールにはあった。

こうしてロマン派が創造した恋の神話は、フローベールの姦通小説によって脱神話化された。ここでカール・マルクスの「一度目は悲劇として、二度目は茶番《ファルス》として」という挑発的な台詞をあらためて引いてもよい。文脈としては、一七八九年の大革命を再現しようと願った一八四八年の二月革命は、そのパロディを演じたにすぎないという意味だが、反復という行為そのものがテーマ化されたという事実は、いかにも象徴的なのだ[187]。十九世紀前半に信奉されていた諸価値をそのままに、アイロニー抜きで引用することは、もはや不可能だという自覚。この先鋭な時代意識は、歴史的状況の根底からの転換を目の当たりにした者たちのあいだ、たとえばマルクスとフローベールのあいだで共有されていたのである。

ロラン・バルトは『零度のエクリチュール』(一九五三年)におさめられたエッセイで、こう語る。一八五〇年前後の数年間に、歴史的に重要な三つの出来事がむすびついておきた。まずヨーロッパにおける人口統計が逆転し、フランスの凋落が目に見えるかたちになった。製鉄業が繊維産業にとってかわることで、近代資本主義が誕生した。さらに一八四八年六月の暴動により、フランス社会が三つの階層に分断され、相互に敵対しているという事実が露呈する。こうしてブルジョワジーは「新たな歴史的状況」に投げこまれたのだった。

それまではブルジョアジーのイデオロギーが普遍的なものの規範をみずから示して、異論もなく実行していたのだった。ブルジョア作家だけがほかの人間たちの不幸に判断をくだすのであり、眼前に自分を見つめる他者もいないので、自分の社会的な状況と知識人の使命とのあいだで引き裂かれることもなかった。だが三つのできごと以降は、そのおなじイデオロギーが、ほかにも可能なイデオロギーがあるなかの一つにすぎないように見えてくる。普遍は手からのがれてゆき、ブルジョア的イデオロギーは自己批判しなければ自己を乗り越えることができなくなる。作家の意識はもはや自分の立場を正確に包含することができなくなって、作家は曖昧さにとらわれる。こうして「文学」の悲劇が生まれるのである。[188]

エッセイの表題をそのまま借用するなら「ブルジョワ的エクリチュールの勝利と破綻」という歴史的状況を、フローベールは正面から引き受けたことになる。わたしたちが文学史の「分水嶺」と名づけた風景も、英国の批評家であるデイシズが「意思疎通《コミュニケーション》」から人間の「本質的な孤独」へという図式で捉えたことがらも、さらには近代的秩序の内部に懐胎されたポストモダン的な批判精神も、大きな文脈としては、バルトの定義する一八五〇年代の歴史的転換に、どこかで通底していると思われる。

バルトの展望によれば、一七八九年の大革命はブルジョワジーに政治的かつ社会的な権力をあたえたが、知的な権力はずっと以前からブルジョワジーが掌握していたのである。それゆえルソーからシャトーブリアンまで、ラクロからスタンダールまで、ブルジョワ的イデオロギーは断絶なく一八四八年まで持続したという。[189] トクヴィルもまた、十八世紀から十九世紀にかけての思想と文学の潮流を連続的に捉えていたことを思いおこしていただきたい。[190]

こうした歴史の見取り図を背景においてみると、なるほどバルザック、アレクサンドル・デュマ父子などは、安泰な「ブルジョワ的エクリチュール」の内部に身をおいており、みずからのイデオロギーが「普遍的な規範」を提供するという自信に裏づけられて執筆していたにちがいないと実感できる。これに対して、フローベールの強烈なブルジョワ嫌悪とは、本質において過激な「自己批判」にほかならない。あらゆる人間の不幸について高みから判断をくだすという「ブルジョワ作家」の特権をフローベールが放棄したことで[191]、作家の意識が拠って立つ普遍性の基盤までが失われたのだった。その結果、個々の作品が送りだす「規範」や「判断」を凌ぐものとして書くという行為そのものが前景化されてゆく。

4　一八五二年の書簡より——散文の誕生と美的神秘主義

散文は生まれたばかり

以前から気にかかっていたのだが、フローベールがいったとされる「正確な言葉」mot juste という表現は、どこから来たのだろう。一般にはモーパッサンが『ピエールとジャン』の序文として一八八七年に書いた「小説について」のなかのあるエピソードが出典であるとされている。師と仰ぐフローベールから得た教訓を紹介するという体裁になっているのだが、「文体」は「観察」に由来するという確信を披瀝したのち、モーパッサンはこう語る——何をいおうとするにしても、それを表現する言葉はひとつしかない、それに命をあたえる動詞、その特質を述べる形容詞もひとつしかない、それゆえどんなに苦労しても、その言葉、その動詞、その形容詞を発見するまであきらめてはいけない[192]。モーパッサンは、三年ほどまえに執筆したフローベール論でも、ほぼ同じ趣旨のことをいっていた。この偉大な芸術家は、それしかないという言葉、動詞、形容詞が見つかるまで、超人的な努力をかさねて「表現の神秘的なハーモニー」を探究していたというのである。この文献には、たしかに「正確な語彙」terme juste という言葉があるのだが[193]、ただし、同じ言い回しがフローベールの口から出たという保証はない。

いや、フローベールの書簡にそれなりに親しんだ者としては、燃えさかる火や野原の樹木などをじっと観察し、その事物に一番ふさわしい言葉や動詞や形容詞を探し出して、それこそレッテルのように貼りつけてゆくというモーパッサン流のイメージは、どうも腑に落ちないのである。そもそも mot juste などとフローベールがいうはずがあろうかと大いに疑問に思っていたのだが、今日では、データ化された書簡を一瞬で検索できる[194]。文体論にかかわる用例が一つだけあった。「正確な言葉と音楽的な言葉とのあいだに、ある種必然的な関係があるのはなぜなのか？　思考を引き締めようとすれば必ず韻文ができてしまうのはなぜなのか[195]？」というもので、これは大いに納得した。フローベールにとっての「文体」とは意味の的確ではなく、何よりも「音楽」と「運動」なのであり、文例の mot juste は造形的にもぴったりというニュアンスをともなっている。一八五二年四月、フローベールが『ボヴァリー夫人』を書きはじめて数ヵ月が経過したころの書簡では、めざすべき「文体」のイメージがこんなふうに語られている。

ところでぼくは、ひとつ思い描いているんです、いわゆる文体ってやつをね。きっと素晴らしいはずの文体です、十年後か、それとも十世紀後かわからないけれど、いつの日か、だれかがこんな文体をつくるでしょう、韻文のようにリズムがあり、科学用語のように切れ味がよくて、波のようにうねり、チェロの響きをもち、炎のように軽やかな文体、短剣の一突きのように観念に斬りこんでゆく文体、快適な追い風に乗った小舟さながらに、思考がなめらかな表面をすべってゆく、そんな文体です。散文は生まれたばかりなんです、このことをみずからに言いきかせなければなりません[196]。

「散文は生まれたばかり」という指摘につづけて、フローベールはこう述べる。韻文は古からの文学形式であり「韻律の組み合わせ」は出尽くした感があるけれど、散文はそんなことはない。芸術としての散文を、自分はいわばゼロ地点から立ちあげるのだという強烈な自負。そして未来の散文はとりわけ「韻律の組み合わせ」において韻文に負けぬものになるだろうという予言。

フローベールの書簡集も草稿の山も目にしたはずのないモーパッサンを、不肖の弟子だと論難しても仕方あるまい。じっさいモーパッサンは、フローベールの息子であっておかしくない世代なのだけれど「文体」をめぐる意識は、はるかに古典的だった。ジャーナリズムで活躍していたことも関係しているだろうが、資質においては「意思疎通《コミュニケーション》」を志向する透明で道具的な言語、すなわち「ブルジョワ的エクリチュール」の延長上にいた。いや「モーパッサン、ゾラ、ドーデやその亜流たち」をまったく評価しないロラン・バルトにいわせれば、それはむしろ「プチ・ブルジョワ的エクリチュール」だった。たとえばある語彙を強調するために構文を変えるとか、方言を導入するとか、要するに一目でわかる約束事を遵守するテクストが量産されて、これが「教科書的な批評」や「小中学校的な凡庸な文学愛好者」の偏愛するところとなったというのである(197)。

見方を変えれば、それほどにフローベールの試みは革命的であり、しかも定義しがたいものなのだ。『ボヴァリー夫人』を執筆していた時期の書簡には、理想の文体について熱っぽく語る文章が間歇的にあらわれる。しかし通奏低音のようにまとわりついてくるのは、むしろ反対に書くことをめぐる果てしなき労苦、本人が呼ぶところの「文体の苦患《くげん》」**affres du style** を延々と嘆く言葉である(198)。それはロラン・バルトが「文学の悲劇」と名指しているものと、どこかでつながっているのだが、それにしても、いったい何ゆえそれほどの艱難辛苦を強いられることになったのか？

フローベール自身が自覚している理由があるとすれば、それは「不快な人間の皮をかぶらなきゃならない」から。つまり人間の愚かしさを演じつつ、その内的な言語にまで一体化することを、おのが使命と考えたためだということになるだろう。たとえば、エンマが思い立って告解をしようと司祭のもとを訪ねる場面について。まったく低俗で野暮ったい対話を書かなければならないのだけれど、内容が平凡なだけに、なおのこと言語は「手垢のつかぬもの」にしたい、とフローベールは語る。その直前には、ときおり「書くことは不可能」だという絶望感におそわれるという述懐がある。登場人物たちの月並みな会話を芬々《ふんぷん》たる俗物性とともに再現し、同時に芸術としてのテクストを編むことは、たんに困難なだけではなく不可能なのである(199)。

作家が日々こうした相克を生きているだけに、文体の彫琢と呼ばれる職人仕事は、シジフォスの劫罰のごとき様相を帯びる。作家は「山をころがしているように疲れる」「泣きたくなる」「書くためには超人的な努力が要る」と嘆く[200]。その一方で、ひたすらに書く、それだけが作家の天命なのだという呪詛《じゅそ》とも倨傲《きょごう》ともとれそうな決意が語られて、報われぬ労働は特権的なものとなり、ついには芸術に命を賭ける「殉教者」の神聖な営みへと変貌してゆくのである。本書第Ⅱ部の締めくくりにおいたフローベールの三つの文章とポール・ベニシューのいう「根源的な呪いの経験」という評言を想起していただきたい[201]。

秩序壊乱的なエクリチュール

「文体」は書かれる主題に優先するという信念を極限にまで貫いたとき、やがて浮上するのが「なんについて書かれたのでもない書物」livre sur rien という鮮烈なイメージだ。書物のユートピアと呼ぶべきか。それは「外部へのつながりが何もなくて、ちょうど地球がなんの支えもなしに宙に浮いているように、文体の内的な力によってみずからを支えている書物、かりにそんなことが可能なら、ほとんど主題がない、あるいはほとんど主題が見えない書物」であるという[202]。

ルーアン郊外のクロワッセに蟄居して「隠者」のごとく芸術に身を捧げるフローベールという「聖者伝説」は、本人が好んで流布したという趣がないでもない。しかるに、現世の荒波から逃避して「親密圏」に閉じこもる自閉症的な文学者の姿をここに認めるとしたら、作家の韜晦にまんまと乗せられることになるだろう。第Ⅱ部で紹介した文章から「美的神秘主義」に自分が傾きつつあると述懐する手紙[203]を再度とりあげ、つづく部分を読んでみよう。フローベールが吐露しているのは、キリスト教的な「終末」の意識である。神学の土台を失ったヨーロッパは、人間の肉体に、あるいは古い宗教に、あるいは芸術に、おのれの救済を求めるのだろうか、と疑問を呈したあと、「散文」の未来を語る。なぜ「散文」かといえば、それは「若い形式」だからだ、と断ったうえで、四半世紀後には散文による「人間探究の交響楽」が奏でられるにちがいないと宣言する。

> 世の中の社会主義者たちは、相も変わらぬ唯物論を説教しながら、こうしたことを誰一人見ようとしなかった。連中は苦しみを否定した。現代の詩の大方を、われわれのなかで立ち騒ぐキリストの血を冒瀆した。しかし何者もこの血を根絶やしにすることはできない、詩《ポエジー》を涸らすことはできません。〔…〕めざめは熱狂的なものとなり、魂は解放の歓びに浸るでしょう。もはや周囲にはいかなる邪魔物もない、政府も、宗教も、いかなる公式もないのだから。ニュアンスの差はあれ、共和主義者というものは、およそ野蛮きわまる教育者だとぼくには思われる、やつらは本当は、組織と立法行為、そして修道院のような社会を夢見ているんです。ぼくが信じているのは反対に、あらゆることの規則はなくなってゆき、障碍がひっくり返り、地球の表面は平らに均《なら》されてゆくということだ。こんなふうにすべてが混然となったのちに、おそらく「自由」がもたらされるのではないか。[204]

念のため言いそえれば、この時点でフローベールの視野に入っているのは、十九世紀半ばの社会主義と共和主義。つまりマルクスではなくシャルル・フーリエ、アンリ・ド・サン゠シモンなどの「空想的社会主義」であり、一八四八年の二革命により政治の表舞台で脚光を浴びた時期の「共和主義」である。

作家の政治思想という問題に正面からとり組む力はないけれど、この文面からも読みとれるように、王党派にも共和派にも荷担せず、社会主義や無政府主義など、いかなるイデオロギーとも結託せず、制度的なものは宗教であれ政府であれコミットしないというのがフローベールの信条だった。なぜならそうしたものは人間を拘束するけれど、一方で「詩《ポエジー》」は、芸術への殉教という極限的な苦しみからほとばしる絶対的な「自由」の凱歌となるはずなのだから。

そのような「詩《ポエジー》」をはらんだ真正の文学は、制度やイデオロギーによって強化された「秩序」一般に対し、いわばア・プリオリに抵抗する根源的な力を蓄えることになるだろう。「ブルジョワ的エクリチュール」は公認の道徳的秩序を土台とし、逸脱や抵抗や反逆の物語をつむぎだすことで、最終的には秩序そのものを可視化して、これを肯定する文学を産んだ。その輝かしい模範が『モンテ゠クリスト伯爵』である。一方フローベールの夢見る文学は、本質に「秩序壊乱的」subversif な性格を秘めており、ここではいかなるものであれ特定の陣営や思想への参加《アンガージュマン》を拒むことが、批判的な攻撃性を備蓄するための必要条件となる。

ポエジーとしての姦通小説

そこであらためて問うてみよう――フローベールが「誕生したばかり」の散文を練りあげ、苦労と苦痛のなかから造形した「詩情《ポエジー》」とは何か。本書第Ⅲ部のエピグラフとした文章は、フローベールが二十歳の頃に書いた『十一月』からの引用であり、三十代半ばの『ボヴァリー夫人』の著者にとっては青臭い述懐だったかもしれない。しかし四十代に書かれた『感情教育』も「姦通小説」なのであり、この語彙のうえに漂う「えもいわれぬ甘美なもの」が、フローベールの代表作をつらぬく「詩情《ポエジー》」のひとつであったことはまちがいないだろう。

その「詩情《ポエジー》」の特質あるいはオリジナリティをいかに定義できるのか。すでに確認したように「姦通小説」としての『ボヴァリー夫人』は、のっけから反復の相貌をともなっていた。騎士道小説を読みすぎて冒険の旅に出るドン・キホーテよろしく、エンマは結婚する以前から「裾の長い黒ビロードの上着に柔らかい長靴をはいた」男にあこがれていた。それゆえレオンの上着の襟のビロードを見て、ふと気をそそられたりもするのだし、森の「ラヴシーン」の当日は「膝まである柔らかい長靴とたっぷりしたビロードの上着」を身につけたロドルフを見て、胸をときめかせたのだった。こうした些細なテーマのパロディやヴァリエーションは作品内に無数にちりばめられており、遠くから谺を返して音楽的な効果を醸しだす。

いっそう重要なのは、時の流れの変質であり、これも小説史上に前例のないものといえる。バルザックやデュマの駆使した躍動的な時間進行、冒険の始まりから終結までを見とどける一方通行の時の流れとはまったく異質なものとして、日常性のなかで停滞する時間が[205]クローズアップされた。灰色の新婚生活は、やりきれないほどに同じ日々のくり返し。プルーストが「永遠の半過去」と評した単調で陰鬱でとどまることのない過去時制の文章が、その呪縛力によって反復する時間という哲学的な命題を暗示するのである。

絶望的な倦怠からの脱出であったはずの姦通も、半年ほどで「平穏無事」なものとなりはてて、ロドルフとの恋は「さながら家庭的愛情の温《ぬく》もりを後生大事に守《も》りたてている夫婦(206)」のような外観を見せた。予想されるように、レオンとの恋にも失望の季節が訪れる。あの人は雄々しいところがない、柔弱で、凡庸で、女より腑抜《ふぬ》け、金にこまかくて、臆病だ、とエンマが恋人をけなす台詞は、かつて新婚の夫をけなしたときの口調とそっくりではないか。それでもエンマは、今度の逢い引きこそはと期待をかける。

この失望を新たな希望で打ち消して、エンマはふたたび男のもとへ出かけて行く。そしてそのたびごとにいっそう激しく、狂おしく燃え立った。荒々しく脱衣し、コルセットの細ひもを引き抜く。ひもはしゅっと蛇《へび》のすべるような音を立てて腰のまわりを飛ぶ。素足の爪先立ちで、ドアがしまっているかをもう一度たしかめに行く。それから、さっと一糸まとわぬ全裸の姿となる。——そして、青ざめ、物も言わず、真顔で、男の胸にひしとすがって、わなわなとうちふるえるのだった。

しかし、冷たい汗を吹いたこの額の上に、言葉ならぬ言葉をつぶやくこの唇の上に、宙にさまようこの瞳のなかに、抱きしめるこの両腕の力のなかには、何かしら異常な、捕えがたい、忌わしいものがひそんでいた(207)。

「いっそう激しく、狂おしく」という比較級からも推測されるように、エンマはくり返し、コルセットの細ひもをしゅっと引き抜いて、素足の爪先立ちでドアをたしかめにゆき、くり返し、男の胸にひしとすがって、わなわなとふるえたのである。ここでも行為の反復や習慣を示唆する半過去が重苦しい効果をあげているのだが、そうした原典の時制の醍醐味を、訳者は「そのつど」という表現によって補っている。冷たい汗をにじませて何かをつぶやき、宙に視線をさまよわせる「姦通の女」の禍々しさ、その妖しい魔力はひしひしと伝わってくる。

草稿研究をふまえた最近の版では、引用の箇所に注がつけられており、著者の構想を書き記した原稿には「レオンの指の血を吸う／あまりに激越な愛であり／サディズムに変質／責め苦の快楽」などのメモがあったと記されている(208)。こうした倒錯的なセクシュアリティが露出しないよう、表現をたわめたはずの最終稿も、校閲する者たちの目には過激なものと映ったのだろう。単行本の出版に先立ち雑誌「パリ評論」に掲載されたときは、この段落の全体が削除されていた(209)。

5　ボヴァリー裁判のロジック――シャルル・ボヴァリー復権のために

一八一九年法と検事ピナール

一八五七年二月七日、パリ軽罪裁判所第六法廷において歴史にのこる無罪判決が下された。起訴されていたのは定期刊行物「パリ評論」の責任者レオン・ローラン゠ピシャ、同印刷業者オーギュスト゠アレクシス・ピエ、著述家ギュスターヴ・フローベールの三名。上記刊行物において、一八五六年十月一日号から十二月十五日号まで『ボヴァリー夫人』と題された小説の一部を掲載し、「公共道徳・宗教道徳および良俗の壊乱の罪」**les délits d'outrage à la morale publique et religieuse et aux bonnes mœurs** に問われたものである。

検事エルネスト・ピナールは、同じ年の八月二十日、同法廷においてボードレール『悪の華』の有罪を勝ちとり、九月にはウージェーヌ・シュー『人民の秘密』(210)の裁判を担当することになるが、こちらは直前に被告自身が他界して作家は裁きをまぬがれた。というわけでピナールは、十九世紀半ばにおけるもっとも偉大な小説家、詩人、大衆作家を告発するという栄誉を担ったのであり、その「論告」はプレイヤード版の全集に収録されるほどの資料的価値をもつ。ボヴァリー裁判の関連文献としては、穏健で周到な弁護士による「口頭弁論」も、無難な路線で着地する「判決」も、さして読解の意欲を誘うものではないのである(211)。

ところで当時、裁判記録は非公開が原則であったため、フローベールは一時間六〇フランという高額の謝金を投資して速記者を雇う。このときの記録が一八七四年のシャルパンティエ版『ボヴァリー夫人』に付属資料として掲載されるのだが、のちに検事ピナールは回想録のなかで異議を唱え、裁判記録が印刷される場合、本来は事前に弁護士と検事の承認を得るべきであるのに、自分には提示されなかったと主張して、公開された論告の文責を否定した(212)。さらにもうひとつ、ご存じの方も多いだろうが、この検事についてはポルノグラフィックな韻文を物していたという神話的なエピソードがある。その情報は、一八七七年に文通相手の女性が作家に伝えたものらしく、フローベールは返信で「さもありなん」と字体まで強調して溜飲を下げ、それは本当の話？　だれから聞いたのですか？　としつこく問いかけている。この話題は立ち消えになってしまうのだが、推察されるようにフローベールは、作家としての地位を築いたのちも生涯にわたりピナールとの和解を拒んだのだった。その一方で、検事が密かに書いたとされる猥褻な韻文とやらは、フローベール研究者たちの熱意にもかかわらず、ついに実物が発見されることなく今日に至っている(213)。老作家の気晴らしになろうかと、友情に篤い女性が捏造した話かもしれない。

そうしたことを確認したうえで、虚心坦懐に文献を読んでみたいと思うのだが、それ以前に司法の場における「公共道徳・宗教道徳および良俗の壊乱の罪」とはなんであったのか、初歩的な知識を身につけねばなるまい。「判決文」にも示されているように、告訴の根拠となったのは一八一九年五月十七日法の第一条ならびに第八条の規定であり(214)、上記の文言は、第八条「第一条の定める手段のいずれか一つにより、公共道徳・宗教道徳および良俗の壊乱を行った者は、一ヵ月から一年の禁固刑および一六フランから五〇〇フランの罰金とする」という条文のなかにある。一方、第一条は「手段」の定義だが、公共の場や集会における演説、叫び、脅し、あるいは公共の場や集会において配布・販売・展示される文書、印刷物、デッサン、版画、絵画、図像、あるいは公衆の視線にふれる看板やポスター、等々の項目が長々と列挙されている。

「同時代の作家を裁く十九世紀の司法官(215)」と題した刑法学の論考を参照しながら話をすすめよう。そもそもナポレオン五法典のひとつ一八一〇年の刑法典においては、第二八七条に良俗の壊乱にかかわる条文があるが、対象となるのは「シャンソン、パンフレット、似顔絵あるいは画像」にかぎられていた。書物については印刷される以前の「検閲」が制度的に機能するものと期待されていたからである。これに対して一八一九年法の意図は、語られた言葉であれ、書かれた言葉であれ、特定の思想が公に表明された場合に、これが処罰されうるという点にある。論考の著者アンドレ・レンギは罪刑の法的定義として、あまりに漠然としていると指摘したうえで、「公共道徳」についてのみ法律の策定に当たった国王の諮問委員会の見解を紹介し、万人の共有する「自然法」に近いとしているが[216]、この点は次項で検討しよう。

一八一九年法と対になるのは一八八一年七月二十九日法であり、ここで「公共道徳・宗教道徳の壊乱」という文言が削除された。法的定義のあいまいさが主たる原因かもしれないが、第三共和制が政教分離への道を歩みはじめていたことの証左でもあろう。「良俗の壊乱」を禁じる条文はのこされ、一方で量刑は禁固一月から二年、罰金一六フランから二〇〇〇フランと重みを増した。そうしたわけで、補足的な立法はほかにもあるものの、一八一九年から一八八一年まで、司法と文学は、ほぼ一貫した原理的関係をむすんでいたことになる。その間、フローベール、ボードレール、ベランジェのほかにも、ゴンクール兄弟、バルベー・ドールヴィイなど著名な作家たちの絡んだ裁判は、およそ二十件におよぶという[217]。

「公共道徳・宗教道徳」とは何か

la morale publique et religieuse をとりあえず「公共道徳・宗教道徳」と訳しているのだが、不正確かもしれない。一般に et は並列・結合の接続詞と定義されるが、一つの名詞にかかる二つの形容詞は異質なものとして併記されているのだろうか。それとも「公的にして宗教的でもある道徳」という意味合いで、一方が他方を包含するような関係なのだろうか。ライシテの発想に馴染んだ者なら、親密圏にかかわるべき宗教と公共のものは対立的に捉えられているはずだといいうかもしれないが、この発想自体が第三共和制の立法によって明文化されたものであることを忘れてはなるまい。

『ラルース大辞典』の第十一巻（一八七四年版）の outrage の項に、第八条に関するうってつけの解説がある。まず「良俗の壊乱」については「公衆の羞恥心」pudeur publique を傷つける表現や行為が、公共の場でじっさいになされてしまった場合に適用されると説明されている。いわゆる「公然猥褻罪」outrage public à la pudeur に相当すると考えればよいのだろう。問題は「公共道徳・宗教道徳の壊乱」についての解説だが、辞典といえどもイデオロギー的に中立というわけではない。共和主義と反教権主義への親和性が透けて見える文章であることを念頭において、読んでゆくことにしよう。

今日なら「罪刑法定主義」というのだろうか、本来、犯罪とみなされる行為はその内容が厳密に規定されていなければならないはずだ。しかるに『ラルース大辞典』の批判によれば「公共道徳」ほどに曖昧な表現はない。しかも実態においては、法律家たちは古から社会が拠って立つ基本原則の総体をこう呼んできた。それらの諸原則の筆頭におかれていたのが宗教の信仰であり、神を冒瀆する者は王令によって極刑に処せられた。いいかえれば、歴史的な用法として「公共道徳」は「宗教道徳」を最優先の価値として内包するとみなされていたのである。しかし近代的な刑法を策定する場面では、まさにその点が熾烈な論争の的となった。宗教と公共の道徳を混同する意見もある一方で、よりかつ開明的かつ賢明な人びとは——と、あえて傍点をふってみた一連の表現に、辞書編纂者のイデオロギーが露呈するのだが——礼拝や教義について宗教を攻撃することや、抽象的な次元における宗教道徳を攻撃することは、それ自体としては道徳の壊乱に当たらない、と主張した。

一八一九年法の票決に先立つ議論では、司法大臣ド・セールが「公共道徳」とは良心と理性が神からの授かりものとして万人に開示する道徳だという趣旨の発言をした。博物学者として名高いジョルジュ・キュヴィエも、「公共道徳」は神が人間を創造したときにあたえられた「普遍的感情」sentiment universel なのであり、信仰をもたぬ者がいかに詭弁を弄しても、これは否定しがたいはずだと述べる。

そもそも「宗教道徳」という文言を追加しようという意見は、議論の途中から出てきたものであるという。辞典の編纂者によれば、きわめて妥当な反論がなされたにもかかわらず、これが採択されてしまった。想定されるのは、学校で教えられているような基本的なことがら、つまり神の存在や来世を信じるといった原則だが、だとすれば無神論者、唯物論者が意見を公共の場で冷静に述べただけでも罪に問われるのだろうか。ジョゼフ゠マリ・ポルタリス（民法典の父と謳われる人物の息子）は、無宗教や無神論を公衆の面前で表明することは「公序と良俗」への違反であると断言したが、この見解は「思想の自由」という原則によって論駁された。ロワイエ゠コラールが、錯綜する議論にひとまず決着をつけた。処罰の対象となるのは「意見」ではなく「壊乱」であり、痛烈な非難や嘲弄や攻撃のみが禁じられるのだという立場である。

「宗教道徳」を別立てにして可視化したいという願望が、保守派の宗教陣営から表明されたものであることは『ラルース大辞典』の記述からも察しがつく。ちなみにカトリックは一八一四年のルイ十八世による「憲章」で「国教」に返り咲いたが、コンコルダートを中核とする複数宗教の公認制度そのものは維持されていた。一八三〇年のルイ・フィリップによる「憲章」では「国教」が削除され「フランス人の大多数が信仰する宗教」という第一帝政期の表現が復活する。いずれにせよ数十年にわたり、国法が司法官に「宗教道徳」にかかわる審査を委託していたという事実を軽視してはなるまい。十九世紀の半ば、近代ヨーロッパは聖と俗の分割を推進するかたわらで、宗教に依存せずに自律的な道徳を定立できるかという重大な課題に直面していたのである(218)。本来であれば「ボヴァリー裁判」とは、法と文学と倫理学という三つの活動が交わるところで分析されるべき事象だろう。

秩序壊乱のメカニズム

さて、エルネスト・ピナールは、賢明にも論告の冒頭で、起訴にともなう困難にふれている。「公共道徳・宗教道徳および良俗の壊乱」の嫌疑で新聞の一論説を告発することは易しいが、小説は全体が一つの作品をなす。したがって、まず物語を客観的に要約したのち、原文を引用しつつ起訴事実を述べ、最後に審査の論理構成を明らかにしよう。そう予告して、まずは作品の筋書きが紹介されるのだが、たとえば、鈍重にして臆病な少年であったシャルルが妻の不貞にも気づかぬ夫になり、寡《やもめ》となったのちも愛慕の念をつのらせる、といった具合にヒロイン以外の登場人物たちも視野に入れ、物語は過不足なくまとめられている。ここからが本題で、検事は「公共道徳の侮辱」は猥褻(lascif)な場面描写に「宗教道徳の侮辱」は神聖な事物とないまぜになった扇情的なイメージにある、と簡潔に定義して、四つの場面の分析にとりかかる。第一は、ロドルフとの姦通。二番目は、二つの姦通にはさまれた宗教感情の一時的昂揚。三番目は、レオンとの姦通。四番目は、ボヴァリー夫人の死。

ご記憶のように、第二の宗教感情の昂揚も、第四のヒロインの死も、本書第I部で検討したものであり[219]、じつは検事ピナールの告発とわたしたちの読解のあいだに、齟齬といえるほどのものはない。エンマの宗教的な経験が官能の陶酔をともなっていること、愛人に語りかける言葉がそのまま神への祈りにあらわれることも、検事の指摘するとおり。「論告」の狙いはむしろ、低俗な文学ジャンルである小説のなかで「聖なる事物」に出会うこと自体が不愉快であり、しかも「姦通の女」であるヒロインは罪の意識もなく、悔悛の情も見せないという批判にあるようだ。終油の場面についても、聖なるものと世俗のもの、いやむしろ聖なるものと情欲をそそるものが混淆していることが問題視されている[220]。

だが、こうした宗教のエロス的な側面は、初聖体拝領や女子修道院寄宿学校の教育のなかでカトリック教会が少女たちに仄めかす信仰生活の誘惑と、深いところで呼応していることも、わたしたちは確認することができた。咎められるべきはむしろ――このような主張が十九世紀フランスで通用しなかったことは承知でいうのだが――女子ども向きの宗教教育に仕掛けられた甘い罠のほうではないか。

ところで『ラルース大辞典』の解説を信じるならば、一八一九年法第八条における「宗教道徳の壊乱」とは、過激なかたちで公然と無神論などの言辞を弄することにあるはずだが、だとしたら『ボヴァリー夫人』に、そうした意味での攻撃的な違反性はないと断言できる(221)。唯一、エンマの死の直後の記述――「突然に虚無が自分を襲った、そのことを納得し、あきらめるのは当座にあってまこと至難の業だ」――について、これは「不信心」の叫び、すくなくとも「懐疑主義」の叫びではないか、という検事の批判が、法文の意図に多少は則しているのかもしれない(222)。じつのところ、エルネスト・ピナールの論告から見えてくるのは、「宗教道徳の壊乱」の内実がなんとも曖昧模糊としているという事実にほかならない。これは『悪の華』裁判の記録を読んだときに大方の人がおぼえる印象でもあろう(223)。

こうしてわたしたちは「公共道徳」という、いっそう茫漠とした項目に送り返される。ピナールは予告した方針にしたがって、姦通にかかわる猥褻な描写を告発するのだが、だとしたら「公共道徳」は「良俗の壊乱」とほぼ同義であるということか。だが、論告の最後のページ、起訴の論理構成を示す部分からは、より重大で、文学作品の解釈という次元で興味深い展望が浮上する。検事はあらかじめ釘を刺し、姦通の罪を犯したヒロインが、心身の苦痛によって罰せられているのだから、作品の意図は道徳的なものであるという主張は認めないという。予想どおり口頭弁論で弁護士は、悪徳への嫌悪は美徳の涵養になると反論するのだが、こうした応酬はおそらくお定まりのものだろう。

この小説では、いかなる人物も、いかなる原則も「姦通」という行為そのものに鉄槌をくわえようとしない、したがって、これは「哲学的な見地からして不道徳」な書物であるとピナールは宣告するのである。まことに正鵠を射た指摘ではないか。そうなのだ、検事の論難するように「結婚生活の名誉」を体現すべきシャルルは、のっけから妻に支配されているのだし、「世論」を代弁するらしいオメーはグロテスクな人物だ、さらに人びとを導き「宗教感情」を育むはずの司祭のブールニジャンは、薬剤師と同じぐらいグロテスクで、まるで唯物論者のように肉体的な苦痛しか念頭にない。こうした検事の読解を、わたしたちは全面的に肯定しよう。一連の批判につづけてピナールが、著者フローベールの良心はどこに読みとるべきかと問いかけて、それが垣間見えるのは、エンマの死の直後におかれた例の無神論的な一文だと断言し、「突然に虚無が自分を襲った」という文章を引くときにも、わたしたちは慧眼の司法官に脱帽することにしよう。要するに「姦通の女」の主張する身勝手な道理がだれからも否定されないという事実そのものが許しがたいのだという「ひとりの男」としての検事の述懐も、個人的には理解できる。

さらに検事が展開するのは、持論というよりむしろ、時代公認の模範的な議論にちがいない。書物のなかに道徳が見出されないとしたら、「近代文明の根底をなすキリスト教道徳」のなかに、それを探し求めるべきであり、そのキリスト教道徳の名において、姦通は罪の烙印を押されている。それが幻滅や悔恨を招くからではなく、それが「家族に対する罪」であるからだ……。異論の余地はない。たしかに姦通はキリスト教によって断罪されており、しかもナポレオン法典は「神聖なる家族制度」の名において姦通を処罰するのである。宗教と世俗の道徳が一致して描きだした「市民社会の秩序」に、文学はどうかかわるか。王党派でカトリックのバルザックも、大衆の支持を得たアレクサンドル・デュマ父子も、この「秩序」そのものに異議を唱えようという意図はもたなかった。ところがフローベールの場合、作品のありようが即物的な意味において「秩序壊乱的」なのだ。

ここで私生活のエピソードをご紹介しておきたいのだが、文学仲間として青春を分かちあった友エルネスト・シュヴァリエが、検事補の職を得て結婚したときに、フローベールは二重の裏切りとみなして怒りを爆発させていた――今後はますます熱心に、秩序と、家庭と、財産を擁護するこったろう！(224)

ボヴァリー夫人は、姦通を賛美して悔いることもなく、よき母にも優しい嫁にもならず、夫に愛想をつかしたまま死んでゆく。そうすることで「秩序」への抵抗を貫徹したといえないだろうか。しかし、そう考えるなら「家父長的な秩序」をシステマティックに裏切ってしまうのは、むしろ夫のシャルル・ボヴァリーかもしれない。

『ボヴァリー夫人』の輝かしき違反性

ボードレールの指摘するごとく、エンマが行動力において「ほとんど男」であるとするならば、シャルルは事あるごとに男らしい行動を回避する。すべて母親の言いなりで、ようやく免許医になると干からびた未亡人とあっさり結婚し、せっかく寡夫の身になったというのにエンマを口説く度胸などはなく、見かねたルオー爺さんが自分から娘の承諾をとりつけてくれた。結婚初夜の翌日、エンマは涼しい顔をして「それと気どらすような顔や態度」は見せないが、シャルルのほうは「昨日までの処女」のように妻にまとわりつくのである。

夫としてのシャルルは寛容なだけではない。レオンが日夜出入りするのを不思議とも思わず、庭に忍んだロドルフが夫婦の寝室に合図の小石を投げても絶対に目覚めることはなく、ルーアンに逢い引きに通うエンマの度重なる嘘を鵜呑みにする。妻が病的に苛立ち育児を放棄しても、「おかあさんは子どもがうるさくするのをとてもおきらいなんだよ」と小さな娘をなだめるばかり。しかも父親が他界して多少の遺産を手にすると、わざわざ「委任状」を作成して財産の管理権を妻にゆだねてしまうのだ。ナポレオン法典が保証したはずの「夫権」を放棄したシャルルは、みずからを徹底的に「無能力化」したのであり、おかげでボヴァリー夫人は夫の不動産を勝手に処分し手形を切ることができた。そうでなければ、法的には未成年扱いの既婚婦人が、巨額の借金をすることは不可能なはず。しかしシャルルの「自己放棄」が常人の域を超えてしまうのは、やはり妻の姦通をめぐってのことだろう。

このころほどボヴァリー夫人が美しかったことはなかった。彼女は歓喜と感激と充足とが生む、あの言いようのない美しさを示した。〔…〕うるむ瞳がふかぶかと相手の心にしみ入るような恋の眼差《まなざし》——彼女の瞼はとくにその眼差のためにこそ刻まれたかと見えた。激しい吐息は薄い小鼻をふくらませ、肉づきのいい口もとをつりあげた。光がさすと、かすかな黒い産毛《うぶげ》がその口もとにかげをつくった。束ね髪が襟首にたれているところは、まるで、人の心をあやしくかき乱す術《すべ》に長じた画家の筆を思わせた。その髪は日ごとの密《みそか》ごとに解け散らうがままに、しどけなく、重い束に巻かれてあったのである。声はいっそうとろけるような抑揚を帯び、体つきも同じような柔らかみを添えた。見る人の体をつらぬく不可思議な何ものかが、彼女のドレスの襞《ひだ》や、土ふまずの曲線からさえ発散した。シャルルは彼女を新婚当時のようにうっとりとながめては、ただただ得も言われぬ美しさにうたれた[225]。

ロドルフとの愛が熟しきって駆け落ちの計画が恋人たちの話題になっていた時期のことである。バルザックやゾラにくらべたら、フローベールは描写に禁欲的な作家だが、それでもここは「姦通の女」の詩情《ポエジー》が爛熟の極致に至るところなのだから、とみずからに言い聞かせ、言葉の放蕩を許したのだろうか。エンマのとろける風情に見とれていた読者は、段落の最後で、ふと気づく。瞼や小鼻やかすかな産毛、そして重い髪の束から土ふまずの曲線まで、匂い立つような姦婦の魅惑を堪能する役目は、こともあろうに、裏切られた夫のほうに割り当てられているのである。なるほど、かりに鑑賞するのが、俗っぽい遊び人のロドルフであったなら、読者の感興も殺《そ》がれてしまうにちがいない。その一方で、妻の得も言われぬ美しさに魅入られた「寝取られ亭主」cocu は、愚者の役回りに沈潜することで、聖なる愛の深みに到達するかのようなのだ。

エンマの死後、シャルルは生計を立てる気力すら失って追憶に生きている。ある日、小机の秘密の仕切りをこじあけて、手紙の束を見出した。「今度こそはもう疑問の余地はない！」というテクストの感嘆符は、シャルルに帰属するのか、語り手のものか、それとも読者にも衝撃を分かちあえという合図なのだろうか。衝撃のあまり、じっさいシャルルは廃人のようになるのだが、市場に出かけてロドルフにぱったり出くわしてしまう。居酒屋でビールをまえに、やり場のない気まずさをかかえて向きあうふたりの男。もうあなたを恨んではいない、とシャルルはつぶやいて、こうつけくわえる。「運命のいたずらです！」語り手の評によれば「生涯を通じてのただの一度の名台詞」、そして寡黙な登場人物が口にする最後の台詞である[226]。

なぜこれほど念入りに、シャルルのみすぼらしい人生の結末が、逐一読者に報告されなければならないか。「姦通小説」として言うべきことがあったからにちがいない。『女の一生』におけるトルビアック神父の怒り[227]を思い出していただきたいのだが、配偶者の不貞を容認することは、宗教的には「罪深い迎合」complaisance criminelle に当たる。一方で、民法上の「姦通罪」が成立するには、裏切られた夫が「原告」として男らしく行動することが不可欠の条件なのである。シャルルの「許し」は、どこかいかがわしい。正確にいうなら、規範に肩すかしを食らわせようという意志を秘めた行為であるかのように、健全な市民の「秩序感覚」を逆撫でする。

要するに、十九世紀前半に着々と構築された市民社会の「秩序」の体系と、これにともなうジェンダー・イメージを、シャルル・ボヴァリーという人物はもののみごとに裏切っているのである。そもそも男らしく「父権・夫権」を行使しないことは、家父長制にもとづく国家の期待をはぐらかし、「秩序」の名において男性に課される諸々の責任から逃避することにほかなるまい。くり返せば検事ピナールが『ボヴァリー夫人』にはまっとうな男が登場しない、「道徳」を代弁する人物がいない、と批判するのは当たっている。ただし有産階級の既婚男性の利害にもとづく「秩序」のロジックこそが、司法の場で「公共道徳・宗教道徳」と呼ばれているものだという厳然たる事実に、あらためて注意を喚起しなければならないが。

かくして『ボヴァリー夫人』という小説が立ちあげた虚構のジェンダー構造は、近代性への辛辣な批判を内包したものとなる。ボードレールがいうようにエンマは男っぽいのだが、その傍らで夫のシャルルは自覚もないままに、男であることをやめたいという欲望をかかえている。両者はときおり性の境界をふみこえて漂流し、そのことにより、行動においても奇妙な相称性を見せることがある。寡《やもめ》になったシャルルが亡き妻を見倣って借金の証文に署名してみたり、生まれてはじめて洒落っ気を出してみたりするのも、生の反復と性の転換という二つの傾向がクロスした結果だろう。

「今後はますます熱心に、秩序と、家庭と、財産を擁護する」はずの検事補の友人エルネスト・シュヴァリエに対峙する人間として、フローベールはシャルル・ボヴァリーを造形し、フィクションの世界に送りこんだ。小説家は鬱屈したブルジョワ批判の破壊的願望を、この冴えない男に密かに注入したのではなかったか。バルザックのブルジョワ的エクリチュールとモーパッサンのプチ・ブルジョワ的エクリチュールのはざまにあって『ボヴァリー夫人』の違反性が燦然と輝くゆえんである。

第Ⅳ部　ライシテの時代の宗教文化

第一章　一九〇五年　政教分離法

1　一九〇四年　民法典百周年――変化する家族像

「民法典百周年記念論集」に寄せたアルベール・ソレルの「序論」

一九〇四年の四月、フランス大統領エミール・ルベは、イタリア王国のヴィットリオ・エマヌエレ三世を訪問した。一八七〇年に普仏戦争で敗退したフランスが、それまでローマ教皇領の守備に当たっていた軍隊を半島から撤退させると、イタリア王国はすかさず教皇領を占領してローマに遷都。以降、イタリア王国とローマ教皇との対立は、一九二九年にムッソリーニの政権がラテラノ条約を結ぶまでつづく。フランス大統領のローマ訪問は、純粋に外交的なものであったといわれるが、教皇ピウス十世は「教会の長女」たるフランスが、敵方のイタリア王国と結託してはならじと司教を召喚し、対抗措置をとる。かたやイタリアは、フランスを「反教権主義の国」として歓迎し、関係の冷却したフランスと教皇庁は、一九〇四年七月三十日、ついに国交断絶に至る。同年、十一月、首相エミール・コンブは諸教会を国家から分離して厳しい監視下に置く法案を議会に提出した(1)。

こうしてみると一九〇四年は「政教分離法」を視野に入れて激しく対立する陣営が、いわば前哨戦をくり広げた年

教皇庁を素通りするフランス大統領　これを見つめるピウス10世

だったといえる。その影に隠れてしまった感はあるものの、民法典をフランスが世界に誇る「国民的遺産《パトリモワーヌ》」として顕揚する百周年の記念行事が執り行われた。記念メダルが鋳造され、式典の会場ソルボンヌから遠からぬヴァンドーム広場では、女権拡張の運動家たちが集会をもち、象徴的な仕草として「男によって男のために書かれた男の法典」を焚書にしたという。最大の成果は、政府の援助をえて刊行された『百周年記念論集』だった。これが二〇〇四年、ジャン＝ルイ・アルペランによる数ページの解説つきで再刊されたものが、今、わたしの開いている大判千百ページの書物である。[2] アカデミー・フランセーズ会員の歴史家アルベール・ソレルによる「序論」は、さすが文人風のスタイルで、法典の政治的・文化的な貢献を高らかに謳いあげている。十九世紀の総括という意味で、本書の議論と呼応するところも多々あるから、五十ページほどの論考の概要を記しておこう。

　民法典百周年の記念行事は、正当にして愛国的な行為である、という言葉が劈頭に置かれ、つづいてフランス民法典はネイションに固有の特質をもちながら「自然の原則」を尊重することで、人類のための立法たらんとしたという指摘がある。法典はフランスの国土から生まれた立法にすぎないが、いつしか国外に伝播して、新たな土地に根づいている。ローマ法をのぞき、一国の社会法がこれほど広く浸透した例はないと著者はいう。

　君主制の時代から、市民法を統合しよう、地方語ではなく国民の言語によって共通の規則を定めようという動きはあった。とりわけルイ十四世は専門家を招集して法典編纂に当たらせたが、この方式は一八〇一年の民法典起草委員会に引きつがれる。ジャン・ドマをはじめ、太陽王の時代の偉大な法律家の著作には、万人のため、そして人類のための立法という野心が早くも語られており、これも革命期に継承された。アルベール・ソレルは、啓蒙思想の影響を軽視するものではないが、と断った上で、君主制時代の王令の蓄積にナポレオン法典の主たる源泉を認めている。革命以前との連続性を重んじるという意味では、トクヴィルの歴史観に近い。

一七八九年の人権宣言が信教の自由を保障して、すくなくとも原理的にはカトリックとプロテスタント、そしてユダヤ教が横並びになった。さらに戸籍と教会の秘蹟が分離され、前者が身分にかかわる「事実の確認」をおこなうことになったとソレルは述べる。人間の生死や婚姻を秘蹟とみなすカトリックの立場そのものが、戸籍制度によって否定されたわけではない。両者が併存するところから、民法の発想が生まれたという見方である。

民法典起草委員会におけるナポレオンの貢献については、非専門家としての介入が有効であったとソレルも高く評価する。とりわけ興味を誘うのは、文学的な知識をふまえたナポレオンの人間理解が法典には反映されているという指摘である。気楽な場での発言ということになっているが、ナポレオンいわく――『アンドロマック』『エディップ』『フェードル』『ミトリダート』など古典悲劇を見れば明らかなように、本物の傑作は、たいてい姦通を主な筋立てにしている、もっとひどい近親相姦という話もある、とにかくボーマルシェの『フィガロ』を、歴史の本を読んでみたまえ、どこを見ても掟に反して女を愛してしまったという話ばかりじゃないか。

このような発言を、一世紀のちの歴史家がどの史料から導き出したのかは不明だが、ソレルはたんなる文筆家ではない。創設されたばかりの自由政治学院で教鞭をとり『ヨーロッパとフランス革命』全八巻を刊行した研究者なのだから、今は見失われた資料や回想録などを山ほど読んでいたにちがいない。民法典の起草者たちが、性をめぐる道徳の規律を大きな課題と考えていたという指摘は傾聴に値しよう。ソレルの解釈によれば、民法典には編纂の過程で文学的な人間理解がたっぷりと注入されており、だからこそ、スタンダールをはじめ、民法の法文を修練の場とする作家たちが生まれたのだった(3)。

ひと言いいそえておきたいのだが、明治初期の日本のように、近代化＝西洋化の証しとして一日も早い民法制定を迫られた国では、法律と文学の関係といわれても実感がわかない。これに対して、本書第Ⅱ部でシャトーブリアンなどを例に考察したように、ロマン主義時代のフランスでは、政治と文学がいわば蜜月のカップルをなしていたのである。

さて、アルベール・ソレルは離婚制度には明確に反対の立場をとり、以下のように意見を述べる。民法は小説の素材となり社交の話題ともなって人びとに親しまれてきたのだが、とりわけ一八三〇年代からは女性解放という主題がクローズアップされた。ジョルジュ・サンドはその代表だけれど、今や、ほとんど読まれてはいないだろう。離婚についての論争は今日もつづいているが、これほどに巷の議論がはずむのは、それが民法にとって不可欠の要素ではないからだ。かつて民法に組みこまれていたが、そこからはずされ、ふたたび導入されたというだけのことであり、昨今の改変にかかわっているのは、家族に関する法の一般原則ではない。じっさいのところは、個人の悩みや苦しみへの配慮という観点から、司法が離婚の復活を考え、政治がこれに同調したのであり、要するに立法に対して司法が優位に立って先導した結果の変革である。しかも、一八八四年の離婚法成立から四半世紀近くが過ぎた今、その悪影響は計り知れない……。

いつでも離婚ができる結婚などは「公然たる同棲」のようなものだという意見は、どうやら昔からあったらしい(4)。その一方で、解消不能な結婚の絆という数十年来の伝統のなかで、苦悩や悲劇がくり返され、反抗する魂の叫びがあり、幸福と愛を求める声が谺《こだま》してきたのも事実だった、とソレルは指摘する。アレクサンドル・デュマ・フィスからポール・ブルジェまで、それぞれの作家が離婚の正当性をめぐる論争を文学の素材とした。しかし民法から最大の恩恵を蒙ったのは、なんといっても演劇だった。それこそ裁判記録をそのまま上演してみせたような作品もあるではないか。そうしたわけで文学作品において、熱い関心をもって議論される問題の筆頭は「離婚」だが、ほかにも「自然子」あるいは「雇用主と労働者」「主人と召使い」なども重要なテーマとなっている。つづけてアルベール・ソレルは、バルザックの作品にふれて民法と文学との深い結びつきを強調する。以上のような「序論」の全体が、民法典礼賛という色調に染まっているのは予想どおりだが、時代の変化への対応が求められていないわけではない。工業化の進展により流動性のました国民生活のなかで、家族が根こぎになり、家族信仰そのものが脅かされている、民法が対象とする女性は持参金つきで結婚する階級の人びとだったが、無産階級の女性や職業婦人への配慮が必要ではないか、等々。

この『百周年記念論集』には、上述のようにジャン＝ルイ・アルペランの解説がついている。現代の法学者は、ソレルを革命の直系というより、フランスの遺産を顕揚する「ナショナリスト」と位置づける。そしてソレルの論考が、民法の文化への根づき(acculturation)という現象を丁寧に描いていることに注意を喚起する。二十世紀の幕開けに、ひとりの歴史家が一世紀をふり返り、民法と文学が社会を律した時代であったと回顧しているのである。そこであらためて、アルペラン自身の著作を繙いて、十九世紀を展望してみることにしたい。

ジャン＝ルイ・アルペランの展望と「家族法の手直し」

『一八〇四年以降の私法の歴史』の第一部「民法典の解釈」第二章のタイトルは「家族の秩序」となっている。民法典は、革命によって権威を失っていた「家族」に秩序をもたらした、それと同時に「国家という大家族」にも秩序をもたらした、という言葉は、ナポレオンに重用された法律家ジャン・ギヨーム・ロクレのもの。本書でもポルタリスを引いて紹介したように、近代的な秩序において「家族」は人間の結びつきの普遍的モデルとみなされる。「大家族」としての「国家」が無数の「家族」の上に立って采配をふるうというイメージである。(5)「家庭内の権威」と「政治的な安定」は不可分であるという了解は、その後もゆらぐことがない。王政復古期はいうまでもなく、一八三〇年に王位に就いたルイ・フィリップは八人の子持ち、家族と国民に敬愛される父親を演じることを好んだし、つづくナポレオン三世も、大ナポレオンをみならって、家族を神聖な価値とみなしていた。(6)

第二帝政期、公共道徳を攻撃した罪に問われ、家族の価値を侵犯した廉《かど》で告発された代表的な作家三名の名をジャン＝ルイ・アルペランは挙げている。すなわちフローベール、ボードレール、そしてナケ。「ナケ法」とも呼ばれる一八八四年の離婚法については、すでに何度か言及したが、一八六九年、この法律家は『宗教、所有、家族』という書物のなかで、結婚という制度そのものが「自由の侵害」なのだと喝破して、四ヵ月の実刑を食らったのである。(7)

離婚の可否は、民法成立時にも最大の論点であり、ポルタリスの『民法典序論』も多くのページを割いていた。(8) これが十九世紀をつうじて論争の的になりつづけるのは、宗教と世俗の対立の焦点だったからというだけでなく、現実にこの問題が、結婚とは何か、推奨される家族像はいかなるものかという問いに深くかかわっているからにほかならない。世紀の初頭、ユルトラ王党派の信念を代弁したのはルイ・ド・ボナルドであり、離婚を認めれば「情熱恋愛の権利を暗黙のうちに認める」ことになる、それは「姦通を合法化する」ものであり、「家庭内に真正の民主主義を導き入れる」ことになる、と警鐘を鳴らしていた。(9)

一八一六年に離婚が廃止されてまもなく、離婚復活の運動が起き、七月王政以降、なんどか議会で審議されたものの、採択には至らなかった。その一方で、文学者たちの発言は勢いを増し、ヴィクトル・ユゴー、デュマ・フィス、ジョルジュ・サンドなどが論陣を張ったほか、草創期のフェミニズムも声を上げるようになる。そして第三共和制のはじめ、一八七六年と一八七八年に、アルフレッド・ナケは早くも離婚法を提案しているが、とりあえず共和派の反応は慎重だった。(10)

さて、アルペランの著作を駆け足でたどっているところだが、第二部「民法典の修正」第二章のタイトルは「家族法の手直し」となっており、冒頭の話題として「緩慢な女性解放」という小見出しが掲げてある。共和主義者たちによる家族法改訂の第一弾は、一八八四年七月二十七日の離婚法だった。アルペランによれば、この法律は女性のために起草されたわけではないのだが、それでも家族のなかに——平等とはいわぬまでも——より多くの自由をもたらしたことは確かだった。アルフレッド・ナケと同志たちの執念が果たした役割は大きかった。国民議会での議論は加熱し、これが「道徳に貢献する法律」であると主張するナケに対し、さる司教があからさまなユダヤ人差別の言辞を弄して攻撃を仕掛けたという。一方では教皇レオ十三世が回勅によって介入し、カトリック勢力が動いたことで、共和派が糾合された。法案の可決は、すくなくともその場の風景としては、教会の影響力に対する政教分離派の勝利という様相を帯びたのである。

こうして夫婦のいずれかの過失を理由とした離婚が認められるようになった。画期的なのは「姦通」をめぐる理不尽なまでの男女差別が撤廃されたことである。その一方で刑法の姦通規定は差別的なままに残されたが、適用されることがまれになる。とはいえ一八八四年法の採択によって離婚論争が終結したわけではなかった。手続を簡易化する法律などがつぎつぎに提案され、ほぼ四十年のあいだ、議論は継続された。ちなみに国民議会における離婚法裁決の場面では、ジュール・フェリー、レオン・ガンベッタ、ワルデック・ルソーは棄権、ブリッソンは反対票を投じている[11]。この問題をめぐる共和主義者の統一見解はなかったし、とりわけ法律家には、慎重な立場をとる者が多かった。『百周年記念論集』のアルベール・ソレルがとくに反動的というわけではないのだろう。

離婚法・姦通小説・モーパッサン

離婚法をめぐる議論を熱い関心とともに見守っていた作家、それはモーパッサンである。第Ⅲ部「姦通小説論」で見たように、一八八五年に刊行された長編小説『ベラミ』では、待ちかまえていたように、成立したばかりのナケ法が活用されていた。野心家の主人公が長年の協力者だった妻を離縁して、ユダヤ人資本家の娘を手に入れるというのが、大団円のプロットで、その大博打の切り札となったのが、この法律なのである[12]。

モーパッサンはジャーナリストでもあった。離婚法成立の一月半ほどまえの一八八四年六月十二日、大手日刊紙「ル・フィガロ」に「離婚と戯曲」と題した署名記事が掲載された。離婚ができるようになってしまったら、文学はネタがなくなって途方に暮れるだろう、という趣旨の軽妙にして皮肉たっぷりのエッセイを、かいつまんでご紹介しておきたい。

今日、役場の命じる貞操義務とやらは、ブーローニュの森で芝生に入るなという禁令と同じぐらい無視されている。合法的に夫婦の絆を断ち切ることが許されるようになったことで、この義務は、遵守されるとはいわぬまでも、ある種の尊厳を身にまとうことだろう。ドン・キホーテよろしく、解消できぬ結婚という敵に独り立ちむかったムッシュー・ナケが数えたてた理由のほかにも色々と理由があって、離婚の復活は大いに結構である。その一方で、離婚という新しい現象から、習俗や文学、とりわけ戯曲が、いったいどんな影響を受けるものか、興味津々、見守ることにしよう。十八世紀の『マノン・レスコー』から今日のアルフォンス・ドーデまでを読めば、時代によって結婚をめぐるモラルが異なることはわかる。[13]

> しかるに、昔も今も、作家たちはもっぱら姦通という主題のなかで仕事をやってきたのである。結婚の契りは断ち切れないという大前提のおかげで、著者たちのしたたかな想像力は、数えきれぬほどのシチュエーションや、どんでん返しや、結末を産みだすことができた。なかでも戯曲というジャンルは、夫婦をがんじがらめに縛ってきた民法の条文に、熱烈な感謝を捧げるべきだろう。[14]

今後、文学の視点は、どんなふうに変わってゆくか？　そもそも夫の名誉という問題はどこに行ってしまうのだろう？　結婚を解消できなかった時代の男たちは、面子《めんつ》を立てるための選択を迫られた。妻の姦通の相手を殺すという手法は、どうにもおぞましい。目をつぶって知らぬふりというのも、なんだか見苦しい。とはいえ許してしまえば滑稽な男になり、その後の結婚生活がうまくゆくはずはない。今後はありがたいことに、女房をしたたかに打擲《ちょうちゃく》し、離婚の事由をつくって、法の名において縁を切ればよいのである。おかげで結婚というドラマは簡単明瞭になった。しかし、この先ドラマをつくる作家たちは、不意にネタ切れになってしまったようなもので、劇的なエンディングを見つけるのに、さぞや苦労することだろう。離婚を命じる判決で幕が降りるというのでは、あまりに芸がない……。辛辣なジョークの連続射撃のような文章だけれど、趣旨はご理解いただけよう。バルザック『ペール・ゴリオ』の例を思いおこすなら、賭け事好きの美青年に貢ぎつづけた妻に対抗して、自分の遺産を守ろうとするレストー伯爵が、最後通牒をつきつける場面。

「アナスタジー。わたしはすべてを沈黙のうちに葬ることにする。このまま一緒に暮らそう。子どもたちがいるからな。わたしはトラーユ氏を決闘で殺しはしない。こちらが負けることもあるし、決闘以外の方法で身を守ろうとすれば、法の正義と衝突するかもしれない。彼がおまえと抱き合っているところを殺したりすれば、子どもたちの不名誉になるだろう[15]」

このあと伯爵は、三人の子どもたちのうち愛人の子ではない自分の実子がいるか正直にいえ、と妻に迫る。愛人については、相手と闘って決着をつける気もなく、闇の手段に訴えて厄介払いするつもりもない、という説明につづき、まるでヤクザのように「抱き合っているところを殺す」という仮説が持ちだされるけれど、これは刑法三二四条「夫が妻の姦通現場において妻および相手の男性を殺害した場合に宥恕される」という規定への仄めかし。男らしい男にとって、男の名誉を守るための殺人は、許される行為なのである。

ソレルやアルペランがくり返し示唆するように、ナポレオン法典の法文は、じつに生々しい人間ドラマを想定して起草されている。そのことにより、男の名誉なるものを法的に隈取りし、男たちにプレッシャーをかけてきたともいえる。大前提にあるのは、妻は夫の監督下におかれた所有物のようなものであり、結婚が解消できない以上、男たる者、監督権を放棄できないという宿命的な構図だろう。こうしてナポレオン法典は、暗黙のうちに「決闘の美学」を推奨する。じっさい夫権・父権の巨大化した家父長的な社会において、脅かされるのは女性の権利だけではない。男らしい男、夫らしい夫、父親らしい父親になれない男性たちにとって、ナポレオン法典の顕揚する「ジェンダー秩序」は、生きにくいものなのだ。レストー伯爵は「介立恵与」という奇策を弄し、実子に遺産を相続させる父親の理想像に応えようとした。ペール・ゴリオは、みずから作りあげた怪物的な父親像に押しつぶされ、聖なる父性というイメージに殉じたのだった。ボヴァリー夫人の夫シャルルも、男らしくない男、夫権を行使できない夫であるという意味で、ジェンダー秩序の落ちこぼれだった。愛するエンマと同様に、シャルル自身も苦難の道を歩み、すべてがおわったとき「運命のいたずらです！」とつぶやいたのである。

世紀末のモーパッサンが目の当たりにしたのは、明らかに十九世紀の前半とは異なる「ジェンダー秩序」だった。離婚法の成立は、そのような「秩序」の変様に促され、これを反映したものといえるのだが、一方で新法の制定は「秩序」の変様をいやが上にも加速させるだろう。その影響は習俗と文学にただちにあらわれるはず、さぞや見物《みもの》だろう、とジャーナリストは他人事のように面白がってみせる。

それはそれとして、小説家モーパッサンは『女の一生』により、一八〇四年の民法が浸透しつつある時代の地方風俗と家族像を念入りに描き、『ベラミ』では、結婚をもっぱら出世の手段とみなす現代青年を主人公に抜擢し、『ピエールとジャン』では、家父長的権威を放棄した小市民の隠居を登場させた。無数にある短篇も合わせ読んでみれば、いっそう明確になるはずだが、モーパッサンの小説は、ナポレオン法典を脱構築することで、結婚という制度から聖なるヴェールを剝ぎ取ってみせる。フローベールもモーパッサンも生涯独身だった。師匠の「散文」の神髄を理解したとはいえぬモーパッサンではあるけれど、友人が結婚して検事補となったときに怒りを爆発させたフローベールの人生観は(16)、それなりに受けついでいたのである。

あらためてモーパッサンのエッセイに依拠するなら、解消できないからこそ結婚は悲壮な人間ドラマとしての迫力をもちつづけたのであり、離婚法の成立とともに、文学は「姦通」という主題への興味を失ってゆく。民法とは、国民が一人残らずそのなかに組みこまれる国家お墨付きの法制度であり、十九世紀には、これが内包する父権的なジェンダー秩序への挑戦であるという意味で「姦通」が無尽蔵の文学的源泉となっていた。世紀末のフランスで力をもちはじめた都市の住民たち、とりわけ小市民や労働者階級に、ナポレオン的な家族像は馴染まない。ここに至って「姦通小説」の時代もおわる。

2　コンコルダートからライシテへ——宗教は「私的領域」の問題か？

「諸教会と国家の分離に関する法」成立まで

カトリシズムと反教権主義という思想的な潮流を「二つのフランス」に見立て、国民が二分されて競い合うという闘争の物語を想定した上で、後者の勝利という結末から十九世紀の大きな流れをふり返るという方法は、歴史叙述として単純に過ぎる——これが本書の立場であることは、くり返すまでもない。それにしても、十八世紀末と十九世紀半ば、二度にわたって誕生したフランス共和国は、あまりにも短命だった。第二帝政崩壊後のフランスにおいて、大革命の理想を信奉する人びとは、共和国が生きながらえるためには宗教勢力との全面的な対決は避けられぬと考え、そこに歴史の宿命のようなものを見出していたにちがいない。この時点では国民の目にも「二つの陣営」が、あるていど明確に見えていたはずだ。

この章の冒頭でも依拠した書物だが、ジャン・ボベロ『フランスにおける脱宗教性《ライシテ》の歴史』を参照しつつ、一九〇五年十二月九日の「諸教会と国家の分離に関する法」が成立するまでの経緯を概観しておこう。第三共和制による政教分離を先導したのは、学校教育の現場を対象にした政策だった。立役者は一八七九年から一八八三年までに三回にわたり公教育大臣の職にあったジュール・フェリーと、彼の理論的な協力者であり『教育学・初等教育辞典』を編纂したフェルディナン・ビュイッソン。改革は女子教育の分野からはじまった。一八七九年八月法は、各県につき一つの女子師範学校の運営を義務づけた。一八八〇年十二月のカミーユ・セー法は、女子のリセとコレージュの創設を

4.

5.

6.

10.

11.

12.

共和国の軌跡をたどる　1. 工場から吹き寄せる嵐と共和国の危機　2. バリケードの上で生まれおち　3. 4. 理想主義の教育をヴィクトル・ユゴーにほどこされ　5. 6. 労働者階級とともに青春を愛したが　7. ジュール・フェリーの時代を頂点に　8. 9. 10. 軍人、聖職者、裁判官、つぎつぎ悪い男と付き合って　11. しまいにブルジョワの女房におさまった　12. そして青春の恋はどこへやら　13. 敵方に身を売って　14. 残るは思い出のみとなりはてる（「アシエット・オ・ブール」1905 年 7 月 15 日）

1.

2.

3.

7.

8.

9.

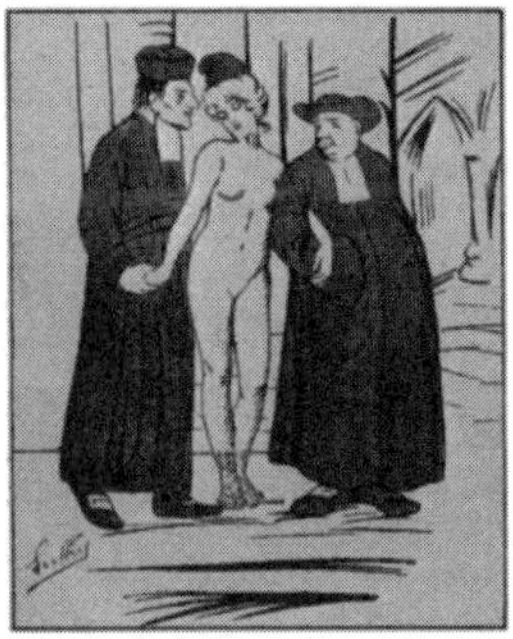

13.

14.

謳い、さらに宗教教育を選択科目に格下げした。「妻の魂は司祭に支配されていて、自分は肉体しか「所有」していないと嘆く夫は少なくない」とボベロは指摘する。

同年、コングレガシオン（修道会）をターゲットとする二つの政令《デクレ》が公布された。イエズス会の強制的な解散が命じられ、これまで野放しだった非認可修道院は登録が義務づけられた。この要求に応えた者はなく、騒乱のなかで二七一の施設が閉鎖されたのだが、それらの施設は平信徒の力で維持されて、数年のうちに修道士が復帰したという。[17] 一八八二年三月二十八日法は、公教育における「ライシテ原則」を定めている。諸科目の筆頭に道徳・市民教育が掲げられたこと、週一回の休日をもうけて学外でカテキズムの教育を受けられるように配慮したこと、司祭に教育の監督や指導の権利をあたえた一八五〇年ファルー法の規定が撤廃されたことが主眼といえる。さらに一八八六年十月三十日のゴブレ法は、初等教育の教員を非聖職者とすることを定めている。

しばしば指摘されることだが、ジュール・フェリーは思想的にも行動においても穏健だった。一八八二年の末、小学校の教室から十字架をとりはずすことをめぐる通達が知事宛てに送られたが、それは良識あるカトリック信徒たちの合意を得たときに実行されればよいというニュアンスのものだった（だからといって現場の衝撃が回避されたわけではない）。さらにフェリーは、教皇庁とも連絡をとり、コンコルダートの尊重と植民地におけるカトリック布教の保護を約束した。[18]

学校教育以外の分野における脱宗教化《ライシザシオン》のプロセスを、いくつか確認しておこう。一八八四年七月、「ナケ法」により離婚がふたたび可能となる。同年、死者の信仰や自殺など死亡時の状況によって墓地に差別を設けることが禁じられる。また憲法が改正されて、議会の開会時に教会や寺院で公共の祈りが捧げられるという慣習が撤廃された。一八八五年には国立のカトリック神学部が廃止され、これに代わって翌年、高等研究院の宗教学部門が「科学的」な宗教研究をめざすこととされた。

ジャン・ボベロによるなら、この時期、ライシテ推進派と争っていたのは一部の「非妥協的なカトリック」だった。国民の多くは共和国に進歩と社会的上昇の希望を託しつつ、教会とも折り合いをつけようという立場をとっていた。家庭内の役割分担という意味で、女性は教会との連絡係を務め、男性は相対的に信仰から離れているが、両親は子どもがカテキズムに通い聖体拝領をおこなうべきだと考えており、結婚式や葬式には宗教が欠かせないというのが社会通念だった。一方で一八七八年に教皇の座についたレオ十三世は、学校の脱宗教化に対する暴力的な反対運動を戒めるなど、柔軟に時局に対応し、共和制の政体も認めた上で「ラリマン」すなわち現体制への協力を呼びかけていた。

こうしたなかで共和派は着実に勢力を伸ばし、これに対峙する陣営は危機感を募らせる。新たな政治・行政組織には「マイノリティ宗派」に属する者が少なからずいたところから、共和国は「ユダヤ教・フリーメイソン・プロテスタントの隠謀」の巣窟だといわんばかりの誹謗中傷が飛び交うようになる。一八八六年、エドゥアール・ドリュモンが『ユダヤ的フランス』を刊行したのにつづいて、両陣営の戦列は、布置を変化させてゆく。それまでは反教権主義を旗印に労働者・社会主義者のフランスとブルジョワ的でリベラルなフランスが結びついていたのだが、反セム主義はこの同盟を解体させた。そして「ユダヤの脅威」という捏造された危機が喧伝されるなかで、教権主義のカトリックと労働者・社会主義者が提携した。次節で見るように『小間使いの日記』が描きだすのは、まさにこうした世相である。「マイノリティ嫌悪」の苛立ちが募っているところに、一八九四年、スパイ嫌疑でユダヤ人の大尉ドレフュスが逮捕され、流刑となった。一八九八年、ドレフュスの再審が決まり、作家エミール・ゾラは「われ、弾劾す」を日刊紙「オロール」に送りつける。政治的な決断をもって自覚的に行動する「知識人」たちが社会集団として顕在化したのは、この頃だった[19]。

世論が沸騰するなかで、反ドレフュス派の中核をなす教権主義と修道会の影響力に対する闘争が展開される。一八九九年、ワルデック・ルソーが共和国防衛内閣の首相となり、アソシアシオン（非営利社団）に関する一九〇一年七月一日法が成立[20]。一般の結社には自由が保障されたが、修道会だけは法人格を得るために国の承認が必要であるとされた。権力闘争の勝敗もさることながら、法案の理論的な構造に注目したい。高村学人『アソシアシオンへの自由――〈共和国〉の論理』には、つぎのような解説がある。ワルデック・ルソーによれば「結社の自由」が一人で行使される「思索の自由」「文章を書く自由」などと異なるのは、これが「他の市民との相互了解であるところの契約の存在」を前提とするからだ。ところで修道会は、団体としての性質が民法典の諸原則に反している。修道会は、服従・清貧・貞節の「終身誓願」vœux を立てることを求めるが、これは「終身義務」engagement perpétuel を禁じる民法典に違反しており、修道会はしたがって、人格を廃止して「民事的死」を意味するものだというのである。(21)

ディドロの『修道女』などを読めばわかることだが、修道会の誓願が人間の自然的な権利を否定するものだという考え方自体は新しいものではない。じつは離婚制度賛成派の議論にも、解消不能な結婚を「終身誓願」になぞらえるものがあり、モーパッサンも「離婚と戯曲」でその種の仄めかしをやっていた。(22) 重要なのは何よりも、修道会を特別の規定のもとに置くという一九〇一年法の発想の基盤には、ワルデック・ルソーによる民法典の解釈、すなわち個人を擁護する「市民社会」société civile の原則は「宗教的権力」pouvoir religieux に対して優位に立つという確信が横たわっているという点だろう。(23)

一九〇二年、急進派のエミール・コンブが首相となった。当時、修道会系の学校に通っていた児童数は、一二五万。コンブは一九〇三年の新学期までに一万を超える学校を閉鎖した。国外に亡命した修道士、修道女は三万人以上。もっとも閉鎖された学校の半数以上が、修道服を脱いだ還俗者の教師たちを再雇用して、じきに再開されている。政教分離法制定前夜のフランスが、いかに騒然たる空気につつまれていたか、ご想像いただけよう。(24) 一九〇五年一月にエミール・コンブは退陣。自由主義的で宗教勢力との宥和を求めるアリスティッド・ブリアンのもとで法案が策定されて、一九〇五年十二月九日法が成立した。

「ライシテ」をめぐるルネ・レモンの法文解釈

少し観点を変え、一世紀前の「諸教会と国家の分離に関する法律」が、今日のフランスにとどまらず、現代世界における宗教と国家の関係を考える際にも、特別の意味をもつ参照点となっている理由を以下のような手順で問うてみたい。まずは、わたし自身が共感をおぼえて、二〇一〇年に翻訳出版したルネ・レモン『政教分離を問いなおす』の立ち位置を紹介する。[25] プロテスタント系の出自であるジャン・ボベロの論考では、政教分離の進展を共和国の成果とみなし、発展的かつポジティヴに捉える傾向が顕著であるのに対し、[26] カトリック信徒であるルネ・レモンは、ライシテ原則には全面的に賛同する一方で、排除されてゆく人間たちの視点を優先しつつ繊細な解釈をこころみる。その政治学と歴史叙述には、透徹した知性にくわえ、いってみれば文学的な陰影のようなものが感じられるのだ。

つづけて次項では、名著として知られるホセ・カサノヴァ『近代世界の公共宗教』[27] を繙くことにしたい。ご存じの方も多いはずだが、フランスの政教分離は「私的領域における宗教の自由」を保障するシステムとみなされている。[28] その基底をなす「公私二元論」は、中立的な公的領域を確保して、そこに「普遍的市民権」を定立するための大枠なのであり、上述のようにナポレオン法典の土台ともなっていた。[29] これに対してカサノヴァは、早くも一九九四年に、宗教の「私事化」で物語の幕が降りるわけではないことを明らかにした。むしろ宗教の「脱私事化」こそが今日の趨勢であり、それは伝統的な宗教が放棄したことのない「本質」だというのである。

さて一九〇五年の政教分離法は一般に、フランスの国是である「ライシテ」を定義したものとみなされている。しかるに法律のテクストには、この語彙はない。著名な人物の権威ある発言が、万人の認める定義として、どこかに掲げられているわけでもない。一方で、一九四六年のフランス第四共和制憲法では「ライシテ」の形容詞「ライック」が第一条を飾り、「フランスは、不可分にしてライック、民主的かつ社会的な共和国である」と謳われている。政教関係を定義する「ライシテ」が、共和国のアイデンティティであることは、いつのまにか国民的な了解となったのである。だからこそ、政教分離法百周年に当たる二〇〇五年には、国家的な事業として記念式典がおこなわれ、大学や研究機関、行政機関や市民団体がシンポジウムを開催し、書店には関連書籍が山積みになった。おりしもフランスはムスリムのスカーフ問題に揺れており、二〇〇三年七月、シラク大統領は二十名の有識者からなる「共和国におけるライシテ原則の適用に関する検討委員会」通称「スタジ委員会」を招集した。[30] ジャン・ボベロとルネ・レモンは、ともに委員会メンバーである。その翌年、大統領は一九〇五年法を「寺院の円柱」になぞらえ、これが憲法に準じる法的構築物の一部をなすと宣言した。ルネ・レモンの展望によれば、このシラク演説は、一世紀前にジャン・ジョレスが政教分離法に捧げた「大革命以来わが国で試みられた最も偉大なもの」という熱烈な賛辞に呼応するものであるという。[31]

さながら「不可侵」であるかのように祀りあげられた一九〇五年の法文は何を語っているか。第一条は「共和国は信条の自由を保障」し、さらに「礼拝の自由な実践を保護」すると宣言する。[32] ルネ・レモンの解説によれば、前半は「人権宣言」につらなり、後半は一世紀にわたって実行されてきたことの再確認であるという。国家と教会は分離されるが、にもかかわらず礼拝の実践については、国家の「保護」が与えられるというところがポイントなのである（garantir とは assurer より積極的な保障であるという）。第二条は「共和国はいかなる宗派も公認せず、いかなる宗派に対しても俸給の支払いや補助金の交付を行なわない」と宣言する。これまでの「公認宗教」の活動は、公権力がかかわる活動とみなされており、したがって国家はその財源にも責任を負うとされていた。新たな体制においては、聖職者への俸給の支払いや補助金は廃止される。これを宗教的な活動の privatisation と形容することも可能だろうとルネ・レモンは指摘する。文脈からして、ここには「民営化」という訳語を当てたのだが、「私事化」とも訳せる語彙であることに注意を喚起しておこう。じっさい私的な活動には私的な財源を充てるというのが、時代の政治哲学のリベラルな流れにも添う方式だった。

ところで「公認する」reconnaître という動詞をめぐる解釈の相違があって、これが今日も見当違いな論争や誤解の源になっている。教条主義的なライシテ推進派の議論のなかには、第二条の趣旨を、国家は宗教の存在そのものを認めず、宗教的なものとの接触を拒む、国家と宗教の協調などは論外であると解釈する向きがないわけではない。これに対してルネ・レモンは、この動詞が指し示すのは、ナポレオンが立ちあげた「公認宗教体制」であると指摘する。すなわちコンコルダートと付属条項にもとづき、国家が四つの宗派を「公認」し、その活動を公に保障していた十九世紀の制度は廃止されるという宣言なのである。(33)これら第一条と第二条は「永続的な原則」を謳ったものであり、じっさいに現代のライシテの基礎をなす法文とみなすことができる。

その一方で法律は、当座の政治的な課題と国民の精神状態に鑑みて、具体的な問題に対処する方法を提案しなければならない。一九〇五年法はコンコルダート体制からの脱却と新たなシステムへの移行をめざすものだった。それゆえ法文の大方は、教会財産、とりわけ礼拝に必要とされるものすべてを、いかに民間の組織に移管するか、国家予算から俸給を支払われていた聖職者の雇用をどうするか、といった現実的な規定に当てられている。戦時などに非常事態への対応のために立ちあげられる時限付きの立法を loi de circonstances（「強制措置」という訳語が当てられる）というが、一九〇五年法の条文にも、そうした側面が少なからずあるとルネ・レモンは指摘する。

第三条以下、すなわち理念のマニフェストにつづく現実の課題というところで、一九〇一年のアソシアシオン法が活用された。ルネ・レモンの解説するところによれば、十九世紀の市民社会は、結社や職業組合などの中間団体を排除することにより、市民という名の個人に還元されて空洞化していたのだが、そのなかで諸教会のみが、法的に承認されるという特権を享受してきたのである。一九〇五年法は、この例外的な状況の終焉を意味していた。この法律によって、アソシアシオンの枠組のなかに「信徒団体」association cultuelle という範疇が設けられ、これが教会資産の移転先となった。また、この団体は聖堂や教会などの宗教建造物の無償使用権の帰属先とされ、構成員から分担金を徴収しうるほか、信仰・礼拝の経費に当てるために贈与・遺贈を受領することができる。(34)以上が宗教活動の「民営化」の要点であり、プロテスタントとユダヤ教は早速この枠組を利用したが、カトリックは拒絶した。フランスがローマ教皇庁との関係を修復し、カトリックが信徒団体を結成したのは一九二〇年代のことである。

一九〇五年法の定めた政教分離の方式は、受け皿としての信徒会の立ちあげとならび、教会財産の目録作成を当初の目標としており、そのため官憲が修道院に踏み入るなど暴力的な事件も引きおこされた。そうしたわけで、法の制定直後は「二つのフランス」の闘争が鎮静化されるどころではなかったし、とりわけカトリックの一般信徒にとって、学校の教室における十字架の撤去をはじめ、二十年来の事の推移は、共和国による威圧的な排除と感じられるものだった。しかし、その後も宗教勢力と政権との対話や議論はつづけられ、新たな法律も策定されて、現場の問題が調整されてゆく。そして肝心の「ライシテ原則」は、つねに論争の的でありながら、今日では多くのフランス人が深く愛着する「共和国の価値」となっている。

もっとも重大な論点は、本節のタイトルでも示唆したように「宗教とは私的なものか公的なものか」という問いにかかっていると思われる。宗教は本質において個人的なことがらであり、私的な空間に閉じこめておけばよい、宗教が社会的な空間に出ることを禁じておけば、聖職者の介入から社会を守ることができる、したがって信教の自由も保障される、という論法が一方にある。ルネ・レモンが解き明かすところによれば、これは単純すぎる議論なのだが、じっさいにはこのような思考法が、公共空間における宗教的な標章の排除を定める規定の発想源にもなっていた。学校におけるムスリム女子生徒のスカーフ着用を禁じた二〇〇四年三月十五日法も、潜在的には、こうしたライシテ解釈にもとづいており、十九世紀末においても同様に、公立小学校や市町村役場、あるいは国会や墓地などから宗教のマークを消すことが急務とみなされた。公共圏の中立化という要求は、それ自体は正当なものであるのだが、周知のように現代世界では、この原則のために無数の摩擦や衝突が引きおこされている。フランスの歴史的経験は、ケーススタディとしても注目されるだろう。

ところで信仰を生きる個人の真の経験としてみれば、礼拝ほどに社会的・公的なものはない、とルネ・レモンは主張するのである。カトリックの礼拝が実践されるためには、しかるべき建物と一連の聖具が必要とされるだけでなく、ローマ教皇を頂点として真理を伝達する人間組織、ピラミッド型の「位階制」が維持されなければならない。

じっさい一九二四年に誕生したカトリックの信徒団体は、司教区を単位とする特殊な形態をとっている。そのこと、つまり礼拝は社会的な基盤なくしては実践できぬ活動であるという認識は、一九〇五年の政教分離法においても、暗黙の了解となっていた――これがルネ・レモンの見解なのである。第二条の法文は、共和国は聖職者に給与を支払わないと述べたあと、ただちに、学校の寄宿舎、病院、監獄、兵営などの閉鎖的空間に配属される施設付き司祭は、公的資金により雇用されるという特則を設けている。国家はそれぞれの宗派による礼拝の大枠について、国民全体に責任を負うというのが、一九〇五年法がうち立てた「永続的な原則」のひとつということになる。

そこで、あらためて問うてみよう。かりに宗教が「私的領域」の問題であるとしたら、そのような理解は、いつ、どのような経緯で生まれたものなのか？

ホセ・カサノヴァによる宗教の「私事化」と「脱私事化」

「公／私の区別は、近代的な社会秩序のあらゆる概念にとって決定的であり、また宗教そのものはもともと、近代史における私的領域と公的領域との分化に関連している[35]」――ホセ・カサノヴァ『近代世界の公共宗教』の二章「私的宗教と公共宗教」からの引用である。著者がつづいて指摘するところによれば、「宗教は私事である」という言表は、二重の意味で西洋近代にとって重要であるという。第一にそれは、宗教的自由こそが「最初の自由」であり、あらゆる近代の自由の前提条件でもあることを示唆している。じっさい「私的領域」が行政の侵入や教会のコントロールをまぬかれているのであれば、ここに「プライヴァシーの権利」が生まれ、近代の自由主義や個人主義の基礎を提供することができる。それゆえ宗教の私事化は近代性にとって本質的なものといえる。

第二に、宗教の私事化は、近代の社会秩序と本質的にむすびついている。それは「近代を構成する制度的な分化のプロセス」にかかわっており、宗教が私的領域に退くことによって、「世俗的領域が教会のコントロールや宗教的規範から自らを解放するという近代の歴史的プロセス」が発動し、促進された。こうして新たな制度が分化して社会秩序が再編されてゆき、それにともない、たとえば近代科学や、資本主義市場や、近代国家の官僚制などが、あたかも神が存在しないかのように機能するようになったのである。[36]

　宗教の私事化によって、個人の自由の礎石が据えられ、その一方で、宗教のコントロールを受けぬ世俗的領域が分化していったというカサノヴァの分析は、フランス十九世紀についてわたしたちが確認してきたことがらにも符合する。国民アイデンティティを立ちあげる作業も、国民文学の創造も、新たに分化した世俗的領域、すなわち本書第II部で「ライックな公共圏」と呼んだ空間で展開されていた。それは宗教に管理されずに宗教を語ることが可能になった場でもある。ボードレールやフローベールの「違反性」は、まさにカサノヴァの描出する「近代性」のなかで培われた文学の特性なのであり、当然のことながら、宗教が政治と不可分であったアンシャン・レジーム期における異端や冒瀆とは異質なものだった。

　ところでホセ・カサノヴァの野心的な著作の中心をなす命題は、近現代における宗教の「脱私事化」deprivatization と呼ぶべき現象である。一九八〇年代から顕著になり、今日も議論を呼んでいる「ニューエイジ」の霊性運動や、さまざまのカルトの成長、福音主義プロテスタンティズムの拡大などは、わたしたちも本書の序章で、問題提起として視野に入れている。近年になって、宗教活動が予想外の「公共性」を獲得したように見えることについては、カサノヴァも冒頭で、ひと言ふれてはいるのだが、『近代世界の公共宗教』が正面から分析するのは、題名からも明らかなように、もともと公共性を認められてきた伝統的宗教のダイナミックな動向である。スペイン、ポーランド、ブラジル、アメリカなどにおけるキリスト教の諸宗派が、それぞれに国家、国民、市民社会と切り結んできた関係を、著者は個別的な歴史に即して読み解いてゆく。その作業をつうじて「ほとんどの宗教的伝統は、世俗化のプロセスにも、またそれに伴いがちな私事化と周縁化のプロセスにも、ずっと抵抗してきた[37]」という事実を検証しようというのである。「近代宗教の脱私事化」と題した終章で、カサノヴァはこう述べる。

私事化と脱私事化は、近代世界における諸宗教にとって、歴史的なオプションなのである。いくつかの宗教は、伝統や原則や歴史的状況によって、基本的に個人を救済する私的宗教に止まるだろう。対照的に、他の宗教のなかには、ある文化的伝統や宗教的教義的な原則や歴史的な状況によって、少なくとも臨時的に、公的領域へと誘導されてくるものもあるだろう。(38)

じっさい宗教の私事化は近代性の前提として避けることのできない決断だった。しかるに実態において公共宗教としての伝統をもつ教会が、私事化と周縁化のプロセスを抵抗もせず受けいれることはありえない。カサノヴァは念を押すようにこう語る――教義においても、文化的な伝統においても、公的で共同体的なアイデンティティをもつ宗教は、公的役割を進んで引き受ける、その一方で個人の救済を第一義とするような私的な宗教として「見えない」宗教になることを拒む。(39)

おわかりのように、十九世紀フランスのカトリックとは、そのような意味合いにおいて、したたかなまでに強固な「公共宗教」だった。ルネ・レモンの示唆するように一九〇五年法は――歴史のオプションとして――限定的な私事化と民営化を誘導したのだが、それでドラマが終結したというわけではない。

「世俗化論」の三つの命題

一九〇五年法の射程とは、要するにいかなるものなのか。ルネ・レモンによる総括に依拠するなら、この法律の主たる目標は、制度を清算することであり、百年のあいだ実効性をもっていた政教関係に、ここで終止符が打たれたのだった。法律の制定は、自立をめざすライックな国家と真理を語ると自負する教会との権力闘争が最終段階に至ったことの証しでもあった。カトリック教会は、個人に対しても集団に対しても発言権をもつと自任しており、非妥協的な教会と実証主義の共和国は、イデオロギー闘争の決着をつけなければならなかった。さらに「政教分離」は、カト

学校の壁から十字架を撤去する——嘆き悲しむ修道女と生徒と父兄

リックという宗教を国民のアイデンティティから切り離すという効果ももたらした[40]。

そうしたわけで世紀末から第一次世界大戦にかけての習俗や時代風景の変化について、これを「宗教的なものの後退」というひと言で片づけてしまうのは、あまりに短絡的なのである。ホセ・カサノヴァは、一般に「世俗化論」として通用しているものが、じつは不均質な三つの命題からなっていると指摘する。すなわち「宗教的な制度や規範から世俗的領域が分化していくという意味での世俗化、宗教的信仰心や実践が衰退していくという意味での世俗化、宗教が私事化され周縁的領域に追いやられていくという意味での世俗化[41]」という三つである。

すでに確認したように、宗教のコントロールをまぬかれた世俗的領域が分化するというプロセスは、たとえば市民社会にとって、あるいは文学をふくむ大方の知的営みにとって、活動領域の拡大と自由化を意味するだろう。自由に宗教を論じることができるようになったという意味で、神学者や聖職者の占有していた領域が、いわば解禁されたのである。くり返し述べたように、教会に足をはこぶ人が減るという現象が、おのずと宗教そのものへの無関心を裏づけているとはかぎらない。フローベールはじめ多くの小説家の作品が示しているように、それと併行して、宗教的な事象一般が、まさに世俗的な意味合いで興味や関心の的となってゆくのだから。さらにつけくわえるなら、カサノヴァもいうように「私事化」された伝統宗教は、ただちに「脱私事化」の戦略を練りはじめるにちがいない。それゆえ「宗教的なもの」は、ここで衰退したというより、ある種の変質を遂げたと考えるべきだろう。これが本書、第Ⅳ部で検討したいことがらなのだけれど、議論を先取りすれば、ここで浮上するのは、信仰生活の「私事化」という命題とセットになった「文化としての宗教」という命題であるはずだ。宗教的な事象の重心は文化の領域へと大きくシフトして、やがて個人のアイデンティティという問題構成に組みこまれることになる。

一九〇五年法が国民のアイデンティティから宗教を決定的なかたちで切り離したことにより、宗教が「真理」の名において政治に介入するという構図は過去のものとなった。しかし現実の市民社会は、入り組んだ親密圏と公共圏によって構造化されており、つねに「宗教的なもの」の介入を受けている。あらためて大きな射程で考えてみたいのだが、なぜ、この時期に、とりわけ宗教的標章が問題にされたのか。いや、そもそも、この時期まで目に見える「宗教的マーカー」[42]が批判され、攻撃されたことはなかったのだろうか。世紀末の公立小学校における十字架の排除は、たまたま突出した事件として鮮やかに歴史の記憶に刻まれているけれど、先行する事例も視野に入れてみよう。「私事化」の要求と「脱私事化」の願望とのあいだの綱引きという意味では、グローバル化した現代におけるスカーフ問題も、さまざまの宗教的シンボルをめぐる確執も、同じ議論の延長上にある。ヨーロッパ近代から世界中に伝播した「公／私二元論」には長く複雑な歴史があり、論争は今日もつづいている。

3　宗教文化と公共圏――アイデンティティの可視化を求めて

鐘の音　十字架　マリア像　宗教行事

典礼や儀式の細部まで厳密に定められ、ミサという集団礼拝が義務づけられているカトリックが、本来的に「可視化」を求める公共宗教であることは、あらためて強調するまでもない。じつは、公立小学校の十字架問題をまつまでもなく、カトリック側がおそらく既得権とみなして公共圏にもちこみつづけた宗教文化の数々は、十九世紀をとおし、しばしば紛争の種になっていた。批判の声を上げたのは、プロテスタントやユダヤ教など、法的には横並びとみなされた「公認宗教」の聖職者や信徒たち、そして当時の用語では「自由思想家」と呼ばれた信仰離れした人びとなどである。

文化史の第一人者アラン・コルバンに『音の風景』という大著がある。原題をそのまま訳せば「大地の鐘――十九世紀の田園地帯における音の風景と感性の文化」となる。[43] フランス革命のころ、教会の鐘を鳴らすことは「狂信」の証拠とされて禁じられており、大量に廃棄された鐘から大砲が鋳造された時期もあった。その後コンコルダート締結により宗教再生の気運が高まったとき、信徒たちは欣喜して復活した教会の鐘の音に耳を傾けた。十九世紀フランスで生活する者たちは、鐘の音に導かれて暦の行事や冠婚葬祭を執り行い、ミサの時刻を告げる鐘の音に合わせて農作業などの日課をこなしていた。ところで鐘の音を管理するのは、土地のカトリック聖職者であって、市町村の役場や他の宗派は、いかなる発言権ももたないのだろうか。これは予想される異議申し立てであり、コルバンの著作には、無数のトラブルや果てしない論争が、膨大な史料にもとづき紹介されている。

朝から晩まで、ある件で鐘が鳴り、また別の件で鐘が鳴る。今日は聖母マリアの祝日、また別の日は聖ヨセフの祝日。ミサにつぐミサの知らせで、鐘は鳴り止む気配もない。どうやら、あの連中には、ほかにやることがまったくないようです。隣近所をうんざりさせ、あおり立てることは、彼らにいわせれば、使徒伝来のローマ・カトリックにふさわしい気晴らしなのでしょうか。〔…〕フランス第二の都市の一角に住みながら、ここは宗教共同体の真っ只中という感じです。[44]

復活祭の日に鳴らされる鐘

一八八七年、マルセイユの住民が知事宛てに送った書簡である。引用はパトリック・カバネル『諸宗教とライシテのはざまで――十九世紀から二十一世紀にかけてのフランスの道』より。お気づきのように、音ほどに要領よく公共圏を独り占めするものはない。一般に視覚的な情報は見えないようにすればよいのだが、これに対して――イスラームのアザーン（礼拝の時間を告げる声）についてもいわれるように――音の情報に関しては、これを遮断する権利つまり「静寂」への権利が保障されなければ、社会の脱宗教化は進展しないだろう。

生活環境と一体をなしており、見えないようにすることが不可能な視覚情報もある。たとえば近代フランスの全土に広がっていたはずの「カトリック的風景」を思い描いていただきたい。一九〇五年法により修道会が教育施設や宗教施設のかなりの部分を手放し、非宗教的な墓地がふえたため、ずいぶんと宗教色はうすくなったが、今日でも、都市や集落の中心には、かならず教会や聖堂がある。それに十九世紀には、周囲の景観を威圧するようなカトリックのモニュメントが新たに誕生した。ピレネー山脈裾野の寒村だったルルドには、教会のみならず近代的な宿泊施設や病院まで完備した聖地が出現した。オーヴェルニュ地方のル・ピュイ＝アン＝ヴレでは、クリミア戦争で奪った大砲から鋳造された巨大なマリア像が山腹から町を睥睨しているし、もっと身近な例としては、信徒の喜捨で建立されたパリのサクレ＝クール

サクレ＝クール寺院の大鐘の搬入（1895年）

は、モンマルトルの丘から近代科学の粋エッフェル塔をにらみ、これに挑んでいるかのようにも見える。

一方で、カトリック教会の閉鎖空間は、たとえば告解室など、自由思想家や無神論者にとっては不穏な空想をかき立てられるものだった。しかし、さらに重大なのは、信仰のシンボルがじわじわと公共空間に進出するという事態だった。革命後の信仰復活運動のなかで、とりわけ一八二〇年代には、町や村の広場、あるいは私有地に、巨大なキリスト磔刑の十字架が建てられた。しかるにプロテスタントはイエス像やマリア像の礼拝を認めない。それゆえ、十字架上の救い主の腕の下を日々通行しなければならないのは迷惑な話だった。じっさいカトリック以外の住人の多い市町村のアーカイヴには、十字架が破壊され、住民のあいだで紛争が起きたといった記録がのこされている。一九〇五年法以降、カトリックの信徒会が結成されなかった時期は、国が教会の建物を管理していたのだが、一九一二年には、一般市民の意志を反映して、教会の鐘を非宗教的な冠婚葬祭などの情報伝達の手段に使うという法案が作成されたこともある。ただし、法律が成立することはなかった(45)。

とりわけ頻繁に小競り合いの原因になったのは、僧服、聖体行列、そして葬儀の方式だった。臨終の床にある信徒のもとに聖油をたずさえた正装の司祭が足を運ぶ光景は、昔からくり返されてきたものではあるけれど、宗教に対して距離をとりはじめた住人に、不快な衝撃をあたえずにはおかなかった。『ボヴァリー夫人』では、エンマの枕辺におもむくブールニジャンの姿を見かけたオメーが、お決まりの台詞を吐いて、聖職者を「死人のにおいをかぎつけて飛んで来る鴉《からす》」になぞらえる。(46)

聖体行列についてはフローベールの『純な心』が参考になるだろう。住民は当番を組んで教会の年中行事に参加する、そして仮祭壇の準備などを担当するのだが、なにしろ大祝日の行列は「公道」を舞台とするイヴェントなのである。沿道の家は壁に白布を垂らし、人びとは帽子を脱いで敬意を表さなければならないという決まりがあった。しかし、そうした習慣はプロテスタントの信徒にも強制されるのか？　そう問われてみれば、カトリックの礼拝行為が公共圏を一時的に占拠していることは、否定できない事実である。第三共和制の一八八〇年代になると、地方自治体が混乱を予想して行列を禁じる命令を出すこともあった。臨終の儀式や葬儀などについては、教会による公的空間でのマニフェストが縮小されたのは、一九六〇年代以降、第二ヴァチカン会議の決定によるという。(47)

O・ミルボーの女中とM・パニョルの少年が見た「政教分離」

一九〇〇年前後の精神風土や習俗を活写した小説を二つ、ならべて読んでみたい。一方は、暗く鬱屈した社会批判と反教権主義の情念にささえられ、他方は共和国の明るい未来を寿《ことほ》ぐ作品である。文学史や講読の教材として同じ枠組におかれることはまずないが、いずれの場合も、市民生活における宗教の存在感や役割が大きく変容しつつあることに注目し、政教関係の時事的な問題を柱のひとつとして構成されている。

一方は、第Ⅲ部第四章でもとりあげたオクターヴ・ミルボーの『小間使いの日記』だが、ヒロインの宗教感情と生活習慣がいかに報告されているかを確認しておこう。ノルマンディの田舎町で偽善的なブルジョワのお屋敷に住みこむことになった幕開けから十ページほどのところ、自己紹介の一端としてセレスティーヌはこう語る——自分は乱れた生活を送ってはいるけれど、幸いなことに真面目な宗教感情をもっている、堕落の縁《ふち》で思いとどまることができるのは、宗教があるおかげ、これで聖母マリアさまとか聖人さまとかがいなかったら、どんなに不幸になることか(48)……と、殊勝に述べたあと、改行して、それにしても、あたしは男に抵抗できない性格《たち》だから、と話はつづくのだから、アイロニーのただようテクストであることを承知で読む必要がある。

第三章の冒頭でもふたたび宗教が話題になるのだが、およそのところを要約するなら――以前にもいったように、あたしは信心深いというほどじゃないけれど、でも、宗教心はある、人がなんといおうと、宗教は宗教ですからね、金持はそんなもの、なくってもやっていけると思うけど、あたしたちみたいな人間には宗教が不可欠、たしかに妙な連中が宗教を利用していたり、司祭や修道女が恥ずかしいことをやってみたり、いろいろあるけれど、でも不幸な娘にとっては、これしかないわけよ、それと、恋愛があるけれど、あれは別よね、だからあたしは、どんな不信心な家に雇われても、ミサは欠かさないことにしている、だいいち、ミサはお出かけの口実になる、うんざりする毎日の仕事からちょっとばかり解放されて、知り合いもできるし、噂話も聞けるし、そうよ、以前に教会堂から出てきたとき、なかなか紳士風の爺さんたちが近づいてきて、怪しげなことを囁いたっけ、あのとき話を聞いていたら、今ごろ、こんなところにいないのだけれど(49)……。というわけで、またしても不謹慎な方向に話が逸れてゆく。ベストセラーになるだけのことはあって「日記」の書き手は、軽妙な読み物としての勘所を知っている。

セレスティーヌは都会風でお洒落な娘なのだが、同じ屋敷に仕える無骨な下男の隠微で男くさい性的魅力の虜になっている。おそらく森のなかで少女を犯して殺した犯人であり、反ドレフュス派の運動員で、見境のないユダヤ人嫌い、そして熱心なカトリック信徒。この人物造形も、同時代の読者にとっては荒唐無稽どころか、現実味をおびたものだったにちがいない。反資本主義から反ユダヤ主義へと推移してドレフュス攻撃の牙城となった新聞「リーブル・パロール」を購読し、模範的な召使いで通っているけれど、主人の家で窃盗をはたらき、遠くの町で一旗あげる計画を練っている。この屈強な中年男は、プロテスタント、フリーメイソン、自由思想家を十把一絡げにして、教会に足を踏みいれぬごろつきだ、隠れユダヤ人だと憎悪する。だからといって聖職者を尊敬するというふうでもなくれ、ただ宗教が大切だと考えているだけなのだ[50]。

以前にも指摘したように、フローベールの場合、フェリシテの内面の言葉までが木訥な女中にふさわしく造形されているのに対し、ミルボーの小間使いは、しばしば本当らしさを逸脱し、作家の思考力と表現力を代行してしまう。たとえばセレスティーヌが自分の職業について省察する断章。召使いというのは健全な社会的身分ではない、「ハイブリッド」な怪物のような人間なのだ、庶民の出ではあるけれど、もはや庶民とはいえず、かといってブルジョワジーになれるわけではない、民衆の素朴な力を失い、ブルジョワの恥ずべき悪徳を身につけたが、その悪徳を実現する手段はもたない、魂は汚され、乙に澄ましたブルジョワ社会にいるけれど、ドブのような臭気にやられて、気持の安らぎさえ失っている[51]……。つづけて同じような論調のブルジョワ批判を訳出しておこう。なるほど文体はヒロインのものだけれど、あまりに激越かつ露悪的で、作家自身の憤怒の捌け口になっているようにも見える。

ああ、ブルジョワってやつは！　まったく終わりのない芝居みたい！　ずいぶんと、いろんな人を見せてもらったわ。どいつもこいつも同じようなもの……たとえばですよ、共和派の議員さんに雇われたこともあった。その人、ひっきりなしに坊さんに毒づいていた……空威張りなのよ、お見せしたいわ！……宗教とか、教皇とか、修道女とか、耳にするだけで不快だとかいって……話を真に受けたら、教会は全部ひっくり返せ、修道院は全部爆破しちまえって口ぶりなんだけど……ところが、日曜になると、その人、こっそりと遠くの小教区まで行って、ミサに参列しているの……ちょっと体の調子がわるくなると、すぐ神父さんに来てもらえっていうし、子どもたちは全員イエズス会の施設に預けてましたよ。弟が教会で結婚式をやろうとしなかったという理由で、金輪際、会おうとしなかった。タイプはそれぞれ違うけど、そろいもそろって偽善者で、卑怯で、嫌なやつばかり[52]……

なぜそこまで罵るのかと首をかしげたくもなるのだが、一九〇〇年に刊行されて、二十万部を売った同時代小説である。信仰の内実を失い、保守層の社会的ステータスあるいは心理的アリバイのために実践される形骸化した宗教が、じっさい目に余るようなかたちで存在し、批判や反感にさらされていたのだろう。華々しさに欠ける歴史の影の部分、その鬱屈した現実は、小説でなければ描けない。オクターヴ・ミルボーは「小間使い」の周縁化された視点を借りて、ブルジョワ社会に浸透したカトリック的習俗のあいまいな役回りを遠慮会釈なく暴いてみせた。

政教分離との関連でかならず参照されるのは、マルセル・パニョル『父の大手柄』である。著者は公立小学校の教員の長男として一八九五年マルセイユに生まれ、学校では成績優秀、奨学金を得てエリートコースをあゆみ、映画監督、劇作家、小説家として活躍、一九四六年にはアカデミー・フランセーズの会員となる。一九五七年に、少年期の思い出を糧に書きつづった上記の自伝的な作品が、大きな評判を呼んだ。平明で滋味あふれるフランス語ゆえに、いやそれ以上に「共和国」や「ライシテ」や「ライックな道徳」について考える格好の素材であるために、マルセル少年を主人公とした一連の作品は、今日でも学校教育の「推薦図書」「課題図書」とみなされている。日本でもフランス語講読の教材でこの少年に出会った人はいるにちがいない。ミルボーの同時代小説が重苦しいアイロニーにみたされているのと反対に、パニョルの回想は、はじけるような笑いとユーモアにあふれている。

マルセル少年の一家は、『モンテ゠クリスト伯爵』のメルセデスやフェルナンと同じくスペインに祖先をもつ。代々職人の家系だったが、語り手の父親が小学校の先生になったのは、社会的な上昇の見本である。「当時の初等師範学校は、まさに神学校のようだった、ただし、そこでは神学の研究が、反教権主義の講義でおきかえられていた」という文章にはじまるページでは、つぎのような見解が述べられる。師範学校において若者たちに示唆されるのは、教会はつねに抑圧の手先だったという事実である。司祭の目標は、地獄や天国の寓話を聞かせては、大衆に無知の目隠しをすることであり、そもそも腹黒い司祭たちは、あのラテン語というちんぷんかんぷんな言語で信者たちを惑わせている、教皇庁を代表するのは醜聞にまみれたボルジア家であり、王侯たちも民から血税をしぼり、放蕩に明け暮れてきた、等々。こんな具合に、歴史の講義は「共和国的真実」のためにねじ曲げられたのである、と述べてから、語り手は付言する。べつに共和国に恨みがあるわけではない、いつの時代にも歴史の本は、政府のプロパガンダの場になってきたのだから。

さらにつづけて語り手はいう。当時の師範学校の生徒たちが信じるところによれば、友愛と善意が爆発した大革命は、寛容を讃える牧歌的な時代だった。その「ライックな天使たち」がギロチンで殺し合いをやったことに、どうして生徒たちの注意が喚起されずにすんだのか、不思議でならないが。もっとも神父さんのほうだって、昔の異端審問は今日の親族会議のようなもので、異端者やユダヤ人を火あぶりにしたのは天国に送ってやるためだったと信じていたのである。要するに人間の理性など頼りないもので、大方は、信じたことを正当化するのにしか役立たない。師範学校で教えられたのは、反教権主義と脱宗教化された歴史だけではない。第三の主題は反アルコールのキャンペーン。マルセルの父親がとりわけ敵意を露わに見せるのは、修道院で製造される国王允可《いんか》の食後酒で、ここには教会とアルコールと王権という三位一体が凝縮されているのだった。[53]

こんなふうに、ジュール・フェリーの改革が設営したライックな公立学校と時代の世相風俗が、教権主義と反教権主義のカリカチュアを交えて回想されてゆく。主人公が九歳になった年のヴァカンスの出来事が物語の中心となるのだが、作者の生年をそのまま適用するなら、これは一九〇四年、政教分離法制定の前夜に当たる。大袈裟に隈取りされてはいるけれど、記述は歴史の真実を裏切ってはいないだろう。とりわけ師範学校についての文章は、ライシテの研究者が好んで引用するものだ。[54]アカデミー・フランセーズの会員たるマルセル・パニョルは「国民アイデンティティ」を思いがけぬ方向から照らしだし、共和国の源泉に立ち返る麗しき記憶の書物を世に贈ったとみなされている。

話の内容は、光あふれる南仏の自然、名もなき人びとが送る日々の生活、その微笑ましいエピソードにつきる。マルセルの母親の姉と結婚したジュール伯父さんは、県庁につとめ、法学部出身で一家の知識人とみなされている。父と伯父の関係はすこぶる良好だったが、伯父はなんとミサに通っている！（と原文にも感嘆符がついている）しかも月に二度、告解をしていることが判明し、周囲に困惑が広がった。その件が父と伯父のあいだで公然と話題になれば、親族同士の絶交は避けられない[55]。冗談めかした記述になっているけれど、『小間使いの日記』でも暗示されていたように、当人たちにとっては深刻な生き方の選択だった。

たとえ神さまがいなくても、しかるべき学校教育により、未来のフランス国民に道徳を教えこむことができる――これが「ライックな学校」の信念である。それゆえマルセルの父親は、事あるごとに先生らしい探究心を見せ、科学的な知識を披露し、「ライックな正義」とは何かを子どもたちに考えさせようとする。「精霊が原」という抹香臭い地名を聞いただけで父親が眉をひそめる場面には「ライックな眉毛[56]」という珍妙な形容があらわれる。一方でジュール伯父さんは、一世紀も昔のカトリックの論客ラムネーの説教を読んで聞かせ、カトリックの道徳なるものを説く。マルセル少年が受け狙いの冗談でこれに応え、伯父さんが逆上する。今や唯物論をめぐる大人同士の大論争がはじまりそうな雲行きだ[57]。

父親がたまたま狩で立派な獲物を仕留め、神父さまが記念写真を撮ってくれたという出来事がヴァカンスの大団円となる。最後に仄めかされるのは、大人たちは適当に折りあいをつけており、少年が信じているほどに、学校と教会は反目していないという事実である。ジュール・フェリーの共和国が推奨する新しい父親像にも注目しよう。父の姿を見て子は育つ、いかにナイーヴな善人であろうと父親は、人生の先達として息子に尊敬されなければならないのである。ここで強調されているのは、十九世紀的な家父長の「権力」とはまったく異質な何かだが、それなりに父と息子を拘束する人生訓ともいえる。下手な鉄砲が偶然仕留めた「バルタヴェル」（岩しゃこ）のおかげで、少年の目に映る父の理想像はからくも救われた。作品の表題 *La Gloire de mon père* には「父の栄光」という含意がある。

4　教授たちの共和国——チボーデからモナ・オズーフへ

一九二四年　左翼カルテルの勝利

マルセル・パニョルの自伝的小説はシリーズになっており、第二作『母のお城』には、九歳のヴァカンスが終わりマルセイユの家にもどった少年が、学校の「栄光」をになって受験勉強に励み、それこそ先生たちも総出で指導に当たってくれて、みごとエリート校の奨学金を仕留めるというエピソードがある。(58)

「奨学生」boursier と「遺産相続者」héritier という対立的な分類法は、フランス第三共和制の社会構造を説明するために、よく使われたものらしい。いや、この枠組が今日も過去のものとはなっていない証拠に、二〇一一年アカデミー・フランセーズの五人目の女性会員になった作家ダニエル・サルナーヴに対し、(59)歓迎の演説をするドミニック・フェルナンデスが、開口一番「貴女は遺産相続者ではない」Vous n'êtes pas une héritière と高らかに呼びかけていた。貴女は精神の力だけで社会的な上昇を遂げた人間であり、フランスの歴史において、それは例外とはいわぬまでも、稀なことなのだ、そうした「人生の軌跡の美しさと勇気」ゆえに、貴女はこのアカデミーに迎えられた、といった趣旨の文章がつづく。ダニエルの母親は小さな村の学校教師であり、幼いマルセルと同様に、親が教壇に立つ教室で初等教育を受けたのだった。(60)ちなみにピエール・ブルデューの初期の研究成果にも『遺産相続者たち——学生と文化』(61)という書物があることをご存じの方は多いだろう。「遺産相続者」という語彙が、フランス共和国の「栄光」を担った「奨学生」の対義語であることを想起しないと、ブルデューやフェルナンデスのレトリックが暗示するものは読みとれない。

すでに見たように第一帝政期以来、国家の基盤となったのは「名望家」notables と呼ばれる裕福な土地所有者であり、(62)なかでも営々と国民国家を建設したのは法学部で学んだ男性たちだった。しかし、こうした時代も、どこかで終わる。そしてアルベール・チボーデいうところの「教授たちの共和国」が到来するのだが、新しい文脈での「奨学生」とは未来の「教授」にほかならない。チボーデについては、フランスの近代小説を専攻した者なら、文学史の著作や名著フローベール論は手に取ったことがあるだろうし、プルーストがチボーデに触発されてフローベールの文体について珠玉のエッセイを書いたことも、常識として知っているだろう(63)。ちなみに現時点のフランス版ウィキペディアは、ベルクソンの弟子であり「新フランス評論」NRFに寄稿する批評家という紹介のあと、二〇〇六年に再刊された『教授たちの共和国』(64)にふれ、ルネ・レモンの言葉を引いて「政治思想史を創始した人物」と太鼓判を押している。アルベール・チボーデは文学と政治という二重の相貌において、新たに脚光を浴びているように見える。

友人宛ての書簡というスタイルの『教授たちの共和国』は、一九二四年五月十二日十三時のエピソードからはじまっている——わたしは一連の講演会を引き受けてロンドンに滞在中だったが、現地のフランス大使が歓迎の昼食会を開いてくれた。おりしも大使は本国から選挙結果の報せを受けとったばかりのところで、それはフランスの国政と同時に大使自身のキャリアにも重大な影響をおよぼす劇的な出来事だった。大使は老獪な外交的手腕で鳴らした十八世紀の宮廷人シュワズール公爵を彷彿させる人物だが、テーブルに着きながら、わたしにこういったのだ——「いやはや、ムッシュー、これで法学部と政治学院が高等師範に席をゆずることになりますな」。

仄めかされているのは、右派勢力に対する左翼カルテルの地滑り的勝利。その夜のパリでは、エドゥアール・エリオ、ポール・パンルヴェ、レオン・ブルムというそろって高等師範学校出の三巨頭が固く抱擁し合い、議会制の国フランスのイメージを人びとの目に焼きつけたのだった。つづく話題は同じ日のロンドンでの講演会なのだが、その日のテーマは、たまたまアルベール・ソレルだった。ご記憶のように、あの民法典百周年記念論集の巻頭エッセイを執筆した歴史家で、一九〇六年に物故している。チボーデの評価によれば、ソレルは「大きな歴史」を語ることに長《た》けた一流半の大歴史家ということになる。そうした旧世代の骨太の歴史学が、この頃はこぢんまりした個別研究ばかりになってしまったという、日本の大学でも昨今よく耳にするような苦言がひと言そえられている。講演会に同席したフランス大使は、たまたまソレルの教え子でもあり、チボーデの論題について、じつに的確な意見を述べるので、主催者から「たとえ大使をお辞めになっても、文学方面でキャリアを積むことができますな」とお世辞をいわれたのだった。大使はチボーデにささやいた――「さすがイギリス、恐るべき情報通ですな、もう選挙結果のおかげでわたしが首になることを知っている！」

じっさい大使は左派の新政権から引導を渡され、どちらかというと反動的な文筆家に転身した。この文人外交官の風貌と教養と弁舌を、チボーデは小説的な手法で活写したのち、こう述べる。政治学院を卒業した彼は、知的な貴族の出身だが、今や脚光を浴びているのは、かつてのドレフュス派青年闘士たちである。おわかりのように、新しい世代の社会的な出自とメンタリティを描出し、知識人が先導する政治の「ラディカリズム」について考察することが、『教授たちの共和国』という著作の眼目となるだろう。幕開けの洒脱なエピソードは、現代政治のダイナミズムを大胆な筆致で素描したものであり、大使による「法学部と政治学院が高等師範学校に席をゆずることになる」という寸評は、かりに国家を牽引する知性というものがあるとしたら、その担い手はだれか、という政治思想史の大問題に、簡潔な予言的回答をあたえたものとして紹介されているのである(65)。

ここでチボーデの著作の本論を読むまえに、国民教育の時代背景を確認しておきたい。おおづかみにするなら、一九二四年五月までは、法学部を高等教育の基礎とするナポレオンの構想が、ほぼ持続する効果をもたらしていた。なにしろ第三共和制を構築した政治家や代議士たちは、大方が弁護士の経歴をもつ者で占められていた。時の流れに沿ってガンベッタ、ジュール・フェリー、ワルデック・ルソー、ミルラン、ポワンカレと大物政治家たちの名を挙げてみれば、全員が法学の専門教育を受けた者たちなのである。この年の選挙でポワンカレ首相率いる右派の政治勢力が敗退したとき、ひとつの時代に幕が降りた。

奨学生 vs. 遺産相続者

十九世紀的な「弁護士たちの近代国家」という発想が、教育制度のなかで後退してゆく経緯は、大村敦志『20世紀フランス民法学から』の第1編「共和国の民法学」で周到に分析されている[66]。事の発端は、共和国による高等教育の再編にあった。大村氏の著作とクリストフ・シャルル／ジャック・ヴェルジェ『大学の歴史』を参照しながら、要点のみ確認しておけば、法学部と医学部を中心とするナポレオンの大学に対し、飛躍的に拡充されたのは文学部と理学部である。改革をへて生まれ変わった「新ソルボンヌ」では、文学部の学生数が一八七九年の二三八人から一九一四年の六五八六人へ、同じく理学部は二九三人から七三三〇人へと増加した。文学部の卒業生は中等教育の教師、理学部の卒業生は産業界の幹部職への就職の道が開かれた[67]。研究教育の内容も刷新されて、文学部では、エミール・デュルケムの社会学、エルネスト・ラヴィスの歴史学、そしてギュスターヴ・ランソンの文学史が、今日におよぶ人文社会系の学問の礎《いしずえ》をきずいたのである[68]。一方、法学部では政治経済が導入されたが、文学部と事情が異なるのは、一八七二年に「自由政治学院」Ecole Libre des Sciences Politiques という私学のライヴァル組織が誕生したことだった。「法学部と政治学院が高等師範に席をゆずる」という大使の台詞で「法学部と政治学院」と並び称されているのがこれであり、上述のように大使自身は後者の卒業生だった。今日も「パリ政治学院」は、フランスのエリート養成機関として官吏や政治経済の世界に卒業生を送りこんでいる（sciences politiques を略して「シアンスポ」という通称で呼ばれる）。ご存じのようにフランスには、教養教育を基盤とする「大学」と並列し、職業教育機関としての「グランドゼコール」という枠組があるのだが[69]、なかでも第三共和制下、政治学院に対抗する屈指のエリートコースに発展したのが「高等師範学校」だった。

ここで話はチボーデの『教授たちの共和国』にもどる。「遺産相続者と奨学生」と題した第十章の冒頭から、大筋を追ってみよう――地方からパリへ、続々と列車で運ばれてくる若者たちは、あらゆる社会階級に属している。しかし「遺産相続者」ではない者にとって、法学と医学は金がかかりすぎるし、技術者や高級官僚のコースも似たようなもの。軍隊はカルチエ・ラタンの学生たちには縁がない。久しい以前から貴族とブルジョワの二十ほどの家系が独占しているからだ。それゆえ家産のない若者にとって教育職は唯一の進路であり、じっさい高等師範学校の学生十名中八名か九名は、厳しい試験をへて国の奨学生となっている。そのほか、難関を突破できなかった者たちのためにも、学部生の奨学金、大学教授資格取得や研究のための助成金などがある。初等師範学校（小学校教師養成コース）はいっそう民主的に、無償で学ぶ機会を提供する。

　教育職はこうして新しい人間たちをリクルートする分野となったのだが、彼らはドレフュス事件、カトリック教会の政治的敗北、そして急進的な共和国の誕生という三つの大きな出来事を経験した世代であり、これら三つの出来事がよりあわさって、若者たちが指導的立場に押しあげられたともいえる。ドレフュス事件は原理的なレヴェルでは、知識人のコーポレイション（社会的組織）と軍人のコーポレイションの闘争であり、カトリック教会の政治的な敗退は「ライックな有識者」の役割を増大させ、急進的共和主国は当然のことながら、新しい人材を求めたからである。

　ところでこうした政治運動は、じつはパリではなく、地方でおきていた。今や革命は地方で育まれるのだ。パリにおいては、知性のコーポレイションといえば、まずアカデミー・フランセーズなどの学士院、文学やジャーナリズムの活動、そして司法が代表格であり、大学などは二流のもの、学校教師に至っては、ものの数にも入らない。これに対して地方都市においては、教授が主席を占め、さらに村まで足を延ばせば、神父のほかには学校教師しかいないのだ。それにパリがフランスの首都だとすれば、地方にはリヨンという首都がある。政治家なら知っていることだが、一九二四年における左翼カルテルの勝利は、リヨンがもたらしたものだった。ここには「教授たちの共和国」が生まれる政治的な土壌があり、一八七一年以来の歴代市長を見ても、学校教師一名、医学部教授二名、そしてリセの教授だったエドゥアール・エリオなど教職関係者がならんでいる。師範学校の卒業生《アルシキューブ》の連帯が合い言葉にされるのはもっともなのである。[70]

時代の花形はプロテスタント系の哲学教授

チボーデの視点から見ると、共和国の建設に決定的な役割を果たした学問分野は、とりわけ哲学であるという。カトリック教会の対抗勢力としての「ライックな有識者」clerc laïque という表現を前項で引用したが、「有識者」と訳した clerc は本来「聖職者」を指す言葉。ただし「聖職者に匹敵する学識をもつ者」という用法は、すでに十一世紀にはあったらしく、チボーデはこの語の二重の意味を活かして、哲学教授こそは「大学の有識者＝聖職者集団のなかのエリート」élite du clergé universitaire であると指摘する。そして微妙なニュアンスを腑分けしながら、つぎのように政治思想の系譜を描きだしてゆく――いやむしろ「半聖職者集団」demi-clergé というべきだろうか。哲学の教授資格をめざした人間は、たとえあくどい代議士になっていようと、いかさまの銀行取締役になっていようと、昔いちどは、まさしく神学生のように、精神の涵養に身を捧げることの尊さに打たれたことがあったはずなのだ。ちなみにこの半聖職者集団は、ローマ・カトリックの司祭職よりは牧師職に近いのであり、プロテスタントの世界と大学の世界の親和性については、あなた(手紙の宛先である友人)も気づいておられるだろう。フェルディナン・ビュイッソンをはじめ、一八八五年から一九〇五年にかけて初等・中等・高等教育の三つの階梯を構築した名高い人物たちを列挙してみたまえ。大方がプロテスタントで、牧師の息子が少なからずおり、そろって哲学の教授資格取得者だ。いずれも柔軟かつリベラルな牧師職をえらぶかのように、大学に籍を置いた者たちなのである。

フランスはイタリアとならび、リセにおいて本物の哲学をやっているまれな国だろう、とチボーデは語る。パリでは、リセの哲学教授はソルボンヌの教授より現場の手応えがあるといわれており、自分の世代でいえば、ベルクソンの教え子は一目でわかるし、今日、哲学者アランの読者の中核をなしているのは、かつて彼がシャルティエという本名を名乗っていた教員時代の教え子たちである。ベルクソンは、アンリ四世校という名門リセ、高等師範学校、コレージュ・ド・フランスの教授を歴任したが、階梯を上昇するにつれて哲学者としての栄光は輝きをまし、逆に教育者としての刺戟は減少したはずだ[71]。それほどに、優秀な青年層への哲学の浸透にはめざましいものがあった。

第十二章「統一学校とスピリチュアルなものの優越について（急進党の歴史にかかわる余談をふくむ）」と題した長い章をしめくくるページでチボーデは、自分は「学校の先生」instituteurs とリセや大学の「教授」professeur に本質的な差異を認めない、と述べている。ナポレオンの大学がすでに全国の教育課程を単一のヒエラルキーに統合していたのであり、今日も初等・中等・高等教育に所属する教員は、全員が「同僚」だというのである。[72] 国家にバックアップされ、歴史学や社会学などをふくめた諸学問により「神学的なもの」を注入された巨大な知的コーポレイションが出現した。この社会集団が理念の先行する「ラディカリズム」に傾斜するであろうことは、なるほど想像できぬわけではない。その結果、あるとき教員たちが「急進党」parti radical に接近するであろうことも予想はできる。

しかしながら、とりあえずご紹介したのは『教授たちの共和国』の議論のとば口にすぎない。ルネ・レモンが賞賛する「政治思想史の創始者」の醍醐味を摘出する力はわたしにはないと認めておこう。強調したいのは、つぎの点だ。一九二四年の左翼カルテル勝利は、それだけをとれば象徴的ではあるけれど、ささやかなエピソードにすぎないのかもしれない。[73] チボーデがくり返しやってみせるように、第一次世界大戦に突入する一九一四年、「政教分離」の前夜、英仏協商によって危うくヨーロッパの勢力均衡が保たれた一九〇四年、そしてドレフュス事件の序幕に当たる一八九四年という節目をふり返り、それらを通過した人間と社会の変容を再構築してみるときに、はじめて歴史の意味が十全に開示されるだろう。ちなみに四という数字にチボーデが美的なこだわりを見せるのは、自身が一八七四年生まれであるからで、これは一九二四年に政治家として五十代の円熟に達した「同僚」たちの物語なのである。わたしたちが本書でとりあげる作家でいうと、プルーストは一八七一年、コレットは一八七三年の生まれ。それぞれのやり方で、ドレフュス事件や政教分離や世界大戦を経験した世代である。予告のつもりでひと言書きそえておこう。チボーデのいうように、知識人と教授たちが共和国のメインストリームをかたちづくったとしたら、プルーストやコレットの存在感は、これに対するずれや偏差によって測定されるはずである。

それにしても、総体として見た場合、第三共和制が「教授たちの共和国」の知的輝きによって、仏文研究を志した若者たちを幻惑しつづけたことはまちがいない。高等師範学校ひとつをとっても、古いところではベルクソンやデュルケムやアラン、両大戦間にはサルトルとメルロ＝ポンティがおり、あるいはフランス大統領ポンピドゥーとセネガル共和国の初代大統領サンゴールとカリブ作家エメ・セゼールがルイ＝ル＝グラン校から高等師範までの仲間であったりするし、第二次世界大戦後にはデリダやブルデューがいたり、という具合なのである。

ただし、ブルデューが『国家貴族』で描きだしたように、グランドゼコールの風景は今日では塗り替えられている。新しいエリートたちは、政治経済の世界で活躍することを望み、むしろ「パリ政治学院」をへて企業管理職や公務員になる、あるいは国立行政学院ＥＮＡに進学して国政や国際政治などの華やかな舞台に立つことをえらぶ。「教授たちの共和国」の終焉はいつかといえば、一九八一年、ミッテランが大統領になったときというのが、一般的な見方であるらしい(74)。よくあることだが、一九二四年のロンドン駐在フランス大使の予言から数十年もたたずして、振り子が反対側にゆれ、こんどは「高等師範がパリ政治学院に席をゆずる」という事態になった。だからといって「弁護士たちの近代国家」が再建されるという意味ではむろんない。

女子高等師範学校の卒業生たち

フランスは日本と同様、第二次世界大戦の終結した一九四五年にようやく女性参政権を認めた国であり、当然のことながら「奨学生」から「教授」となり政界に入るという一九二四年の勝者のコースは、女性には開かれていなかった。純粋に知的な活動を見ても、アカデミー・フランセーズが女性会員をはじめて受けいれたのは一九八〇年。マルグリット・ユルスナールは貴族の末裔で生まれはベルギー、共和国の設営した教育機関とは無縁だった。哲学者アランの弟子シモーヌ・ヴェイユが、高等師範学校のコンクールに合格したのは、まったく希有なエピソードにすぎない。

しかし、第三共和制初期、ジュール・フェリーの教育改革は、女子教育からはじまったのではなかったか。県ごとに女子師範学校が設置されることになったのが一八七九年。翌年末にはカミーユ・セー法が成立して女子中等教育の拡充が認められ、その翌年には、パリ郊外のセーヴルに女子高等師範学校が設立された。ただし、エリートコースとはいえ、この師範学校の当初の目的は女子中等教育にたずさわる教員の養成にすぎず、ほぼ百年後の一九八五年には、ユルム街の伝統ある男子校高等師範学校に吸収合併されている。

こうした制度改革との関連でいえば、コレットは村の公立小学校で女子初等師範学校出身の先生に出会った第一世代である。本書の最後に登場するアシア・ジェバールは一九三六年アルジェリアの生まれで、セーヴルの女子高等師範を卒業し、マグリブ出身者として初のアカデミー・フランセーズ会員となった。

ジェバールより五歳年長のモナ・オズーフも、同じセーヴルの女子高等師範学校で学び、哲学の教授資格を取得した。伴侶のジャック・オズーフに啓発されて歴史学に転向し、のちに夫妻の共著『教師たちの共和国』[75]を刊行。一九一四年以前に学校教育に携わった人びとに対し一九六〇年代におこなったアンケート調査の四千件をこえる回答を基礎史料としたもので、「ライックな信仰」La foi laïque と題した第八章など、わたしたちの関心に直結する問題構成も少なくない。第三共和制の教育制度にかかわるモナ・オズーフの単著としては、これ以前に『学校、教会、共和国——一八七一—一九一四年』と『フランスの学校——革命とユートピアと教育についての試論』などがある。[76] わが国ではフランソワ・フュレとの共著『フランス革命事典』[77]が全七巻本で邦訳されており、この分野での知名度のほうが高いだろう。

『フランス語の作文——ブルターニュでの子供時代の回帰』[78]（二〇〇九年）を読むと、著者が幼い頃に遭遇した出来事の断片を糧として、いかに歴史家の感性を養ってきたかがわかる。ブルターニュは革命期には王党派の拠点であり、カトリックの伝統がつよい地方である。父親は旧家の出だったが、ライシテ推進派で共産党シンパの学校教師。ブルトン語の復興運動にとり組んでおり、家族の会話はブルトン語だった。その父は若くして死ぬ。寡婦となった母も教師だったから、幼いモナは、母が教壇に立つ公立小学校の敷地内で、亡き父の蔵書を読みながら成長した。祖母の主張で「カテキズム」には通ったが、「神なき学校」あるいは「悪魔の学校」の生徒たちは、教会堂のなかで後方の別席に座るのだった。聡明な少女は福音書の愛の教えを学びながら、あからさまな差別を経験するという相克を知った[79]。

一九六三年、三十二歳のモナ・オズーフが出版した『学校、教会、共和国』は、今日でも基本書として読みつがれている。内容は第二帝政崩壊から第一次世界大戦までの教育関係のトピックを整理して、同時代のジャーナリズムの言説を分析した手堅い手法の実証研究である。わたしの手許にあるのは、一九八二年の再刊のための「まえがき」が添えられた文庫本だが、全体として二重三重になった歴史的展望は、とりわけ興味深いものに思われる。教育史の進歩を考えれば、一九六〇年代の著作はもはや時代遅れだという批判もありえよう、と著者は一九八二年の「まえがき」で語っている。初版が出た当時、ライックな小学校の誕生をめぐる対立のドラマは、近からず遠からずという昔の出来事であり、過激な攻撃や反撃の応酬は、双方の記憶のなかで生きていた（つまりジャック・オズーフのアンケート調査は絶妙なタイミングで行われたことになる）。一九六三年版の「序文」が書かれた頃には、ライシテへの心情的賛否が選挙の投票を左右するような状況があった。その後二十年がたった時点では、ジュール・フェリーの義務教育構想そのものに異議を唱える者はいない。公立小学校の先生と地元の神父さんとの闘いは、いくぶん郷愁を誘う伝説のようなものになっている[80]。

モナ・オズーフの回想するところによれば、共和国の教育制度について、別種の批判がわきあがったのは一九六八年だった。五月危機において異議申し立ての先鞭を切った学生たちは、資本主義とむすんだ国家の教育構想と閉鎖的で制度化された教育プログラムを攻撃のターゲットにした。この時点で、カトリック教会の功罪という話題はすでに過去のものになっていたと思われる。オズーフ自身をふくめ、「教授たちの共和国」で育まれた若者たち、とりわけ戦後に歴史や哲学を専攻した少壮の研究者たちは、ほぼ例外なくマルクス主義との出会いを経験していたのだから、その論理的な背景を推測することはむずかしくない。

しかし一九八二年の「まえがき」の総括は、さらに趣を異にしたものになっている。モナ・オズーフによれば、修道会系の小学校とライックな小学校のあいだの溝は、ふり返ってみると、同時代のジャーナリズムが書き立てたほどに深刻なものではなかったというのである。「神なき学校」においても、共和国を信奉する愛国主義という新たな宗教が立ちあげられていったという事実に、著者は注目する。カトリック系であろうと公立であろうと、学校の教科書はいずれも似たようなモラルを説いており、似たりよったりのフランス中心主義的な世界観を描きだしていた(81)。それでもなお、ジュール・フェリーの学校に特別の意味があったとするなら、それは学校という場が、君主制に対する共和国の最終的な勝利を約束し、これを実現する舞台となったからにほかならない。フランス革命の原理をひきつぐ共和制は――さまざまの選択肢のなかのひとつというのではなく――異論の余地なき政治形態であるという確信が、子どもたちの意識に植えつけられた。これこそがライックな公立小学校の本質をなす機能であって、反教権主義的な警戒感はその一要素にすぎなかったともいえる(82)。

以上、モナ・オズーフが一九八二年に書いた文章を要約してみたが、一九八九年には、ベルリンの壁が崩壊し、パリ郊外の中学において、いわゆる「スカーフ事件」がおきている。ジル・ケペルのようなイスラーム研究者の視点からすれば、すでに一九七〇年代から世界的なスケールの「歴史の転換」と「宗教の復讐」が準備されているのである。途切れることなく流れる歴史の大きなうねりを視野に入れたうえで、世紀末のフランスに立ちもどることにしたい。

第二章　『失われた時を求めて』の宗教文化

1　国民的文化遺産としてのカトリック

遺産相続者プルースト

一八七〇年七月、プロイセンに宣戦布告したナポレオン三世は、同年九月、セダンの戦いであっけなく降伏し、パリは敵軍に包囲されたまま厳しい冬を迎えることになる。年が明けてまもなく、プロイセン王ヴィルヘルム一世はヴェルサイユ宮殿に入り、樹立したばかりの統一ドイツ帝国皇帝に即位した。二ヵ月後の一八七一年三月、アルザス・ロレーヌの割譲に反対し徹底抗戦を主張するパリの民衆が蜂起して、パリ・コミューンの革命政府が誕生するが、ヴェルサイユ政府軍による血腥い殺戮により五月に崩壊した。フランス第三共和制の足どりは、当面おぼつかぬものであるけれど、ここで独仏が拮抗する二大勢力として並び立ち、ヨーロッパの地政学的な見取り図は大きく描きなおされた。二十世紀は、列強の対立抗争と二度の世界大戦を経験することになるだろう。

その一八七一年、身重のプルースト夫人はコミューンの騒乱を逃れ、郊外のオトゥイユの屋敷で七月十日に男児を出産した。夫人は裕福で教養あるユダヤ系一族の出身で、大物政治家アドルフ・クレミユなども姻戚関係にある。父

リセ・コンドルセの下校風景（ジャン・ベロー画）

方は上昇気流に乗ったカトリックの家系であり、生まれた子は教区の教会で洗礼を受けた。父アドリアン・プルーストは衛生学の専門家として国際的な舞台で活躍し、いずれ医学アカデミーの会員となるはずだ。経済的にも知的な意味でも、絵に描いたような「遺産相続者」となるべくマルセルはこの世に生を享けたのである。

マルセル・プルーストが一八八二年から通学したリセ・コンドルセは、一八〇四年にリセ・ボナパルトという名で開校した名門校だが、セーヌ右岸にあって、パリの社交界やユダヤ系富裕層などの子弟が多かった。これに対してルイ＝ル＝グラン校やアンリ四世校など、セーヌ左岸のリセは寄宿制で、高等師範学校はじめグランゼコールをめざして猛勉強を強いられる伝説的な「受験予備学級」があり、地方出身者の「奨学生」の登竜門となっていた。フィリップ・ミシェル＝チリエ『事典 プルースト博物館』によれば、コンドルセでの勉強は「立身出世や将来の輝かしい職業の保証を得ることではなく、世に認知されること、すでに確立している知的遺産の継承者となること」[83]をめざしていたという。

病弱でいささかむら気なところはあるが、才能を予感させる生徒としてリセを卒業したマルセルは、一八九〇年から一八九二年まで政治学院に在籍した。本書ではすでに馴染みの歴史家アルベール・ソレルの外交コースに登録し、口述試験も受けて「極めて聡明」という評価を得たという。[84]プルーストの長いとはいえぬ生涯は、普仏戦争の敗戦からはじまり、第一次世界大戦が終結して四年後の一九二二年に幕を閉じた。反独感情のくすぶる時代に成長した作家は、戦争という人類の災厄を目の当たりにしながら病床で『失われた時を求めて』を執筆しつづけたのである。

作品の主人公でもある語り手は、父親から外交官の道に進むことを期待され、もし遠くに赴任してしまったら幼い恋の相手ジルベルトに逢えなくなると思い詰めたりもする文学少年だった。物語のなかには、父親がもっとも信頼する友人の外交官ノルポワ氏が、父の権威を肩代わりして少年の文学的才能にトンチンカンな評定を下す滑稽な場面があるのだが、この登場人物の造形に一役買ったのが、アルベール・ソレルであるといわれている。ただし、ソレル教授と未来の小説家との出会いは、人物のモデルというレヴェルをはるかに越えて『失われた時を求めて』の構造にまで影響をおよぼしたものと思われる。一般には芸術家小説という側面が強調されているけれど、作品は政治や歴史と無縁などころか、ヨーロッパ国際政治の舞台をしっかり視野に入れ、社交と外交と戦争が相互に連鎖する大きなドラマをセーヌ右岸という立ち位置から見つめている。ヨーロッパ近現代の外交史という分野で『失われた時を求めて』が必読書とされるゆえんである。

ところで『教授たちの共和国』の冒頭でチボーデが話題にしたロンドン駐在フランス大使サン＝トレール伯爵、一九二四年の左翼の勝利について「これで法学部と政治学院が高等師範に席をゆずることになりますな」と寸評したという、あの文人外交官も、どことなくノルポワ氏を彷彿させる人物ではないか。伯爵はプルーストと同じ時期に政治学院でアルベール・ソレルの薫陶を受けており、国際派の知的エリートとして錚々たる経歴を積み、回想録ではソレルの思想を紹介して、件《くだん》の講演会における主催者の予言に応えることになった。[85]

ジャン゠イヴ・タディエによる、もっとも信頼できるプルースト評伝によれば、プルーストは、パリ大学の法学部にも通ったのだが、バルザックと異なり、法律の勉強からはいかなる成果も引きださなかったという[86]。まさにナポレオン法典と弁護士の時代がおわり、政治学が新鮮な学知を担う領域として脚光を浴びていたのである。普仏戦争後に創設されたばかりの自由政治学院は、上述のように今日のエリート校パリ政治学院の前身に当たり、外務省、大蔵省、国事院などの高級官僚を育成することをめざしていた。教授陣も逸材が登用されており、外交史の草分けで文学や音楽にも一家言をもつアルベール・ソレルは、その一人だった。タディエの解説によれば、ソレルの歴史理解には「フランス革命の対外政策は王政の政策を継承したものだという根本命題」が窺えるとのこと[87]。これが「民法典百周年記念論集」の巻頭論文に相通じる歴史観を示唆することはいうまでもない。

歴史の連続あるいは断絶をいかに捉えて解釈するか——これは「ネイション」の定義にかかわる重大問題なのだ。より具体的にいうなら、大革命を過去との訣別とみなし、ここを原点に見立てたナショナル・ヒストリーを構築するか。それともアンシャン・レジームの法的・政治的・文化的遺産も継承した国として今日のフランスのアイデンティティを定立するか。第三共和制の「新ソルボンヌ」においてアカデミックな歴史学に君臨したエルネスト・ラヴィスは前者の旗頭であり、その「フランス史」全二十八巻は、「起源から革命まで」と「革命から一九一九年まで」とに二分されている。一方で、トクヴィルを先達とみなすアルベール・ソレルや、その弟子のサン゠トレール伯爵の立場が後者であることはいうまでもない。伯爵の回想録には、師ソレルの言葉として「世界でもっとも由緒正しい王族の血を継いだフランス共和国」などという表現も引かれているという[88]。ソレルとプルーストをつなぐ紐帯に、ノルポワ氏の人物造形よりさらに本質的なものがあるとしたら、それは断絶よりも継承や統合を重んじる歴史哲学ではないだろうか[89]。

ひと言でいうなら『失われた時を求めて』は「遺産相続者」が執筆した「文化遺産」の小説なのである。その相続財産の目録には、革命後の法学部出の国民作家たちの小説と同じ位置づけで、たとえば太陽王の時代の貴族文化など、カトリック系の王党派が受けついできたはずの遺産も記載されている。文学史的にはバルザックやフローベール直系の小説家とみなされるプルーストが、一方でセヴィニエ夫人やサン＝シモン公爵の系譜につらなる作家を自認していたことは意味深長なのであり、これは本書をしめくくる問題提起となるだろう。

一九〇四年「大聖堂の死」

プルーストは洗礼を受けており、イリエで休暇を過ごすときは家族そろって日曜のミサに参列していたらしいから、カトリックの生活習慣のなかで成長したことはまちがいない。しかし『小間使いの日記』における辛辣な報告からも推測されるように、形式にこだわるブルジョワ階級の日常生活を見て、信仰の有無を判定することには意味がない。文学史や評伝では多くの場合、プルーストは「不可知論者」agnostique と形容されている。「無神論者」athée や「自由思想家」libre-penseur に比べれば宗教的な懐疑が抑制されており、神の存在をあからさまに否定はしないという含意だろう。いずれにせよプルーストは、政治や宗教やイデオロギーの論争に直接かかわる作家ではなかった。反ドレフュス派として署名を集めたりしたことは、むしろ例外的な行動とみなされているのだが、じつは政教分離法についても、一度は明確に立場を表明したことがある。

当時プルーストは三十代。『楽しみと日々』を豪華本で一八九六年に自費出版し、一八九五年から執筆した自伝的小説『ジャン＝サントゥイユ』は草稿のまま手許に置かれ『失われた時を求めて』の滋養となるのを待っている。一足遅れでとり組んでいたのはジョン・ラスキンの翻訳であり、長大な序文と注をつけた『アミアンの聖書』が一九〇四年に、つづいて一九〇六年には『胡麻と百合』が出版された。本人は英語が不得手なため、母のプルースト夫人が逐語訳を作成して手伝っていたという。社交界に出入りして保守系の新聞雑誌に寄稿する、いささかスノッブな新進作家というのが大方の見立てであったろう。ちょうどこの頃、アルベール・ソレルがラスキンの翻訳についてプルーストの文体を賞賛する書評を大手新聞に寄稿してくれた(90)。文化遺産としての教会建築というラスキンとプルーストをつなぐ主題への共感もあったにちがいない。ちなみにプルーストはソレル教授を「大のバルザック通で、ある意味ではバルザックの再来」と褒めたたえていたというが、かつて青年マルセルとバルザックの仲介者としての役割を果たしたのも、ソレル自身であるらしい(91)。

さて一九〇四年八月十六日、プルーストの名で「大聖堂の死——政教分離に関するブリアン法案の帰結」という文章が「フィガロ」紙に掲載された。筆者の意図は「政教分離法案のある条項に反対すること」にあったが、日付からもおわかりのように、一九〇五年十二月九日に成立した政教分離法とは異なる法案への批判として書かれたものだ。一八九〇年代の末、左翼共和派が政権を握って以来、反教権主義の法案が矢継ぎ早に可決されているように見えるのだが、じつは政教分離法ひとつをとっても法案のままで終わったものが十件近くある。プルーストの目にとまったのは、エミール・コンブ内閣のもと下院に設けられた委員会で一九〇四年七月六日に採択された「委員会原案」だろう。委員会の報告者はアリスティッド・ブリアン。「信徒団体」を設置して、宗教建造物の使用権の帰属先とみなすという制度の大枠はすでに合意ができていたのだが、一九〇四年法案では、建物は有償の賃貸借で、しかも期限つきとされており、プルーストの「反対」の動機はここにある。強調しておかなければならないが、一九〇五年法では、これが無期限の無償使用となっている。当初は国家と教会の分離原則を徹底しようと考えていたブリアンが、最終的にはカトリックとの宥和という方向で粘り強く議論を重ねた結果である(92)。

プルーストは、一九〇四年の「大聖堂の死」を一九一九年に刊行された『模索と雑録』に収めている。その際、注に以下のような趣旨の説明をそえ、内容も大きく削除した——かつて政教分離法の「ある条項」に反対するために「フィガロ」に寄稿した文章だが、これは凡庸な試作であり、抜粋のみ掲載する。何年かのあいだに言葉の意味はすっかり変わってしまい、一国民の未来とは、ひとりの人間の未来と同じように予知できぬものであることがわかるだろう。私が「大聖堂の死」を話題にしたときには、礼拝がすたれることにより、石の建築に宿っていたフランスの生命《いのち》が失われることを心配したのだが、十年が経過してみると、大聖堂に死をもたらしているのはドイツ軍による破壊であって反教権的な議会ではないのである。議会は今や、愛国的な司教たちと意気投合しているのだから[93]。

タディエの指摘によれば、一九〇四年の「大聖堂の死」は「プルーストが書いたなかで最もキリスト教に近い文章」であるという。だが、どのような意味で「近い」のか。エッセイが語っているのは、フランス政府とローマ教皇庁との決裂がもたらすかもしれぬ最悪のシナリオであり[94]、法案の「ある条項」が強引に実施された場合に予想される未来の災いである。何世紀かのち、カトリック信仰が消滅して礼拝の伝統が失われてしまったと仮定してみよう、と著者はいう。忘れられた信仰の証し、解読不可能になった建造物として大聖堂はのこされる。芸術家たちは沈黙した建物をいっときでも甦らせたいと願い、政府は助成金をあたえて活動を奨励するだろう。政府が古代ローマの廃墟についてやったことを、フランスのモニュメントに対して拒むはずはない。それというのも大聖堂は「フランスの精髄《ジェニー》のもっとも高度でもっとも独創的な表現」なのである。しかるに大聖堂の失われた意味を学者が掘りおこし、一年に一回の盛大な催しに全国のスノッブな連中が押しかけたとして、それがなんになろう。こうした祭典は、聖職者の声に応えて会衆がひざまずいてこそ、血の通ったものとなる。

おわかりのように、日々の礼拝なき大聖堂は死んだも同じこと、というのがタイトルの趣旨である。ラスキンに導かれながら教会の彫刻を聖書に照らして読み解くという作業をやってきたプルーストは、このエッセイのなかで、美術史の泰斗エミール・マールの『十三世紀の宗教美術』を引用しながら典礼の象徴的な意味を問うている。明け方に教会がすべてのランプを消すのは、古き掟が廃絶されたという意味であり、火打ち石で新たな火をおこすときに暗示されるのはイエスの到来である。蠟燭はイエスの身体と類似するが、白く穢れなき蜜蠟は、処女にしてイエスの母である聖母マリアも思いおこさせる。蠟燭に五つの香をさしこむのは十字架のイエスの傷を想起するためである……。イエスのもたらす福音を再現するミサの記述や、聖職者が身にまとう服飾の解釈をふくめ、エミール・マールの文章は神秘にひたされた散文詩のようであり、カトリックの秘儀としての典礼の魅惑を浮かびあがらせる。

つづいて参照されるのはエルネスト・ルナンだが、今日でも見ることのできるもっとも美しい宗教的な光景は、カンペルレ（『失われた時を求めて』でも名が挙げられるブルターニュの地名）の古い教会で見られる昔ながらの夕べの祈りであり、ブルトン語で唱和される素朴な韻律には夢想を誘われるという話。さらに「カトリックの典礼のなかでもっとも美しいもののひとつ」である終油の秘蹟を「現代の感情」に照らして「解釈」したケースとして、ほかならぬ『ボヴァリー夫人』の臨終の場面への言及がひと言。神父による塗油の仕草が数行にわたって引用されているけれど、解説はない(95)。

ふと疑問に思うのだが、なぜバルザックではなく、フローベールなのか。『谷間の百合』のモルソフ夫人の臨終や、『ランジェ公爵夫人』における賛美歌の断章は、エミール・マールの美術史にもルナンの語るブルターニュの晩禱にも通じるものがある。しかし、これらの断章が信仰の内部から秘蹟を描いたものであることを思えば、小説家プルーストが一人称小説のなかで「現代の感情」を語ろうとするときに、バルザックを範にして秘儀としての礼拝を書こうとしなかった、いや書けなかったのは当然かもしれない。カトリック信仰に対する距離感という意味で、この作家の「宗教性」はバルザックよりフローベールに近い。

『失われた時を求めて』の教会と司祭

じつのところ不思議なのは『失われた時を求めて』のなかで、教会はそれなりに大きな役割を占めるのに、礼拝や儀式の描写がいっさいないという事実である。作品に登場する司祭たちも、聖務とはいえない活動にいそしんでいるように見える。ラスキンを翻訳し「大聖堂の死」を寄稿したプルーストが宗教の社会的役割に無関心なはずはないのだが、小説のなかでは明らかに別の角度からカトリックに向きあっている。三つの教会について考えてみよう。

『失われた時を求めて』の第一篇『スワン家の方へ』の第一部『コンブレー』は、二つの不均衡なパートに分かれている。「一」を締めくくるのが、あのマドレーヌのかけらを浸したティーカップから教会が、そしてコンブレー全体とその近郊があらわれたというエピソード。一呼吸の休憩があり、こんなふうに「二」の幕が開く。

コンブレーは、遠くから見ると、十里四方から眺めても、復活祭直前の週に私たちが汽車でやって来るときに車窓から眺めても、ひとつの教会にほかならず、それが町を凝視し、町を代表し、遠方にまで町について、町のために語っていた。そして近づいてみると、野原の真ん中で、風に吹き飛ばされまいと、まるで羊飼いの女が羊の群れを引き連れるように、すらりとした黒っぽいマントのまわりに羊の毛を想わせる灰色の背中の町並みをたぐり寄せている。[96]

幼い語り手が家族と休暇を過ごすのは、申し分なくカトリック的な国土に抱かれ「羊飼い」に導かれる田舎町である。レオニ叔母はじめ、町の住人の顔ぶれがそろったところで、少年は両親のお供をしてミサに行くのだが、「どれほどありありと目に浮かぶことか、私たちの教会は！」という感嘆符つきで導入される描写文は、延々十数ページにおよぶ。[97]いやゾラやモーパッサンなどの小説によくあるように、時の流れが一旦停止して、舞台装置のような三次元空間が整然と過不足なく記述されるのが描写文の模範であるとするなら、サン＝チレールの教会は断じて描写されたものではない。なにしろこれは、コンブレーとその近郊とともに、ティーカップから手品か魔法のように飛びだしてきた記憶の教会なのである。

ミサに行くといいながら肝心の儀式にひと言の言及もないのは、考えてみれば当然かもしれない。ここで記憶の教会に足を踏みいれるのは甦った少年の身体なのだから、その初々しい感覚と印象と想像力を読者も分かちあい、不思議な建物に目を奪われることにしよう。玄関のアーチにはあばた状に穴があき、堅牢なはずの聖水盤も長い年月のうちに信徒の軽やかな接触により浸食されている。摩滅して図案のゆがんだ石畳は、溶けて流れ出した蜜のよう。ステンドグラスにはトランプの王さまみたいな人物が描かれており、ミサのない時間には、人がそのまま住めそうな雰囲気さえ漂って、近所のご婦人が小さなケーキの包みをかたわらにおき跪いていることもある。古びて埃のたまったステンドグラスは、陽射しの加減によって、基調のブルーから一転し、クジャクの尾羽のような千変万化の輝きをおび、幻想的な雨となって滴りおちる。少年は、まるで鍾乳石のぶらさがる虹色の洞窟のようだと思いながら、両親のあとについて身廊をあゆむ。つづく断章にようやく聖なる主題があらわれて、旧約聖書のエピソードや中世の聖者伝説などが一瞬思いおこされてはいるけれど、そこはたちまち「妖精の出没する谷間」に変貌し「妖精の超自然」が出現した痕跡にあたりは満たされる。

教会の建物は街のほかの場所とは別世界、何かしら日常の論理を超えた神秘の現象にあふれているらしい。語り手の説明によれば、ここは三次元空間ではなく、第四の「時間」という次元がふくまれているのである。線的な時間進行と固定された空間把握から解放された自由な時空という意味で、サン＝チレール教会の断章は『失われた時を求めて』の幕開けの時空、語り手が夢と現《うつつ》のあいだをたゆたう「不眠の夜」にも呼応しているように思われる(98)。

語り手の祖母が口にする「もしこの鐘塔がピアノを弾くようなことがあれば、きっと無味乾燥には弾かないでしょうね(99)」という唐突な比喩は、共感と信頼をこめて紹介されている。日曜のミサがおわって大きなブリオッシュを注文した帰り道、目の前にある鐘塔が「いつもより大きな祝別されたブリオッシュみたいにこんがり黄金《こがね》色に焼きあが(100)」って見えるのは、石造りの鐘塔と香ばしい丸パンが客観的に似ているからではない。そうではなく教会には少年の信じるように「妖精の超自然」が宿っており、見る者の願望に応え、天候や光線や時刻を映して色や材質や風情まで自在に変容をとげる。天に突き刺さる鐘塔は、それこそ「裏声」で歌も歌えば、食欲をそそる食べものにもなってしまうのだ。のちに見るように、プルーストの華麗なメタファーと「魔法昔話」の手法には、相通じるものがある。なんの変哲もない町の小さな教会は、こうして作家の芸の精髄が披露される舞台となった。カトリック信仰ならぬ文学への信仰ゆえに祝別された小さな教会で、演じられているのは、いずれ「大聖堂」のような壮麗な姿をあらわすはずの作品の全貌を予告する、愛らしいプレリュードというところだろう。

コンブレーでの散歩道、森のなかの鄙びた教会サン＝タンドレ＝デ＝シャンに立ち寄るのは雨宿りのためだった。この建物の記述には十九世紀に立ちあげられたナショナル・ヒストリーや民俗学の発想が活用されている。「そこはなんとフランスらしい教会だったことか！」とまたもや感嘆符つきではじまる断章だが、要《かなめ》となっているのは「フランスの精髄《ジェニー》」は無辜の民に宿るという歴史観である。第Ⅱ部でご紹介したアンヌ＝マリ・ティエス『国民アイデンティティの創造』によれば、民衆とは過去の痕跡を蓄積する「生きた化石」のようなものであり、その貴重な価値を再発見するところから、ネイションの自己定義がはじまったのである(101)。

サン＝タンドレ＝デ＝シャンの素朴なゴシック彫刻には、聖人や騎士の姿をした歴代の王にならび、アリストテレスやヴェルギリウスの異教的なエピソードまでが盛り込まれている。教会をつくった中世の職人と農婦たちの古代やキリスト教の歴史にかんする不正確な知識がそのままに反映されているからであり、そうした農婦の心情は、今も聖王ルイを敬愛する女中のフランソワーズのなかで生きている。この古い教会は、書物が記録する「学識」ではなく、民衆が口から口へと語り伝えた「伝承」によって造形されたものなのだ。しかも、そこでは聖人の像が、なんと現代のコンブレーに生きる庶民の顔をつけている。食糧品屋の小僧は芳しくない評判のある男だけれど、病人をいたわるときの献身的な表情は、聖母マリアをいたわる天使の表情にそっくりではないか。こうしてサン＝タンドレ＝デ＝シャンの教会は名もなき庶民が継承してきた遺産を体現し、奥深い真正のフランスを指し示す象徴となる(102)。第七篇『見出された時』の戦時下で、祖国への忠誠が問われたときに語り手や登場人物がサン＝タンドレ＝デ＝シャンに言及し「フランス人の最良部分(103)」などと形容するのは、以上のような歴史認識が基底にあるからだ。

三つめの教会についてはひと言だけ。スノッブのルグランダンがノルマンディの保養地バルベックは「わが国のもっとも古い地質の屋台骨」であり「海の国」「地の果て」「永遠の霧におおわれた呪われた地帯」「『オデュセイア』に謳われた真のキンメリア族の土地」だと大仰に誉め讃え(104)、少年の心に憧れを植えつけていた。コンブレーの隣人スワンの前でそのことを話題にしたところ、バルベックの教会は半分はロマネスク様式だが、ノルマンディー・ゴシック様式の可能性もあり、しかも「ペルシャの芸術」のような特異な趣をもつと解説してくれた。それ以来、嵐に打たれる海辺のゴシック建築という夢想が果てしなくふくらんで(105)、何年か後、ついにバルベックでの休暇という念願が叶ったのだった。語り手は駅からまっしぐらに教会へとむかうのだが、建物は波しぶきに霞む断崖のうえではなく、路面電車の走る町中の広場のまえにあった。このときの強烈な幻滅は、しばらくのちに知り合った画家エルスチールの懇切な解釈を聞いて癒される。語り手が「知的な歓び」を味わうこのエピソードを、プルーストはエミール・マールの『十三世紀の宗教美術』を参照しながら構成したという(106)。ただし、念のためにいいそえておけば『失われた時を求めて』において、知性の満足が感性の歓びを超えることはない。

こうして三つの教会は、それぞれ別様の役目を果たす。サン゠チレール教会は少年期に身体化された語り手自身の記憶を、サン゠タンドレ゠デ゠シャンの教会はフランスのアイデンティティとしての民衆の記憶を、バルベックの教会は宗教建築を読み解く学知の蓄積をたぐりよせるのだ。信仰をもたぬ者が「大聖堂」に生命をあたえようとするときに背後に立ちあらわれる巨大なものを「文化遺産としての宗教」と呼ぶことにしよう。

一方、教会を本拠とする聖職者たちについては、とりあえず存在感が薄いという事実を確認するだけでよい。そもそもコンブレーの教区司祭には名前がない。足繁く病床のレオニ叔母のもとを訪れるけれど、語源学や教会の由来について蘊蓄を傾けるだけ。聖職者として「教導権」を担う気はまるでないらしい。のちに土地の名についての小冊子を著したことが判明するものの、語り手との接触は少年期にかぎられる。ほかには、語り手の祖母の臨終にかけつけた遠縁の聖職者とか、戦時下のパリで同性愛者の娼館に出入りする神父とか……。ミサ、告解、カテキズム、終油や結婚などの儀式、より一般的な信仰の導きの場面などがいっさいないことは、これまでに読んできた作品と比較するなら『失われた時を求めて』の際立った特徴といえる。

フローベールにとって、社会制度として機能するカトリック教会と日常の風景に遍在する聖職者の姿は、ときに苛立ちながらも直視せざるをえない文学的主題だった。半世紀後のプルーストは、カトリックを「文化」として継承することこそが、作家の任であると考えていたのではないだろうか。

2　記憶・死・甦り

永久に死んでしまったのか？

それにしても『失われた時を求めて』は死と再生の物語なのだから、宗教的なものと無縁なままに造形され、完結するはずはない。二つの重要な場面でシンメトリックにくり返される「永久に死んでしまったのか？」Mort à jamais? という疑問文がある。第一の例は記憶の死にかかわるもので、第一巻を百ページほど読みすすんだところ、マドレーヌの断章のとば口に置かれており、第二の例は語り手が少年のころ憧れていた作家ベルゴットの死を報告する断章のなかにある。

お母さんにお休みのキスをしてもらわないと不安で眠れぬ少年にとって、夜ごと七時に、苦悶のドラマは始まるのだった。語り手はいう——コンブレーについて、私が思い出せるのは、その「就寝の悲劇に不可欠な舞台装置」のように、切り取られて暗闇に浮かんだ建物の一角だけだった。むろん問われれば、コンブレーにはほかの空間も時間もあったと答えるだろうけれど、それで思い出せるのは「意志の記憶」「知性の記憶」が提供するものだから、そこに過去が生きたまま保存されているわけではない。

> 実際、そうしたものはすべて、私には死に絶えていたのである。
>
> 永久に死に絶えたのか？ (Mort à jamais?)　そうなっていたかもしれない。
>
> それは多分に偶然に左右される。しかもわれわれの死という第二の偶然が、だいたいの場合、第一の偶然の恩恵を長いこと待たせてくれない。
>
> 私は、ケルトの信仰がじつに理に適っていると思う。それによると、亡くなった人の魂は、動物とか植物とか

無生物とか、なんらかの下等な存在のなかに囚われの身となり、われわれには事実上、失われている。ところが、多くの人には決してめぐって来ないのだが、ある日、木のそばを通りかかったりして、魂を閉じこめている事物に触れると、魂は身震いし、われわれを呼ぶ。そして、それとわかるやいなや、魔法が解ける。かくしてわれわれが解放した魂は、死を乗り越え、再度われわれとともに生きるというのだ(107)。

ここで改行して「われわれの過去も、それと同じである」という短いセンテンスが、記憶の甦りをめぐる長い断章の導入となる。紅茶に浸したマドレーヌを口にふくんだとたんに語り手は身震いし、自分が「死すべき存在」であることを忘れるほどの「強烈な歓び」をおぼえたのである。「霊験あらたかな飲みもの」が私のなかにある何かを呼びさましたにちがいない。その何かを捉えようとして私はくり返し自分自身に問いかける。すると、自分の奥底で、何かが身震いし、深みからゆっくりと上昇するような、ざわめきのようなものが感じられた。私の奥底でかすかに震えているのは、たしかにイメージであり、その視覚的な想い出にとって、マドレーヌの味わいは同時代の伴侶のようなものであるはずだ。

こんな風に数ページにおよぶ模索と自問自答がつづいたのち、改行して「すると突然、想い出があらわれた」という短いセンテンスが記される。身震いするほどの衝撃を私にあたえたもの、それは幼いころにレオニ叔母がお茶に浸してさしだしてくれたマドレーヌの「匂いと風味」だった——「それだけは、ほかのものがすべて廃墟と化したなかでも、魂と同じで、なおも長いあいだ想い出し、待ちうけ、期待し、たわむことなく、匂いと風味というほとんど感知できない滴《しずく》にも等しいもののうえに、想い出という巨大な建造物を支えてくれるのである」(108)。そして半ページほどの大団円。日本の「水中花」という喩えにふさわしく、あれこれのイメージがみるみるふくらんで「教会が、コンブレーとその近郊が、すべて堅固な形をそなえ、町も庭も、私のティーカップから」あらわれた。

確認しておこう。プルーストのいう記憶の甦りとは、死と再生のドラマなのであり、奇蹟のような偶然の出会いに

聖母の被昇天(1723年)

よって成就する。理詰めで探究する知性の記憶はいずれにしても無力だが、これに対して感覚の刺戟に応える人の身体は、あたかも霊媒のごとく機能することがある。死んだ記憶を奥底に埋蔵する人間の身体は、亡き人の魂を閉じこめた生物や物体にも似ているからだろう。「ケルトの信仰」という言葉が明確に指し示しているように、こうした輪廻転生にもとづく死生観は、キリスト教の伝統にはないものだ。

　さて、第二の用例はベルゴットがエルスチールの展覧会の会場でソファからころげ落ちた、という場面にある。みなが駆けよったが、彼は事切れていた、という文章につづき、「永久に死んでしまったのか？」Mort à jamais? という問いがおかれて「だれがそう断定できよう」と新たな疑問が投げかけられるのだが[109]、つづいて開陳されるのはなんとも不思議な死生観である。

　降霊術も宗教の教義も魂の不滅を証明してくれるわけではない。それでも人は「前世」の負い目のようなものとともに生まれてくるのかもしれなくて、さもなければ、動機も理由もないのに善良な人間になろうと心がけるとか、神を信じぬ芸術家が「蛆《うじ》に蝕まれてゆく自分の肉体」のことを棚上げにして、ひたすらに「黄色い小さな壁」を塗りあげるとか、なぜ人間がそういった無償の努力をかさねるのか説明がつかない。現世では報われぬ営みに、さながら「自己犠牲」のように身を捧げる者たちは、「別の世界」の掟にしたがっているのだろう。だとしたらベルゴットは、永久に死んでしまったのではないという考えもありうるではないか。

ベルゴットは埋葬された。だが葬式の日にはひと晩じゅう、明かりに照らしだされた本屋のウィンドーに彼の著作が三冊ずつ並べられて、翼を広げた天使のように通夜をしており、もはやこの世に亡い人のための蘇りの象徴のように思われた[110]。

翼を広げた天使に守られ昇天する聖母の図をご覧いただきたい。『アタラ』の埋葬を執筆するシャトーブリアンにとって、こうした図像はひたひたと感動をおぼえるものであったにちがいない。『モンテ゠クリスト伯爵』の軍人や検事総長も、頭上のどこかに神のしろしめす天上世界があるという感覚をもって生きていた。『椿姫』のヒロインは、おのが命を捧げて愛を贖い、終油の秘蹟により神に許されて、あの世に旅立ったはずだった。しかるに物語には別の仕掛けがあり、教会に認められた死の神々しさを剝奪する儀式であるかのように墓の移転がおこなわれ、「蛆に蝕まれ」た亡骸が俗世の視線にさらされる。『純な心』と『聖ジュリアン伝』の著者は、みずからは信じていない宗教的な死と救済を、登場人物になりかわって生きてみた。あの世とこの世のトポロジー、そして天国のイメージに関しては、作家や登場人物がおりにふれ、独自の想像力を羽ばたかせるのである。ベルゴット埋葬の断章に、たまたま「翼を広げた天使」というメタファーがあるからといって、プルーストがカトリック的な天国の表象を個人の信条として胸に秘めていたとはかぎらない。むしろここでは「天使」が「書物」であることに注目しよう。

メタファーとしての神話・伝承・昔話

プルーストは一九一七年にミュニエ神父という人物と知り合った。聖職者としては出世しなかったが、深い教養と洒脱な機知ゆえに社交界でもてはやされ、著名人と交わって日々の出来事を詳細に記録したことで知られている[111]。遠からぬ死を予感するプルーストは、神父とよく会い、カトリックの秘儀に関して手紙を交わしていたという[112]。その日のための心の準備であったのか、それとも執筆のための取材であったのか。両方であってわるいわけもないけれど、神父と作家の意図がすれちがっていた可能性もある。プルーストは自分の死後にミュニエ神父を呼んで祈禱してもらうようにと言い遺した。評伝の記述からすると、終油の秘蹟は受けていないと思われる[113]。

宗教への関心が、信仰そのものではなく、秘儀や典礼が内包する象徴体系という次元に向けられることがある。プルーストが一九〇四年のエッセイ「大聖堂の死」においてエミール・マールの美術史を引用しつつやってみせたのは、そうした象徴的な読み解きだった。くり返し述べてきたように、十九世紀は神学とは異なる角度から宗教にアプローチすることが広く可能になった時代である。宗教をめぐるライックな知的活動は活性化されており、一八八〇年にはコレージュ・ド・フランスに「宗教史講座」が設置され「宗教学の制度化」が進展した。これを追いかけるようにデュルケムの社会学とベルクソンの哲学が宗教研究に参入し、新しい世紀の展望が拓かれる[114]。ホセ・カサノヴァは、こうした動向を「宗教的な制度や規範から世俗的領域が分化していくという意味での世俗化」と捉えたのだった[115]。プルーストも同じ「世俗化」の波に乗り、文学の領域でなし得ることをなしたはずである。

それゆえ『失われた時を求めて』の冒頭、マドレーヌのエピソードへの導線となる「就寝の悲劇」にカトリック的なメタファーが頻繁にあらわれたとしても、そこに作家個人の信仰の証しを認めるのは早計といわねばならない。プルーストは誕生時に洗礼を受け、カテキズムに通って初聖体拝領をおこなったことも確認されているのだが[116]、それは当時のブルジョワジーにとって、ほぼ例外のない慣習でもあった。つぎの文章に見られる宗教的語彙は、子どものころの日常風景の扉から、自然に作家の内面に入ってきたものにちがいない。

平穏がもたらされるのは、お母さんが優しい顔を私のベッドのほうに傾け、それを平和の聖体拝領（communion de paix）における聖体パン（hostie）のように差し出すときで、そこから私の唇は母の現存（présence réelle）

と眠りこむ力をくみとるのだが、この一刻前にもたらされた平穏も、そもそもお母さんの怒った顔をみると吹っ飛んでしまう[117]。

特殊な語彙である「現存」とは、聖体のパンと葡萄酒のなかにはキリストの真の体と真の血が存在することを指し、カトリック的な秘蹟の根幹をなす。パンと葡萄酒はたんなる象徴ではなく実相であるとする教説は、近代ヨーロッパの科学主義やプロテスタントの合理主義と衝突し、論争の的となってきたのだが、ともあれプルーストの読者は、秘蹟のパンを唇に受けようと祭壇にひざまずく神妙な少年の姿と、母親の頬にキスをする幼い顔の切実な表情を、二重にかさねあわせて思い描けばよい。

さらに一連の比喩的表現を追ってみよう。スワンの訪問という邪魔が入ると、子どもは不意に父親に追い立てられ、接吻の機会も奪われて「聖体を拝領しないまま」sans viatique しおしおと階段をのぼってゆかなければならない。子どもにとって予想しがたいおとなの反応は、理不尽で無慈悲なものに感じられ、幼児の虐殺を命じたかと思うと母ヤギの乳で子ヤギを煮ることや動物の股《もも》の腱を食べることをデリケートに禁じたりする古代の掟にそっくりだと少年は考える[118]。おやすみのキスができなくて、そのまま寝つけぬ少年が、寝室にあがってくる母親を待ち受けていたところ、父親は日頃の原則にしたがって厳しく罰するかと思いきや、唐突な同情を示したのである。その姿は「アブラハムが、妻のサラにイサクのそばから離れるように告げる仕草」を想わせた、と説明されている。こんな具合に、神経質な少年の深刻な不安が記述されてゆくのだが、場面は一貫して子どもが慣れ親しんでいたユダヤ・キリスト教の神話伝承により色づけされている。こうして読者が目にする情景は「就寝の悲劇」であることをやめぬまま、なんとも微笑ましいものになるのである。

『失われた時を求めて』において聖書の神話的なエピソードは、異教的あるいは世俗的な伝承と同じレヴェルで夢想の源泉となっており、それにともないカトリック信仰は、国民的な文化遺産のなかで相対化されてしまっている。

就寝という日常の行為については、カトリック的な概念や旧約聖書の物語が参照される一方で、上述のようにサン＝チレール教会の記述には、聖なるものが顕現したという印象がまったくない。「コンブレー　二」のおわり近くに、もうひとつ、同じ教会をめぐる断章がある。少年は憧れのゲルマント公爵夫人が住民の結婚式に臨席するという話を聞いて、その姿をひとめ見ようと教会を訪れる。ここで儀式の模様が報告されないのは、少年が何も見ていないから、ただ公爵夫人に目を釘付けにして、この貴婦人こそジュヌヴィエーヴ・ド・ブラバンの末裔なのだ、と自分に言い聞かせているからだ。昔話のなかから脱けだしたような霊妙な素材の女性を思い浮かべていたのに、鼻のわきにおできがあったり、近所の夫人と同じようなモーヴ色のスカーフをしていたりで、少年はおどろき、かつ失望する。[119]この日のささやかな出来事は、そんなコミックな余韻を響かせながら、庶民が語り伝えた説話文学のヒロインをサン＝チレール教会に結びつけたのである。コンブレーの教区教会は、歴代のゲルマント家が領主として埋葬される墓所と定められており、フランスが継承する聖と俗の伝承が、ここで仲良く合流したことになる。

ジェイムズ・ジョイスの『若い芸術家の肖像』は、少年期を回想するために、あれこれ考える子どもの語彙や言葉のリズムを再現し、独特の幼い文体を編みだした。プルーストの回想の場合、文体の技は成熟した大作家が腕に縒りをかけたものであり、その一方で、記述を進展させ物語世界を構築する原動力は、はっきりそれとわかるかたちで、主人公の子どもっぽい夢想や空想のメカニズムから抽出されている。夢想や空想の次元で捉えた「文学少年の肖像」が、ここにある。

プルーストの幼少期の読書については、あまり資料がないといわれるが、[120]おそらく重要なのは書物の網羅的なリストをつくることではない。十九世紀には、とりわけグリム兄弟の貢献により「児童文学」というジャンルが確立し、ブルジョワ家庭では母親が伝説や童話を子どもに読み聞かせるという習慣が定着していった。[121]フローベールの最初の文学体験が近所の小父さんが読んでくれる『ドン・キホーテ』であったように、プルーストの場合も、記憶の基層に横たわるのは「読んだ本」ではなくて「読み聞かせてもらった話」にちがいないのである。『失われた時を求めて』

の少年も、大叔母の口上を聞きながらジュヌヴィエーヴ・ド・ブラバンの幻灯を見るのだし、「就寝の悲劇」を締めくくるエピソードでは母親がジョルジュ・サンドの『フランソワ・ル・シャンピ』を朗読してくれる。『見出された時』の終幕で、自分の書く小説のモデルとなるかもしれない本として名指される『千夜一夜』も、まずは母親の声により、少年の耳をとおして記憶のなかにとりこまれたものだろう。プルーストにかぎったことではない。読書以前の音声による物語の受容こそ、わたしたちの――いやむしろ人類の――原初的な文学体験であり、もっとも古い記憶の層をなすものだ。この重要な事実を忘れぬようにしよう。

そうしたわけでメルヒェン的な想像力が、とりわけ少年期の記憶にかかわる部分で豊穣なイメージを産みだすのは、じつは自然なことなのだ。夕食に食べたアスパラガスが「魅力的な女たち」に変身し、「シェイクスピアの夢幻劇」に登場するいたずらな妖精のように「溲瓶《しびん》を香水瓶に変えて」しまうという断章が、満腹して安らかに寝ついた少年の幸福な夢であることはおのずとわかる。[122]黄色いカボチャが黄金の馬車になる「魔法昔話」の世界では、ひとつの事物がその形状が暗示する別の事物に変身してしまう。原初的なメタファーとは事物のメタモルフォーゼにほかならない。

ちなみに「夢幻劇」は、おとなと子どもがナイーヴな想像力を分かちあうことのできるサブカルチャー的な舞台だが、今日では忘れられてしまった。タディエも指摘するように、この軽妙な演劇のジャンルは、プルーストの「比喩の最高傑作」を産む足場となっている。[123]第七篇『見出された時』の大団円、まるで扮装を凝らしたかのように老いさらばえた登場人物たちがゲルマント大公夫人の館で一堂に会する場面は、プルーストが辣腕をふるって演出する「夢幻劇」にほかなるまい。『失われた時を求めて』の終幕は、こうして夢想のありようという意味でも少年期の「失われた楽園」に回帰するのである。

「見出された時」の啓示と永遠の命

キリスト教の到来以前にさかのぼるケルトの文明が、国民アイデンティティの根底をなすという考えは、すでに紹介したように十九世紀ヨーロッパにおいて一世を風靡したものだった(124)。マドレーヌの断章の幕開けにある「私は、ケルトの信仰がじつに理に適っていると思う」という文章では celtique という語彙が説明ぬきでつかわれている。この単語は『失われた時を求めて』のなかで、ただの一度しかあらわれないのだが、だからどうでもよいというわけではない。ヨーロッパ文明の古層に横たわる土着的な死生観を指すという一般的な了解は、すでに定着していたものと思われる(125)。

プルーストは神話や伝承の素材を自在に参照し混淆する。それゆえ第二篇『花咲く乙女たちのかげに』の三本の樹木の話も、その背後にあるのが特定の北欧神話かゲルマン神話か、それとも広義のケルト神話なのか、出典を確定することにはさほど意味がないだろう。バルベックでの休暇中に語り手が、祖母の友人であるヴィルパルジ夫人の馬車に乗り、田園風景を眺めていると、不思議な「既視感」のある木立が目に入るというところ、断章の最後の部分を引用しよう。

木立は私のほうにやって来る。もしかするとあれは神話のまぼろしか、魔女やノルンの踊るロンドで、その神託を私に告げているのかもしれない。私はむしろあれは過去の亡霊で、幼いころに親しかった仲間や亡くなった友人たちが想い出を共有したいと訴えているのだと思った。黄泉《よみ》の国の亡霊のように、いっしょに連れて行ってほしい、生き返らせてほしいと私に頼んでいるように感じたのである。その素朴で情熱的なしぐさに私が読みとったのは、愛されながらことばを使えなくなった人が、言いたいことが相手に通じない、相手も察してくれないと感じるときのすべもない無念の想いである(126)。

運命を司るとされる北欧神話の女神ノルンのような三本の樹木の呼びかけに、応えることができなかった語り手は、「死者に会いながら知らぬ顔をしたような、神に出会ったのにわからなかったような悲しい気分」になる。このときの「歓びと不安」をふたたび見出し、ついにその「想いに専念する」ようになったというのが、語り手が芸術家として決意を固め、未来の作品の構想を語る『見出された時』の結論なのである。樹木の呼びかけは、貴重な遭遇が不首尾におわったケースとして、思春期の出来事のなかに置き去りにされる。

こんなふうにして『見出された時』で語り手は、芸術の本質にかかわる「啓示」を経験することになるのだが、そこでは不可避的に「宗教的なもの」が浮上するだろう。「そのとき、なるほど芸術作品こそ〈失われた時〉を見出す唯一の手段であるということを認めさせたあの光明のように目覚ましいものではなかったが、別なもう一つの光明が私の心にひらめいた。そして私は理解した、文学作品のすべての素材は、私の過ぎ去った生涯であるということを」という一文につづき、これまでの中途半端な人生と愛情や苦痛などの経験が、栄養をたくわえた種子のように自分のなかに埋もれているという自覚が語られる。

種子と同様に、私も植物が生長したときには死んでしまうかもしれない。気がついてみれば私はその植物のために生きてきたのに、自分ではそれを知りもしなかった。また自分の一生が、書きたかったあの本といつかふれあうときがくるはずだとも思われなかったし、以前は机に向かっても、その本の主題すら発見できない有様だった。こうしてこの日までの私の全生涯は、次のような標題で要約することが、可能でもあれば、不可能でもあったろう。すなわち「天職」という標題である。(127)

なんだかもってまわった構文だが、後続の文章を読めば思考の流れがわかる。かりに自分の生涯を「天職」とは呼べないとしたら、それはまだ自分の文学が実を結んでいないからであり、一方で、そう呼べるとしたら、自分のなかに、そのための種子があり胚芽が息づいていることを、今、一つの光明のように感じとったからだというのである。種子の比喩が、「一粒の麦、地に落ちて死なずば[128]」という福音書の引用であることは、お気づきの方もおられよう。「天職」と訳されている vocation は「神の特別な呼びかけ」という宗教的な用法が一義的なものであり、その場合は「召命」と訳される。神から召され使命をあたえられる聖職者に比肩できる者として「天命」を受けた芸術家というステータスが、ここで遠慮がちに素描されたのである。

『失われた時を求めて』が形をなす以前、プルーストは『心の間歇』という総題の三巻構成を考えて、それぞれの巻に『失われた時』『常時礼賛』『見出された時』という副題を掲げるというプランを立てたことがある[129]。中央におかれた「常時礼賛」adoration perpétuelle とは何か。ヴィクトル・ユゴーの『レ・ミゼラブル』で刑事ジャヴェールに追われたジャン・ヴァル・ジャンがコゼットを抱えて逃げこむプチ・ピュクビュスの修道院が、この「常時礼賛」を実践しており、この作品が圧倒的なベストセラーだったことを思えば、一般にも馴染みのある語彙だったのかもしれない。それは首に縄をかけた修道女が交替で十字架のまえに跪き、「償い」の祈りが片時も途切れることなく捧げられるという極限的な苦行である[130]。もっとも、この「常時礼賛」という副題の提案には「あるいは『花咲く乙女たちのかげに』」という言葉が括弧つきで書き添えられている。まぎれもなくカトリック的な信仰の語彙ではあるけれど、例によってメタファーとして導入されたもの。超越的なものへの「礼賛」に近い感情を捧げられるのが、朝日と戯れる海の光景や、浜辺をあゆむ娘たちの姿、あるいは芸術そのものであってわるいわけはない。

プルーストの作品では、カトリック的か異教的なものかという伝統の如何にかかわらず、あらゆる神話、伝承、昔話などが、比喩やイメージの源泉として平準化されている。しかし、そのために「宗教的なもの」が霧散してしまったとはいえるまい。すでに見たように、フローベールにとって作家とは、芸術の殉教者にほかならない[131]。これに対してプルーストが思い描く芸術は、宗教の代替物のような神秘をたたえた何かなのである。芸術の営みによっておのずと永遠の命が約束されるとはいえないとしても――たとえば植物の種子が命を次世代に託すように――永遠の命の可能性を示唆することはできるのではないか。すくなくとも語り手自身は、そう確信するに至ったのである。これがベルゴットの死の断章における「永久に死んでしまったのか?」Mort à jamais? という問いに対して『見出された時』が差し出す回答となるだろう。

死に絶えたはずの記憶の甦り、死者からの呼びかけ、黄泉の世界に閉じこめられた魂の解放、永遠の命……一連のエピソードをとおしてプルーストは独自の死生観をつむぎだしてゆく。そこでさまざまの仮説のために召喚されるイメージは、ときにはケルト的な死者の国、あるいはギリシア神話の冥府らしきものに源流をもつ。(132)「宗教文化」という地平に立つプルーストは、もはやバルザックのように純粋にカトリック的ではない。フランスの宗教的・神話的な遺産を総体として継承するという意味で「ライシテの時代」を先取りした国民作家なのである。

3　父権的ジェンダー秩序から禁じられたセクシュアリティへ

人妻幻想の変容

フランスの男性は年上の女性がお好き、という伝説があるらしい。じっさい、十七世紀の宮廷で浮き名を流した絶世の美女ニノン・ド・ランクロをはじめ、未熟な若者に対し「色事の教育係」déniaiseuse の役目を果たしたとされる遊び女たちは数知れない。『谷間の百合』に見られるごとく、妻・夫・青年という三角関係がドラマの基本的な構図となった十九世紀の姦通小説でも、典型的な筋書きは、人生経験を積んで成熟した女性の導きにより、初心な青年が男になるというものだ。ところで姦通が特権的な文学的テーマとなるのは、これが宗教と民法と刑法によって断罪される、取り返しのつかぬ違反だからであり、離婚法が成立してしまえば、結婚という制度そのものの神聖さが失われ、結果として、このネタは威光が落ちる。そう冗談まじりに予言したのはモーパッサンだった。(133)

こうした議論の延長上に『失われた時を求めて』という作品をおいてみよう。たしかに幼い少年は、ジュヌヴィエーヴ・ド・ブラバンの末裔であるゲルマントの貴婦人に恋をする。しかも公爵夫人が自分に気まぐれな恋心をいだいたと仮定して、城館に招かれ、一緒にマスを釣ったり、庭園を散策したり、詩の構想について語り合ったりすることを夢想する。そして殊勝にも、そのためには、自分もそろそろ作家の修練を積まなければならない、などと反省するのである。[134]こんな可愛らしいエピソードは別としても、じっさい思春期の語り手は、ジルベルトの母親であるスワン夫人とゲルマント公爵夫人への憧憬を抱きつづけており、そのかたわらで同世代の少女ジルベルト、ついでアルベルチーヌとの恋愛をとおして、人間の感情の深く悲劇的な位相に思い至るようになる。そうこうするうちに、スワン夫人やゲルマント夫人への片想いは、独占的な執着に発展することなく萎んでしまう。語り手は憧れの女性の伴侶であるスワン氏やゲルマント公爵に対しライヴァル意識を抱かないから、もともと三角関係は成立していない。いや、なによりも『失われた時を求めて』は、恋愛感情の昂揚、葛藤、破綻、あるいは持続や終焉などを、一連の因果関係を呈示しながら描きだす恋愛心理小説とは、どこか異なるメカニズムによってなりたっている。ひと言でいえば、道ならぬ恋というテーマは作品を構造的に動機づける要因とはなっていないのである。

『失われた時を求めて』に「姦通」adultère という語彙があらわれるのは二回だけ。一方は、悪い癖として「吝嗇」と並べてあり、文脈としては、若い頃にかかった病気のようなものという話。[135]もう一つは第五篇『囚われの女』のなかでもとりわけ名高い断章、ヴァントゥイユの七重奏を記述する三十ページのなかにある。何度読んでも不思議な印象の残る段落を引用しておこう。

法律の認めない関係からは、結婚によって生まれる絆と同じく多様で複雑な、ただもっと堅牢な肉親の絆が生じる。これほど特殊な関係に足をとめるまでもなく、不義が真の愛情にもとづく場合、家族の感情や肉親の義務をゆるがすどころか逆にそれを強めるものであることは、私たちが毎日、目にするところだ。正式な結婚によってしばしば空文になってしまうようなものに、不義はそのとき精神を吹きこむ。善良な娘は、母親の二度目の夫の死にさいしてはただ体面上、喪に服するにすぎなくとも、母親がすべての男のなかから愛人として選んだ人間の死をいたむとなれば、涙もかれ尽きるほどに泣き叫ぶことだろう[136]。

adultère はここでは「不義」と訳されている。「法律の認めぬ関係」に「真の愛情」が宿るというところまでは納得できるとしても、「善良な娘」は母の二度目の夫よりも母の愛人に執着するという指摘についてはあまり実感がわかない。しかるに語り手は説明の必要さえ感じていないらしい。前後で話題になっているのは、作曲家ヴァントゥイユの一人娘が、同性愛によって結ばれていた音楽教師と一緒に亡き父の手書きの楽譜を読み解いたおかげで、ひとつの芸術作品が甦ったという経緯である。真の絆は、むしろ「法律の認めぬ関係」のなかから生まれるという論理の流れは一貫していよう。

本書第Ⅲ部で見たように、ナポレオン法典が想定する「人妻」は禁じられた対象、ときには命がけで奪取しなければならない女性であり、なおのこと、青年の征服欲をかき立てた。モーパッサンによるなら、十九世紀はこの枠組を利用して、玉石混淆の「姦通もの」を倦むことなく世に送りだしていた。これに対してプルーストは、ほとんど無前提に「法律の認めぬ関係」を肯定しているらしく、しかも不義の関係をめぐる悲喜劇そのものには関心すらないように見える。かりに登場人物にある種の「人妻幻想」があるとしても、それは傍系のテーマにすぎない。作家の野心は別のところ、すなわちヨーロッパ近代を総括する新たな小説のパラダイムを、いわば更地に立ちあげることにあった。

母から息子という相続の系譜

じつは『失われた時を求めて』は典型的な「家族小説」の枠組を踏襲しながら開幕する。語り手の少年と両親をふくむ大家族が一つ屋根の下で過ごすコンブレーの休暇、日々の長閑な生活を丹念に紹介する『スワン家のほうへ』は、じっさいブルジョワ階級の平凡な家族像を描きだしている。少年は、父の社会的な影響力に絶大な信頼を抱いており、知り合いの息子のバカロレアの受験日を変更できるぐらいなのだから、自分の病気とか、あるいは才能の欠如とかも、お父さんが神さまや政府に口を利いて、いいようにしてくれるかもしれない、などと虫のよいことを考えている[137]。上述のように「就寝の悲劇」のエピソードでは、父親の姿が旧約聖書の族長アブラハムのごとく威厳のあるものとして描かれる。子どもは父の気まぐれな寛大さは「万民法」を尊重しない暴君のようだと感じており、ここにはすでに父と子の葛藤がある[138]。この日、父の許しを得た幼い語り手は、自分の寝室で母と一夜を過ごすことになる。そして、思いがけず自分の地位が向上して「大人の尊厳を獲得し、突然、悲しみも思春期を迎え、涙も親権解除となった」かのような、複雑な経験をする[139]。それこそフロイト的な読解を誘う材料が、申し分なくそろっていることは指摘するまでもない。

ところが作品の全体を見わたすと、じきに父親の存在感は薄くなり、たとえば『花咲く乙女たちのかげで』の冒頭、ノルポワ氏を自宅に招待する場面など、出番があれば無造作に呼び出されるというていどの役回りになってしまうのである。外交官のノルポワ氏が、少年の文学的素質について――まるでそれが「文学の素質ではなくリューマチの体質であり、それで死ぬことはないと諭し安心させるような口調[140]」で――的はずれな論評をする滑稽な話については以前にひと言ふれた[141]。「家族小説」の読解として重要なのは、ここで父親は「親権」を、つまり息子の将来についての発言権を他人に譲渡しているという点だろう。母親が夫をかぎりなく尊敬しているという設定のおかげで、かろうじて威厳を保っているけれど、ナポレオン法典との関係でいえば「父権的な秩序」の期待に応えぬ父親なのであり、人物像としてモーパッサン以前に逆戻りしたわけではない。

コンブレーの寝室で母と過ごした夜、寝つかれぬ語り手に、母はジョルジュ・サンドの『フランソワ・ル・シャンピ』を読み聞かせてくれた。『見出された時』の終幕、語り手はゲルマント大公夫人の館の図書室で、偶然に同じ作品を手にしたとき、得体の知れぬ衝撃を受け、「今考えていることとあまりにもそぐわない印象に襲われたような不快感」を覚えたのだった[142]。それが母に読んでもらった本であることに気づき、自分の精神の深いところに降りていった語り手は、さらに「見知らぬ男」にぶつかったような「怒り」を覚えるのだが、それが「私自身」あるいはむしろ「当時の少年であった私」にほかならないことを悟る。

私が図書館で『フランソワ・ル・シャンピ』を手にとると、ただちに私のなかには一人の少年が立ち上がって、私にとってかわる。この少年のみが、『フランソワ・ル・シャンピ』というタイトルを読む資格を持っている。彼は当時これを読んだように、そのときの庭の天気にかんするそっくり同じ印象、さまざまの地方や人生について作りあげた同じ夢、翌日についての同じ不安を抱きながら、この本を読む。(143)

まさしく「ケルトの信仰」にあるように、千載一遇の出会いから、一冊の書物のなかに閉じこめられていた少年の魂が甦ったのである。これが『見出された時』における一連の身体感覚による啓示の経験――中庭の敷石につまずいてヴェネツィアのサン゠マルコ寺院の洗礼堂の不揃いなタイルを想い出し、皿にぶつかるスプーンの音や口をふいたナプキンの固さから人生の別の時間の記憶が甦る、といった経験――をしめくくる決定的な衝撃となる。そして語り手は、この懐かしい書物を手がかりにして、これから書くべき小説の構想へと省察を深めてゆくのである。

上述のように幼少の語り手が、母の声をとおして昔話や神話伝承など原初的な文学へのイニシエーションを受けたにちがいないという事実は、第一篇『スワン家のほうへ』の記述からも推察される。これに呼応するかのように、第七篇『見出された時』において語り手が芸術家として覚醒する物語でも、はるか昔、母が読み聞かせてくれた「近代小説」が霊媒となった。『フランソワ・ル・シャンピ』は孤児の少年がおとなになって養母と結ばれる物語、つまり近親相姦的な絆を暗示する作品であるために、母が添い寝をしてくれた夜の記憶も、あからさまに語られはしない母への愛慕も、どこか艶《なま》めかしい哀愁をおびる。

ところで実生活におけるマルセル・プルーストと母親との関係は、作品のなかの母子関係にまさるとも劣らぬほど

母ジャンヌ・プルースト 32 歳の肖像　当時マルセルは 10 歳

に濃密なものだったらしい。母ジャンヌ・プルーストはユダヤ系の裕福な知識人の家系に生まれ、深い教養を積んだ女性だった。『サント゠ブーヴに反論する』のなかでは、語り手の文学談義の相手をつとめており、比較するなら『失われた時を求めて』における母親の知的な役割は、むしろ控えめなものになっている。しかし別の捉え方もあるだろう。語り手が文学という「天職」に目覚める物語のなかで、チチェローネ（案内役）としての母の存在感は、俗世の瑣事を超越した「啓示」という次元に置かれて昇華されているだけに、いっそう威光を増しているともいえるからである。

注目すべきことに『失われた時を求めて』という書物に内包された豊穣な文学的遺産は、あからさまに父を回避して、母から息子へと継承されている。この構図は意図されたものにちがいない。語り手の母は口数こそ少ないけれど、セヴィニエ夫人の典雅で才知《エスプリ》あふれるフランス語の使い手である。しかもセヴィニエ夫人の大の愛読者である語り手の祖母が、セヴィニエ夫人と同様に、自分の娘と緊密に結ばれていることで、母から娘へという相続の系譜が念入りに強調されている。作家プルーストにとって父の権威を体現したのは、おそらくバルザックとフローベールだった。なおのこと、近代的なジェンダー秩序をはぐらかしたような作品の構図が気にかかる。本書をしめくくる終章では、男性作家中心の「国民文学」の彼方に「女たちの声」を聞きとることになるのだが、そのときにあらためて考えよう。

権威ある父から遠く離れて

「夫が妻の姦通現場において妻および相手の男性を殺害した場合に宥恕される」(144)という刑法三二四条は、十九世紀を通じ、しだいに適用されぬようになっていったらしい。それにしても離婚法の項で指摘したように、ナポレオン法典の呈示するジェンダー秩序は、女性だけでなく男性に対しても抑圧のシステムとして機能したはずである。権力を手にした男性は、家族を監督する責任を負っており、かりに妻の不貞によって顔に泥を塗られたら、命がけで雪辱することを求められる。妻の姦通相手は堂々と殺してよいと法律が仄めかしているのに、目をつぶって知らぬ顔をするのは、なんとも意気地がない話ではないか。

十九世紀前半、とりわけ「名望家」と呼ばれるエリート層において「男の名誉」という価値が巨大化してゆく過程は『モンテ＝クリスト伯爵』でも随所に読みとれた。船主モレルは、手形の不払いのために倒産する当日に、覚悟のピストル自殺を遂げようと心に決めていた(145)。それを察した息子に対して、父は名誉ある家名というかけがえのない財産を息子に相続させるのだと諭し、息子は敬愛する父の最後の教訓を受けいれる。自殺という名誉回復の手法が社会的に認知されていたらしいこと、汚点なき家名という価値が父から息子へ命がけで継承される話が、申し分のない美談とみなされていることを強調しておきたい。これと表裏一体の話だが、ボヴァリー夫人の自殺が「名誉」という価値により免罪されることはないだろう。

お気づきのように、ヨーロッパ近代の産んだ男らしさの美学とナポレオン法典の掲げる父権的家族像とは不可分なのである。この抑圧の装置から解放されたいという願望をモティヴェーションのひとつとして作品を創造したのが、プルーストだった。ふり返れば、幼い語り手の「就寝の悲劇」のエピソードは、男になることの放棄へと至る重大な階梯でもあった。そもそも父親は息子が執拗に母親のキスを求める習慣を見苦しいとみなしていたのだが、少年の必死な表情を見て気が変わる。少年は喜んでよさそうなものだが、ちっとも嬉しくない。じつは母が「辛い想い」にかられながら譲歩したということを、自分が勝利を収めたのは母が息子に抱く理想を放棄したからであり、つまり自分

ジャン・コクトーによるプルースト

は母の意志を踏みにじったのだということを、少年は理解しているからだ。「悲しみも思春期を迎え、涙も親権解除となった」というのは、男にならずに成長することが許可された、もっとあけすけにいえば、男の子のくせに女の子のようにふるまうことを認めてもらえたという意味だろう。今も耳を澄ませば、このときの「すすり泣き」が聞こえてくる、と今ペンをにぎって回想する「私」は述懐する[146]。男女の性差が形づくられるプロセスの出発点で経験した後ろめたさ。それは「性のあり方」という意味での人間のセクシュアリティに深い刻印をのこす要因の一つである。

世紀末にかけて、近代的なジェンダー秩序が、いわば箍《たが》の緩んだ状態になっていたことは疑いようがない。視野を広げてみれば、離婚法の成立も、習俗における同性愛の露出も、あるいは聖母のごとき母と穢れなき処女という一対のカトリック的ジェンダー幻想の凋落も、さらには娼婦像の変容も、あるいはファム・ファタルの出現も、同じ一つの潮流に育まれた諸現象とみなすことができる。多種多様な現象を、総体として掌握したという点でもプルーストは偉大だった。十九世紀ヨーロッパにおける文学の主流は、近代的な婚姻制度と不可分の恋愛小説と姦通小説だったが、これに対して世紀末には、セクシュアリティの規範とこれに対する違反という次元の新たな問題構成が浮上する。ここでプルーストの果たした役割は決定的だった。

近代的な秩序は男と女が、いや少年と少女、人妻と娼婦、既婚婦人と未婚の娘など、あらゆる分類項目が境界線によって整然と分かたれており、それぞれの属性が決して混淆せぬことを期待する。攻撃的に男性性を誇示するシャルリュス男爵の鍛えられた肉体に、セヴィニエ夫人に共感を寄せる円《まろ》やかな女の本性が潜んでいることは、それ自体がスキャンダルなのだ。男の子が女の子のように育つことを忌み嫌う親心は、同性愛を「呪われた性」とみなす世間と同じ規範にしたがっている。

語り手は著者に似て線の細い美青年であるらしく、バルベックの浜辺で、まだ面識のないシャルリュス男爵に凝視されるぐらいだから、同性愛の対象となる条件をそなえていたと思われるのだが、当人は迷いなき異性愛という設定になっており、この大作の本筋をなすのは、やはり適齢期の娘たちとの交流だといえる。十九世紀の修道院出の娘たちにとって替わったのは、新しい世紀の「花咲く乙女たち」。避暑地の浜辺にカモメのように軽やかに出現したスポーティな娘たちは、それなりに真面目で平凡なブルジョワ階級の子女なのか、それとも悪徳に染まった得体の知れぬ娘なのか。この問いに答えは返ってこない。物語が進展するにつれて人間の性格や特性がくっきりと造形されてゆくのが伝統的な小説の手法であるとすれば、『失われた時を求めて』では反対に、登場人物の正体は明かされず、謎は深まってゆくばかりなのだ。

一人称小説における語り手自身の愛憎のドラマがつむぎだすテクストは、当然のことながら、客観的な事実の報告を装った三人称小説とは異質なものとなるだろう。そもそも「私」が「花咲く乙女たち」にそそぐ視線には、異性への好奇心と強烈な欲望、そして嫉妬というバイアスがかかっている。「私」は、アルベルチーヌがどれほど同性愛の深みにはまっているのかを知るために、嘘をついてまで相手を問い詰めようとこころみる。当人が事故で死んでしまったのちも、執拗に謎を追いつづけ、記憶をたぐり、関係者の証言をあつめて真相に迫ろうとするのだが、底なしの闇はひろがるばかり。ここでおきているのは、一人称という語りの問題だけでなく、いっそう重大な何かであると思われる。

一般的な了解によるなら「恋愛小説」は、言語化できる次元の人間心理をあつかって、とりわけ因果関係という側面から、行動の契機となった心の動きを解き明かすものだろう。プルーストの作品は、そうした意味での心理小説とは本質的に異なる運動によって構成されている。ひとたびセクシュアリティの領域に降りてゆけば、そこには当事者でさえ意識化できぬ事象の堆積があるはずで、ましてや他人の視線がその深淵に至ることはありえない。禁じられたセクシュアリティについて語ること、いやそもそも「他者」について語ることができる一人称小説とは、いかなるものなのか？　この難題に答えるために、プルーストは十九世紀リアリズム小説の整然とした時空とはまったく異なる叙述のパラダイムを立ちあげなければならなかった。

4　姦通小説の彼方へ

「立体心理学」と「心の間歇」

『谷間の百合』は人妻への禁じられた愛を生きた青年の手記という体裁の一人称小説であり、中心的な主題をめぐる原因と結果の連なりが、時の流れに沿って配置されている。『失われた時を求めて』の場合も、七篇のおおまかな構成としては語り手の幼年期から思春期へ、恋愛の適齢期から老齢へと時間が流れているのだが、目盛りをふられた連続的な時間という叙述の基盤がない。そのことと、異性との出会いや別れ、忘却や追憶、妄想のような嫉妬の感情などが、語り手の人生にどのように介入し、いかなる痕跡をのこすかという問題とは深くかかわっているのである。

ゲルマント大公夫人の午後のパーティで、老いた登場人物たちが一堂に会する『見出された時』の終幕。往時の知己に再会した語り手は考える。今やサン゠ルーの未亡人になっているジルベルトは、昔コンブレーのスワン家の庭園で見かけたジルベルト、サンザシの香りにひたされた初恋の少女とは切り離されてしまっている。自分が少年のころジュヌヴィエーヴ・ド・ブラバンの末裔であると聞かされて憧れた貴婦人と、社交界の頂点に君臨していた若きゲルマント公爵夫人、そして今ここで時代遅れの才知をふりまいているご婦人が同一人物であると「私」が認めるとすれば、それは自分のなかの「消息通」が権威をもってそう主張するからにほかならない。幼い自分のまえに高級娼婦《ココット》としてあらわれたバラ色の服の夫人が、やがてジルベルトの母親スワン夫人となり、夫の死後に再婚したフォルシュヴィルの姓を名乗り、ついにはゲルマント公爵の愛人となって今ここにいることも知らないわけではない。ただ、人生の別の時期に出会ったとき、彼女たちは別人になっており、自分もまた別人になっていた。それぞれの女性をめぐる想い出は、過去の自分に、そして当時の自分の夢想にむすびついている。

たとえば私の少年時代のゲルマント公爵夫人にかかわるすべてのことは、ある引力に引き寄せられてコンブレーの周囲に集中していたし、やがて私を昼餐に招待することになるゲルマント公爵夫人にかかわるすべてのことは、まるで違った感性の存在の周辺に集中していた。つまり何人ものゲルマント公爵夫人がいたのである。ちょうどバラ色の服の婦人以来、何人ものスワン夫人がいるように。彼女たちは歳月の無色のエーテルによって隔てられており、そのなかの一人から別の一人へと飛躍するのは、一つの惑星を離れてエーテルで隔てられた別の惑星に行くのと同じように困難だった。[147]

自分自身も齢《よわい》を重ねながら時間と空間を横切ってゆくのであり、「私」の視界にかかわるがわる入ってくる女性たちの相貌は、そのつど別人のように見えたのだ。こんなふうに、さながらすべての人間が宇宙を遊泳する惑星であるかのようなイメージがしばしば展開されたのち、改行した節の冒頭に「ジルベルトの一断片にすぎない今日の彼女[148]」**la fragmentaire Gilberte d'aujourd'hui** という簡潔な表現があらわれる。他者の相貌は、その日、その瞬間の断片としてしか捉えられないという教訓が、このひと言には含まれている。

ところで世界の断片的な把握という作品固有の「時間の哲学」は、一方で語り手のいう「立体心理学」をささえる基盤ともなっている。終幕で語り手が宣言するところによれば「一冊の書物で一つの生涯を物語ろうとする場合には、普通に人が用いる平面心理学とは逆に、一種の立体心理学といったもの[149]」を使わなければならないのである。「立体心理学」は「時間のなかの心理学」と言い換えることもできる。語り手が経験のなかからこの「心理学」を編みだしたのは、アルベルチーヌが事故で死んだあと、その追憶に生きていた時期だった。当時「私」は自分を慰めるために、ゆきずりの娘を家に連れ帰ってみたりしていたが、アルベルチーヌではない娘たちの存在が、二度と会えぬ恋人への追慕や嫉妬を痛いほどにかきたてた。だが、そうした気持を抱いていたという事実を自分の生活のほかの部分から分離して、静止状態にある人の心しか説明できない「平面心理学」を適用するのはまちがっている。じっさい肉体が空間を移動するのと同様に、人の魂が時間のなかを移動する大きなシステムのようなものが存在するからで、求められているのは、そのシステムが及ぼす引力にまきこまれたものとして、人間の生きる時空を解明することなのである。

立体の幾何学があるように、時間のなかの心理学というものがある。そこでは平面心理学の計算が、もはや正確なものではなくなるだろう。なぜなら〈時間〉も考慮に入れられず、また時間の帯びる形態の一つである忘却も無視されるからだ[150]。

かくして忘却もまた「時間のなかの心理学」が解明すべき主題となる。その一例が、作品の総題ともなりかけたキーワード、あの「心の間歇」が指し示す現象である。「ヒロインの死生学」という切り口から考察をはじめた本書では、死者の弔いという行為が随所でとりあげられており、ご記憶のように『失われた時を求めて』についても第Ⅰ部第二章で祖母の死について、いくつかの断章を紹介した。語り手は少年のころ優しい祖母に執着し、バルベックでの休暇を二人きりで過ごしたりもしたのだが、祖母の最期を見守ったときも、服喪の時期も、日常の暮らしや社交に気をまぎらせて、亡き人にふさわしい追慕の情を捧げぬままに時を過ごしていた。

ところが、祖母の埋葬から一年以上が経過したある日、一人でバルベックに到着した夜に、語り手は「全人格を動転させる衝撃」におそわれる。疲労のあまり心臓が苦しくなり、ブーツを脱ごうとかがみこんだ瞬間に「私の胸はある未知の神々しい存在に満たされてふくれあがり、嗚咽が身体《からだ》を揺り動かし、涙がはらはらと目からあふれでた」。

愛情のこもった、心配そうな祖母の顔が、私の疲労のうえにかがみこんでいたのである。以前に自分のブーツを脱がせてくれた祖母が、名前だけの祖母ではなく、本当の祖母が甦った。そして祖母が「シャンゼリゼで発作を起こして以来、はじめて私は無意志的で完全な記憶のなかに、彼女の生き生きとした現実」を見出した。だが、こうしてマドレーヌ体験にも似たやり方で、過去の現実が「再創造」されたことにより、逆に「私」は祖母が本当に死んでしまったことを悟る。それは極限的な悲しみをともなう喪失の経験となる[151]。

おわかりのようにプルーストが注目するのは、特定の精神状態の持続より、むしろ断絶であり、あるいは予想もできぬきっかけで真の感情が、それこそ間歇泉のように噴出するという劇的な状況なのである。

マドレーヌの断章で見たように、忘却とは想い出が肉体の深みに沈殿し、混沌とした闇につつまれて、もはや見分けがつかなくなっている状態を指す。『見出された時』で語り手は、この堆積を「豊かな鉱床」と呼び、かりに自分が死んでしまったら、この鉱石を掘り出すことのできる唯一の鉱夫がいなくなる、しかも鉱脈そのものが消滅してしまうと考える。そして、自分の精神に宿る「新しい観念」を「安全な一冊の本」のなかに移しかえたいと願うのだ[152]。奇妙なことに、こんなふうに死の危険を恐れる理由を見出した「私」は一方で、しばらく前から死の観念が自分にとって重要ではなくなったとも感じていた。自分が自分でなくなること、つまりジルベルトやアルベルチーヌを愛する自分がいなくなることは耐えがたい。それは一種の死のようなものだろう——かつて「私」はそんなふうに考えていた。しかし今になってみると、自分が死を恐れなくなったのは、恋愛の想い出のおかげでもあった。なぜなら死とは何か新しいことではない。かりに特定の対象に執着していた自我の一部が死ぬことが、忘却にほかならないとすれば、じつは子どものころから自分はもう何度も死んでいる。人は断片的な死をいくたびとなく経験しながら生きている[153]。

ナショナル・ヒストリーから遠く離れて

病床のプルーストが、いつ消えるとも知れぬ自分の命を見つめながら「安全な一冊の本」に託そうとした小説の美学とは何か。ヨーロッパ近代の国民文学を総括すると同時に解体もした力業とはいかなるものか、あらためて問うてみたい。プルーストのエッセイ「読書について」は、ラスキンの『胡麻と百合』の翻訳に「序文」として添えられた文章だが、そのなかに、登場人物の冒険に寄りそってきた読者が本を読みおえたときの落胆を語る一節がある。読者は生身の人間に注ぐよりもっと多くの注意と愛情を登場人物に注ぎ、彼らのために胸をときめかせ、涙を流したのに、今や、彼らについて何一つ知ることができない。

作者は数ページまえからすでに、残酷な《エピローグ》のなかで、それまでどれほどの関心をもって一歩一歩ついてきたかを知っているものにはおよそ信じがたい無関心さで、それらの人物たちの《登場間隔をあけ》ようと気を配っていた。彼らの生涯の一時間一時間がどう使われたか、私たちに語られてきたのだった。それが突然「これらの出来事の二十年後、フージェールの町の通りで、まだ背筋の真直な老人に出会うことがあった、云々」ということになる(154)。

あるいはまた、魅力的な結婚の可能性が仄めかされ、障害が生じたり乗りこえられたりといういきさつが二巻分も語られたあとで、さほど重要とも思われぬ人物がふと口にした言葉から、いつのまにか二人が結婚式を挙げていたことが判明する。このような書物は、結局のところ人生とはなんの関係もない。わたしたちが期待したように「宇宙と運命を内包する」ことはないのである。

しかし考えてみれば、物語の終幕が近づくと人物の「登場間隔をあけ」てみたり、伸縮自在の物差しのように時間の速度を速くしたり遅らせたりという無造作な手法は、ほとんどの小説家が疑問をおぼえることもなく使っている常套手段ではないか。『失われた時を求めて』のなかでは語り手の少年が、ノルポワ氏のおかげで父が作家になることを許してくれた日の夜に、これまでとちがう人生に踏みだすことへの不安を覚えながら、こんなふうに思いをめぐらせる。人間は「時間の法則」に縛られて生きているのだが、自分の歩く大地は動かないと信じているのと同様に、時間の進行も、それ自体としては感知しえないものにちがいない。

そこで小説家は、時間の流れを感じられるように、時計の針の動きを途方もなく速めて読者に十年、二十年、三十年という歳月をわずか二分で通過させる。あるページの最初で希望に満ちた恋する男と別れたかと思うと、つぎのページの終わりでは男はすでに八十代となり、毎日養老院の中庭を散歩するのが関の山で、ことばを掛けてもろくに返事もなく過去を忘れている。「あれはもう子供じゃない、好みはもはや変わらないだろう」と言った父のことばで、突然、私は自分が「時間」のなかにいることに気づき、悲しみを感じた。私は、耄碌《もうろく》して養老院に入居したわけではないが、本の最後で作者からとりわけ冷酷さの際立つ無関心な口調で「男はますます田舎を離れなくなり、とうとうそこに住み着いてしまった」などと書かれる人物になったような悲哀を感じたのである[155]。

だれもが否応なく時の流れに運ばれてゆく人生の悲しみを、どうしたら嘘偽りのないかたちで小説の構造に反映できるのか。これらの引用で示唆されているのは、高度な「フィクション論」とも呼べる何かであり、虚構の時間と現実の時間を行ったり来たりする読者の経験を照らしだしているのだが、ここはできるだけ身近な語彙で、本書の文脈にそって考察をつづけよう。

本書の冒頭で、わたしたちは十九世紀フランスの「姦通小説」では、しばしばヒロインが死ぬと指摘した。これに対してイギリスの女性作家による「婚活小説」は『ジェイン・エア』をはじめ、無造作な「エピローグ」で幸福な結末が告げられるものが少なくない。それまでテンポよく「出来事」を語ってきた語り手は、どこかで語ることがなくなり絶句するのである。

「姦通小説」におけるヒロインの死は一般に大団円に位置づけられるものだけれど、『ボヴァリー夫人』ではシャルルの死まで叙述の時間が引きのばされていた。いずれにせよフローベールの小説は「出来事の不在」を主題としたものであり、ヒロインは結婚もしたし、愛人さえできたのに幸福が訪れず、延々とつづく灰色の日々に閉じこめられていた。フローベール以前の小説は反対に、いわゆる「日常性」の対極にあるから、主人公たちの例外的な冒険がおわって日々の生活がもどってくれば、おのずと幕となる。「フージェールの町の通りで、まだ背筋の真直な老人が……」というバルザック的な結末も、モンテ＝クリスト伯爵がヨットで地中海の彼方に去ってゆくデュマの結末も、そうした意味では大同小異。少年時代のプルーストの落胆と不満を誘ったにちがいない。本書では言及できなかったけれど、冒険の完結を主人公たちの死によって飾るという方式は、ヴィクトル・ユゴーがシステマティックに採用するものだ。『ノートル＝ダム・ド・パリ』『レ・ミゼラブル』『海に働く人々』『笑う男』『九十三年』とならべただけで、死亡率の高さは尋常ではないと気づく。男たちが死ぬのは、なすべきことがもはや何一つないからである。こうした例を俯瞰するとき見えてくるのは、小説とは何か、小説家は何を読者に伝えようとしているか、という根源的な謎だろう。

近代ヨーロッパにおいて、散文による叙述の基本スタイルを提案したのは「ナショナル・ヒストリー」だった。ウォルター・スコットの歴史小説がフランスに輸入され、バルザックもフローベールもその影響下に出発したというだけではない。時間と空間の構成法という意味で、小説は歴史に学んだはずなのである。ミシュレが四十年にわたって書きついだ浩瀚な「フランス史」では、一八三三年の初回の刊本に、国土としてのフランスを記述する『タブロー・ド・フランス』が挿入されていた。エルネスト・ラヴィスの「フランス史」でも歴史の起源が語られるのは第二巻から。第一巻はポール・ヴィダル・ド・ラ・ブラーシュの地理学による国土の記述に当てられている。舞台を設定してからドラマを語る、あるいは空間を切りとったのち、過去から現在へ時の流れをクロノロジックに追ってゆく。時間の速度は調整可能、革命のような劇的な場面では分単位、秒単位で出来事を追うこともあるけれど、十年単位で時代を要約することもある。

一方でミシュレによる国民性の描写は、小説のなかで登場人物の個性が造形されるときの手法に似ているし、王朝や国家の栄枯盛衰が、人生とのアナロジーで語られることも少なくない。革命や戦争や政治権力の交替など、あつかわれる主題の軽重が定められており、好んで英雄的な人物に照明が当てられる歴史叙述の方法と、主人公から脇役・端役まで、配置が一目でわかる近代小説は、整然たるヒエラルキーを構成するという意味でも、前提となる枠組が似かよっている。じっさいのところ、小説が歴史の技法を一方的に吸収したというより、「国民の文学」と「国民の歴史」は共通の近代的秩序に根ざして発展し、いっとき隆盛を極めたといったほうが正確にちがいない。

なんの自覚も反省もなく、与えられた手法に安住した小説を、プルーストは「平面心理学」と呼んだ。わたしたちがその中にいる秩序やシステムそのものが、然るべき視点から見れば流動的な体系をなし、たえず変容を遂げている。そのことを認識した作家が散文の芸術によりこれを形象化しようと決意したときに、はじめて「立体心理学」あるいは「時間のなかの心理学」という発想が浮上する。こうして文学の営みは死と再生をめぐる「探究」recherche となる。プルーストがフローベールの半過去についていった言葉を借りるなら、まさに「コペルニクス的な転換」ではないか。

終章　女たちの声——国民文学の彼方へ

1　オデットからコレットへ

新しい娼婦たち

「椿姫」が十九世紀を代表する娼婦のヒロインであるとすれば、新しい世紀の到来を告げるのはオデット、あるいは『シェリ』のレアだろうか。

『失われた時を求めて』の第一篇第二部『スワンの恋』は、語り手が生まれる以前の出来事にさかのぼり、人づてに聞いた話という設定になっている。社交界の寵児で遊び人でもあるユダヤ人のスワンが、もともと「自分の好み」ではなかったはずの高級娼婦《ココット》にのめりこみ、手玉にとられて嫉妬に狂う。それこそ死にたくなるほど思い詰めてしまうのだが、あるとき病が峠を越えるように、不意に恋の苦しみから解放されたというところで幕。オデットが身ごもり、子どもに執着するスワンが社会的な立場を犠牲にして結婚したという経緯そのものは、後からさりげなく告げられるだけであり、これはプルーストのいう「立体心理学」の特徴なのだけれど、伝統的な恋愛心理小説であれば何百ページも割いて語り手が得々と持論を開陳しそうなところは、あっさり切り捨てられている。その後スワンは娘のジルベルトが成人するまえに他界し、未亡人となったオデットは、以前に顧客の一人であったらしいフォルシュヴィル伯爵と再婚する。父から莫大な遺産を相続したジルベルトは、父の娘であることを明かすユダヤ人の名を捨てて、フォルシュヴィル嬢を名乗り、やがてゲルマント一族の貴公子サン゠ルーに嫁ぐ。

スワンがオデットから解放されなかったのは、ひと言でいえば女が嘘をつくから、そして男がその嘘を暴いて真実に迫ろうとすればするほどに、黒々とした謎が深まってゆくからだ。しかし、それこそ「娼婦性」というものだと一概に断じることはむずかしい。なぜならアルベルチーヌもまた無造作に嘘をつく。そのため語り手は恋人の死後にさえ、隠された事実の探究という虚しい願望に呪縛されることになる。そもそも女の嘘や裏切りは、もしかしたら特定の女の属性などではなくて、男の猜疑心と妄想が勝手に相手から引きだして増殖させてしまうものかもしれない。そう思わせるように、作品の全体が構成されているのである。

『見出された時』の終幕で語り手は、母親そっくりになったジルベルトに再会するのだが、彼女は思春期の娘を伴っていた。初々しいサン゠ルー嬢は、素性の知れぬ祖母の血と半分ユダヤの母の血に、貴族の純血を注がれた「混血児」ということになる。こんなふうに新しい生命を育んで、異なる種族の血を混淆することは、女性にしかできない。オデットにはじまる女系三代が、ヨーロッパのいかなる王族にもまさると自負するゲルマント家の「血統幻想」を浸食し、フランスの伝統が厳格な障壁で仕切ってきた社会秩序を壊乱したのである。しかも作品の終幕でオデットは「殺菌されて保存された薔薇」(1)のように若さを保ったまま、ゲルマント公爵の愛人になり、先祖返りしたかのように粋筋の女の本性をさらけだしていた。

すでに見たように『失われた時を求めて』には、近代ヨーロッパの家父長モデルをはぐらかし、ナポレオン法典を解体するというラディカルな側面がある。そもそもオデットはみずからの「職業」について――民法的にも宗教的にも――後ろめたさを露ほども感じていない。ゲルマント公爵がたえず愛人を抱え、その愛人を堂々と妻に紹介し、閉鎖的なサロンの扉を開いてやるという行動は、アンシャン・レジームの権勢を極めた王侯貴族であれば黙認されていたものであり、公爵夫人のほうも、次々に捨てられる女たちについて皮肉な冗談をいったりするだけで、ブルジョワの道徳規範にはしばられないという度量を見せている。つまりオデットと公爵夫人のあいだには、ブルジョワ的な意味での愛人と正妻のライヴァル関係は存在しない。椿姫は一家の父親によって裁かれて死に至り、『女の一生』でヒロインの息子につきまとう名もない娼婦は、母親にとって殺してやりたいほどの仇敵だった。これに対してオデットは、みずから母親になって婚姻制度に組みこまれ、中世から積みあげられてきた貴族の純血という堅固な砦を正面から攻め落とすことに成功したのである。

さて『シェリ』のヒロインは、財産を蓄えて引退した高級娼婦。ふとしたことから母親でもあり愛人でもあるような深い情愛が芽生え、息子であってもおかしくない美青年との生活が七年もつづいたのだった。青年が年頃の娘と結婚することになった時点が小説の幕開けで、物語は季節が一巡したところでおわる。五十路を迎えるレアは、これまでの生き方に悔いるところはないと考えていた。鏡のまえで自分に語りかけ、「あたしほどの女が、綺麗に人生をおえる覚悟ができないってことないでしょ。これまでだって、それなりに気っ風のいいところを見せてきたじゃあないの」「これほどの女が、老いぼれた男の腕のなかで人生をおえるなんて馬鹿げているわ」「そう、このひとは、人喰いの魔女、フレッシュな肉体しか、いただきません……」と宣言し、ふり返って「三十年のあいだ輝くばかりの若者と傷つきやすい思春期のためにつくしてきた自分に、清潔感と誇りをおぼえ」たりもしていたのである[2]。

シェリを手放したレアは、こんなふうに自分を納得させて、神妙に独り暮らしの練習にとり組んでいた。ところがある日、レアの寝室に、前触れもなくシェリがあらわれる。「愛の傲慢な凶暴さ」をまえに女の「円満な良識」が霧散して、レアはしばしば言い知れぬ歓喜に浸るのだが、結末は悲劇に暗転し、引き裂かれる思いで愛しい人との別れを受けいれる。

コレットが造形したのは、美しく聡明で、人生の快楽を貪欲に追い求める健康な女である。レアの快楽の目録には、快適な住空間や美味しい食べものとならんで「投げやりでもなく単調でもなく愛し合う習慣」もふくまれる。ココットたるもの、満ち足りた日々の生活を愛人と分かち合い、小粋で完璧なファッションと洗練された物腰で、相手の男も引き立たせなければならないのである。このあっぱれなプロ意識と、椿姫の抱える救いようのない罪の意識とのあいだには、いかほどの乖離があることか。

シェリを忘れようと南仏に滞在したときに、レアは実直そうな大男に不在の恋人の面影をすりかえてしまったことがある。「忘れっぽい肉体」をもつ彼女は、そんな「はかない情事」は身に覚えがない、といい放つかもしれない、と語り手は書き記す。しかし秘めやかなその夜の寸描は、読者の記憶にとどまって消えることはない――「あれは薔薇色のゼラニウムのうえを、草の香に染まった驟雨《しゅうう》がころげおちる雨の晩のことだった(3)」。コレット的な愛の詩情《ポエジー》は、露骨さとは無縁なのである。

コレットによれば、申し分のないココットとは「男にとっては緑ゆたかな牧場、万一にそなえた穀物倉のような女」であるらしい。晩年に発表された回想録『わたしの修業時代』からエピソードをひとつ、ご紹介しよう。語り手の友人Aは、ザザのもとで「気晴らしと、恋人らしくて情愛こまやかな心遣い、ゆきとどいた食事〔…〕そして惜しげなくあたえられる官能の悦び」を見出していたのだが、二人の長閑な仲を羨んだ仲間のBが、ザザに言い寄った。「吸血鬼みたいに蒼白くて、悪魔みたいにふさふさの赤毛」の女は、ファム・ファタルにちがいないと思いこんでいる。ザザは男の幻想に応えることにして「彼をおびきよせ、追放し、呼びもどし、あわれな男の手首にガラスの破片で自分の名前の四文字をきざみ、タクシーのなかで逢引きの約束をし、赤毛に漆黒の羽根をさし、シャンティイの黒レースの下着を身につけ、なんともスキャンダラスなことに肌を許そうとしなかった」――そうこうするうちにBは呪われたように衰弱して、ぽっくり死んでしまったの、とザザは事もなげに語り手に話して聞かせたのである。空色の小さなプルオーバーを編みながら、ちょっとばかり度のすぎた冗談を報告するかのように(4)。ファム・ファタルを演じることも、プロの女にとっては愛嬌のうち。でも、たとえ出来心だとしても「悪魔」に手を出したら命はないわ、という教訓の凄み……。

コレットがフェミニズムの運動に加担して、性を搾取される者たちのために論陣を張ることはなかった。その一方で、近代社会の秩序から排除された女たちの生き方にも、秘められた矜持と爽やかな詩情があるという確信を、この女性作家は、これ以上は望めぬほどに潔癖な文体で表明したのである。

公立小学校出の国民作家

コレットは、アルベール・チボーデと同世代だが「遺産相続者」でもなければ「奨学生」でもなかった。二つの範疇は、もともと出世する男たちのものだから当然かもしれない。それにしても世紀末のパリで「ザザ」や「レア」や「オデット」たちの話し相手だったかもしれない若い女が、両大戦間には文壇の大御所アンドレ・ジッドにも一目置《いちもく》かれる本格的な作家となり、第二次世界大戦が終結すると、フランス文化復興の華ある象徴ともみなされて世界的な名声を博し、ゴンクール賞の審査委員長まで務め、一九五四年に他界したときは、アパルトマンのあるパレ・ロワイヤルの庭園で国葬が営まれたのである。しかしながら、この傑出した女性の一生を武勇伝風に語りたいという誘惑に流されぬようにしよう。

プルーストより二歳下のシドニー・ガブリエル・コレットは、一八七三年、パリから一九〇キロはなれたブルゴーニュの寒村サン゠ソヴールで誕生した。たまたま母アデール・シドニー・ランドワがパリで生まれてすぐ、この村に住む乳母にあずけられたのが縁のはじまりで、長じて土地の地主ロビノーのもとに嫁いだのである。アデール・シドニーは、ジャーナリストで書店兼出版業にも携わる兄たちにブリュッセルで養育された知的な女性であり、田舎に住んでも高級な文芸誌「両世界評論」を講読していたという。酒乱ぎみだったロビノーが借金を残して死んだのち、アデール・シドニーの再婚相手となったのが、ジュール・コレットである。地中海沿いのトゥーロンで生まれたジュールは、サン゠シール陸軍士官学校を出て歩兵連隊に入り大尉に昇進するが、戦闘で片脚を失い、収税吏となってサン゠ソヴールに赴任した。(5) そうしたわけでコレット夫妻は、サン゠ソヴールでは余所者の知識人であり、何世代もまえから小規模な農業や商業を営んできた村人たちから浮き上がっていた。家にはフランスの代表的な古典や聖書やシェイクスピア、そして『ラルース大辞典』まで揃っており、コレット自身の証言によれば、バルザックへの情熱にとりつかれたのは、七歳のときだったという(6)。

村の公立女子小学校にシドニー・ガブリエルが入学したのは一八七八年。お嬢さま風に修道会系の寄宿学校に入らなかったのは、両親の無頓着、経済的な事情、そして末っ子の甘やかしなど、いろいろな理由が絡んだためとされている。コレットが受けた公教育は、一八八五年に「初等教育修了試験」に合格するまで、地元の小学校の七年間がすべてである。ちなみに村の少女たちにとっては、この「修了試験」に合格して寄宿制の師範学校に入り、数年で小学校の先生になるというのが、階級を上昇する唯一の道だった。学業を終えたコレットは家族のもとにとどまるが、二十歳のときに通俗作家ウィリーと結婚してパリに出る。ウィリーはお下げ髪の新妻を伴って、大都会の遊民たちがたむろする盛り場や裏社交界《ドゥミ・モンド》と呼ばれるココットたちの世界に出入りした。一九〇〇年、サン＝ソヴールの小学校の思い出を素材にした『学校のクロディーヌ』が、夫の名で発表されて大評判になった。作家の瑞々しい感性だけが成功の理由ではない。女子教育という時代のトピックと、やや大袈裟にいえば作品のジェンダー革命的な側面が、人びとの興味をそそったものと思われる。

一八八三年、哲学者ポール・ジャネは「両世界評論」に寄稿したエッセイで、フランスでは男性の教育については何世紀もまえから政治家と有識者が思索と努力を重ねてきたのに、女性の教育は成りゆきまかせで方法論も原則もない、と批判した。じっさい一八八〇年当時、女子小学校をもたない村、師範学校をもたない県は少なからずあった。その一方でカトリック教会の提供する教育のほうが女の子にはふさわしいというのは根強い通念であり、「女子は家庭に入り、服従と敬虔さを求められる」のだから、「男子にとって好ましきものが、女子にとって危険なこともある」とジャネ自身も主張していたのだった。しかしこれに対して、夫はますます宗教離れする一方で妻は信心深いカトリックという状況は、ある種の「家庭内離婚」をもたらしているという厳しい批判の声が、共和派や女性解放の運動家たちのあいだから上がるようになる。[7] そうしたなかで、ジュール・フェリーによる改革が押しすすめられ、[8]「ライックな女子教育」をめぐる共和派と保守派の論争は、ますます熾烈なものとなってゆく。ちょうどその頃、コレットは村の小学校で学び、一九〇〇年代の初頭、おりしも政教分離法をめぐる議論が沸騰した時期に、四冊の「クロディーヌもの」を矢継ぎ早に発表したのである。

マルセル・パニョルの『父の大手柄』とくらべるなら、『学校のクロディーヌ』は二十年前の女子校版という位置づけになる。先生と生徒のやりとりや授業風景がふんだんに盛り込まれ、最終学年の少女たちが先生に引率されて県庁所在地に泊まりがけで遠征し、「学校の名誉」をかけて「初等教育修了試験」に挑むエピソードが山場となっている。筆記試験の設問や口頭試問の質疑応答なども詳細に報告されており、皮肉な演出や読者サーヴィスの部分を差し引けば、客観的な教育史の素材として分析することもできるだろう。ひと言で評価するなら、クロディーヌあるいはコレットの受けた学校教育は、水準としては相当に心許ないけれど、カリキュラムは完全に「ライック」なものになっていた。

それというのも、たまたま「クロディーヌの学校」では二人の先生、つまり赤毛で醜いオールドミスの先生も、金色の眼をした牝猫のような助手の娘も、師範学校出だったからである。この時代、女子教育の分野では教員の絶対数が不足しており、公立学校でも修道会系の先生が雇用されることはめずらしくなかった。なおのことコレットが「修道院育ちのお嬢さま幻想」から解放されて育った第一世代の女性であることを、くり返し強調しておかねばならない。ところで「クロディーヌの学校」は宗教が不在であるだけでなく、宗教のおかげで遠ざけられていたものを見境《みさかい》なく呼びよせてしまったようにも見える。先生と助手の女性同性愛、少女たちの性的な好奇心、教室を訪れる視学官の女好き、等々。神聖なはずの学校教育の現場に、これほど際どいテーマが一挙に流入したことの責任はウィリーにあった。

コレットの回想によれば、『学校のクロディーヌ』は夫に急《せ》き立てられながら学習ノートに書きつらねた作文のよ

ウィリーとコレット

うなものだった。ウィリーは原稿を覗きこみ「子どもっぽい感じ」をもっと「刺激的にする」こと、つまり少女たちの交わりにレスビアン的な色づけをすること、あるいは田舎っぽい言葉を導入して地方色を出すことなどを求めたという[9]。出版されたときの著者名はウィリーだったから、ヒロインが十九世紀の「処女幻想」から脱けだして「未熟な性」という新鮮で刺激的なテーマを体現し、お転婆でおしゃまでオジサマ好みの美少女になっていることに、一般読者はさほど違和感をおぼえなかったのかもしれない。

『学校のクロディーヌ』はコレットの処女作である。執筆の現場におけるウィリーの貢献が、フランス語表現など作家の仕事《メティエ》にかかわるものだけでなかったことは疑いようがない。実直な田舎娘の追憶に放蕩を知りつくした壮年の男の夢想が混じり合うところでクロディーヌは造形されたのだ。このジェンダー・イメージは、いずれロリータに受けつがれることになるのだが、ナボコフの場合、少女におのれの欲望を投影する男性の主体そのものには分裂がない。コレットの作家としての出発点には、もっと隠微な力がはたらいていたと思われる。功成り名を遂げた三十数年後のコレットは述懐する――「年頃になったばかりの娘が、壮年の男の見せ物、玩具、放蕩の傑作になりたいと夢想する場合はすくなくない」[10]と。たとえ初心者であろうと、自伝的作品の執筆という宿題をあたえられたとき、かたわらの男の眼を覗きこみながら相手の欲望を先取りし、その欲望に応える虚構の人物を演じてみせることができないはずはない。ましてやコレットは天性の小説家であった。

『母と神父さま』

登場人物の名が、時代や環境を体現する新しい典型とみなされ、事あるごとに参照されることがある。そんな滋味ゆたかな女性像をコレットは一人ならず創造した。「娼婦」と「処女」という対比的なヒロイン像にとって替わったレアという名の「成熟した女」、そしてクロディーヌという「背伸びをする少女」。これら二つの典型に匹敵する第三の典型は、シドと呼ばれる「母親」である。「聖母」でも「人妻」でもない、市民社会の平凡な核家族をとりしきる、しっかり者の既婚女性。今日でも「私の母はシドのような母親で……」といえばおのずと相手も了解し、それは母への最高のオマージュになるはずだと考えているフランス人は少なからずいる。

一九二二年に出版された『クロディーヌの家』に『母と神父さま』と題した短篇がおさめられている。「母は神さまを信じていなかったけれど、それでもわたしがカテキズムを学ぶために教会にかようのは許してくれた」という文章が冒頭にあって、子どもの宗教教育をめぐる夫婦の会話がつづく。まずは教理問答の小さな本を手にとった母が腹を立てていう。

「ああ、こんなふうに質問をするやり方はきらいだよ！　神とはなんぞや？　これはいかなるものか？　あれはいかなるものか？　こんなふうに疑問符だらけで、やたら調査して、異端審問やって、これって信じられないほど押しつけがましいと思うわ！　それにこの戒律というの、見てごらんなさいよ！　こんなちんぷんかんぷんの言葉に戒律を翻訳したのは、どこの誰なんだろうね。こんな本を子どもが手にもっているのは、見たくもないわ、むちゃくちゃでややこしいことばかり書いてある……」

「だったら娘の手からとりあげたらいいさ」と父がいった。「簡単な話だろう」

「いいえ！　そんな簡単な話じゃないの。教理問答だけなら、まだしもですけどね！　ところが告解というのがあるの。あれはもう、……まったく、ひどいもんですよ！　その話をしただけで、むかむかして顔が赤くなるわ……ほら、見てちょうだい、わたし赤くなってるでしょ！」

「だったら話すことないよ」

「まったく、あんたって人は……。簡単な話ってのが、あんたのモラルなんだから。面倒なことは話さないことにしようってんでしょ、だからってそれが存在しなくなるわけ、ねえ？」

「いやあ、こんなに上手《うま》い台詞は、わたしにゃいえないね」

「冗談でごまかそうたって、返事をしたことになりませんよ。この子があれこれ質問されてるってことが、どうにもしっくりこないんです」

「！！！」

「お手上げって顔をしてもダメよ！　神さまの啓示があって、信者の告解がある、もっと告解をして、わるいことをやったら、洗いざらい白状しなさいってわけ！……いっそ黙ったまま、自分の胸のうちで、その罰をうけたらどうなの、そのほうがいいですよ。そういうことを、教えてくれたらいいと思うんだけれど。ところが告解というのはね、子どもがなんでもぺらぺらしゃべるように、心のなかで自分のあら探しをするように仕向けちゃうんです。謙遜どころか、いずれ得意になってそれを楽しむことになるんですよ……。ホントですよ！　わたしは我慢できませんね。この足で神父さんのところに行って話してきますわ！」(11)

コレットの父と母

じっさいに「この足で神父さんのところ」に押しかけた母は、めずらしい花の株を分けてもらい、娘の教育の話は棚上げにして、いそいそともどってきた。じつは教会にも律儀に通っているのだが、犬を連れていったり、大欠伸をしたり、聖書のあいだにコルネイユをはさんで読みふけったり、とにかくお行儀はわるかった。教養のない木訥な神父さまは、母には敵《かな》わないとわかっており、それなりに仲よしであるらしかった……。

一九〇〇年に刊行された『学校のクロディーヌ』とその続編では、父親は軟体動物の研究に没頭している浮世離れした人物で、しかも母親のいないクロディーヌは、自由を満喫しているという設定になっていた。一九一二年の九月、コレットの母アデール・シドニーが死去。年末にコレットはジャーナリズムで活躍するアンリ・ド・ジュヴネル男爵と再婚し、翌年、女児の母となる。一九二〇年の『シェリ』によって名声を確立したのち、コレットは創作のなかではじめて故郷《ふるさと》に立ち返り、『クロディーヌの家』を発表した。強烈な個性をもつ母親の幻影から解放されるのを待って、ようやくサン＝ソヴールの失われた楽園に回帰したかのような具合だった。こうして遅ればせに読者のまえにあらわれたシドは、生身のモデルをかなり忠実に再現したものか、それとも腕利きの小説家が造形した架空の人物なのか。おそらく両方の側面をもつとひとまず答え、テクストを検証してゆけばよいのだけれど、この問題にはふれぬことにしよう。

ともあれコレットは、自分の母が死んでしまった直後に幼い娘の母になり、さらに何年か経ったのち、はじめて作家として「母性」という主題にとり組む決意をしたのである。シドは空を見上げて時刻や天気の移り変わりをぴたりと言い当て、身のまわりの動植物と対話する不思議な力をもっている。夫と子どもたちに注ぐ愛はかぎりなく深いが、献身的だからといって家族に従属はしなかった。なにしろ神父さまのエピソードが示唆するように、教会も懼《おそ》れぬほど旺盛な批判精神の持ち主なのだから。

母から娘へと継承されてゆくのは、財産でも名前でもない。母の娘であることの誇りと生き方の知恵こそが、母の遺産なのだと晩年のコレットはくり返し語るだろう。カトリック的な聖母のイメージからも父権的な秩序に奉仕する性役割からも、みごとに解き放たれた母親の生命力を、身一つで国民的な作家になった娘が敬虔なペンで描きだす。[12] そうして文学作品にとりこまれた健やかな母性の温もりは、広範な男女の読者層を惹きつけて今日に至っている。そのこと自体が、ジェンダーの文学史という観点からすれば画期的、いや革命的な出来事だったといえるのではないか。ここで少し話題を先取りしておけば、貴族文化の華やかなりし頃、エリートの文芸サロンでは、母から娘へと文化が継承されていた。コレットはある意味で、現代にふさわしいかたちで往時の絆を甦らせたともいえるのだ。[13]

2　サロンの会話――ゲルマント公爵夫人からセヴィニエ夫人へ

『失われた時を求めて』のサロン幻想

プルーストのいう「立体心理学」をそのまま借用して「立体社会学」と名づけておこう。想定されるのは「時間」が考慮され「時間の帯びる形態の一つである忘却」も考察のなかに組みこまれるような社会分析の手法である。一九〇四年の「大聖堂の死」が一九一九年『模索と雑録』に収録されたさいの著者の注記にも、こう記されていた[14]。「一国民の未来とは、ひとりの人間の未来と同じように予知できぬもの」であり、かつて政教分離法をめぐって対立した二陣営は、今、戦闘のなかで確執を忘れて一体となっている、そして「大聖堂の死」をもたらしているのはドイツ軍による破壊である。あらゆる歴史教科書で「フランスを二分した」などと形容されているドレフュス事件についても同様で、十数年後の戦時下では、かつてどのサロン、どの集団、いかなる個人が、公然たるドレフュス派、あるいは反ドレフュス派であったのか、人びとの記憶はごっちゃになっている。そもそもユダヤ人士官の有罪無罪をめぐる議論が沸騰していた時期でさえ、スワンのようにユダヤ人としての自己意識にもとづく「人種決定論」のドレフュス派はむしろまれだった。サン＝ルーはユダヤ人の恋人の意見に同調してドレフュスに肩入れし、反ドレフュス派の重鎮を自任していたゲルマント公爵は、保養地で出会った美女たちに嘲笑されてコロリと意見を変えてしまうのだ。

時の経過や過去の忘却までを考慮したダイナミックな社会学は「万華鏡」という美しい比喩に要約されている。ぐるりと筒を回転させると、色鮮やかな菱形の断片がすっと動いて虹色の幾何学模様が一変する、あの覗き眼鏡のような玩具である。社交界の人間は往々にして、主義主張のちがう陣営とは未来永劫交わるはずがないと考えるものだが、それは大きな間違いであり、じっさいには「万華鏡がときどき回転するのにも似て社会も、不変のものと信じられていた要素をつぎつぎ異なるふうに配置し、別の姿をつくりあげる」のだと語り手は説き明かす。保守的なサロンでは、急進派はいうまでもなく共和派さえ招くことができないとされていたし、ご婦人方は、訪問先にユダヤ人がひとりいるだけで、仰天したものだ[15]。ところがドレフュス事件によって哲学者たちが「判断基準」の変化と呼ぶものが引きおこされた。すると、夫に対抗して反ドレフュスの旗振りをやっている元高級娼婦のスワン夫人が、サン＝ルーの母親で貞女の鑑のようなマルサント伯爵夫人と親しげに交流するなどという予想外の場面が展開されたりもする。

世紀末の貴族階級に昔日の面影はないとしても、上流人士の社交界はノルポワ氏のように国際政治にかかわる外交官や諸外国からの貴賓や大物政治家が出会う場だったし、華やかなサロンを主催する女性たちは、世論の形成に影響

画家セムによるパリ社交界のカリカチュア

をおよぼすこともできた。大ブルジョワのサロンには、医者や学者や作家など知的な職業の常連もいて、音楽や演劇の先進的な試みをまっ先に紹介するのもサロンの役目だった。語り手の父親もそうだが、専門領域のアカデミー会員になりたいと願う人間が、まずは票集めのためにサロンで根回しするというのは、十七世紀来、脈々とつづく伝統である。

プルーストが、ゲルマント一族の閉鎖的なサロンと新興勢力であるヴェルデュラン夫人のブルジョワ的なサロンとを対比させながら、この主題に膨大なページを費やしたのは、人と人との交わりという意味での「ソシアビリテ」を探究するためであったと思われる[16]。著者自身の貴族への憧れやスノビズムという動機も多少はあっただろうけれど、作家の上昇志向がすべてではあるまい。プルーストの捉える市民社会は運動体であり、貴族とブルジョワと庶民という社会階層に分割され固定されたものではない。そこでヴェルデュラン夫人のサロンとゲルマント一族のサロンを分かつ本質は何か。おそらく階級の上下ではなく、貴族がフランス文化のなかで担ってきた歴史性と、世代を超えてフランスが継承してきた「遺産」とのかかわり方に、両者の相違は由来するのではあるまいか。

すでに述べたようにプルーストは恩師アルベール・ソレルに

刺戟されてバルザックを読むようになった。歴史と社会への関心が主たる動機であり、むしろ小説の技法という観点から参照したフローベールとバルザックとは、いってみれば「読み方」がちがっていただろう。プルーストにとって『人間喜劇』は、革命後の社会において貴族のエッセンスとは何かという問いへの答えを探す恰好の文献だった。[17]『失われた時を求めて』では、二流三流どころの貴婦人たちは「フォブール・サン゠ジェルマン」の頂点に位置するゲルマント公爵夫人のサロンの扉を開けられるものなら、それこそ死んでもよいとまで思い詰めているのだが、バルザック『ランジェ公爵夫人』にはこんな解説がある。

フランスでいうフォブール・サン゠ジェルマンとは、ある界隈とか、党派とか、制度とか、明確に説明できる何かを指すものではない。ロワイヤル広場、フォブール・サントノレ、ショセ゠ダンタンなどにも、フォブール・サン゠ジェルマンの空気がただよう邸宅は少なからずある。それゆえ、フォブールと呼ばれるもののすべてが、フォブールの土地にあるわけではない。その影響圏から遠く離れたところで生まれた人間でも、その影響をひしひしと感じ、この世界に入りこむことがあるし、一方、この地で生まれた人間が永遠にそこから閉めだされてしまうこともある。独特の行動様式や話し方、要するにフォブール・サン゠ジェルマンと呼ばれる伝統のようなものがあって、これがパリでおよそ四十年来占める位置は、かつて宮廷がそこで占めていた位置、十四世紀にサン゠ポール館が、十五世紀にルーヴル宮殿が、十六世紀に王宮とランブイエ館とロワイヤル広場が、十七世紀と十八世紀にヴェルサイユ宮殿が占めていた位置に匹敵する。歴史のあらゆる局面で、上流階級と貴族階級のパリは、その中心をもってきたのである。[18]

「界隈」「党派」「制度」のいずれでもないけれど、不思議な牽引力によって、バルザックやプルーストのような作家をふくめ、外部の人間を幻惑してきた文化的トポスを、歴史社会学的に定義した断章であり、プルーストがこれを熟読しなかったはずはない。バルザックの描いた「独特の行動様式や話し方、要するにフォブール・サン＝ジェルマンと呼ばれる伝統」は一八二〇年前後のものだったが、これに対抗してプルーストは、同じ「伝統」の世紀末ヴァージョンをたっぷりと描出してみせたのである。王政復古期のパリにおいて貴族の集団は、本来であれば国政に携わり文化を牽引すべきはずなのに、閉鎖的な「フォブール」に閉じこもり、無為と虚飾の日々を送っている。これが『ランジェ公爵夫人』第二章の導入に当たる長大な批判的論説の趣旨であり、この時点で貴族のサロンはすでに機能不全に陥っていた。

慧眼の歴史家トクヴィルが、一九三六年の論文において「アリストクラシー」が「出自以外には根拠のないカースト」に変貌してしまったと指摘していることも想起しておこう。(19)『失われた時を求めて』の語り手にとって「フォブール」は、当初は近寄りがたい聖域のように思われた。ところが、ついに扉が開かれてお出入りを許されてみると、社交界とは幻滅の体験でしかなかったというのが、物語の大筋である。ひたすら「血筋」が問われるだけで、文化的な実体の欠落したフォブールは、たしかに「カースト化」した社会集団という形容が当たっている。

じっさいゲルマント公爵夫人の内輪の集まりも、ゲルマント大公妃の盛大なパーティも、無意味で煩瑣な礼儀作法《プロトコール》や凡庸な会話や辛辣な悪口に満たされている。そこには真の人間的交わりは微塵もないし、サロンへの憧れなど、もともと幻想にすぎなかったのだ。そんな結論に至る世紀末の「パリ情景」は『人間喜劇』にも匹敵するスケールと風俗描写の迫力をそなえてはいる。だが、はたして著者の狙いはそれだけなのだろうか。

かりにランジェ公爵夫人が真実の愛にめざめることなく、フォブール・サン＝ジェルマンで長生きをしていたら、プルーストが生まれた一八七一年に七十五歳なのだから、娘時代のゲルマント公爵夫人と顔を合わせたかもしれない。(20)そのランジェ公爵夫人に宮廷風恋愛のマナーを伝授しようと試みる伯母のブラモン＝ショヴリ大公夫人は、十八世紀、ヴェルサイユの宮殿でルイ十五世に仕えた貴婦人なのである。まずはこうした遠近感を推しはかったうえで、相続された文化遺産という側面から、あらためて考えてみよう。プルーストが参照点として念頭においているのは、すでに凋落した王政復古期のサロンではない。十七世紀から十八世紀にかけての黄金期における貴族文化であるはずだ。[21]

マルク・フュマロリの「会話論」あるいは「エスプリ」について

鈴木道彦『プルーストを読む——『失われた時を求めて』の世界』には、上述のバルザックとの関連もふくめ、フォブール・サン゠ジェルマンをめぐる充実した解説がある。プルーストは「この華やかな世界を華やかに描きながら、同時にそこに辛辣な皮肉をこめており、神話の世界の女神たちがいつの間にかすこぶる滑稽な正体をさらすようなさまざまな仕掛けを設けている」という指摘につづき、作家のもくろむ「神話の解体」が三つの角度から分析されている。[22]「ゲルマントの才気」「芸術の理解（ないしは無理解）」「社交の快楽」という三つの論点のうち、まずは公爵夫人の「エスプリ」（才気・才知）から検討してみよう。

整理された具体例は鈴木道彦氏の著書でご確認いただくとして、たとえば肥満した女性を「草食動物のような大女」と呼ぶといったたぐいの表現だといえば、およその水準は想像できるだろう。気の利いた表現や皮肉などが翻訳では伝わりにくいのは事実だが、それにしても「ゲルマントのエスプリ」が話題になる箇所を丁寧にフランス語で読んでも、朗読で聴いてみても、率直のところ、何が面白いのか納得できない。公爵夫人の「他愛のない洒落や、意地の悪い台詞、人の意表を衝く辛辣な言葉」が珠玉の名言のように社交界でもてはやされ、人づてに広まってゆくというう鈴木氏の解説はもっともなのだ。

文学史公認の見解によれば、フランス的「エスプリ」の模範の一つは、ルイ十四世の治世後半からルイ十五世の時代にかけて宮廷に仕えたサン゠シモン公爵の『回想録』にあるという。じっさいサン゠シモンは、オルレアン家のフィリップ二世（ルイ十五世幼少期の摂政）など、幼なじみで守護者でも盟友でもあるはずの大人物についてさえ、かなり辛口の人物評をやってみせる。記録文学の金字塔というだけでなく、著者が自分の死後相当の時間が経ってからでないと公表できぬと考え、原稿の遺贈についてまで配慮したのも当然と思われるような、きわどい内容の文書なのである。

しかし歯に衣着せぬ物言いというだけで「エスプリ」が生じるはずはない。『回想録』に多少とも親しんでみれば、おのずと気がつくはずだが、じつは君主制絶頂期における貴族文化にとって「エスプリ」とは、あれこれの特技や長所の一つというのではなく、すべての人物評価に適用される基本の尺度なのである。たとえば摂政オルレアン公は、中肉中背、物腰には気品があるが、ダンスや剣術は苦手。弁舌はさわやかで日常の会話のみならず、政務・財務・司法・軍事など国政の議論から技芸・技術方面の会話まで難なくこなす。宮廷の故事・歴史などにもたいそう詳しいが、真の読書家ではなく、斜め読みがうまいのだ、等々。そこそこの賛辞がつづいたあとに、「彼には無尽蔵のエスプリが、あらゆる種類のエスプリがある」という寸評がおかれ、そのエスプリの内容が分析されてゆく。[23]『回想録』に登場する夥しい数の人物たちがもつとされる千差万別のエスプリだけではない。こんな風にして、一人ひとりの「肖像」を描きだすサン＝シモン公爵の筆致こそが、辛辣にして軽妙洒脱な宮廷風エスプリの見本でもあるという事実に注目していただきたい。

ところで、マルク・フュマロリによれば、極めつけの「エスプリ」とは「書かれたもの」に先行して「語られる言葉」すなわちサロンで交わされる「会話」に宿るものであるという。名著『三つの文学的制度』[24]は「アカデミー」「会話」「フランス語の精髄《ジェニー》」という三部構成になっており、中央におかれた「会話論」は十七—十八世紀の文芸サロンで育まれた新しいフランス語文化の記述に当てられている。該博な知識と論述のスケールの両面において読む者を圧倒するフュマロリの著作から、本書の関心に見合った論点を抽出するのは容易ではないのだけれど、貴重な参考文献を見逃すわけにはゆかない。

十七世紀末に「新旧論争」なるものがもちあがったことは文学史の基礎知識としてご存じの方も多いだろう。「ギリシア・ローマの古典と同時代のフランス文学の優劣をめぐる論争」と簡略に説明してしまうと話が矮小化されてしまうが、本質においては、ヨーロッパの知的伝統のなかでフランス文化固有のアイデンティティをいかに定義し構築してゆくかという問いである。中世以来の知的な言語とは、ギリシア語・ラテン語であり、これらの言語と切り離せぬ「学識」érudition はプラトンとキリスト教、すなわち哲学と宗教による二重の権威に裏づけられていた。[25] これに対してフランス語は学問的な実績もないし、文法も語彙の定義も定まらぬ未熟な言葉という位置づけだった。一六三五年、宰相リシュリューの肝いりで「フランス語の純化と洗練」を目的とするアカデミー・フランセーズが創設される。新興のフランス語を顕揚する「近代派」の領袖は、あの『昔話』で名高いシャルル・ペローであり、一七九四年に初版が刊行された記念碑的な『アカデミー大辞典』の編纂でもペローは最大の貢献をなした。

したがって「近代派」がアカデミーを制度的な拠り所としたのは自然ななりゆきだった。一方で言語は正しく使われること、つまり望ましい表現を確定してゆくという地道な作業を継続することにより、ゆっくりと「純化と洗練」の道をたどり成熟するものだ。アカデミーと結んでフランス語を運用する舞台となったのはパリの文芸サロン、知的な貴婦人たちが自分の館にしつらえた瀟洒なプライヴェート空間で開催する親密な社交の場であった。フュマロリによれば、サロンとは「パロール（語られる言葉）の美食家たち」の集まりなのであり、そこでは「聴くことの快楽」に目覚めるという経験が「テクストの快楽」に先行する。フランス語の文学テクストは「口語性」をそなえたものほど、つまり特定のだれかに語りかける肉声の生き生きとした響きをとりこんだものほど、長く愛されるというフュマロリの指摘も、なるほどと思われる。[26]

サロンの会話のなかで育まれるのは、身振りや声の抑揚をともなう音楽的で甘やかな言葉である。男性の学識のための「書かれた言葉」であるラテン語は、力強く雄弁な「父なる言語」langue paternelle をめざし、これに対して聡明な貴婦人たちは「語られる言葉」であるフランス語に、ゆたかな「母性」maternité を贈与した。[27] よりすぐりの文人や貴顕の紳士淑女たちが優雅でエスプリに富む「会話」を調和的に持続させる親密空間を想像してみよう。フュマロリの典雅な喩えによれば、真の「会話」とは楽器を奏でる人が同時に聴き手でもあって、部外者としての聴衆はいない室内楽の演奏のようなものであるという。[28] そうした場での人の交わりこそが、本来の「社交」société という名に値する。ちなみにシャルル・ペローの散文『昔話』八篇のうち『仙女たち』は「語られる言葉」に、『巻き毛のリケ』は「エスプリ」に捧げられた寓話として読み解くことができる。[29]

それにしても『失われた時を求めて』はフュマロリの「会話論」を参照しながら書かれたわけではないという反論はありえよう。しかし前項でも見たように、プルーストの視点からすれば、黄金期の文芸サロンは、およそのところ日本の近代作家にとっての江戸文学という距離にある。そして十九世紀のもっとも権威ある批評家サント＝ブーヴの見立てによれば「会話と社交のエスプリ」こそが、過去二世紀のフランス文化についてヨーロッパ諸国が称賛する最高の価値だった。[30] したがってプルーストにとって理想のサロンは思いのほか近いところに見えていたのかもしれないし、この作家はトクヴィルやアルベール・ソレルに倣い、歴史の断絶よりは継続性を重んじる。「世界でもっとも由緒正しい王族の血を継いだフランス共和国」という師の警句に見合った姿勢で、みずからの継承すべき文学的遺産の目録を作成していたにちがいない。

そうしたわけで、鈴木道彦氏の指摘する「神話の解体」の三項目――「ゲルマントの才気」「芸術の理解（ないしは無理解）」「社交の快楽」――のうち、第一と第三の論点については、あらためて指摘するまでもない、まさしく世紀末のフォブール・サン＝ジェルマンには黄金時代の面影はないのである。しかし、現代の貴族文化を徹底的にこきおろすことだけが作家の目標だったとしたら、文学とはずいぶんと不毛な営みだということになりはしないか。サロンの精髄がゲルマント公爵夫人の館で見出されなかったとしたら、それは『失われた時を求めて』のどこに活かされているのだろう。

セヴィニエ夫人からサン＝シモン公爵という文学の系譜

サント＝ブーヴの称える「会話と社交のエスプリ」は口頭のものゆえ、その場かぎりではかなく消えてしまうけれど、書かれたアーカイヴが存在する。不在や距離によって隔てられた「会話」を再開し、肉声の響きやリズムを活かして語りつづけるメディア、それがサロンの時代の「書簡」だったとフュマロリは指摘する。批評家の卓抜な比喩によれば、遠くの友に送られる夜ごとの物語は、いってみればフランス文学の『千夜一夜』なのである。サロンの会話を書かれたテクストへと転換する、もう一つのメディアは「回想録」だった。一般に「回想録」の書き手はサン＝シモン公爵のような会話の達人であり、人生の黄昏に当たる晩年に執筆されることが多いのだが、これも即興的な会話の書記ヴァージョンのような性格をもっていた。自分の人生や時代について網羅的に報告するという意図はない。そうではなく、サロンで生きてきた人間として省察、解説、見聞きしたこと、人物像などを、さながらギリシア悲劇のコロス（合唱隊）のように、自由に書き記してゆくのである。その意味で、フュマロリの指摘によれば「回想録」は集合的な作品とみなすべきであり、じつはラ・ロシュフコーの『箴言集』についても、ラ・ファイエット夫人の『クレーヴの奥方』やラ・フォンテーヌの『寓話』についても、同じことがいえる。ご想像いただきたいのだが、サロンとは、詩や演劇や小説のテクストが朗読され、評価され、手直しされる場なのであり、創造と受容が同時に進行する希有《けう》な文学空間でもあった。[31] セヴィニエ夫人が娘に宛てた手紙も、人前で声に出して読まれることを前提に書かれている。

さてここで、サロンと女性と教育に関するフュマロリの見解をご紹介しよう。ランベール夫人、デピネ夫人、ジャンリス夫人など、アンシャン・レジーム期のエリートの女性たちは、娘のために人生指南の本を書くほどに教育熱心だった。よく知られているように、名高いサロンを主催したランブイエ夫人、そしてセヴィニエ夫人は、つよい絆によって娘と結ばれていたのだが、ここでも教え導くことが絆を強化した。時代は下るがネッケル夫人は、娘のスタール夫人を、わたしの「最高傑作」と呼んだ。これらの名高い母親たちは、いずれ劣らぬ会話の達人として聞こえた女性であり、娘たちの教育は「社交」の現場で磨きをかけられたのである。

フュマロリは「会話」の醍醐味を「コンサート」になぞらえて、こう述べる。

パリの格調高いサロンのコンサートのなかで、これら女性の薫陶を受けた女性たちの声は、紳士たちの声、文人たちの声と対等にして相調和するパートを担っていた。[32]

それはさながら即興的な音楽のようであり、だれが主役、だれが脇役というのでもなく、女声のパートと男声のパートがおのずと調和する。いってみれば平等な声たちのユートピアのようなものが、理想の文芸サロンということになるだろう。今日のアカデミー・フランセーズでも別格の重鎮であるマルク・フュマロリは「ジェンダー」などという無粋な語彙を口にすることはないのだが、ランブイエ侯爵夫人からスタール夫人に至るサロンの女性中心の「社交」に熱い共感を寄せ、そこにもっとも麗しきフランス文化の粋を認めているのである。しかしトクヴィルがいうように、すでに十八世紀から、貴族階級の凋落ははじまっており、革命後にはブルジョワ階級が文化の独占的な担い手となる。以上のような大きな文脈に、サロンの文学に相対するプルーストを位置づけてみようというのだが、そのまえに、母から娘への文化の継承という観点から、ひと言補足しておきたい。

すでに述べたように『失われた時を求めて』のなかでは祖母と母が緊密に結ばれており、とりわけ祖母がセヴィニエ夫人の愛読者という設定になっている。母は祖母を心から敬愛し、祖母は事あるごとにセヴィニエ夫人の書簡を引きながら、人物や出来事について娘を相手に論評する。祖母の死後にも、母は語り手に対し「お祖母さまが生きていらしたら、どうおっしゃるかしら」というふうに、たえず亡き母を招喚するような口調で話す。この控えめな女性たちのあいだには、セヴィニエ夫人を「人生指南」の先達とみなし、母の薫陶を受けた娘として生きる伝統が息づいているのである。[33] そうした母と祖母に守られて成長した語り手は、男でありながら、なかば娘のような立場に身を置いている。およそ二世紀という展望で捉えれば、ゲルマントの一族が放棄してしまった文芸サロンの精髄は、女性たちの愛読書という水脈をたどり、作家志望の少年に注ぎこんでいるともいえる。

このような遺産継承の家系図は、著者がフィクションのなかで構築した空想の産物ではないだろう。むしろ生身のプルーストの経験が先行し、作品の構造に反映されているものと思われる。『プルースト博物館』によれば、娘の教育に気を配るのはサン＝シモン主義のユダヤ系ブルジョワの伝統であり、そこには啓蒙の世紀のサロンの光明が娘たちによって引きつがれるようにという願いがこめられていたという。プルーストの祖母アデルの伯母アメリーは、上流ブルジョワの知識人・大物政治家として歴史に名を残したアドルフ・クレミユに嫁いだ女性である。その伯母のサロンで、娘のころのアデルはユゴーやデュマなどの大作家と交わっていた(34)。

作家の母ジャンヌ・プルーストの婚姻証書には、立会人のひとりとして「新婦の大伯父アドルフ・クレミユ」の署名がある。ジャンヌ自身の教養に関しては、ギリシア語やラテン語、英語やドイツ語を学び、音楽の才があり、古今の文学に通じていたというが、この紹介だけで充分とはいえるまい。わたしの手許には、母ジャンヌと息子マルセルの手紙のやりとりを朗読したCDがあるのだが(35)、文学作品について意見を交換するとき、二人はほぼ互角。読書量については、わたしなどジャンヌの足許にもおよばない。ちょっとしたエピソードを紹介するときにも、ジャンヌの手紙はエスプリにあふれ、まさにセヴィニエ調。マルセルも負けじと軽妙な返信を書き送る。言葉ひとつでも、たとえばジャンヌのいう「社交」société には明確にサロンの理想が反映されている。プルーストが祖母についていったとされる「セヴィニエ夫人よりもセヴィニエ夫人的」という評言は、おそらく誇張なしに母にも当てはまる。

『失われた時を求めて』のジェンダー秩序と時空間

偉大な精神は両性具備である――ヴァージニア・ウルフは、コールリッジの名言を引いて、じっさい両性具備の人間は創造的なのだと語る。「女性的部分が幾らか混じらないと、知性が勝って、精神の他の能力は硬化し、不毛となってしまう」というのである。目利きの女性作家によれば、男性的かつ女性的な精神の代表はシェイクスピア。プルーストは「純然たる両性具備」だけれど「女性的部分が少し強すぎる」かもしれないとのこと(36)。同性愛か異性愛か、それともバイセクシュアルかという分類的な思考は、ともすれば個人の性的な行動にすべてを還元する傾向があるけれど、ウルフの示唆するところにしたがって、わたしたちも精神のありようというレヴェルで検討することにしたい。

権力を志向する「男性的部分」が肥大した十九世紀ヨーロッパのジェンダー秩序に対し、プルーストは距離を置くことができた。『失われた時を求めて』という小説が、父権的な家族像や姦通という主題から遠く離れて作品世界を構築したことにより、文学は「近代批判」の新たなステージに立ったともいえる。シャルリュス男爵のような輝かしい同性愛者を造形したことだけが、ジェンダーの視点から見たプルーストの功績というわけではない。

さまざまの角度から考えてきたプルースト論のしめくくりとして「サロンの文学」と「女たちの声」という観点から、いくつか指摘しておきたい。『失われた時を求めて』に描かれる社交の場には、出自と教養と言語能力という意味で、十七―十八世紀のサロンの理想に見合う人物が登場することはない。例外があるとすれば、それはおそらく狂気が抑制されているときのシャルリュス男爵だろう。著者はそれなりの意図があって、この奇怪な人物をセヴィニエ夫人を理解する文人に仕立てたものと思われる。いずれにせよ、野暮な人間を描いても記述から溌剌としたエスプリが立ちのぼることはある。『失われた時を求めて』の滑稽な登場人物たち、とりわけ貴族階級の人間を論評する語り手の筆致には「サン゠シモン風」の辛辣なエスプリが存分に発揮されている。

プルーストの小説が、登場人物の身体に関して身長、髪の毛の色、顔の造作、衣服といった視覚情報を客観的事実として整然と列挙することはない。さながら対象が静止した事物であるかのように、何行か、あるいは何ページかをついやして、人体が総合的に「描写」されることはないのである。その一方で、長短さまざまの、見かけは即興的な「肖像《ポートレイト》」により、しだいに人物たちが強靭な生命力を帯びてゆく。十九世紀レアリスム小説における「人物描写」の伝統からの意識的な離反であり、ここでもサロンの時代の書簡や回想録に見られる人物紹介の手法が参照されたにちがいない。

登場人物がなにげなく口にする言葉は「肖像」の貴重な素材であり、プルーストは「語られる言葉」のコレクターだった。ただし作家を惹きつけたのは、かならずしも模範的なフランス語表現ではない。それぞれに特有の「味わい」があるとみなされて収集されるのは、女中のフランソワーズやゲルマント公爵夫人の古めかしいフランス語や、ホテルの支配人の珍妙な「言いまちがい」や、娘たちの仲間意識を養う俗語表現や、気取ったつもりのスワン夫人の初歩的な英会話、衒学的なブロックによる英語の発音ミスやホメロス風定型句、医師コタールの低次元な駄洒落など。とりわけ朗読で聴くとプルーストのテクストは「口語的」だと感じられるのだが、命ある人の声でフィクションの世界を潤すことを作家は夢見ていたのだろう。

『失われた時を求めて』のなかで「女たちの声」は一連の主題を構成し、音楽演奏にも似た効果をもたらしている。若きゲルマント公爵夫人が唇をすぼめて **charmant** というときの **ch** の官能的な刺戟に見合った感傷的なまなざしとか、老カンブルメール夫人がしゃべるときの、浜辺の小石を口のなかにつめこんだようなが、ら、が、ら声と泡だらけの唾とか(読んでいるだけで口のなかに唾がたまってくるような長い記述)。そしてお気づきだろうか、プルーストの世界では、銀鈴のように涼やかな乙女の声が称賛されることはない。ゲルマント公爵夫人の声は「重く引きずるような、刺激的な味わい」をもち、コンブレーの「荒々しい郷土色」を出現させる。語り手に寄りそうアルベルチーヌの声は「しゃがれて大胆な、ほとんど下卑た」ものになる。ロマン主義の残滓を洗い落とした「女たちの声」は、新しいジェンダー・イメージの証しでもあって、ちなみにコレットの肉声も「小石をころがすような」**rocailleux** と形容される抵抗感のある低い声だった。

そうしたなかで特別なのは、やはり「母の声」であり、とりわけ『フランソワ・ル・シャンピ』の朗読をめぐる濃密な声の記憶だろう。幼い語り手に母が寝室で読み聞かせてくれたジョルジュ・サンドの田園小説は、『失われた時を求めて』の終幕で、文学の啓示をもたらす偶然のきっかけとなる。そこで名指される『千夜一夜』もまた、シェエラザードという女の声が語り聞かせる説話なのである(37)。

重要なのは、つぎの点だ。プルーストは「サロンの文学」の時空間を、小説の構造そのものに導入するという野心を抱いていたのではないか。『見出された時』で語り手はいう――「私の本はたぶん『千夜一夜』と同じくらいの長さのものになるだろうが、まったく別種のものである。おそらく一つの作品に惚れこんだ人は、まったく同じようなものを書きたくなるだろうが、しかし一時の愛は犠牲にしなければならない」と。つづいて語り手は、サン＝シモンの『回想録』にも言及し、自分の野心は「別の時代のそういった書物を書きあげること」にあると告げるのだ。[38]

　サン＝シモンの名は早くも『コンブレー』の冒頭近くのページにあらわれる。『回想録』を愛読するスワンが、語り手の祖父のまえで、なかなかエスプリの効いた肖像《ポートレイト》を見つけたと報告するというエピソード。[39] つづいて病床でマニアックな生活を送る叔母のレオニが、起床や食事など身のまわりの世話をする女中のフランソワーズに対し、ルイ十四世が廷臣に及ぼしていたような暴君的な支配権をもつに至っていたというところで、宮廷生活の「メカニック」というサン＝シモンの言葉が引用されている。[40] じっさい『回想録』には、食事のメニューからトイレの習慣までが克明に記されている断章がある。定められた順番と方式にしたがって、機械仕掛けのように動いてゆく日々の生活が、その不条理な強制力という側面をふくめ、宮廷の人びとの重大な関心事となっていた。ヴェルサイユ宮殿の生活という比喩は、おそらくレオニ叔母の寝室だけでなく、コンブレーにおける休暇の日々への暗示も伴っているだろう。土曜日は特別に昼食の時間が早いとか、散歩の方向を選択する条件は何かとか、一見どうでもよさそうな了解事項を生活の「メカニック」とみなして尊重することで、語り手の両親や親族の共同体意識が生まれ「愛国心」が養われているのである。

　こんなふうに『失われた時を求めて』はのっけから、無為の生活という時空間を立ちあげる。ある意味では灰色の日常を描いた『ボヴァリー夫人』の延長上の試みともいえそうだけれど、それだけではない。すでに見たように因果関係によって繋がれた出来事を時の流れにそって論述する「ナショナル・ヒストリー」仕立ての小説は、事件が解決すれば語ることがなくなり、そそくさと「エピローグ」をつけて閉幕となる。そこでは目盛りをふられた定規のような年月が物語の下敷きになっており、時の流れや忘却や記憶の再生を、自立した現象として探究する足場がない。アンシャン・レジームのサロンに立ち返ることで、プルーストは近代小説の時間論的な拘束を解き放つ鍵を見出したものにちがいない。いずれ立ちあらわれるはずの未来の小説は『回想録』や『千夜一夜』を思わせる、夜ごとの果てしなき物語になるだろう。

スタール夫人素描

ヒロインたちの死生学、ナポレオン法典とコンコルダート、姦通小説と話をすすめた本書の長旅もそろそろ終わりとなる。プルーストを介して革命以前の文芸サロンをかいま見たところで、もう一度、見晴らしのよい地点に立ってみたい。

一八〇〇年、三十四歳のスタール夫人は大きな著作はないものの、すでに一目置かれる存在になっていた。父ネッケルはジュネーヴ出身のカルヴァン派で、ルイ十六世のもとで二度にわたり財務長官に就任した。母が主催するサロンは、アンシャン・レジーム期最後の格調高い社交の場として知られ、とりわけ政治的で国際色ゆたかなことが特徴だった。ジェルメーヌは早くから、このサロンで母の薫陶を受けていた。(41)

フランス文学史という枠組で見ればスタール夫人は数少ない女性作家の一人、それもいささか時代がかった大物という位置づけになるだろう。代表作『デルフィーヌ』(一八〇二年)と『コリンヌ』(一八〇七年)のうち後者は邦訳で読むことができる。(42) いずれも長大な作品で一般の読者にはやや馴染みにくいだろうけれど、ロマン主義における至上の愛のプロトタイプ、さらにはそのイメージの大衆化という意味で、ジェンダー研究の基本書といえる。たとえば『女の一生』では、ラマルチーヌの『瞑想詩集』とならび『コリンヌ』がヒロインの母親の愛読書であり、それこそ日がな読みふけっていたという。しかも、その母親は、娘の教育者としての役割を完全に放棄した夢見る母性である。(43) 著者スタール夫人のいだく女性解放の野心と女性読者による受容の様式のずれというところにも、モーパッサンは皮肉なまなざしを注いでいたのかもしれない。

ネッケル夫人のサロン　ジェルメーヌは 5 歳のときから母のかたわらに控えていた (1775 年)

じっさい『コリンヌ』は、母と娘の関係を隠れた主題とする物語なのである。ヒロインの生みの母は早く死んでしまうのだが、父の国イギリスと母の国イタリアの「国民性」が相容れず、選択を迫られたとき、娘は母の国をえらぶ。正確なタイトルは『コリンヌあるいはイタリア』——つまりヒロインは「イタリアの女」ではなく「イタリアの化身」なのであり、母から娘へと相続されたかけがえのない遺産とは、自由と芸術を愛する「国民性」にほかならない。いずれ機会をあらためて考えてみたい問題だが、フランス語の nationalité という言葉が、今日的な意味をになう語彙として初めてつかわれたのは、この作品だといわれている。

ポール・ベニシュー『作家の戴冠』には、バンジャマン・コンスタンと対《つい》にしてスタール夫人を論じたページが第五章「自由主義の貢献」にある。一七八八年の『ジャン＝ジャック・ルソーの著作と性格についての書簡』は、同じ年に出版された父ネッケルの『宗教の重要性について』の議論をとりこみつつ、ルソーの「自然」の概念と市民的秩序の発展を統合しようという試みであり、スタール夫人の生涯の姿勢が示されているとベニシューは指摘する。[44]スタール夫人が宗教と哲学の宥和について考究するテクストに、宗教回帰を認めるのは誤りであり、じつはナポレオンと教皇との政教条約にも似た同盟関係が想定されているというのである。[45]プロテスタントの視点から批判的に捉えたカトリック的フランスという問題提起もふくめ、スタール夫人が本書の主要な検討課題と深くかかわる思想家であることはまちがいない。

思想史の分野では、安藤隆穂『フランス自由主義の成立』が必読の書であり、第六章「ジェルメーヌ・スタールの自由主義」は、伝記的事実の紹介から政治思想の分析、そして文学作品の読解までが有機的に結びついた精緻で学際的な論考となっている。結婚してスタール夫人となったジェルメーヌは、みずからのサロンをもち、総裁政府期には「イデオローグ」(46)に接近して革命に参加するのだが、ナポレオンと対立し、亡命を余儀なくされる。安藤氏によれば、『デルフィーヌ』は「公共圏に投じられた、ナポレオン体制告発の政治文書という性格」をもつという。作品が発表された一八〇二年において「ナポレオン体制」なるものは全面的には可視化されていなかった。にもかかわらず第一統領とスタール夫人は、おたがいの危険な本質を見抜いていたのであり、この話題作は、じっさいにナポレオンが著者を国外に遠ざける一因ともなった。

ジェルメーヌ自身を思わせるヒロインの愛の物語を通して作品が問うのは、離婚の問題、宗教と国家の関係問題、政治的自由の問題であり、ナポレオンが当時政治的争点としていた主要問題である。ジェルメーヌの主張する離婚の自由、カトリック批判と宗教の自由、政治的自由は、民法典(一八〇四年公布)、コンコルダ(一八〇一年)、帝政のそれぞれに対峙し、ジェルメーヌは、ナポレオン帝政の政治社会的支柱すべてを告発した。ジェルメーヌは、一七八九年『宣言』を支持するというデルフィーヌを造形しその目を通して、政治体制についてナポレオンと論争しようとしていたのである(47)。

こうして皇帝ナポレオンの宿敵となったスタール夫人は、スイスの故郷コペに安住の地を見出すこともなく、ドイツ、イタリア、オーストリア、ロシア、イギリスなどを転々とする。その間、ゲーテやシラーなどの大作家とサロンで交流し、ロシア皇帝アレクサンドル一世の謁見を賜るというふうに、各地で要人の待遇を受けていた。『追放の十年(48)』は、一七九七年から一八〇四年までと一八一〇年から一八一二年までの二部に分かれ、亡命生活を送った時期の回想として死後出版された。この旅日記風の書物には、波乱にみちた逃避行や自然の風物だけでなく、ナポレオン軍の進撃をまえに「ネイション」として覚醒しつつある人びとの姿が活写されており、十九世紀初頭のヨーロッパ論としても貴重な証言となっている。

考えてみれば、スタール夫人はフランスで、文学以外の領域において大きな足跡をのこした唯一の女性作家かもしれない。十九世紀を生きぬいたジョルジュ・サンドにせよ、コレットからデュラスに至る二十世紀の女性作家たちにせよ、思想や政治哲学の分野で参照されることはない。「公共圏」に女性の声を反映させることを真摯に願ったという意味で、スタール夫人は、まちがいなくフェミニズムの先駆けだった。さらにこの女性はアンシャン・レジームのサロンを知る最後の世代として、激動の時代にヨーロッパ文化の多様な相貌を観察したのである。一八一三年に刊行された『ドイツ論』には、いみじくも「会話のエスプリについて」と題した章がある。

おそらく一般に認められていることだろうけれど、世界中でパリほどに、会話のエスプリとたしなみが広く浸透している都市はない。国にのこした友人たちを思う心とは別に、人が「ホームシック」と呼ぶもの、あのいうにいわれぬ望郷の念があり、それは語り合うことの愉しみに関係するのである。フランス人はどこにいようと、自国にいるのと同程度にこの愉しみを味わうことはできない。(49)

フュマロリの「会話論」によれば、母から娘へと継承されるサロンの伝統は、スタール夫人でおわる。貴族がブルジョワジーに席をゆずったとき、文化を先導することになる新しいエリートが、十九世紀の「芸術家」なのである。(50)トクヴィルも、十八世紀に活力を失った貴族階級が、世論を導き、思想に権威を与えるという役割を放棄したために「言論の専門家」が知性の支配において優位に立ったと述べていた。(51)指摘されているのが同じ流れの先行する段階であることはいうまでもない。

「女たちの声」をもっとも力強く、そして繊細な語彙により代弁した人物として、この章にスタール夫人が是非とも登場しなければならぬ理由は、以上でおわかりいただけたと思う。しかし、それだけではなく本書の構想にとって、スタール夫人を参照することには特別の意味がある。本書の第Ⅱ部は、シャトーブリアンとナポレオンを対立軸として冒頭の議論を構成しているが、この見取り図にスタール夫人を導入することで、第三の柱が立ち上がることだろう。この女性作家には、ジェンダー、プロテスタント、そしてヨーロッパ的なスケールという相対化の条件が三つそろっている。ここではじめて「近代ヨーロッパの宗教文化」を複合的な視点から公正に捉えるための足場が確保されたともいえるのだ。

3　現代の証言――アシア・ジェバールの声

アカデミー・フランセーズ初のマグリブ女性作家

本書の序章では「ある移民二世の回心の物語」という小見出しを立て、コンゴ出身の青年について語ることからはじめたが、ひとりの「ムスリム女性」の声に耳を傾けて終章の幕引きとしたい。行政上はフランスの「県」であった独立前のアルジェリアに生まれ、イスラーム信仰を実践せず、二〇〇五年にはフランス文化を守る知の殿堂アカデミー・フランセーズの会員に選出された女性が、なおも「ムスリム」というアイデンティティによって名指されるという事実については、ひとまず注意を喚起するにとどめておこう[52]。アシア・ジェバールにわたしが深い敬意をいだくのは、作品で提起されるのがヨーロッパ文明の曖昧な相貌と植民地帝国フランスの暴虐という世界史的スケールの問題であるからだ。反権力という姿勢においてもジェバールは、ナポレオン体制に抵抗したスタール夫人の後を受ける女性という役柄にふさわしい。『愛、ファンタジア』と題した物語はこんなふうにはじまっている。

秋のある朝、父親と手をつなぎ初めて学校へ行くアラブ人の女の子。長身の父親はフェス帽を被り、西欧式の背広を着てすらりと背筋を伸ばし、書類鞄を持っている。彼はフランス小学校の教師だ。アルジェリア、サヘルのある村に住むアラブ人の女の子。(53)

一九三六年、地中海沿岸の都市シェルシェルで生まれたジェバールの本名はファーティマ＝ゾフラー・イマライェーヌ。第三共和制は「教授たちの共和国」だったから、マルセル・パニョルからモナ・オズーフまで、学校教師の子どもとして育った文化人・知識人は少なくない。ただし、イスラーム圏の伝統的な社会でヨーロッパ系の子弟のための「フランス小学校」に通う現地人の少女はきわめてまれだった。奨学金を得たファーティマはパリに留学し、名門女学校リセ・フェヌロンを経て、目標どおりセーヴルの女子高等師範学校に入学。「はじめてのアルジェリア女性」という肩書きは、生涯ファーティマについて回るだろう。

アカデミー・フランセーズは「不死の人」immortels と呼ばれる会員四十名からなるが、現在は空席が三つあり、のこり三十七のうち六つを女性が占める。一九八〇年、記念すべき初代女性会員の入会演説でユルスナールはつぎのように述べた。フランスにおいて文学が女性の職業となったのは十九世紀の半ばであり、このアカデミーに女性会員を、という声が上がってから、たかだか一世紀にしかならない。スイス出身でスウェーデン人に嫁いだスタール夫人には資格がなかっただろうから、十九世紀のもっとも偉大な精神という評価に甘んじるしかなかった。ジョルジュ・サンドの場合は奔放な私生活が災いしたが、作家としてよりむしろ人間として、時代に先んじた女性である。コレットは、入会の根回しのため殿方にご挨拶をして回るなど、女のやるべきことではないと考えていた。その点は自分も同意見、票集めはやらなかった。時代を遡ってみれば、アンシャン・レジームのサロンでは、それぞれ女主人が作家の保護者としてふるまっており、お眼鏡に適った者をアカデミーに推輓《すいばん》するということもおこりえた。サロンの女王たちは、みずから立候補しようという意志をもたなかったのであり、この伝統は女性蔑視《ミソジニー》とはいえないのでしょう

——といった具合に、エスプリにアイロニーをまじえて軽妙に語るユルスナールは、一九八〇年までアカデミー・フランセーズは黒一色だったという厳しい現実を浮上させつつ、棘のある反応をエレガントに受け流す構えも見せている。(54)

アカデミーとサロンの関係については、十七世紀前半、ルイ十三世時代にランブイエ館の常連となるのは宮廷に出仕するより難関だといわれ、このサロンを根城にしたアカデミー会員は少なからずいたとフュマロリも述べている。(55)その後、サロンの衰退とともに貴族の「会話」と「語られる言葉」の貴重な伝統は失われてしまったが、フランス語で「書かれたもの」の権威を象徴する知の殿堂は、今日も盤石の地位にある。

それにしても「はじめてのアルジェリア女性」として功成り名を遂げた女性の人生を、サクセス・ストーリーとしてふり返ることは、わたしたちの目標ではない。話題を知的な遍歴にしぼるなら、アシア・ジェバールはパリのリセ・フェヌロンでディナ・ドレフュス（人類学者レヴィ＝ストロースの元伴侶）と出会い哲学を志す。しかしイスラーム神秘主義を研究するためには古典アラビア語の知識が万全ではないと考え、あきらめたという。高等師範学校では、ルイ・マシニョン、ジャック・ベルクなど錚々たる教授陣に師事してアラブ・マグレブの歴史学を専攻。アルジェリア独立戦争にかかわっていた伴侶とともに出国してチュニジア、ついでモロッコに移り、ラバト大学で歴史を教えることになる。独立直後のアルジェリアでも歴史学を講じ、いったんフランスにもどるが、文学の教師としてふたたびアルジェ大学に赴任。テレビのルポルタージュのために母方の故郷、ベルベルの伝統が息づくシュヌーワの山岳地帯で長期にわたる取材活動をおこない、俳優もまじえた記録映画を作成。映画制作は元伴侶の職業であり、おのずと身につけた技術であるという。(56)

アシア・ジェバールの作品には、女性の解放、歴史、暴力と複数言語をとおして見たアルジェリアという主題がある、とフランス版ウィキペディアには解説されている。明快な捉え方ではあるけれど、対立的な構図を前提にしてしまうと、ひとりの「ムスリム女性」がヨーロッパ文明といかにアンビヴァレントな関係を切り結んだかという本質的な問題が抜けおちてしまう。まずジェバールの思考法の土台には、フランス共和国が最高水準の知的エリートに期待する堅牢な古典的素養があることを強調し、その上で、文献資料を基礎とするオーソドックスでアカデミックな歴史学、そして映画制作をきっかけとした「オラル・ヒストリー」への先駆的な関心という二つの柱が文学の創作を支えていることにも注目しよう。後述のように『愛、ファンタジア』という作品には、そうした知的基盤が鮮やかに見てとれる。

アカデミーの会員は終身と定められており、入会式典では、空席に就く新会員が物故した先達の業績を称える演説をおこなったのち、これに応答するかたちで歓迎の辞が述べられる。アシア・ジェバールの紹介に当たったのは、外交官のキャリアをもつ作家ピエール゠ジャン・レミだった。

あなたが内に秘めておられるのは、数えきれぬほどの女性たちの遺産です。アラブの、ベドウィンの、ベルベルの、そしておそらくトルコの女性たち、さらにはフランスの女性たちの遺産さえ、あなたは等し並に受けついだ。何世紀もの時を経て、それらの女性たちが、あなたを今あるような人物にした。その女性たちの声を、あなたはわれわれに聴かせてくれるのです。(57)

幼いファーティマにとって「フランス小学校」は父の世界であり、フランス語は「書かれたもの」の権威とヨーロッパの学知に到達する道を開いてくれる言葉だった。一方、母の世界で「語られる言葉」には、オスマン帝国の時代から北アフリカの大地に生きてきた名もない女たちの記憶が浸みこんでいる。民族の壁をこえ血を混淆させた無数の女たちの遺産を継承することで、ファーティマはアシア・ジェバールとなった。

ヨーロッパの男たちの記録 vs. アルジェリアの女たちの語り

『愛、ファンタジア』の複雑な構造についてはおいおい考えることにして、まずは歴史と文学のかかわりという地平から出発しよう。作品に組みこまれた出来事は一八三〇年夏にはじまるフランス軍の侵攻と長い抵抗の歴史、そして一九五四年から一九六二年におよぶ独立戦争の二つ。前者についてはヨーロッパの男たちが書きのこした文献資料が、そして後者については戦闘をささえた女たちの語りが導入されている。証言の真価をいかに見極め、これを活用するか、歴史の記憶をいかに継承するか、という不断の問いかけが、作品をつらぬく主題なのである。

アシア・ジェバールは、アルジェ大学でマグリブ近現代史を講じていたときに、高等教育のアラビア語化に反対して職を離れたという経歴をもつ。あるインタビューでジェバールは、そのときの事情を説明して以下のように語っている[58]——初等中等教育がアラビア語でなされるのは望ましいが、独立を果たしたばかりのアルジェリアには、本来の歴史学をアラビア語で教えられる教師は育成されていない。現時点では、アラビア語で歴史を教えると称する者たちは、出来事の羅列しかできない。しかるに大学で求められるのは、たとえば十九世紀の半ば、抵抗戦争の英雄アブデルカーデルはフランス軍に敗退したのに、なぜ今回の独立戦争でわれわれは勝利することができたのか、その理由を問い、文献資料を用いて参加者がともに考察する批判的歴史学である。

一八三〇年七月のフランス軍侵攻という出来事ひとつをとっても、三十七の証言が公表されているが、そのうち包囲された側のものは三つにすぎないという[59]。フランスの軍関係者の公式記録だけではない。その後も占領に便乗して北アフリカにわたってきたヨーロッパの雑多な職種の男たちが、それぞれに書きのこした手記や故郷に書き送った手紙などがあり、それらは大方において、目を背けたくなるほどの傲慢と感受性の欠如を物語っている。

一八四五年、ビュジョー元帥配下の部隊と招集されたアラブ兵に追いつめられた山間部の部族が、女子どもをつれて洞窟に逃げこんだ。追っ手の兵士たちは、出口を塞いだ洞窟を炎上させて住民千五百人と数百頭の羊と馬を「煙攻め」により全滅させた。「洞窟のなかで倒れた女、子ども、家畜……」と題した章は、作戦を遂行した大佐の得意げな報告、フランス軍に従軍したスペイン人士官による人道的見地からの告発、おぞましい蛮行をまえに絶句した兵士が家族に送った私信を代わる代わる引用しながら、凄惨な事件の推移を語り、焼き殺される女たちに身を寄せて、火炎地獄の情景を反芻したものだ[60]。

こんなふうに「書かれたもの」を引用し、検証し、想起することで、蒸し焼きにされた死者たちは、かろうじて忘却の淵から甦る。だが一方で、十九世紀の植民地化にかかわる文献資料には「アラブの、ベドウィンの、ベルベルの、そしてトルコの女性たち、さらにはフランスの女性たち」の書いた文字はない。いや、じつはアルジェリア独立戦争についても事態は大同小異。そもそも匿名の者たちが肉声で発する言葉が、一国の正史に収録されることは皆無といえるほどにまれなのだ。歴史の証言をめぐるジェンダー・バイアスや弱者の排除は、ようやく一般に認識されるようになったけれど、そうしたことの絡繰りを明らかにして、聴き手の不在と記憶の消滅という危険について語りつづけることが、歴史に対して文学が負う責務ではないか――アシア・ジェバールは、そう考えていたにちがいない。一九五〇年代後半に地下運動を支えた闘士の物語『墓のない女[61]』では「ズリハのモノローグ」という象徴的なタイトルの章が節目節目に挿入されている。女の言葉を聞きとる者が現場にいないことの示唆である。アルジェリア出身の歴史教師にとって、女たちの肉声による証言を現地調査により収集することは、まず政治的に正当なのであり、小説に「オラル・ヒストリー」の手法をもちこむという作家の選択も、同じく政治的な動機に裏づけられたものだった。

それにしても『愛、ファンタジア』はウォルター・スコットやバルザック流の「歴史小説」ではなくて、詩情にみちた「記憶の小説」なのである。作品が掬いあげようとするのは証言の内容だけではない。顕著なのはむしろ、歴史の証言となりうる「声」のありようを肉声として、あるいは音声として書きとめようとする執念のような決意だろう。こうして独立戦争に関与した無名の女たち、読み書きのできない女たちの語りを収録する不思議なテクストがつむがれてゆく。拷問にもめげず戦闘員を援助した逞しい女の回想や、身内の男たちがつぎつぎに死んでいった寡婦の悲痛な思い出話、あるいは兄の屍体に対面した少女の長くあふれるような叫び声、さらには敵方の兵士に汚された娘の沈黙が……。三部構成の第三部は「埋もれた声」と題されて、並んだ章のタイトルも「声」「ざわめき」「ささやき」「ひそひそ話……」といった具合なのだ。

作品には「私」を名乗る女性が語り手となる章が、ほぼ半数あるのだが、第一部と第二部では歴史の章と自伝的な章が、一見無縁なまま交互に並べられてゆく。ところが多様な「語られる言葉」が響き合う第三部では、「私」の使用するフランス語が「彼ら」侵略者の言語であることが想起され、書かれつつあるテクストの正当性そのものが、不意打ちを食らったかのように揺らぐ。

実際、彼らの言葉は私の手をとおして書かれているのだ。なぜなら、この折衷性、祖先の信仰が咎めない唯一の混血、つまり血ではなく言語の混血に私は同意しているのだから。

私の同性の仲間、共犯者を照らす言葉の松明。しかし、言葉は彼女たちから私を決定的に引き離す。その重さに押しつぶされて、私は祖国から追放される(62)。

「アルジェリアの女」として姉妹たちの声に耳を傾けたのち、フランス語で小説を書くことは、いかなる後ろめたさ、疚《やま》しさを伴う行為なのだろう。「絡み合う身体」Corps enlacésというタイトルのパートは第三部に四つあり、上記の引用は第一の「絡み合う身体」をしめくくる。四つのパートでは、そのつど異なる「語る女=あなた」のかたわらに、同じ「聴く女=私」がおり、私はあなたに身を寄せ、抱擁を交わす。母や姉妹たちの言葉と宗主国の男たちの言葉のあいだで引き裂かれながら、それでも自分は書くと決意するときに、作家が見せる象徴的な身振りである。

声を目覚めさせるために書く

あなたは「ムスリム女性」なのか、という問いに対してアシア・ジェバールはなんと答えるか——自分はアルジェリアが植民地化されていた時代に、フランス語でフランスの教育を受けた者だが、感性においてはアルジェリア人、もしくはアラブ＝ベルベル系。あるいは「ムスリム」といってもよい。信仰としての、つまり教義の実践としてのイスラームではなくて「文化としてのイスラーム」を身をもって生きたという限定的な意味においてだが。その場合、わたしの知的・批評的な活動は「フランコフォニー」に属することになるだろう[63]。

カトリック系の近代ヨーロッパを折りにふれてプロテスタントと対比させながら論じてきた本書が、終着点でイスラームに遭遇するのは理に適っていよう。アシア・ジェバールがめざすのは、括弧つきの「ムスリム」というアイデンティティをとおしてイスラームの「宗教文化」を浮上させることであったと思われる。「フランコフォニーの余白に」と副題をつけた評論集 ***Ces voix qui m'assiègent*** の表題は、直訳すれば「わたしを包囲する、これらの声たち」となる。そのなかでジェバールは、自分はまちがいなく「フランコ＝グラフィー」(フランス語を書く者)であるのだが、わたしを包囲している声、フィクションの人物たちが語る言葉は、多くの場合はアラビア語、それも地方語のアラビア語、ときにはベルベル語なのだと述べている。ベルベル語は完全には理解できないけれど、そのしゃがれたような音声と息づかいは、有史以前から自分の身体に棲みついているという[64]。

幼いころのジェバールは、フランス小学校からもどると、夕暮れ時に、村の伝統的なコーラン学校に通うことになっていた。イスラームの聖典を「誦《よ》む」とは、いかなる営みなのか。それは身体を揺らしながら蔓草のような文字を指でたどり、朗誦のリズムに気を配りつつ記憶力と筋力の両方を緊張させて、さながら言葉を嚥下するかのように知識を習得することであるらしい[65]。アカデミー会員となったジェバールは、フランスの哲学教育が思想の要約と称するものを並列するだけの不毛な授業になっていることを批判して、リセ・フェヌロンにおけるディナ・ドレフュスの教育に賛辞を捧げている。先生はデカルトのテクストの読み方について、ひとつの啓示をあたえてくれた、そこにはコーランの誦《よ》み方に通じるものがあったというのである。ジェバールは哲学の成績では群を抜いていたらしく、歴史学を専攻したのちも、碩学マシニョンのもとで中世のイスラーム神秘主義にかかわる研鑽を積んでいた[66]。小説のなかでイスラームの聖典や神学が俎上に載せられることはないのだが、アシア・ジェバールが哲学の側から宗教を学んだ作家であることを見過ごしてはなるまい。

『愛、ファンタジア』では「コーラン学校」と題した章をはじめ、随所にアラビア語の運用や女性の声と身体に関するエピソードがちりばめられており、それらの日常的な風景から徐々に「文化としてのイスラーム」が立ちあらわれる。「私」の母親はフランス小学校の教師に嫁いでからフランス語を習得し、たどたどしく口にしていたのだが、やがて周囲の女たちと異なる話し方を身につけた。アラビア語の地方語で話す女たちは、伴侶を代名詞で「彼」と呼び、「夫」という普通名詞やファーストネームで名指すことは決してない。母はその慣例を破り、ささやかな「言語の混血」をやってのけたのだ。[67]「私」と同じ年頃の少女や娘たちも、幼いエロスを解放するために複数の言語を操っていた。第一は、会うはずのない男の子と文通し、外部の世界と交信するためのフランス語。第二は神に祈るためのアラビア語。第三はイスラーム以前の土着信仰にかかわるベルベル語。そして第四は、あらゆる女がつかう身体言語。[68]

イスラーム文化の内部では、女性の声と身体と外の世界との関係が、おそらくは神秘主義的な伝統においても、社会学的な見地からしても、キリスト教世界のそれと同じではないらしい。ふだんは寡黙で我慢づよい祖母が、ときおり女芸人を呼んで、不思議な儀式をとりおこない、しゃがれた声でわめき、荒々しく踊り狂うことがある。女たちが閉じこめられた空間では、トランス状態の身体が、ほとんど破壊的な自己表現の手段ともなった。[69] 断章のタイトルにもつかわれる女たちの叫び「ツァルル・リット」を思いおこしていただきたい。あるときは愛と歓喜の叫び、あるときは死と絶望の叫びにもなるという、純粋な音楽と化した女たちの声……。

「同時に内部にいて外部にいること」**à la fois au-dehors et au-dedans**――ジェバールが好んで引用するディドロの言葉である。地中海によって隔てられたヨーロッパと北アフリカは、いずれも純粋の内部にも純粋の外部にもなりえない地域、つねに外部であると同時に内部でもあるようなトポスだった。イスラームの文化もベルベルの伝統も、そしてフランスで受けたエリート教育も、身体化されているために切り離すことはできないが、それでいて母の胎内のような安らぎを与えてくれることはない。言葉との関係はいっそう錯綜したものに思われて、ジェバールはフランス語を「継母の言語」[70]と呼ぶのである。『愛、ファンタジア』を刊行した一九九五年からジェバールは、フランス語圏の外に出て、アメリカの大学に籍を置いている。二〇〇六年のアカデミー入会演説では「わたしのフランス語」と世界との関係が、つぎのようなイメージで語られた。

そうしたわけで、すでに二十年もまえから、わたしのフランス語は「シュヌーワ山の女たち」〔映画制作のため母の故郷で取材した女たち〕の闇によって光を与えられているのです。女たちは今もわたしのために、秘密の洞窟で踊っている、そして彼女たちの足下では地中海が煌めいているように思われます。あの人たちは、わたしに会釈をおくり、わたしを守ってくれる。「シェファ」すなわち「癒し」の姿であるあの人たちの微笑みをたずさえて、わたしは太平洋をわたります。じつのところ、わたしのフランス語はビロードで裏打ちされているだけでなく、かつて隠蔽されていたいくつもの言語という棘もそこには生えている。にもかかわらず、わたしのフランス語はいつの日か、わたしが受けた記憶の傷を塞いでくれることでありましょう[71]。

麗しい賛歌ではあるけれど、ここに歴史との和解、ひとつのハッピーエンディングを見てとるのは安易にすぎる。くり返し述べたように、アカデミー・フランセーズはフランス語を純化し顕揚する国家的な制度であり、とりわけ入会の式典は、格調高く詩的な雄弁の術を居並ぶ会員と聴衆のまえで披露する、晴れの舞台でもあるからだ。みずからの文学を裏切らずに役割を演じきることが「初のマグリブ女性作家」の課題だった。

小説家の真摯な言葉は、むしろ孤独なつぶやきとして、小説のテクストに書きとめられるものだろう。

書くことは声を殺しはしない。目覚めさせる。それもとりわけ、消え去った多くの姉妹をよみがえらせるために[72]。

あとがき

「文学はどこに向かうのか?」という挑発的な問いかけに対して、ロラン・バルトが深い声で「その消滅に」と優雅に切り返したのは、一九七三年のラジオ番組でのことだった。当時、大学院に在学していたわたしたちは盤石の未来を夢見ていた。それほどに、あの頃の「フランス文学」は小粋で迫力もあったという意味だ。今、定年を迎えつつある同世代の研究者たちは、ある者はフランスの大学における作家研究を牽引するほどの学問的な成果をあげ、ある者は翻訳や評論の分野でめざましい活躍を見せている。その一方で、すでに久しい以前から「大学の文学研究はどこに向かうのか?」という切迫した疑問が、多くの人の胸をよぎってきたのも事実なのである。

「その消滅に向かうのか?」などと畳みかけて、若い世代の鬱屈した気分を煽ろうなどというつもりは毛頭ない。制度的な帰属を解かれつつある今だから、個人的な事情もふくめてふり返っておけば、三十代は六人家族の食事の支度に追われていたし、苦労話というほどではないけれど、高齢者の世話も若い頃と現在進行中の年数を合わせれば、もう十数年になる。そうしたなかで四十代半ば、東京大学教養学部のフランス語教室に初めての女性教員として着任したときに、脳裏を去来していたのは「青天の霹靂」という本音と「アリバイの女」という流行語だった。今では忘れられた言葉だが、黒ずくめの社会が女性を雇用することへの圧力に屈した人事を、ひと頃こう呼んだのである。周辺の事情はともあれ、結果としてみれば、わたしは先駆的な男女共同参画の職場に恵まれたことになる。それにしても長期の在外研究など望むべくもない状況であり、大学と家を往復しながら諸事の帳尻を合わせることに専念していたが、たまたま大学院の制度改革にかかわって、おのずと学際性への展望を開くことになったのは、考えてみれば僥倖ともいえる巡り合わせだった。

二〇〇三年に「地域文化研究」の学位論文として上梓した『ヨーロッパ文明批判序説――植民地・共和国・オリエンタリズム』は、歴史学やポストコロニアル批評などの分野でもそれなりに認知され、刷を重ねることができた。今回の著書は「近代批判」という意味では、その延長上にあるのだが、序章にも記したように明確な理由があって、切り口は「文明」から「宗教文化」へと転換した。「世俗化」と「近代化」を等号でつなぎ、その進捗を根拠に「文明」を「野蛮」に対置させる思考法は、十九世紀のヨーロッパが産みだしたものである。しかるにグローバル化の時代にも、これが暗黙の前提となり「文明の衝突」というメディア好みの粗雑な議論が増殖しつづけている。短絡的な図式に替わる独自の歴史的展望を求め、原点に立ち返りつつ政治・社会・個人と「宗教的なもの」がいかに多様で複雑な関係を切り結ぶかを考察することが、新たな目標となった。

副題や目次からもおわかりのように、本書の問題構成は「思想史」とは異なる地平に設定されている。いわゆる「宗教社会学」から逸脱した部分も少なからずあるのだが、それはフランス革命の後をうけ、霊的な権力と世俗の権力の棲み分けという想像を絶する難題にとりくんだナポレオンの国家構想を、自分なりに読み解いてみたいと考えたためである。一八〇四年の民法典やポルタリスの著作などを繙きながら新鮮な驚きとともに発見したのは、十九世紀フランスの知的エリートの大方が法学部出身であるという事実の歴史的な重みであり、近代社会における「法」と「文学」の共生関係だった。

いくつかの例で示したように、小説における「裁き」のテーマは「人の法」あるいは「神の法」による「道徳」の定立という要請に応えるものだろう。あるいは本論の導入で見たように、臨終の場面では「教会」と「医学」が、それぞれの制度を背景にして死にゆく者の管理権を奪い合う。というわけで、わたしの狙いはひと言でいえば「小説を学際的に読む」ことにあった。「専門性」の壁を越えるため、よく知られた作品をとりあげてシンプルな道具立てで語るよう努めたが、ここで話題は個人的な事情にもどる。

学校をさぼってペローの昔話に読みふけるひ弱な少女だったわたしには、文学は万人のものという信仰にも似た思いがある。東京大学を退職したときに、社会人教育という新しい道に踏みだしたのも、偶然と僥倖がかさなって得た貴重な経験を、研究組織の外部との対話のなかで活かしたいという気持がはたらいたためだった。だれにでも通じる語り口を身につけたなどと不遜なことをいうつもりはないけれど、十年にわたり放送大学で指導した学生たちのなかには、この書物のどこかの章のよき読み手になってくれると思われる人が何人もいる。人文社会系の研究者だけではない、一般の読者も想定しているなどとは、欲張った話といわれそうだけれど、本書がモノグラフィーの学術書ではないことは、一目でおわかりいただけるはず。じつをいえば、新書レヴェルの構想、四冊分が縒り合わされて、四部構成の分厚い本に成長したという側面もないではない。

そうしたわけで、やや持ち重りのする新書四冊ぐらいのつもりで、まずは関心のありそうなページを開いていただければと願っている。とりわけ第Ⅰ部「ヒロインたちの死生学」と第Ⅲ部「姦通小説論」は、一方で古典の名著に親しみをもつ読書人を想定し、他方では教室で文学を講じる若手研究者のヒントにはなろうかという気構えで書いた。大学の学問を手がかりに、ヨーロッパ近代小説を読み解くこと――現役時代のわたしは、それだけで手一杯、精一杯だった。あれこれと思いつくテーマは繁茂する一方だから、これからもアカデミックな人文学と出版の世界が接続するあたりをさまよいながら、自由に考え語りつづけたい。

ところで、たまたま制度改革にかかわった身としては、事あるごとに「学際」を謳ってきたし、今もまた、お決まりの台詞を書きつけてみたばかりだけれど、最後に、これまで胸に秘めてきた思いを吐露しておこう。本好きの少女だったころから今日まで、わたしは一歩たりとも文学の外に出たことはない。「文学」とは、言葉が語られ、書かれ、読まれる現場に深く愛着し、目を奪われ、その委細と背景を考究することにほかなるまい。たとえば二十歳のフローベールは「姦通」adultère という言葉のうえには「えもいわれぬ甘美なもの」がただよっているという。なぜか？　そこで同時代の社会に立ち返り「民法」あるいは「宗教」を起源とする言説が、この言葉をいかに定義し、解説し、運用するかを確かめてみたのである。ヒロインたちの死をめぐる「宗教性」の問題もしかり。十九世紀フランスの政教関係を構築したシャトーブリアンとナポレオン、そして今日的な「ライシテ」の幕開けとなる一九〇五年の政教分離法は、おのずと視野に入ってくる背景であり、つまりは文学的に興味を惹かれる素材でもあった。

これは熟慮の結果というより本能的な身振りかもしれないが、専門的な研究を周縁からささえる立場のほうが自分には馴染むように思われる。「周縁からの視線」という選択は、ヨーロッパ近代を半世紀遅れて踏襲したような戦後日本を生きてきた女としての身の丈にも合っているだろう。念を押すまでもないけれど、この本の随所でジェンダー論が導入されるのも、そうした周縁性の自覚に促されてのことである。

裾野を広げ、多面的なアプローチを模索することは、文学への裏切りではないだろう。いっそ開きなおって、この本も、わたしなりの、思いきり迂遠な「ボヴァリー夫人論」なのだとつぶやいてみよう。文学研究者としての最初の書籍であるフローベール書簡撰集『ボヴァリー夫人の手紙』を、今回は久しぶりに書棚からとりだして活用した。三十年前のことを懐かしく思い出しながら、ふたたび山田𣝣先生に、この本を捧げたい。名訳『ボヴァリー夫人』を手にとると、文学は万人のもの、今も𣝣先生が見守ってくださるという思いがふつふつと沸いてくる。

羽鳥和芳さんは、東京大学出版会におられた頃から今日に至るまで、つねに励まし支えてくださった。感謝の言葉もない(嬉しいことに、本書の発想と無縁ではないペローの『昔話』が、羽鳥書店から近々刊行される)。同出版会の若き編集者、斉藤美潮さんとの二人三脚は、これで何冊目だろうか。これが最後とならぬことを祈りつつ……。

二〇一三年　盛夏

工藤庸子

著者略歴
1944 年　浦和生まれ
1969 年　東京大学文学部卒業
東京大学大学院総合文化研究科教授（地域文化研究），
放送大学教授をへて
現　在　東京大学名誉教授

主要著訳書
『小説というオブリガート——ミラン・クンデラを読む』（東京大学出版会，1996 年）
『恋愛小説のレトリック——『ボヴァリー夫人』を読む』（東京大学出版会，1998 年）
『フランス恋愛小説論』（岩波新書，1998 年）
『ヨーロッパ文明批判序説——植民地・共和国・オリエンタリズム』（東京大学出版会，2003 年）
『宗教 vs. 国家——フランス〈政教分離〉と市民の誕生』（講談社現代新書，2007 年）
『政教分離を問いなおす——EU とムスリムのはざまで』（工藤庸子 / 伊達聖伸訳・解説，ルネ・レモン著，青土社，2010 年）

近代ヨーロッパ宗教文化論
姦通小説・ナポレオン法典・政教分離

2013 年 9 月 20 日　初　版

[検印廃止]

著　者　工藤《くどう》　庸子《ようこ》

発行所　一般財団法人　東京大学出版会
代表者　渡辺　浩
113-8654 東京都文京区本郷 7-3-1 東大構内
http://www.utp.or.jp/
電話 03-3811-8814　Fax 03-3812-6958
振替 00160-6-59964

印刷所　研究社印刷株式会社
製本所　牧製本印刷株式会社

ISBN 978-4-13-010126-4　Printed in Japan

人名索引

ア　行

アーサー王　King Arther　245
アドレール，ロール　Adler, Laure　292
アブダル・マリク　Abd al Malik　2-7, 23, 59
新井潤美　356
アラン　Alain（シャルティエ，エミール＝オーギュスト　Chartier, Emile-Auguste）　448, 450
アリエス，フィリップ　Ariès, Philippe　86, 95, 100, 109
アリストテレス　Aristotélês　464
アルペラン，ジャン＝ルイ　Halpérin, Jean-Louis　207, 210, 212, 213, 218-220, 225, 314, 410, 413, 414, 417
アレクサンドル1世（ロシア）　Alexandre I　523
アンガン公　Enghien, Duc d'　139, 140, 177
アンダーソン，ベネディクト　Anderson, Benedict　312
安藤隆穂　188, 189, 523
アンリ2世　Henri II　161
アンリ4世　Henri IV　161
イエス・キリスト（幼子イエス）　Jesus Christus　23, 47, 60, 78, 80, 82, 147, 152, 160, 296, 299, 371
石井三記　276
石井洋二郎　115, 125
ヴァルシュ，アニェス　Walch, Agnès　261, 263, 266, 276, 278
ヴィットリオ・エマヌエレ3世（イタリア王国）　Vittorio Emanuele III　409
ヴィニー，アルフレッド・ド　Vigny, Alfred de　253
ヴィルヘルム1世（プロイセン）　Wilhelm I　244, 454
ヴェイユ，シモーヌ　Weil, Simone　450
ヴェルギリウス　Vergilius Maro, Publius　464
ウェルキンゲトリクス　Vercingétorix　245
ヴェルジェ，ジャック　Verger, Jacques　446
ヴェルディ　Verdi, Giuseppe　87
ヴォヴェル，ミシェル　Vovelle, Michel　86, 95
ウォーラステイン，エマニュエル　Wallerstein, Immanuel　11
ヴォルテール　Voltaire　46, 47, 113, 114, 134, 251
ヴォルネ　Volney（シャスブフ，コンスタンタン＝フランソワ　Chassebœuf, Constantin-François）　145
ウルフ，ヴァージニア　Woolf, Virginia　34, 372, 374, 517
エリオ，エドゥアール　Herriot, Edouard　447
オースティン，ジェイン　Austen, Jane　33, 305
大村敦志　446
オシアン　Ossian　246
オズーフ，ジャック　Ozouf, Jacques　452
オズーフ，モナ　Ozouf, Mona　443, 451-453, 526
オルレアン公　Duc d'Orléans（フィリップ2世　Philippe II）　512

カ　行

カエサル　Caesar　137, 158, 160, 171, 245
カサノヴァ，ホセ　Casanova, José　425, 429, 430, 432, 433, 470
カトリーヌ・ド・メディシス　Catherine de Médicis　41
カバニス，ピエール・ジャン・ジョルジュ　Cabanis, Pierre Jean Georges　145
カバネル，パトリック　Cabanel, Patrick　435
カプララ枢機卿，ジョヴァンニ・バッティスタ　Caprara, Giovanni Battista　176, 181, 295
カルボニエ，ジャン　Carbonnier, Jean　208, 209, 227
川本静子　308
カンバセレス，ジャン＝ジャック・レジス・ド　Cambacérès, Jean-Jacques Régis de　199,

212, 213
カンパン夫人，ジャンヌ・ルイーズ・アンリエット Campan, Jeanne Louise Henriette 303, 304
ガンベッタ，レオン Gambetta, Léon 415, 445
ギゾー，フランソワ Guizot, François Pierre Guillaume 237, 244
北村一郎 211
キュヴィエ，ジョルジュ Cuvier, Georges 399
グリーン，グレアム Greene, Graham 211
グリム兄弟 ヤーコプ，ヴィルヘルム Grimm, Jacob, Wilhelm 242, 243, 472
グレゴワール神父，アンリ Grégoire, Henri 177
クレミユ，アドルフ Crémieux, Adolf 454, 517
グロ，アントワーヌ＝ジャン Gros, Antoine-Jean 169
クロヴィス Clovis 161
ゲーテ，ヨハン・ヴォルフガング・フォン Goethe, Johann Wolfgang von 34, 243, 247, 378, 523
ケペル，ジル Kepel, Gilles 16, 17, 453
ゲルナー，アーネスト Gellner, Ernest 242, 243
コールリッジ，サミュエル Coleridge, Samuel Taylor 517
ゴティエ，テオフィル Gautier, Théophile 253
コルバン，アラン Corbin, Alain 434
コレ，ルイーズ Colet, Louise 69, 381
コレット，シドニー＝ガブリエル Colette, Sidonie-Gabrielle 34, 238, 366, 495, 500–503, 524, 526
ゴンクール兄弟 エドモン・ド，ジュール・ド Goncourt, Edmond de, Jules. de 358, 360, 398
コンサルヴィ，エルコレ Consalvi, Ercole 167, 176
コンスタン，バンジャマン Constant, Benjamin 522
コンドルセ，ニコラ・ド Condorcet, Nicolas de 235, 302
コンブ，エミール Combes, Emile 409, 424

サ 行
サルトル，ジャン＝ポール Sartre, Jean-Paul 450
サンゴール，レオポール・セダール Senghor, Léopold Sédar 450
サン＝シモン，アンリ・ド Saint-Simon, Henri de 393
サン＝シモン公爵，ルイ・ド・ルヴロワ Saint-Simon, Louis de Rouvroy, Duc de 458, 520
サン＝トレール伯爵 Sainte-Aulaire, Comte de 456, 457
サン＝マルタン Saint-Martin, Louis Claude 255
サンド，ジョルジュ Sand, George 194, 365, 366, 412, 414, 473, 480, 519, 524, 526
サント＝ブーヴ，シャルル・オーギュスタン Sainte-Beuve, Charles Augustin 253
シェイクスピア，ウィリアム Shakespeare, William 247, 500, 517
シエース，エマニュエル＝ジョゼフ Siéyès, Emmanuel-Joseph 145, 246
ジェバール，アシア Djebar, Assia 451, 525–534
ジッド，アンドレ Gide, André 499
島薗進 6–10, 59
シャトーブリアン，フランソワ＝ルネ・ド Chateaubriand, François-René, Vicomte de 28, 106, 108, 110–114, 120, 123–126, 128, 133, 135–145, 151, 152, 154–157, 166, 172–175, 184, 232, 235, 246, 247, 251–253, 293, 294, 297, 368, 386, 388, 412, 469, 525
ジャネ，ポール Janet, Paul 500
シャルル，クリストフ Charle, Christophe 446
シャルル10世 Charles X 135
シャルルマーニュ Charlemagne 137, 177, 180
シュー，ウージェーヌ Sue, Eugène 396
シュヴァリエ，エルネスト Chevalier, Ernest 403, 406
ジョイス，ジェイムズ Joyce, James 472
小ペパン Pippin 161
ジョゼフィーヌ・ド・ボアルネー Joséphine de Beauharnais 141, 177, 180, 185, 216, 246

ジョレス，ジャン Jaurès, Jean 426
シラー，フリードヒ・フォン Schiller, Friedrich von 523
シラク，ジャック Chirac, Jacques 159, 426
ジロデ＝トリオゾン，アンヌ＝ルイ Girodet-Trioson, Anne-Louis 246
ジロドゥ，ジャン Giraudoux, Jean 5
スカリ，ファウジ Skali, Faouzi 3, 4
スコット，ウォルター Scott, Walter 492
鈴木杜幾子 170, 181
スタール夫人 Staël, Germaine Necker, Madame de 272, 296, 303, 516, 521–526
スタンダール Stendhal (ベール，アンリ Beyle, Henri) 33, 135, 141, 171, 194, 195, 228, 272, 300, 388, 411
ストウ夫人，ハリエット・ビーチャー Stowe, Harriet Beecher 305
聖母マリア Maria 77, 82, 296, 298, 299, 368
セヴィニエ夫人 Sévigné, Marie de 102, 458, 482, 484, 506, 515, 516, 518
セジウィック，イヴ・コゾフスキー Sedgwick, Eve Kosofsky 317
セゼール，エメ Césaire, Aimé 450
セルバンテス・サアベドラ，ミゲル・デ Cervantes Saavedra, Miguel de 108, 115
ソーヴィニー，ベルティエ・ド Sauvigny, Bertier de 154
ソクラテス Sōkratēs 46, 47
ゾラ，エミール Zola, Emile 194, 360, 370, 462
ソレル，アルベール Sorel, Albert 410–412, 415, 417, 444, 456–458, 508
ソンタグ，スーザン Sontag, Susan 90

タ 行
ダヴィッド，ジャック＝ルイ David, Jacques-Louis 170, 180
伊達聖伸 14, 159
タディエ，ジャン＝イヴ Tadié, Jean-Yves 457, 460
タナー，トニー Tanner, Tony 34
タレーラン，シャルル＝モリス・ド Talleyrand, Charles-Maurice de 164, 304
チボーデ，アルベール Thibaudet, Albert 443–445, 449, 456, 499
ティエス，アンヌ＝マリ Thiesse, Anne-Marie 241, 243, 245, 251, 464
ティエリ，オーギュスタン Thierry, Augustin 244
デイシズ，デイヴィッド Daiches, David 355, 356, 372–375
ディディエ，ベアトリス Didier, Béatrice 115, 121
ディドロ，ドゥニ Diderot, Denis 167, 191, 194, 251, 424, 533
デーヴィス，ナタリー・ゼーモン Davis, Natalie Zemon 262, 263, 266
デカルト，ルネ Descartes, René 532
デスチュット・ド・トラシ，アントワーヌ Destutt de Tracy, Antoine 145
デュパンルー枢機卿 Dupanloup, Félix 304
デュプレシ，マリ Duplessis, Marie 352
デュマ，アレクサンドル Dumas, Alexandre (Dumas père) 29, 41, 123, 237, 310, 312, 318, 332, 336, 337, 365, 373, 388, 394, 403, 492
デュマ・フィス，アレクサンドル Dumas, Alexandre (Dumas fils) 86, 87, 93, 350, 352, 388, 403, 412, 414
テュラール，ジャン Tulard, Jean 159, 174, 176, 318
デュラス，マルグリット Duras, Marguerite 524
デュルケム，エミール Durkheim, Emile 446, 450, 470
デリダ，ジャック Derrida, Jacques 450
ドーデ，アルフォンス Daudet, Alphonse 416
トクヴィル，アレクシス・ド Tocqueville, Alexis de 157, 248, 249, 251, 388, 457, 510, 516, 524
ドマ，ジャン Domat, Jean 411
ドリュモン，エドゥアール Drumont, Edouard 423
トルストイ，レフ・ニコラエヴィチ Tolstoy, Lev Nikolayevich 71, 72
ドレフュス，アルフレッド Dreyfus, Alfred 423, 438
ドレフュス，ディナ Dreyfus, Dina 527, 532

ナ 行
ナケ，アルフレッド Naquet, Alfred 277,

282, 283, 332, 339, 414
ナボコフ，ウラジーミル Nabokov, Vladimir 502
ナポレオン3世 ルイ＝ナポレオン・ボナパルト Bonaparte, Louis-Napoléon 141, 413
ナポレオン・ボナパルト（ナポレオン1世） Bonaparte, Napoléon 15, 29, 57, 111, 114, 135, 137–139, 141–143, 145, 147, 149, 150, 154, 158, 163–169, 177, 179–183, 186–190, 194, 206, 213, 226, 232–235, 238, 239, 246, 247, 303, 411, 413, 449, 522, 523, 525
ネーフ，ジャック Neef, Jacques 47
ネッケル，ジャック Necker, Jacques 521, 522
ネッケル・ド・ソシュール，アルベルチーヌ Necker de Saussure, Albertine 303
ノラ，ピエール Nora, Pierre 245

ハ 行

バード，イザベラ Bird, Isabella 305
バイロン，ジョージ・ゴードン Byron, George Gordon 246, 247
パスカル，ブレーズ Pascal, Blaise 114, 115
バダンテール，エリザベート Badinter, Elisabeth 299
バダンテール，ロベール Badinter, Robert 212
バチョッキ，エリザ Bacciochi, Elisa 139
パニョル，マルセル Pagnol, Marcel 440, 443, 501, 526
バラ，ソフィー Barat, Sophie 193
バルガス＝リョサ，マリオ Vargas Llosa, Mario 35, 39, 68
バルザック，オノレ・ド Balzac, Honoré de 28, 29, 34, 41, 57, 65, 110, 182, 195, 196, 198, 207, 218–224, 229, 230, 244, 268, 278, 317, 358, 373, 374, 403, 406, 413, 417, 459, 477, 482, 500, 509
バルト，ロラン Barthes, Roland 350, 387, 388, 391
バルネイ，シルヴィ Barnay, Sylvie 298, 368
バルベー・ドールヴィイ，ジュール Barbey d'Aurevilly, Jules 398
ハンチントン，サミュエル Huntington, Samuel 15
ハント，リン Hunt, Lynn 312, 355, 373
ハンニバル Hannibal 170, 171
ピウス6世 Pius VI（教皇） 164–167
ピウス7世 Pius VII（教皇） 139, 158, 164, 167, 168, 176, 180, 185, 192
ピウス9世 Pius IX（教皇） 368
ピウス10世 Pius X（教皇） 80, 409
ビスマルク，オットー・フォン Bismarck, Otto von 244
ピナール，エルネスト Pinard, Ernest 396, 397, 400–402
ビュイッソン，フェルディナン Buisson, Ferdinand 419, 448
ビン＝ラディン，ウサマ Usāma bin Lādin 14
ブーガンヴィル，ルイ・アントワーヌ・ド Bougainville, Louis Antoine de 129
フーコー，ミシェル Foucault, Michel 275
ブードン，ジャック＝オリヴィエ Boudon, Jacques-Olivier 163, 176, 198, 199, 233
フーリエ，シャルル Fourier, Charles 393
フェッシュ枢機卿・大司教，ジョゼフ Fesch, Joseph 139, 176, 185, 193
フェヌロン，フランソワ・ド・サリニャック・ド・ラ・モット Fénelon, François de Salignac de La Mothe 143
フェリー，ジュール Ferry, Jules 26, 237–239, 301, 339, 343, 415, 419, 422, 442, 445, 450, 452, 453, 501
フェルナンデス，ドミニック Fernandez, Dominique 443
フォンターヌ，ルイ・ド Fontanes, Louis de 139, 235
深沢克己 11–13, 200, 201
ブッシュ，ジョージ Bush, George W. 19
ブニュエル，ルイス Buñuel, Luis 358
フュステル・ド・クーランジュ Fustel de Coulanges 160
フュマロリ，マルク Fumaroli, Marc 133, 135–137, 140, 166, 174, 511–516, 524, 527
プラーツ，マリオ Praz, Mario 93
プラトン Platōn 250
フランクリン，ベンジャミン Franklin, Benjamin 46, 47
ブリアン，アリスティッド Briand, Aristide 424, 459
フリードリッヒ Friedrich 171

ブリュレ，イヴ Bruley, Yves 159–161
プルースト，マルセル Proust, Marcel 30, 38, 102, 106, 107, 111, 123, 281, 371, 394, 444, 449, 454–458, 460, 463, 465, 467, 469, 470, 472–474, 476, 477, 479, 481–485, 489, 490, 493, 495, 506, 508, 509, 511, 514, 516–519
フルクロア，アントワーヌ・フランソワ Fourcroy, Antoine François 234, 235
ブルジェ，ポール Bourget, Paul 360, 412
ブルデュー，ピエール Bourdieu, Pierre 443, 450
プレヴォー(アベ)，ジャン Abbé Prévost, Jean 347
フローベール，ギュスターヴ Flaubert, Gustave 11, 28, 29, 33–35, 40, 41, 43, 45–48, 52, 55, 58, 59, 63, 65, 66, 68–72, 81, 85, 101, 106, 108, 110, 120, 123, 247, 253, 254, 256, 267, 316, 360, 362–366, 369–372, 374, 379–383, 387–394, 396–398, 403, 406, 414, 418, 430, 461, 465, 472, 476, 482, 492, 493
ブロンテ，エミリー Brontë, Emily 33, 305, 357
ブロンテ，シャーロット Brontë, Charlotte 33, 305
ベニシュー，ポール Bénichou, Paul 248–253, 256, 297, 369, 392, 522
ベランジェ，ピエール＝ジャン・ド Béranger, Pierre-Jean de 46, 47, 135, 398
ベルクソン，アンリ Bergson, Henri 444, 448, 450, 470
ヘルダー，ヨハン・ゴットフリート Herder, Johann Gottfried 243
ベルナルダン・ド・サン＝ピエール，ジャック・アンリ Bernardin de Saint-Pierre, Jacques Henri 70, 81, 115, 121, 129, 252
ベルニエ神父，エティエンヌ Bernier, Etienne 176, 180
ペロー，ミシェル Perrot, Michelle 302, 309
ポアンカレ，レモン Poincaré, Raymond 445
ボードレール，シャルル Baudelaire, Charles 253, 380, 381, 396, 398, 403, 414, 430
ボシュエ，ジャック＝ベニーニュ Bossuet, Jacques-Bénigne 162
ボナルド，ルイ・ド Bonald, Louis de 155, 414
ボベロ，ジャン Baubérot, Jean 419, 422, 425, 426
ポミアン，クシシトフ Pomian, Krzysztof 246
ホメロス Hòmêros 122, 173, 247, 250
ポルタリス，ジャン＝エティエンヌ＝マリ Portalis, Jean-Etienne-Marie 28, 177, 180, 184, 187, 192, 199, 201, 202, 204–206, 212, 216–218, 233, 314, 315, 413, 414
ボルペール，ピエール＝イヴ Beaurepaire, Pierre-Yves 199, 200
ポンピドゥー，ジョルジュ Pompidou, Georges 450

マ 行

マール，エミール Mâle, Emile 460, 461, 465, 470
マシニョン，ルイ Massignon, Louis 532
松嶌明男 159
マリ・アントワネット Marie Antoinette 303
マリア・レティツィア・ボナパルト Maria Letizia Bonaparte 193
マリ＝ルイーズ・ドートリッシュ Marie-Louise d'Autriche 185
マルクス，カール Marx, Karl 141, 387
マルタン，グザヴィエ Martin, Xavier 221, 277, 313–316
ミシェル＝チリエ，フィリップ Michel-Thiriet, Philippe 455
ミシュレ，ジュール Michelet, Jules 15, 175, 191, 244, 492, 493
ミルボー，オクターヴ Mirbeau, Octave 356, 358–362, 374, 437, 440
ミルラン，アレクサンドル Millerand, Alexandre 445
ムッソリーニ Mussolini, Benito 409
ムハンマド Muhammad 147, 149
メーストル，ジョゼフ・ド Maistre, Joseph de 155
メリメ，プロスペル Mérimée, Prosper 353
メルロ＝ポンティ，モリス Merleau-Ponty, Maurice 450
モーセ Mōšeh 147, 220, 259
モーパッサン，ギ・ド Maupassant, Guy de 93–97, 99, 110, 226, 237, 278, 282, 283, 286,

290, 291, 316, 332–339, 346, 389, 390, 415, 418, 424, 462, 477, 479, 521
モリエール Molière 211
モンテスキュー，シャルル＝ルイ・ド Montesquieu, Charles-Louis de 153, 160

ヤ 行

山口俊夫 229
山田鐐 47
ユゴー，ヴィクトル Hugo, Victor 110, 135, 175, 237, 244, 253, 255, 318, 366, 373, 414, 476, 492
ユルスナール，マルグリット Yourcenar, Marguerite 450, 527
ヨーゼフ 2 世 (神聖ローマ帝国) Joseph II 163

ラ 行

ラヴィス，エルネスト Lavisse, Ernest 446, 492
ラクロ，ショデルロ・ド Laclos, Choderlos de 40, 211, 284, 302, 354, 388
ラシーヌ，ジャン Racine, Jean 118, 297
ラスキン，ジョン Ruskin, John 458, 461, 490
ラスパイユ，フランソワ Raspail, François 43
ラ・ファイエット夫人 La Fayette, Madame de 40, 289
ラファラン，ジャン＝ピエール Raffarin, Jean-Pierre 159
ラファルジュ夫人，マリ Lafarge, Marie 43
ラ・フォンテーヌ La Fontaine, Jean de 266
ラマルチーヌ，アルフォンス・ド Lamartine, Alphonse de 385, 521
ラムネー，フェリシテ・ロベール・ド Lamennais, Félicité Robert de 155
ラングロワ，クロード Langlois, Claude 194, 275, 300, 302, 342
ランソン，ギュスターヴ Lanson, Gustave 446
ランブイエ侯爵夫人 Rambouillet, Marquise de 516
リシュリュー，アルマン・ジャン・デュ・プレシー Richelieu, Armand Jean du Plessis 19, 304
リスト，フランツ Liszt, Franz von 352
リチャードソン，サミュエル Richardson, Samuel 312, 354–356
ルイ 13 世 Louis XIII 527
ルイ 14 世 Louis XIV 116, 126, 127, 161, 162, 250, 410
ルイ 16 世 Louis XVI 521
ルイ 18 世 Louis XVIII 141, 155, 173, 177, 207, 400
ルイ・フィリップ Louis Philippe 62, 135, 137, 318, 400, 413
ルソー，ジャン＝ジャック Rousseau, Jean-Jacques 34, 40, 47, 62, 81, 113, 115, 121, 251, 272, 302, 312, 339, 354, 388, 522
ルター，マルティン Luther, Martin 182
ルナン，エルネスト Renan, Ernest 15, 150, 241, 243, 361, 460
ルベ，エミール Loubet, Emile 409
レオ 13 世(教皇) Leo XIII 415
レミ，ピエール＝ジャン Remy, Pierre-Jean 528
レモン，ルネ Rémond, René 13, 14, 239, 241, 425–428, 431, 444, 449
レンギ，アンドレ Laingui, André 398
レンツ，ティエリ Lenz, Tierry 146, 166, 169, 170
ローラン＝ピシャ，レオン Laurent Pichat, Léon 396
ロクレ，ジャン・ギヨーム Locré, Jean-Guillaume 413
ロジャーズ，レベッカ Rogers, Rebecca 302, 303, 309
ロベスピエール，マクシミリアン Robespierre, Maximilien 213
ロワ，オリヴィエ Roy, Olivier 19, 21–25, 55, 57, 64
ロワイエ＝コラール，ピエール・ポール Royer-Collard, Pierre Paul 237, 400

ワ 行

ワイルド，オスカー Wilde, Oscar 359
ワシントン，ジョージ Washington, George 172–174, 182
ワルデック・ルソー，ピエール Waldeck Rousseau, Pierre 237, 415, 423, 424, 445

図版出典一覧

序章　現代の宗教と文化

p. 24 『カトリック教会のカテキズム要約』日本カトリック司教協議会教理委員会，カトリック中央協議会発行，2010 年，p. 261.

第 I 部　ヒロインたちの死生学

第 1 章　ボヴァリー夫人の最期

p. 50　Philippe Ariès, *Images de l'homme devant la mort*, Editions du Seuil, 1983, p. 108.

p. 53　パブロ・ピカソ《科学と慈愛》 1897 年，ピカソ美術館.

p. 56　Henri George, *La belle histoire des images d'Epinal*, Le cherche midi, 2005, p. 43.

第 2 章　死の宗教性をめぐって

p. 74–75 『カトリック教会のカテキズム要約』p. 147, 148.

p. 77　*La Première communion*, *Quatre siècles d'histoire*. Sous la direction de Jean Delumeau, Declée de Brouwer, 1987, p. 147.

p. 78　*ibid.*, p. 160, p. 162.

p. 79　*ibid.*, p. 156.

p. 80　*ibid.*, p. 108.

p. 82　*ibid.*, 図版ページ C6.

p. 84　*ibid.*, p. 92.

p. 92　*Images de l'homme devant la mort*, p. 184.

p. 94　*ibid.*, p. 220.

p. 95　*ibid.*, p. 271.

p. 96　*ibid.*, p. 262.

p. 97　*ibid.*, p. 216.

p. 102　ジャン＝イヴ・タディエ『評伝プルースト』下，吉川一義訳，筑摩書房，2001 年，口絵 34.

第 3 章　死とカトリック信仰

p. 111　Jean-Paul Clément, *Chateaubriand, Des illusions contre des souvenirs*, Gallimard, Découvertes, 2003, p. 32.

p. 116　*ibid.*, p. 53.

p. 120　ジロデ＝トリオゾン《アタラの埋葬》 1808 年，ルーブル美術館.

p. 127　小畑精和 / 竹中豊編著『ケベックを知るための 54 章』明石書店，2009 年，p. 38.

p. 129　フィリップ・レクリヴァン『イエズス会——世界宣教の旅』鈴木宣明監修，創元社「知の再発見」1996 年，p. 110.

第 II 部　ナポレオン　あるいは文化装置としてのネイション

第 1 章　詩人と皇帝

p. 136　*Chateaubriand*, p. 69.

p. 137　*ibid.*, p. 65.

p. 145　Napoléon Bonaparte, *Mémoires de Napoléon, 1, La campagne d'Italie, 1796–1797*, Tallandier, 2010, 口絵.

p. 146　Napoléon Bonaparte, *Mémoires de Napoléon, 2, La campagne d'Egypte, 1798–1799*, Tallandier, 2011, 口絵.

p. 151　アラン・コルバン『音の風景』小倉孝誠訳，藤原書店，1997 年，口絵.

第 2 章　皇帝と教皇

p. 162　*Histoire de la laïcité à la française*, Jean Tulard, André Damien, Yves Bruley et Collectif, Editions CLD, 2005, p. 27.

p. 165　*ibid.*, p. 33.

p. 169　アントワーヌ＝ジャン・グロ《アルコレ橋のボナパルト》1796 年，ヴェルサイユ宮国立美術館.

p. 171　ジャック＝ルイ・ダヴィッド《サン＝ベルナール峠を越えるボナパルト》1801 年，マルメゾン宮国立美術館.

第 3 章　国家と宗教

p. 180 上　ジャック＝ルイ・ダヴィッド《皇帝ナポレオン一世と皇妃ジョゼフィーヌの戴冠式》（部分）1805–07 年，ルーヴル美術館.

p. 180 下　同　習作素描　ルーヴル美術館素描室.

p. 187　*Histoire de la laïcité à la française*, p. 42.

p. 191　Sophie Hasquenoph, *Histoire des ordres et congrégations religieuses, en France du Moyen Age à nos jours*, Champ Vallon, 2009, p. 976.

p. 192　*ibid.*, p. 992.

p. 193　*ibid.*, p. 756.

p. 203　ピエール＝イヴ・ボルペール『「啓蒙の世紀」のフリーメイソン』深沢克己編，山川出版社，2009 年，p. 27.

第 4 章　民法と家族制度

p. 215　Laurence Chatel de Bracion, *Cambacérès*, Perrin, 2009, 図版ページ.

p. 217　Robert Badinter, « *Le plus grand bien…* », Fayard, 2004, 書影.

p. 219　Honoré de Balzac, *Le Père Goriot*, Magnard, 1989, p. 223.

第 5 章　文化とネイション

p. 247　ジロデ＝トリオゾン《自由を求める闘いで祖国のために死んだフランスの英雄の称揚》1801 年　マルメゾン宮国立美術館.

第 III 部　姦通小説論

第 2 章　親密圏のジェンダー論――女子修道会寄宿学校育ちのお嬢さま

p. 292　Rebecca Rogers, *Les Bourgeoises au pensionnat, L'éducation féminine au XIXe siècle*, Presses Universitaires de Rennes, 2007, 図版ページ IV.

p. 297　シルヴィ・バルネイ『聖母マリア』船本弘毅監修，創元社「知の再発見」2001 年，p. 95.

p. 298　同上，p. 94.

p. 303　*Les Bourgeoises au pensionnat*, 図版ページ VII.

p. 304　*ibid.*, 図版ページ XIV.

p. 309　川本静子『ガヴァネス――ヴィクトリア時代の〈余った女〉たち』みすず書房, 2007 年, p. 19.

第 3 章　裁きの物語としての『モンテ゠クリスト伯爵』

p. 320　アレクサンドル・デュマ『モンテ゠クリスト伯爵』大矢タカヤス訳, 新井書院, 2012 年, p. 356.

p. 328　同上 p. 1291.

第 4 章　神聖なる家族制度

p. 344　*Histoire de la laïcité à la française*, p. 48.

p. 361　Gilles Henry, *Promenade en Basse-Normandie*, Editions Charles Corlet, 1979, p. 16.

第 5 章　『ボヴァリー夫人』再読――姦通と反復

p. 370　*Les Bourgeoises au pensionnat*, 図版ページ XV.

p. 383　Robert Chouard, *Promenade en Normandie*, Editions Charles Corlet, 1991, p. 58.

第 IV 部　ライシテの時代の宗教文化

第 1 章　1905 年　政教分離法

p. 410　*Histoire de la laïcité à la française*, p. 91.

p. 420–421　Maurice Agulhon, *Marianne au pouvoir*, Flammarion, 1989, 図版ページ.

p. 432　*Histoire de la laïcité à la française*, p. 66.

p. 435　『音の風景』口絵.

p. 436　同上, 口絵.

第 2 章　『失われた時を求めて』の宗教文化

p. 455　フィリップ・ミシェル゠チリエ『事典　プルースト博物館』保苅瑞穂監修, 筑摩書房, 2002 年, p. 89.

p. 468　Jean Delumeau, *Que reste-t-il du paradis?* Fayard, 2000, 図版ページ.

p. 482　『事典　プルースト博物館』p. 180.

p. 484　同上 p. 19.

終章　女たちの声――国民文学の彼方へ

p. 502　Geneviève Dormann, *Amoureuse Colette*, Editions Herscher, 1984, p. 89.

p. 505　*ibid.*, p. 32.

p. 508　『事典　プルースト博物館』p. 221.

p. 522　Michel Winock, *Madame de Staël*, Fayard, 2010, 図版ページ.

文献一覧

網羅的な文献目録ではなく，読者の便宜のために作成したものであり，本文と注で言及あるいは引用したものにかぎられている．欧語文献は，主な作品については本文中に刊行年を示し，「文献一覧」には，参照された版の刊行年のみ記した．なお邦語文献には，著書・訳書が発表された時代を示すために，原則として初版の刊行年を記した．

I　欧語文献(著書，論文，等)

Abd al Malik. *Qu'Allah bénisse la France!*, Albin Michel, 2004.

——. *La guerre des banlieues n'aura pas lieu*, le Cherche Midi, 2009.

Adler, Laure. *Secrets d'alcôve, Histoire du couple de 1830 à 1930*, Hachette, 1984.

——. *L'Amour à l'arsenic, Histoire de Marie Lafarge*, Denoël, 1986.

Ariès, Philippe. *Essais sur l'histoire de la mort en Occident, du Moyen Age à nos jours*, Editions du Seuil, 1975.

——. *Images de l'homme devant la mort*, Editions du Seuil, 1983.

——. *L'homme devant la mort 2, La mort ensauvagée*, Editions du Seuil, 1985.

Badinter, Robert. « *Le plus grand bien…* », Fayard, 2004.

Balzac, Honoré de. *La Comédie humaine I-XXII*, Gallimard, Bibliothèque de la Pléiade, 1976–1981.

——. *La Comédie humaine, Avant-Propos, La Comédie humaine I.*

——. *La Cousine Bette, La Comédie humaine VII.*

——. *Le Curé de village, La Comédie humaine IX.*

——. *La Duchesse de Langeais, La Comédie humaine V.*

——. *La Fille aux yeux d'or, La Comédie humaine V.*

——. *Le Lys dans la vallée, La Comédie humaine IX*

——. *Les Paysans, La Comédie humaine IX.*

——. *Le Père Griot, La Comédie humaine III.*

Barthes, Roland. *Mythologie, Œuvres Complètes 1*, Edition du Seuil, 1993.

Baubérot, Jean. *Histoire du protestantisme*, puf, Que sais-je? 1987.

——. *Laïcité 1905–2005, entre passion et raison*, Editions du Seuil, 2004.

Baubérot, Jean. « La mort entre médecine et religion, France XIX-XXIe siècles ». http://jeanbauberotlaicite.blogspirit.com/archive/2005/01/15/la_laicisation_de_la_mort_en_france.html/

Baubérot, Jean et Raphaël Liogier. *Sacrée Médecine, Histoire et devenir d'un sanctuaire de la Raison*, Editions Entrelacs, 2010.

Baubérot, Jean et Séverine Mathieu. *Religion, modernité et culture au Royaume-Uni et en France 1800–1914*, Editions du Seuil, 2002.

Beaurepaire, Pierre-Yves. « Les Loges et l'opposition à Napoléon Ier : Une question mal posée? », *La Franc-maçonnerie sous l'Empire, Un âge d'or?*, Sous la direction de Pierre Mollier, Editions Dervy, 2007.

Bénichou, Paul. *Le Sacre de l'écrivain, 1750–1830, Essai sur l'avènement d'un pouvoir spirituel laïque dans la France moderne, Romantismes français 1*, Gallimard, Quarto, 2003.

Bernardin de Saint-Pierre, *Paul et Virginie*, Le Livre de Poche, 1999.

Boudon, Jacques-Olivier. *Napoléon et les cultes, Les religions en Europe à l'aube du XIXe siècle 1800–1815*, Fayard, 2002.

——. « Napoléon organisateur de l'Université », Fondation Napoléon. http://www.napoleon.org/FR/salle_lecture/articles/files/universite_Boudon_RSN464_mai2006.asp/

Bourdieu, Pierre et Jean-Claude Passeron. *Les Héritiers*, Les Editions de Minuit, 1964.

Cabanel, Patrick. *Entre religions et laïcité, La voie française : XIXe-XXIe siècles*, Eidition Privat, 2007.

Carbonnier, Jean. « Le Code Civil », *Les lieux de mémoire 1*, Sous la direction de Pierre Nora, Gallimard, Quarto, 1997.

Carol, Anne. *Les médecins et la mort, XIXe -XXe siècle*, Aubier, 2004.

Chateaubriand, François-René de. *De la nouvelle proposition relative au bannissement de Charles X et de sa famille, ou suite de mon dernier écrit, de la Restauration et de la monarchie élective*, Le Normant Fils, Editeur, 1831.

——. *Génie du Christianisme 1*, Edition établie par Pierre Reboul, GF- Flammarion, 1966.

——. *Œuvres romanesques et voyages 1*, Gallimard, Bibliothèque de la Pléiade, 1969.

——. *Atala, Œuvres romanesques et voyages 1.*

——. *René, Œuvres romanesques et voyages 1.*

——. *Voyage en Amérique, Œuvres romanesques et voyages 1.*

——. *Essai sur les révolutions, Génie du christianisme*, Gallimard, Bibliothèque de la Pléiade, 1978.

——. *Mémoires d'outre-tombe 1–4*, Nouvelle édition établie, présentée et annotée par Jean-Claude Berchet, Garnier, Livre de Poche, 1989–2002.

——. « De Buonaparte, des Bourbons, et de la nécessité de se rallier à nos princes légitimes, pour le bonheur de la France et celui de l'Europe, 30 mars 1814 », *Grands Ecrits politiques 1*, présentation par Jean-Paul Clément, Imprimerie Nationale, 1993.

——. *Atala/René*, Préface et commentaires de Gérard Gengembre, Pocket, 1996.

——. *Vie de Napoléon, précédé de « Le Poète et l'Empereur » par Marc Fumaroli*, Editions de Fallois, 1999.

Clément, Jean-Paul. *Chateaubriand, Des illusions contre des souvenirs*, Gallimard, Découvertes, 2003.

Colette. *La Maison de Claudine, Œuvres 2*, Gallimard, Bibliothèque de la Pléiade, 1986.

——. *La Naissance du jour, Œuvres 4*, Gallimard, Bibliothèque de la Pléiade, 1991.

Didier, Béatrice. *Chateaubriand*, ellipses / édition marketing S. A., 1999.

Djebar, Assia. *Ces voix qui m'assiègent*, Albin Michel, 1999.

Dumas, Alexandre. *Le Comte de Monte-Cristo*, Robert Laffont, Bouquins, 1993.

——. *Le Comte de Monté-Cristo*, Classiques Hatier, 2003.

Dumas fils, Alexandre. *La Dame aux camélias*, Pocket, 1998.

Flaubert, Gustave. *Madame Bovary, Œuvres 1*, Gallimard, Bibliothèque de la Pléiade, 1951.

——. *Correspondance 1–5*, Gallimard, Bibliothèque de la Pléiade, 1973–2007.

——. *Trois contes*, Introduction, notes, bibliographie et chronologie par Pierre-Marc de Biasi, GF-Flammarion, 1986.

——. *Madame Bovary*, Préface, notes et dossier par Jacques Neefs, Le Livre de poche classique, 1999.

Fumaroli, Marc. *Trois institutions littéraires*, Gallimard, folio histoire, 1994.
——. *Chateaubriand, Poésie et Terreur*, Editions Fallois, 2003.
Furet, François et Mona Ozouf. *Dictionnaire critique de la Révolution française*, Flammarion, 1988-1993.
Fustel de Coulanges. *La cité antique*, Préface par François Hartog, Flammarion, 2009.
Halpérin, Jean-Louis. *Histoire du droit privé français depuis 1804*, Presses Universitaires de France, 1996.
——. *Le Code civil*, 2e édition, Dalloz, 2003.
Hasquenoph, Sophie. *Histoire des ordres et congrégations religieuses, en France du Moyen Age à nos jours*, Champ Vallon, 2009.
Hivert-Messeca, Yves. « Portalis, ministre des cultes et des rites ou la théorie du licol doré », *La Franc-maçonnerie sous l'Empire, Un âge d'or?*, Sous la direction de Pierre Mollier, Editions Dervy, 2007.
Kepel, Gilles. *La Revanche de Dieu, Chrétiens, juifs et musulmans à la reconquête du monde*, Editions du Seuil, Paris, 1991.
——. *Jihad, Expansion et déclin de l'islamisme*, Gallimard, Paris, 2000.
——. *Terreur et martyre : Relever le défi de civilisation*, Flammarion, 2009.
Laclos, Choderlos de. *Les Liaisons dangereuses, Œuvres Complètes*, Gallimard, Bibliothèque de la Pléiade, 1979.
Laingui, André. « Les Magistrats du XIXe siècle juges des écrivains de leur temps », Cahiers de l'Association internationale des études françaises, 1992, N° 44. p. 221-241. http://www.persee.fr/web/revues/home/prescript/article/caief_0571-5865_1992_num_44_1_1788/
Langlois, Claude. *Le Crime d'Onan, Le discours catholique sur la limitation des naissances (1816-1930)*, Les Belles Lettres, 2005.
——. *Catholicisme, religieuses et société, Le temps des bonnes sœurs*, Desclée de Brouwer, 2011.
Lassère, Madelène. *Villes et cimetières en France, De l'Ancien Régime à nos jours, Le territoire des morts*, L'Harmattan, 1997.
Leclerc, Yvan. *Crimes écrits, La littérature en procès au 19e siècle*, Plon, 1991.
Martin, Xavier. *Mythologie du Code Napoléon, Aux soubassements de la France moderne*, Dominique Martin Morin, 2003.
Maupassant, Guy de. *Contes et Nouvelles 1*, Gallimard, Bibliothèque de la Pléiade, 1974.
——. *Contes et Nouvelles 2*, Gallimard, Bibliothèque de la Pléiade, 1979.
——. *Pour Gustave Flaubert*, Complexe, 1986.
——. *Bel Ami*, *Romans*, Gallimard, Bibliothèque de la Pléiade, 1987.
——. *Pierre et Jean*, *Romans*.
——. *Pierre et Jean*, « Le Roman », *Romans*.
——. *Une Vie*, *Romans*.
——. *Chroniques, Anthologie*, Livre de Poche, 2008.
Mayeur, Jean-Marie. *La séparation des Eglises et de l'Etat*, Les Editions de l'Atelier/Editions Ouvrières, 2005.
Mirbeau, Octave. *Le Journal d'une femme de chambre*, Gallimard, folio classique, 1984.
Napoléon Bonaparte. *Mémoires de Napoléon, Tome 1, La campagne d'Italie, 1796-1797*, Tallandier, 2010. *Tome 2, La campagne d'Egypte, 1798-1799*, Tallandier, 2011. *Tome 3*,

L'Iled'Elbe et les Cent-Jours, 1814–1815, Tallandier, 2011. Edition présentée par Thierry Lentz.

Onorio, Joël-Benoît d'. *Portalis, l'esprit des siècles*, Dalloz, 2005.

Ozouf, Jacques et Mona Ozouf. *La République des instituteurs*, Gallimard-Seuil, 1992.

Ozouf, Mona. *L'Ecole, l'Eglise et la République 1871–1914*, Armand Colin, 1962.

——. *L'Ecole de la France, Essai sur la Révolution, l'utopie et l'enseignement*, Gallimard, 1984.

——. *Composition française, Retour sur une enfance bretonne*, Gallimard, 2009.

Pagnol, Marcel. *La Gloire de mon père*, Editions de Fallois, 2004.

——. *Le Château de ma mère*, Editions de Fallois, 2004.

Portalis, Jean-Etienne-Marie. *Discours et rapports sur le Code civil*, Presses Universitaires de Caen, 2010.

Proust, Marcel. *Pastiches et mélanges, Contre Sainte-Beuve*, Gallimard, Bibliothèque de la Pléiade, 1971.

——. *A la recherche du temps perdu 1–4*, Edition publiée sous la direction de Jean-Yves Tadié, Gallimard, Bibliothèque de la Pléiade, 1987–1989.

Rémond, René. *L'Invention de la laïcité française, De 1789 à demain*, Bayard, 2005.

Rogers, Rebecca. *Les Bourgeoises au pensionnat, L'éducation féminine au XIXe siècle*, Presses Universitaires de Rennes, 2007.

Roy, Olivier. *La Sainte ignorance, Le temps de la religion sans culture*, Editions du Seuil, 2008.

Saint-Simon, *Mémoires 1*, Gallimard, folio classique, 1990.

Skali, Faouzi. *Le Face-à-face des cœurs, Le soufisme aujourd'hui*, Editions du Relié, 2000.

Sorrel, Christian. *La République contre les Congrégations, Histoire d'une passion française 1899–1904*, Les Editions du Cerf, 2003.

Staël, Madame de. *De l'Allemagne 1*, GF-Flammarion, 1968.

——. *Dix années d'exil*, Edition critique par Simone Balayé et Mariella Vianello Bonifacio, Fayard, 1996.

——. *Trois nouvelles*, Gallimard, folio, 2009.

Sugaya, Norioki. *Flaubert épistémologue, Autour du dossier médical de Bouvard et Pécuchet*, Editions Rodopi B. V., 2010.

Thibaudet, Albert. *La République des Professeurs suivi de Les Princes Lorrains*, Préface de Michel Leymarie, Hachette, 2006.

Tocqueville, Alexis de. *L'ancien régime et la révolution (1856)*, Gallimard, 1952.

Tulard, Jean. *Alexandre Dumas*, puf, 2008.

——. *Napoléon ou le mythe du sauveur*, Librairie Arthème Fayard, 2011.

Walch, Agnès. *Histoire de l'adultère, XVIe-XIXe siècle*, Librairie Académique Perrin, 2009.

II　その他の欧語文献(辞書・事典，論文集，電子版資料，等)

Dictionnaire de L'Académie française, La première édition, Chez la Veuve de Jean Baptiste Coignard, Imprimeur ordinaire du Roi, & de l'Académie Française, 1694. http://artfl.atilf.fr/dictionnaires/ACADEMIE/PREMIERE/premiere.fr.html/

Dictionnaire Napoléon, Sous la direction de Jean Tulard, Publié avec le concours du Centre national des lettres (première édition : 1987), Nouvelle édition, revue et augmentée,

Fayard, 1999.

Grand Dictionnaire universel du XIXe siècle par Pierre Larousse, Administration du grand Dictionnaire universel, 15 volumes, 1864–1866, et 2 volumes de suppléments, 1877–1878, Slatkine, 1982.

Histoire de la laïcité à la française, Jean Tulard, André Damien, Yves Bruley et Collectif, Editions CLD, 2005.

Histoire des élites en France du XVIe au XXe siècle, L'honneur — Le mérite — L'argent, Sous la direction de Guy Chaussinand-Nogaret, Tallandier, 1991.

La Franc-maçonnerie sous l'Empire, Un âge d'or? Sous la direction de Pierre Mollier, Actes du Colloque organisé par l'Institut d'Etudes et de Recherches Maçonniques et le Grand Orient de France, Editions Dervy, 2007.

La Première communion, Quatre siècles d'histoire. Sous la direction de Jean Delumeau, Declée de Brouwer, 1987.

Le Code civil, 1804–1904, Livre du Centenaire, publié par La Société d'Etudes Législatives, Présentation de Jean-Louis Halpérin, Editions Dalloz, 2004.

Le Trésor de la Langue Française Informatisé. http://www.cnrtl.fr/definition/

Les lieux de mémoire 1–3, Sous la direction de Pierre Nora, Gallimard, Quarto, 1997.

Loi du 17 mai 1819 relative à la répression des crimes et délits commis par la voie de la presse, *Moniteur Universel*, lundi 14 juin 1819, n° 165, p. 781. http://theses.univ-lyon3.fr/documents/getpart.php?id=lyon3.2009.arbey_p&part=268414/

Proust, Marcel. *Correspondance avec sa mère*, Livraphone, 5CD, LIV071.

« Réception de Mme Marguerite Yourcenar », Discours prononcé dans la Séance publique le jeudi 22 janvier 1981. Académie française. http://www.academie-francaise.fr/discours-de-reception-et-reponse-de-m-jean-dormesson/

« Réception de Mme Assia Djebar », Discours prononcé dans la Séance publique, le jeudi 22 juin 2006. Académie française. http://www.academie-francaise.fr/reponse-au-discours-de-reception-de-mme-assia-djebar/

Recueil de décréts, ordonnances, traités de paix, manifestes, proclamations, discours par Napoléon Bonaparte, et des membres du Gouvernement français, depuis le 18 Brumaire, an 8 (novembre 1799) jusqu'à l'année 1812, inclusivement. Première volume, de l'imprimerie de T. Harper, Le Jeune.

« Réponse de M. Dominique Fernandez au discours de Mme Danièle Sallenave », Discours prononcé dans la Séance publique, le mars 2012. Académie française. http://www.academie-francaise.fr/reponse-au-discours-de-reception-de-mme-daniele-sallenave/

« Réponse de M. Pierre-Jean Rémy au discours de Mme Assia Djebar », Discours prononcé dans la Séance publique, le jeudi 22 juin 2006. Académie française. http://www.academie-francaise.fr/discours-de-reception-et-reponse-de-pierre-jean-remy/

III　邦語文献（著書，論文，等）

赤木昭三 / 赤木富美子 『サロンの思想史——デカルトから啓蒙思想へ』名古屋大学出版会，2003 年.

アポストリデス，ジャン・マリー 『機械としての王』みすず書房，1996 年.

新井潤美 『執事とメイドの裏表——イギリス文化における使用人のイメージ』白水社，2011 年.

アリエス，フィリップ 『死と歴史——西欧中世から現代へ』伊藤晃，成瀬駒男訳，みすず書房，1983年.
アルペラン，ジャン＝ルイ 「コード・シヴィルの200年——法制史家のまなざし」野上博義訳．石井三記編『コード・シヴィルの200年——法制史と民法からのまなざし』創文社，2007年.
—— 「フランス人にとっての記憶の場としての民法典」岩谷十郎，石井三記訳．石井三記編『コード・シヴィルの200年——法制史と民法からのまなざし』.
アンダーソン，ベネディクト 『想像の共同体——ナショナリズムの起源と流行』(増補版) 白石さや，白石隆訳，NTT出版，1997年.
安藤隆穂 『フランス自由主義の成立——公共圏の思想史』名古屋大学出版会，2007年.
石井三記 「フランス民法典の運命」石井三記編『コード・シヴィルの200年——法制史と民法からのまなざし』.
——編 『コード・シヴィルの200年——法制史と民法からのまなざし』創文社，2007年.
石井洋二郎 『異郷の誘惑——旅するフランス作家たち』東京大学出版会，2009年.
ヴォヴェル，ミシェル 『死の歴史——死はどのように受けいれられてきたのか』池上俊一監修，創元社「知の再発見」1996年.
宇野重規，伊達聖伸，高山裕二編著 『社会統合と宗教的なもの——十九世紀フランスの経験』白水社，2011年.
ウルフ，ヴァージニア 『自分だけの部屋』川本静子訳，みすず書房，1999年.
大村敦志 『20世紀フランス民法学から(学術としての民法I)』東京大学出版会，2009年.
—— 『新しい日本の民法学へ(学術としての民法II)』東京大学出版会，2009年.
—— 『民法改正を考える』岩波新書，2011年.
小倉孝誠『近代フランスの事件簿——犯罪・文学・社会』淡交社，2000年.
小野ゆり子 『娘と女の間——コレットにおける母娘関係と男女関係の交差』中央大学出版部，1998年.
小畑精和 / 竹中豊編著 『ケベックを知るための54章』明石書店，2009年.
カサノヴァ，ホセ 『近代世界の公共宗教』津城寛文訳，玉川大学出版会，1997年.
カルボニエ，ジャン 「コード・シヴィル」野垣博義，金山直樹訳，石井三記編『コード・シヴィルの200年——法制史と民法からのまなざし』.
川本静子 『ガヴァネス——ヴィクトリア時代の〈余った女〉たち』みすず書房，2007年.
北村一郎編 『フランス民法典の200年』有斐閣，2006年.
工藤庸子 『ヨーロッパ文明批判序説——植民地・共和国・オリエンタリズム』東京大学出版会，2003年.
—— 『宗教 vs. 国家——フランス〈政教分離〉と市民の誕生』講談社現代新書，2007年.
—— 「フランスの政教分離」 http://kudo-yoko.com/blogengine/wp-content/uploads/2009/05/090330_laicite.pdf 電子版
ゲーテ，ヨハン・ヴォルフガング・フォン 『若きウェルテルの悩み』内垣啓一訳，中央公論社「世界の文学セレクション」1994年.
ケペル，ジル 『宗教の復讐』中島ひかる訳，晶文社，1992年.
—— 『ジハード——イスラム主義の発展と衰退』丸岡高弘訳，産業図書，2006年.
—— 『テロと殉教——「文明の衝突」をこえて』丸岡高弘訳，産業図書，2010年.
ゲルナー，アーネスト 『民族とナショナリズム』加藤節監訳，岩波書店，2000年.
小泉洋一 『政教分離の法——フランスにおけるライシテと法律・憲法・条約』法律文化社，2005年.

コルバン，アラン 『音の風景』小倉孝誠訳，藤原書店，1997 年.
コレット 『わたしの修業時代』工藤庸子訳，ちくま文庫，2006 年.
―― 『シェリ』工藤庸子訳，左右社，2010 年.
佐藤夏生 『スタール夫人』清水書院，2005 年.
ジェバール，アシア 『愛，ファンタジア』石川清子訳，みすず書房，2011 年.
―― 『墓のない女』持田明子訳，藤原書店，2011 年.
シオヴァロ，フランチェスコ / ベシエール，ジェラール 『ローマ教皇――キリストの代理者・二千年の系譜 』鈴木宣明監修，創元社「知の再発見」1997 年.
島薗進 『スピリチュアリティの興隆――新霊性文化とその周辺』岩波書店，2007 年.
シャルル，クリストフ / ヴェルジェ，ジャック 『大学の歴史』岡山茂，谷口清彦訳，白水社「文庫クセジュ」2009 年.
杉本隆司 「ポール・ベニシュー『預言者の時代』にみる二つの自由主義：政治思想と方法」一橋論叢 135(2)，2006 年.
鈴木杜幾子 『画家ダヴィッド――革命の表現者から皇帝の主席画家へ』晶文社，1991 年.
―― 『ナポレオン伝説の形成――フランス一九世紀美術のもう一つの顔』筑摩書房，1994 年.
鈴木道彦 『プルーストを読む――『失われた時を求めて』の世界』集英社新書，2002 年.
スタール夫人 『コリンナ　美しきイタリアの物語』佐藤夏生訳，国書刊行会，1997 年.
―― 『ドイツ論 1』梶谷温子，中村加津，大竹仁子訳，鳥影社，2000 年.
セジウィック，イヴ・K 『男同士の絆――イギリス文学とホモソーシャルな欲望』，上原早苗，亀澤美由紀訳，名古屋大学出版会，2001 年.
ソーヴィニー，ベルティエ・ド，ほか 『キリスト教史 8――ロマン主義時代のキリスト教』上智大学中世思想研究所編訳・監修，平凡社ライブラリー，1997 年.
ソンタグ，スーザン 『隠喩としての病』富山太佳夫訳，みすず書房，1982 年.
高村学人 『アソシアシオンへの自由――〈共和国〉の論理』勁草書房，2007 年.
高山裕二 『トクヴィルの憂鬱――フランス・ロマン主義と〈世代〉の誕生』白水社，2012 年.
伊達聖伸 『ライシテ，道徳，宗教学――もうひとつの 19 世紀フランス宗教史』勁草書房，2010 年.
タディエ，ジャン = イヴ 『評伝プルースト』上下，吉川一義訳，筑摩書房，2001 年.
タナー，トニー 『姦通の文学――契約と違犯　ルソー・ゲーテ・フロベール』高橋和久，御輿哲也訳，朝日出版社，1986 年.
谷川稔 『十字架と三色旗――もうひとつの近代フランス』山川出版社，1997 年.
チボーデ，アルベール 『ギュスターヴ・フロベール』戸田吉信訳，法政大学出版局，2001 年.
辻村みよ子 『女性と人権――歴史と理論から学ぶ』日本評論社，1997 年.
デーヴィス，ナタリー・ゼーモン 『マルタン・ゲールの帰還――16 世紀フランスの偽亭主事件』成瀬駒男訳，平凡社，1985 年.
ティエス，アンヌ = マリ 『国民アイデンティティの創造――十八～十九世紀のヨーロッパ』斎藤かぐみ訳，工藤庸子解説，勁草書房，2013 年.
デイシズ，デイヴィッド 「サミュエル・リチャードソン(抄)」井出弘之訳，『筑摩世界文學体系 21』筑摩書房，1972 年.
デュマ，アレクサンドル 『モンテ = クリスト伯爵』大矢タカヤス訳，新井書院，2012 年.
富永茂樹 『トクヴィル――現代へのまなざし』岩波新書，2010 年.

トルストイ，レフ・ニコラエヴィチ 『イワン・イリイチの死 / クロイツェル・ソナタ』望月哲男訳，光文社古典新訳文庫，2006 年.
中村廣治郎 『イスラム教入門』岩波新書，1998 年.
ノラ，ピエール編 『記憶の場』全 3 巻，谷川稔監訳，岩波書店，2002–03 年.
バダンテール，エリザベート 『母性という神話』鈴木晶訳，筑摩書房，1991 年.
原聖 『ケルトの水脈』講談社「興亡の世界史」2007 年.
原田純孝 「相続・贈与遺贈および夫婦財産制——家族財産法」，北村一郎編『フランス民法典の 200 年』有斐閣，2006 年.
バルガス＝リョサ，マリオ 『果てしなき饗宴——フロベールと『ボヴァリー夫人』』工藤庸子訳，筑摩書房，1998 年.
バルザック，オノレ・ド 『ペール・ゴリオ』鹿島茂訳・解説，藤原書店「人間喜劇」セレクション第 1 巻，1999 年.
—— 『ゴプセック』吉田典子訳，藤原書店，「人間喜劇」セレクション第 7 巻，1999 年.
—— 『従妹ベット』上下，山田登世子訳，藤原書店，バルザック「人間喜劇」セレクション第 11, 12 巻，2001 年.
—— 『ランジェ公爵夫人』工藤庸子訳，集英社，2008 年.
バルト，ロラン 『零度のエクリチュール』石川美子訳，みすず書房，2008 年.
バルネイ，シルヴィ 『聖母マリア』船本弘毅監修，創元社「知の再発見」2001 年.
ハント，リン 『人権を創造する』松浦義弘訳，岩波書店，2011 年.
樋口陽一 『国法学　補訂版——人権原論』有斐閣，2007 年.
フーコー，ミシェル 『性の歴史 I——知への意志』渡辺守章訳，新潮社，1986 年.
深沢克己，高山博編 『信仰と他者——寛容と不寛容のヨーロッパ宗教社会史』東京大学出版会，2006 年.
深沢克己 「一八世紀フランスのフリーメイソンと寛容思想」深沢克己，高山博編『信仰と他者——寛容と不寛容のヨーロッパ宗教社会史』.
—— 「ボルペールとフリーメイソン史研究の新地平」ボルペール，ピエール＝イヴ 『「啓蒙の世紀」のフリーメイソン』.
——編 『ユーラシア諸宗教の関係史論——他者の受容，他者の排除』勉誠出版，2010 年.
フュステル・ド・クーランジュ 『古代都市』田辺貞之助訳，白水社，1961 年.
フュレ，フランソワ / オズーフ，モナ 『フランス革命事典』全 7 巻，河野健二，阪上孝，富永茂樹監訳，みすず書房，1995–2000 年.
プラーツ，マリオ 『肉体と死と悪魔——ロマンティック・アゴニー』倉智恒夫，草野重行，土田知則，南條竹則訳，国書刊行会，1986 年.
フランドラン，ジャン・ルイ 『フランスの家族——アンシャン・レジーム下の親族・家・性』森田伸子，小林亜子訳，勁草書房，1993 年.
ブリュレ，イヴ 『カトリシスムとは何か——キリスト教の歴史をとおして』加藤隆訳，白水社「文庫クセジュ」2007 年.
プルースト，マルセル 『プルースト全集 14——ラスキン論集成，他』筑摩書房，1986 年.
—— 『プルースト全集 15——文芸評論，他』筑摩書房，1986 年.
—— 『失われた時を求めて』第 1 巻–第 5 巻，吉川一義訳，岩波文庫，2011–13 年.
—— 『失われた時を求めて』全 13 巻，鈴木道彦訳，集英社文庫，2006–07 年.
ブルデュー，ピエール 『国家貴族 II——エリート教育と支配階級の再生産』立花英裕訳，藤原書店，2012 年.
フローベール，ギュスターヴ 『フロベール全集 1』「ボヴァリー夫人裁判記録」島田尚一訳，

筑摩書房，1965 年.
――　フロベール書簡撰集『ボヴァリー夫人の手紙』工藤庸子編訳，筑摩書房，1986 年.
――　『ボヴァリー夫人――地方風俗』山田𣝣訳，河出文庫，2009 年.
――　『感情教育』上下，山田𣝣訳，河出文庫，2009 年.
ブロンテ，シャーロット　『ジェイン・エア』河野一郎訳，中央公論社「世界の文学セレクション」1994 年.
ベニシュー，ポール　『偉大な世紀のモラル――フランス古典主義文学における英雄的世界像とその解体』朝倉剛・羽賀賢二訳，法政大学出版局，1993 年.
ボードレール，シャルル　『ボードレール全集 I――悪の華』阿部良雄訳，筑摩書房，1983 年，付録 I「悪の華(初版)裁判に関する覚書その他」横張誠訳.
――　『ボードレール全集 II――文芸時評』阿部良雄訳，筑摩書房，1984 年.
ボベロ，ジャン　『フランスにおける脱宗教性《ライシテ》の歴史』三浦信孝，伊達聖伸訳，白水社「文庫クセジュ」2009 年.
ポミアン，クシシトフ「フランク人とガリア人」，ピエール・ノラ編『記憶の場 1』谷川稔監訳，岩波書店，2002 年.
ボルペール，ピエール＝イヴ　『「啓蒙の世紀」のフリーメイソン』深沢克己編，山川出版社，2009 年.
松嶌明男　『礼拝の自由とナポレオン――公認宗教体制の成立』山川出版社，2010 年.
松原雅典　『『赤と黒』の解剖学』朝日選書，1992 年.
マルクス，カール　『ルイ・ボナパルトのブリュメール十八日』伊藤新一，北条元一訳，岩波文庫，1954 年.
マルタン，グザヴィエ　「ナポレオン法典の神話」野上博義訳，石井三記編『コード・シヴィルの 200 年――法制史と民法からのまなざし』.
ミシェル＝チリエ，フィリップ　『事典　プルースト博物館』保苅瑞穂監修，湯沢英彦，中野知律，横山裕人訳，筑摩書房，2002 年.
水野紀子　「家族」，北村一郎編『フランス民法典の 200 年』.
三成美保編　『ジェンダーの比較法史学――近代法秩序の再検討』大阪大学出版会，2006 年.
モーパッサン，ギ・ド　『モーパッサン短篇集』山田登世子編訳，ちくま文庫，2009 年.
吉川一義　「吉川一義教授研究業績目録　付　退職記念講演」京都大学大学院文学研究科フランス語フランス文学研究室，2012 年.
吉田城　『神経症者のいる文学――バルザックからプルーストまで』名古屋大学出版会，1996 年.
――　『プルーストと身体――『失われた時を求めて』における病・性愛・飛翔』吉川一義編，白水社，2008 年.
ラス・カーズ，エマニュエル・ド　『セント＝ヘレナ覚書』小宮正弘編訳，潮出版社，2006 年.
リチャードソン，サミュエル　『パミラ』海老池俊治訳『筑摩世界文學大系 21』筑摩書房，1972 年.
ルソー，ジャン＝ジャック　『新エロイーズ』全 4 巻，安士正夫訳，岩波文庫，1960–61 年.
レクリヴァン，フィリップ　『イエズス会――世界宣教の旅』鈴木宣明監修，創元社「知の再発見」1996 年.
レモン，ルネ　『政教分離を問いなおす――EU とムスリムのはざまで』工藤庸子 / 伊達聖伸訳・解説，青土社，2010 年.
ロットマン，ハーバート　『コレット』工藤庸子訳，中央公論社，1992 年.

IV　その他の邦語文献（辞書・事典，等）

『イスラーム辞典』 大塚和夫，小杉泰，小松久男，東長靖，羽田正，山内昌之編集，岩波書店，2002 年.
『キリスト教辞典』 大貫隆，名取四郎，宮本久雄，百瀬文晃編集，岩波書店，2002 年.
『カトリック教会のカテキズム要約』 日本カトリック司教協議会教理委員会，カトリック中央協議会発行，2010 年.
『聖書』 新共同訳，共同訳聖書実行委員会，1987.
『フランス法辞典』 山口俊夫編，東京大学出版会，2002 年.

注

序章　現代の宗教と文化

(1)　Abd al Malik, *Qu'Allah bénisse la France!*, Albin Michel, 2004, p. 11.

(2)　フランスのバカロレア（中等教育終了認定資格試験）は抽象的な設問に記述式の解答を求めることで知られているが，2011年6月，テレビカメラのまえで「芸術は科学より重要ではないといえるか?」など，その年に出題された課題に教師のように手際よくコメントをくわえるアブダル・マリクの姿が放映された．本人が哲学の試験で得た17/20という点数は，どうやら勲章ものらしい．

(3)　Faouzi Skali, *Le Face-à-face des cœurs, Le soufisme aujourd'hui*, Editions du Relié, 2000.

(4)　Abd al Malik, *Qu'Allah bénisse la France!*, p. 170–172. カーディリー教団は，12世紀バグダードにおいて活躍したスーフィズムの思想家・説教者アブドゥル＝カーディル・ジーラーニーを創立者とする教団．中村廣治郎『イスラム教入門』（岩波新書，1998年，p. 192–193）によれば，スンニー正統派の線を守る典型的な都市型の穏健な教団であり，バグダードを中心にほぼイスラム世界全域に拡大しているという．モロッコ東部に本拠を置くシディ・ハムザの教団は，正式名称を「カーディリー・ブードシーシー教団」(la confrérie Qadirriyya Boutchichiyya:「ブードシーシー」は，第12代のシェイクである聖者アブー・ダシーシュの名に由来）といい，カーディリー教団の分派とみなされる．1960年頃から道徳や倫理の改革を中心とした活動をおこなって青年層を惹きつけ，モロッコでもっとも活動的な教団になった．大塚和夫，小杉泰，小松久男，東長靖，羽田正，山内昌之編集『イスラーム辞典』岩波書店，2002年．

(5)　シディ・ハムザの教団は，モロッコを足場にしてヨーロッパにも支部を展開している．スーフィズムについては以下を参照．シャイフ・ハーレド・ベントゥネス『スーフィズム——イスラムの心』中村廣治郎訳，岩波書店，2007年．カトリックの司教が序文を寄せており，著者ベントゥネス師の交流は，ローマ教皇庁から日本の宗教者にまでおよんでいる．

(6)　Abd al Malik, *Qu'Allah bénisse la France!*, p. 187.

(7)　*Ibid.*, p. 167–169, p. 173.

(8) Abd al Malik, *La guerre des banlieues n'aura pas lieu*, le Cherche Midi, 2009. この著作はシディ・ハムザに捧げられており，エドガール・フォール賞を受賞した．ジャン・ジロドゥの戯曲 *La guerre de Troie n'aura pas lieu* と同じく表題の動詞は単純未来であり，予言的な響きをもっている．主人公の「ぼく」があやつる郊外のスラング，いわゆる「ヴェルラン＝逆さ言葉」verlan をふくむ威勢のよい話し言葉は，カリブ作家にとってのクレオール言語に相当し，造形的かつ攻撃的な機能をになう．アブダル・マリクは「枕頭の書」のリストにエメ・セゼールの『帰郷ノート』を掲げている．

(9) Abd al Malik, *La guerre des banlieues n'aura pas lieu*, p. 35. この文章をわたしが読んだのは，たまたま福島の事故への危機感が高まる日々だった．今現在もおきていることだが，アラブ世界が不安定化すればヨーロッパの大都市郊外に移民や亡命者が流れこむ．社会経済的なインフラが脆弱な空間に，統制のとれぬ巨大なエネルギーが閉じこめられて，ますます「リスク」は増大するだろう．

(10) *Ibid.*, p. 166. 引用文中の〔　〕は訳者による注．以下同様．

(11) 島薗進『スピリチュアリティの興隆——新霊性文化とその周辺』岩波書店，2007年．

(12) 同上，「はじめに」p. v.

(13) 岩波『イスラーム辞典』p. 536–538.

(14) 大貫隆，名取四郎，宮本久雄，百瀬文晃編集『キリスト教辞典』岩波書店，2002年．「霊性」の項．

(15) 島薗進『スピリチュアリティの興隆』p. 70–71.

(16) Paul Bénichou, *Le Sacre de l'écrivain, 1750–1830, Essai sur l'avènement d'un pouvoir spirituel laïque dans la France moderne, Romantismes français 1*, Gallimard, Quarto, 2003, p. 211. 本書，第II部第五章「3 聖なる使命としての文学」参照．

(17) 「教導職」とも訳す．キリスト教の信仰と道徳に関して正しく教え導く教会の権威とそれをになう機関のこと．信仰内容や聖書解釈について教え導くことは，ローマ教皇を頂点とする聖職者の権限であるという．これに対して，プロテスタントにおいては，信仰者がそれぞれに聖書の導きを受けるとされており，教会の「教導権」は否定される．この相違点は，カトリックを理解するための基礎知識といえる．岩波『キリスト教辞典』．

(18) 島薗進『スピリチュアリティの興隆』p. 34.

(19) 同上 p. 52–55.

(20) この問題は，本書の第II部第五章「3 聖なる使命としての文学」でとりあげ

る.

(21)　工藤庸子『ヨーロッパ文明批判序説――植民地・共和国・オリエンタリズム』東京大学出版会, 2003 年.

(22)　深沢克己編『ユーラシア諸宗教の関係史論――他者の受容, 他者の排除』勉誠出版, 2010 年.

(23)　同上 p. 14–15.

(24)　工藤庸子『宗教 vs. 国家――フランス〈政教分離〉と市民の誕生』講談社現代新書, 2007 年.

(25)　ルネ・レモン『政教分離を問いなおす――EU とムスリムのはざまで』工藤庸子 / 伊達聖伸訳・解説, 青土社, 2010 年. René Rémond, *L'Invention de la laïcité française, De 1789 à demain*, Bayard, 2005. 原著のタイトルをそのまま訳せば「ライシテの創造――一七八九年から未来に向けて」となる.

(26)　ジル・ケペル『宗教の復讐』中島ひかる訳, 晶文社, 1992 年.

(27)　ジル・ケペル『ジハード――イスラム主義の発展と衰退』丸岡高弘訳, 産業図書, 2006 年. ジル・ケペル『テロと殉教――「文明の衝突」をこえて』丸岡高弘訳, 産業図書, 2010 年. 他に以下の 2 冊の邦訳がある. ジル・ケペル『ジハードとフィトナ――イスラム精神の戦い』早良哲夫訳, NTT 出版, 2005 年, ジル・ケペル『中東戦記――ポスト 9.11 時代への政治的ガイド』池内恵訳, 講談社選書メチエ, 2011 年.

(28)　ジル・ケペル『テロと殉教』p. 246–249. 著者の指摘によれば, 若者たちはフランス型の社会統合モデルから置き去りにされたことに対する異議申し立てをしたのであり, ハラル食品や礼拝施設など, イスラムを実践するための機会を求めていたわけではない. 暴動に参加した者の内訳は, マグリブ系よりもアフリカ系が多く, 宗教的な背景も多様であったという.

　邦訳されるイスラーム関係の書物のタイトルや帯の標語に「文明の衝突」というセンセーショナルな表現があふれているのは, 出版戦略ゆえであることは理解できる. しかし, 宗教的な理由により敵対する文明という二項対立的なアプローチの危うさは, 誠実な研究者にとって重大な懸念であることも強調しておきたい.

(29)　Oliver Roy, *La Sainte ignorance, Le temps de la religion sans culture*, Editions du Seuil, 2008, p. 15. 十数冊の代表的な著作のうち, 現時点で邦訳が出版されたのは,「クセジュ文庫」の『現代中央アジア――イスラム, ナショナリズム, 石油資源』(斎藤かぐみ訳, 2007 年) のみである.

(30)　「使徒言行録」2 章 1–4 節.

(31)　colonisation/décolonisation について「植民地化 / 脱植民地化」という訳語が

定着しているところからすれば，déculturation を「脱文化」と訳すのは整合性を欠くといえるかもしれない．ただし，それ以前に inculturation を「文化化」とは訳せないから，こちらは片仮名表記とした．同様に déterritorisation はドゥルーズ＝ガタリの邦訳にならって「脱領土化」とすべきだという指摘もありうるだろう．本書では日本語として自然にイメージがわくことを最優先として，そのつど語彙を選択した．なお以下の文献では「インカルチュレーション」が「文化内順応」と訳されている．和田幹男「教皇庁聖書委員会『教会における聖書の解釈』解説」http://mikio.wada.catholic.ne.jp/INT_I_ECC_4.html/

(32) Olivier Roy, *La Sainte ignorance*, p. 47–48.

(33) 「聖性」を付与された「宗教的なもの」であることを宣言し，これを「印づける」という意味で「マーカー」という言葉をつかっている．marqueur social といえば，社会的アイデンティティを示唆する「印づけ」ということになろう．

第I部　ヒロインたちの死生学

第一章　ボヴァリー夫人の最期

(1) トニー・タナー『姦通の文学——契約と違犯　ルソー・ゲーテ・フロベール』高橋和久，御輿哲也訳，朝日出版社，1986 年．原著 Tony Tanner, *Adultery in the Novel: Contract and Tansgression*, The Johns Hopkins University Press の出版は 1979 年．

(2) マリオ・バルガス＝リョサ『果てしなき饗宴——フロベールと『ボヴァリー夫人』』工藤庸子訳，筑摩書房，1988 年，p. 20.

(3) Gustave Flaubert, *Correspondance 3*, Gallimard, Bibliothèque de la Pléiade, 1991, p. 562. 冒頭の文章は以下のとおり．Les personnages imaginaires m'affolent, me poursuivent, — ou plutôt c'est moi qui suis dans leur peau.

(4) フローベール『ボヴァリー夫人』山田𣝣訳，河出文庫，2009 年，p. 516–517.

(5) 同上 p. 517–518.

(6) 同上 p. 523.

(7) 同上 p. 532.

(8) 同上 p. 533–534.

(9) 19 世紀半ばのフランスでは，自死をめぐる宗教的な禁忌そのものが，実態としてゆるやかになっていたものと思われる．自殺者をふくめ，さまざまの宗教的な禁忌を侵した者に対し，そのことを理由にカトリック教会が葬儀や埋葬について差別的な対応をすることは 1880 年代の諸法によって禁じられた．Madelène Lasssère,

Villes et cimetières en France, De l'Ancien Régime à nos jours, Le territoire des morts, L'Harmattan, 1997, Chapitre VII.

(10)　フローベール『ボヴァリー夫人』p. 460.「彼女は幸福ではない，一度として幸福だったことはない．この人生の満ち足りなさは，そして自分がよりかかろうとするすべてのものが一瞬にして腐臭をはなつというこの不幸は，いったいどこから来るのだろう?……」

ちなみにプロテスタントのスタール夫人は，初期作品において自殺するヒロインをくり返し登場させている．そこで主張されるのは，ひと言で定義するなら愛に生きる女性の「自由意志」であり，その「自由」には「死ぬ権利」さえふくまれる．Madame de Staël, *Trois nouvelles*, Gallimard, folio, 2009.

(11)　フローベール『ボヴァリー夫人』p. 329.

(12)　Laure Adler, *L'Amour à l'arsenic, Histoire de Marie Lafarge*, Denoël, 1986, p. 132–133. ラファルジュ事件にかんする日本語文献には以下のものがある．小倉孝誠『近代フランスの事件簿――犯罪・文学・社会』淡交社，2000年.

(13)　Anne Carol, *Les médecins et la mort, XIXe-XXe siècle*, Aubier, 2004, p. 256–264. 科学の進歩のために遺体が活用されることについては，1830年代が「黄金時代」に当たり，1840年代に法規制が厳しくなったものらしい．ルーアンの市立病院で外科医の父親が屍体を解剖する現場を見て育ったフローベールが，こうしたアクチュアリティに通じていないはずはない．ちなみに「死後24時間経過」してからでないと，遺体を解剖することはできないという規定もあった．オメーは慎重に36時間待ってからカニヴェを呼んだのだが，解剖や検死は病院で諸手続を踏んでからおこなうという原則があったはずだから，その場でメスを入れたとしたら，やはりいかがわしい行為ということになるはずだ.

(14)　フローベールにつづく自然主義の作家たち，とりわけ晩年のゾラなどは「文学の外部」への関心を優先し，社会的な事象を既成のフォーマットに流しこんだような小説を量産することになる．こうした「小説の世紀」の総体をのりこえるために，プルーストは「記憶の深み」にこそ文学の源泉があると主張したのだった．個人の内部には世界の記憶が沈殿しているという確信があっての定言であり，小説が「文学の外部」への野心を捨てたという意味ではない.

(15)　Norioki Sugaya, *Flaubert épistémologue, Autour du dossier médical de Bouvard et Pécuchet*, Editions Rodopi B. V, 2010. 菅谷憲興氏の業績は草稿研究をとおしてエピステモロジーの網目から小説が生成するプロセスを浮上させるものであり，先鋭な方法論と広い視野が共存する好例といえる.

(16)　本書 p. 12.

(17) 『ボヴァリー夫人』p. 120–121.〔 〕内の割り注は訳者，山田𣝣氏による．以下同様．

(18) Flaubert, *Madame Bovary*, Préface, notes et dossier par Jacques Neefs, Le Livre de poche classique, 1999, p. 156, note.

(19) 岩波『キリスト教辞典』によれば，「理神論」は，17 世紀末から 18 世紀にかけて，イギリスの自由思想家が主張した「自然宗教」であり，合理性を追求した．ちなみに「自然宗教」は「啓示宗教」の対立概念であり，神による啓示，預言，超自然的な奇蹟を否定する．ヴォルテール，ルソー，百科全書派などフランスの啓蒙主義の知識人にうけつがれた．

(20) フローベール研究では初期の構想を書きつけた創作メモを「シナリオ」と呼ぶが，その scénario MS. gg 10, f° 46 V° には « Homais vient de Homo＝l'homme » と記されている．

(21) フローベール『ボヴァリー夫人』p. 176.

(22) 同上 p. 530–531.

(23) Flaubert, *Madame Bovary*, *Appendice*, *Œuvres 1*, Gallimard, Bibliothèque de la Pléiade, 1951, p. 628.「ボヴァリー夫人裁判記録」島田尚一訳，『フロベール全集 1』筑摩書房，1965 年，p. 346.

(24) カトリック教会が臨終と結びつけておこなっていた「終油」の儀式を「病者の塗油」という概念で捉えなおし，死への橋渡しというよりは癒しや励ましとみなすようになったのは，ごく最近のこと，すなわち第二ヴァチカン公会議 (1962–1965 年) の議論をへてのことである．したがって，近代小説において登場人物の臨終にカトリックの司祭が臨席している場合，おのずと生と死を中継する秘蹟という主題が浮上していると考えてよい．ちなみにプロテスタント教会では，秘蹟とみなされるのは洗礼と聖餐のみであり，そもそも「秘蹟」の神学的な定義も異なっている．

(25) Flaubert, *Madame Bovary*, *Appendice*, p. 674. セナールはフローベールが知人の聖職者から借りうけた以下の「儀式書」の出典まで明らかにしている．*Explication historique, dogmatique, morale, liturgique et canonique du catéchisme, avec la réponse aux objections tirées des sciences contre la religion* par M. l'abbé Amboise Guillois, curé de Notre-Dame du Pré au Mans, 6e édition, etc., ouvrage approuvé par son Eminence le cardinal Gousset, N. N. S. S. les Evêques et Archevêques du Mans, de Tours, de Bordeaux, de Cologne, etc., tome 3e, imprimé au Mans par Charles Monnoyer, 1851.「ボヴァリー夫人裁判記録」島田尚一訳 p. 402. ただし訳文は一部変更した．なお「ボヴァリー裁判」については，本書，第 III 部第五章で詳しく検討する．

(26)　バルザック『従妹ベット』上下，山田登世子訳，藤原書店「人間喜劇」セレクション第11, 12巻，2001年．下，p. 612.

(27)　フローベール『ボヴァリー夫人』p. 341–344.

(28)　同上 p. 112.

(29)　同上 p. 343–344.

(30)　同上 p. 111.

(31)　ナポレオンが立ちあげた政教関係は，しばしば「コンコルダート体制」と呼ばれ，1905年の「政教分離法」までつづく．「コンコルダート」は国家がローマ教皇を代表とする聖座とむすぶ「政教条約」を指し，古くは12世紀にまでさかのぼるが，本書では1801年のナポレオンによる政教条約にのみ「コントルダート」という名称をつかうことにする．

(32)　工藤庸子『ヨーロッパ文明批判序説』p. 269–272.『ラルース大辞典』*Grand Dictionnaire universel du XIXe siècle par Pierre Larousse* は，小冊子の形で1864–1866年，ついで1866–1876年に大判で全17巻，さらに1877–78年，2巻の補遺が刊行された．

(33)　Flaubert, *Correspondance 2*, Gallimard, Bibliothèque de la Pléiade, 1980, p. 698.

(34)　フローベール『ボヴァリー夫人』p. 57.

(35)　本書 p. 6.

(36)　本書 p. 6–10.

(37)　ちなみに19世紀フランス語の spiritualité という語彙は，今日的な意味でつかわれてはいなかった．『ラルース大辞典』には，spiritualisme にかかわる抽象概念として数行の解説があるのみで，一方の spiritualisme の項では，ある種の神秘主義的傾向とソクラテス，プラトン，デカルトなどの哲学がいかなるかかわりをもつかが説明されている．

(38)　Balzac, *Le Lys dans la vallée*, *La Comédie humaine IX*, Gallimard, Bibliothèque de la Pléiade, 1978, p. 1210–1211.

(39)　ルソー『新エロイーズ4』安士正夫訳，岩波文庫，1961年，p. 227.

(40)　フローベール『ボヴァリー夫人』p. 342.

(41)　本書 p. 25.

(42)　フローベール『ボヴァリー夫人』p. 65.

(43)　バルザック『従妹ベット』下，p. 615.

(44)　フローベール『ボヴァリー夫人』p. 540. 翌日，女たちが死装束を整えているとき，エンマの口から「黒い液体」が流れおちる．ヒロインの屍体に宿る「死の汚

れ」を生々しく描写してしまうという決断において『ボヴァリー夫人』は時代の良識を超えている.

(45) 同上 p. 545.

(46) 気化して宙に溶けこむような身体感覚の陶酔という点にかんしては, エンマとシャルルは不思議なほど似通っている. たとえばコレットの『シェリ』においても似たようなことがおきるのだが, 創造者である作家は, みずからの鋭敏な身体性を主人公の男女に分かちあたえるのだろう.

(47) フローベール『ボヴァリー夫人』p. 570–571.

(48) バルガス＝リョサ『果てしなき饗宴』p. 20–21.

(49) Flaubert, *Correspondance 2*, p. 679. 原文は以下のように強調のイタリックになっている. *L'ineptie consiste à vouloir conclure.*

第二章 死の宗教性をめぐって

(50) フローベール『ボヴァリー夫人』第二部第八章.

(51) Flaubert, *Correspondance 2*, p. 433.

(52) フローベール『ボヴァリー夫人』p. 56.

(53) ヴィルジニーの死の経緯と遺体の描写, 埋葬の情景などについては, 前著で分析をこころみた. 「ヴィルジニー」という名にふさわしく, ヒロインは「処女・貞女・聖女の総合的な化身」なのである. 工藤庸子『ヨーロッパ文明批判序説』p. 56–61.

(54) フローベール『ボヴァリー夫人』p. 533. 原文は以下のとおり(イタリックは引用者). Et Emma se mit à rire, d'un rire atroce, frénétique, désespéré, *croyant voir* la face hideuse du misérable, qui se dressait dans les ténèbres éternelles comme un épouvantement.

(55) Flaubert, *Trois contes*, GF Flammarion, 1986, p. 78. 原文は以下のとおり(イタリックは引用者). et, quand elle exhala son dernier souffle, *elle crut voir*, dans les cieux entr'ouverts, un perroquet gigantesque, planant au-dessus de sa tête.

(56) トルストイ『イワン・イリイチの死／クロイツェル・ソナタ』望月哲男訳, 光文社古典新訳文庫, 2006 年, p. 137–138.

(57) Flaubert, *Trois Contes*, p. 107–108.

(58) ジュリアンの昇天を描いた段落から 1 行空けて, この物語が「わが故郷の教会のステンドグラス」に見られるものであるという趣旨の短い文章がそえられている.

(59) *La Première communion, Quatre siècles d'histoire*. Sous la direction de Jean

Delumeau, Declée de Brouwer, 1987. 大判で300ページを超える論文集.「初聖体拝領」の歴史的な展望については編者による「序文」参照.

(60) *Ibid.*, p. 86. 掲げられた3つの課題は，聖体や教義について理解すること，告解をおこない良心に疚しきところがないこと，回心がおこないとなって外にもあらわれることと要約できる. 主任司祭，告解師，家族などが検証と見守りの責任を分有する.

(61) *Ibid.*, p. 134. 19世紀の公教要理教育に足跡をのこした著名な聖職者デュパンルーは，こうした活動を「篤い信仰による敬虔な生業」pieuses industries du zèle と呼んで奨励した.

(62) *Ibid.*, p. 145–146.

(63) フローベール『ボヴァリー夫人』p. 57.

(64) *La Première communion, Quatre siècles d'histoire*, p. 162.

(65) フローベール『ボヴァリー夫人』p. 343.

(66) *La Première communion, Quatre siècles d'histoire*, p. 13, p. 93.

(67) *Ibid.*, p. 13, p. 217–220. 総合的な統計がのこされているわけではないが，教区によっては初聖体を受ける児童が全体の半数以下という記録もある. *Ibid.*, p. 209.

(68) 工藤庸子『ヨーロッパ文明批判序説』p. 43–57.

(69) Flaubert, *Trois contes*, p. 54–55.

(70) 本書p. 71参照. 終幕の構想についてフローベールは，書簡のなかで「わがフェリシテには，素晴らしい終わり方をさせなければならない!」と感嘆符つきで予告する. Flaubert, *Correspondance 5*, Gallimard, Bibliothèque de la Pléiade, 2007, p. 92. ここで出現する「聖なるもの」は正統的な教義からは逸脱しているが，エンマの臨終における悲痛な暴力性の対極にあり，その霊的な輝きは，信仰をもたぬ読者をも感動させるものとなるはずだ.

(71) ミシェル・ヴォヴェル『死の歴史——死はどのように受けいれられてきたのか』池上俊一監修，創元社「知の再発見」，1996年，p. 92.

(72) Anne Carol, *Les médecins et la mort, XIXe-XXe siècle*, Aubier, 2004, Chapitre VI. Constatation des décès. 死が聖なる領域に囲いこまれなくなると，かえって土葬の習慣に付随する「生き埋め妄想」は肥大化するのかもしれない. フローベールも15歳のときに『怒りと無力』*Rage et impuissance* と題した短篇で，生きたまま埋葬され悶死する男の最期を描いている.

(73) フィリップ・アリエス『死と歴史——西欧中世から現代へ』伊藤晃，成瀬駒男訳，みすず書房，1983年，p. 5.

(74) Madelène Lassère, *Villes et cimetières en France, De l'Ancien Régime à nos*

jours, *Le territoire des morts*, L'Harmattan, 1997, p. 30.

(75)　カトリックの伝統においては，墓は本来ふれることが許されぬ聖域だったが，18 世紀には，医学，行政，教会が一致して，墓地が衛生上の問題を孕んでいるという事実を認めるようになる．この危機感と，対応する法的な措置については，以下を参照．Philippe Ariès, *L'homme devant la mort 2*, *La mort ensauvagée*, Editions du Seuil, Points Histoire, 1985, p. 188–200.

(76)　Alexandre Dumas fils, *La Dame aux camélias*, Pocket, 1998, p. 66–68. 戯曲版『椿姫』も収録し，読解の資料を添えた手頃な版である．

(77)　Alexandre Dumas fils, *La Dame aux camélias*, p. 67.

(78)　スーザン・ソンタグ『隠喩としての病』富山太佳夫訳，みすず書房，1982 年，p. 18–19.

(79)　同上 p. 30.

(80)　同上 p. 32, p. 24.

(81)　Alexandre Dumas fils, *La Dame aux camélias*, p. 227.

(82)　*Ibid.*, p. 246.

(83)　*Ibid.*, p. 247.

(84)　Philippe Ariès, *Images de l'homme devant la mort*, 1983, p. 182.

(85)　マリオ・プラーツ『肉体と死と悪魔――ロマンティック・アゴニー』倉智恒夫，草野重行，土田知則，南條竹則訳，国書刊行会，1986 年.

(86)　Maupassant, *Contes et Nouvelles 2*, Editions Gallimard, Bibliothèque de la Pléiade, 1979, p. 213–217.

(87)　*Ibid.*, p. 939–943. モーパッサン『モーパッサン短篇集』山田登世子編訳，ちくま文庫，2009 年，p. 219–227.

(88)　ミシェル・ヴォヴェル『死の歴史』p. 102.

(89)　Philippe Ariès, *Essais sur l'histoire de la mort en Occident*, *du Moyen Age à nos jours*, Editions du Seuil, 1975, p. 52.

(90)　フィリップ・アリエス『死と歴史』p. 58–59, p. 72, p. 273.

(91)　フローベール『ボヴァリー夫人』p. 564–566.

(92)　Alexandre Dumas fils, *La Dame aux camélias*, p. 59.

(93)　Maupassant, *Contes et Nouvelles 1*, Editions Gallimard, Bibliothèque de la Pléiade, 1974, p. 1035–1039. モーパッサン『モーパッサン短篇集』p. 22–32.

(94)　Maupassant, *Contes et Nouvelles 2*, p. 540–547.

(95)　Maupassant, *Bel Ami*, *Romans*, Gallimard, Bibliothèque de la Pléiade, 1987, p. 331–332.

(96) アンシャン・レジームにおいては，医師の「通告義務」について，きわめて厳格な規定があった．しかるべきタイミングを逸したために罰金を課されることもあり，度重なる場合は医師の免許を剝奪されるケースもあったという．Jean Baubérot, « La laïcisation de la médecine ou la mort entre médecine et religion, France XIX-XXIe siècles »
http://jeanbauberotlaicite.blogspirit.com/archive/2005/01/15/la_laicisation_de_la_mort_en_france.html/

(97) *Ibid.*

(98) Jean Baubérot, *Laïcité 1905–2005, entre passion et raison*, Editions du Seuil, 2004, p. 56. つづくページでボベロは，イギリスでは医学と宗教との関係がフランスほど敵対的でないという事実に注意を促している．プロテスタントの聖職者には独身義務がないから，父と息子が医者か牧師かいずれかの職業に携わるというケースは少なからずあり，もともと友好的な情報交換がなされていたこと，終油の秘蹟という教義がないため，プロテスタントの社会のほうが麻薬・麻酔などの医療を受けいれることに抵抗が少なかったことが理由として指摘できる．以下も参照のこと． Jean Baubérot et Séverine Mathieu, *Religion, modernité et culture au Royaume-Uni et en France 1800–1914*, Editions du Seuil, 2002, p. 116–118. Jean Baubérot et Raphaël Liogier, *Sacrée Médecine, Histoire et devenir d'un sanctuaire de la Raison*, Editions Entrelacs, 2010, p. 44–45.

(99) フィリップ・アリエス『死と歴史』p. 199–201.

(100) この主題については，プルースト研究の第一人者で，みずからも闘病生活のなかで密度の高い考究をつづけられた吉田城氏の著作を参照されたい．『プルーストと身体――『失われた時を求めて』における病・性愛・飛翔』吉川一義編，白水社，2008 年．第四章「祖母の病気と死」，第五章「断末魔の苦しみの象徴的表現」など．『神経症者のいる文学――バルザックからプルーストまで』名古屋大学出版会，1996 年．第十一章『失われた時を求めて』の「神経科医デュ・ボールボン」と小見出しをつけた分析など．

(101) プルースト『失われた時を求めて 5』岩波文庫，p. 304–307. 『失われた時を求めて 5』集英社文庫，p. 281–284. プルースト『失われた時を求めて』の邦訳については，現在，第 5 巻まで刊行されている吉川一義氏による岩波文庫版を引用し，後続の巻は鈴木道彦氏による集英社文庫版を引用した．注の書誌情報は煩瑣にならぬよう，巻数，出版社，ページ数のみを記載し，巻ごとの表題や発行年は省略した．なお読者の利便のために，岩波文庫，集英社文庫の両方が存在する巻については，それぞれの書誌情報を併記することにした．

(102) プルースト『失われた時を求めて 6』集英社文庫，p. 56–59.

(103) プルースト『失われた時を求めて 5』集英社文庫，p. 612.

(104) 同上 p. 614–617.

(105) プルースト『失われた時を求めて 6』集英社文庫，p. 24–25.

(106) 同上 p. 58–59.

(107) 同上 p. 61–62.

(108) 同上 p. 65.

(109) 同上 p. 83–84.

(110) Chateaubriand, *René*, *Œuvres romanesques et voyages 1*, Gallimard, Bibliothèque de la Pléiade, 1969, p. 120.

(111) プルースト『失われた時を求めて 6』集英社文庫，p. 67–68, p. 77–79. モリエールも医者嫌いで知られていおり，ここでは『病は気から』のディアフォワリュスなどが想起される.『ボヴァリー夫人』については，p. 523–525 を参照.

(112) セルバンテス『ドン・キホーテ』後篇・下，荻内勝之訳，新潮社，2005 年，p. 395.

(113) ちなみにプルーストの母は「宗教的な儀式」をへることなくペール・ラシェーズ墓地に埋葬されたという(フィリップ・ミシェル＝チリエ『事典 プルースト博物館』保苅瑞穂監修，湯沢英彦，中野知律，横山裕人訳，筑摩書房，2002 年，p. 184). ただし『失われた時を求めて』は「回想録」ではないのだから，そのことによって祖母の臨終における宗教の不在が立証されるわけではない.

(114) プルースト『失われた時を求めて 6』p. 71–72.

(115) 吉田城『プルーストと身体』p. 96–106, p. 123–134.

第三章 死とカトリック信仰

(115) 本書 p. 28.

(116) 両者の関係については第 II 部であらためて検討するが，とりあえず「オルフェウス的天才」と「軍事の天才」というフュマロリの表現を借りておこう. François-René de Chateaubriand, *Vie de Napoléon*, *précédé de « Le Poète et l'Empereur » par Marc Fumaroli*, Editions de Fallois, 1999, p. 17. 本書 p. 140.

(117) Chateaubriand, *Mémoire d'outre-tombe 1*, Garnier, Le Livre de Poche, 1989, p. 390.

(118) *Ibid.*, p. 645.

(119)『アタラ』は『キリスト教精髄』第三部「美術と文学」第六篇「自然の情景および人間の情熱と宗教との調和」を例証するものとしての挿話. なお『ルネ』は第

二部「キリスト教の詩学」の第四篇「憂鬱について」の挿話である.

(120) Chateaubriand, *Essai sur les révolutions, Génie du Christianisme*, Gallimard, Bibliothèque de la Pléiade, 1978, p. 1282.

(121) Béatrice Didier, *Chateaubriand*, ellipses / édition marketing S. A., 1999, p. 4. 『墓の彼方の回想』においても, アメリカに渡る直前の自分は, 少年のころと異なり宗教に囚われない「自由思想家」esprit fort になっていたと語っている. Chateaubriand, *Mémoires d'outre-tombe 1*, p. 419.

(122) Marc Fumaroli, *Chateaubriand, Poésie et Terreur*, Edition de Fallois, 2003, p. 358–361.「シャトーブリアンの回心」と題したこの断章は, ロンドンにおけるシャトーブリアンと生涯の友人フォンターヌとの交流などをめぐる考察だが,「護教論」の構想がじつは1799年7月の「回心」より2年も前にさかのぼると指摘されている.

(123) Béatrice Didier, *Chateaubriand*, p. 14–15.

(124) Chateaubriand, *Génie du Christianisme 1*, Edition établie par Pierre Reboul, GF-Flammarion, 1966, Introduction, p. 11.

(125) Béatrice Didier, *Chateaubriand*, p. 17.

(126) ルソー『エミール』中, 今野一雄訳, 岩波文庫, 1963年. 第四編中程のエピソード. p. 156–234.

(127) フローベール『ボヴァリー夫人』p. 58.

(128) 石井洋二郎『異郷の誘惑――旅するフランス作家たち』東京大学出版会, 2009年.

(129) Chateaubriand, *Atala, Œuvres romanesques et voyages 1*, p. 85–86.

(130) *Ibid.*, p. 93, p. 97.

(131) Chateaubriand, *Essai sur les révolutions, Génie du christianisme*, p. 603. 第一部第五篇のタイトルは「自然の驚異によって証明される神の存在」となっており, 引用の文章は, つづく第六篇の冒頭にある.

(132) Béatrice Didier, *Chateaubriand*, p. 17.

(133) Chateaubriand, *Essai sur les révolutions, Génie du christianisme*, p. 511.

(134) *Ibid.*, p. 469.

(135) Chateaubriand, *Atala*, p. 89. 詩句は聖書によるが, 正確な引用ではなく「ヨブ記」14章2節,「イザヤ書」40章7–8節などから合成されたもの.

(136) Chateaubriand, *Essai sur les révolutions, Génie du Christianisme*, p. 495–505. GF-Flammarion 版の総目次では, 該当の章に「詩的観点から見た処女性の検討」というタイトルが掲げられている.

(137) Chateaubriand, *Atala*, p. 46.

(138) *Ibid*., p. 48.

(139) *Ibid*., p. 71.

(140) 石井洋二郎『異郷の誘惑』p. 40–46.

(141) Chateaubriand, *Atala*, p. 33.

(142) この時期に「ルイジアナ」全体の領土を実効支配する植民地が存在したというわけではない. 1760 年において, 北米大陸におけるフランス人入植者は, 約 7–8 万人. イギリス植民地では約 150 万人に達していたという. 小畑精和 / 竹中豊編著『ケベックを知るための 54 章』明石書店, 2009 年, p. 39.

(143) Chateaubriand, *Atala/René*, Préface et commentaires de Gérard Gengembre, Pocket, 1996, « Les Clés de l'œuvre » p. 188.

(144) 第一統領となったナポレオンは 1800 年に一旦ルイジアナをスペインからとり返すが, その 3 年後には, カナダとの国境からメキシコ湾に至る広大な植民地をアメリカ合衆国に売却してしまう.

(145) Chateaubriand, *Atala*, p. 22.

(146) フィリップ・レクリヴァン『イエズス会——世界宣教の旅』鈴木宣明監修, 創元社「知の再発見」1996 年, 第 6 章「カナダの殉教者」を参照.

(147) 『ケベックを知るための 54 章』p. 4, p. 36–37.

(148) 「創世記」2 章 10–14 節. エデンの園から流れる出る水はピション, ギホン, チグリス, ユーフラテスの 4 つの川となって広大な地方を潤している.

(149) Jean Baubérot, *Histoire du protestantisme*, puf, Que sais-je? 1987, p. 100–101. ロンドンでバプティスト派, 福音派などの伝道協会が設立されるのは, 1790 年代からである.

第 II 部 ナポレオン あるいは文化装置としてのネイション

第一章 詩人と皇帝

(1) François-René de Chateaubriand, *Vie de Napoléon, précédé de « Le Poète et l'Empereur » par Marc Fumaroli*. なお, 以下の書物の第四部第三章には, 同名の論考が収められているが, こちらは「序文」の枠組を超えた内容で, ページ数もはるかに多い. Marc Fumaroli, *Chateaubriand, Poésie et Terreur*, Editions Fallois, 2003.

(2) *Ibid*., p. 10. Chateaubriand, *Mémoires d'outre-tombe 2*, Garnier, Livre de Poche, 1998, p. 732–733.

(3)　ガルニエ版の編者ジャン゠クロード・ベルシェの「序文」(p. 6) によれば，構想が生まれてから脱稿までに 45 年が経過しているという．

(4)　この問題については，鈴木杜幾子『ナポレオン伝説の形成――フランス一九世紀美術のもう一つの顔』(筑摩書房，1994 年) を参照のこと．文学の世界のみならず，美術の世界でも大々的な「ナポレオン伝説」が形成されていた．皇帝の偉業を同時代の証言として描きつづけた主席画家ダヴィッドなどの活躍を考えれば，時間的には絵画が文学に先行して英雄像を創造したと考えるべきだろう．ナポレオン文学の隆盛は，モデルの死につづく時期に訪れている．芸術や文化の領域の「ボナパルティスム」については，同書の第二部を参照．

(5)　執筆の時期については，ガルニエ版，第 2 巻「序文」のほか，以下を参照．François-René de Chateaubriand, *Vie de Napoléon, précédé de « Le Poète et l'Empereur » par Marc Fumaroli*, p. 9.

(6)　*Ibid.*, p. 9. Chateaubriand, *Mémoires d'outre-tombe 3*, Garnier, Livre de Poche, 1998, p. 290.

(7)　Chateaubriand, *De la nouvelle proposition relative au bannissement de Charles X et de sa famille, ou suite de mon dernier écrit, de la Restauration et de la monarchie élective*, Le Normant Fils, Editeur, 1831. p. 26. 原文は以下の通り．Quant à moi, qui suis républicain par nature, monarchiste par raison, et bourbonniste par honneur, je me serais beaucoup mieux arrangé d'une démocratie, si je n'avais pu conserver la monarchie légitime, que de la monarchie bâtarde octroyée de je ne sais qui.

(8)　Chateaubriand, « De Buonaparte, des Bourbons, et de la nécessité de se rallier à nos princes légitimes, pour le bonheur de la France et celui de l'Europe, 30 mars 1814 », *Grands Ecrits politiques 1*, présentation par Jean-Paul Clément, Imprimerie Nationale, 1993, p. 59–107.「ブオナパルテ」は「ボナパルト」の蔑称．

(9)　Chateaubriand, *Mémoires d'outre-tombe 2*, p. 564.

(10)　*Ibid.*, p. 565.

(11)　一般の呼び名が「ボナパルト将軍」から「ナポレオン・ボナパルト」に移行したのは，第一統領が「終身」の資格を得た 1802 年頃であるという．Jean Tulard, *Napoléon ou le mythe du sauveur*, Librairie Arthème Fayard, 2011, p. 162–163. ちなみに『ラルース大辞典』でも共和国の将軍「ボナパルト」と皇帝「ナポレオン」は別立ての項目になっている．工藤庸子『ヨーロッパ文明批判序説』p. 235–238.

(12)　Béatrice Didier, *Chateaubriand*, p. 21.

(13)　Chateaubriand, *Œuvres romanesques et voyages 1*, Gallimard, Bibliothèque de

la Pléiade, 1969, chronologie, p. XXXIX-XLI.

(14)　Chateaubriand, *Essai sur les révolutions, Génie du christianisme*, p. 1283-1284. 十数行の献辞は，宗教を国家の繁栄の礎としたナポレオンを称え，今後も三千万のキリスト教徒の保護者でありつづけることを祈念するという趣旨の文章である.

(15)　フェッシュ枢機卿は，皇帝がセント＝ヘレナに流されたのちも，若きボナパルトの私的文書――小説や思想的なエッセイ・雑文など――を保管しており，1828年にシャトーブリアンがフランス大使としてローマに滞在したとき，それを見せようと提案したことがあった．その後，紆余曲折をへて問題の文書を閲覧することができたという経緯が『墓の彼方の回想』に記されている．じっさい著者は，貴重な未発表資料を活用しながら皇帝の実像に迫ろうとしたのである．Chateaubriand, *Mémoires d'outre-tombe 2*, p. 331-332.

(16)　*Ibid.*, p. 447.

(17)　Jean-Paul Clément, *Chateaubriand, Des illusions contre des souvenirs*, Gallimard, Découvertes, 2003, p. 64-65.

(18)　François-René de Chateaubriand, *Vie de Napoléon, précédé de « Le Poète et l'Empereur » par Marc Fumaroli*, p. 11.

(19)　*Ibid.*, p. 17.

(20)　カール・マルクス『ルイ・ボナパルトのブリュメール十八日』伊藤新一，北条元一訳，岩波文庫，1954年，p. 17.

(21)　Chateaubriand, *Mémoires d'outre-tombe 2*, p. 329-330. 何世紀にもわたりヨーロッパを支配した王家の血を引く者であれば，国籍にかかわらず国王の座につくことができた．たとえば1830年に独立を果たしたギリシアは，バイエルン国王の次男オットーを国王に迎えている．しかるに家系図もあいまいな地方貴族にすぎぬナポレオンの場合は，いわば「生地主義」を拠り所に「国民」の頂点に立つことが必要だった．なお，シャトーブリアン自身も認めるように，ボナパルトの兄ジョゼフは1768年1月5日生まれとなっているから，この矛盾を解く必要はある．ただし，ジョゼフィーヌがナポレオンとの結婚にさいして4年も若返ったという事実は，書類に改竄の跡が歴然と見てとれるということもあり，周囲にも知れわたっていた．このエピソードの記述全体が，戸籍の信憑性を疑わせる文脈になっているのである．当時この問題は「第一帝政の正統性」という観点からも大いに議論を呼んだのだが，編者ベルシェによれば，今日では1769年に確定しているという.

(22)　Chateaubriand, *Mémoires d'outre-tombe 1*, p. 187-188.

(23)　*Ibid.*, p. 416.

(24)　François-René de Chateaubriand, *Vie de Napoléon, précédé de « Le Poète et*

l'Empereur » par Marc Fumaroli, p. 23.

(25)　Chateaubriand, *Mémoires d'outre-tombe 3*, p. 21.

(26)　Chateaubriand, *Mémoires d'outre-tombe 2*, p. 109–110. 1795年に刊行された Charles-François Depuis, *L'Origine de tous les cultes* は，あらゆる信仰の形態は占星術ないしは天文学に由来するという説に立っていた．

(27)　安藤隆穂『フランス自由主義の成立——公共圏の思想史』名古屋大学出版会，2007年，p. 149–150. 著者の指摘によれば，自由主義の潮流という意味で画期をなしたテルミドール派とナポレオンとの関係は，単純に敵対的なものではない．じっさいにナポレオンは「イデオローグ」を揶揄嘲笑しながらも，近代国家を建設するための制度設計という場面では，彼らの協力を求め，その能力を活用するようになる．

(28)　工藤庸子『ヨーロッパ文明批判序説』p. 283–288, p. 321–324. 革命の申し子を自認するボナパルト将軍は，エジプトの民にむけ公の場で「信教の自由」を保障した．こうした「演出」も宗教政策の無視できぬ一面といえよう．

(29)　*Mémoires de Napoléon 1, La campagne d'Italie, 1796–1797*, Tallandier, 2010. *Mémoires de Napoléon 2, La campagne d'Egypte, 1798–1799*, Tallandier, 2011. *Mémoires de Napoléon 3, L'Ile d'Elbe et les Cent-Jours, 1814–1815*, Tallandier, 2011.

(30)　以下の抄訳で概要を知ることができる．ラス・カーズ『セント＝ヘレナ覚書』小宮正弘編訳，潮出版社，2006年．

(31)　3500冊の文献のうちおよそ半分が歴史，地理，軍事，政治に関するものであったという．*Mémoires de Napoléon 1*, Thierry Lentz « Présentation des Mémoires de Napoléon » p. 21.

(32)　本書 p. 183, p. 233.

(33)　*Mémoires de Napoléon 2, La campagne d'Egypte, 1798–1799*, p. 159–160.

(34)　*Ibid*., Thierry Lentz « Introduction » p. 42.

(35)　ルネ・レモン『政教分離を問いなおす』p. 43–44. 著者ルネ・レモンはフランス近現代史，政治史，宗教史の泰斗．とくに語彙の厳密さ，精緻な概念操作には大いに学ぶべきものがあり，この著書でも culte という語の運用について，何度かふれている．1905年法の重要性については，同書の p. 26–27 を参照のこと．憲法的価値をもつとされる「憲法ブロック」のひとつに明示的に数えられているわけではないが，にもかかわらず「憲法的な構築物」の一部をなすというのが，ルネ・レモンの見解である．

(36)　Chateaubriand, *Essai sur les révolutions, Génie du christianisme*, p. 893.

(37)　Jacques-Olivier Boudon, *Napoléon et les cultes, Les religions en Europe à l'aube*

du XIXe siècle 1800–1815, Fayard, 2002, p. 31.

(38) 本書，第I部第二章「3 墓地のトポロジー」参照.

(39) Chateaubriand, *Essai sur les révolutions, Génie du christianisme*, p. 933–934.

(40) *Ibid*., p. 1070.

(41) モンテスキュー『法の精神』第24篇第6章「心に深く刻まれたキリスト教の諸原理は，君主制の国の偽物の名誉，共和国の人間的な徳，専制主義の国の奴隷的な恐怖よりも，はるかに強いだろう」

(42) Chateaubriand, *Essai sur les révolutions, Génie du christianisme*, p. 893.

(43) ベルティエ・ド・ソーヴィニーほか『キリスト教史8――ロマン主義時代のキリスト教』上智大学中世思想研究所編訳・監修，平凡社ライブラリー，1997年，p. 283–284.

(44) 同上 p. 307.

(45) 同上 p. 276–277.

(46) 本書，第II部第五章「3 聖なる使命としての文学」他.

(47) Chateaubriand, *Mémoires d'outre-tombe 2*, p. 646–647.

(48) *Ibid*., p. 72.

(49) 筆者の世代のフランス文学研究では，研究者が信仰をもつことが，宗教的な著作をとりあげることの前提になるという暗黙の了解があったように思われる．ソーヴィニーが名を挙げた作家のうち，シャトーブリアンをのぞく3人，すなわちメーストル，ボナルド，ラムネーなどは，おそらく「文学」として衝迫力が不足したためもあるだろうが，ほとんど省みられることがなかった．これに対して以下の書物は，思想史や宗教学を専攻する新進気鋭の研究者たちの論集だが，19世紀フランスの宗教論の水脈を新たな視点から発掘しているという意味で貴重である．宇野重規，伊達聖伸，高山裕二編著『社会統合と宗教的なもの――十九世紀フランスの経験』白水社，2011年.

(50) Chateaubriand, *Mémoires d'outre-tombe 4*, p. 597.

(51) アレクシスの母の姉はシャトーブリアンの兄に嫁いでいた．つまり甥といっても血縁ではないのだが，近年のトクヴィル研究が示唆するように，革命後の自由主義の潮流という意味で，この系譜に注目することは重要であると思われる．高山裕二『トクヴィルの憂鬱――フランス・ロマン主義と〈世代〉の誕生』白水社，2012年．富永茂樹『トクヴィル――現代へのまなざし』岩波新書，2010年，序章および第一章.

第二章　皇帝と教皇

(52)　上述のように「コンコルダート」は教皇庁と国家のあいだで交わされる「政教条約」を指す一般的な用語だが，本書では1801年7月15日にナポレオンがピウス7世とのあいだに締結した条約を指す．さらに「コンコルダート体制」という表現には，翌年に国内法として公布された77条からなる「付属条項」が包摂されている．ここでカトリックとルター派・カルヴァン派のプロテスタント，さらに一足遅れでユダヤ教という複数の宗教あるいは宗派を共存させつつ国の管理のもとに置く「公認宗教体制」が成立した．「コンコルダート」はカトリックのみにかかわり，その一方で「公認宗教体制」というのは一般的概念であって，それ自体はフランス19世紀に特化されたものではない．したがって正確には「第一統領ナポレオン・ボナパルトによる公認宗教体制」と呼ぶべきであろうが，煩瑣であるため，フランスの研究者のあいだでも公認されているらしい「コンコルダート体制」を踏襲することにしたい．用語の問題については，以下を参照．松嶌明男『礼拝の自由とナポレオン――公認宗教体制の成立』山川出版社，2010年，序章．

(53)　伊達聖伸『ライシテ，道徳，宗教学――もうひとつの19世紀フランス宗教史』勁草書房，2010年．松嶌明男『礼拝の自由とナポレオン』は，「コンコルダート体制」という用語をめぐり注52で言及した．

(54)　1987年に設立されたFondation Napoléonは活発な研究活動の中心となっており，貴重な資料や論文にアクセスすることができる．http://www.napoleon.org/fr/fondation/index.asp

(55)　Jean Tulard, André Damien, Yves Bruley et Collectif, *Histoire de la laïcité à la française*, Editions CLD, 2005.

(56)　*Canal Académie, Magazine francophone des Académies sur Internet* は，アカデミー・フランセーズ，碑文・文芸アカデミー，科学アカデミー，人文・社会アカデミー，芸術アカデミーの4つの組織が共同で運営するインターネット配信のラジオ局．研究活動，講演会，出版物などのアクチュアリティを追えるというだけでなく，過去のデータがすべてアーカイヴになっているので，「ライシテ」「ナポレオン」「エジプト」などの語彙で検索すると，第一線の研究者が参加する多数の番組にアクセスできる(それぞれ30本以上はあるだろう)．http://www.canalacademie.com/sommaire.html/

(57)　1905年法成立にかかわる議会での討論については以下を参照．Jean-Marie Mayeur, *La séparation des Eglises et de l'Etat*, Les Editions de l'Atelier/Ouvrières, 2005.

(58)　Jean Tulard, André Damien, Yves Bruley et Collectif, *Histoire de la laïcité à la française*, p. 14–15.

(59)　Fustel de Coulanges, *La cité antique*, Préface par François Hartog, Introduction par Bruno Karsenti, Champs classiques, Flammarion, 2009, p. 235. 邦訳は以下を参照. フュステル・ド・クーランジュ『古代都市』田辺貞之助訳, 白水社, 1961 年.

(60)　Jean Tulard, André Damien, Yves Bruley et Collectif, *Histoire de la laïcité à la française*, p. 18.

(61)　*Ibid.*, p. 26–27. ただし, ここでは「寛容」という概念自体が括弧つきのものであることを断っておかねばならない. この問題については, 深沢克己, 高山博編『信仰と他者——寛容と不寛容のヨーロッパ宗教社会史』(東京大学出版会, 2006 年), とくに深沢克己氏による序章「近世フランス史における宗教的寛容と不寛容」, 第六章「一八世紀フランスのフリーメイソンと寛容思想」などを参照.

(62)　Jean Tulard, André Damien, Yves Bruley et Collectif, *Histoire de la laïcité à la française*, p. 26–28. ルネ・レモン『政教分離を問いなおす』伊達聖伸「用語解説」の「ガリカニスム」の項を参照. p. 192–193.

(63)　イヴ・ブリュレ『カトリシスムとは何か——キリスト教の歴史をとおして』加藤隆訳, 白水社「文庫クセジュ」2007 年, p. 110–112.

(64)　http://www.canalacademie.com/ida3558-Napoleon-Ier-et-le-pape-Pie-VII.html/

(65)　Jacques-Olivier Boudon, *Napoléon et les cultes, Les religions en Europe à l'aube du XIXᵉ siècle 1800–1815*, p. 39.

(66)　「人権宣言」が導入したのは不当に権利を剝奪された宗教的マイノリティという考え方である. つまり念頭におかれたのは「非カトリック」の解放だが, 特定の宗教や宗派が名指されていないことにより, 普遍的な原理としての適用が容易になった. 当初はプロテスタントが, つづいてユダヤ教徒が議論の対象となり, さらには自由黒人にまで政治的権利が認められた(黒人富裕層の一部が「能動市民」として投票権をもつ). ちなみに 1789 年当時, プロテスタントの数は 10–20 万, ユダヤ教徒は 4 万程度, 人口の 99 パーセントがカトリックである. リン・ハント『人権を創造する』松浦義弘訳, 岩波書店, 2011 年, p. 153–154.

(67)　いわゆる「立憲教会」とローマに忠実な教会, 宣誓僧と拒否僧が対立したのは当然のことだが, いずれを選択しても周囲との軋轢は避けられなかったし, とりわけ宣誓僧には, 共和国の市民として認知するのと引き換えに, 妻帯を迫るなど強硬な要求がつきつけられた. さらに非キリスト教化の運動により, 聖職者の存在基盤

そのものが脆弱になり，暴徒化した集団におそわれるなど事件もおきた．革命後の具体的な推移については以下の書物に詳しい．谷川稔『十字架と三色旗——もうひとつの近代フランス』山川出版社，1997年．

(68)　フランチェスコ・シオヴァロ / ジェラール・ベシエール『ローマ教皇——キリストの代理者・二千年の系譜』鈴木宣明監修，創元社「知の再発見」1997年，p. 93–94.

(69)　François-René de Chateaubriand, *Vie de Napoléon, précédé de « Le Poète et l'Empereur » par Marc Fumaroli*, p. 20.『墓の彼方の回想』においてシャトーブリアンは，深い敬意と同情をもって2人の教皇があゆんだ苦難の道を描きだし，これをみずからの流浪の人生にかさねあわせている．

(70)　*Mémoires de Napoléon 1, La campagne d'Italie, 1796–1797*, p. 263. 教皇がカトリック信徒の頂点に立ち，霊的な支配者としてふるまう権威を有することが示唆される例外的なエピソードは，トレンティーノ条約締結にさいして，異端審問を廃止するようナポレオンは迫ったが，「火刑」がおこなわれているわけではないと拒絶されたという話だが，これもいささか我田引水の物語であろう(p. 214).

(71)　Jacques-Olivier Boudon, *Napoléon et les cultes*, p. 56–57.

(72)　本書 p. 200–201.

(73)「共和国の統領がカトリックを実践する」ことが謳われているものの，じつは強制力のある条文ではない．

(74)　Jean Tulard, André Damien, Yves Bruley et Collectif, *Histoire de la laïcité à la française*, p. 38–41.

(75)　*Mémoires de Napoléon 1, La campagne d'Italie, 1796–1797*, Introduction par Thierry Lentz, p. 42.

(76)　鈴木杜幾子『ナポレオン伝説の形成』p. 47.

(77)　たとえば以下を参照．ジャン・マリー・アポストリデス『機械としての王』みすず書房，1996年．

(78)　Stendhal, *Vie de Napoléon*, Editions Payot & Rivages, 2006, p. 18–19. よく知られているように『パルムの僧院』(1839年) も，以下のような昂揚した文章が幕開けとなっている——「一七九六年五月十五日，ボナパルト将軍は，ロディの戦いをおえたばかりの若き軍隊を率いてミラノに入城した．そして何世紀もの空白があったのち，カエサルとアレクサンドロスがついに後継者を得たということを世に知らしめたのである」

(79)　*Ibid.*, p. 19–20.

(80)　*Ibid.*, p. 58.

(81) スタンダールは『ナポレオンの生涯』*Vie de Napoléon* のほか，1836–37 年には『ナポレオン覚書』*Mémoire sur Napoléon* を執筆した．『赤と黒』(1830) の主人公ジュリアン・ソレルとナポレオンの関係については，仏文研究のなかに大きな蓄積がある．松原雅典『『赤と黒』の解剖学』(朝日選書，1992 年) 第 VIII 章「ナポレオンの小猿」などを参照．

(82) この断章の成立の経緯については，Chateaubriand, *Mémoires d'outre-tombe 1*, p. 463. Jean-Claude Berchet による注を参照．1822 年に書きはじめられたこの短文が 1840 年代の『ナポレオンの生涯』のプレリュードに当たることはいうまでもない．

(83) フランスから推薦状を携えていったシャトーブリアンが，アメリカの大統領に会ったと称する日には，体調をくずしており失礼したというワシントン自身の証言がのこされているのである．かりにこの出会いがまったくの捏造だとしても，19 世紀の旅行記や回想録などではよくあることだから，さほど騒ぎたてるにはおよばないのだけれど，長年にわたる実証研究の蓄積にもかかわらず，ついに結論が出ないというところが興味を誘う．石井洋二郎『異郷の誘惑』p. 42–44.

(84) Chateaubriand, *Mémoires d'outre-tombe 1*, p. 465.

(85) Marc Fumaroli, *Chateaubriand, Poésie et Terreur*, p. 602–606. ジョージ・ワシントンは，共和制ローマにおいて救国の英雄と崇められながら権力を拒み，農耕の生活にもどったキンキナトゥスの顰《ひそ》みにならったとされる．

(86) Chateaubriand, *Œuvres romanesques et voyages 1*, Chronologie XXXV.

(87) Jean Tulard, *Napoléon ou le mythe du sauveur*, Librairie Arthème Fayard, 2011, p. 137–173. Jacques-Olivier Boudon, *Napoléon et les cultes*, p. 55–69.

(88) カプララ枢機卿の活動に関しては，谷川稔『十字架と三色旗』の第二章「カプララ文書の世界」に充実した分析がある．

(89) 1789 年に役職にあった司教 139 人のうち生存者は 83 人．47 人が辞任し，36 人が拒絶したが，拒絶した司教は当然のこととして国外にとどまった．Jacques-Olivier Boudon, *Napoléon et les cultes*, p. 64.

(90) 「国務院」Conseil d'Etat は元首の諮問機関であり「参事院」とも訳される．「護民院」Tribunat は民衆意見の反映のため法律案の可否を決するが，修正権をもたない．「立法府」Corps législatif は護民院と政府との報告を聞いて審議なしに可否を決する．北村一郎編『フランス民法典の 200 年』有斐閣，2006 年，p. 44，注 137 参照．

(91) レジオン・ドヌール勲章は制定されてから 2 年間で 9000 件も授与された．1808 年には 20,275 人の受勲者をかぞえる．Jean Tulard, *Napoléon ou le mythe du*

sauveur, p. 167.

(92) 「受動市民」の対立語. 25歳以上のフランス人男性で, 1年以上同一の土地に住み, 一定の直接税を納入していることが条件. 外国人や犯罪者, 未成年はいうまでもなく, 使用人と女性は排除された.

第三章　国家と宗教

(93) たとえば *Le Trésor de la Langue Française Informatisé* (http://atilf.atilf.fr/tlf.htm/) を参照. 冒頭の定義は「教会が君主に対し神権による権威を授ける宗教儀式」.

(94) Jacques-Olivier Boudon, *Napoléon et les cultes*, p. 128. なお, 聖別式のミサにおいて, ナポレオンは「聖餐」にあずかることはなかった. プロセスとしては「告解」が先に立つから, これを避けたいという意図だろう. 戴冠式に関するカトリック側の証言については, 以下を参照. ピウス7世の積極的な駆け引きが強調されているものの, 大きな食い違いはない. ベルティエ・ド・ソーヴィニーほか『キリスト教史8——ロマン主義時代のキリスト教』p. 48–53.

(95) 鈴木杜幾子『ナポレオン伝説の形成』p. 16. なお, この作品については, 同じ著者により, 充実した分析が以下の著作でなされている. 鈴木杜幾子『画家ダヴィッド——革命の表現者から皇帝の主席画家へ』晶文社, 1991年, p. 197–225. とくに按手については, p. 213–214.

(96) Jean Tulard, André Damien, Yves Bruley et Collectif, *Histoire de la laïcité à la française*, p. 41. Yves Bruley の解説によれば, これは現実とは異なっていたはずであり, 教皇庁の立場を貶める意図的な表象であるという. なお Fondation Napoléon の公式サイトにおける豊富な電子版資料の中に *Cérémonial de l'Empire française* と題した古書 (Librairie Economique) の PDF があり, その第1章は, ナポレオンの戴冠式の詳細な記録となっている. 聖職者たちの式服については p. 16–17 参照.
http://digitalbooks.napoleon.org/book/index.php?collection=CEREMONIALEMPIRE&type=map#/

(97) Jean Tulard, *Napoléon ou le mythe du sauveur*, p. 173.

(98) Balzac, *Les Paysans*, *La Comédie humaine IX*, Gallimard, Bibliothèque de la Pléiade, 1978, p. 127.

(99) 1802年の「付属条項」については以下を参照. http://www.droitcanon.com/Articles_organ.html#Catholique/

(100) 「コンコルダート体制」という名称は, カトリック教会, 共和派などにより,

さまざまに肯定的・否定的ニュアンスをふくみながらつかわれた．第II部の注52でも述べたように，本書では，教皇との政教条約を中心としたナポレオンの宗教政策とこれに対応する法制度をセットにし，ゆるやかな意味での「コンコルダート体制」と呼ぶことにする．

(101) B・ド・ソーヴィニーほか『キリスト教史8』p. 59.

(102) ただし，アンシャン・レジームの体制がそのまま復活したわけではない．カトリック教会がほかの宗派を弾圧することは許されず，複数の宗教が併存する「諸宗教の自由」は撤回されなかった．

(103) 1809年，ナポレオンは大陸封鎖に協力しないピウス7世の教皇領を占領し，さらに教皇を拉致して幽閉するという大胆な行動に出た．このような状況で教皇に離婚の許しを求めることができるはずはない．結局，教皇庁から独立したフランス教会というガリカニスムの思想を根拠に，パリ司教区の聖職者たちが招集された．そして，議論のすえ教会法に照らして結婚の無効という判断が下された．戴冠式のまえに宗教婚がおこなわれている以上，これを手続の不備などを理由に「なかったこと」にしないかぎり，ヨーロッパの王族から花嫁を迎えることはできないからである．いうまでもなく，オーストリアはカトリックの牙城であり，フランスで誕生したばかりの世俗的な婚姻制度は認知されていなかった．

(104) Jacques-Olivier Boudon, *Napoléon et les cultes*, p. 272–275.

(105) http://www.canalacademie.com/ida5903-1810-Napoleon-epouse-Marie-Louise-mariage-politique-et-idylle-romanesque.html?var_recherche=Marie-Louise/

(106) Chateaubriand, *Mémoire d'outre-tombe 2*, p. 452.

(107) 18世紀フランスのプロテスタントは，徐々に教会再建運動の実績をあげており，1763年には地方教会会議を基礎にして，全国教会会議が開催された．そして革命前夜の1787年，ルイ16世の「寛容王令」が発布される．これが当事者たちの権利要求の成果であったことは，「ナントの王令」との大きな相違だろう．この「寛容王令」によって，プロテスタントの信徒もフランス国民としての「戸籍」をもつことが許された．ただしナポレオンの「コンコルダート体制」と異なり，宗教共同体として公認されたわけではなかったし，公的礼拝も許可されなかった．深沢克己「一八世紀フランスのフリーメイソンと寛容思想」，深沢克己，高山博編『信仰と他者』p. 243–245.

(108) Jean Tulard, André Damien, Yves Bruley et Collectif, *Histoire de la laïcité à la française*, p. 42–43. Jacques-Olivier Boudon, *Napoléon et les cultes*, p. 111–121.
ブードンによれば，1804年にカトリックとプロテスタントの統合が話題にされ

たのは，教皇を牽制するためでもあった．1806 年には「キリスト教諸宗派の統合計画」なるものが策定された．独仏のカトリック，プロテスタントの両陣営に，そうした方向を模索する聖職者は少数ながら存在したらしい．*Ibid*., p. 120–121.

(109)　Jacques-Olivier Boudon, *Napoléon et les cultes*, p. 185–189.

(110)　*Ibid*., p. 192–201.

(111)　安藤隆穂『フランス自由主義の成立』p. 242.

(112)　貴族制度成立の経緯については以下を参照．Jean Tulard, *Napoléon ou le mythe du sauveur*, p. 325–334. 本書ではふれることができないが，「帝政貴族」にかかわる基礎知識は，バルザックからプルーストまで小説を読み解くためにも不可欠である．

(113)　安藤隆穂『フランス自由主義の成立』p. 235.

(114)　19 世紀全体を通じてのコングレガシオンの発展を社会学的な手法で分析した以下の著作は基本文献である．Christian Sorrel, *La République contre les Congrégations, Histoire d'une passion française 1899–1904*, Les Edtions du Cerf, 2003. この著作をふまえた概論として，以下を参照されたい．工藤庸子『宗教 vs. 国家』p. 59–66.

(115)　Sophie Hasquenoph, *Histoire des ordres et congrégations religieuses, en France du Moyen Age à nos jours*, Champ Vallon, 2009.

(116)　じつはカトリックの内部では「盛式誓願修道会」を ordre religieux と呼び，「単式誓願修道会」を congrégation religieuse と呼ぶという．上記 *Histoire des ordres et congrégations religieuses* の表題は，この使い分けによるのだが，実際の組織に即して見れば，イエズス会のような伝統的な ordre で単式誓願の方式を受けいれている修道会もあり，名称と実態のあいだに整合性があるとはかぎらない．組織の定義がいかに複雑で困難か，同じ文献の以下のページを参照すれば推察できる．Chapitre premier, Identité et diversité des religieux, p. 17–62.

(117)　Sophie Hasquenoph, *Histoire des ordres et congrégations religieuses*, p. 945, p. 962.

(118)　*Ibid*., p. 996–998.

(119)　*Ibid*., p. 998–1000. Jacques-Olivier Boudon, *Napoléon et les cultes*, p. 162. 統計上の数字については，2 つの文献の修道院数に大きな齟齬があり，一覧表が示されている後者を採用した．Hasquenoph では修道院数 24 となっているが，陣容として 2 番目の組織である Filles de la Sagesse の修道院が 87 となっているところから，おそらく Boudon の一覧表が正しいと思われる．

(120)　ベルティエ・ド・ソーヴィニーほか『キリスト教史 8――ロマン主義時代のキ

リスト教』p. 338.

(121) 本書，第 III 部第三章「3 十九世紀の女子教育」

(122) 「修道会のスパイ」の話は『赤と黒』の「第五章　交渉」にあり，「聖ヨセフ信徒会」等の修道会名が列挙されるのは「第二十二章　一八三〇年の行動法」

(123) 『赤と黒』第二十五章「神学校」

(124) 『十三人組物語』は第一話『フェラギュス』第二話『ランジェ公爵夫人』第三話『金色の眼の娘』からなる.「序文」は以下を参照. オノレ・ド・バルザック『ランジェ公爵夫人』工藤庸子訳，集英社，2008 年，p. 218–226.

(125) バルザック『ランジェ公爵夫人』p. 221–222.

(126) バルザック『ペール・ゴリオ』鹿島茂訳・解説，藤原書店「人間喜劇」セレクション第 1 巻，1999 年. これまでの邦題は『ゴリオ爺さん』が一般的.

(127) 同上 p. 287.〔 〕内は引用者.

(128) Jacques-Olivier Boudon, *Napoléon et les cultes*, p. 50–53.

(129) *La Franc-maçonnerie sous l'Empire, Un âge d'or?* Sous la direction de Pierre Mollier, Actes du Colloque organisé par l'Institut d'Etudes et de Recherches Maçonniques et le Grand Orient de France, Editions Dervy, 2007.

(130) Pierre-Yves Beaurepaire « Les Loges et l'opposition à Napoléon Ier: Une question mal posée? », *La Franc-maçonnerie sous l'Empire, Un âge d'or?*, p. 109–121.

(131) ピエール＝イヴ・ボルペール『「啓蒙の世紀」のフリーメイソン』深沢克己編，山川出版社，2009 年.「カメレオン的社交組織」については，同書の深沢克己「ボルペールとフリーメイソン史研究の新地平」p. 12–13 を参照.

(132) *Histoire des élites en France du XVIe au XXe siècle, L'honneur — Le mérite — L'argent*, Sous la direction de Guy Chaussinand-Nogaret, Tallandier, 1991, p. 279–287.

(133) 深沢克己「ボルペールとフリーメイソン史研究の新地平」p. 12.

(134) Yves Hivert-Messeca « Portalis, ministre des cultes et des rites ou la théorie du licol doré », *La Franc-maçonnerie sous l'Empire, Un âge d'or?*, p. 15–39. Joël-Benoît d'Onorio, *Portalis, l'esprit des siècles*, Dalloz, 2005, p. 70, p. 73–76, p. 166–171.

(135) 上記論文 Yves Hivert-Messeca « Portalis, ministre des cultes et des rites ou la théorie du licol doré » のタイトルともなっている「黄金の馬具」については，p. 18, note 17 を参照.

(136) ダッドレイ・ライト『ローマ教皇とフリーメイソン』綾部恒雄訳，三公社，

1996年．教皇庁が明確にフリーメイソンを禁じたのは，1738年，クレメンス12世の時代である．

(137) Yves Hivert-Messeca « Portalis, ministre des cultes et des rites ou la théorie du licol doré », *La Franc-maçonnerie sous l'Empire, Un âge d'or?*, p. 25–27.

(138) 教皇庁の断罪にもかかわらず，帝政下のフランス国内では，メイソンとカトリックの両立にさほどの困難はなかったらしい．フリーメイソンを実質的に統轄していたカンバセレスも，遺言に「ローマ・カトリックの信徒として死ぬ」ことを希望すると明記しており，一説によれば，日常的に教会のミサに参列していたという．Joël-Benoît d'Onorio, *Portalis, l'esprit des siècles*, p. 189, note 13.

(139) *Recueil de décréts, ordonnances, traités de paix, manifestes, proclamations, discours par Napoléon Bonaparte, et des membres du Gouvernement française, depuis le 18 Brumaire, an 8 (novembre 1799) jusqu'à l'année 1812, inclusivement.* Première volume, de l'imprimerie de T. Harper, Le Jeune, p. 306.

(140) 深沢克己「一八世紀フランスのフリーメイソンと寛容思想」，深沢克己，高山博編『信仰と他者』p. 228–230.

第四章　民法と家族制度

(141) *Dictionnaire Napoléon*, Sous la direction de Jean Tulard, Publié avec le concours du Centre national des lettres (première édition: 1987), Nouvelle édition, revue et augmentée, Fayard, 1999.

(142) 後述のジャン・カルボニエによる表現とされているが，19世紀の中頃には，すでにこの呼び名がつかわれていたとの指摘もある．ジャン＝ルイ・アルペラン「コード・シヴィルの200年——法制史家のまなざし」野上博義訳．石井三記編『コード・シヴィルの200年——法制史と民法からのまなざし』創文社，2007年，p. 135.

(143) ジャン＝ルイ・アルペラン「フランス人にとっての記憶の場としての民法典」岩谷十郎，石井三記訳．石井三記編『コード・シヴィルの200年』p. 209–210. 1804年の法律により再建された法学校では，カリキュラムの筆頭は「フランス民法」とされ，ローマ法は「フランス法とかかわる範囲」で教授研究されることとなった．その後何十年ものあいだ，法学部の授業科目を支配していたのは民法典だった．

(144) 名称変更の経緯とその意味するところについては石井三記「フランス民法典の運命」を参照．石井三記編『コード・シヴィルの200年』p. 7–11.

(145) 官報「モニトゥール」に掲載された数字．ジャン＝ルイ・アルペラン「フラ

ンス人にとっての記憶の場としての民法典」，石井三記編『コード・シヴィルの200年』p. 206–208. ちなみに，プロイセン一般ラント法典(1791年成立，1794年施行)は1830年までに2万9,500部が出版され，これが画期的だったというから，フランス民法典の1ヵ月8万部という売れゆきは爆発的といえる．同上，p. 205.

(146) ジャン＝ルイ・アルペラン「コード・シヴィルの200年――法制史家のまなざし」，石井三記編『コード・シヴィルの200年』p. 134–135.

(147) 『人間喜劇』の「総序」に記された名高い表現．Balzac, *La Comédie humaine, Avant-Props, La Comédie humaine I*, Gallimard, Bibliothèque de la Pléiade, 1976, p. 10.

(148) ジャン・カルボニエ「コード・シヴィル」野垣博義，金山直樹訳，石井三記編『コード・シヴィルの200年』p. 180–181.

(149) 同上，「付記」p. 200.

(150) Jean Carbonnier, « Le Code Civil », *Les lieux de mémoire 1*, Sous la direction de Pierre Nora, Gallimard, Quarto, 1997, p. 1331–1351. この論文は，岩波書店の『記憶の場』三巻本には収録されていないが，上記のように石井三記編『コード・シヴィルの200年』の第六章「コード・シヴィル」に全文が掲載されている．カルボニエとこの論文の読解については大村敦志『20世紀フランス民法学から(学術としての民法I)』東京大学出版会，2009年，第3編「フランス民法典の200年，A-1 民法典200周年を祝う」を参照．p. 189–203.

(151) Jean Carbonnier, « Le Code Civil », p. 1341–1342. ジャン・カルボニエ「コード・シヴィル」p. 182–184.

(152) Jean Carbonnier, « Le Code Civil », p. 1347. 既訳を参照しつつ，新たに訳出した．

(153) ジャン＝ルイ・アルペラン「コード・シヴィルの200年――法制史家のまなざし」．石井三記編『コード・シヴィルの200年』p. 135–136.

(154) 本書 p. 183.

(155) ハーバート・ロットマン『コレット』工藤庸子訳，中央公論社，1992年，p. 536–537. 初婚は教会でも挙式しているが，二度目と三度目は民事婚のみ．遺族の代表である三番目の夫モーリス・グドケはユダヤ人で，コレットの死後カトリックに改宗した．

(156) 「カルボニエ改革」の要点は「性の解放と離婚の自由化」，そして「カルボニエ民法」の特徴は「多元主義と社会学主義」であるという．この改革により，宗教(カトリックとプロテスタント)や社会階層，世代や地域によって異なる家族観に対応するため，複数の異なる考え方にもとづく離婚原因が設けられた．また立法の正

当性の根拠は，社会学的な調査によって関係者の声を聞くことにより確保されるとした．大村敦志『民法改正を考える』岩波新書，2011 年，p. 78–80.

(157) 北村一郎編『フランス民法典の 200 年』p. 8–11．なお，1804 年民法典の初版は，国民議会の公式サイトやフランス国立図書館のアーカイヴ Gallica で電子版にアクセスできる．

http://www.assemblee-nationale.fr/evenements/code-civil-1804-1. asp/

http://gallica.bnf.fr/ark:/12148/bpt6k1061517.r=.langFR/

(158) Jean-Louis Halpérin, *Le Code civil*, 2ᵉ édition, Dalloz, 2003, p. 4–15. Robert Badinter, *« Le plus grand bien… »*, Fayard, 2004, p. 26–45. 以下の文献も適宜参照した．Jean-Louis Halpérin, *Histoire du droit privé français depuis 1804*, Presses Universitaires de France, 1996.

(159) フランスで「国籍法」により「国籍」nationalité の概念が法律で定義されたのは 1889 年のことである．それまでは民法典の定める「フランス人の資格」qualité de Français が実質的に「国民」の定義となっていた．なお当初ナポレオン自身は「属地主義」を主張していた．

(160) Jean-Louis Halpérin, *Le Code civil*, p. 28–32.

(161) *Ibid.*, p. 32–34.

(162) *Ibid.*, p. 27.

(163) *Ibid.*, p. 28–35. 姦通以外の有責離婚の事由としては，暴行・虐待・重大な侮辱，名誉刑のみが挙げられている(229–232 条)．これらについては，すくなくとも条文は，男女の差別をしていない．双方の合意による離婚も制度上は認められているが，当事者の事後の権利能力が制限される，3 年間は再婚が禁止されるなど，厳しい規制が設けられている．日本語の文献としては以下を参照．辻村みよ子『女性と人権——歴史と理論から学ぶ』日本評論社，1997 年，p. 44–60.

(164) 水野紀子「家族」北村一郎編『フランス民法典の 200 年』有斐閣，2006 年，p. 159–176. Agnès Walch, *Histoire de l'adultère, XVIᵉ-XIXᵉ siècle*, Librairie Academique, Perrin, 2009, p. 338.

(165) Jean-Louis Halpérin, *Le Code civil*, p. 35–36.

(166) Jean-Etienne-Marie Portalis, « Discours préliminaire sur le projet de Code civil », *Discours et rapports sur le Code civil*, Presses Universitaires de Caen, 2010, p. 79–96. 民法典編纂の経緯と方針を記した企画的な論説であり，委員全員が署名しているが，執筆したのはポルタリスである．同書 p. XXXVII 以下を参照．民法典編纂におけるポルタリスの役割については，北村一郎編『フランス民法典の 200 年』p. 45–50. ナポレオン法典の精神を理解するための必読書とみなされるこの貴

重な文献は，カナダ法務省の公式サイトでもアクセスできる．冒頭の注によれば，文書が作成されたのは 1800 年の後半であるという．http://www.justice.gc.ca/fra/pi/gci-icg/code/page05.html/

(167) *Ibid*., p. 88.

(168) *Ibid*., p. 95.〔 〕内は訳者注.

(169) *Ibid*., p. 62.

(170) ジャン＝ルイ・アルペラン「フランス人にとっての記憶の場としての民法典」，石井三記編『コード・シヴィルの 200 年』p. 220–221.

(171) 邦訳では『ゴリオ爺さん』という表題が定着しているが，Père という語は「親爺」というニュアンスの馴れ馴れしい呼びかけというだけでなく「父」をめぐる豊かな主題系を可視化するという効果もともなっている．その意味でも，新訳で邦題をあらためた鹿島茂氏の判断に賛同する．なお「神としての父親」というテーマは，この作品の読解としては伝統的なものであるから，指摘するだけにとどめたい．典型的な断章は『ペール・ゴリオ』p. 179, p. 187–188 など.

(172) Jean-Louis Halpérin, *Le Code civil*, p. 41–42. 著者によれば「教導権」という言葉は，父権を形容する語として，しばしばつかわれる．なお第九章のタイトルが puissance paternelle から autorité parentale (両親が対等に行使する「親権」) に改められたのは 1970 年 6 月のことである．水野紀子「家族」北村一郎編『フランス民法典の 200 年』p. 173. 三成美保編『ジェンダーの比較法学――近代法秩序の再検討』大阪大学出版会，2006 年，p. 142–143.

(173) Xavier Martin, *Mythologie du Code Napoléon, Aux soubassements de la France moderne*, Dominique Martin Morin, 2003, p. 283–285. ちなみに「父親をつくるのは法律である」という言葉は p. 238 の小見出しに掲げられている．バルザックの引用は『二人の若妻の手記』の第十二章より．今日では家族というものはなくなり，個人があるのみ，という指摘がつづく.

ジャン＝ルイ・アルペランによれば，マルタンの研究の特質は「ナポレオン法典の起草者が機械論的・悲観的人間論に共感する傾向があったこと」を明らかにした点にあるという．石井三記編『コード・シヴィルの 200 年』第四章「コード・シヴィルの 200 年――法制史家のまなざし」p. 124. なお『ナポレオン法典の神話』第 1 章の邦訳が，同書の第五章に同じタイトルで収録されている．野上博義訳，p. 143–163.

(174) バルザック『ペール・ゴリオ』p. 213.

(175) 同上 p. 332–333.

(176) 同上 p. 381.

(177)　dénaturer とは，不動産を動産に変えること．この「動産化」という手法によって，たとえば夫婦各自の固有財産を共通財産に包摂することができる(1505 条以下)．原田純孝「相続・贈与遺贈および夫婦財産制——家族財産法」，北村一郎編『フランス民法典の 200 年』p. 259．後述のように，高利貸しのゴプセックも「動産は持っている者が所有者」と指摘する．本書 p. 227.

(178)　バルザック『ペール・ゴリオ』p. 24–25, p. 265.

(179)　原田純孝「相続・贈与遺贈および夫婦財産制——家族財産法」，北村一郎編『フランス民法典の 200 年』p. 265.

(180)　Jean-Louis Halpérin, *Le Code civil*, p. 51.

(181)　*Ibid.*, p. 51.

(182)　*Ibid.*, p. 39.

(183)　「自然子」は「通常自然子(非嫡出子)」enfant naturel simple と「そうでないもの」に分類される．「姦通」adultère あるいは「乱倫(近親相姦)」inceste から生まれた「姦生子」enfant adultérin と「乱倫子」enfant incestueux は後者に分類され，一般の自然子よりさらに厳しい差別を受ける．遺産相続の可能性はなく，「憐れみ」の情によって扶養費を与えられるのみである(762条)．Jean-Louis Halpérin, *Le Code civil*, p. 51.

(184)　バルザック『ペール・ゴリオ』p. 333．なぜ，アナスタジーが下のふたりが「姦生子」であると確信できたかについては，なんの説明もされていない．当時，妊娠のメカニズムは明らかにされておらず，おそらく母親の「自覚」が決め手になっていたのだろうと推測しておこう．

(185)　Jean-Louis Halpérin, *Le Code civil*, p. 42．夫に先立たれた女性は，未成年の子どもの後見人という立場で，財産の管理・用益権を得る．既婚女性の場合「未亡人」になったとき，はじめて一人前とみなされるのだ．バルザックの『婚姻契約』は，おっとりした資産家の地方貴族が，才覚に長けた未亡人と操り人形のような娘に手玉にとられ，結婚生活のなかで全財産を合法的に召し上げられるという物語．それこそナポレオン法典が頭に入っていなければ，とても読み解けない作品なのである．代訴人なみの知見をもつ作家が「契約」そのものを主題とした小説を書くということ自体が「民法典の国フランス」を象徴していよう．

(186)　バルザック『ゴプセック』吉田典子訳，藤原書店「人間喜劇」セレクション第 7 巻，1999 年，p. 38.

(187)　同上 p. 65.

(188)　同上 p. 46–57.

(189)　「格言」の筆頭に挙げられるべきものは 213 条「夫は妻を保護し，妻は夫に従

う」Le mari doit sa protection à sa femme, la femme obéissance à son mari という文章だろう. まことに歯切れのよい文体である.

(190) ジャン・カルボニエ「コード・シヴィル」, 石井三記編『コード・シヴィルの200年』p. 190.

(191) バルザック『ゴプセック』p. 65–66.

(192) 山口俊夫編『フランス法辞典』東京大学出版会, 2002年, fidéicommis の項をフランス語の単語を省略して引用する. ——「恵与すなわち生前贈与または遺贈において, 恵与者が恵与の受益者に対し, 恵与財産を保全し, かつ, 一定の時期ごとにその受益者の死亡時に, あらかじめ恵与者によって指定された他の受益者に恵与物を与える義務を負担させる, 特殊な処分」. なお現行法では, 原則的に禁止されているという. 法概念としては以下の解説が理解しやすい. 大村敦志『新しい日本の民法学へ(学術としての民法II)』東京大学出版会, 2009年, p. 244–245.

(193) バルザック『ゴプセック』p. 87.

第五章 文化とネイション

(194) *Mémoires de Napoléon 1, La campagne d'Italie, 1796–1797*, p. 53–71. *Mémoires de Napoléon 2, La campagne d'Egypte, 1798–1799*, p. 69–143.

(195) 本書 p. 147–149.

(196) 本書 p. 183.

(197) *Dictionnaire Napoléon*, Sous la direction de Jean Tulard, catéchisme impérial の項.

(198) クリストフ・シャルル / ジャック・ヴェルジェ『大学の歴史』岡山茂 / 谷口清彦訳, 白水社「文庫クセジュ」2009年, p. 66, p. 100. ちなみに学生人口の内訳は, 高等教育レヴェルとみなされるコレージュ最終学年が約5,000人, 神学部3,500–4,000人, 法学部は3,500人, 医学部が600人をやや上回る程度だった.

(199) Fondation Napoléon の公式サイトに掲載された論文. Jacques-Olivier Boudon, « Napoléon organisateur de l'Université ».
http://www.napoleon.org/fr/salle_lecture/articles/files/universite_Boudon_RSN464_mai2006.asp/ なお, 教育学の分野における日本語文献としては, 池端次郎『近代フランス大学人の誕生』(知泉書館, 2009年) の第I部「近代フランス大学人史前史」第II部「基本法」に具体的な制度の紹介と分析がある.

(200) Jacques-Olivier Boudon, « Napoléon organisateur de l'Université ».

(201) 一般の聖職者は1905年の法律により, 国から給与を支給される「公務員」としてのステータスを失ったが, 病院, 監獄, 軍隊には, 今日でもカトリック, プロ

テスタント，ユダヤ教，イスラームの施設付聖職者が配置されている．一括して aumônier と呼ばれる職種であり，待遇は公務員に準じる契約雇用である．

(202)　Jacques-Olivier Boudon, « Napoléon organisateur de l'Université ».

(203)　*Ibid.*

(204)　バルザック『ペール・ゴリオ』p. 152.

(205)　フローベール『感情教育』上，山田𣝣訳，河出文庫，2009 年，p. 147.

(206)　19 世紀フランスの法学部については，学生数や司法関係の職業の分析などをふくめ，以下の文献に充実した記述がある．大村敦志『20 世紀フランス民法学から(学術としての民法 I)』東京大学出版会，2009 年，第 1 章「科学学派の誕生」，とくに p. 25–32.

(207)　ルネ・レモン『政教分離を問いなおす』p. 54. liberté de conscience の訳語は「良心の自由」が一般的だろう．ただし「良心」という日本語の辞書による定義は「道徳的に正邪・善悪を判断する意識」となっており，すでに宗教から自立した「ライックな道徳」が存在することが前提となっているように思われる．しかるにルネ・レモンによれば，ここで問われているのは，個人が何を信じるか(たとえばカトリックかプロテスタントか)という水準の選択にほかならない．一方で，フランスにおける「ライックな道徳」は，19 世紀の市民社会において，宗教的な伝統を暗黙の前提として「民法」に寄りそいながら形成されたというのが，本書の提案する見取り図である．

(208)　ルネ・レモン『政教分離を問いなおす』p. 53–61.

(209)　同上 p. 62–63.

(210)　同上 p. 64.

(211)　アンヌ＝マリ・ティエス『国民アイデンティティの創造——十八～十九世紀のヨーロッパ』斎藤かぐみ訳，工藤庸子解説，勁草書房，2013 年，p. 3.

(212)　1760 年代のジェイムズ・マクファーソンによる『オシアン詩集』の紹介は，それ自体が，地元名士の「先祖捜し」という強い期待に応えるために，周囲の願望に促されて進展したものである．オシアンという名のケルトの英雄詩人の作品が見出されたという経緯もあいまいで，編纂された手稿の信憑性はついに証明されなかったが，そのためにヨーロッパ的な反響が殺《そ》がれることはなかった．アンヌ＝マリ・ティエス『国民アイデンティティの創造』p. 17–24.

(213)　同上，第 1 章「美の革命」．グリム兄弟の活躍については p. 62–64.

(214)　アーネスト・ゲルナー『民族とナショナリズム』加藤節監訳，岩波書店，2000 年，p. 77–79.

(215)　アンヌ＝マリ・ティエス『国民アイデンティティの創造』p. 14.

(216) 原聖『ケルトの水脈』講談社「興亡の世界史」2007年, p. 13.

(217) 原典の130編に及ぶ論文の一部を収録した日本語版は, 構成も異なっているのだが, 邦訳では第一巻の冒頭に, クシシトフ・ポミアン「フランク人とガリア人」が置かれている.

(218) ピエール・ノラ編『記憶の場1』谷川稔監訳, 岩波書店, 2002年, p. 63. ポミアンによれば, ガリアの特権的地位は, 3つのイメージの結合に由来する. 第一は, ケルト人の壮麗さ, 富, 第二はドルイド祭司がもっていたとされる秘教的な知識で, 現代のオカルティズムに通じるとされるもの, 第三は「われらが祖先ガリア人」というテーゼである.

(219) 同上 p. 92–97.

(220) 同上 p. 85–92.

(221) Chateaubriand, *Mémoire d'outre-tombe 1*, p. 723.

(222) Flaubert, *Correspondance 2*, p. 718. 文脈としては, 本書p. 68でもふれた「愚かしいのはしいて結論を出そうとすることだ」という主張に関連する. 並置された作家と書物は, 結論を出そうとしないという意味で「偉大な精神」の代表とみなされているのである.

(223) この点はくり返し強調しておきたい. ムスリムのスカーフ論争にも見られるように, 今日の原理主義的なライシテ論者は「空間的排除」というわかりやすい論点だけを強調する傾向があるからだ.

(224) アレクシス・ド・トクヴィル『旧体制と大革命』小山勉訳, 1998年, ちくま学芸文庫, p. 310–311.

(225) 富永茂樹『トクヴィル——現代へのまなざし』第3章「切断と連続——アンシャン・レジームとフランス革命」も参照のこと. 本書第IV部で見るように, こうした歴史の展望は, アルベール・ソレルを通じてプルーストに引きつがれる.

(226) Paul Bénichou, *Le Sacre de l'écrivain, 1750–1830, Essai sur l'avènement d'un pouvoir spirituel laïque dans la France moderne, Romantismes français 1*, Gallimard, Quarto, 2003.『作家の戴冠』の第一章, トクヴィルへの言及で, 本書で引用した文章の一部が引かれている(p. 49).『作家の戴冠』は1973年に Librairie José Corti から初版が出て以来, 1996年にもガリマール社の bibliothèque des Idées に収められているが, 主要業績が同じガリマール社の Quarto から二巻本で再刊されて以来, ようやく日本でも参照されることがふえてきたように思われる. 以下の論考はベニシューの業績をリベラリズム研究の視点から再読するものであり示唆に富んでいる. 杉本隆司「ポール・ベニシュー『預言者の時代』にみる二つの自由主義: 政治思想と方法」一橋論叢135(2), 2006年, p. 342–350.

なおベニシューの初期の業績のひとつ *Morales du grand siècle* (1948) には以下の邦訳がある.『偉大な世紀のモラル——フランス古典主義文学における英雄的世界像とその解体』朝倉剛・羽賀賢二訳，法政大学出版局，1993 年.

(227)　本書 p. 179.

(228)　Paul Bénichou, *Le Sacre de l'écrivain*, p. 23–29.「文学」の 18 世紀的な意味については，同書 p. 56 を参照. 大文字の「文人」Homme de Lettres についての分析は p. 33–56 他，随所にある.

(229)「情熱 enthousiasme と真理こそは，作家と芸術家が手から手へ渡し引きついでゆく「二つの不滅の灯火《ともしび》」である」といったイメージを例に挙げることができる. こうした「聖なる使命」の顕揚は，「文人」の言説においては，ありふれたものであるらしい. ベニシューが，啓蒙の世紀を「理性」と「感情」という二項対立的な概念に還元する捉え方を批判して，より細やかな記述をめざしていることはご推察いただけよう. *Ibid.*, p. 39.

(230)　*Ibid.*, p. 44.

(231)　*Ibid.*, p. 58.

(232)　*Ibid.*, p. 62–63.

(233)　シャトーブリアン『アメリカ紀行』の「序文」にも，旅が「文明の起源」への時間的な遡行を可能ならしめるというヴィジョンが明快に語られている. 冒頭の文章を訳出すれば——「旅とは歴史の源泉のひとつである. 旅人たちの語りによって，それぞれの国の個別の歴史のかたわらに，異なるネイションの歴史が書きこまれる. 旅によって人は社会の揺籃期にまで遡ることができる」. つづいてモーセのエジプト脱出，ヘシオドスやホメロスをはじめとする古代ギリシアの旅，キリスト教の中世，大航海と新大陸の発見という具合に，壮大な見取り図が描かれる. プレイヤード版で 50 ページ近くある「序文」の全体は，たしかに一見したところ「旅の歴史」のようにも見えるのだが，むしろ「歴史の旅」といったほうが当たっていよう. 話題になるのは終始，時間の流れであって空間の広がりではないのである. 今や絶滅の危機にさらされているアメリカ先住民たちの最後の「歴史家＝語り部」historien になるという意図を著者は「序文」のしめくくりに表明する. Chateaubriand, *Voyage en Amérique*, *Préface*, *Œuvres romanesques et voyages 1*, p. 617–663.

(234)　Paul Bénichou, *Le Sacre de l'écrivain*, p. 142–146.「『キリスト教精髄』あるいは感性の人の回心」との小見出しを立てた項.

(235)　Chateaubriand, *Essai sur les révolutions*, *Génie du christianisme*, p. 472. 引用は第一部の第一篇，第二章の冒頭.

(236)　*Ibid.*, p. 602–603.

(237)　*Ibid*., p. 440.

(238)　*Ibid*., p. 431.

(239)　Flaubert, *Correspondance 2*, p. 151. フロベール書簡撰集『ボヴァリー夫人の手紙』工藤庸子編訳，筑摩書房，1986 年，p. 156–157.

(240)　*Ibid*., p. 402–403. 同上 p. 266–277.

(241)　*Ibid*., p. 431–432. 同上 p. 281–282.

(242)　本書 p. 11.

第 III 部　姦通小説論

第一章　宗教的な大罪　それとも民法の契約違反？

(1)　『聖書』(新共同訳)「出エジプト記」20 章 3–17 節より抜粋.

(2)　岩波『キリスト教辞典』「姦淫」の項.

(3)　http://www.vatican.va/archive/FRA0013/_–P67.HTM

フランス語による「七つの大罪」は以下のとおり――l'orgueil, l'avarice, l'envie, la colère, l'impureté, la gourmandise, la paresse ou acédie (最後の単語 acédie は通常の辞書にはないカトリック特有の語彙. 祈禱や懺悔など信仰生活の勤めに関する怠慢や無気力をさす).

(4)　日本語の「姦通」や「姦淫」に相当するフランス語の語彙は多様で流動的である. アカデミー・フランセーズの初版『フランス語大辞典』(1694 年) には Les fornicateurs, ny les adulteres ne possederont point le Royaume de Dieu (姦淫する者も姦通する者も神の国に入ることはできない) という例文がある.

また今日の『カトリック教会のカテキズム要約』(カトリック中央協議会発行) における問題の用語は「肉欲」であり，フランス語版 *Catéchisme de l'Eglise catholique, Abrégé* でこれに対応する部分にも luxure という語彙がつかわれている. なお「大罪」についても解釈の変化がある. 今日の「カテキズム」では，さまざまの罪や悪徳を招きよせる危険な情欲という側面が強調されており，péchés capitaux の訳語は「罪源」である.

(5)　Agnès Walch, *Histoire de l'adultère, XVIe-XIXe siècle*, p. 37.

(6)　映画作品と歴史研究の関係は複雑である. もともとデーヴィスはクロード・カリエールの映画シナリオが 1982 年に刊行されたさいに，第二部として歴史研究の立場から文章を寄せ，これに大幅に手を加えて翌年に英語の単著を発表した. これが以下の邦訳の底本である. ナタリー・ゼーモン・デーヴィス『マルタン・ゲールの帰還――16 世紀フランスの偽亭主事件』成瀬駒男訳，平凡社，1985 年.

(7) Agnès Walch, *Histoire de l'adultère, XVIe-XIXe siècle*, p. 19–44. ジャン・マイヤールに関する記述は，すべてこれらのページによるが，煩瑣になるためページ数は記さない.

(8) 婚前妊娠のケースはいうまでもなく，何年も内縁関係にあったカップルについて，生まれた子どもを結婚式に参列させることにより，両親との関係を公にして「嫡出性」を認めるというやり方である.

(9) ナタリー・ゼーモン・デーヴィス『マルタン・ゲールの帰還』p. 127, p. 186. 妻が実の夫と確信しているときに身籠もった子どもは嫡出子であるという判断だが，さすがに微妙な問題をはらんでおり，裁判にかかわった司法官も，回想録で博学な議論を展開しているという.

(10) 同上 p. 117.

(11) Agnès Walch, *Histoire de l'adultère, XVIe-XIXe siècle*, p. 28.

(12) *Ibid.*, p. 73. ナタリー・ゼーモン・デーヴィス『マルタン・ゲールの帰還』p. 154.

(13) Agnès Walch, *Histoire de l'adultère, XVIe-XIXe siècle*, p. 74.

(14) この注意書きは 1694 年の初版にはなかったものである. 第四版の解説をさらに紹介するなら「姦通を行う者」あるいは「姦通という行為」を指す名詞としての用法では，女性のみという限定はない. たとえば double adultère といえば既婚者同士の姦通を指す. ちなみに Walch の著作をはじめ，現代のジェンダー論やインターネット上では un mari adultère という表現にも市民権がある.

(15) Flaubert, *Novembre*, *Œuvres de Jeunesse*, Gallimard, Bibliothèque de la Pléiade, 2011, p. 783. 第 III 部「姦通小説論」エピグラフを参照.

(16) 本書 p. 151.

(17) 本書 p. 60–61.

(18) Balzac, *Le Lys dans la vallée*, *La Comédie Humaine IX*, Gallimard, Bibliothèque de la Pléiade, 1978, p. 1217–1218.

(19) *Ibid.*, p. 984.

(20) *Ibid.*, p. 1215–1216.

(21) *Ibid.*, p. 1049.

(22) *Ibid.*, p. 1217.

(23) *Ibid.*, p. 1071–1073.

(24) *Ibid.*, p. 1143.

(25) *Ibid.*, p. 1187.

(26) *Ibid.*, p. 987.

(27)　本書 p. 61.

(28)　*Ibid.*, p. 1216–1217.

(29)　Claude Langlois, *Le Crime d'Onan*, *Le discours catholique sur la limitation des naissances* (*1816–1930*), Les Belles Lettres, 2005, p. 49.「オナンの罪」とは，寡婦となった兄嫁と結婚させられたオナンが，兄の家系に自分の子を捧げることを望まず，妊娠を避けるために精子を地に落とし，神の怒りを買ったという「創世記」38 章のエピソードによる．フーコーも指摘するように，人口の調整は，経済基盤と直接にかかわるという意味で，近代国家にとって最大の課題となっていた．なお，この問題に関する邦訳文献としてはジャン・ルイ・フランドラン『フランスの家族——アンシャン・レジーム下の親族・家・性』(森田伸子，小林亜子訳，勁草書房，1993 年) がある．とりわけ第 4 章「家族の生殖機能と性生活」を参照のこと．

(30)　ミシェル・フーコー『性の歴史 I——知への意志』渡辺守章訳，新潮社，1986 年，p. 35.

(31)　罪を洗いざらい告白しなければ天罰が下るという強迫観念は，初聖体を拝領する少年少女にもつきまとう．シャトーブリアンの回想や，のちに見るコレットのカテキズム批判などには，そうした問題意識が見てとれる．Chateaubriand, *Mémoires d'outre-tombe 1*, p. 246. 本書 p. 503–504.

(32)　Claude Langlois, *Le Crime d'Onan*, p. 97–98.

(33)　Agnès Walch, *Histoire de l'adultère, XVIe-XIXe siècle*, p. 277–280.

(34)　石井三記「フランス法制史からのコメント」，三成美保編『ジェンダーの比較法史学——近代法秩序の再検討』大阪大学出版会，2006 年，p. 307.

(35)　本書 p. 221.

(36)　Agnès Walch, *Histoire de l'adultère, XVIe-XIXe siècle*, p. 279–280.

(37)　*Ibid*, p. 280–281.

(38)　*Ibid.*, p. 338–340.

(39)　バルザック『ランジェ公爵夫人』工藤庸子訳，集英社，2008 年，p. 100.

(40)　同上 p. 104–105.

(41)　同上 p. 122.

(42)　本書 p. 99.

(43)　Maupassant, *Bel Ami*, p. 424–430.

(44)　*Ibid.*, p. 393–400.

(45)　とりわけ哀切にして滑稽でもあるエピソードをひとつだけ紹介しておこう．ヴァルテール夫人はジョルジュの胸にもたれかかりながら，長い髪の毛をボタンのひとつひとつに巻き付けておく．別れの瞬間に髪が引き抜かれ，心の痛みとシンク

ロナイズすることが嬉しいのである．入れ替わりに逢い引き部屋を訪れたマレル夫人が，ボタンにからんだ頭髪を発見し，自分のほかにもジョルジュに愛人がいて，しかもライヴァルは白髪の混じった女であることに気づいて逆上する．ちなみにこの展開は，後述する「ヴォードヴィル」の舞台効果に通じるものがあるだろう．*Ibid.*, p. 417-421.

(46) プレイヤード版の注(p. 1422, p. 1427)によれば，作品内の時間は1883年であろうと思われるのだが，年代は明記されてはいないし，出版されたのは1885年だから，この時間的な齟齬に気づく読者は当時でも多くはなかったと思われる．いずれにせよ離婚制度の復活は長らく国民的な議論になっており，本書，第IV部で詳しく見るように，モーパッサン自身もジャーナリズムで健筆をふるっていた．

(47) *Ibid.*, p. 452-459.

(48) *Ibid.*, p. 475.

(49) 代表的な劇作家はジョルジュ・フェドー(1862-1921年)である．

第二章　親密圏のジェンダー論――女子修道会寄宿学校育ちのお嬢さま

(50) 三成美保「第I部「ジェンダー法学」の構築にむけて」，三成美保編『ジェンダーの比較法史学』．近代市民社会における「公」と「私」の関係については，とくにp. 43以下を参照．

(51) 同上 p. 65.

(52) 本書 p. 192-194.

(53) 三成美保「第I部「ジェンダー法学」の構築にむけて」，三成美保編『ジェンダーの比較法史学』，p. 79.

(54) Choderlos de Laclos, *Les Liaisons dangereuses*, *Œuvres Complètes*, Gallimard, Bibliothèque de la Pléiade, 1979, p. 22. 原文は J'aurai cette femme; je l'enlèverai au mari qui la profane; j'oserai la ravir au Dieu même qu'elle adore. 夫は彼女を「冒瀆している」という表現は，女性に「神聖なもの」を付与するだろう．ヴァルモンは値打ちのない夫から妻を「とりあげる」のだが，神に対しては「強奪」しなければならない．ちなみに親から子どもが ravir されたとは，「天に召される」という意味であり，ここでは地上の力が神の御許にあるものを奪い返すというニュアンスが生じている．adorer は「神の礼拝」と俗世の「熱愛」のいずれの意味にもとれる語彙．ひと言でいえばヴァルモンの愛と欲望は純粋に「カトリック的」な構図のなかで立ちあげられている．

(55) *Ibid.*, p. 14. いうまでもないが，小説には「事実」が計量的に反映されているわけではない．そうではなく，男たちの「金髪幻想」がヒロインに投影されている

のである．

(56)　Marc Fumaroli, *Trois institutions littéraires*, Gallimard, folio histoire, 1994, p. 142.　フュマロリが例に挙げるのは，ランブイエ夫人やセヴィニエ夫人と娘の関係，そしてネッケル夫人と娘のスタール夫人との関係などである．

(57)　Maupassant, *Une Vie*, *Romans*, Gallimard, Bibliothèque de la Pléiade, 1987, p. 62.

(58)　Laure Adler, *Secrets d'alcôve*, *Histoire du couple de 1830 à 1930*, Hachette, 1984.

(59)　Rebecca Rogers, *Les Bourgeoises au pensionnat*, *L'éducation féminine au XIXe siècle*, Presses Universitaires de Rennes, 2007, p. 44–45.　本書 p. 302–304 参照．

(60)　本書 p. 155.

(61)　本書 p. 122–123.

(62)　Chateaubriand, *Essai sur les révolutions*, *Génie du christianisme*, p. 502–503.

(63)　『キリスト教精髄』の原典は，本書で参照しているプレイアード版とフラマリオン版では，かなりの異同があり，たとえば第九章の表題は，後者においては「叙階の秘蹟についての続き．詩的な見地から見た〈処女性〉の検討」となっている．

(64)　叙階の秘蹟を語るときに，婚姻のメタファーがあらわれるのは偶然ではない．修道女の誓願をする女性が「イエスの花嫁」となるように，神と契約を結んで修道士となる男性は，女性名詞である「教会」と結婚するのである．生身の女との婚姻は「裏切り」となる．

(65)　プレイヤード版の注を参照．Chateaubriand, *Essai sur les révolutions*, *Génie du christianisme*, p. 1698.

(66)　Chateaubriand, *Mémoires d'outre-tombe 2*, p. 66–67.

(67)　Chateaubriand, *Essai sur les révolutions*, *Génie du christianisme*, p. 664.　シャトーブリアンは「聖母マリアの礼拝」culte de la Vierge という用語を用いている．カトリックにおいても神やキリストに対しては「礼拝」「信仰」を用い，聖母マリアや聖人に対しては「崇敬」vénération という語彙を当てるのが正しいとされるが，『キリスト教精髄』の表現はまさに「詩的」なものであり，神学論争をふまえて個々の語彙を選択しているわけではないだろう．

(68)　ラシーヌ『アンドロマック』第一幕第四場．

(69)　Balzac, *Le Lys dans la vallée*, p. 1214.　モルソフ夫人がレディ・ダドレーに嫉妬しながら同時に自分のコケットリーを責める長い台詞のなかにも，母と処女のイメージが交錯してあらわれる．たとえば，自分が「白いドレス」を好んで着るのは，あなたの「谷間の百合」であることを告げたいからだ，という述懐など．p.

1170.

(70)　Paul Bénichou, *Le Sacre de l'écrivain*, p. 138–139.

(71)　シルヴィ・バルネイ『聖母マリア』船本弘毅監修，創元社「知の再発見」2001年，p. 94–95.

(72)　エリザベート・バダンテール『母性という神話』鈴木晶訳，筑摩書房，1991年.

(73)　Balzac, *La Fille aux yeux d'or*, *La Comédie Humaine V*, Gallimard, Bibliothèque de la Pléiade, 1977, p. 1055. ちなみに今日のフランスでは，離婚した夫婦が子どもの親権をめぐって対立した場合に，しばしば父親が「父性の権利」droit de paternité を主張して，これが社会運動になっている．義務と権利の両面において「母性」と「父性」が対になるという自覚が生まれたのは，最近のことである.

(74)　Claude Langlois, *Catholicisme, religieuses et société, Le temps des bonnes sœurs*, Desclée de Brouwer, 2011.

(75)　社会的な活動にかかわる修道会の成長発展については，以下の研究が画期的な成果とみなされている．Christian Sorrel, *La République contre les Congrégations, Histoire d'une passion française 1899–1904*.

(76)　Claude Langlois, *Catholicisme, religieuses et société*, p. 48–51.

(77)　*Ibid.*, p. 55.

(78)　本書 p. 11–12.

(79)　1876–1877 年において，ほぼ 6 割という数字をラングロワは提案する．その意味するところについては，Claude Langlois, *Catholicisme, religieuses et société*, p. 49 および注を参照.

(80)　シャーロット・ブロンテ『ジェイン・エア』河野一郎訳，中央公論社「世界の文学セレクション」1994 年，p. 47–56.

(81)　同上 p. 461.

(82)　川本静子『ガヴァネス——ヴィクトリア時代の〈余った女〉たち』みすず書房，2007 年．著者は第三章「反逆する女——ジェイン・エア」の冒頭で，ブロンテと同時代の批評家がこの物語に「体制の転覆を企てる当時の革命思想に通底するものを嗅ぎとった」という事実を指摘している．p. 131–132.

(83)　シャーロット・ブロンテ『ジェイン・エア』p. 423.

(84)　同上 p. 199.

(85)　注 82 参照.

(86)　川本静子『ガヴァネス』によれば，ガヴァネスの親は牧師が多いという通説に統計的な根拠はないという (p. 18)．しかし，そもそも商業に従事する者より牧師は

ずっと少数だったはずだから，絶対数の意味するところは限定的だろう．いうまでもないが，牧師の娘が自活を強いられたときに，ガヴァネスとなるケースが多いかどうかについては，別の統計資料が必要となる．

(87)　たとえばフローベールの妹の娘カロリーヌには「ガヴァネス」に当たる女性がいたけれど，母親が産褥で亡くなったという事情があるから，これは典型とはいいがたい．オクターヴ・ミルボーの『小間使いの日記』には，執事や下男や下女などさまざまの職種が描かれるが，家庭教師は登場しない．プルーストの場合，語り手が少女たちとシャンゼリゼで遊ぶ場面に，つきそいの「先生たち」instutrices がおり，これは英国式の住み込みの女性家庭教師である．ちなみにこうした方式が，一部の富裕層の「シック」な習慣であることも暗示されている．いずれにせよフランス 19 世紀には女性の小説家が少なかったことが「親密圏」の営みの役割分担について，証言が少ないことの最大の原因だろう．

第三章　裁きの物語としての『モンテ＝クリスト伯爵』

(88)　リン・ハント『人権を創造する』松浦義弘訳，岩波書店，2011 年，p. 32.

(89)　同上 p. 60–61.

(90)　同上 p. 21.

(91)　ベネディクト・アンダーソン『想像の共同体――ナショナリズムの起源と流行』(増補版) 白石さや，白石隆訳，NTT 出版，1997 年，p. 47–56.

(92)　本書 第II部「革命期のラディカルな法案から家父長制への転換」の項．p. 212–214.

(93)　Xavier Martin, *Mythologie du Code Napoléon*, p. 413–417. 復習を兼ねて，マルタンの指摘にしたがい革命期の法案における反＝家族的な発想を要約するなら，以下の 3 点がポイントになろう．まずは離婚の導入による婚姻の絆の弱体化，ついで遺言という強力な権利を剝奪することによる父権の弱体化，さらに自然子の権利の拡張による家族の絆の相対化．

(94)　*Ibid.*, p. 421.

(95)　元老会議の議員となるための条件は，既婚者もしくは寡夫であり，年齢は 40 歳以上と定められた．独身者と離婚した者は排除されたのである．*Ibid.*, p. 424–425.

(96)　カンバセレスの 1793 年法案においては，遺言は廃止され，「処分任意分」はわずか 10 パーセントになっていた．なるほどこれなら息子たちは父親の顔色を気にせずに人生を選択できる．いいかえれば「父権」による抑圧から解放されている．Robert Badinter, « *Le plus grand bien…* », p. 34. Jean-Louis Halpérin, *Le Code*

civil, p. 52.

(97) 「善き息子」から「善き兄弟」までの考察については，以下を参照. Xavier Martin, *Mythologie du Code Napoléon*, p. 435–441.

(98) 本書 p. 229.

(99) 樋口陽一『国法学　補訂版——人権原論』有斐閣，2007 年，p. 55. 傍点は著者.

(100) 同上 p. 9. 「中間集団」という語彙は，「人権」の主体としての「人一般」を析出する議論とかかわっており，ここでは引用するにとどめたい. 著者の指摘するように 1789 年の「人権宣言」の定義する「人権」のリストには「結社の自由」がふくまれない. また 1791 年 6 月 14 日の法令(提案者の名をとり「ル・シャプリエ法」と呼ばれる)は同業組合や労働者の団結行為を全面的に禁止した.

(101) Balzac, *La Comédie humaine*, *Avant-Propos*, *La Comédie humaine I*, p. 13. この文章がいかなる思想的な文脈に接続するかは，あらためて検討する必要があるだろう. 著者はみずからの政治的選択は「カトリシズム」と「王政」という 2 本の柱からなっていると宣言し，その一方で「選挙」は立法のためには有効であろうが，社会的な手段として選挙だけに依存するのは間違っていると指摘する. ましてや「普通選挙」は，人間の寄せ集めにすぎない「大衆」masses に統治の権限を与えてしまうから危険だというのである.

(102) Balzac, *Le Curé de village*, *La Comédie humaine IX*, p. 824.

(103) イヴ・K・セジウィック『男同士の絆——イギリス文学とホモソーシャルな欲望』上原早苗，亀澤美由紀訳，名古屋大学出版会，2001 年.

(104) Jean Tulard, *Alexandre Dumas*, PUF, 2008, p. 76.

(105) 岩波文庫の山内義雄訳では 2 月 24 日となっているが，これは翻訳の底本が昔のものであるため. 今日では，この日付が誤植であったことが確認されており，フランス語版は 28 日に訂正されている. 本書の底本は以下の版である. Alexandre Dumas, *Le Comte de Monte-Cristo*, Robert Laffont, Bouquins, 1993. なお，本書の執筆中に大矢タカヤス氏による新訳『モンテ＝クリスト伯爵』(新井書院，2012 年) が出版された. 軽快で現代的な訳文と豊富な図版，そして物語の素材となった実話の数奇な復讐譚などを紹介する「解題」と，三拍子揃った魅力的な一巻本である.

(106) ドラマの年譜については以下を参照した. Alexandre Dumas, *Le Comte de Monté-Cristo*, Classiques Hatier, 2003, p. 8–9.

(107) 既訳は「エデ」となっているが，人名の発音は Eric Herson-Macarel による水準の高い全篇朗読 CD (Livraphone Editions) を参考にした. なお地名について

はフランス語の発音にこだわらず，一般的と思われる標記を採用しており，「ジャニナ」ではなく「ヤニナ」とした.

(108) シャトーブリアン『アタラ』をはじめ，母の宗教にしたがってキリスト教徒として育てられた異国の娘という主題には，ゆたかな文学の系譜がある. サイードのいう「オリエンタリズム」の類型としても，宗教とジェンダーという観点からしても，分析に値するテーマだろう.

(109) Alexandre Dumas, *Le Comte de Monte-Cristo*, p. 931.

(110) 1840年にはナポレオンの遺骨がフランスに帰還した. 『モンテ＝クリスト伯爵』の新聞掲載はその4年後にはじまっており，この作品が世界的なベストセラーになったことにより，世紀半ばの「ボナパルティスト」のイメージに新鮮な魅力を添えたことはまちがいない.

(111) 本書，第I部「女と砒素と空っぽの遺体」の項. p. 41–44.

(112) ベネデットは裁判で自分が1817年9月27日から28日の夜に生まれたと証言している. ヴィルフォールは1815年にはまだ独身だが，オトゥイユの別荘がサン＝メラン家のものであることが強調されているのは，この時点ではすでに結婚していたという意味だろう. いずれにせよ，かなり早い時期の浮気ということになる. 一方のダングラール夫人は，まだナルゴンヌ男爵夫人であった時期にヴィルフォールの子どもを宿しており，夫が死んだ直後の1818年にダングラールと再婚した.

(113) Jean-Louis Halpérin, *Le Code civil*, p. 38.

(114) Agnès Walch, *Histoire de l'adultère, XVIe-XIXe siècle*, p. 297–298.

(115) Maupassant, *Pierre et Jean*, *Romans*, Gallimard, Bibliothèque de la Pléiade, p. 767–768.

(116) *Ibid.*, p. 785.

(117) *Ibid.*, p. 803.

(118) *Ibid.*, p. 778.

(119) *Ibid.*, p. 817.

第四章　神聖なる家族制度

(120) 本書 p. 291–292.

(121) Maupassant, *Une Vie*, p. 78–83. 「父性の捜索」については，本書 p. 224–226.

(122) *Ibid.*, p. 90. 民法230条によれば夫婦の居住する家で夫が愛人関係をもった場合にのみ，男性の姦通罪が成立する. 1816年から離婚制度は廃止されているが，財産の分割をともなう別居の制度が，その代替として機能していた.

(123) *Ibid*., p. 91–96.

(124) *Ibid*., p. 106. 教会が非嫡出子を認知する伝統については，本書 p. 263 を参照.

(125) 本書 p. 275.

(126) *Ibid*., p. 136.

(127) *Ibid*., p. 143–147.

(128) *Ibid*., p. 178.

(129) *Ibid*., p. 161.

(130) 本書，第 I 部第二章「2 死と弔いの世俗化について――デュマ・フィス」.p. 86–92.

(131) Alexandre Dumas fils, *La Dame aux camélias*, p. 250.

(132) 本書 p. 90.

(133) 小説の初版は 1848 年刊行. 戯曲版は 1850 年に発表されたが，第二共和制の検閲により上演は不許可. 第二帝政に移行した 1852 年に上演が許可された.

(134) Alexandre Dumas fils, *La Dame aux camélias*, p. 300–301. 戯曲版の第 3 幕 4 場.

(135) *Ibid*., p. 232.

(136) Roland Barthes, *Mythologie*, *Œuvres Complètes 1*, Edition du Seuil, 1993, p. 673–675.

(137) 18 世紀の常識的な考え方によれば，教会のミサを経て教会墓地に埋葬されることは，魂の救済に必要な条件だったはずであり，有力者の「配慮」は異例というより礼節に叶ったものとみなすべきだろう. いずれにせよデ・グリューは町に運ばれてから 3 ヵ月，重い病で起き上がることもできなかったと報告されている.『椿姫』との関連にこだわる一部の批評家がいうように，本人がマノンの墓の移転に立ち会って，腐爛した遺体を見たと推測させる根拠は何もない. また問題の一文は大過去になっており，すでに完了した出来事というアスペクトのもとに，さりげなく想起されている.

(138) Alexandre Dumas fils, *La Dame aux camélias*, Pocket, 1998, p. 341.

(139) *Ibid*., p. 197.

(140) *Ibid*., p. 63.

(141) 本書 p. 341.

(142) サミュエル・リチャードソン『パミラ』海老池俊治訳『筑摩世界文學大系 21』筑摩書房，1972 年.

(143) 本書 p. 312.

(144) デイヴィッド・デイシズ「サミュエル・リチャードソン(抄)」井出弘之訳，

『筑摩世界文學大系 21』筑摩書房，1972 年，p. 663–670.

(145)　新井潤美『執事とメイドの裏表――イギリス文化における使用人のイメージ』白水社，2011 年，p. 137–138.

(146)　Octave Mirbeau, *Le Journal d'une femme de chambre*, Gallimard, folio classique, 1984, p. 31.

(147)　*Ibid.*, p. 345.

(148)　『純な心』の舞台は，フローベールが少年時代を過ごした馴染みの土地に設定されている．登場人物には「モデル」がいて，ポールとヴィルジニーには幼いころの作家と妹の関係が投影されている等の指摘もある．

(149)　ヴィクトールが遠洋航海に出ることをフェリシテに告げにきた日は 1819 年 7 月 14 日．彼女は「その日を忘れもしない」と記されている．Flaubert, *Trois contes*, p. 57.

(150)　Flaubert, *Correspondance 5*, Gallimard, Bibliothèque de la Pléiade, 2007, p. 57.

(151)　引用は「マタイによる福音書」4 章 3 節．なお「ルカによる福音書」6 章 20 節にも並行句があり，こちらのほうが「貧しさ」を物理的なものとして捉えているという意味で，イエスの発言の原義に近いという．岩波『キリスト教辞典』「心の貧しい人々は，幸いである」の項．

第五章　『ボヴァリー夫人』再読――姦通と反復

(152)　Flaubert, *Correspondance 5*, p. 282.

(153)　Flaubert, *Corresonpance 3*, Gallimard, Bibliothèque de la Pléiade, 1991, p. 4–5.

(154)　本書 p. 298.

(155)　シルヴィ・バルネイ『聖母マリア』p. 96–101.

(156)　岩波『キリスト教辞典』.

(157)　シルヴィ・バルネイ『聖母マリア』p. 83.

(158)　本書 p. 297–298.

(159)　フローベール『ボヴァリー夫人』p. 59. エンマが読んだはずの小説の大方は，文学史のなかで消去されてしまったから，具体的にいかなるものであったのかを想像することは，今となってはむずかしいのだが，ロマン主義の運動を牽引した偉大な女性作家スタール夫人が 20 歳になる以前に書いたとされる 3 つの中篇は参考になりそうだ．手紙を受けとって宛名を見た瞬間に，あるいは封を切って目を走らせた瞬間に，その場にくずおれ気を失うことが，じっさい「恋する女」のマナーであ

るように見える．Madame de Staël, *Trois nouvelles*, Gallimard, folio, 2009.

(160)　「ヨハネによる福音書」2章4節.

(161)　エル・グレコの《無原罪の宿り》にも見られるように，聖母の衣装は青とピンクなどの明るい色を組み合わせたものが伝統だったが，のちに青と白の組み合わせが推奨されるようになったという．シルヴィ・バルネイ『聖母マリア』p. 83.

(162)　デイヴィッド・デイシズ「サミュエル・リチャードソン(抄)」『筑摩世界文學大系21』p. 666.

(163)　フランスでは17世紀から宮廷文化を基盤にしてhonnête hommeやcivilitéなどの人間的な価値が探究されてきたのだが，そもそもイギリスのジェントリーやジェントルマン階級とフランスの貴族階級とを同一視することはできないし，一方でルソーの書簡体小説などは，むしろ啓蒙思想との関連で読み解くべきだと思われる．

(164)　本書 p. 311–312.

(165)　フローベール『ボヴァリー夫人』p. 56.

(166)　同上 p. 53, p. 22, p. 55.

(167)　同上 p. 66–69.

(168)　同上 p. 329–330.

(169)　同上 p. 496–497.

(170)　同上 p. 511–512.

(171)　ゲーテ『若きウェルテルの悩み』内垣啓一訳，中央公論社「世界の文学セレクション」1994年．とりわけ1771年8月12日の手紙では，シャルロッテの婚約者アルバートの所有するピストルをめぐって，2人の青年のあいだで自殺をめぐる論争がもちあがる．このピストルは，ウェルテルの自殺の武器につかわれる．

(172)　同上，p. 4.

(173)　岩波『キリスト教辞典』によれば，人間の命は神の創造の業であり，したがって人間は自らその命を放棄する権利を有していない．自殺は神の意志に対する反逆であり，神の愛を否定する絶望であり，しかも公共の善と自己愛に反する行為であるところから「大罪」とみなされる．これに対して殉教は，神のために命を捧げる行為であり賞賛の対象となる．

(174)　『ボードレール全集II――文芸時評』阿部良雄訳，筑摩書房，1984年，p. 60–61.

(175)　本書 p. 35–36.

(176)　阿部良雄氏によれば，ボードレールは，詩人や文学者は「俳優」であると考えていたという．『ボードレール全集II――文芸時評』p. 427，註26.『ボードレー

ル全集 I――悪の華』阿部良雄訳，筑摩書房，1983 年，「反逆」解題，p. 598.

(177)　Flaubert, *Correspondance 2*, p. 483. フロベール書簡撰集『ボヴァリー夫人の手紙』p. 302.

(178)　Flaubert, *Correspondance 2*, p. 297. プレイヤード版の注(p. 1154)には，鐘の音についてゲーテ『ファウスト』への言及か，と記されている．主人公が復活祭の鐘の音を聞いて自殺を思いとどまるというエピソードを指すのだが，むしろシャトーブリアン『キリスト教精髄』第四部冒頭の章「鐘」の幕開けにおかれた「さて，これから聖堂のなかに入ってゆこうとするのだから，まずは私たちに呼びかける鐘の音について話そうではないか」という文章と後続の部分に対応するのではないか．エンマの信仰はシャトーブリアン風の「詩情《ポエジー》」に染まっており，これに対して彼女が『ファウスト』を読んだと推定する根拠はない．

(179)　フローベール『ボヴァリー夫人』p. 172–180.

(180)　同上 p. 257–258.

(181)　同上 p. 414–415.

(182)　同上 p. 217.

(183)　同上 p. 316.

(184)　本書 p. 122–123.

(185)　プルースト『失われた時を求めて 4』岩波文庫，p. 185–187.『失われた時を求めて 4』集英社文庫，p. 74–76.

ちなみに『失われた時を求めて』にも「月の系譜学」の参考になりそうな素材がふんだんにある．一例だけ挙げれば，語り手自身がアルベルチーヌに月光をうたった詩句や散文を暗誦してきかせ，昔は銀色だった月がシャトーブリアンやユゴーによって青い色となり，ボードレールのおかげで黄色い金属的なものにもどったなどと蘊蓄を傾けている．『失われた時を求めて 10』集英社文庫，p. 392–393.

(186)　フローベール『ボヴァリー夫人』p. 269.

(187)　『感情教育』において，セネカルをはじめ二月革命の運動家たちは，ロベスピエールなど 1789 年の革命家たちを猿まねする．第三部第一章のクラブ「知性の集《つど》い」の断章を参照.

(188)　ロラン・バルト『零度のエクリチュール』石川美子訳，みすず書房，2008 年，p. 74.

(189)　同上 p. 72–73, p. 142.

(190)　本書 p. 248–249.

(191)　本書 p. 68. フローベールは，文学仲間のルイ・ブイエに宛てた手紙で，作家たるものは「不偏不党」の立場でものごとを捉えなければならないと主張して，

「愚かしいのはしいて結論を出そうとすることだ」という名言を書き記す．つづく段落は「今日のように〈ブルジョワ〉が怪物的になったことがあるだろうか」という問いかけではじまっており，これらの問題が思考の連鎖によってむすびつけられていることがわかる．

(192)　Maupassant, *Pierre et Jean*, « Le Roman », *Romans*, Gallimard, p. 714.

(193)　Guy de Maupassant, *Pour Gustave Flaubert*, Editions Complexe, 1986, p. 91.

(194)　イヴァン・ルクレールが責任者を務めるルーアン大学のフローベール研究公式サイト．http://flaubert.univ-rouen.fr のなかにある．データは Edition Conard, 1926–1933 によるため，今日の決定版であるプレイヤード版とは多少の異同がある．http://flaubert.univ-rouen.fr/correspondance/conard/outils/annuels.html/

(195)　Flaubert, *Correspondance 5*, p. 31.

(196)　Flaubert, *Correspondance 2*, p. 79. フロベール書簡撰集『ボヴァリー夫人の手紙』p. 121–122.

(197)　ロラン・バルト『零度のエクリチュール』p. 84–86.

(198)　書簡集には用例がいくつかあるが，affres とは断末魔の苦しみを指す言葉．「芸術の苦患」affres de l'Art という表現もある．以下を参照のこと．フロベール書簡撰集『ボヴァリー夫人の手紙』p. 288, p. 289, p. 317.

(199)　Flaubert, *Correspondance 2*, p. 301. フロベール書簡撰集『ボヴァリー夫人の手紙』p. 227. 傍点は原典イタリック．なお「会話」を書くことの困難については以下を参照．フロベール書簡撰集『ボヴァリー夫人の手紙』p. 161.

(200)　Flaubert, *Correspondance 2*, p. 65. フロベール書簡撰集『ボヴァリー夫人の手紙』p. 112–113.

(201)　本書 p. 253–255.

(202)　Flaubert, *Correspondance 2*, p. 31. フロベール書簡撰集『ボヴァリー夫人の手紙』p. 101.

(203)　本書 p. 254.

(204)　Flaubert, *Correspondance 2*, p. 151–152. フロベール書簡撰集『ボヴァリー夫人の手紙』p. 158–159.

(205)　プルースト「フローベールの「文体」について」鈴木道彦訳，『プルースト全集 15』筑摩書房，1986 年，p. 10.

(206)　フローベール『ボヴァリー夫人』p. 270.

(207)　同上 p. 458.

(208)　Flaubert, *Madame Bovary*, p. 419.

(209)　フローベールは「パリ評論」の掲載時に 71 ヵ所の削除を求められている．

Yvan Leclerc, *Crimes écrits, La littérature en procès au 19e siècle*, Plon, 1991, p. 325–335.

(210)　ウージェーヌ・シュー『人民の秘密』は，ローマによる征服の時代，ケルト人社会を理想化して描いたもの．共和主義的傾向と反教権主義が危険思想とみなされた．

(211)　Flaubert, *Madame bovary*, *Appendice*, *Œuvres 1*, Gallimard, Bibliothèque de la Pléiade, 1951, p. 615–683.『フローベール全集 1』筑摩書房，1965 年，p. 329–414.

(212)　Yvan Leclerc, *Crimes écrits*, p. 220–221.

(213)　Flaubert, *Correspondance 5*, p. 270. Yvan Leclerc, *Crimes écrits*, p. 222.

(214)　Loi du 17 mai 1819 relative à la répression des crimes et délits commis par la voie de la presse, *Moniteur Universel*, lundi 14 juin 1819, n° 165, p. 781. 電子版 http://theses.univ-lyon3.fr/documents/getpart.php?id=lyon3.2009.arbey_p&part=268414

(215)　André Laingui « Les Magistrats du XIXe siècle juges des écrivains de leur temps », *Cahiers de l'Association internationale des études françaises*, 1992, N° 44. p. 221–241. http://www.persee.fr/web/revues/home/prescript/article/caief_0571-5865_1992_num_44_1_1788/

(216)　*Ibid.*, p. 222–225.

(217)　*Ibid.*, p. 221.

(218)　伊達聖伸『ライシテ，道徳，宗教学』p. 119–125.

(219)　本書，第 I 部「「ボヴァリー裁判」と終油の秘蹟」の項．p. 49–52.「ボヴァリー夫人の「至福の幻影」とモルソフ夫人のカトリック的な死」の項．p. 62–69.

(220)　本書 p. 51.

(221)　じっさいピナールは「侮辱」offense という婉曲な言葉を多用して「壊乱」outrage という語彙は結論の部分で二度つかうにとどめている．

(222)　Flaubert, *Madame Bovary*, *Appendice*, p. 633.『フローベール全集 1』p. 350.

(223)　『ボードレール全集 I』阿部良雄訳，筑摩書房，1983 年，付録 I「悪の華(初版)裁判に関する覚書その他」(横張誠訳) p. 669–674.

(224)　Flaubert, *Correspondance 1*, p. 721.「一家の長」「出世した男」を呪う台詞としては，以下も参照のこと．Un père de famille!　Un homme établi!　Fi!　L'horreur!　*Correspandance 5*, p230.

(225)　フローベール『ボヴァリー夫人』p. 310–311.

(226)　同上 p. 568–570.

(227) モーパッサン『ベラミ』において，自分の妻の不貞を黙認してきた男が臨終の告解で口にする言葉である.

第IV部 ライシテの時代の宗教文化

第一章 1905年 政教分離法

(1) ジャン・ボベロ『フランスにおける脱宗教性《ライシテ》の歴史』三浦信孝 / 伊達聖伸訳，白水社「文庫クセジュ」2009年，p. 110–111.

(2) *Le Code civil, 1804–1904, Livre du Centenaire, publié par La Société d'Etudes Législatives*, Présentation de Jean-Louis Halpérin, Editions Dalloz, 2004. 記念行事に関する上述のエピソードは，アルペランの解説による.

(3) *Le Code civil, 1804–1904*, p. XXVIII.

(4) *Ibid.*, p. XXXVII.

(5) 本書 p. 217.

(6) Jean-Louis Halpérin, *Histoire du droit privé français depuis 1804*, Presses Universitaires de France, 1996, p. 82.

(7) *Ibid.*, p. 89.

(8) 本書 p. 216–217.

(9) Jean-Louis Halpérin, *Histoire du droit privé français depuis 1804*, p. 88.

(10) *Ibid.*, p. 89–90.

(11) *Ibid.*, p. 208–211.

(12) 本書 p. 284–285.

(13) Guy de Maupassant, *Chroniques, Anthologie*, Livre de Poche, 2008, p. 375–377.

(14) *Ibid.*, p. 378.

(15) バルザック『ペール・ゴリオ』p. 332–333.

(16) 本書 p. 403.

(17) ジャン・ボベロ『フランスにおける脱宗教性《ライシテ》の歴史』p. 70–73.

(18) 同上 p. 80–81.

(19) 同上 p. 92–100.

(20) フランス革命期の1791年「ル・シャプリエ法」は労働者に対して職業組合の結成を禁じていたが，これを廃止したのが1884年の「組合法」であり，その延長上に1901年の「アソシアシオン法」がある.「結社の自由」については樋口陽一『国法学――人権原論』p. 9–10.

(21) 高村学人『アソシアシオンへの自由――〈共和国〉の論理』勁草書房，2007 年，p. 272–285. ワルデック・ルソーは，民法典 1780 条「役務は，時間によって，または特定の事業についてでなければ，約することができない」という条文を引証している．p. 278，注 552. 同書における「ル・シャプリエ法」の解説も参照のこと．p. 33–38.

(22) Guy de Maupassant, *Chroniques*, p. 375–376.

(23) 高村学人『アソシアシオンへの自由』p. 273. 注 539 によれば，ワルデック・ルソーはフランス法の神髄は個人主義の擁護にあると考えていた．

(24) ジャン・ボベロ『フランスにおける脱宗教性《ライシテ》の歴史』p. 106–107.

(25) 序章でもふれたように(本書 p. 13)，伊達聖伸氏の協力を得て翻訳出版したこの書物は，本書の第Ⅳ部を執筆する動機ともなっている．

(26) ボベロは，ライシテの歴史について 3 つのステップを想定し，分析の足がかりとする．すなわちフランス革命からナポレオンによる公認宗教体制の成立までを「第一段階」と呼び，ジュール・フェリーの教育改革から「政教分離法」の成立に至る第三共和制の施策を「第二段階」と位置づけ，イスラーム・スカーフ事件に象徴される今日の状況を「第三段階」とみなす．ジャン・ボベロ『フランスにおける脱宗教性《ライシテ》の歴史』三浦信孝「キーワードの訳語と解説」参照．p. 11–12.

(27) ホセ・カサノヴァ『近代世界の公共宗教』津城寛文訳，玉川大学出版会，1997 年.

(28) これは広く了解されたライシテ理解である．三浦信孝氏によれば「国家と公立学校などの公的領域を脱宗教化することで，私的領域における宗教の自由を保障するライシテの公私二元論は，宗教的民族的出自から切り離された普遍的市民権のベースにもなっている」．ジャン・ボベロ『フランスにおける脱宗教性《ライシテ》の歴史』「キーワードの訳語と解説」p. 9.

(29) 本書 p. 287. 論者によって「親密圏」や「私的領域」という語彙が多少とも異なる概念を指していることはいうまでもないが，ここで問題にしたいのは「公私二元論」という論理構造である．

(30) スカーフ問題からスタジ委員会の招集，そして 2004 年 3 月 15 日法，いわゆる「スカーフ禁止法」に至る経緯については，以下を参照．ルネ・レモン『政教分離を問いなおす』伊達聖伸「用語解説：フランスのライシテの歴史を読み解くためのキーワード」，p. 227–232. 工藤庸子「フランスの政教分離」http://kudo-yoko.com/blogengine/wp-content/uploads/2009/05/090330_laicite.pdf/

(31) ルネ・レモン『政教分離を問いなおす』p. 26.

(32) 原文は以下のとおり．La République assure la liberté de conscience. Elle

garantit le libre exercice des cultes sous les seules restrictions édictées ci-après dans l'intérêt de l'ordre public.

(33) 第1条，第2条の解釈については，ルネ・レモン『政教分離を問いなおす』p. 79–82.

ジャン・ボベロが発展的にライシテの歴史を捉えていることについては，注26で述べた．ルネ・レモンの場合も，政教分離の4つの「段階」を想定しているのだが，それは分離のレヴェルを指しており，歴史的な発展というニュアンスはない．第一はフランス革命時，個人の信仰と市民権が分割されたこと．第二はコンコルダートが導入した宗派の多元性と国家の中立性．第三は1880年代のイエズス会追放とライックな学校制度の設営．そして第四が1905年法による宗教活動の「民営化」である．

(34) 山口俊夫編『フランス法辞典』association の項.

(35) ホセ・カサノヴァ『近代世界の公共宗教』p. 56. 後続の文章で解かれているように，カサノヴァは「私的領域」に聖俗の権力が介入しない中立性を確保することで，「個人の自由」が保障されると考える．一方で，フランスの人権にかかわる議論は一般に「公的領域」の中立性を問い，ここに「原理としての人の権利」を位置づける．両者に共通するのは，宗教の帰属と市民権が切り離されたという歴史的な成果が，近代社会における「公/私」の理念的分割とシンクロナイズするという了解であろう．カサノヴァは宗教の「私事化」と同時に，宗教の本質にひそむ「公共性」に注目して議論を構築しており，その姿勢は，ルネ・レモンの立場に近似すると思われる．

(36) 同上 p. 56–57.

(37) 同上 p. 13.

(38) 同上 p. 279–280.

(39) 同上 p. 283.

(40) ルネ・レモン『政教分離を問いなおす』p. 34.

(41) ホセ・カサノヴァ『近代世界の公共宗教』p. 268.

(42) 本書 p. 25.

(43) アラン・コルバン『音の風景』小倉孝誠訳，藤原書店，1997年.

(44) Patrick Cabanel, *Entre religions et laïcité, La voie française: XIX*[e]*-XXI*[e] *siècles*, Eidition Privat, 2007, p. 45.

(45) *Ibid.*, p. 42–44.

(46) フローベール『ボヴァリー夫人』p. 529. 本書 p. 49.

(47) Patrick Cabanel, *Entre religions et laïcité*, p. 49–59.

(48) Octave Mirbeau, *Le Journal d'une femme de chambre*, p. 43.

(49) *Ibid.*, p. 83.

(50) *Ibid.*, p. 155–156.

(51) *Ibid.*, p. 203.

(52) *Ibid.*, p. 289–290.

(53) Marcel Pagnol, *La Gloire de mon père*, Editions de Fallois, 2004, p. 15–17.

(54) 日本語文献としては以下を参照．谷川稔『十字架と三色旗——もうひとつの近代フランス』p. 195–202.

(55) Marcel Pagnol, *La Gloire de mon père*, p. 44–46.

(56) *Ibid.*, p. 89.

(57) *Ibid.*, p. 117–120.

(58) Marcel Pagnol, *Le Château de ma mère*, Editions de Fallois, 2004.

(59) ほかにエレーヌ・ダンコース，フロランス・ドゥレ，シモーヌ・ヴェイユ，アシア・ジェバールの4名．その後ドミニック・モナが2013年4月に会員に選出され，現在の女性会員は6名．総数40のうち3つが空席となっている．ちなみに3世紀半におよぶアカデミーの歴史のなかで，1980年にマルグリット・ユルスナールが初代女性会員となって以来，合計8名が入会を果たしたことになる．

(60) « Réponse de M. Dominique Fernandez au discours de Mame Danièle Sallenave », Discours prononcé dans la séance publique, le mars 2012.

(61) Pierre Bourdieu et Jean-Claude Passeron, *Les Héritiers*, Les Editions de Minuit, 1964.

(62) 本書 p. 200–201.

(63) アルベール・チボーデ『ギュスターヴ・フロベール』戸田吉信訳，法政大学出版局，2001年．プルーストのエッセイ「フローベールの「文体」について」(鈴木道彦訳) は以下を参照．筑摩書房『プルースト全集15』p. 5–23.

(64) Albert Thibaudet, *La République des Professeurs suivi de Les Princes Lorrains*, Hachette, 2006.

(65) Albert Thibaudet, *La République des Professeurs*, p. 29–33.

(66) 大村敦志『20世紀フランス民法学から(学術としての民法I)』p. 8–21.

(67) クリストフ・シャルル/ジャック・ヴェルジェ『大学の歴史』岡山茂，谷口清彦訳，白水社「文庫クセジュ」2009年，p. 124–126.

(68) ラヴィスの歴史学とランソンの文学史の相関関係については以下を参照．工藤庸子『ヨーロッパ文明批判序説』p. 201–208.

(69) グランドゼコールについては，以下のブルデューの著作の邦訳，巻末におかれ

た京免徹雄「解説1　フランスの教育制度」に充実した説明がある. ピエール・ブルデュー『国家貴族II——エリート教育と支配階級の再生産』立花英裕訳, 藤原書店, 2012年, p. 745–746.

(70) Albert Thibaudet, *La République des Professeurs*, p. 81–83. グランドゼコールには仲間意識を育むための「隠語」があり, 「アルシキューブ」archicube はその一例. ちなみにチボーデ自身は典型的な新世代の「教授」ではあるが, 高等師範学校の出身ではない. パリのアンリ四世校をへて, ディジョンの文学部に学び, 哲学で学士の称号を得たのち, 歴史と地理の大学教授資格を取得. 各地の高校や大学で教え, ジュネーヴ大学のフランス文学の教授となった.

(71) *Ibid.*, p. 89–90.

(72) *Ibid.*, p. 131.

(73) 『教授たちの共和国』の序文によれば, そもそも選挙結果は, さほど劇的なものではない. 584名の当選者のうち学校教師は14名で教授は43名. これに対して弁護士と法律家は162名であり, 覇権がゆらいだとはいえないという見方もある. Michel Leymarie « Les Princes Lorrains et la République des professeurs », Albert Thibaudet, *La République des Professeurs*, p. 17–18. じっさいエドゥアール・エリオの内閣は, 翌年には崩壊する.

(74) *Ibid.*, p. 16.

(75) Jacques Ozouf et Mona Ozouf, *La République des instituteurs*, Gallimard-Seuil, 1992.

(76) Mona Ozouf, *L'Ecole, l'Eglise et la République 1871–1914*, Armand Colin, 1962. *L'Ecole de la France, Essai sur la Révolution, l'utopie et l'enseignement*, Gallimarad, 1984.

(77) François Furet et Mona Ozouf, *Dictionnaire critique de la Révolution française*, Flammarion, 1988–1993. フランソワ・フュレ/モナ・オズーフ『フランス革命事典』河野健二, 阪上孝, 富永茂樹監訳, 全7巻, みすず書房, 1995–2000年.

(78) Mona Ozouf, *Composition française. Retour sur une enfance bretonne*, Gallimard, 2009.

(79) *Ibid.*, p. 135–156. L'Ecole de l'Eglise と題した章には, ライックな女性教師を母親にもつ孤独な少女が信心深い土地で経験した違和感や衝撃が, 陰影に富む文章で回想されている. マルセル・パニョルによる父と息子の楽天的な物語が, 共和国の学校のすべてを代弁するわけではない. ちなみに『父の大手柄』が出版されたのは, オズーフの初期の著作より数年前であり, ジュール・フェリー改革との距離感という意味でも, 両者を比較することには大きな意味があると思われる.

(80) Mona Ozouf, *L'Ecole de la France*, Avant-Propos, p. 6–7.「伝説」の誕生に多大の貢献をもたらしたのが,『父の大手柄』をはじめ 1957 年から 1959 年にかけて発表されたマルセル・パニョルの自伝的三部作である.
(81) *Ibid.*, p. 8.
(82) *Ibid.*, p. 12.

第二章 『失われた時を求めて』の宗教文化

(83) フィリップ・ミシェル＝チリエ『事典 プルースト博物館』p. 87–89.
(84) 同上 p. 101.
(85) 本書 p. 445.
(86) ジャン＝イヴ・タディエ『評伝プルースト』上下, 吉川一義訳, 筑摩書房, 2001 年. 上, p. 118.「自由政治学院」については, p. 119 以下.
(87) 同上 p. 120.
(88) 同上 p. 120. なおプルーストは文学部にも登録し, 哲学の学士号を取得している. 同書 p. 218–222.
(89) 念のためにいいそえれば, つねに複数の歴史観がせめぎ合い, いわば切磋琢磨しているのであって, 対立する 2 つの歴史観によってフランス国民が二分されているかのような現実認識は不正確といわねばならない. マルセル・パニョルはそのことを承知しているからこそ,『父の大手柄』で小学校教師と神父の反目に排他的な二元論を認め, 皮肉なカリカチュアとした. この作品が, またもや単純な二元論の読解を誘発する傾向があるのは, 読者の知的怠慢のせいでないとすれば, 文学作品を読むための基礎的な技法が失われているためだろう.
(90) ジャン＝イヴ・タディエ『評伝プルースト』下, p. 86.
(91) ジャン＝イヴ・タディエ『評伝プルースト』上, p. 306.
(92) 小泉洋一『政教分離の法——フランスにおけるライシテと法律・憲法・条約』法律文化社. 2005 年, p. 19–35.
(93) Marcel Proust, *Pastiches et mélanges*, *Contre Sainte-Beuve*, Gallimard, Bibliothèque de la Pléiade, 1971, p. 141–142. 上述のように「ある条項」は「政教分離法」の最終法案には採択されておらず, しかもカトリック勢力と共和国は戦時体制下で「神聖同盟」と呼ばれる連帯により和解を遂げていた. したがって 1904 年ヴァージョンに論争的な側面があったとしても, 1919 年の時点では, 闘うべき相手がいないという状況になっている.
(94) 7 月 6 日の「委員会原案」の採択とプルーストのエッセイが新聞に掲載された 8 月 16 日のあいだ, 7 月 30 日には, フランスと教皇庁の国交断絶という事件がお

きている．本書 p. 409.

(95) 本書 p. 50. プルーストが引用しているのは以下の部分である「つづいて司祭は〔…〕右の親指を聖油にひたして塗油の儀式をはじめた．まず〔…〕目の上に．つぎには鼻，あたたかいそよ風や悩ましいにおいを好んでかいだ鼻に．〔…〕つぎには手，快い感触を楽しんだ手に．そして最後には足の裏，かつて欲情の充足を追って走ったときはあんなにも速かった，そして今はもはや歩むことのない足に」

(96) プルースト『失われた時を求めて 1』岩波文庫，p. 119.『失われた時を求めて 1』集英社文庫，p. 115.

(97) 『失われた時を求めて 1』岩波文庫，p. 140–158.『失われた時を求めて 1』集英社文庫，p. 137–153.

(98) 『失われた時を求めて』の導入におかれた「不眠の夜」で，語り手は自分の人生やヨーロッパの歴史や人類の過去を彷徨し，現時点の意識を定立するための足場をさがす．小説の幕開けに，こうして創設されるのは，日常的な時間と空間の拘束から解き放たれた自由な時空である．小説世界の開闢に相当するこの特殊な時空，小説史に前例のない時空に，作品内の特権的なエピソードのすべてが伸縮自在の糸で繋ぎとめられているのではないだろうか．マドレーヌの風味も，コンブレーの教会も，そして『見出された時』における記憶の甦りも….

(99) プルースト『失われた時を求めて 1』岩波文庫，p. 151.『失われた時を求めて 1』集英社文庫，p. 147.

(100) プルースト『失われた時を求めて 1』岩波文庫，p. 153.『失われた時を求めて 1』集英社文庫，p. 149.

(101) 本書 p. 243.

(102) プルースト『失われた時を求めて 1』岩波文庫，p. 328–332.『失われた時を求めて 1』集英社文庫，p. 322–325.

(103) プルースト『失われた時を求めて 12』集英社文庫，p. 101.

(104) プルースト『失われた時を求めて 1』岩波文庫，p. 288–290.『失われた時を求めて 1』集英社文庫，p. 281–282.

(105) プルースト『失われた時を求めて 2』岩波文庫，p. 426–431.『失われた時を求めて 2』集英社文庫，p. 422–426.

(106) プルースト『失われた時を求めて 4』岩波文庫，p. 427–434. エミール・マールについては，吉川一義氏の訳注を参照.『失われた時を求めて 4』集英社文庫，p. 314–318.

(107) プルースト『失われた時を求めて 1』岩波文庫，p. 109–110.『失われた時を求めて 1』集英社文庫，p. 107.

(108)　プルースト『失われた時を求めて 1』岩波文庫，p. 116.『失われた時を求めて 1』集英社文庫，p. 113.

(109)　プルースト『失われた時を求めて 9』集英社文庫，p. 356.

(110)　同上 p. 357.

(111)　ミュニエ神父については，フィリップ・ミシェル＝チリエ『事典　プルースト博物館』p. 416. ジャン＝イヴ・タディエ『評伝プルースト』下のほか，ハーバード・ロットマン『コレット』にも随所に記述がある.

(112)　フィリップ・ミシェル＝チリエ『事典　プルースト博物館』p. 69.

(113)　ジャン＝イヴ・タディエ『評伝プルースト』下，p. 397.

(114)　伊達聖伸『ライシテ，道徳，宗教学』第 III 部.「宗教史講座の設置」については p. 329–330.

(115)　本書 p. 432.

(116)　ジャン＝イヴ・タディエ『評伝プルースト』上，p. 49.

(117)　プルースト『失われた時を求めて 1』岩波文庫，p. 45.『失われた時を求めて 1』集英社文庫，p. 48.

(118)　プルースト『失われた時を求めて 1』岩波文庫，p. 75.『失われた時を求めて 1』集英社文庫，p. 77.

(119)　プルースト『失われた時を求めて 1』岩波文庫，p. 374–381.『失われた時を求めて 1』集英社文庫，p. 368–376.

(120)　ジャン＝イヴ・タディエ『評伝プルースト』上，p. 64–66.

(121)　下記の論文で吉川一義氏は，ジュヌヴィエーヴ・ド・ブラバンの伝説の源泉を調査し，その 1 つとして「ビブリオテック・ブルー」を挙げている. これは「青表紙」とも訳される著作権もあいまいな廉価本で，行商人が売り歩き 17–18 世紀の説話文学の流通に貢献した. グリム童話の源泉となる無数の物語がヨーロッパに急速に普及したのは，朗読や語りの習慣と廉価本の出版という 2 つが支えとなったからである.「吉川一義教授研究業績目録　付　退職記念講演」京都大学大学院文学研究科フランス語フランス文学研究室，2012 年 3 月.

(122)　プルースト『失われた時を求めて 1』岩波文庫，p. 269.『失われた時を求めて 1』集英社文庫，p. 262.

(123)　ジャン＝イヴ・タディエ『評伝プルースト』上，p. 217. ちなみにフローベールも友人たちと共作で *Le Château des cœurs* という「夢幻劇」の台本を執筆しており，シャルル・ノディエ，ヴィクトル・ユゴー，ジョルジュ・サンドなども，このジャンルに大きな関心を寄せていた.

(124)　本書，第 II 部「ヨーロッパの基層としてのケルト」の項. p. 244–247.

(125) ケルトの信仰である「ドルイド」についていえば，第一篇『スワン家の方へ』の最後のページで，カシの木の形状に関して聖職者の冠が想起され，さらに『見出された時』をしめくくるページには,「ドルイドの遺跡」という表現がある．いずれも異教的なイメージによって，悠久の時の流れを示唆するという文脈である．ちなみに本書ではふれることができないが，ギリシア・ローマの神話もまたキリスト教の天国や地獄とは異なる独自の冥界をもつ．たとえばヴェルギリウスへの言及などにより，死者の魂と再会する可能性が暗示されることもあり，「異教的」とはケルトのみを指すわけではない．

(126) プルースト『失われた時を求めて 4』岩波文庫，p. 181.『失われた時を求めて 4』集英社文庫，p. 69–70.

(127) 『失われた時を求めて 12』集英社文庫，p. 430–431.

(128) 「ヨハネによる福音書」12 章 24 節．「一粒の麦は，地に落ちて死ななければ，一粒のままである．だが，死ねば，多くの実を結ぶ」(新共同訳)

(129) ジャン＝イヴ・タディエ『評伝プルースト』下，p. 206.

(130) ヴィクトル・ユゴー『レ・ミゼラブル』第二部第 6 章「プチ・ピュクピス」参照．「adoration perpétuelle の起源」と題して，著者が蘊蓄を傾けた一節もある．

(131) 本書，第 II 部「「書くこと」の苦行僧フローベール」の項．p. 253–256.

(132) ギリシア神話の冥府を参照したと思われる例を 1 つだけ挙げておこう．第四篇『ソドムとゴモラ』では，語り手が死んだ祖母に会いにゆこうとする夢を見る．遠くて近い死者の国は「忘却の川《レテ》」をわたった先にあるらしい．夢から覚めるときの語り手は，ふたたび「真っ黒な水がうねうねとくねる川」をさかのぼり，生者の世界につながる水面に到達する．『失われた時を求めて 7』集英社文庫，p. 347–353.

(133) 本書，第 IV 部「離婚法・姦通小説・モーパッサン」の項．p. 415–419.

(134) プルースト『失われた時を求めて 1』岩波文庫，p. 371–372.『失われた時を求めて 1』集英社文庫，p. 365–366.

(135) プルースト『失われた時を求めて 8』集英社文庫，p. 166. カンブルメール夫人が，若い頃に「物惜しみをしたり不倫に走ったりする」傾向をもっていたのに,「スノビズム」といういっそう重篤な病にかかったために，以前の病的な傾向が治ってしまったという内容である．

(136) プルースト『失われた時を求めて 10』集英社文庫，p. 104–105.

(137) プルースト『失われた時を求めて 1』岩波文庫，p. 372.『失われた時を求めて 1』集英社文庫，p. 366–367.

(138) 本書 p. 471.

(139) プルースト『失われた時を求めて 1』岩波文庫，p. 89–95.『失われた時を求めて 1』集英社文庫，p. 91–97.

(140) プルースト『失われた時を求めて 3』岩波文庫，p. 69.『失われた時を求めて 3』集英社文庫，p. 61.

(141) 本書 p. 456.

(142) プルースト『失われた時を求めて 12』集英社文庫，p. 398.

(143) 同上 p. 403.

(144) 本書 p. 417–418.

(145) 本書 p. 321.

(146) プルースト『失われた時を求めて 1』岩波文庫，p. 91–93.『失われた時を求めて 1』集英社文庫，p. 93–94.

(147) プルースト『失われた時を求めて 13』集英社文庫，p. 159.

(148) 同上 p. 161.

(149) 同上 p. 245.

(150) プルースト『失われた時を求めて 11』集英社文庫，p. 294.

(151) プルースト『失われた時を求めて 7』集英社文庫，p. 338–353.

(152) プルースト『失われた時を求めて 13』集英社文庫，p. 257–258.

(153) 同上 p. 259–260.

(154) ラスキン『胡麻と百合』訳者の序文「読書について」岩崎力訳，『プルースト全集 14』筑摩書房，1986 年，p. 113.

(155) プルースト『失われた時を求めて 3』岩波文庫，p. 130.『失われた時を求めて 3』集英社文庫，p. 122.

終章 女たちの声——国民文学の彼方へ

(1) プルースト『失われた時を求めて 13』集英社文庫，p. 79.

(2) コレット『シェリ』工藤庸子訳，左右社，2010 年，p. 141.

(3) 同上 p. 136.

(4) コレット『わたしの修業時代』工藤庸子訳，ちくま文庫，2006 年，p. 11–15.

(5) ハーバート・ロットマン『コレット』p. 16–24.

(6) 同上 p. 29–30.

(7) Mona Ozouf, *L'Ecole, l'Eglise et la République 1871–1914*, p. 93–95.

(8) 上述のように 1879 年 8 月 9 日法は，県ごとに女子師範学校を設けること，女子高等師範学校を創立することを定め，1880 年 12 月 21 日のカミーユ・セー法は，女子中等教育の設営を目標とするものだった．本書 p. 419.

(9)　コレット『わたしの修業時代』p. 103–105.

(10)　同上 p. 45.

(11)　Colette, *La Maison de Claudine*, *Œuvres 2*, Gallimard, Bibliothèque de la Pléiade, 1986, p. 1042.

(12)　1928年に発表された『夜明け』は，五十代半ばの語り手が年下の男性の愛を拒み，たとえ孤独であろうと見苦しくない生を全うしようと決意する物語．その冒頭には，かつて高齢の母が書き送ってくれた手紙が引用されている．「シドのサボテン」と名づけられたその短い文章のなかで，母親は4年に一度しか咲かない貴重なサボテンの開花を見たいから，今は旅に出られないと述べ，語り手の伴侶の招待を断っていた．人生のささやかな美を深く愛し慈しむ姿勢といったらよいだろうか．そのような「生き方」が母から娘へと継承されるというのが，おのずと読みとれる作品の「教訓」なのである．Colette, *La Naissance du jour*, *Œuvres 4*, Gallimard, Bibliothèque de la Pléiade, 1991, p. 277–278.

(13)　コレットにおける母と娘の関係に注目した著作として以下を参照．小野ゆり子『娘と女の間——コレットにおける母娘関係と男女関係の交差』中央大学出版部，1998年．

(14)　本書 p. 459–460.

(15)　プルースト『失われた時を求めて 3』岩波文庫，p. 201–202.『失われた時を求めて 3』集英社文庫，p. 192–193.

(16)　世紀末のブルジョワのサロン，貴族のサロンについては岩波文庫『失われた時を求めて 2』の吉川一義氏による「訳者解説」p. 541–546を参照．

(17)　ジャン＝イヴ・タディエ『評伝プルースト』上，p. 306.

(18)　バルザック『ランジェ公爵夫人』p. 35.「サン＝ポール館」はシャルル5世，シャルル6世の居城．「ランブイエ館」は，後述のようにサロンの先駆けとして歴史に名をのこした．

(19)　富永茂樹『トクヴィル』p. 103.

(20)　ランジェ公爵夫人が夫と別居したのは1818年，22歳のときという記述がある．

(21)　赤木昭三・赤木富美子『サロンの思想史——デカルトから啓蒙思想へ』(名古屋大学出版会，2003年)は，時代の思想的変遷とも関連づけながら，17世紀前半のランブイエ夫人のサロンから18世紀前半の啓蒙思想やフェミニズムを育んだサロンまで，主立ったサロンを個別的に研究した労作である．貴族や大ブルジョワの女性を庇護者とした知的活動の具体例を知るためには必読の書といえる．

(22)　鈴木道彦『プルーストを読む——『失われた時を求めて』の世界』集英社新書，2002年，p. 77–101.

(23) Saint-Simon, *Mémoires 1*, Gallimard, folio classique, 1990, p. 290–292.

(24) Marc Fumaroli, *Trois institutions littéraires*, Gallimard, folio histoire, 1994.

(25) *Ibid.*, p. 52.

(26) *Ibid.*, p. 132.

(27) *Ibid.*, p. 151.

(28) *Ibid.*, 図版 10 のキャプションより.

(29) Marc Fumaroli « Les enchantements de l'éloquence: "*Les Fées*" de Charles Perrault ou De la littérature », *Le Statut de la Littérature, Mélanges offerts à Paul Bénichou, Edités par Marc Fumaroli*, Librairie Droz, 1982.

(30) Marc Fumaroli, *Trois institutions littéraires*, p. 176–177.

(31) *Ibid.*, p. 129–131. この問題に深入りする余裕はないが，サロンで鑑賞された書簡とルソーの『ヌーヴェル・エロイーズ』など 18 世紀後半の「書簡体小説」は異質なメディアであると思われる. 図式化するなら，前者は「語られる言葉」と接続し，後者は「密室のエクリチュール」という神話に接近するといえるだろう.

(32) *Ibid.*, p. 142.

(33) そうしたことを暗示する断章は多数あるが，たとえば『千夜一夜』のマルドリュスによる新訳について母が遠慮がちに批判するところ.『失われた時を求めて 7』集英社文庫，p. 503–505.

(34) フィリップ・ミシェル＝チリエ『事典　プルースト博物館』p. 170–172.

(35) Marcel Proust, *Correspondance avec sa mère*, Livraphone, 5CD, LIV071.

(36) ヴァージニア・ウルフ『自分だけの部屋』川本静子訳，みすず書房，1999 年. p. 149, p. 157.

(37) 母が幼い語り手に『千夜一夜』を読んで聴かせる場面は小説のなかにはないのだが，いっぽうで祖母の死後，母と語り手が二人で過ごすバルベックの休暇の日々に，この作品の新訳のことが話題になり，アントワーヌ・ガランの古い翻訳が母と息子の共有する読書の記憶であることが示唆されている.『千夜一夜』に代表される「説話文学」は女の世界に帰属するという示唆でもあろう.

(38) プルースト『失われた時を求めて 13』集英社文庫，p. 271.

(39) プルースト『失われた時を求めて 1』岩波文庫，p. 71–72.『失われた時を求めて 1』集英社文庫，p. 73.

(40) プルースト『失われた時を求めて 1』岩波文庫，p. 264.『失われた時を求めて 1』集英社文庫，p. 257.

(41) Sous la direction de Jean Tulard, *Dictionnaire Napoléon*, 以下の項の導入のプレゼンテーションを参照. Staël-Holstein (Anne-Louise-Germaine Necker, ba-

ronne de)

(42)　スタール夫人『コリンナ　美しきイタリアの物語』佐藤夏生訳，国書刊行会，1997年．なお佐藤夏生氏には，コンパクトながら思想的な側面にも照明を当てた以下の著作がある．『スタール夫人』清水書院，2005年．

(43)　本書 p. 292．ジャンヌの母親が初夜を迎える娘に最低限の性的な知識を授けることさえ拒むという仕草は象徴的である．

(44)　Paul Bénichou, *Le Sacre de l'écrivain*, *Romantismes français 1*, p. 218–219.

(45)　*Ibid.*, p. 224.

(46)　本書 p. 144–145.

(47)　安藤隆穂『フランス自由主義の成立』p. 214.

(48)　以下の批評校訂版がある．Madame de Staël, *Dix années d'exil*, Edition critique par Simone Balayé et Mariella Vianello Bonifacio, Fayard, 1996.

(49)　Madame de Staël, *De l'Allemagne 1*, GF-Flammarion, 1968, p. 101.『ドイツ論』には以下の邦訳がある．スタール夫人『ドイツ論 1』梶谷温子，中村加津，大竹仁子訳，鳥影社，2000年．

(50)　Marc Fumaroli, *Trois institutions littéraires*, p. 205–206.

(51)　本書 p. 248–249.

(52)　« Réponse de M. Pierre-Jean Rémy au discours de Mme Assia Djebar, Discours prononcé dans la Séance publique, le jeudi 22 juin 2006 »．アカデミー・フランセーズ公式サイト．ピエール＝ジャン・レミの歓迎演説でも「ムスリム」という形容がくり返される．アシア・ジェバールは北アフリカ出身の作家として初代だが，アカデミー・フランセーズが「フランコフォニー」(フランス語圏）と呼ばれる旧植民地出身の作家をはじめて受けいれたのは1983年，選出されたのはセネガル共和国初代大統領レオポール・セダール・サンゴールだった．サンゴールも高等師範学校に入学し，のちのフランス大統領ポンピドゥーと青年期の友愛でむすばれている．

(53)　アシア・ジェバール『愛，ファンタジア』石川清子訳，みすず書房，2011年，p. 7.

(54)　Marguerite Yourcenar, « Discours prononcé dans la Séance publique le jeudi 22 janvier 1981 »．アカデミー・フランセーズ公式サイト

(55)　Marc Fumaroli, *Trois institutions littéraires*, p. 139.

(56)　映画の表題は『シェヌーワ山の女たちのヌーバ』(1978年)．アシア・ジェバールについては『愛，ファンタジア』の巻末におかれた石川清子「訳者解説――複数の声の自伝」を参照．伝記的事実を紹介するとともにジェバールの文学の特質を考

察した周到な解説である.

(57)　« Réponse de M. Pierre-Jean Rémy au discours de Mme Assia Djebar »

(58)　アカデミー・フランセーズの入会式典の数日後におこなわれた Canal Académie のインタビュー. Assia Djebar, de l'Académie française: entre la France et l'Algérie.

(59)　アシア・ジェバール『愛, ファンタジア』p. 59–60.

(60)　同上 p. 88–108.

(61)　アシア・ジェバール『墓のない女』持田明子訳, 藤原書店, 2011 年.

(62)　アシア・ジェバール『愛, ファンタジア』p. 202.

(63)　Assia Djebar, *Ces voix qui m'assiègent*, Editions Albin Michel, 1999, p. 26.

(64)　*Ibid.*, p. 29.

(65)　アシア・ジェバール『愛, ファンタジア』p. 264.

(66)　Canal Académie のインタビュー. Assia Djebar, de l'Académie française: entre la France et l'Algérie. アカデミー・フランセーズ入会演説などを参照.

(67)　アシア・ジェバール『愛, ファンタジア』p. 48–49.

(68)　同上 p. 258–259.

(69)　同上 p. 204–207. 断章の表題は「トランス」.

(70)　アシア・ジェバール『愛, ファンタジア』p. 305.「母語」langue maternelle をもじった langue marâtre は, もちろん造語である.

(71)　Assia Djebar, « Discours prononcé dans la Séance publique, le jeudi 22 juin 2006 ». アカデミー・フランセーズ公式サイト.

(72)　アシア・ジェバール『愛, ファンタジア』p. 292.